国 家 公 務 員

任用実務のてびき

第 6 次改訂版

○ 国家公務員

○ 任　用

○ 採用試験

○ 非常勤職員

○ 分　限

○ 定　年

○ 官民人事交流

○ 国際機関等派遣

○ 法科大学院派遣

はしがき

国家公務員の任用制度は、国家公務員制度の根幹をなすもので、他の人事行政諸制度にも深く関わってくるものですが、これを分かり易く解説した実務の手引き書があればという各方面からの要望に応えるため、平成８年、「国家公務員　任用実務のてびき」を刊行し、改定を重ねてまいりました。

平成26年に成立した国家公務員法等の一部を改正する法律では、中央人事行政機関としての内閣総理大臣が、幹部職員人事の一元管理等に関する事務を行うこととされましたが、それらに対するチェック機能も含めて、人事院の人事行政の公正の確保及び労働基本権制約の代償機能は引き続き確保されることとなりました。

令和３年に成立した国家公務員法等の一部を改正する法律では、令和13年４月１日に定年が65歳となるよう、令和５年４月１日から２年ごとに１歳ずつ定年を引き上げることとされ、60歳に達した管理監督職の職員は原則として管理監督職以外の官職に異動させることとする管理監督職勤務上限年齢制（いわゆる役職定年制）、60歳以降の職員について多様な働き方を可能とする定年前再任用短時間勤務制等が新たに設けられたほか、60歳に達した職員の給与について、当分の間、原則として、60歳前の７割水準に設定する特例を設ける等の措置が講じられました。

また、人事評価制度については、能力・実績主義の更なる徹底等の観点から政府において見直しが行われ、能力や業績をきめ細かく的確に把握して評価するため、令和４年10月から幹部職員以外の職員の評語の段階が細分化され、人事院においても、細分化された段階の評語区分に基づく人事評価の結果を任用、給与等により適切に反映できるよう、各般の基準が改められました。

このほか、国家公務員の志望者の減少が続く中、人事院は令和４年度から申込者数の増加に向けた採用試験制度の改革に取り組んでいます。

そこで今般、これらを踏まえて「第６次改訂版」として本書を作成しました。作成に当たっては、前書同様、できる限り分かり易い説明に心掛けたほか、巻末に関係法令対照表も掲載しておりますので、実務担当者の皆様の参考書としてご活用いただければ幸いに存じます。

令和７年２月

一般財団法人　公務人材開発協会
人事行政研究所

凡　例（法令等の略称）

【法律】

憲法	日本国憲法
国公法	国家公務員法（昭和22年法律第120号）
給与法	一般職の職員の給与に関する法律（昭和25年法律第95号）
寒冷地手当法	国家公務員の寒冷地手当に関する法律（昭和24年法律第200号）
勤務時間法	一般職の職員の勤務時間、休暇等に関する法律（平成６年法律第33号）
災害補償法	国家公務員災害補償法（昭和26年法律第191号）
派遣法	国際機関等に派遣される一般職の国家公務員の処遇等に関する法律（昭和45年法律第117号）
育児休業法	国家公務員の育児休業等に関する法律（平成３年法律第109号）
任期付研究員法	一般職の任期付研究員の採用、給与及び勤務時間の特例に関する法律（平成９年法律第65号）
官民人事交流法	国と民間企業との間の人事交流に関する法律（平成11年法律第224号）
倫理法	国家公務員倫理法（平成11年法律第129号）
任期付職員法	一般職の任期付職員の採用及び給与の特例に関する法律（平成12年法律第125号）
法科大学院派遣法	法科大学院への裁判官及び検察官その他の一般職の国家公務員の派遣に関する法律（平成15年法律第40号）
自己啓発等休業法	国家公務員の自己啓発等休業に関する法律（平成19年法律第45号）
配偶者同行休業法	国家公務員の配偶者同行休業に関する法律（平成25年法律第78号）
福島復興再生特措法	福島復興再生特別措置法（平成24年法律第25号）
令和７年国際博覧会特措法	令和７年に開催される国際博覧会の準備及び運営のために必要な特別措置に関する法律（平成31年法律第18号）
令和９年国際園芸博覧会特措法	令和９年に開催される国際園芸博覧会の準備及び運営のために必要な特別措置に関する法律（令和４年法律第15号）
弁護士職務経験法	判事補及び検事の弁護士職務経験に関する法律（平成16年法律第121号）
国公法等改正法	国家公務員法等の一部を改正する法律（令和３年法律第61号）
旧国公法	国公法等改正法による改正前の国公法

【その他法律】

行組法	国家行政組織法（昭和23年法律第120号）
行労法	行政執行法人の労働関係に関する法律（昭和23年法律第257号）
外公法	外務公務員法（昭和27年法律第41号）
退職手当法	国家公務員退職手当法（昭和28年法律第182号）
共済法	国家公務員共済組合法（昭和33年法律第128号）
定員法	行政機関の職員の定員に関する法律（昭和44年法律第33号）
独法通則法	独立行政法人通則法（平成11年法律第103号）
科技イノベ活性化法	科学技術・イノベーション創出の活性化に関する法律（平成20年法律第63号）

【政令・内閣官房令】

人事評価政令	人事評価の基準、方法等に関する政令（平成21年政令第31号）
対象官職等政令	採用試験の対象官職及び種類並びに採用試験により確保すべき人材に関する政令（平成26年政令第192号）
経験者採用試験対象官職等内閣官房令	経験者採用試験の対象官職及び種類並びに採用試験の種類ごとに求められる知識及び能力等に関する内閣官房令（平成26年内閣官房令第３号）

【人事院規則等】

規則	人事院規則
指令	人事院指令
規則１－24	人事院規則１－24（公務の活性化のために民間の人材を採用する場合の特例）
平成10年管総－280	人事院規則１－24（公務の活性化のために民間の人材を採用する場合の特例）の運用について
規則１－78	人事院規則１－78（年齢60年に達する職員等に対する情報の提供及び勤務の意思の確認）
令和４年給生－17	年齢60年に達する職員等に対する情報の提供及び勤務の意思の確認の運用について
規則８－12	人事院規則８－12（職員の任免）
平成21年人企－532	人事院規則８－12（職員の任免）の運用について
平成21年人企－537	任用関係の承認申請等の手続について
平成26年人事院公示第13号	人事院規則８－12（職員の任免）第７条の２第１項第１号並びに第18条第１項第４号及び第５号の規定に基づき、標準的な官職が係員である職制上の段階に属する官職に準ずる官職の属する職制上の段階及び選考の方法による採用を妨げない係員の官職に関し、決定した件
平成22年人企－972	期間業務職員の適切な採用について
令和６年人企－841	期間業務職員の適切な採用に当たっての留意点等について
昭和27年13－799	人事異動通知書の様式及び記載事項等について
規則８－18	人事院規則８－18（採用試験）
平成23年人事院事務総局公示第２号	人事院規則８－18（採用試験）第５条第１項の規定に基づき、地域試験の区分に関し、決定した件
平成23年人事院公示第16号	人事院規則８－18（採用試験）第６条第２項第１号及び第３号の規定に基づき、試験種目の出題分野及び内容に関し、決定した件
平成23年人事院公示第18号	人事院規則８－18（採用試験）別表第３の規定に基づき、人事院の認定に係る受験資格に関し、決定した件
平成26年人事院公示第22号	人事院規則８－18（採用試験）第３条第４項、第４条第２項及び第３項、第６条第１項及び第２項第１号並びに第８条第３項の規定に基づき、経験者採用試験である採用試験の種類ごとの名称、区分試験及びその対象となる官職、試験種目及びその出題分野並びに受験資格に関し、決定した件

平成23年人事院公示第17号	人事院規則８－18（採用試験）第21条第１項及び第25条の規定に基づき、採用試験の受験の申込み及び受験並びに採用試験の施行に関し、決定した件
平成26年人事院公示第23号	人事院規則８－18（採用試験）第６条第２項第２号、第21条第１項及び第25条の規定に基づき、英語試験の内容、受験及び施行に関し、決定した件
規則８－21	人事院規則８－21（年齢60年以上退職者等の定年前再任用）
令和４年給生－18	年齢60年以上退職者等の定年前再任用の運用について
規則11－４	人事院規則11－４（職員の身分保障）
昭和54年任企－548	人事院規則11－４（職員の身分保障）の運用について
規則11－８	人事院規則11－８（職員の定年）
令和４年給生－15	定年制度の運用について
規則11－10	人事院規則11－10（職員の降給）
平成21年給２－26	人事院規則11－10（職員の降給）の運用について
規則11－11	人事院規則11－11（管理監督職勤務上限年齢による降任等）
令和４年給生－16	管理監督職勤務上限年齢による降任等の運用について
規則11－12	人事院規則11－12（定年退職者等の暫定再任用）
令和４年給生－19	定年退職者等の暫定再任用の運用について
規則15－14	人事院規則15－14（職員の勤務時間、休日及び休暇）
規則15－15	人事院規則15－15（非常勤職員の勤務時間及び休暇）
規則18－０	人事院規則18―０（職員の国際機関等への派遣）
昭和45年任企－887	国際機関等に派遣される一般職の国家公務員の処遇等に関する法律および人事院規則18－０（職員の国際機関等への派遣）の運用について
規則20－０	人事院規則20－０（任期付研究員の採用、給与及び勤務時間の特例）
平成９年任企－149	任期付研究員の採用、給与及び勤務時間の特例の運用について）
規則21－０	人事院規則21－０（国と民間企業との間の人事交流）
平成26年人企－660	国と民間企業との間の人事交流の運用について
規則23－０	人事院規則23－０（任期付職員の採用及び給与の特例）
平成12年任企－590	任期付職員の採用及び給与の特例の運用について
規則24－０	人事院規則24－０（検察官その他の職員の法科大学院への派遣）
平成15年人企－825	検察官その他の職員の法科大学院への派遣の運用について

目　　次

第1部　国家公務員

Ⅰ　国家公務員の概念

1　国公法における国家公務員の定義

国公法第2条第4項

国公法における国家公務員について、国公法及び規則は具体的な定義を設けていない。

その一方で、「人事院は、ある職が、国家公務員の職に属するかどうか…を決定する権限を有する。」と規定されている。これは、非常勤の者を中心に各種の態様の者が存在するため、国家公務員という概念についてあらかじめ定義を設けることは困難であり、国家公務員であるか否か疑義が生じた場合に、個別具体的に判断するのが適当であるとの考えによったものである。

〔国家公務員の職の判断基準〕

人事院が、ある職が国家公務員の職に属するか否かを判断するに当たっては、通常、次の3点が基準となるとされている。

① 国によって任命されること

（注1）国と当該者が雇用関係にあるということである。

（注2）非常勤職員を含め任用上の正式な発令用語は「採用」でなければならないが、実際の用語にかかわらず、実態に則して判断する必要がある。

（注3）国の任命権者の所定の手続を経て任命されることが必要であるとの趣旨を含むものである。

② 国の事務に従事していること

（注）「国の事務」とは、法令によって定められている当該行政機関の所掌事務をいう。

③ 原則として国から勤務の対価（給与）を受けていること

（注）「勤務の対価」には、実費弁償は含まれない。

独法通則法第2条第4項、第51条

なお、この判断基準には該当しないが、独立行政法人のうち、公共上の事務等のうち、その特性に照らし、国の行政事務と密接に関連して行われる国の指示その他の国の相当な関与の下に確実に執行することが求められるものを国が事業年度ごとに定める業務運営に関する目標を達成するための計画に基づき行うことにより、その公共上の事務等を正確かつ確実に執行することを目的として、個別法で定めるもの（行政執行法人）の役員及び職員は、国家公務員とされている。

〔行政実例〕

国家公務員か否かについての主な行政事例として、次のようなものがある。

○　民生委員法（昭和23年法律第198号）による民生委員は、国家公務員でない。（昭24.1.4　法審回発第1,287号　人事院法制部長）

○　刑法第７条にいう「公務員」は、必ずしも国家公務員及び地方公務員のみを指すものでなく、それ以外のものをも含むのであって、御照会の（弁護士会の）会長、副会長及び（資格審査会の）委員は、国家公務員にも地方公務員にも属しないものと解する。（昭24.11.5法審回発第2,279号　人事院法制局審議課長）

○　農林省干拓建設事業所における国の直営事業（請負事業を除く。）に勤務する日傭労務者は、国家公務員である。（昭25.3.16　公世回発第10,106号　人事院公平局世話課長）

○　公証人法（明治41年法律第53号）に基づく公証人の職は、国家公務員法上の国家公務員の職に属しない。（昭29.10.7　12－757　人事院事務総長）

○１　労働関係調整法第10条により労働委員会が委嘱した斡旋員候補者は国家公務員ではない。

２　労働関係調整法第12条により労働委員会の会長が斡旋員名簿に記されている者の中から斡旋員を指名した場合の斡旋員は一般職の国家公務員である。

３　労働関係調整法第12条ただし書の規定により斡旋員名簿に記されていない者を臨時の斡旋員に委嘱した場合の斡旋員は、一般職の国家公務員である。（昭40.7.14　管法－792　人事院事務総長）

○　保護司法（昭和25年法律第204号）にいう保護司及び職業安定法（昭和22年法律第141号）に規定されている地方職業安定審議会の委員はいずれも一般職の国家公務員であると解する。（昭43.2.22　管法－180　人事院管理局法制課長）

○　労災防止指導員規程（昭和40年12月18日労働省訓令第10号）にもとづく労災指導員は、一般職の国家公務員に該当する。（昭44.12.11　人事院管理局法制課長）

２　憲法その他法令における公務員の定義

「１」の国公法における国家公務員の定義は、国公法及びその関連法令についてであり、他の法令における公務員の定義については、それぞれの法令の立法目的等に則して独自に概念が定められるものであるが、特段の定義等がない場合には、国公法の国家公務員の定義が参考となるものと考えられる。

⑴　憲法上の公務員

憲法第15条第１項、第２項

憲法第15条は、「公務員を選定し、及びこれを罷免することは、国民固有の権利である。」と定めるとともに、公務員の本質として「すべて公務員は、全体の奉仕者であって、一部の奉仕者ではない。」旨定めている。

この場合の「公務員」の定義は、憲法の規定上、明定されていないが、国会議員、地方公務員なども含む、最も広義の公務員とされている。

(2) 刑法上の公務員

刑法第７条第１項

刑法第７条第１項は、「この法律において「公務員」とは、国又は地方公共団体の職員その他法令により公務に従事する議員、委員その他の職員をいう。」としている。このうち「その他法令により公務に従事する議員、委員その他の職員」には、例えば、次のようなものがある。

○ 日本銀行法（平成９年法律第89号）第30条

「日本銀行の役員及び職員は、法令により公務に従事する職員とみなす。」

○ 弁護士法（昭和24年法律第205号）第35条第３項

「会長及び副会長は、刑法（明治40年法律第45号）その他の罰則の適用については、法令により公務に従事する職員とみなす。」

○ 国立大学法人法（平成15年法律第112号）第19条

「国立大学法人の役員及び職員は、刑法（明治40年法律第45号）その他の罰則の適用については、法令により公務に従事する職員とみなす。」

○ 株式会社国際協力銀行法（平成23年法律第39号）第10条

「会社の役員等、会計参与及び職員は、刑法（明治40年法律第45号）その他の罰則の適用については、法令により公務に従事する職員とみなす。」

(3) その他法令

ア 恩給法（大正12年法律第48号）第19条

「本法ニ於テ公務員トハ文官及警察監獄職員ヲ謂フ」

イ 国家賠償法（昭和22年法律第125号）

「国家賠償法１条所定の公務員とは国家公務員法等により公務員としての身分を与えられた者に限らず、およそ公務を委託されてこれに従事する一切の者を指すと解するのが相当である。」（名古屋高裁昭56.10.28）

Ⅱ　国家公務員の種類

1　一般職と特別職

国家公務員の職は、一般職と特別職に分けられる。

なお、国家公務員の職に該当するか否かの判断と同様、「人事院は、ある職が、…一般職に属するか特別職に属するかを決定する権限を有する。」とされている。

国公法第２条第１項、第４項

(1)　一般職国家公務員

一般職国家公務員は、特別職国家公務員以外の国家公務員の一切の職を包含するものとされている。

国公法は、一般職国家公務員を職員と定義し、国公法の規定は、職員に適用するものとされている。

国公法第２条第２項、第４項

(2)　特別職国家公務員

国家公務員の中には、その職務内容、勤務形態等において多種多様なものが含まれており、一律に規制することは困難である。このため、国公法は、画一的に適用するのになじまない職を特別職とし、同法の適用を除外している。

特別職は、国公法第２条第３項に列記されている次の職員の職である。

①　内閣総理大臣
②　国務大臣
③　人事官及び検査官
④　内閣法制局長官
⑤　内閣官房副長官
⑥　内閣危機管理監
⑦　国家安全保障局長
⑧　内閣官房副長官補、内閣広報官及び内閣情報官
⑨　内閣総理大臣補佐官
⑩　副大臣
⑪　大臣政務官
⑫　大臣補佐官
⑬　デジタル監
⑭　内閣総理大臣秘書官及び国務大臣秘書官並びに特別職たる機関の長の秘書官のうち規則で指定するもの
⑮　就任について選挙によることを必要とし、あるいは国会の両院又は一院の議決又は同意によることを必要とする職員
⑯　宮内庁長官、侍従長、東宮大夫、式部官長及び侍従次長並びに法律又は規則で指定する宮内庁のその他の職員

⑰　特命全権大使、特命全権公使、特派大使、政府代表、全権委員、政府代表又は全権委員の代理並びに特派大使、政府代表又は全権委員の顧問及び随員

⑱　日本ユネスコ国内委員会の委員

⑲　日本学士院会員

⑳　日本学術会議会員

㉑　裁判官及びその他の裁判所職員

㉒　国会職員

㉓　国会議員の秘書

㉔　防衛省の職員（防衛省に置かれる合議制の機関で防衛省設置法第41条の政令で定めるものの委員及び同法第４条第１項第24号又は第25号に掲げる事務に従事する職員で同法第41条の政令で定めるもののうち、規則で指定するものを除く。）

㉕　独法通則法第２条第４項に規定する行政執行法人の役員

特別職については、この法律の改正法律により、別段の定めがなされない限り、国公法を適用しないと規定されているが、これまで特別職に属する職にこの法律の規定を適用させるための法律改正がなされた例はない。　　国公法第２条第５項

⑶　個人的基礎においてなされる勤務の契約　　国公法第２条第６項、第７項

国公法は、一般職又は特別職以外の勤務者を置いてその勤務に対し俸給、給料その他の給与を支払ってはならない旨規定しているが、この規定は、政府又はその機関と外国人の間に、個人的基礎においてなされる勤務の契約には適用されないこととされており、次のような例がある。

例　在外公館外国人現地補助職員

２　常勤職員と非常勤職員

国公法第60条の２
国公法等改正法附則第５条
規則８－12第４条第13号
勤務時間法第５条、第23条
規則15－15第２条
育児休業法第23条

一般職国家公務員は、常勤職員と非常勤職員に分かれる。

常勤職員あるいは非常勤職員の明文による定義は、国公法上、設けられてはいないが、常時勤務を要する官職（常勤官職）に就いている職員が常勤職員であり、常時勤務を要しない官職（非常勤官職）に就いている職員又は常時勤務を要しない職員が非常勤職員とされている。

また、勤務形態の面から見ると、常勤職員とは、いわゆるフルタイムの職員であり、１週間の勤務時間が38時間45分（船員の一部は40時間）である一方、非常勤職員は、それ以外の職員であり、（ｉ）期間業務職員、（ii）勤務時間が常勤職員の４分の３以内の職員、（iii）定年前再任用短時間勤務職員、暫定再任用短時間勤務職員及び職員の育児短時間勤務に伴う任期付短時間勤務職員（任期付育児短時間勤務職員）に分けられる。

（注）「（ⅱ）」には、審議会の非常勤の委員等のほか、いわゆるパートタイマーが含まれる。

国公法の規定は、常勤職員、非常勤職員にかかわらず、全て適用されるのが原則であるが、非常勤職員（「（ⅲ）」の職員を除く。）の主な特例は次のとおりである。

	原則規定	非常勤職員の特例
採用	国公法第36条 （競争試験又は選考）	国公法が定める採用試験又は選考によらず、適宜の方法による能力の実証を経て行うことができる。 ただし、期間業務職員の採用は必ず面接を行う必要がある。（規則８－12第46条）
条件付任用期間	国公法第59条 規則８－12第32条～第34条	原則、適用除外。 １月を超える任期を定めた期間業務職員の採用は、１月間条件付とする（規則８－12第48条）。
任期	規則８－12第42条 （原則、付けられない）	任期を付して任用できる（規則８－12第42条第１項）。 期間業務職員を採用する場合には、会計年度の範囲内で任期を定める（規則８－12第46条の２）。
給与	給与法 寒冷地手当法	委員、顧問等　給与法第22条第１項に定める額を超えない範囲内において、支給することができる。 その他の職員　常勤職員の給与との権衡を考慮して予算の範囲内で支給する（給与法第22条第２項）。 ・　基本となる給与を、類似する職務に従事する常勤職員の属する職務の級の初号俸の俸給月額を基礎として、職務内容等の要素を考慮して決定する。 ・　通勤手当に相当する給与を支給する。 ・　任期が相当長期にわたる非常勤職員に対しては、期末手当及び勤勉手当に相当する給与を、勤務期間、勤務実績等を考慮の上支給するよう努める。この場合において、職務、勤務形態等が常勤職員と類似する非常勤職員に対する当該給与については、常勤職員に支給する期末手当及び勤勉手当に係る支給月数を基礎として、勤務期間、勤務実績等を考慮の上支給する。 ・　給与法等の改正により常勤職員の給与が改定された場合における非常勤職員の給与については、改定された常勤職員の給与の種類その他の改定の内容及び当該非常勤職員の任期、勤務形態等を考慮の上当該常勤職員の給与の改定に係る取扱いに準じて改定するよう努める。 （給実甲第1064号）
人事評価	国公法第70条の３	実施しないことができる（人事評価政令第３条）。

保健及び安全保持	国公法第71条、第73条 規則10－4、10－5、10－7、10－8	原則として適用。 ただし、次の者を除き、原則として健康診断を行わなくてもよい。 ① 採用時の健康診断については、6月を超える期間有害業務等に従事する者（規則10－4第19条） ② 定期の健康診断については、「①」の者及び勤務時間が常勤職員の2分の1以上の時間であって6月以上継続勤務している者（規則10－4第20条）
定年	国公法第81条の6	適用除外（国公法第81条の6第3項）。
服務	国公法第96条～第106条	次の場合を除き適用。 ・ 服務の宣誓（職員の服務の宣誓に関する政令第1条） ・ 政治的行為　委員、顧問等の諮問的な非常勤の職員（規則14－7第1項） ・ 営利企業の役員等との兼業（規則14－8第6項） ・ 兼業（職員の兼業の許可に関する政令第3条） ・ 株式所有状況の報告（規則14―21第2条）
退職管理	国公法第106条の2～第106条の4	適用除外（職員の退職管理に関する政令第46条及び第47条）。
勤務時間	勤務時間法第5条、規則15－14等	期間業務職員は1日7時間45分以内かつ1週間38時間45分以内、その他の非常勤職員は常勤職員の1週間の勤務時間の4分の3以内（勤務時間法第23条、規則15－15第2条）
休暇	勤務時間法第16条～第22条 規則15－14	年次休暇は6月間継続勤務し、全勤務日の8割以上出勤した場合に付与される（規則15－15第3条）。 年次休暇以外の有給の休暇は①選挙権等の公民権の行使をする場合、②裁判員等として官公署へ出頭する場合、③現住居の喪失・損壊等の場合、④災害・交通機関の事故等により出勤が困難な場合、⑤退勤途上の危険を回避する場合、⑥親族が死亡した場合、⑦職員が結婚する場合、⑧夏季における心身の健康の維持・増進等の場合、⑨不妊治療を受けるために医療機関へ通院する等の場合、⑩産前の場合、⑪産後の場合、⑫妻が出産する場合、⑬育児参加をする場合に与えられる（「⑧、⑨、⑫及び⑬」の場合にあっては人事院の定める非常勤職員に限る。規則15－15第4条第1項）。 無給の休暇は①生後1年に達しない子を保育する場合、②小学校就学の始期まで子の看護をする場合、③要介護者の短期の介護その他の世話をする場合（短期介護休暇）、④要介護者の介護をする場合（介護休暇）、⑤要介護者の介護をする場合（介護時間）、⑥生理日の就業が著しく困難な場合、⑦妊産疾病の場合、⑧公務上の傷病等の場合、⑨私傷病の場合、⑩骨髄又は末梢血幹細胞の提供者となる場合に与えられる（「②～⑤、⑨」にあっては人事院の定める非常勤職員に限る。規則15－15第4条第2項）。

職員団体	国公法第108条の２～第108条の７	審議会等の諮問的な非常勤官職又はこれらに準ずる非常勤官職のみを占める職員は適用除外（規則17－２第５条）。
医療保険及び年金保険	共済法	共済組合加入対象外で一定の要件を満たす場合は、健康保険（全国健康保険協会管掌）、厚生年金保険（第１号厚生年金被保険者）の対象（厚生年金保険法第９条及び第12条第５号）。
退職手当	退職手当法	12月以下の継続勤務者は適用除外。 12月を超える継続勤務者については適用されるが、 法第４条中　11年以上25年未満勤続者の通勤による傷病又は死亡による退職 法第５条中　公務上傷病又は死亡による退職 25年以上勤続者の通勤による傷病又は死亡による退職 に係る部分を除き適用除外（国家公務員退職手当法施行令第１条）。 なお、当分の間は６月を超える継続勤務の者にも適用（一部改正政令（昭和34年政令第208号）附則第５項）。
官民人事交流	官民人事交流法	交流派遣について適用除外（規則21－０第５条第２号）。
国際機関等派遣	派遣法	適用除外(派遣法第２条第１項､規則18－０第１条第１号)。
法科大学院派遣	法科大学院派遣法	適用除外（法科大学院派遣法第２条第２項）。
育児休業	育児休業法	①　育児休業 原則子が１歳に達する日まで（養育の事情に応じて最長子が２歳に達する日まで）取得することができる。 ２回まで分割取得可能（いわゆる「産後パパ育休」も２回まで取得可能）。 ②　育児時間 ３歳に達するまでの子を養育するため、１日につき２時間を超えない範囲内で勤務しないことができる。 ③　育児短時間勤務は適用除外。 （育児休業法第３条第１項、第26条第１項、第12条第１項、規則19－０第３条から第５条、第28条、第29条）
自己啓発等休業	自己啓発等休業法	適用除外（自己啓発等休業法第２条第１項、規則25－０第２条第１号）。
配偶者同行休業	配偶者同行休業法	適用除外（配偶者同行休業法第２条第４項、規則26－０第４条第１号）。

3　給与法適用職員等、検察官及び行政執行法人職員

行労法第２条
国公法第28条
給与法第２条第３号
勤務時間法第２条
第１号

一般職国家公務員は、勤務条件の決定方法の違いにより、給与法適用職員、任期付研究員法適用職員、任期付職員法適用職員、検察官及び行政執行法人職員に分かれる。

行政執行法人職員とは、一般職の職員のうち、独法通則法第２条第４項にいう行政執行法人に勤務する職員のことをいい、給与、勤務時間等の勤務条件は基本的に団体交渉に基づく労働協約によって定められている。このため、行政執行法人職員に対しては、原則として、労働基準法、労働組合法、労働関係調整法の労働三法が適用されているほか、行労法第37条により国公法の規定の一部が適用除外され、独法通則法第59条により給与法、勤務時間法等が適用除外されている。

これに対し、給与法適用職員、任期付研究員法適用職員及び任期付職員法適用職員の勤務条件は、中立第三者機関たる人事院の国会及び内閣に対する勧告に基づく給与法、勤務時間法等関係法律及び人事院が定める規則等により決定される。

4　定員内職員と定員外職員

一般職国家公務員は、定員法による定員規制の対象となる職員と対象外の職員に分かれる。

定員内職員とは、定員法第１条第１項に規定する「恒常的に置く必要がある職に充てるべき常勤の職員」として定員上算定される者であり、それ以外の職員が定員外職員である。

なお、人事院事務総局及び会計検査院事務総局については、定員法の適用はないが、これらについては、それぞれ国公法及び会計検査院法に基づき定員に関する規則が定められているほか、いわゆる予算定員が定員内職員に相当するものとなる。

（注）定員法第１条第１項

内閣の機関（内閣官房及び内閣法制局をいう。以下同じ。）、内閣府、デジタル庁及び各省の所掌事務を遂行するために恒常的に置く必要がある職に充てるべき常勤の職員の定員の総数の最高限度は、33万1,984人とする。

現在、定員外職員とされている主なものは次のとおりである。

①　休職者

国公法第80条第４項

（注）「休職者は、職員としての身分を保有するが、職務に従事しない。」ものであり、「恒常的に置く必要がある職に充てるべき常勤の職員」には含まれず、定員外職員とされている。

② 交流派遣職員

（注）「交流派遣とは、期間を定めて、職員を、その身分を保有させたまま、当該職員と民間企業との間で締結した労働契約に基づく業務に従事させることをいう。」、「交流派遣職員は、その交流派遣の期間中、職務に従事することができない。」と規定され、休職者と同様、派遣期間中は定員外職員とされている。

官民人事交流法第２条第３項、第10条第１項

③ 国際機関等派遣職員

（注）「派遣職員は、その派遣の期間中、職員としての身分を保有するが、職務に従事しない。」と規定され、休職者と同様、派遣期間中は定員外職員とされている。

派遣法第３条

④ 法科大学院派遣職員のうち法科大学院派遣法第11条の規定に基づき派遣された者

（注）「（法科大学院派遣法第11条）第１項の規定により派遣された検察官等は、その派遣の期間中、検察官等としての身分を保有するが、職務に従事しない。」と規定され、休職者と同様、派遣期間中は定員外職員とされている。

法科大学院派遣法第11条第５項

⑤ 育児休業中の職員、自己啓発等休業中の職員、配偶者同行休業中の職員

（注）それぞれ「職員としての身分を保有するが、職務に従事しない。」と規定され、休職者と同様、休業期間中は定員外職員とされている。

育児休業法第５条第１項
自己啓発等休業法第５条第１項
配偶者同行休業法第５条第１項

⑥ 常勤労務者

（注）常勤労務者とは、「２箇月以内の任期を限られた常勤職員」をいい、その職は「恒常的に置く必要がある職」には該当せず、定員外職員とされている。

旧行政機関職員定員法第１条

⑦ 非常勤職員

（注）非常勤職員は、「恒常的に置く必要がある職に充てるべき常勤の職員」には該当せず、定員外職員とされている。

ただし、定年前再任用短時間勤務職員は、常勤職員及び定年前再任用短時間勤務職員による恒常的な業務の遂行体制全体を総合的に勘案して、その定数を別途管理することとされている。

なお、任期付短時間勤務職員については、定員外職員とされている。

（参考）育児短時間勤務職員の並立任用

育児短時間勤務職員の並立任用は、１週間当たりの勤務時間が19時間25分から19時間35分までの２人の育児短時間勤務職員がいる場合に、その２人の職員を同一の常勤官職に任用することを可能とするものであるが、この場合の定員は官職に着目して１人として取り扱われる。

育児休業法第15条

第2部　任　　　用

第1節　総説

Ⅰ　任用の基本理念等

1　任用の概念

国公法は、戦前の制度における身分上の差別（高等官、判任官、雇員・傭人）を廃止し、全ての者が一様に国家公務員という同一の身分に立つことを基本的な考え方とするものであり、任用についても、従前の身分的な人中心の制度（任官補職）から、官職中心主義の制度に改められた。

すなわち、「任用」とは、官職に欠員が生じた場合の補充の方法と位置付けられた。

このように「任用」とは、欠員補充の方法としての「任用行為」と同義であるが、広義においては、条件付任用期間、任期等の関連諸制度、更には、辞職等の離職に関する制度、休職、分限免職等の分限制度などを含む概念として用いられることもある。

〔参考〕任用行為の法的性質

任用行為のうち公務員関係を設定する採用について、その法的性質として、学説、判例上、次のような考え方があるが、「②」が通説である。

①　受諾に基づく行政行為説

国民を公務員として採用するには、相手方の同意が必要であるが、同意を欠いても有効に成立し、相手方は取消を求めることができるにすぎないとする説

②　双方的行政行為説

採用は、相手方の同意を必要とする行政行為であるが、同意は行政行為が成立するための絶対要件であり、欠く場合には、当然無効であるとする説

③　公法上の契約説

採用は契約であるが、公法上のものであるとする説

2　任用の諸原則

任用の基本原則として、国公法第27条の平等取扱いの原則、第27条の2の人事管理の原則及び第33条の成績主義の原則がある。

また、規則8－12は、第2条でこれらの原則に違反して職員の任免を行ってはならない旨、規定している。

（注）規則８－12第２条第１項

「いかなる場合においても、法第27条に定める平等取扱の原則、法第27条の２に定める人事管理の原則及び法第33条に定める任免の根本基準並びに法第55条第３項及び法第108条の７の規定に違反して職員の任免を行ってはならない。」

(1)　平等取扱いの原則

国公法第27条、第109条第８号

国公法第27条は、職員に適用される基準の通則として「全て国民は、この法律の適用について、平等に取り扱われ、人種、信条、性別、社会的身分、門地又は第38条（欠格条項）第４号に該当する場合を除くほか政治的意見若しくは政治的所属関係によって、差別されてはならない。」と平等取扱いの原則を定めている。

これは、憲法第14条に規定する法の下の平等の規定を受けたものであり、人種、信条、性別、社会的身分、門地については、憲法第14条の規定と同じである。なお、政治的意見とは、具体的実際的な政治上の見解、例えば、いずれかの政党の政策に賛成、反対するというような意見をいい、政治的所属関係とは党籍の有無のことを意味する。

平等取扱いの原則は、公務員制度全体に通じる原則であるが、任用との関係で特に、関連が大きいといえよう。

平等取扱いの原則に違反して、差別をした者に対しては、刑事罰が科される。

(2)　人事管理の原則

国公法第27条の２、第58条第３項、第61条の２第１項、第61条の３第４項

国公法第27条の２は、「職員の採用後の任用、給与その他の人事管理は、職員の採用年次、合格した採用試験の種類及び第61条の９第２項第２号に規定する（幹部候補育成）課程対象者であるか否か又は同号に規定する課程対象者であったか否かにとらわれてはならず、この法律に特段の定めがある場合を除くほか、人事評価に基づいて適切に行われなければならない。」と人事管理の原則を定めている。

この原則は、従前の各府省における昇任、昇格等の人事管理の実際の運用が、採用年次や採用試験の種類等を基礎とした年功序列的、画一的なものであったことへの反省の下、人事評価制度の整備に併せて、個々人の能力・実績をより一層反映させるなど人事管理の基本を抜本的に見直すことを目指して、平成19年の国公法改正（平成21年４月施行）の際に、新たに規定された。

「この法律に特段の定めがある場合」とは、国公法第58条第３項又は第61条の３第４項に基づき、国際機関又は民間企業に派遣されていたこと等の事情により、人事評価が行われていない職員について、人事評価以外の能力の実証に基づき任用（昇任、降任並びに転任及び配置換）を行う場合及び第61条の２第１項に基づき適格性審査を行う場合をいう。

⑶　成績主義の原則

国公法第33条、第110条第１項第７号

国公法第33条第１項は、「職員の任用は、この法律の定めるところにより、その者の受験成績、人事評価又はその他の能力の実証に基づいて行わなければならない。」と成績主義の原則を定めている。成績主義の原則は、能力実証主義の原則とも呼ばれ、行政の専門性や執行の中立性を確保するよう、公務員人事の党派性を排するために定められたものであり、公務能率の向上を図るとともに、不公正な人事による弊害の除去を図っているものである。

能力の実証の方法としては、受験成績と人事評価又はその他の能力の実証があるが、「受験成績」とは、職員となろうとする者の競争試験又は選考の成績であり、「人事評価」とは、既に職員である者の勤務成績の評価であって、その評価は、職員が職務を遂行するに当たり発揮した能力及び挙げた業績を把握した上で行われる。また、「その他の能力の実証」とは、例えば、医師の採用の場合の医師の免許のように官職に応じて求められる各種の免許等を得ていることが挙げられる。

なお、成績主義の原則は身分保障と密接不可分の関係にあることから任命権者の恣意による免職は許されず、国公法第33条第３項では「職員の免職は、法律に定める事由に基づいてこれを行わなければならない。」と定め、「⑴」と同様、成績主義の原則に違反して任命をした者に対しては、刑事罰が科される。

⑷　その他の原則

ア　国公法第55条第３項（任命権行使の基準）

「この法律、人事院規則及び人事院指令に規定する要件を備えない者は、これを任命し、雇用し、昇任させ若しくは転任させてはならず、又はいかなる官職にも配置してはならない。」

イ　国公法第108条の７（不利益取扱いの禁止）

「職員は、職員団体の構成員であること、これを結成しようとしたこと、若しくはこれに加入しようとしたこと、又はその職員団体における正当な行為をしたことのために不利益な取扱いを受けない。」

３　欠格条項

⑴　欠格条項

成績主義の原則により、官職に就く能力が実証された者でなければ官職に任用することはできないが、このほかに国公法第38条は、欠格条項として絶対的に官職に就く能力を有しない者を次のとおり規定している。

①　禁錮以上の刑に処せられ、その執行を終わるまで又はその執行を受けることがなくなるまでの者

刑法第５条、第９条、第10条、第25条

（注１）刑の言渡しを受け、その言渡しが確定した場合においてその刑が禁錮以上の場合をいい、外国裁判により刑に処せられた場合は含まれない。また、有罪であるが、刑の免除の判決があった場合も含まれない。 刑事訴訟法第334条

（注２）執行猶予の期間中の者は、該当する。

② 懲戒免職の処分を受け、当該処分の日から２年を経過しない者 国公法第82条

（注）国公法に基づく懲戒免職をいい、他の法令に基づく懲戒処分は含まれない。

③ 人事院の人事官又は事務総長の職にあって、国公法第109条から第112条までに規定する罪を犯し刑に処せられた者

④ 憲法施行の日以後において、憲法又はその下に成立した政府を暴力で破壊することを主張する政党その他の団体を結成し、又はこれに加入した者

これらの条項の一に該当する者は国家公務員になることはできず、これに該当する者を国家公務員に任用する行為があった場合でも、その行為は当然に無効である。

また、任用後に、これら（「②」を除く。）のいずれかに該当すれば、法律上、当然失職する。 国公法第76条

(2) 外国人の任用 外公法第７条第１項 科技イノベ活性化法第14条第１項

外国人が国家公務員になり得るか否かについては、外公法において日本国籍を有しない者又は外国の国籍を有する者は就官能力がない旨の規定があるが、それ以外の国家公務員については、公務員に関する当然の法理として、公権力の行使又は国家意思の形成への参画に携わる公務員となるためには日本国籍を必要とすると解されている。

〔参考〕日本国籍を喪失した場合の公務員の地位について（抄）

（昭28.3.25法制局１発第29号　内閣総理大臣官房総務課長あて）

法の明文の規定でその旨が特に定められている場合を別とすれば(例、内閣総理大臣に関する憲法第67条及び公職選挙法第10条)、一般にわが国籍の保有がわが国の公務員の就任に必要とされる能力要件である旨の法の明文の規定が存在するわけではないが、公務員に関する当然の法理として、公権力の行使又は国家意思の形成への参画にたずさわる公務員となるためには日本国籍を必要とするものと解せられる。

したがって、公権力の行使又は国家意思の形成への参画に携わらない官職へは日本国籍を有していない者でも任用することができる。

なお、試験研究機関等の研究公務員については、特例法により外国人を任用することができるものとされている。

4　禁止行為

国公法第110条

成績主義を確保し、不法な手段によって任用その他の人事に情実が介入することを防止するため、国公法は次の３つの行為を禁止し、これらの行為に該当する者に対しては、刑事罰（３年以下の懲役又は100万円以下の罰金）が科される。

(1)　人事に関する不法行為の禁止

国公法第39条

何人も、次のいずれかに該当する事項を実現するために、金銭その他の利益を授受し、提供し、要求し、若しくは授受を約束したり、脅迫、強制その他これに類する方法を用いたり、直接たると間接たるとを問わず、公の地位を利用し、又はその利用を提供し、要求し、若しくは約束したり、あるいはこれらの行為に関与してはならない。

①　退職若しくは休職又は任用の不承諾
②　採用試験若しくは任用の志望の撤回又は任用に対する競争の中止
③　任用、昇給、留職その他官職における利益の実現又はこれらのことの推薦

(2)　人事に関する虚偽行為の禁止

国公法第40条

何人も、採用試験、選考、任用又は人事記録に関して、虚偽又は不正の陳述、記載、証明、採点、判断又は報告を行つてはならない。

(3)　受験又は任用の阻害及び情報提供の禁止

国公法第41条

試験機関に属する者その他の職員は、受験若しくは任用を阻害し、又は受験若しくは任用に不当な影響を与える目的を以て特別若しくは秘密の情報を提供してはならない。

Ⅱ　任命権

1　任命権の意義

任命権とは、職員を任命する権限、すなわち官職に欠員を生じた場合にこれを補充する権限（任用行為を行う権限）をいう。

また、任命権者とは、任命権を有する者のことをいう。国公法は、所管行政の責任者として、事務を統括し、服務を統督する各省各庁の長等に任命権を付与することにより、任命権の所在と責任を明確にしている。

（注）国公法第55条第１項

「任命権は、法律に別段の定めのある場合を除いては、内閣、各大臣（内閣総理大臣及び各省大臣をいう。以下同じ。）、会計検査院長及び人事院総裁並びに宮内庁長官及び各外局の長に属するものとする。これらの機関の長の有する任命権は、その部内の機関に属する官職に限られ、内閣の有する任命権は、その直属する機関（内閣府及びデジタル庁を除く。）に属する官職に限られる。ただし、外局の長（国家行政組織法第７条第５項に規定する実施庁以外の庁にあっては、外局の幹部職）に対する任命権は、各大臣に属する。」

（参考１）「法律に別段の定のある場合」の例

①　内閣法制局長官（内閣法制局設置法第２条第２項）

②　警察庁長官（警察法第16条第２項）

③　独立行政法人の長（独法通則法第26条）

（参考２）「外局」とは、行組法上外局とされる委員会及び庁であり、各省に置かれている。また、「外局の長」とは、委員長及び長官である。

行組法第３条第３項、第６条

さらに、任命権者は、任用行為を行う権限のほか、職員の休職、復職、退職及び免職を行う権限を有するとともに、懲戒処分を行う権限主体にもなっている（併任に係る官職の任命権者はこれらの権限を有しない。）。

国公法第61条、第84条
規則８－12第50条

（参考）他の公務員制度における権限主体

①　給与法第７条　各庁の長（内閣総理大臣、各省大臣、会計検査院長、人事院総裁）

②　勤務時間法第３条　各省各庁の長（内閣総理大臣、各省大臣、会計検査院長、人事院総裁、宮内庁長官、各外局の長）

2　任命権の委任

(1)　意義

任命権者は、能率的な人事管理の観点から、幹部職以外の官職（内閣が任命権を有する場合にあっては、幹部職を含む。）の任命権を、その部内の上級の国家公務員（内閣が任命権を有する幹部職にあっては、内閣総理大臣又は国務大臣）に限り委任することができる。

任命権の委任は、いわゆる専決や代決又は代理とは異なり、公法上の委任、法律による権限の分配の変更であり、受任者が、任命権者として自己の名前で権限行使するものである。

すなわち、任命権の委任により、全ての権限が委譲されるものであり、例えば、一の官職に対して採用についての権限を有する任命権者と昇任についての権限を有する任命権者が同時に存在（分割委任）してはならない。

国公法第55条第2項
規則8－12第5条第1項
平成21年人企－532第5条関係第1項

（参考）原任命権者に限られる場合

法令の特別の定めによって、「任命権者」に「任命権の委任を受けた者」が含まれない場合として、次のようなものがある。

例　国公法第81条の6第1項（定年退職日の指定）
　　派遣法第2条第1項（派遣権者）

委任は、「国家公務員」に対してなされることになっているが、通常、「特定の官職に就く職員」を受任者とすることにより、包括的に委任が行われている。

(2)　委任の手続

任命権者は、任命権の委任を行うときは、その効力が発生する日の前に、書面をもって、これを人事院に提示しなければならない。

国公法第55条第2項
規則8－12第5条第2項
平成21年人企－532第5条関係第2項、第3項

また、当該書面には、

①　委任を受ける職員の占める職の組織上の名称
②　委任を受ける職員の勤務場所
③　委任を受ける職員の権限の及ぶ官職の範囲

を記入しなければならない。

さらに、

①　委任された任命権の全部又は一部を取り消した場合
②　任命権の委任を受けた職員の占める職が法令の改廃等により廃止され、又は改称された場合

にも、人事院に対して、通知するものとされている。

なお、書面の提示自体は、任命権の委任の効力発生要件ではないと、解されている。

Ⅲ　任用の特例

前述のとおり、国家公務員であっても、職務と責任の特殊性等によって国公法の適用になじまないものは、特別職とされているところであるが、一般職の官職であっても、職員の職務内容や勤務形態、職責も多種多様であり、国公法附則第４条等に基づき、任用について、例えば、次のような特例が設けられている。

①　検察庁法

- 第15条　　検事総長、次長検事、検事長の任命権は内閣
- 第18条、第19条　　検察官の任命の資格
- 第20条　　欠格事由の追加（禁錮以上の刑に処せられたこと等）
- 第20条の２、第22条　　定年に関する各種制度の特例

②　外公法

- 第７条　欠格事由の追加（国籍を有しない者又は外国の国籍を有する者）
- 第10条　選考による外務職員の任命

③　科技イノベ活性化法

- 第14条　外国人の研究公務員への任用（任期を付すことも可）

④　育児休業法

- 第７条　育児休業に伴う任期付採用及び臨時的任用
- 第23条　育児短時間勤務に伴う任期付短時間勤務職員の任用

⑤　国際連合平和維持活動等に対する協力に関する法律

- 第11条　国際平和協力隊員の任命権者は国際平和協力本部長
- 第12条　国際平和協力隊員の選考による採用
- 第13条　自衛隊派遣隊員の任用

第２節　任用行為

Ⅰ　欠員補充の方法

1　意義

前述のとおり、狭義の意味での任用とは、欠員補充の方法としての任用行為のことである。

任用行為は、国公法上は、採用、昇任、降任、転任及び臨時的任用の５種類が定められている。

（注）国公法第35条（欠員補充の方法）

「官職に欠員を生じた場合においては、その任命権者は、法律又は人事院規則に別段の定のある場合を除いては、採用、昇任、降任又は転任のいずれか一の方法により、職員を任命することができる。但し、人事院が特別の必要があると認めて任命の方法を指定した場合は、この限りではない。」

（参考１）本条の「欠員を生じた場合」とは特定の官職についての欠員を意味するものであって、行政機関職員定員令に定める定員と当該機関における実人員との差を指すものではない。

（参考２）「法律に定のある場合」の例

①　国公法第60条に基づき臨時的任用を行うことができる場合

②　他の法律の規定により、一定の官職に任用されている者が、当然に他の一定の官職に充てられる場合（例　内閣府設置法第42条第４項第３号）

③　行政組織の改廃に際して、旧組織に任用されている職員が別段の辞令を発しない限り、事務を引き継ぐ新組織の職員となる旨を法定している場合（例　中央省庁等改革のための国の行政組織関係法律の整備等に関する法律附則第３条（職員の身分引継ぎ））

（参考３）現在までのところ、本条ただし書の規定により任命の方法を指定した例はない。

また、規則８－12は、以上のほか、配置換及び併任の２種類の任用行為を定めている。

（注）規則８－12第６条（欠員補充の方法）

「任命権者は、採用、昇任、降任、転任又は配置換のいずれかの

方法により、職員を官職に任命することができる。」（第１項）

「前項に定める方法のほか、特別の事情がある場合には、任命権者は、併任又は臨時的任用により職員を官職に任命することができる。」（第２項）

官職に欠員が生じた場合に、以上の任用行為のうちいずれによるかについては、任命権者の裁量とされている。

しかしながら、任命権者を異にする官職に職員を昇任させ、降任させ、転任させ、又は併任する場合には、当該職員が現に任命されている官職の任命権者の同意を得なければならない。

規則８－12第６条第３項

この場合において、同意を与えた現に就いている官職の任命権者が、職員にその旨を通知しなければならず､その際「出向」という用語を用いる。ただし、これは、あくまで同意を与えたという事実の通知にすぎず、出向は任用行為の一つではない。

２　用語の定義

各任用行為の定義については、国公法第34条及び規則８－12第４条により、定義が設けられているが、具体的には、次のとおりである。

国公法第34条
規則８－12第４条
平成21年人企－532
第４条関係第１項

⑴　採用

職員以外の者を官職に任命すること（臨時的任用を除く。）

⑵　昇任

職員をその職員が現に任命されている官職より上位の職制上の段階に属する官職に任命すること

（注）給与上の職務の級を同一の俸給表の上位の級に変更すること（昇格）は、昇任に該当しない。

⑶　降任

職員をその職員が現に任命されている官職より下位の職制上の段階に属する官職に任命すること

（注）給与上の降格は、降任に該当しない。

⑷　転任

職員をその職員が現に任命されている官職以外の官職に任命すること（昇任、降任及び配置換を除く。）

⑸　配置換

職員をその職員が現に任命されている官職と任命権者を同じくする他の官職（その存する部局又は機関等及び職制上の段階を同じくするものに限

る。）に任命すること

（注）「部局又は機関等」とは、標準的な官職を定める政令に規定する「部局又は機関等」及び外務職員の標準的な官職を定める省令に規定する「部局又は機関」をいう。

(6) 併任

採用、昇任、降任、転任又は配置換の方法により現に官職に任命されている職員を、その官職を占めさせたまま、他の官職に任命すること

（注）「官職」とは一般職国家公務員の職を指すものであり、特別職に属する職、地方公務員の職等を兼ねることは、ここでいう「併任」には当たらない。

Ⅱ　特定官職への任命

1　特定官職への任用の原則

規則８－12第７条第１項

任命権者は、特定官職（本省の課長以上の官職等の公正な任命の確保が特に必要と認められる官職）への任命に当たっては、性別その他任命される者の属性を基準とすることなく、及び情実人事を求める圧力又は働きかけその他の不当な影響を受けることなく、任命される者について、補充しようとする官職の職務遂行に必要とされる知識、経験及び管理的又は監督的能力その他当該官職の職務を良好に遂行する能力の有無を、経歴評定、人事評価の結果その他客観的な判定方法により公正に検証しなければならないとされている。

2　特定官職の範囲等

規則８－12第７条第２項

特定官職は、職務の複雑と責任の度に応じて４段階に区分され、それぞれの段階の区分及び当該段階に属する官職は、人事院が定めるものとされている。

平成21年人企－532第７条関係第３項

（注）職務の複雑と責任の度に応じたⅠ段階からⅣ段階までの４段階の区分とされ、それぞれの段階に属する代表的な官職は、段階の区分に応じ、次の表のとおりとされている。

段　階	代表的な官職
Ⅰ段階	事務次官及び外局の長官
Ⅱ段階	本府省の局長
Ⅲ段階	本府省の部長、審議官及び局次長
Ⅳ段階	本府省の課長

Ⅲ　採用

職員の採用は、原則として、競争試験によるものとし、係員の官職（これに準ずる官職として規則で定めるものを含む。）以外の官職に採用しようとする場合又は係員の官職のうち規則で定める官職に採用しようとする場合には、選考により行うことができる。

国公法第36条

1　試験採用（競争試験による採用）

⑴　概説

ア　意義

職員の任用は、その者の受験成績、人事評価又はその他の能力の実証に基づいて行わなければならない（成績主義の原則）。

国公法第33条

このうち採用は、職員ではない者を官職に任命する方法であるので、原則として、競争試験によるものとされている。

国公法第36条

職員を採用するための競争試験（採用試験）は、受験者が採用試験に係る官職についての標準職務遂行能力及び適性を有するかどうかを相対的に判定することを目的とする（相対評価）ものであり、受験資格を有する全ての国民に広く平等に公開されなければならない（公開平等の原則）。

国公法第46条
規則８－18第２条

採用試験については、規則８－18及び対象官職等政令に定めがある（「第３部　採用試験」参照）。

イ　採用試験の対象となる官職

国公法第45条の２
対象官職等政令第１条

採用試験の対象となる官職（試験対象官職）への職員の採用は、規則８－12第18条等の規定により選考によることが認められている場合を除き、採用試験により行うものとされており、国公法では、それぞれの採用試験において対象となる官職群を定めている。

①　総合職試験の対象となる官職群

政策の企画及び立案又は調査及び研究に関する事務をその職務とする係員の官職（「③」に該当するものを除く。）

②　一般職試験の対象となる官職群

定型的な事務をその職務とする係員の官職その他の係員の官職（「①及び③」に該当するものを除く。）

③　専門職試験の対象となる官職群

特定の行政分野に係る専門的な知識を必要とする事務をその職務とする係員の官職として政令で定めるもの

④　経験者採用試験の対象となる官職群

係員の官職より上位の職制上の段階に属する官職のうち、民間企業における実務の経験その他これに類する経験を有する者を採用するこ

とが適当なものとして政令で定めるもの

なお、これらの官職群の詳細は政令に委任されているが、公正性確保の観点から、当該政令は人事院の意見を聴いて定めることとされている。 *対象官職等政令第４条*

（注）特別法により、試験対象官職であっても、採用試験によらず、選考によることができるとされている場合の例
① 外務職員の採用
② 国際平和協力隊員の採用

外公法第10条
国際連合平和維持活動等に対する協力に関する法律第12条

ウ 採用試験の種類

国公法第45条の２第２項～第４項
対象官職等政令第１条、第２条、第４条

採用試験は、試験の対象となる官職群に求められる知識等の程度に応じて分類された者を対象とするものとして種類分けがなされている。

総合職試験及び一般職試験は、一定の範囲の知識等を有する者（例 大学院修士課程の修了者、大学卒業程度の者、高校卒業程度の者）として政令で定めるものごとに、また、専門職試験は、特定の行政分野に応じて一定の範囲の知識等を有する者として政令で定めるものごとに、それぞれ採用試験を行うこととされている。

それぞれの採用試験に求められる知識等の程度やそれぞれの専門職試験が対象とする特定の行政分野は政令に委任されているが、公正性確保の観点から、当該政令は人事院の意見を聴いて定めることとされている。

⑵ 採用候補者名簿

ア 名簿の作成

国公法第50条、第51条
規則８－12第10条第１項、第２項
平成24年指令８－１
平成21年人企－532第16条関係第１項

採用試験による職員の採用については、採用候補者名簿（以下「名簿」という。）を作成するものとされている。

名簿の制度は、成績主義に則り行われた採用試験の結果に基づき作成された名簿の中から任用すべき者を選択することを任命権者に対して義務付けるものであり、いわば任用制度の基礎となる重要な意義を持つものである。

試験機関（人事院。外務省専門職員採用試験については、外務省。）は、採用試験の最終合格者の決定後、直ちに、採用試験（区分試験又は地域試験が行われる場合には、それぞれ区分試験又は地域試験）ごとに名簿を作成する。

名簿には、採用試験の最終合格者の氏名及び得点を得点順に記載する。

（注）名簿の有効期間内に新たな名簿が作成されたときは、新旧名簿を統合して作成することができる。

イ　名簿の管理

試験機関の長（人事院総裁。外務省専門職員採用試験については、外務大臣。）は、名簿管理者として、その機関が作成する名簿に関することを管理する。なお、その権限は部内の職員に委任することができる（「第３部　採用試験」参照）。

名簿管理の事務には、採用候補者の削除・復活、名簿の訂正・変更、名簿の閲覧等が含まれる。

規則８－12 第11条～第16条
平成21年人企－532 第12条関係～第16条関係

(ア)　採用候補者の削除及び復活

①　採用候補者の削除

規則８－12第12条

名簿管理者は、次に掲げる場合に、名簿に記載されている採用候補者を、名簿から削除しなければならない。

i　当該名簿から任命された場合
ii　当該名簿から任命される意思のないことを名簿管理者等に申し出た場合
iii　再三の照会に応答しないこと等の事由により当該名簿から任命される意思がないと認められる場合
iv　心身の故障のため当該名簿の対象となる官職の職務の遂行に支障があり、又は堪えないことが明らかとなった場合
v　当該名簿の対象となる官職に必要な適格性を欠くことが明らかとなった場合
vi　受験資格が欠けていたことが明らかとなった場合
vii　受験の申込み又は試験において、主要な事実について虚偽又は不正の行為をしたことが明らかとなった場合
viii　死亡した場合

②　採用候補者の復活

規則８－12第13条

「①ⅱからｖ」により、名簿から削除された採用候補者から、当該名簿への復活の申出があった場合において、名簿管理者が相当の理由があると認めるときは、当該名簿に復活させることができる。

(イ)　名簿の訂正・変更

平成21年人企－532 第16条関係

名簿の記載事項の訂正・変更は、採用試験と任用の公正を確保するため、採用候補者の削除又は復活の場合のほかは、作成の過程における漏れ、書き損じ等事務上の誤り及び採用候補者の氏名その他の名簿の記載事項についての変更があったことを確認した場合に限り行うことができる。

(ウ) 名簿の閲覧

名簿は、受験者、任命権者その他の関係者の請求に応じて、その執務時間中、閲覧に供されなければならない。

また、閲覧に当たっては、名簿に記載されている事項に個人情報が含まれることを踏まえ、受験者、任命権者その他の関係者に応じて、閲覧の範囲を適切な範囲に限るものとされており、「その他の関係者」とは、受験者の代理者、各府省の採用担当職員など限定的に解する必要がある。

国公法第52条
規則８－12第15条
平成21年人企－532
第15条関係

ウ 名簿の有効期間

試験機関は、採用試験の最終の合格者を決定した後、直ちに、名簿を作成する。

規則８－12第10条、
第14条第１項

名簿は、最終の合格者を発表した日から効力を生じ、その有効期間は、名簿の効力が発生した日から１年とする。ただし、次に掲げる試験の名簿はそれぞれに掲げる期間とする。

・ 国家公務員採用総合職試験（院卒者試験）	５年
・ 国家公務員採用総合職試験（大卒程度試験）	５年 （教養区分試験にあっては６年６月）
・ 国家公務員採用一般職試験（大卒程度試験）	５年 （教養区分試験にあっては６年）
・ 財務専門官採用試験	５年
・ 国税専門官採用試験	５年
・ 労働基準監督官採用試験	５年
・ 航空管制官採用試験	１年３月

名簿管理者は、災害その他特別の事情により、必要と認める期間、有効期間を延長することができ、この場合、名簿管理者は、その旨を官報により告知しなければならない。

規則８－12第14条
第２項、第３項

また、採用候補者が名簿の有効期間内に採用希望時期を書面で申し出た場合は、名簿管理者はその申出の内容を関係の任命権者に通知しなければならない。

(3) 名簿からの採用の方法

ア 原則

規則８－12第８条
平成21年人企－532
第８条関係

職員の採用は、補充しようとする官職を対象として行われた採用試験の結果に基づいて作成された名簿に記載された者の中から、面接を行い、その結果を考慮して行うこととされている。

任命権者は、面接を行うに当たっては、平等取扱いの原則や能力実証主義に則りつつ、男女共同参画の趣旨も踏まえながら、例えば、複数回行うこと、志望者間で公正に取り扱うこと等適正な実施に留意しなければならない。

（注）面接に当たって、特に必要とされる場合を除いて大学等の成績を提出させること、必要以上に家族状況を聴取すること、戸籍謄本を提出させ、本人に返却せず保管することなどは避けるべきである。

イ　特例

(ア)　上位の官職に係る名簿からの採用

規則８－12第９条第１項

補充しようとする官職と職務の内容が十分類似し、かつ、職務の複雑と責任の度が上位の官職への名簿がある場合には、その名簿に記載されている者の中から面接を行い、その結果を考慮して採用することができる。

（注）補充しようとする官職に係る試験（下位の試験）からの採用として取り扱われる。

(イ)　他名簿からの採用

規則８－12第９条第２項
平成21年人企－532第９条関係第１項～第４項

次に掲げる場合には、人事院が定める基準に従い、他の区分試験（他名簿）又は地域試験（他地域名簿）の名簿に記載されている者の中から面接を行い、その結果を考慮して採用することができる。

①　補充しようとする官職に係る名簿がない場合（規則８－18第18条の規定により一部の区分試験又は地域試験を行わなかったため当該名簿が存しない場合のことをいう。）
②　当該官職を志望すると認められる採用候補者が５人に満たない場合

また、上記以外の場合には、試験機関が適当と認める他の名簿から採用することができる。この場合において、試験機関は、任命権者が補充しようとする官職と職務の複雑と責任の度が同等で職務内容が十分類似している官職を対象とする名簿を適当な名簿として認めるものとされている。

（注）この場合の試験機関の権限は、全国名簿は人事院事務総長に委任され、地域名簿は人事院地方事務局（所）長に委任されている。

(ウ)　指定他名簿からの採用

規則８－12第９条第３項

補充しようとする官職に係る名簿に記載されている者をもって当該官職を補充することが困難であると人事院が認めたときは、補充しようとする官職と職務の内容が十分類似し、かつ、職務の複雑と責任の度が同等の官職を対象とする当該名簿以外の名簿で人事院が指定するものに記載されている者であって、補充しようとする官職を対象として行われた採用試験の合格点に相当する点以上の得点のものの中から面接を行い、その結果を考慮して採用することができる。

㈔ 国家公務員採用一般職試験（大卒程度試験）行政区分等における本省庁採用

規則８－12第９条第４項
平成21年人企－532第９条関係第５項

一般職大卒程度行政地域試験の対象となる本省庁に属する官職について、当該官職を対象とする名簿に記載されている者のみでは本省庁に属する官職に求められる適性等を有する者を十分に得ることができないと見込まれるときは、当該名簿以外の一般職大卒程度行政地域試験の結果に基づいて作成された名簿に記載されている者で本省庁に属する官職に求められる適性等を有すると認めるものの中から面接を行い、その結果を考慮して採用することができる。一般職大卒程度教養地域試験についても同様に、本省庁に属する官職を対象とする名簿以外の一般職大卒程度教養地域試験に係る名簿を用いて採用することができる。

㈭ 地域移管

規則８－12第９条第５項
平成21年人企－532第９条関係第６項、第７項

補充しようとする官職に係る名簿及び「㈠」に掲げる名簿以外の名簿に記載されている採用候補者についてやむを得ない事情（転入学、転居等による地域的移動をいう。）がある場合において、試験機関がその者の得点等を考慮して適当と認めるときは、その者について面接を行い、その結果を考慮して採用することができる。

地域的移動は「㈡から㈔」の場合にも起こり得るが、「㈭」の場合は特に採用候補者側の事情によるものである。試験機関が適当と認めるに当たっては、当該名簿の対象官職とその採用候補者が記載されている名簿の対象官職とがその職務の複雑と責任の度において同等であり、かつ、職務内容が類似していること及びその者の得点から考慮して、当該名簿が作成された採用試験を受けたならば合格点以上を得たであろうと認められることが条件とされている。

（注）この場合の試験機関の権限は、全国名簿は人事院事務総長に委任され、地域名簿は人事院地方事務局（所）長に委任されている。

⑷ 任用替え

規則８－12第９条第６項
平成21年人企－532第９条関係第８項

任命権者は、採用候補者が現に常勤官職に任命されているときは、その者について面接を行い、その結果を考慮して、昇任させ、転任させ、配置換し又はその者の同意を得て降任させることができる。

これは、名簿からの任命は、本来採用の方法によるべきものとされているが、現に常勤官職に任命されている職員（臨時的職員を除く。）であるときに、その者が辞職することなく、昇任等させることができることとするものである。

(5) 選択・任命結果の通知

任命権者は、名簿に記載されている者の中から任命しようとする者を選択した場合には、その者の氏名、名簿の名称、試験区分、採用予定年月日等を速やかに名簿管理者に、通知するものとする。

また、採用候補者が名簿から任命された場合、任命される意思がないことを申し出た場合又は任命される意思がないと認められる場合も、その旨を名簿管理者に速やかに通知しなければならない。

規則８－12第17条
平成21年人企－532 第17条関係
規則８－12第12条 第２項
平成21年人企－537 第２項

２　選考採用

(1) 選考の方法により採用することができる場合

選考の方法により採用することができるのは、「ア」に掲げる官職への採用の場合及び「イ」の特例による場合である。

ア　選考により採用することができる官職

(ア) 係員の官職以外の官職

① 係員以外の官職（ただし、係員以外の官職であっても経験者採用試験を実施する場合には、同試験は係員の官職より上位の官職を対象とするものであることから試験対象官職となる。）

国公法第36条
規則８－12第７条の２
平成26年人事院公示 第13号第１項

② 係員に準ずる官職（航海士補、研究官、研究補助員等）以外の官職

規則８－12第18条 第３項

なお、特定官職への選考採用については、幹部職員人事の一元管理の対象となる幹部職への採用の場合や、特別職の属する職等からの採用等の場合であって一定の要件を備えている場合を除き、人事院との事前の協議が必要とされている。

（注１）協議は、次の「ⅰ」又は「ⅱ」に該当する場合であって、規則８－12第25条各号に掲げる要件及び第30条第１項各号に掲げる要件を満たしている者と同等と認められる者（他府省等での勤務経験に係る要件のみ満たさない者である場合は、官職に係る能力及び適性の有無を的確に判定し得る複数の者によって構成される選考委員会が一定の要件を満たすと認める者）を採用するときには要しない。

ⅰ　特別職に属する職、地方公務員の職、沖縄振興開発

平成21年人企－532 第18条関係第９項～第12項

金融公庫若しくは規則12－０（職員の懲戒）第９条各号に掲げる法人に属する職に現に正式に就いている者又は港湾法若しくは民間資金等の活用による公共施設等の整備等の促進に関する法律に規定する国派遣職員を採用する場合

ⅱ　定年前再任用短時間勤務職員としての再任用の場合

（注２）「（注１）」により採用を行った場合には、人事院に報告しなければならない。

(ｲ)　係員の官職のうち次に掲げる官職

① 特別職に属する職、地方公務員の職、行政執行法人以外の独立行政法人（国立大学法人及び大学共同利用機関法人を含む。）に属する職、沖縄振興開発金融公庫に属する職その他これらに準ずる職に現に正式に就いている者をもって補充しようとする官職でその者が現に就いている職と同等以下と認められるもの（一般職の国家公務員に類似する職に就いている者については、当該組織の採用手続を経て採用され、更に実務に携わった実績を能力実証主義の観点から尊重しようとする趣旨）　　規則８－12第18条第１項第１号

（注１）「これらに準ずる職」とは、規則12－０（職員の懲戒）第９条各号に掲げる法人に属する職をいう。　　平成21年人企－532第18条関係第１項

（注２）「正式に就いている者」とは、条件付任用期間中の者及びこれに類する者、臨時的に任用されている者並びに非常勤の者を除く趣旨である。　　平成21年人企－532第18条関係第２項

なお、現に正式に就いている者をもって補充しようとする官職が、その者が現に就いている職と同等以下であるかどうかについて疑義のある場合には、人事院と協議するものとする。

② かつて職員であった者をもって補充しようとする官職でその者がかつて正式に任命されていた官職と職務の複雑と責任の度が同等以下と認められるもの（かつて職員として在職していた者を採用しようとする場合は、再度競争試験により能力の実証を行う必要がないため）　　規則８－12第18条第１項第２号

（注）「正式に任命されていた官職」には、条件付任用期間中に任命されていた官職、臨時的に任用されていた官職及び非常勤官職は含まれない。　　平成21年人企－532第18条関係第３項

なお、かつて職員であった者をもって補充しようとする官職がその者がかつて正式に任命されていた官職と職務の複雑

と責任の度が同等以下であるかどうかについて疑義のある場合には、人事院と協議するものとする。

③　採用試験を行っても十分な競争者が得られないことが予想される官職又は職務と責任の特殊性により職務の遂行能力について職員の順位の判定が困難な官職で、選考による採用について人事院が定める基準を満たすもの（例えば、特殊の知識又は技能を必要とする研究官に大学院博士課程の修了要件を満たした者を採用しようとする場合などは、競争試験により標準職務遂行能力及び適性を相対的に判定することが困難であるため）　規則８－12第18条第１項第３号

（注）「人事院が定める基準」は次のとおりである。ただし、特別の事情により次に掲げる基準により難い場合には、あらかじめ選考による採用について人事院事務総長の承認を得て選考により採用することができる。　平成21年人企－532第18条関係第４項

ⅰ　試験研究機関等の研究官の官職に、大学院修士課程の修了要件を満たし高度の研究業績を有するもの又は大学院博士課程の修了要件を満たした者等をもって補充するものであること

ⅱ　選考対象者の募集に当たって、インターネットの利用、公共職業安定所への求人申込み等により告知を行うなどできる限り広く募集が行われていること（この場合、十分な期間を設けて周知するとともに、できる限り多様な方法によるよう努めなければならない。）

ⅲ　当該選考が、採用しようとする官職の職務遂行の能力の有無を的確に判定し得る複数の者によって構成される選考委員会の審査を経て行われていること

④　特別の知識、技術又はその他の能力を必要とする官職で、当該特別の知識、技術又はその他の能力に照らして採用試験によることが不適当であると認められるものとして人事院が定めるもの（採用試験の区分試験で検証される能力との関係で特別の知識、技術等の能力を必要とする官職や職務遂行上、免許を必要とする官職等については、採用試験によることが不適当であると認められるため）　規則８－12第18条第１項第４号

（注）「人事院が定めるもの」の具体的な官職は、平成26年人事院公示第13号第２項に掲げられている。

⑤　庁舎の監視その他の庁務等を職務の内容とする官職で、当該職務の内容に照らして採用試験によることが不適当であると認められる　規則８－12第18条第１項第５号

ものとして人事院が定めるもの（守衛、用務員、自動車運転手等が従事する事務をつかさどる官職については、職務の内容に照らして採用試験によることが不適当であるため） （注）「人事院が定めるもの」の具体的な官職は、平成26年人事院公示第13号第３項に掲げられている。	
⑥　補充しようとする官職に係る名簿がない官職又は補充しようとする官職に係る名簿において当該官職を志望すると認められる採用候補者が５人に満たない官職で選考による採用について人事院の承認を得たもの（新たな名簿が確定するまでの間、欠員のままにしておくことにより各府省の業務執行に支障を与えないため）	規則８－12第18条第１項第６号
⑦　相互の了解のもとに計画的に行われる人事交流により次に掲げる者をもって補充しようとする官職（人事交流による採用の場合は競争試験を行う必要がないとするもの） ⅰ　かつて職員であった者で、任命権者の要請に応じ、引き続き特別職に属する職、地方公務員の職、行政執行法人以外の独立行政法人（国立大学法人及び大学共同利用機関法人を含む。）に属する職、沖縄振興開発金融公庫に属する職その他これらに準ずる職に就き、引き続いてこれらの職に就いているもの（これらの職のうち一の職から他の職に１回以上引き続いて異動した者を含む。）又は港湾法若しくは民間資金等の活用による公共施設等の整備等の促進に関する法律に規定する国派遣職員 ⅱ　特別職に属する職、地方公務員の職、行政執行法人以外の独立行政法人（国立大学法人及び大学共同利用機関法人を含む。）に属する職、沖縄振興開発金融公庫に属する職その他これらに準ずる職に就いている者で、採用後一定期間を経過した後に退職し、これらの職に復帰することが前提とされているもの	規則８－12第18条第１項第７号
（注）「これらに準ずる職」とは、規則12－０（職員の懲戒）第９条各号に掲げる法人（「ⅱ」にあっては、株式会社であるものを除く。）に属する職をいう。	平成21年人企－532第18条関係第１項
⑧　育児休業法第７条第１項又は第23条第１項の規定により任期を定めて採用された者をもって補充しようとする官職（育児休業職員及び育児短時間勤務職員の業務を処理するための代替要員を任期を定めて採用する場合は競争試験を行う必要がないこととするもの）	規則８－12第18条第１項第８号
⑨　配偶者同行休業法第７条第１項の規定により任期を定めて採用さ	規則８－12第18条

れた者をもって補充しようとする官職（配偶者同行休業職員の業務を処理するための代替要員を任期を定めて採用する場合は競争試験を行う必要がないこととするもの） 第１項第９号

⑩　規則８－12第42条第２項の規定により任期を定めて採用された者をもって補充しようとする同項第３号に掲げる官職（産前産後休暇中の職員の業務を処理するために任期を定めて採用する場合は競争試験を行う必要がないこととするもの） 規則８－12第18条第１項第９号の２

⑪　その他採用試験によることが不適当であると認められる官職で選考による採用について人事院の承認を得たもの 規則８－12第１項第10号

イ　公務の活性化のために民間の人材を採用する場合の特例 規則１－24第１条

部内の養成では得られない高度の専門性や多様な経験を有する民間の人材を円滑に採用し、公務の活性化に資するための採用の方法等の特例である。

(ア)　対象

行政職俸給表（一）、専門行政職俸給表、税務職俸給表、公安職俸給表（一）、公安職俸給表（二）の適用を受ける職員（行政職俸給表（一）等適用職員）

行政執行法人の職員のうち行政職俸給表（一）等適用職員の職務とその種類が類似する職務に従事する職員

を採用する場合で以下に掲げる場合には、選考によることができる。

①　公務外における専門的な実務の経験等により高度の専門的な知識経験を有すると認められる者を採用する場合で、採用以外の任用の方法により当該知識経験を必要とする職務に従事させる人材を確保することが困難であるとき 規則１－24第２条第１項第１号

例　弁護士、公認会計士等

②　行政の新たな需要に対応するため、公務外における実務の経験等を通じて公務に有用な資質等を有すると認められる者を採用する場合で、採用以外の任用の方法により当該需要に対応するための職務に従事させる人材を確保することが困難であるとき、又は十分に得ることができないとき 規則１－24第２条第１項第２号イ

例　金融、原子力保安等の実務経験等を通じて公務に有用な資質等を有する者

③　公務と異なる分野における多様な活動、経験等を通じて公務に有用な資質等を有すると認められる者を採用する場合で、その者を職務に従事させることが公務の能率的運営に資すると認められるとき　　規則１－24第２条第１項第２号ロ

例　通信、建築、土木等の経験等を通じて公務に有用な資質等を有する者

(イ)　採用の手続　　平成10年管総－280

任命権者は人事院の定める基準に従い選考採用を行う。

(2)　選考の目的　　規則８－12第19条

選考は、選考される者が、補充しようとする官職に係る能力及び適性を有するかどうかを判定することを目的とする。

(3)　選考に関する権限　　規則８－12第20条

ア　任命権者は、選考に関し次に掲げる権限及び責務を有し、その権限は、部内の職員に委任することができる。

①　選考を実施すること

②　選考の実施に必要な事項について調査を行うこと

③　その他国公法及び規則によりその権限に属させられた事項

イ　人事院は、任命権者の委任を受けて、「ア」に掲げる権限の一部を行うことができる。

(4)　選考の方法　　規則８－12第21条

選考は、選考される者が、官職に係る能力及び適性を有するかどうかを、経歴、知識又は資格を有すること等を要件とする任命権者が定める基準に適合しているかどうかに基づいて判定するものとし、その判定は、人事院が定めるところにより、任命権者が次に掲げる方法により行う。

①　一般的な知識及び知能若しくは専門的な知識、技術等についての筆記試験若しくは文章による表現力若しくは課題に関する理解力等についての論文試験若しくは作文試験又はこれらに代わる適当な方法

②　人柄、性向等についての人物試験、技能等の有無についての実地試験又は過去の経歴の有効性についての経歴評定

③　補充しようとする官職の特性に応じ、身体検査、身体測定若しくは体力検査又はこれらに代わる適当な方法

(注) 任命権者は、「①から③」に掲げる能力実証方法の中から３以上（「①」に掲げる方法及び「②」に掲げる方法の中からそれぞれ少なくとも１以上）選択しなければならない。ただし、後掲の　　平成21年人企－532第21条関係

「⑸ア④」の場合における能力実証方法については、「②」に掲げる方法の中から１以上選択すれば足りる。

⑸　選考の手続

ア　任命権者は、選考に当たっては、官職に係る能力及び適性にかかわらず、インターネットの利用、公共職業安定所への求人の申込み等による告知を行い、できる限り広く募集を行わなければならない。ただし、次のいずれかに該当する場合は、この限りでない。　　規則８－12第22条第１項

① 官職に必要とされる知識、経験等の性質が特殊である等の事情から公募により難い場合

② 特別職に属する職等に現に正式に就いている者をもって補充しようとする係員等の官職でその者が現に就いている職と同等以下と認められる官職に採用しようとする場合（「⑴ア㈠①」の場合）

③ 相互の了解のもとに計画的に行われる人事交流により補充しようとする係員等の官職に採用しようとする場合（「⑴ア㈠⑦」の場合）

④ 産前産後休暇中の係員等の職務を処理するために任期を定めて採用された職員を、その任期の満了後に引き続いて、同一の業務に従事させるため、育児休業職員の業務を処理するための代替要員として任期を定めて係員等の官職に採用しようとする場合

（注）募集を行う場合には、十分な期間を設けて周知するよう努めるとともに、できる限り多様な方法によるよう努めなければならない。　　平成21年人企－532第22条関係

イ　「ア」の告知の内容は、次に掲げる事項である。　　規則８－12第22条第２項

① 選考に係る官職についての職務と責任の概要
② 選考の結果に基づいて採用された場合の初任給その他の給与
③ 応募資格
④ 選考の実施時期及び場所
⑤ 応募の受付期間及び方法その他必要な手続
⑥ 選考の方法の概要
⑦ その他必要と認める事項

⑹　選考の監査　　規則８－12第23条

人事院は、任命権者が行う選考の状況及び結果を随時監査し、国公法及び規則に違反していると認めた場合は、その是正を指示することができる。

⑺　選考による採用の報告　　規則８－12第24条　規則１－24第２条

任命権者は、次に掲げる選考による採用を行った場合には、その旨を人

事院に報告しなければならない。　　第２項

①　採用試験を行っても十分な競争者が得られないことが予想される官職等で、選考による採用について人事院が定める基準を満たすものを係員等の官職に採用した場合（「(1)ア(イ)③」の場合）

②　育児休業法第７条第１項又は第23条第１項の規定により任期を定めて採用された者をもって補充しようとする係員等の官職に採用した場合（「(1)ア(イ)⑧」の場合）

③　配偶者同行休業法第７条第１項の規定により任期を定めて採用された者をもって補充しようとする係員等の官職に採用した場合（「(1)ア(イ)⑨」の場合）

④　産前産後休暇中の係員等の職務を処理するために任期を定めて採用した場合（「(1)ア(イ)⑩」の場合）

⑤　特定幹部職に採用した場合

⑥　公務の活性化のために民間の人材を採用する場合の特例により採用した場合（「(1)イ」の場合）　　平成21年人企－532 第24条関係

（注１）報告は、「①から④」については前年度における状況を毎年５月31日までに、「⑤」については採用後原則として30日以内に、「⑥」については採用後遅滞なく行わなければならない。　　平成10年管総－280 第２条関係第３項

（注２）「特定幹部職」とは、人事院、検察庁、会計検査院又は警察庁以外の本省の部長級以上の官職をいう。

Ⅳ　昇任

1　定義

職員をその職員が現に任命されている官職より上位の職制上の段階に属する官職に任命することをいう。

国公法第34条第１項第２号

2　昇任の方法等

規則８－12第25条

任命権者は、職員を特定幹部職に昇任させる場合を除き、次の「⑴から⑶」に掲げる官職の区分に応じ、それぞれに定める要件を満たす職員のうち、人事評価の結果に基づき官職に係る能力及び適性を有すると認められる者（「⑶」に掲げる官職に昇任させる場合にあっては、国の行政及び所管行政の全般について、高度な知識及び優れた識見を有し、指導力を有すると認められる者に限る。）の中から、人事の計画その他の事情を考慮した上で、最も適任と認められる者を昇任させることができる。

⑴　本省室長級以下の官職（「⑵及び⑶」に掲げる官職以外の官職）

ア　昇任させようとする日以前における直近の連続した２回の能力評価のうち、一の能力評価の全体評語が「優良」の段階以上であり、かつ、他の能力評価の全体評語が「良好」の段階以上であること（本省の係長の官職その他の人事院が定める官職に昇任させる場合にあっては、この要件に準ずるものとして人事院が定める要件を含む。）

規則８－12第25条第１号イ

（注１）「全体評語」とは、人事評価政令第９条第３項（人事評価政令第14条において準用する場合を含む。）に規定する確認が行われた人事評価政令第６条第１項に規定する全体評語をいう（以下同じ。）。

（注２）「人事院が定める官職」は、標準的な官職が係員又は飛行員、航海士補、研究補助員、教育補助員、甲板員又は審査官補である職制上の段階の直近上位の職制上の段階に属する官職（当該官職が属する職制上の段階が最上位の職制上の段階である場合の当該官職を除く。）とする。

平成21年人企－532第25条関係第１項

（注３）「人事院が定める要件」は、昇任させようとする日以前における直近の連続した２回の能力評価の全体評語がいずれも「良好」の段階であって、直近の能力評価の評価期間において職員が職務遂行の中でとった行動について評価項目に照らして優れた行動がみられ、かつ、その他の行動は当該職員に求められる能力の発揮の程度に達していること等「ア」に掲げる要件を満たした場合に準ずると認められることとする。

平成21年人企－532第25条関係第２項

イ　昇任させようとする日以前における直近の連続した４回の業績評価のうち、一の業績評価の全体評語が「優良」の段階以上であり、かつ、他

規則８－12第25条第１号ロ

の業績評価の全体評語が「良好」の段階以上であること（本省の係長の官職その他の人事院が定める官職に昇任させる場合にあっては、この要件に準ずるものとして人事院が定める要件を含む。）

（注１）「人事院が定める官職」は「ア（注２）」と同じ。

（注２）「人事院が定める要件」は、昇任させようとする日以前における直近の連続した４回の業績評価の全体評語がいずれも「良好」の段階であって、直近の業績評価の評価期間において職員が挙げた業績について果たすべき役割に照らして優れた業績がみられ、かつ、その他の業績は当該職員に求められる当該役割を果たした程度に達していること等「イ」に掲げる要件を満たした場合に準ずると認められることとする。 平成21年人企－532 第25条関係第３項

ウ　昇任させようとする日以前１年以内に、国公法第82条の規定に基づく懲戒処分又はこれに相当する処分（以下「懲戒処分等」という。）を受けていないこと及び同日において職員から聴取した事項又は調査により判明した事実に基づき懲戒処分等を受けることが相当とされる行為をしていないこと 規則８－12第25条第１号ハ

（注）「これに相当する処分」とは、昇任させようとする者が特別職に属する職等に在職していた期間又は港湾法若しくは民間資金等の活用による公共施設等の整備等の促進に関する法律に規定する国派遣職員であった期間中の国公法第82条の規定に基づく懲戒処分に相当する処分のことをいう。 平成21年人企－532 第25条関係第４項

(2)　本省課長の官職その他の人事院が定める官職（「(3)」に掲げる官職を除く。） 規則８－12第25条第２号

（注）「人事院が定める官職」は、標準的な官職が本省の室長である職制上の段階より上位の職制上の段階に属する官職（「(3)」の「人事院が定める官職」及び特定幹部職に該当する官職を除く。）とする。 平成21年人企－532 第25条関係第５項

ア　昇任させようとする日以前における直近の連続した２回の能力評価のうち、一の能力評価の全体評語が「非常に優秀」の段階以上であり、かつ、他の能力評価の全体評語が「良好」の段階以上であること 規則８－12第25条第２号イ

イ　昇任させようとする日以前における直近の連続した４回の業績評価のうち、一の業績評価の全体評語が「優良」の段階以上であり、かつ、他の業績評価の全体評語が「良好」の段階以上であること 規則８－12第25条第２号ロ

ウ　昇任させようとする日以前２年以内で懲戒処分等の種類別に人事院が 規則８－12第25条

定める期間において懲戒処分等を受けていないこと及び同日において職員から聴取した事項又は調査により判明した事実に基づき懲戒処分等を受けることが相当とされる行為をしていないこと	第2号ハ
（注）「人事院が定める期間」は、次に掲げる懲戒処分等（「(1)ウ」の懲戒処分等をいう。）の種類の区分に応じた期間とする。 ① 停職又はこれに相当する処分 2年 ② 減給又はこれに相当する処分 1年6月 ③ 戒告又はこれに相当する処分 1年	平成21年人企－532 第25条関係第6項
(3) 特定幹部職以外の幹部職その他の人事院が定める官職 （注）「人事院が定める官職」は、標準的な官職が本省の課長である職制上の段階より上位の職制上の段階に属する官職（特定幹部職に該当する官職を除く。）とする。	規則8－12第25条 第3号 平成21年人企－532 第25条関係第7項
ア 昇任させようとする日以前における直近の連続した2回の能力評価のうち、一の能力評価の全体評語が「非常に優秀」の段階以上であり、かつ、他の能力評価の全体評語が「優良」の段階以上であること	規則8－12第25条 第3号イ 平成21年人企－532 第25条関係第8項
ただし、次に掲げる場合にあっては、次の掲げる要件を満たすこと ① 昇任させようとする日以前における直近の連続した2回の能力評価の全体評語の全部が3段階で付されたものである場合 当該全体評語がいずれも上位の段階であること ② 昇任させようとする日以前における直近の連続した2回の能力評価の全体評語の全部又は一部が6段階で付されたものである場合 当該連続した2回の能力評価のうち、一の能力評価の全体評語が上位の段階又は「非常に優秀」の段階以上であり、かつ、他の能力評価の全体評語が「優良」の段階以上であること	
イ 昇任させようとする日以前における直近の連続した4回の業績評価のうち、一の業績評価の全体評語が「非常に優秀」の段階以上であり、かつ、他の業績評価の全体評語が「良好」の段階以上であること	規則8－12第25条 第3号ロ
ただし、次に掲げる場合にあっては、次に掲げる要件を満たすこと ① 昇任させようとする日以前における直近の連続した4回の業績評価の全体評語の全部が3段階で付されたものである場合 当該連続した4回の業績評価のうち、一の業績評価の全体評語が上位の段階であり、かつ、他の業績評価の全体評語が上位又は中位の段階であること ② 昇任させようとする日以前における直近の連続した4回の業績	平成21年人企－532 第25条関係第9項

評価の全体評語の全部又は一部が６段階で付されたものである場合　当該連続した４回の業績評価のうち、一の業績評価の全体評語が上位の段階又は「非常に優秀」の段階以上であり、かつ、他の業績評価の全体評語が上位若しくは中位の段階又は「良好」の段階以上であること	
ウ　「(2)ウ」に掲げる要件を満たしていること	規則８－12第25条第３号ハ

Ⅴ　転任

1　定義

職員をその職員が現に任命されている官職以外の官職に任命することであって昇任、降任又は配置換に該当しないものをいう。

国公法第34条第１項第４号
規則８－12第４条第４号

2　転任の方法等

任命権者は、職員を特定幹部職に転任させる場合を除き、人事評価の結果に基づき官職に係る能力及び適性を有すると認められる者の中から、人事の計画その他の事情を考慮した上で、最も適任と認められる者を転任させることができる。

規則８－12第26条第１項

⑴　本省の室長の官職等への転任

標準的な官職が本省の課長補佐である職制上の段階より上位の職制上の段階に属する官職（特定幹部職に該当する官職を除く。）への転任については、上記にかかわらず、「昇任」に係る要件を準用する。

規則８－12第26条第２項

（参考）国公法における職制上の段階は部局等の区分ごとに定められており、原則として、異なる組織区分での上下関係を判断することができないが、転任の中には昇任的効果を有する転任が生ずる可能性があることから、このような転任については、昇任と同様の基準を課す必要があるという考え方に基づくものである。しかしながら、昇任的効果を有する転任は、係長級以上の全ての職制上の段階において生ずることとなるところ、あらゆる段階についてチェックすることは限界がある。このため、本省室長級の官職や地方機関において本省室長級に相当する標準的な官職は当該機関における管理監督的立場にあることを考慮し、本省室長級以上の官職に転任する場合については、昇任候補者選抜の要件を課してチェックすることとされたものである。

⑵　下位の職制上の段階に属する官職への転任の制限

任命権者は、降任された場合、職員の同意を得た場合その他特別の事情がある場合を除き、職員がかつて属していた部局又は機関等で占めていた官職より当該部局又は機関等の下位の職制上の段階に属する官職に転任させることとならないようにしなければならない。

規則８－12第26条第３項

（参考）これは、異なる部局等の間の異動などで必ずしも職制上の段階の上下関係が明確でない場合にも「転任」となるが、そのような異動を繰り返すことによって、職員がかつて属していた官職より下位の職制上の段階に異動させることを防止するものである。

Ⅵ　配置換

1　定義

職員をその職員が現に任命されている官職と任命権者を同じくする他の官職（その存する部局又は機関等（これらに準ずるものとして人事院が定めるものを含む。）及び職制上の段階を同じくするものに限る。）に任命することをいう。

規則８－12第４条第５号

（注）「人事院が定めるもの」は、外務職員の標準的な官職を定める省令（平成21年外務省令第４号）に規定する部局又は機関とする。

平成21年人企－532第４条関係第１項

2　配置換の方法等

規則８－12第27条

任命権者は、職員を特定幹部職に配置換しようとする場合を除き、人事評価の結果に基づき配置換しようとする官職についての適性を有すると認められる者の中から、人事の計画その他の事情を考慮した上で、最も適任と認められる者を配置換することができる。ただし、配置換しようとする日以前における直近の能力評価又は業績評価の全体評語が下位又は「不十分」の段階である職員を配置換しようとする場合には、当該職員の人事評価の結果に基づき官職に係る能力及び適性を有するか否かを確認するものとする。

Ⅶ　評価結果の全部又は一部がない場合における昇任、転任又は配置換の特例

任命権者は、職員が国際機関又は民間企業に派遣されていたこと等の事情により、能力評価又は業績評価の全体評語の全部又は一部がない場合には、人事院が定めるところにより、当該職員の人事評価の結果又は勤務の状況、派遣されていた国際機関又は民間企業の業務への取組状況等を総合的に勘案して官職に係る能力及び適性の有無を判断するとともに、人事の計画その他の事情を考慮した上で、当該職員を昇任させ、転任させ、又は配置換することができる。

規則８－12第28条

（注１）「国際機関又は民間企業に派遣されていたこと等の事情」には、国際機関又は民間企業に派遣されていたことのほか、例えば、育児休業法第３条の規定による育児休業（以下「育児休業」という。）をしていたこと、休職にされていたことが含まれる。

（注２）「人事評価の結果又は勤務の状況」とは、国際機関、民間企業等への派遣、育児休業、休職等の前後の人事評価の結果又は勤務の状況（国際機関、民間企業等への派遣、育児休業又は研究所等の業務に従事することによる休職から職務に復帰した場合であって、当該派遣等の後の人事評価の結果又は勤務の状況がないときには、当該派遣等の前の人事評価の結果又は勤務の状況）をいう。

（注３）任命権者は、「派遣されていた国際機関又は民間企業の業務への取組状況」の把握に努めなければならない。

（注４）任命権者は、この特例により職員を昇任させ、転任させ、又は配置換しようとする場合には、当該職員の人事評価の結果又は勤務の状況、派遣されていた国際機関又は民間企業の業務への取組状況等を総合的に勘案して昇任等の要件を満たす職員等とみなすものとする。

（注５）任命権者は、特別の事情により、「（注４）」によることができない場合又は適当でない場合には、あらかじめ人事院事務総長と協議して、別段の定めをすることができる。

平成21年人企－532
第28条関係

Ⅷ　降任

1　定義

職員をその職員が現に任命されている官職より下位の職制上の段階に属する官職に任命することをいう。

国公法第34条第１項第３号

2　降任の方法等

規則８－12第29条

① 任命権者は、職員を降任させる場合（特定幹部職に降任させる場合を除く。）には、当該職員の人事評価の結果又は勤務の状況に基づき官職に係る能力及び適性を有すると認められる官職に、当該職員についての人事の計画への影響等を考慮して、行うものとする。

② 任命権者は、職員から書面による同意を得て、上記の方法により、職員を降任させることができる。

（注）職員から書面による同意を得た場合、分限処分ではなく国公法第35条の規定による欠員補充の方法としての降任となる。

Ⅸ　特定官職への昇任、降任、転任又は配置換の特例

1　要件

職員を特定官職（特定幹部職に該当する官職を除く。）に昇任等（昇任、降任、転任又は配置換）させようとする場合には、通常の昇任等に関する規定によるほか、次の「①から③」の要件（昇任等させようとする官職が特定幹部職以外の幹部職又は管理職である場合にあっては「②及び③」の要件）を満たさなければならない。

規則８－12第30条第１項

（注１）幹部職とは、内閣府若しくは各省に置かれる庁の長官、各省の事務次官若しくは内部部局の局長若しくは部長の官職又はこれらの官職に準ずる官職であって幹部職員の任用等に関する政令第２条第１項で定めるものを占める職員をいう。

国公法第34条第１項第６号

（注２）管理職とは、各省の課長若しくは室長の官職又はこれらの官職に準ずる官職であって幹部職員の任用等に関する政令第２条第２項で定めるものを占める職員をいう。

国公法第34条第１項第７号

①　昇任等させようとする官職が職務の段階のうち最下位の職務の段階に属する官職の場合（当該職務の段階に属する官職に就いていたことがない場合にあっては、当該職務の段階より上位の職務の段階に属する官職へ最初に昇任等させようとする場合）にあっては、昇任等させようとする者がその在職している府省等以外の府省等、在外公館、地方公共団体、民間企業等での勤務の経験又は人事院が定める研修の受講の経験を有しており、管理的又は監督的地位にある者にふさわしい幅広い能力及び柔軟な発想力を有していると認められること。

規則８－12第30条第１項第１号

（注）「勤務の経験」には、国会、裁判所、国際機関等での勤務の経験を含むものとし、「人事院が定める研修」は、複数の府省の職員を対象として、職務の遂行に必要とされる行政的視野の拡大及び管理的能力、社会的識見等の向上に資するものとして実施される研修で、人事院事務総長が指定するものとする。

「人事院事務総長の指定」は、平成21年人企－538（人事院規則８－12（職員の任免）の運用について第30条関係第１項に基づく研修の指定について）においてなされており、この指定は、平成10年５月１日前に本省の課に置かれる室長、課長補佐及びこれらの官職と職務の複雑と責任の度が同等の官職に昇任した職員について適用することとされている。

平成21年人企－532第30条関係第１項

研修名	実施機関
行政研修（係長級特別課程）	人事院
行政研修（課長補佐級特別課程）	人事院
管理者要員啓発課程	総務省

（注）1　「行政研修（係長級特別課程）」には、平成10年度まで実施された「行政研修基礎課程（係長級）」を含む。

2　「行政研修（課長補佐級特別課程）」には、平成11年度まで実施された「行政研修（課長補佐級マネジメントコース）」を含む。

3　上記の他、平成19年度までに人事院が実施した「本省庁課長補佐研修」も人事院の定める研修に含むものとする。

②　昇任等させようとする日以前２年以内において刑事起訴休職又はこれに相当する処分を受けていないこと。　規則８－12第30条第１項第２号

③　昇任等させようとする日において、刑事事件に関して、起訴されていないこと及び職員から聴取した事項又は調査により判明した事実に基づき犯罪があると思料するに至った行為をしていないこと。　規則８－12第30条第１項第３号

２　報告

任命権者は、特定官職に職員を昇任等させた場合（「Ⅹ　昇任等についての別段の定め」による場合を除く。）には、その旨を人事院に報告するものとする。　規則８－12第30条第２項

（注）人事院に対する報告は、「任用関係の承認申請等の手続について」第５項に規定する手続により、特定官職に職員を昇任等させた後、原則として30日以内に行うものとする。　平成21年人企－532第30条関係第２項

Ⅹ　昇任等についての別段の定め

任命権者は、特別の事情により、「Ⅳ　昇任」（「Ⅴ　転任」において準用する場合を含む。）又は「Ⅸ　特定官職への昇任、降任、転任又は配置換の特例」によることができない場合又は適当ではない場合には、あらかじめ人事院と協議して、別段の定めをすることができる。この場合において、当該別段の定めは、任免の公正の確保その他の任免の基本原則等に則したものでなければならない。　規則８－12第31条

（注１）この協議は、「任用関係の承認申請等の手続について」第６項に規定する手続により、任命権者がこの別段の定めを行う前に協議手続が終了するよう十分な余裕をもって行うものとする。　平成21年人企－532 第31条関係第１項

（注２）任命権者は、平成10年５月１日前に本府省の課に置かれる室長、課長補佐及びこれらの官職と職務の複雑と責任の度が同等の官職に昇任した者が、「Ⅸ　特定官職への昇任、降任、転任又は配置換の特例」の「１①」に掲げる経験（他府省等での勤務経験等）を有していない場合には、次に掲げる経験を他府省等での勤務経験等とみなすことについて、あらかじめ人事院と協議したものとして取り扱うことができる。　平成21年人企－532 第31条関係第２項

① 行政官長期在外研究員等としての留学の経験
② 外局（法律で国務大臣をもってその長に充てることと定められている庁を除く。以下同じ。）に採用された者の本府省又は当該本府省に置かれる他の外局での勤務の経験
③ 管区機関（複数の都府県の地域又は北海道を管轄区域とする相当の規模を有する地方支分部局をいう。）又はこれに準ずる郵政民営化法による解散前の日本郵政公社の事務所における管理的若しくは監督的地位での勤務の経験
④ 本府省に採用された者の外局での勤務の経験

（注３）特定官職（特定幹部職に該当する官職を除く。）に昇任させ、降任させ、転任させ、又は配置換しようとする場合において、能力評価又は業績評価を活用した昇任の要件を満たさないとき（転任において準用する場合を含む。）又は他府省等での勤務経験等の要件を満たさないときにおいて、官職に係る能力及び適性の有無を的確に判定し得る複数の者によって構成される選考委員会が次に掲げる要件を満たすと認める場合は、人事院と協議したものとして取り扱うことができる。　平成21年人企－532 第31条関係第３項

① 顕著な業績等に基づき補充しようとする官職の職務を遂行する十分な能力を有していると認められること

② 補充しようとする官職が特定官職の職務の段階のうち最下位の職務の段階に属する官職の場合（当該職務の段階に属する官職に就いていたことがない場合にあっては、当該職務の段階より上位の職務の段階に属する官職へ最初に昇任等させようとする場合）にあっては、顕著な業績等に基づき管理的又は監督的地位にある者にふさわしい幅広い能力及び柔軟な発想力を有していると認められること

（注４）任命権者は、「（注３）」を適用して、職員を昇任等させた場合には、遅滞なく、次に掲げる事項を記載した文書により人事院に報告しなければならない。

平成21年人企－532 第31条関係第４項

① 任命された官職及びその職務の内容
② 任命された者の氏名
③ 当該任命された者が有する顕著な業績等
④ 任命年月日
⑤ 「（注３）」に掲げる選考委員会の構成及び結果の概要
⑥ その他参考となる事項

第３節　条件付任用期間

１　意義

国公法は「職員の採用及び昇任は、職員であつた者又はこれに準ずる者のうち、人事院規則で定める者を採用する場合その他人事院規則で定める場合を除き、条件付のものとし、職員が、その官職において６月の期間（６月の期間とすることが適当でないと認められる職員として人事院規則で定める職員にあつては、人事院規則で定める期間）を勤務し、その間その職務を良好な成績で遂行したときに、正式のものとなるものとする。」と規定している。　国公法第59条第１項

採用試験又は選考によって採用し、又は昇任させた職員は、これらの手続を経て、知識、技術、人物性向等について能力の実証を得ているものの、職務遂行能力を真に有するかどうかは、実務に携わって初めて明らかになる場合が少なくない。

そこで、条件付任用期間の制度を設け、採用、昇任を正式に決定する前提として、実務を通しての職務遂行能力の判定を行い、不適格者を公務から排除し、又は昇任させないことにより、成績主義の完璧を期すことを目的とするものである。

（注）条件付任用期間中の当該採用及び昇任は、解除条件付の任用であり、当該期間中において職務遂行能力が十分でなく引き続き任用することが適当でないと判断されたときは、任命権者は、その職員に免職又は降任の措置をとることができる。

条件付採用期間中の職員に対しては、国公法に定める分限規定は適用除外することとされ、規則によって必要な事項が定められており、特別評価の全体評語が下位の段階である場合などその官職に引き続き任用しておくことが適当でないと認められるときは、一般の分限と異なって事前に指導その他の教育的措置等をとるまでもなく降任又は免職できるとされている。　国公法第81条　規則11－４第10条

一方、条件付昇任期間中の職員については、一般の分限規定が適用されているため、当該期間中の勤務実績が良くない場合は、直ちに降任となるのではなく、所要の分限手続が求められることになる。

条件付任用期間を経過したときは、その終了前に任命権者が別段の措置をしない限り、その期間が終了した日の翌日において、職員の採用及び昇任は正式のものとなる。　規則８－12第32条の２

（注）欠員補充の方法としての採用あるいは昇任は、条件付任用期間の開始に関わらず、有効に成立している。

なお、1月を超える任期を定めた期間業務職員の採用は、その採用の日から起算して1月間条件付のものとし、その間その職務を良好な成績で遂行したときは、その期間の終了前に任命権者が別段の措置をしない限り、その期間が終了した日の翌日において、当該期間業務職員の採用は正式のものとなる。

規則8－12第48条第2項

2　期間

(1)　原則

国公法第59条第1項

条件付任用は、採用又は昇任の日から起算して、6月の期間とする。

(2)　条件付任用期間の継続

規則8－12第33条

条件付任用期間中の職員を他の官職に任命した場合においては、新たに条件付任用期間が開始する場合を除き、その条件付任用期間が引き続くものとする。

(3)　条件付採用期間の延長

規則8－12第34条
平成21年人企－532第34条関係

条件付採用期間の開始後6月間において実際に勤務した日数が90日に満たない職員については、その日数が90日に達するまで条件付採用期間は引き続くものとする。ただし、条件付採用期間は、当該条件付採用期間の開始後1年を超えないものとする。

(注) 実際に勤務した日数の計算に当たっては、1日の一部分でも勤務すれば実際に勤務した日数に含まれる。その一方で、「実際に勤務した日数」には、勤務時間法第6条第1項に規定する週休日、勤務時間法第14条に規定する休日、勤務時間法第16条に規定する休暇等で実際に勤務しなかった日は算入しない。

(4)　非常勤職員（1月を超える任期を定めた期間業務職員）の特例

規則8－12第48条第3項

非常勤職員のうち1月を超える任期を定めた期間業務職員の条件付採用期間については、条件付採用期間の開始後1月間において実際に勤務した日数が15日に満たない職員については、その日数が15日に達するまで条件付採用期間は引き続くものとする。ただし、条件付採用期間は、当該職員の任期を超えないものとする。

3　人事評価

人事評価政令第15条、第16条

条件付任用期間中の職員については、条件付任用期間を評価期間とし、特別評価として能力評価を実施することとされている。

特別評価の全体評語の段階数については、条件付任用を「正式なものとするか・否か」の判断に資するよう、2段階とされている。

なお、特別評価を実施する条件付任用期間中の職員についても、定期評価は並行して実施される。

4　身分の取扱い

条件付任用期間中の職員については、次のような特例的取扱いが定められている。

(1)　条件付昇任期間中の職員の特例

規則11－4第8条

条件付昇任期間中の職員については、通常の分限事由に加えて、特別評価の全体標語が下位の段階である場合であって、指導その他の措置を行ったにもかかわらず、勤務実績が不良なことが明らかなときには、国公法第78条第1号の規定により降任させることができる。

(2)　条件付採用期間中の職員の特例

国公法第81条第1項、第2項

条件付採用期間中の職員については、国公法上の分限に関する規定（第75条、第78条、第78条の2、第79条、第80条）は適用されないが、規則で必要な事項を定めることができるものとされており、具体的には次のとおり定められている。

ア　降任及び免職

規則11－4第10条

条件付採用期間中の職員は、次に掲げる場合には、いつでも降任させ、又は免職することができる。

①　官制若しくは定員の改廃又は予算の減少により廃職又は過員を生じた場合
②　特別評価の全体評語が下位の段階である場合又は勤務の状況を示す事実に基づき勤務実績がよくないと認められる場合において、その官職に引き続き任用しておくことが適当でないと認められるとき
③　心身に故障がある場合において、その官職に引き続き任用しておくことが適当でないと認められるとき
④　その他客観的事実に基づいてその官職に引き続き任用しておくことが適当でないと認められる場合

イ　降給

規則11－10第6条第1項

条件付採用期間中の職員が降任又は転任により、現に属する職務の級より同一の俸給表の下位の職務の級に分類されている職務を遂行することとなった場合のほか、次に掲げる事由に該当し、必要があると認める場合は、いつでもこれらの職員を降格することができる。

①　特別評価の全体評語が下位の段階である場合その他勤務の状況を示す事実に基づき勤務実績がよくないと認められる場合であって、

当該職員がその職務の級に分類されている職務を遂行することが困難であると認められるとき

② 心身の故障のため、職務の遂行に支障があり、又はこれに耐えないことが明らかである場合

③ その他客観的事実に基づいてその職務の級に分類されている職務を遂行することが困難であると認められるとき

④ 官制若しくは定員の改廃又は予算の減少により職員の属する職務の級の定数に不足が生じた場合

また、条件付採用期間中の職員の定期評価の全体評語が下位又は「不十分」の段階である場合その他勤務の状況を示す事実に基づき勤務実績がよくないと認められる場合であり、かつ、その職務の級に分類されている職務を遂行できることが可能であると認められる場合であって、必要があると認めるときは、いつでもこれらの職員を降号することができる。

規則11－10第６条第２項

ウ 休職

国公法第81条第１項

条件付採用期間中の職員は国公法第79条の適用がないため、休職にすることができない。

エ 審査請求

国公法第81条第１項

条件付採用期間中の職員は、国公法第89条の職員の意に反する降給等の処分に関する説明書の交付を請求することができず、また、行政不服審査法の規定が適用されないため、人事院に対して、不利益処分についての審査請求をすることができない。

（注）懲戒処分についての審査請求及び勤務条件についての行政措置要求を行う権利は保障されており、また、分限処分について行政訴訟を提起することはできると解されている。

５ 条件付任用の適用除外

規則８－12第32条
平成21年人企－532
第32条関係

(1) 次に掲げる者の採用は条件付のものとしない。

① かつて職員として正式に採用されていた者で引き続き特別職に属する職、地方公務員の職、行政執行法人以外の独立行政法人（国立大学法人及び大学共同利用機関法人を含む。）に属する職、沖縄振興開発金融公庫に属する職その他これらに準ずる職に就いたもののうち、引き続きこれらの職に現に正式に就いている者（これらの職のうち、一の職から他の職に１回以上引き続いて異動した者を含む。）又は港湾法若しくは民間資金等の活用による公共施設等の整備等の促進に関する法律に規定する国派遣職員

（注）「これらに準ずる職」とは、規則12－０（職員の懲戒）第９条に規定する国の事務又は事業と密接な関連を有する業務を行う法人（行政執行法人以外の独立行政法人を除く。）に属する職をいう。

②　国公法第60条の２第１項に規定する「年齢60年以上退職者」（定年前再任用短時間勤務職員に再任用される者に限る。）

（注）「自衛隊法による年齢60年以上退職者」の定年前再任用短時間勤務職員への再任用は条件付のものとなる。

③　都道府県警察の職に現に正式に就いている地方警察職員（警察庁の職員又は警察法第56条第１項に規定する地方警務官として採用される者に限る。）

⑵　非常勤職員に係る次に掲げる場合の採用又は昇任は条件付のものとしない。

規則８－12第48条第１項、第２項
平成21年人企－532第48条関係第１項

①　内閣府設置法第18条に規定する重要政策に関する会議等の非常勤官職並びにこれらとその性格、職務の内容、勤務条件等が極めて類似している諮問的又は調査的な非常勤官職に採用する場合

②　「①」の非常勤官職以外の非常勤官職に、規則８－12第46条の規定により、面接、経歴評定その他の適宜の方法による能力の実証を経て採用する場合

③　「①」の非常勤官職以外の非常勤官職に、１年を超えない任期を定めて採用する場合

④　非常勤官職に昇任させる場合

⑤　１月を超えない任期を定めて期間業務職員を採用する場合

第４節　併任

１　概説

規則８－12第４条第６号

併任は、採用、昇任、降任、転任又は配置換の方法により現に官職に任命されている職員を、その官職を占めさせたまま、他の官職に任命することをいう。

国公法第101条第１項は、いわゆる職務専念義務を規定するとともに、同項中段は「法律又は命令の定める場合を除いては、官職を兼ねてはならない。」としている。これは、１人の職員が２以上の官職を兼ねることは、各官職の職責を完全に果たしえないとの趣旨によるものである。

しかしながら、これをあまりに厳格に貫いた場合には、現実の要請に対応できなくなるおそれがあり、法律又は命令の定める場合のみ、官職を兼ねることができることとしたものである。

併任は、欠員補充の方法について規定する国公法第35条の「人事院規則に別段の定のある場合」であるとともに、国公法第101条第１項中段の「命令の定める場合」として、規則８－12により認められた任用行為である。

（注）「官職」とは、一般職に属する官職をいい、したがって、特別職に属する職、地方公務員の職等を報酬を得て兼ねる場合は、併任ではなく、国公法上の位置付けとしては、国公法第104条の兼業に当たることとなる。

２　併任を行うことができる場合

規則８－12第35条

併任は、次に掲げるいずれかの場合に限って認められる。

①　法令の規定により、併任が認められている場合

②　現に任命されている官職と勤務時間が重ならない他の官職に併任する場合

③　併任の期間が３月を超えない場合

④　「①～③」に掲げる場合のほか、併任によって当該職員の職務遂行に著しい支障がないと認められる場合

⑤　職員を審議会等の非常勤官職に併任し、又は非常勤職員を非常勤官職に併任する場合　　規則８－12第49条

（注１）「①」に該当する場合としては、例えば、法務省設置法附則第３項の規定に基づき法務省に属する官職（検察庁に属する官職を除く。）に検事をもって充てるときがある。　　平成21年人企－532第35条関係

（注２）「④」に該当する場合としては、例えば、次のような場合であって、その者の職務遂行に著しい支障がないと認められるときである。

ⅰ　内閣官房等における政府全体として取り組むべき重要又

は緊急な政策課題へ対応する場合

ⅱ　併任先部局等との業務上の連携を強化する必要がある場合

ⅲ　事業を新たに実施するため又は事業を終了するための業務を支援する場合

ⅳ　臨時に又は一定の期間業務が特に繁忙となる部局等に対して応援を行う場合

ⅴ　急に欠員が生じた場合であって、採用、昇任、転任等では対処ができないとき。

（注３）「（注２）」に掲げる場合においても、当該併任される職員の現に任命されている官職の職務遂行、当該職員の処遇等への影響にかんがみ、併任を必要とする事情、期間等を十分にしん酌し、適切に行うよう努めなければならない。

（注４）「④」により遠隔地の官署に属する官職へ併任する場合には、真にやむを得ないものに限るものとする。

３　併任の方法

規則８－12第36条

任命権者は、職員を特定幹部職に併任する場合を除き、人事評価の結果その他の能力の実証に基づき官職に係る能力及び適性を有すると認められる者の中から、人事の計画その他の事情を考慮した上で、最も適任と認められる者を併任することができる。

４　併任の解除及び終了

併任の解除とは、併任をその期間中に解くことであり、併任の終了とは、一定の事由の発生により併任が当然終了することである。

⑴　併任の解除

規則８－12第37条第１項、第２項

任命権者は、いつでも併任を解除することができ、また、併任を必要とする事由が消滅した場合には速やかに当該併任を解除しなければならない。

⑵　併任の終了

規則８－12第37条第３項

次のいずれかに該当する場合においては、併任は当然終了するものとする。

①　併任の期間が定められている場合において、その期間が満了したとき

②　併任されている官職が廃止された場合

③　職員が離職した場合

④　職員が休職又は停職にされた場合

（注）専従休職者で、審議会等の諮問的な非常勤官職又はこれらに準ずる非常勤官職を占めるものは、当該非常勤官職の職務に従

規則11－４第11条

事することができることとされているため、この場合については併任は当然に終了しない。

⑤　職員が派遣法第２条第１項の規定により派遣された場合

⑥　職員が育児休業法第３条の規定による育児休業の承認を受けた場合

⑦　職員が官民人事交流法第２条第３項に規定する交流派遣をされた場合

⑧　職員が法科大学院派遣法第11条第１項の規定により派遣された場合

⑨　職員が自己啓発等休業法第２条第５項に規定する自己啓発等休業の承認を受けた場合

⑩　職員が福島復興再生特措法第48条の３第１項又は第89条の３第１項の規定により派遣された場合

⑪　職員が配偶者同行休業法第２条第４項に規定する配偶者同行休業の承認を受けた場合

⑫　職員が令和７年国際博覧会特措法第25条第１項の規定により派遣された場合

⑬　職員が令和９年国際園芸博覧会特措法第15条第１項の規定により派遣された場合

⑭　職員が弁護士職務経験法第２条第４項の規定により弁護士となってその職務を経験することを開始した場合

5　給与

国公法第101条第１項後段は、「官職を兼ねる場合においても、それに対して給与を受けてはならない。」と規定している。

しかしながら、規則８－12第38条は、「併任の場合において、勤務時間の重ならない部分に対しては、法第101条第１項後段の規定は、何らの影響を及ぼすものではない。」旨、規定している。

したがって、勤務時間の重ならない部分の勤務に対しては兼ねる官職について、給与を支給することができる。

平成21年人企－532
第38条関係

（注）「勤務時間」には、勤務時間法第13条第１項に規定する正規の勤務時間のほか、正規の勤務時間以外の時間における勤務（宿日直勤務及び超過勤務）に係る時間も含まれる。すなわち、国公法第101条第１項前段の「勤務時間」と同義である。

6　併任制度の適正な運用

併任制度の適正な運用について、留意すべき事項が次のとおり示されている。

併任制度の適正な運用について（平成21年人企－575・給３－28）

1　併任

併任は、人事院規則８－12第35条及び第49条に定める場合に行うことができるものです。人事院規則８－12（職員の任免）の運用について第35条関係第３項及び第４項に規定するとおり、本務官署から遠隔地にある官署（本務官署からおおむね60キロメートル以上離れた官署をいう。）に属する官職への併任については真にやむを得ないものに限るようにするなど適正な運用に努めてください。

2　手当の取扱い

本府省業務調整手当、地域手当、広域異動手当等に関し、併任されている官職の業務に引き続き１箇月以上専ら従事（広域異動手当にあっては６箇月を超えて専ら従事）することが予定されている職員については、これらの職員の職務従事の実態に鑑み、当該併任官職に基づきこれらの手当を支給することとしたところですが、この取扱いは職員に不利益のないよう行うものであり、各府省におかれては、引き続き長期にわたって併任官職の業務に専ら従事させるような形態の併任をできる限り解消していくよう努めてください。

3　報告

併任される官職の業務に引き続き３箇月を超えて専ら従事することが予定される職員について、年度ごとに、当該職員に係る任用状況を別紙様式により当該専ら従事することとなった日の属する年度の翌年度の５月末日までに、企画課長宛て報告ください。

別紙　（略）

第５節　臨時的任用

１　意義

国公法第60条第１項

臨時的任用とは、緊急の場合、臨時の官職に関する場合又は採用候補者名簿がない場合に限って、人事院の承認を得て、６月を超えない任期で行うことができる特別な形態としての任用行為である。

国公法上、臨時的任用は、常勤官職に欠員を生じた場合において、緊急やむを得ない事情等により、正規の手続を経るいとまがないときに、公務の円滑な運営に支障を来すことのないようなされる特例的な任用であることから、これを行いうる場合、方法、期間等について厳格な制限が設けられている。

（注）規則８－12第42条第２項に基づく任期を定めた採用は、任期が付されているという点が通常の任用と異なっているにすぎず、臨時的任用とは異なるものである。また、非常勤職員は定員上も定員外とされるものであるが、臨時的任用された職員（以下「臨時的任用職員という。」）は常勤の官職に定員内職員として任用されるものである。

２　臨時的任用ができる場合

規則８－12第39条第１項

国公法第60条第１項を受けて、規則８－12第39条第１項は、臨時的任用ができる場合を具体的に掲げている。

① 当該官職に採用、昇任、降任、転任又は配置換の方法により職員を任命するまでの間欠員にしておくことができない緊急の場合
　（例）事故、災害等により突発的に生じた欠員を緊急に補充する必要がある場合で、採用、昇任、降任、転任、配置換又は併任の方法による補充が直ちには行えない客観的な事情があるとき

② 当該官職が臨時的任用を行う日から１年に満たない期間内に廃止されることが予想される臨時のものである場合
　（例）介護休暇又は産前・産後休暇の承認を受けた職員の業務を処理することを職務とする官職で当該承認に係る期間を限度として置かれる臨時のものに臨時的任用を行う場合

③ 当該官職に係る名簿がない場合又は当該官職に係る名簿において、当該官職を志望すると認められる採用候補者が５人に満たない場合

3　臨時的任用の手続

規則８－12第39条、第41条第２項
平成21年人企－532第39条関係第５項

臨時的任用は、人事院の承認を得て行うことができるが、「２①（緊急の場合）」又は「２②（臨時の官職に関する場合」には、人事院の承認があったものとみなされる。ただし、これらの事由により臨時的任用を行った場合には、毎年５月31日までに前年度の実施状況について、人事院に報告しなければならない。（行政執行法人における臨時的任用については、承認、報告ともに不要）

なお、臨時的任用を行うに当たっては、選考の場合に準じて官職に係る能力及び適性を有するかどうかの判定を行うとともに、選考の手続に準じてできる限り広く募集を行うよう努めるものとする。

4　臨時的任用の期間等

(1)　臨時的任用の期間及びその更新

規則８－12第40条

臨時的任用の期間は、その任用を行った日から６月を超えることができない。しかしながら、「２②（臨時の官職に関する場合）」又は「２③（採用候補者名簿がない場合等）」の場合における臨時的任用は、人事院の承認を得て、６月を限って更新することができる。この場合、「２②」については、人事院の承認があったものとみなされる。

また、臨時的任用は、いかなる場合においても、再度更新することはできない。

(2)　臨時的任用の員数制限等及び取消し

国公法第60条第２項、第３項

人事院は、臨時的任用につき、その員数を制限し、又は、任用される者の資格要件を定めることができる。

また、人事院は、国公法又は規則に違反する臨時的任用を取り消すことができる。臨時的任用が取り消されたときは、その職員は当然退職する。

5　育児休業法及び配偶者同行休業法による臨時的任用

育児休業法第７条第１項、第６項
配偶者同行休業法第７条第１項、第６項

育児休業法によって、次のとおり、育児休業中の職員の業務を処理するため、臨時的任用を行うことが認められている。また、配偶者同行休業法においても、同様の臨時的任用を行うことが認められている。

①　要件：育児休業又は配偶者同行休業の請求に係る期間について職員の配置換その他の方法によって当該請求した職員の業務を処理することが困難であると認めるとき（人事院の承認は不要）
②　期間：育児休業又は配偶者同行休業の請求に係る期間（１年を限度）
③　国公法との関係：国公法第60条第１項から第３項までの規定は適用除外

6　身分の取扱い等

臨時的任用は、任用に際して、いかなる優先権をも与えるものではない。

臨時的任用を行うに当たっては、選考の場合に準じて官職に係る能力及び適性を有するかどうかの判定を行っているものの、任用上、採用試験や選考による能力の実証を経て採用されていないことから、正規に任用されている者として取り扱われず、他の官職に、昇任させ、降任させ、転任させ、配置換し又は併任することはできない。

国公法第60条第４項
平成21年人企－532
第39条関係第１項

臨時的任用職員は、常勤職員であり、原則として、国公法、勤務時間法、給与法等の規定が全て適用されるが、職務の特殊性等に基づき特例が設けられており、主なものは次のとおりである。

①　国公法上の分限規定の一部適用除外（国公法第81条第１項第１号）

（参考）臨時的任用職員の分限制度の概要

１　次に掲げる場合には、いつでも免職することができる。（規則11－４第９条）
(1)　国公法第78条各号のいずれかに該当する場合
・　人事評価又は勤務の状況を示す事実に照らして、勤務実績がよくない場合
・　心身の故障のため、職務の遂行に支障があり、又はこれに堪えない場合
・　その他その官職に必要な適格性を欠く場合
・　官制若しくは定員の改廃又は予算の減少により廃職又は過員を生じた場合
(2)　規則８－12第39条第１項各号に規定する臨時的任用をすることができる事由がなくなった場合、育児休業法第７条第１項又は配偶者同行休業法第７条第１項に規定する臨時的任用の事由がなくなった場合
２　降任、休職の制度はない。
３　行政不服審査法の規定は適用されない（国公法第90条及び第92条の２までの規定も適用されない。）。
（注１）行政訴訟は提起することはできると解されている。
（注２）臨時的任用職員も懲戒処分の対象となり、人事院に対して不利益処分の審査請求を行うことができる。

②　条件付任用期間の不適用
（注）臨時的任用は、採用あるいは昇任ではないので、国公法第59条（条件付任用期間）がそもそも適用とはならない。

③　人事評価の実施の除外（人事評価政令第３条第２号）
（注）「実施しないことができる」という規定であり、成績主義の観

点からは実施することが望ましい。

④　服務の宣誓の適用除外(職員の服務の宣誓に関する政令第１条第１項)

⑤　定年制、管理監督職勤務上限年齢制、定年前再任用短時間勤務制の適用除外（国公法第81条の６第３項、第81条の４、第60条の２）

⑥　私企業からの隔離、他の事業又は事務の関与制限に関する規定の適用除外（規則14－８（営利企業の役員等との兼業）第６項、職員の兼業の許可に関する政令第３条）

（注）兼業の許可、営利企業の役員等との兼業の許可等

⑦　民間企業への交流派遣の適用除外（規則21－０第５条第１号）

⑧　国際機関等への派遣の適用除外（規則18－０第１条第２号）

⑨　育児休業、育児短時間勤務の適用除外（育児休業法第３条第１項、第12条第１項）

（注）育児時間の取得は可能である。

⑩　自己啓発等休業の適用除外（自己啓発等休業法第２条第１項）

⑪　配偶者同行休業の適用除外（配偶者同行休業法第２条第４項）

第６節　任期

１　概説

国公法では、職員の身分を保障し、安んじて自己の職務に専念させる趣旨から、原則として恒常的に置く必要がある官職に充てるべき常勤の職員について任期を定めない任用を想定しており、規則にもその旨規定しているところであるが、任期を定める特段の事由があり、かつ、身分保障の趣旨に反しない場合には、任期を定めて採用することができるとしている。

規則８－12第42条第１項

現行の制度においては、任期を定めて職員を採用する場合には法律又は規則に基づく場合があり、規則によるものは官職又は業務が時限的なもののみに限定され、その他の場合には法律にその要件等が定められている。

以下、規則８－12に基づく場合、任期付職員法に基づく任期付職員制度及び任期付研究員法に基づく任期付研究員制度について説明する。

なお、「任期付任用」あるいは「任期付採用」という用語が用いられることがあるが、欠員補充の方法である任用行為は、任期の有無に関わらず、完結するものであり、任免についての国公法及び規則の規定の適用については、任期の定めのない職員の場合と異なるところはない。

平成21年人企－532第42条関係第４項

（注１）任期とは、職員が、職員としての身分を有している期間が一定の期間に限られている場合のその定められている期間である。

（注２）非常勤職員は常勤職員ではないことから、また、常勤労務者（２箇月以内の任期が限られた職員）の官職は恒常的に置く必要のある官職ではないことから、それぞれ任期を限って任用することができる。

（注）法律の規定により、任期を定めて常勤職員を任用できるその他の場合の例

① 国公法第60条（臨時的任用）
② 官民人事交流法第19条（交流採用）
③ 育児休業法第７条（育児休業に伴う任期付採用）及び第23条（育児短時間勤務に伴う任期付短時間勤務職員の任用）
④ 配偶者同行休業法第７条（配偶者同行休業に伴う任期付採用）
⑤ 更生保護法第18条（地方更生保護委員会の委員）
⑥ 科技イノベ活性化法第14条第２項（外国人の研究公務員への任用）
⑦ 国際連合平和維持活動等に対する協力に関する法律第12条第１項（協力隊の隊員の採用）、第13条第４項（協力隊に派遣された自衛隊員の隊員への任用）

２　規則８－12に基づく任期を定めた採用

⑴　対象

次の官職については、任期を定めて採用することができる。ただし、「②」の官職への採用について任期を定める場合には、「人事院が定める基準(※)」に従わなければならない。

（※）平成21年人企－532第42条関係第５項

規則８－12第42条第２項

ア　３年以内に廃止される予定の官職

規則８－12第42条第２項第１号

イ　特別の計画に基づき実施される研究事業に係る５年以内に終了する予定の科学技術に関する高度の専門的知識、技術等を必要とする研究業務であって、当該研究事業の能率的運営に特に必要であると認められるものに従事することを職務内容とする官職のうち、昇任、降任、転任及び配置換（以下「昇任等」という。）の方法により補充することが困難である官職

（注）科学技術に関する高度の研究業務について、部内から適任者を得られない場合に、任期を定めることにより、公務員以外の研究者の一時的な参加を容易にするため設けられたものである。（平成18年を最後に適用事例はない。）

（参考）科技イノベ活性化法第16条

任命権者は、国家公務員法に基づく人事院規則の定めるところにより、研究公務員の採用について任期を定めることができる。（後略）

規則８－12第42条第２項第２号

ウ　産前・産後の休暇を取得する職員の業務を処理することを職務内容とする官職のうち、昇任等の方法により補充することが困難である官職

（注）産前・産後休暇に引き続き育児休業を取得する職員の代替職員を採用するための手続を円滑に行うことができるよう設けられたものである。

規則８－12第42条第２項第３号

⑵　任期

ア　「⑴ア」の場合（３年以内に廃止される予定の官職の場合）

当該官職が廃止されるまでの期間を超えない範囲内（３年以内）

規則８－12第42条第２項第１号

イ　「⑴イ」の場合（５年以内に終了する予定の研究業務を職務内容とする研究員の官職の場合）

当該研究業務が終了するまでの期間を超えない範囲内（５年以内）

規則８－12第42条第２項第２号

ウ　「⑴ウ」の場合（産前・産後の休暇を取得する職員の業務を処理することを職務内容とする官職の場合）

規則８－12第42条第２項第３号

当該職員の出産予定日（当該職員の出産の日以後に当該官職に採用しようとする場合にあっては、出産の日）の翌日から８週間を経過する日までの期間を超えない範囲内

(3) 職員への任期の明示等

規則８－12第42条第３項
平成21年人企－532第42条関係第３項

任期を定めて職員を採用する場合には、当該職員にその任期を明示しなければならない。

また、任命権者は、任期を定めて採用されることを承諾した文書を当該職員から提出させなければならない。

(4) 任期の更新

規則８－12第43条第１項

ア 「(1)ア」の場合（３年以内に廃止される予定の官職の場合）

任期が３年に満たない場合には、採用した日から引き続き３年を超えない範囲内において、その任期を更新することができる。

イ 「(1)イ」の場合（５年以内に終了する予定の研究業務を職務内容とする研究員の官職の場合）

任期が５年に満たない場合には、「人事院が定める基準(※)」に従い、採用した日から引き続き５年を超えない範囲内において、その任期を更新することができる。

(※) 平成21年人企－532第43条関係第２項

ウ 「(1)ウ」の場合（産前・産後の休暇を取得する職員の業務を処理することを職務内容とする官職の場合）

任期の末日が当該職員の出産の日（当該職員が出産前である場合にあっては、出産予定日）の翌日から８週間を経過する日前である場合には、当該経過する日までの期間を超えない範囲内において、その任期を更新することができる。

(注) 任期を更新する場合には、職員に更新後の任期を明示し、当該職員の同意を得るものとされている。

平成21年人企－532第43条関係第１項

(5) 任期の解消

規則８－12第44条
平成21年人企－532第44条関係

任期を定めて採用された職員が他の常勤官職に昇任等の方法により任命された場合には、任期の定めのない職員となる。

ただし、「(1)イ」により任期を定めて採用された職員について、法令の改廃による組織の変更等に伴う形式的な異動があった場合、異動後の官職が異動前の官職と同一の研究業務を行うことを職務内容とする官職であるときは、任期は解消されない。

なお、任期を定めて採用された職員について、任期の定めがなくなるこ

となる場合には、当該職員の同意を得るものとされている。

⑹　任期を定めた採用等の報告　　規則８－12第45条

任命権者は、「⑴イ」により任期を定めて職員を採用した場合又は「⑷イ」により当該職員の任期を更新した場合には、その旨を人事院に遅滞なく報告しなければならない。

⑺　身分取扱い

任期を定めて採用された職員は、任期が定められているほかは、分限、給与、勤務時間等の勤務条件、定員上の取扱い等については、任期の定めのない職員と同一であり、定年制も適用される。

ただし、国際機関等へ派遣することはできない。　　規則18－０第１条第２号

３　任期付職員法に基づく任期を定めた採用

⑴　趣旨　　任期付職員法第１条

民間人材の採用の一層の円滑化を図るため、公務に有用な専門的な知識経験等を有する者を任期を定めて採用し、高度の専門的な知識経験等を有する者については、その専門性等にふさわしい給与を支給することができるよう、給与の特例を含む一般職の職員の任期制を導入したものである。

⑵　対象　　任期付職員法第２条第１項　任期付研究員法第10条

一般職の職員を対象としているが、他の法律により任期を定めて任用することとされている官職を占める職員（地方更生保護委員会の委員、国際平和協力隊員等）及び非常勤職員並びに任期付研究員法の対象となる職員については対象外とされている。

⑶　任期を定めた採用の要件

任命権者は、次に掲げる場合には、人事院の承認を得て、選考により、任期を定めて職員を採用することができる。

ア　高度の専門的な知識経験又は優れた識見を有する者をその者が有する当該高度の専門的な知識経験又は優れた識見を一定の期間活用して遂行することが特に必要とされる業務に従事させる場合　　任期付職員法第３条第１項　平成12年任企－590　任期付職員法第３条及び規則第２条関係第２項、第４項

（注１）「高度の専門的な知識経験」とは、例えば、弁護士又は公認会計士がその実務を通じて得た高度の専門的な知識経験、大学の教員又は研究所の研究員で特定の分野において高く評価される実績を挙げた者が有する当該分野の高度の専門的な知識経験を、「優れた識見」とは、例えば、民間における幅広い分野で活躍し、広く社会的にも高く評価される実績を挙げ、創造性、先見性等を有

すると認められる者が有する幅広い知識経験をいう。

（注２）一定の要件に該当する場合には、人事院の承認があったものとみなされる。

イ　「ア」の場合のほか、専門的な知識経験を有する者を当該専門的な知識経験が必要とされる業務に従事させる場合において、次に掲げる場合のいずれかに該当するときであって、当該者を当該業務に期間を限って従事させることが公務の能率的運営を確保するために必要であるとき

任期付職員法第３条第２項
規則23－０第３条
平成12年任企－590 任期付職員法第３条及び規則第２条関係第７項

(ア)　当該専門的な知識経験を有する職員の育成に相当の期間を要するため、当該専門的な知識経験が必要とされる業務に従事させることが適任と認められる職員を部内で確保することが一定の期間困難である場合

(イ)　当該専門的な知識経験が急速に進歩する技術に係るものであることその他当該専門的な知識経験の性質上、当該専門的な知識経験が必要とされる業務に当該者が有する当該専門的な知識経験を有効に活用することができる期間が一定の期間に限られる場合

(ウ)　「(ア)又は(イ)」に準ずる場合として規則で定める場合

①　当該専門的な知識経験を有する職員を一定の期間他の業務に従事させる必要があるため、当該専門的な知識経験が必要とされる業務に従事させることが適任と認められる職員を部内で確保することが一定の期間困難である場合

②　当該業務が公務外における実務の経験を通じて得られる最新の専門的な知識経験を必要とするものであることにより、当該業務に当該者が有する当該専門的な知識経験を有効に活用することができる期間が一定の期間に限られる場合

（注）一定の要件に該当する場合には、人事院の承認があったものとみなされる。

(4)　採用の公正の確保

規則23－０第２条第１項
平成12年任企－590 任期付職員法第３条及び規則第２条関係第１項

採用の公正を確保するため、任命権者は、性別その他選考される者の属性を基準とすることなく、及び情実人事を求める圧力又は働きかけその他の不当な影響を受けることなく、選考される者について従事させようとする業務に必要とされる専門的な知識経験又は優れた識見の有無をその者の資格、経歴、実務の経験等に基づき経歴評定その他客観的な判定方法により公正に検証しなければならない。

また、任期を定めて職員を採用することの必要性をしん酌した上で、選

考に当たって、可能な限り公募等により幅広く人材を求めるよう努めるとともに、公務の公正性を確保しつつこの制度の適正かつ円滑な運用を図るため、任期付職員の採用前の雇用関係その他の事情に応じて、当該任期付職員の配置、従事する業務等について適切な配慮をしなければならない。

⑸ 任期

任期付職員の任期は、5年を超えない範囲内で任命権者が定める。

任期付職員法第4条第1項

⑹ 職員への任期の明示等

任期を定めて職員を採用する場合には、当該職員にその任期を明示しなければならない。

また、任期を定めて採用されること及びその任期について承諾した文書を職員となる者に提出させなければならない。

任期付職員法第4条第2項
平成12年任企－590 任期付職員法第3条及び規則第2条関係第10項

⑺ 任期の更新

任期付職員の任期が5年に満たない場合にあっては、人事院の承認を得て、採用した日から5年を超えない範囲内において、その任期を更新することができる。

また、任期を更新する場合には、職員に更新後の任期を明示し、あらかじめ当該職員の同意を得なければならない。

（注）一定の要件に該当する場合には、人事院の承認があったものとみなされる。

任期付職員法第5条
規則23－0第4条
平成12年任企－590 任期付職員法第4条第1項及び第5条第1項関係第3項

⑻ 任用の制限

採用時に占めていた官職において高度の専門的な知識経験又は優れた識見を活用して従事していた業務と同一の業務を行うことをその職務の主たる内容とする他の官職に任用する場合その他任期付職員を任期を定めて採用した趣旨に反しない場合に限り、人事院の承認を得て、任期付職員を、その任期中、他の官職に任用することができる。

（注）一定の要件に該当する場合には、人事院の承認があったものとみなされる。

任期付職員法第6条
平成12年任企－590 任期付職員法第6条関係第2項

⑼ 人事異動通知書の交付

任命権者は、(i)任期付職員を採用した場合、(ii)任期付職員の任期を更新した場合、(iii)任期の満了により任期付職員が当然に退職した場合には、職員に人事異動通知書を交付しなければならない。ただし、「(iii)」の場合のうち、人事異動通知書の交付によらないことを適当と認める場合は、人事異動通知書に代わる文書の交付その他適当な方法をもって人事異動通知書の交付に代えることができる。

規則23－0第5条

⑽　給与に関する特例

ア　「⑶ア」の場合（特定任期付職員）

㋐　俸給

任期付職員法第７条第１項〜第３項
規則23－０第６条
平成12年任企－590　任期付職員法第７条第２項及び第３項並びに規則第６条関係第１項

給与法に規定する俸給表とは別に、７号俸からなる特別の俸給表を適用する。

号俸は、特定任期付職員の専門的な知識経験又は識見の度並びにその者が従事する業務の困難及び重要の度に応じて決定する。

（注）号俸の決定に当たっては、例えば、採用予定者の有する、弁護士、公認会計士等の資格、免許等を保持する者としての実績、論文、学会発表等を含む国内外の大学、研究所等における活動実績、専門的な知識経験等に基づく民間企業での実績等に対する社会における一般的な報酬、給与等の評価額、採用予定官職に係る業務の内容、職責等を考慮するものとされている。

また、特別の事情により俸給表に掲げる号俸により難いときは、人事院の承認を得て、給与法適用職員の最高額（指定職俸給表８号俸）までの範囲内で、特例的な俸給月額を定めることができる。

㋑　手当

任期付職員法第７条第４項、第８条
規則23－０第７条、第８条
平成12年任企－590　任期付職員法第７条第４項及び規則第８条関係

職責や通常の業績等は、基本的には、俸給水準そのもので評価することとし、諸手当の構成についてはできるだけ簡素なものとされている。このため、給与法に定める手当のうち、特定任期付職員には適用除外とされ、支給されないものもある。

特定任期付職員が、特に顕著な業績を挙げた場合には、特定任期付職員業績手当（基準日（12月１日）現在における俸給月額相当額）を支給することができる。

（注１）特定任期付職員業績手当を支給する場合には、一定の要件に該当する者について、その者の業績を的確に判定し得る者によって構成される委員会、審査会等の合議体が、その者の号俸等が決定された際に期待された業績に照らして特に顕著な業績を挙げたかどうかの認定を行うものとする。ただし、特別の事情によりこれにより難い場合には、あらかじめ人事院事務総長と協議して、別段の取扱いをすることができる。
（注２）特定任期付職員業績手当を支給した場合には、遅滞なく、人事院事務総長に報告するものとされている。

イ　「(3)イ」の場合（特定任期付職員以外の任期付職員）

(ア)　俸給

規則23－０第９条

行政職俸給表等給与法に規定する俸給表が適用されるが、初任給の決定等については、経験者採用試験の結果に基づいて職員となった者として取り扱うことができることとされている。

(イ)　手当

手当については、任期の定めのない職員と同一である。

(11)　その他

国公法第60条の２、第81条の４、第81条の６第３項
規則18－０第１条第２号

任期付職員は、任期が定められているほかは、分限、勤務時間、定員上の取扱い等については、任期の定めのない職員と同一である。

ただし、定年制、管理監督職勤務上限年齢制、定年前再任用短時間勤務制は適用されず、また、国際機関等へ派遣することはできない。

４　任期付研究員法に基づく任期を定めた採用

(1)　趣旨

任期付研究員法第１条

科学技術創造立国を目指し、柔軟で競争的な研究開発環境の実現を図るため、国の試験研究機関等において実効的に機能し得る任期制として、給与の特例及び裁量による勤務の措置を含む研究者の任期制を導入したものである。

(2)　対象

任命権者は、次に掲げる場合には、選考により、任期を定めて職員を採用することができる。

ア　招へい型任期制

任期付研究員法第３条第１項第１号、第２項
規則20－０第２条
平成９年任企－149
任期付研究員法第３条第２項及び第４条第１項関係第２項

研究業績等により当該研究分野において特に優れた研究者と認められている者を招へいして、当該研究分野に係る高度の専門的な知識経験を必要とする研究業務に従事させる場合

採用に当たっては、人事院の承認を得なければならないが、一定の要件に該当するときは人事院の承認があったものとして取り扱うことができる。

（注）試験研究機関等の所長、次長、支所長等への採用を除く（「イ」の若手育成型任期制の場合も同じ）。

イ　若手育成型任期制

任期付研究員法第３条第１項第２号、第３項
平成９年任企－149
任期付研究員法第３

独立して研究する能力があり、研究者として高い資質を有すると認められる者を、当該研究分野における先導的役割を担う有為な研究者となるために必要な能力のかん養に資する研究業務に従事させる場合

採用を行う場合には、人事院と協議して定めた採用計画に基づいてしなければならないが、一定の事項を盛り込んだ採用計画については、「人事院と協議して定めた採用計画」として取り扱うことができる。 | 条第3項及び第4条第2項関係第2項、第6項

（注）対象者は、大学院の博士課程を修了した者及びこれに相当する者とする。

⑶ 任期

ア 招へい型任期制

原則5年以内。

特に必要がある場合には、人事院の承認を得て、7年（期間を限ったプロジェクト研究の場合には10年）まで可。ただし、一定の要件に該当するときは人事院の承認があったものとして取り扱うことができる。

任期付研究員法第4条第1項
平成9年任企－149 任期付研究員法第3条第2項及び第4条第1項関係第2項

イ 若手育成型任期制

原則3年以内。

特に必要がある場合には、人事院の承認を得て、5年以内。ただし、一定の要件に該当するときは人事院の承認があったものとして取り扱うことができる。

（注）再任は不可。研究者生活の中で1回限り認められる。

任期付研究員法第4条第2項
平成9年任企－149 任期付研究員法第3条第3項及び第4条第2項関係第5項

⑷ 職員への任期の明示

任期を定めて職員を採用する場合には、当該職員にその任期を明示しなければならない。

任期付研究員法第4条第3項

⑸ 任期の更新

ア 招へい型任期制

任期が5年に満たない場合には、採用した日から5年を超えない範囲内において、その任期を更新することができる。

任期付研究員法第5条第1項

イ 若手育成型任期制

任期が3年に満たない場合には、採用した日から3年、人事院の承認を得て任期が定められた職員の任期が5年に満たない場合には、採用した日から5年を超えない範囲内において、その任期を更新することができる。

（注）任期を更新する場合には、職員に更新後の任期を明示し、当該職員の同意を得なければならない。

規則20－0第3条

⑹ 身分取扱い等

任期付研究員は、任期が定められているほかは、分限、定員上の取扱い

等については、任期の定めのない職員と同一であるが、給与、勤務時間等については、以下の特例措置がある。

なお、行政執行法人である試験研究機関等に勤務する任期付研究員には、この特例措置の「ア及びイ」の適用はない。

任期付研究員法第９条

ア　給与

(ア)　俸給

任期付研究員法第６条第１項、第４項
規則20－０第６条第１項

①　招へい型任期制

６号俸からなる俸給表を適用。

号俸は、職員の知識経験等の度及び従事する研究業務の困難及び重要の度等に応じて決定する。

また、特別の事情により俸給表に掲げる号俸により難いときは、人事院の承認を得て、給与法適用職員の最高額（指定職俸給表８号俸）までの範囲内で、特例的な俸給月額を定めることができる。

②　若手育成型任期制

任期付研究員法第６条第２項
規則20－０第６条第２項

３号俸からなる俸給表を適用。

号俸は、職員の知識経験等の度及び従事する研究業務の困難度等に応じて決定する。

(イ)　手当

職責や通常の業績等は、基本的には、俸給水準そのもので評価することとし、諸手当の構成についてはできるだけ簡素なものとされている。このため、給与法に定める手当のうち、任期付研究員には適用除外とされ、支給されないものもある。

任期付研究員法第６条第５項、第７条
規則20－０第７条、第８条
平成９年任企－149
任期付研究員法第６条第５項及び規則第８条関係

任期付研究員が、特に顕著な研究業績を挙げた場合は、任期付研究員業績手当（基準日（12月１日）現在における俸給月額相当額）を支給することができる。

（注）任期付研究員業績手当を支給した場合には、遅滞なく、人事院事務総長に報告するものとされている。

イ　勤務時間の特例（裁量勤務）

任期付研究員法第８条第１項
平成９年任企－149
規則第９条関係第２項

招へい型任期制につき、その職務の性質上時間配分の決定その他の職務遂行の方法を大幅に職員の裁量にゆだねることが当該職員に係る研究業務の能率的な遂行のため必要であると認める場合には、勤務時間の割振りを行わないで、その職務に従事させることができる。

（注）裁量勤務に従事させた場合には、遅滞なく、人事院事務総長に報告するものとされている。

ウ　異動の制限

任命権者は、任期付研究員を、その任期中、当該任期付研究員が現に占めている官職と同一の研究業務を行うことを職務内容とする官職に異動させる場合その他任期を定めた採用の趣旨に反しない場合に限り、異動させることができる。

（注）任期付研究員を異動させた場合には、遅滞なく、状況報告書を人事院事務総長に提出するものとされている。

規則20－０第４条
平成９年任企－149
規則第４条関係

エ　その他

定年制、管理監督職勤務上限年齢制、定年前再任用短時間勤務制は適用されず、また、国際機関等へ派遣することはできない。

国公法第60条の２、第81条の４、第81条の６第３項
規則18－０第１条第２号

第７節　非常勤職員の特例

非常勤職員の意義及び主な公務員制度上の特例については、前述したところである（第１部Ⅱ２）。

ここでは、定年前再任用短時間勤務職員及び任期付短時間勤務職員を除く非常勤職員の任用について、補足説明する。

１　非常勤職員の採用の方法

規則８－12第46条第１項

非常勤職員の採用は、採用試験又は選考に関する規則８－12第２章第２節の規定にかかわらず、面接、経歴評定その他の適宜の方法による能力の実証を経て行うことができるとされている。（国公法附則第４条の規定に基づく国公法第36条の特例）

２　募集の方法

規則８－12第46条第２項

⑴　任命権者は、非常勤職員の採用に当たっては、インターネットの利用、公共職業安定所への求人の申込み等による告知を行い、できる限り広く募集を行うものとされている。

（注）官職に必要とされる知識、経験、技能等の内容、官署の所在地が離島その他のへき地である等の勤務環境、任期、採用の緊急性等の事情から公募により難い場合は、公募によらないことも可能。

⑵　非常勤職員の採用に当たっては、労働施策の総合的な推進並びに労働者の雇用の安定及び職業生活の充実等に関する法律等の趣旨を踏まえ、年齢にかかわりなく均等な機会が与えられるよう適切に対応しなければならない。

平成19年人企－1474

３　常勤官職への昇任等

規則８－12第47条第１項

⑴　非常勤職員の常勤職員への昇任、降任、転任及び配置換は、規則８－12に定める昇任等の方法によらないで行うことができる。この場合においては、選考採用の方法に準じて官職に係る能力及び適性を有するかどうかを判定するとともに、選考採用の手続に準じて行うこととされている。

⑵　「⑴」により補充しようとする官職が、試験対象官職である場合にあっては、異動させようとする職員（試験対象官職に係る名簿又は補充しようとする官職と職務内容が十分類似する他の官職に係る名簿に記載されている者でなければならない。）について面接を行い、その結果を考慮して昇任等を行うものとされている。これは採用試験制度の脱法を防止するためのものである。

規則８－12第47条第２項
平成21年人企－532第47条関係

（注１）選考による採用ができる場合には、上記の規定は適用されない。

（注２）「他の官職に係る名簿」には、補充しようとする官職と職務の複雑と責任の度が同等と認められる官職を対象とする名簿及び職務の複雑と責任の度が上位又は下位の官職を対象とする名簿が含まれる。

（注３）「⑵」に基づいて行われた昇任等は、採用試験の結果に基づく採用とはならない。

⑶　非常勤職員の他の非常勤官職（定年前再任用短時間勤務職員及び任期付短時間勤務職員を除く。）への昇任等についても、規則８－12に定める昇任等の方法によらないで行うことができる。この場合においては、「１」に準じて、必要な能力の実証を行うものとする。

規則８－12第47条第３項

４　条件付任用期間の特例

規則８－12第48条

次の採用又は昇任は、条件付のものとしないこととされている。

①　審議会等の非常勤官職に採用する場合
②　審議会等の非常勤官職以外の非常勤官職に、規則８－12第46条の規定により適宜の方法による能力の実証を経て採用する場合
③　審議会等の非常勤官職以外の非常勤官職に１年を超えない任期を定めて採用する場合
④　非常勤官職に昇任させる場合

５　併任ができる場合の特例

規則８－12第49条

任命権者は、職員を審議会等の非常勤官職に併任し、又は非常勤職員を非常勤官職に併任することができる。

６　期間業務職員

⑴　意義

規則８－12第４条第13号
平成21年人企－532第４条関係第２項

期間業務職員は、従前のいわゆる日々雇用の非常勤職員制度を廃止し、一会計年度の範囲内で任期を定めて採用できるとしたものである（短時間勤務の官職その他人事院が定める官職を除く。）。

（注）「人事院が定める官職」とは、その官職を占める職員の１週間当たりの勤務時間が、勤務時間法第５条第１項に規定する勤務時間の４分の３を超えない時間であるものである。

⑵　採用

ア　能力の実証

規則８－12第46条第１項ただし書き

期間業務職員の採用は、面接及び経歴評定その他の適宜の方法による能力の実証を経て行うことができる。

イ　公募 　任命権者は、期間業務職員の採用に当たっては、インターネットの利用、公共職業安定所への求人の申込み等による告知を行い、できる限り広く募集を行うものとする。ただし、次のいずれかに該当する場合は、この限りでない。	規則８－12第46条第２項
①　官職に必要とされる知識、経験、技能等の内容、官署の所在地が離島その他のへき地である等の勤務環境、任期、採用の緊急性等の事情から公募により難い場合	規則８－12第46条第２項第１号
②　能力の実証を面接及び期間業務職員としての従前の勤務実績に基づき行うことができる場合であって公募による必要がないときとして人事院が定めるとき	規則８－12第46条第２項第２号
(注１) 規則８－12第46条第２項第２号及び平成21年人企－532第46条関係第３項に規定する場合には公募によらない再採用を行うことができるとされているが、公募によらない再採用を行う場合であっても国公法に定める平等取扱いの原則及び任免の根本基準（成績主義の原則）を踏まえた適正な運用を行う必要があるとされている。	平成22年人企－972第１項
(注２)「人事院が定めるとき」とは、前年度において設置されていた官職で、補充しようとする官職と職務の内容が類似するものに就いていた者を採用する場合において、面接及びその職務の内容が類似する官職におけるその者の勤務実績に基づき「ア」の能力の実証を行うことができると明らかに認められる場合であって、面接及びその職務の内容が類似する官職におけるその者の勤務実績に基づきその能力の実証を行うときとされている。	平成21年人企－532第46条関係第３項
(注３)「(注１)」に掲げる「公募によらない再採用を行う場合」とは、例えば､「仮に公募を行った際に､一定数の応募者は見込まれるものの、職場内の職務経験を有することにより公務の能率的な運営に相当程度資することが想定され、公募への応募者よりも、むしろ職場内の職務経験を有する者を任用することが適当であると任命権者が判断する場合」等が考えられる。なお、任命権者が公募によらない再採用を行うに当たっては、採用しようとする者の期間業務職員としての従前の勤務実績の他、当該者に就かせようとする業務の必要性、当該業務に求められる知識及び経験、労働市場における人材確保状況等も考慮することとされている。	令和６年人企－841
(3)　任期	
ア　任期 　期間業務職員を採用する場合は、当該採用の日から同日の属する会計	規則８－12第46条の２第１項

年度の末日までの期間の範囲内で任期を定めるものとする。

イ　任期の更新

任命権者は、特別の事情により期間業務職員をその任期満了後も引き続き期間業務職員の職務に従事させる必要が生じた場合には、会計年度の末日までの期間の範囲内において、その任期を更新することができる。

規則８－12第46条の２
第２項

ウ　任期を定めるに当たっての配慮義務

任命権者は、期間業務職員の採用又は任期の更新に当たっては、業務の遂行に必要かつ十分な任期を定めるものとし、必要以上に短い任期を定めることにより、採用又は任期の更新を反復して行うことのないよう配慮しなければならない。

規則８－12第46条の２
第３項

エ　任期の明示

期間業務職員を採用する場合及び任期を更新する場合は、当該職員にその任期を明示しなければならない。

規則８－12第46条の２
第５項

(4)　条件付採用期間

規則８－12第48条
第２項、第３項

ア　条件付採用

１月を超える任期を定めた期間業務職員の採用は、その採用の日から起算して１月間条件付のものとし、その間その職務を良好な成績で遂行したときは、その期間の終了前に任命権者が別段の措置をしない限り、その期間が終了した日の翌日において、当該期間業務職員の採用は正式のものとなる。

イ　条件付採用期間の継続

条件付採用期間中の期間業務職員を他の官職に任命した場合においては、新たに条件付任用期間が開始する場合を除き、その条件付採用期間が引き続くものとする。

ウ　条件付採用期間の延長

条件付採用期間の開始後１月間において実際に勤務した日数が15日に満たない期間業務職員については、その日数が15日に達するまで条件付採用期間は引き続くものとする。ただし、条件付採用期間は、当該職員の任期を超えないものとする。

(5)　人事異動通知書

期間業務職員の採用等により人事異動通知書を交付する場合は、期間業務職員であることを人事異動通知書に明記するものとする。

昭和27年13－799
別紙第２注１

第８節　離職

１　意義

規則８－12第４条第７号
国公法第77条

「離職」とは、職員が職員としての身分を失うことであるが、死亡はここには含まれない。

職員の離職に関する規定は、国公法及び規則でこれを定めるものとされている。

「離職」とは、職員が公務員でなくなる最広義の概念であり、次のように区分される。

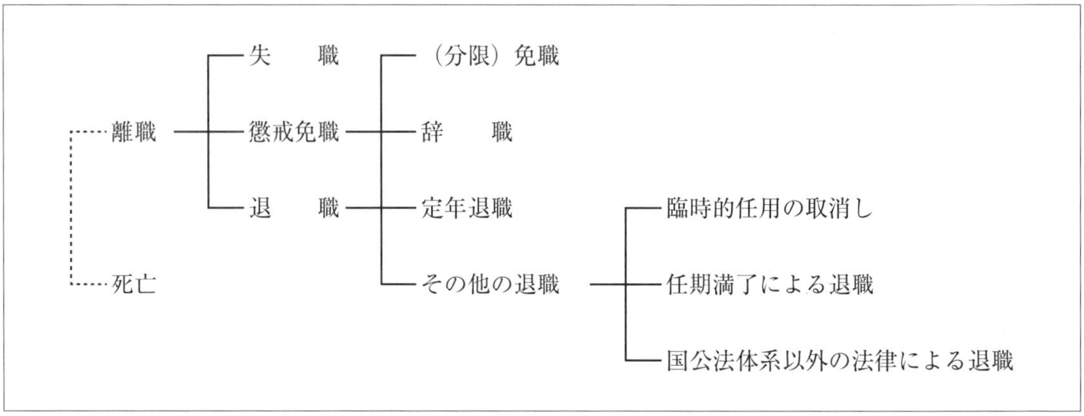

分限免職及び定年退職については、それぞれ「第４部　分限」及び「第５部　定年」の説明を参照されたい。この節では、失職、辞職、その他の退職のほか、併せて死亡についても説明する。

２　失職

規則８－12第４条第８号

失職とは、職員が欠格条項に該当することによって当然離職することである。

欠格条項とは、欠格となるべき事由を定めた条項をいい、法律により官職に就く能力を有しない者あるいは公務員となることができないとされている者は次のとおりである。

(1)　国公法上の欠格条項

国公法第38条

国公法上、次に該当する者は、規則に定める場合を除き、官職に就く能力を有しないとされている。

①　禁錮以上の刑に処せられ、その執行を終わるまで又は執行を受けることがなくなるまでの者

刑の言渡しを受け、その言渡しが確定した場合において、その刑が死刑、懲役及び禁錮の場合をいう。ただし、外国裁判により刑に処せられた場合は含まれない。

② 懲戒免職の処分を受け、当該処分の日から２年を経過しない者
③ 人事院の人事官又は事務総長の職にあって、国公法第109条から第112条までに規定する罪を犯し、刑に処せられた者
④ 憲法施行の日以後において、憲法又はその下に成立した政府を暴力で破壊することを主張する政党その他の団体を結成し、又はこれに加入した者

（注）現在、欠格条項の例外を定めた規則はない。

⑵ 特別な官職についての欠格条項

特別な官職にあっては、一般的欠格条項に該当する場合のほか、次の場合も欠格条項とされる。

① 外務公務員にあっては、国籍を有しない者又は外国の国籍を有する者 — 外公法第７条第１項
② 検察官にあっては、 — 検察庁法第20条
・ 禁錮以上の刑に処せられた者
・ 弾劾裁判所の罷免の裁判を受けた者

職員が「⑴又は⑵」の条項に該当することになれば法律上当然失職する。（「⑴」については、規則に定める場合を除き、当然失職すると規定されているが、欠格条項の場合と同様に、現在、この例外の場合を定めた規則はない。） — 国公法第76条

失職は、行政処分ではないため、処分説明書の交付その他特段の手続きは不要であるが、事実の確認及び通知の意味で人事異動通知書を交付しなければならない。 — 規則８－12第53条第９号

また、失職は、行政処分ではないため、人事院に対する不利益処分の審査請求あるいは裁判所に対する取消訴訟は認められない。

⑶ 当然の法理との関係

前述「第１節Ｉ３⑵」のとおり、公務員に関する当然の法理として、日本国籍を有しない者は、「公権力の行使又は国家意思の形成に参画する官職」に就く能力を有しないと解されている（昭28.3.25内閣法制局１発第29号）。

したがって、これらの官職に就いている職員が、日本国籍を失った場合には、職員としての身分を失うことになる。この場合の取扱いは、失職に準ずるものとされている。

３　辞職

⑴　概説

　辞職とは、職員がその意により退職することである。任命権者は、職員から書面をもって辞職の申出があったときは、特に支障のない限り、これを承認するものとされている。

規則８－12第４条第11号、第51条、第53条第10号

　辞職願を提出しただけでは当然に辞職の効果が生ずるものではなく、その辞職願に基づいて任命権者が承認したときにはじめてその効果が生ずる。また、任命権者は、職員の辞職を承認した場合には、人事異動通知書を交付しなければならない。

　辞職を承認するのに特に支障のある場合とは、ただちに後任者を補充することが困難で、離職により公務の運営に重大な支障をきたすおそれがある場合等のきわめて限定された場合であって、その期間は必要最小限の期間に限られる。

⑵　他の処分との関係

昭和32年指令13－１

　分限処分にすべき事実があるときは、職員が辞職願を提出しても、その辞職の申出を承認せず、任命権者の裁量で分限処分を行うことができる。また、非行を行った職員から提出された辞職願については、受理しないで、懲戒処分に付すべきである。

⑶　辞職願の撤回

　辞職願の撤回は、辞職承認発令前であれば任意にできるが、撤回が信義則に反すると認められるような特段の事情がある場合には、その撤回は許されないとした判例がある（昭34.6.26最高裁）。これは、辞職願の提出を前提とした爾後の手続がすべて徒労に帰し、個人の恣意により行政秩序が犠牲に供される結果となるからである。

⑷　辞職願の様式

昭和38年指令13－35

　辞職願は、本人の辞意が明確にされているものであればよく、様式については定められておらず、提出月日の記載のない場合においても、職員の意思が明確に表示されている限り、辞職願として有効と解された例がある。

（注）特別職の国家公務員、地方公務員、行政執行法人職員、沖縄振興開発金融公庫職員等との人事交流のため、辞職する場合にも、本人からの辞職願は必要である。

〔行政実例〕

○　辞職願が、形式上、所属部課長等の任命権者でないものを対象としてなされたもののように表示されていても、実質的には任命権者にあててなされ、かつ、任命権者においても、このことを

知り又は知り得べき場合にあるならば、当該辞職願による辞職の申出は、任命権者に対する意思表示として効力を有すると解され、右辞職の申出によって行う辞職承認処分は有効と解される。（昭31.12.21指令13－19、昭25.12.5法審回発第99号　事務総長）

○　精神疾患を有する職員が病気の性質により一時平静状態に復することのある場合には、平静状態に復した時点において提出された辞職願に基づき、辞職を承認することができる。（昭34.3.2任企－132　任用局長）

○　採用及び辞職承認の効力は、いずれも発令のときに発生するので、11月30日付けでAの辞職を承認し、翌12月１日付けでBを採用する場合、Aが身分を喪失し、Bが身分を取得するのは、いずれもそれぞれの発令の時点ということになる。したがって、当該官職が空席となるのはAに対する辞職承認の発令の時点よりBに対する採用発令の時点までと解される。

しかしながら、期間の計算等の事務的な取扱いにおいては、任用、離職は日単位でとらえられており、また、その「日」は発令の時点の属する日と解されている。したがって、特に時間が問題とされていない限り、取扱い上は同日の午前零時に発令の効力が生ずるものと擬制される。このことから、当該官職が空席となる期間を「日」単位でとらえれば、一日間空席ということになる。（昭36.2.13　企画課長）

〔判例〕

○　辞職願及びその撤回は、身分の得失にかかわる公法上の意思表示であるため、自ら直接行うことを要し、代理人による意思表示は許されない。（昭39.6.22　奈良地裁）

○　強迫によりなされた退職の意思表示は、その承認がされた後でも、公共の利益に重大な影響を及ぼす特段の事情のないかぎり取り消すことができる。（昭57.12.22　東京地裁）

4　その他の退職

規則８－12第４条第９号、第52条、第53条第11号、第55条第４号

退職とは、失職の場合及び懲戒免職の場合を除いて、職員が離職することである。

職員が退職した場合には、任命権者は職員に人事異動通知書を交付しなければならない。ただし、人事異動通知書の交付によらないことを適当と認める場合には、他の文書の交付その他適当な方法をもって人事異動通知書の交付に代えることができる。

分限免職、辞職及び定年退職以外の退職には次のものがあり、その任期が更新されないときは、職員は当然退職するものとする。また、国公法第60条第３項の規定により臨時的任用が取り消されたときも、職員は当然退職するものとする。

①　臨時的任用の期間が満了した場合

②　法令により任期が定められている場合においてその任期が満了したとき

③　「①及び②」の場合のほか、任期を定めて採用された場合においてその任期が満了したとき

なお、常勤職員について「法令により任期が定められている場合」の例については、「第６節１」を参照されたい。

④　国公法体系以外の法律による退職

例えば、次のような場合である。

・　行労法第17条（争議行為の禁止）の規定に違反する行為をした職員が解雇される場合　　行労法第18条

・　公職の候補者となることができない公務員が、公職選挙法第90条で定める届出をし、または推薦届出をされ、公職の候補者となったときは、当該公務員の退職に関する法令の規定にかかわらず、その届出の日に当該公務員たることを辞したものとみなすとされる場合　　公職選挙法第90条

5　死亡

死亡は、国公法上は離職以外の国家公務員としての身分を失う唯一の事由である。

死亡の時点以降に行った発令は、不能な行為として当然無効と解されている。

なお、行方不明になった職員の死亡の日は、戸籍上死亡とされる日とされている。

職員が死亡した場合には、規則あるいは通知において、人事異動通知書を交付することとされていないが、確認の意味で遺族に人事異動通知書を交付しても差し支えない。その場合の異動内容欄には、死亡と記入する。

（参考）退職手当法の適用上は、死亡は退職に含まれる。　　退職手当法第２条第１項

第９節　人事異動通知書等

規則８－12第６章の「任免の手続」の「任免」とは「任用」、すなわち任用行為より広義の概念であり、休職、復職、分限免職等を包含するものである。

この節では、これらの任免に関する人事異動通知書の交付等について、説明する。

Ⅰ　人事異動通知書

１　人事異動通知書の交付

(1)　任命権者は、次のいずれかに該当する場合には、職員に人事異動通知書（以下「通知書」という。）を交付しなければならない。　規則８－12第53条

①　職員を採用し、昇任させ、転任させ、若しくは配置換し、又は任期を更新した場合

②　職員を他の任命権者が昇任させ、降任させ、転任させ、又は併任することについて同意を与えた場合

（注）任命権者を異にする官職に職員を任用する場合については、当該職員が現に任用されている官職の任命権者の同意がなければならない。　規則８－12第６条第３項

任命権者は、職員に対し、その職員が他の任命権者に任用されることについて、その任命権者に同意を与えたという事実を通知書に「○○に出向させる」と記入して通知する。これは単なる事実の通知であり、任用行為ではない。

③　任期を定めて採用された職員が任期の定めのない職員となった場合

④　臨時的任用を行った場合又はこれを更新した場合

⑤　併任を行った場合又はこれを解除した場合

⑥　併任が終了した場合

⑦　職員を復職させた場合

⑧　職員が復職した場合

⑨　職員が失職した場合

⑩　職員の辞職を承認した場合

⑪　職員が退職した場合（免職又は辞職の場合を除く。）

（注）この場合の退職には、任期満了により退職した場合、臨時的任用が取り消された場合等がある。　規則８－12第52条

また、公選による公職への立候補に伴い公務員たることを辞したとみなされる場合も含まれる。　公職選挙法第90条

⑵　任命権者は、次のいずれかに該当する場合には、職員に通知書を交付して行わなければならない。　規則８－12第54条

①　職員を降任させる場合

②　職員を休職にし、又はその期間を更新する場合

（注）休職期間の更新をする場合で、更新の通知書の交付が遅延して休職期間満了日以前に交付ができない場合は、期間満了日の翌日に当然復職することとなるので、休職期間更新の発令を行うことはできず、改めて休職を発令しなければならない。

③　職員を免職する場合

（注１）規則８－12第54条各号に該当する発令をした場合に、その通知書を受領すべき職員の所在が不明の場合には、当該通知書の交付が不可能となり、その効力が生じないので、その発令の内容を官報に掲載することをもってこれに代えることができるものとし、掲載の日から２週間を経過した時に通知書の交付があったものとみなされる。（官報掲載の翌日から起算して14日目の次の日の午前零時に処分の効力が発生することになる。）　規則８－12第56条

（注２）規則８－12第54条各号の処分は、職員に対する不利益処分であるので、職員の意に反する場合には、処分を行う者は、その職員に対し、処分の際に処分の事由を記載した説明書を交付しなければならない。　国公法第89条第１項

⑶　規則８－12に定める「⑴・⑵」の場合のほか、職員の派遣等に関して職員に通知書を交付しなければならないことを定めるものとして次に掲げる人事院規則等の規定があり、各解釈通知において記入要領の定めがある。

・　規則１－64第９条（東京オリンピック・パラリンピック競技大会組織委員会への派遣の場合等）
・　規則１－65第９条（ラグビーワールドカップ2019組織委員会への派遣の場合等）
・　規則１－69第９条（福島相双復興推進機構への派遣の場合等）
・　規則１－72第９条（国際博覧会協会への派遣の場合等）
・　規則１－74第９条（福島イノベーション・コースト構想推進機構への派遣の場合等）
・　規則１－80第９条（国際園芸博覧会協会への派遣の場合等）
・　規則８－21第６条（定年前再任用の場合等）
・　規則11－11（異動期間の延長の場合等）
・　規則11－12（暫定再任用の場合等）
・　規則18－０第６条（国際機関等への派遣の場合等）
・　規則19－０第12条、第14条、第24条及び第26条（育児休業の場合等）
・　規則20－０第５条（任期付研究員の採用の場合等）
・　規則21－０第39条及び第46条（交流派遣及び交流採用の場合等）

・ 規則23－０第５条（任期付職員の採用の場合等）
・ 規則24－０第16条（法科大学院への派遣の場合等）
・ 規則25－０第11条（自己啓発等休業の承認の場合等）
・ 規則26－０第12条及び第14条（配偶者同行休業の承認の場合等）
・ 検事の弁護士職務経験に関する省令（平成16年法務省令第67号）第６条（弁護士職務経験の場合等）

２ 通知書の交付を要しない場合

規則８－12第55条

任命権者は、次のいずれかに該当する場合には、通知書に代わる文書の交付その他適当な方法をもって通知書の交付に代えることができる。

① 次に掲げる組織の単位内で職員を配置換した場合
　i 会計検査院、人事院、内閣法制局並びに内閣府、宮内庁並びに内閣府設置法第49条第１項及び第２項に規定する機関並びに行組法第３条に規定する国の行政機関の課
　ii 内閣府設置法第37条、第39条、第40条、第43条及び第54条から第57条まで（宮内庁法第18条第１項において準用する場合を含む。）並びに宮内庁法第16条及び第17条第１項並びに行組法第８条から第９条までに規定する機関の組織のうち規模、所掌事務の範囲等が「ｉ」に掲げる組織と同等と認められる組織
　iii 行政執行法人の組織のうち規模、所掌事務の範囲等が「ｉ」に掲げる組織に準ずる組織
② 法令の改廃による組織の変更等に伴い、職員を転任させ、又は配置換した場合
③ 非常勤官職に職員を転任させ、配置換し、又は併任し、若しくはその併任を解除した場合（任期の更新を伴う場合を除く。）
④ 規則８－12第53条第２号、第６号及び第11号に掲げる場合で通知書の交付によらないことを適当と認める場合
⑤ 規則８－12第54条に掲げる場合で通知書の交付によることができない緊急の場合

なお、通知書に代わる文書の交付その他適当な方法とは、適宜な形式の文書の交付、官報への掲載、広報による公示、緊急の場合には電報による通知、その他やむを得ない場合には口頭による通知等、それぞれの場合に応じて最も適当と認められる方法により行えば足り、口頭による通知には電話による通知も含まれる。

３ 他の任命権者に対する通知

規則８－12第57条

任命権者は、任命権者を異にする官職に併任されている職員について規則８－12第53条及び第54条の各号に掲げる場合に該当する事実が生じた場

合においては、他の任命権者にその旨を通知しなければならない。

これは、当該事実にかかわらない任命権者が職員の身分上の変化等を了知し、場合によっては何らかの措置を講ずる必要があるからである。例えば、離職、休職等により併任が当然終了する場合には、併任の終了を併任に係る任命権者に通知しなければならない。

4　人事異動通知書の様式等

通知書の様式及び記載事項等は、規則８－12第58条に基づき、昭和27年13－799により、次のように定められている。

(1)　通知書の様式

人　事　異　動　通　知　書

<table>
<tr><td>（氏名）</td><td>（現官職）</td></tr>
<tr><td colspan="2">（異動内容）</td></tr>
<tr><td colspan="2">年　　月　　日
任　命　権　者</td></tr>
</table>

Ａ４

(2)　通知書の記載事項及び記入要領

ア　「氏名」欄には、規則第53条各号又は第54条各号に掲げる場合に該当する事実（以下「異動」という。）に係る者の氏名を記入する。

イ　「現官職」欄には、職員である者について異動が生ずる際にその者の占めている官職の組織上の名称及び当該官職の属する所属部課（所属部課の表示の単位は任命権者が定めるものとする。以下同じ。）を記入する。

ウ　「異動内容」欄には、異動の内容を後述の「＜人事異動通知書記載例＞」のように記入する。

エ　「日付及び任命権者」欄には、異動を発令した年月日又は異動が発生した年月日（以下「発令日」という。）並びに任命権者（任命権の委任が行われた場合には、その委任を受けた者とする。以下同じ。）の職の組織上の名称及び氏名を記入する。

⑶　規則８－12第55条第５号の規定による場合の事後処理

規則８－12第55条第５号の規定による場合において必要と認めるときは、発令後更に通知書を交付することができる。

⑷　二以上の異動に係る通知書

一の職員に係る発令日を同じくする二以上の異動については、一の通知書によることができる。この場合には、これらの異動の内容を「異動内容」欄に併せて記入する。

⑸　俸給の決定についての通知

各庁の長（権限の委任が行われた場合には、その委任を受けた者とする。以下同じ。）が、給実甲第326号（人事院規則９－８（初任給、昇格、昇給等の基準）の運用について）その他の事項第１項又は給実甲第609号（俸給の調整額の運用について）その他の事項第１項の規定により職員の俸給の決定に関する事項を通知する場合の通知書の記載事項及び記入要領は、「⑵」に準ずるものとする。

また、異動の発令日に、俸給の決定に関する事項を通知する場合には、当該異動に係る通知書を用いることができる。この場合、俸給の決定に関する事項は「異動内容」欄に記入する。

（注）職員の昇給区分をＤ又はＥに決定した場合には、その根拠となる規定を職員に文書で通知する。　給実甲第326号第37条関係第18項

⑹　退職手当についての通知

職員が退職した場合における退職手当法による退職手当の支給に関する事項の通知は、通知書により行う。この場合の記載事項及び記入要領は、前述の「⑵」に準ずるが、「異動内容」欄には、「退職手当として金　円を支給する（根拠法令の条項）」と記入し、退職手当を支給しない場合においては「退職手当は支給しない（根拠法令の条項）」と記入する。

Ⅱ　任免の効力の発生時期

一般に行政行為の効力発生の時期については、その意思表示が相手方に到達した時と解されているが、定期の人事異動等では同日付けで多数の発令を行う実態から、発令事務上の必要性を考慮して、規則８－12第53条に規定する採用、昇任、転任、配置換及び辞職承認等の発令については、例外的な措置として、特に任命権者が発令した時にその効力が発生するという発令主義がとられている。

したがって、その運用においては限定的に解釈しなければならず、それゆえ、発令してから職員がその異動を了知するまでの間は、当該職員の不利益になるように取り扱うことは許されない。

しかし、同規則第54条に規定する免職、降任、休職及びその期間の更新については、職員にとって著しく不利益なものであり、身分保障の観点から、当該職員がその異動内容を了知し、又は了知し得る状態に置かれた時に初めてその効力が発生するという到達主義をとっている。

1　発令主義

平成21年人企－532
第53条関係

発令主義とは、前述の規則８－12第53条各号に掲げる異動で発令を要するものについては、その異動を発令した時にその効力が発生するという考え方である。この発令した時とは、任命権者がその意思を外部に表示した時である。外部に表示するとは、本人に通知する場合だけでなく、本人の所属部局の長など、任命権者（人事課長のような任命権行使の補助的業務を行う者を含む。）以外の者に表示することであり、人事異動通知書その他の文書によると否とを問わない。

2　到達主義

平成21年人企－532
第54条関係

到達主義とは、前述の規則８－12第54条に掲げる職員にとって不利益処分となる場合には職員に通知書を交付して行わなければならず、通知書を交付した時（規則８－12第55条第５号に該当する場合には、通知書の交付に代わる方法による通知が到達した時）に、その効力が発生するという考え方である。したがって、任命権者が当該異動を発令した日とその異動の効力発生日とはかならずしも一致しないことになる。

なお、職員本人が通知書の内容を現実に了知することまでは必要なく、職員本人がその内容を了知しうる状態に置かれたことをもって足りる。

3　先日付発令

採用、昇任、配置換等の発令については、合理的な理由があり、発令の日と先日付の間が必要最小限である場合に先日付で行って差し支えないとされている。なお、降任、休職、免職のいわゆる不利益処分については、職員の身分保障の観点から、より厳格に真にやむを得ない合理的な理由があり、発令の日と先日付の間が社会通念上相当と認められる必要最小限である場合に限って、先日付の発令を行うとするのが妥当である。

当該任用行為等の効力発生の日は、効力発生の日とされた将来の日となる。なお、通知書においては、「日付」の欄には発令した年月日を記入し、「異動内容」欄に先日付発令であることが明確になるよう効力発生の日とされた将来の日を記入することが望ましい。

〔記載例〕

人事異動通知書

<table>
<tr><td>（氏名）
任用　太郎</td><td>（現官職）
○○局○○課長補佐</td></tr>
<tr><td colspan="2">（異動内容）
令和６年４月２日付で△△局△△課長補佐に配置換する</td></tr>
<tr><td colspan="2">令和６年４月１日
任命権者　　　　　　○○○○大臣
○　○　○　○</td></tr>
</table>

＜人事異動通知書記載例＞

（注）「※」印は、人事異動通知書の交付によらないことを適当と認める場合は、人事異動通知書に代わる文書の交付その他適当な方法をもって人事異動通知書の交付に代えることができるものを示す。

1　採用する場合

(1)　常勤官職に採用する場合

1係員（○○局○○課）に採用する 行政職俸給表（一）○級○号俸を給する

1……官職の組織上の名称及び当該官職の属する所属部課を記入する。
「○○局○○課係員」などの表記も可。

(2)　非常勤職員（期間業務職員）に採用し、併せて給与の決定に関する事項を通知する場合

1事務補佐員（期間業務職員）（○○局○○課）に採用する 任期は○○年○○月○○日までとする 給与日額〈又は1時間当たり〉○○円を給する

1……非常勤官職の組織上の名称（非常勤職員、事務員等）を記入する。

(3)　非常勤職員（パートタイム）に採用する場合

○○審議会委員に採用する 任期は○○年○○月○○日までとする〔任期付の場合〕 勤務時間は毎週○曜、○曜、○曜の○時から○時までとする 1時間当たり○○円を給する

2　任期付の場合

(1)　任期を更新する場合

任期を○○年○○月○○日まで更新する

(2)　任期を定めて採用された職員が任期の定めのない職員となる場合

人事院規則8－12第44条の規定により任期の定めのない職員となる

3　昇任させる場合

(1)　係長から課長補佐に昇任（昇格を伴う）させる場合

課長補佐（○○局○○課）に昇任させる 行政職俸給表（一）○級に昇格させる ○号俸を給する

(2) 主任から係長に昇任（昇格を伴わない）させ、併せて俸給の決定に関する事項を通知する場合

○○係長（○○局○○課）に昇任させる 行政職俸給表（一）○級○号俸を給する

4 降任させる場合

(1) 意に反しない降任（意に反しない降格を伴う）の場合

○○係長（○○局○○課）に降任させる 行政職俸給表（一）○級に降格させる ○号俸を給する

(2) 意に反する降任（意に反する降格を伴う）の場合

国家公務員法第78条第○号により○○係長（○○局○○課）に降任させる 国家公務員法第75条第２項及び人事院規則11－10第４条第○号の規定により行政職俸給表（一）○級に降格させる ○号俸を給する

5 転任させる場合

課長補佐（○○局○○課）に転任させる

6 配置換する場合

課長補佐（○○局○○課）に配置換する

7 出向させる場合

※

○○省に出向させる

・併任を伴う場合は、末尾に「(併任)」を加える。

8 併任の場合

(1) 併任を行う場合

○○係長（○○局○○課）に併任する

併任の期間を定める場合には、次のように併記する。

併任の期間は○○年○○月○○日までとする

(2) 併任を解除する場合

○○係長（○○局○○課）の併任を解除する

(3) 併任が終了した場合

※

○○係長（○○局○○課）の併任は終了した

9　臨時的任用の場合

(1) 臨時的任用を行う場合

係員（○○局○○課）に臨時的に任用する 任期は○○年○○月○○日までとする 行政職俸給表（一）○級○号俸を給する

(2) 臨時的任用を更新する場合

臨時的任用を更新する 任期は○○年○○月○○日までとする

10　休職にする場合

(1) 国公法第79条各号の場合

国家公務員法第79条第○号により休職にする 休職の期間は○○年○○月○○日までとする

・　国公法第79条第２号による休職の場合には、休職期間の記入は要しない。

(2) 規則11－４第３条各項各号の場合

人事院規則11－４第３条第１項第○号により休職にする 休職の期間は○○年○○月○○日までとする

・　規則11－４第３条第２項による休職の場合には、休職期間の記入は要しない。

(3) 休職の期間を更新する場合

休職の期間を○○年○○月○○日まで更新する

11　復職の場合

(1) 復職させる場合

○○係長（○○局○○課）に復職させる 行政職俸給表（一）○級○号俸を給する

(2) 復職した場合

○○係長（○○局○○課）に復職した 行政職俸給表（一）○級○号俸を給する

(3) 復職時に配置換する場合

○○係長（○○局○○課）に復職させる（又は「復職した」） 行政職俸給表（一）○級○号俸を給する ○○専門官（○○局○○課）に配置換する

12 失職した場合

国家公務員法第38条第○号に該当して失職した

13 免職する場合（懲戒免職を除く。）

国家公務員法第78条第○号により免職する

14 辞職を承認する場合

辞職を承認する

15 職員が退職した場合（免職又は辞職の場合を除く。）

※	退職した

16 俸給の決定に関する事項を通知する場合

(1) (2)から(4)までに該当する場合以外の場合

○○俸給表○級○○号俸を給する（1○○法第○条）

1……その根拠となる条項とする。ただし、当該根拠が明らかである場合には、省略することができる。

(2) 昇格させる場合

○○俸給表○級に昇格させる。○○号俸を給する

(3) 規則９－８第24条の規定により降格させる場合

○○俸給表○級に降格させる。○○号俸を給する

⑷　給与法第10条の規定により俸給の調整を行う場合

> 調整数○の俸給の調整額〈又は俸給の調整額○○円〉を給する

17　任期付職員の場合

⑴　任期付職員を採用する場合

> ○○官（○○局○○課）に採用する（一般職の任期付職員の採用及び給与の特例に関する法律第３条[1]第○項による）
> 任期は○○年○○月○○日までとする

１……特定任期付職員にあっては「第１項」、その他の任期付職員にあっては「第２項」と記入する

⑵　任期付職員の任期を更新する場合

> 任期を○○年○○月○○日まで更新する

⑶　任期の満了により任期付職員が当然に退職する場合

> 任期の満了により○○年○○月○○日限り退職した

18　任期付研究員の場合

⑴　任期付研究員を採用する場合

> ○○官（○○局○○課）に採用する（一般職の任期付研究員の採用、給与及び勤務時間の特例に関する法律第３条第１項[1]第○号による）
> 任期は○○年○○月○○日までとする

１……第１号任期付研究員にあっては「第１号」、第２号任期付研究員にあっては「第２号」と記入する

⑵　任期付研究員の任期を更新する場合

> 任期を○○年○○月○○日まで更新する

⑶　任期の満了により任期付研究員が当然に退職する場合

> 任期の満了により○○年○○月○○日限り退職した

第3部　採　用　試　験

1　採用試験の目的

国公法第36条、第45条
規則８－18第２条

成績主義の原則は、情実任用を排除するという消極的な意味を持つにとどまらず、公務にできるだけ優秀な人材を確保するという積極的な意味を有する。このような観点から、職員の採用は公開平等の競争試験によるべきことを原則とし、例外的な場合に限って、競争試験によらず特定の者の能力を実証する選考によって行うことができるとされている。

採用試験は、職員を採用するための競争試験であり、受験者が、当該採用試験に係る官職の属する職制上の段階の標準的な官職に係る標準職務遂行能力及び当該採用試験に係る官職についての適性を有するかどうかを判定することを目的としている。

第３部

2　採用試験の内容

⑴　採用試験の対象となる官職

採用試験は、国公法第45条の２において、次の官職を対象として行うこととされている。

ア　総合職試験の対象となる官職

国公法第45条の２
第１項第１号
対象官職等政令第１条
第１項

係員の官職のうち、政策の企画及び立案又は調査及び研究に関する事務をその職務とする官職その他これらに類する次に掲げる官職（「ウ」に該当するものを除く。）

①　専門的な知識又は技能に基づいて行う工業所有権に関する審査の事務をその職務の主たる内容とする官職
②　専門的な知識又は技能に基づいて行う海事に関する試験又は検査の事務をその職務の主たる内容とする官職
③　行政執行法人における印刷又は造幣に関する業務の運営又は管理の事務をその職務の主たる内容とする官職

イ　一般職試験の対象となる官職

国公法第45条の２
第１項第２号

定型的な事務をその職務とする係員の官職その他の係員の官職（「ア及びウ」に該当するものを除く。）

ウ　専門職試験の対象となる官職

国公法第45条の２
第１項第３号
対象官職等政令第１条
第２項

係員の官職のうち、特定の行政分野に係る専門的な知識を必要とする事務をその職務とする官職で次に掲げる官職

① 天皇及び皇后、皇太子その他の皇族の護衛、皇居及び御所の警備その他の皇宮警察の分野に係る専門的な知識を必要とする事務をその職務の主たる内容とする官職

② 懲役、禁錮又は拘留の刑の執行のため拘置される者等の収容及び刑事施設における被収容者等の処遇並びに刑事施設の警備の分野に係る専門的な知識を必要とする事務をその職務の主たる内容とする官職

③ 次に掲げるいずれかの分野に係る専門的な知識を必要とする事務をその職務の主たる内容とする官職

　ⅰ 少年鑑別所における鑑別及び刑事施設における受刑者の資質の調査に関する分野

　ⅱ 少年院における在院者の矯正教育その他の処遇、少年鑑別所における在所者の観護処遇並びに刑事施設における受刑者の改善指導及び教科指導に関する分野

　ⅲ 保護観察、調査、生活環境の調整その他犯罪をした者及び非行のある少年の更生保護並びに犯罪の予防に関する分野

④ 入国、上陸及び在留に関する違反事件の調査並びに収容令書及び退去強制令書の執行を受ける者の収容、護送及び送還の分野に係る専門的な知識を必要とする事務をその職務の主たる内容とする官職

⑤ 外交領事事務の分野に係る特定の国、地域又は業務についての専門的な知識及び特定の外国語の能力を必要とする事務をその職務の主たる内容とする官職

⑥ 財務局及び沖縄総合事務局における国の予算の執行に関する実地監査、国有財産の管理及び処分並びに金融機関の検査その他の監督の分野に係る専門的な知識を必要とする事務をその職務の主たる内容とする官職

⑦ 内国税の賦課及び徴収、酒類業の発達並びに税理士業務の運営の分野に係る専門的な知識を必要とする事務をその職務の主たる内容とする官職

⑧ 販売の用に供し、又は営業上使用する食品衛生法に規定する食品、添加物、器具若しくは容器包装又はおもちゃの輸入に際して検疫所において行う検査及び指導の分野に係る専門的な知識を必要とする事務をその職務の主たる内容とする官職

⑨ 労働基準法、労働安全衛生法その他の労働条件、産業安全、労働衛生及び労働者の保護に関する法令に基づいて行う検査その他の監督の分野に係る専門的な知識を必要とする事務をその職務の主たる内容とする官職

⑩ 航空交通管制の分野に係る専門的な知識を必要とする事務をその職務の主たる内容とする官職

⑪ 航空保安大学校において航空保安業務の分野に係る業務を遂行す

るに必要な知識及び技能を修得するための専門的な知識を必要とする事務をその職務の主たる内容とする官職

⑫　気象大学校において気象業務の分野に係る業務を遂行するに必要な知識及び技能を修得するための専門的な知識を必要とする事務をその職務の主たる内容とする官職

⑬　海上保安業務の分野に係る専門的な知識を必要とする事務をその職務の主たる内容とする官職

⑭　海上保安大学校において海上保安業務の分野に係る業務を遂行するに必要な知識及び技能を修得するための専門的な知識を必要とする事務をその職務の主たる内容とする官職

⑮　海上保安学校において海上保安業務の分野に係る業務を遂行するに必要な知識及び技能を修得するための専門的な知識を必要とする事務をその職務の主たる内容とする官職

エ　経験者採用試験の対象となる官職

国公法第45条の２第１項第４号、第４項
対象官職等政令第１条第３項
経験者採用試験対象官職等内閣官房令第１条、第２条

標準的な官職が係長若しくは課長補佐である職制上の段階に属する官職又はこれらに準ずるものとして内閣官房令で定める官職のうち、民間企業における実務の経験その他これに類する経験を通じて効率的かつ機動的な業務遂行の手法その他の知識又は技能を体得している者を採用してその職務に従事させることにより行政運営の活性化その他公務の能率的運営に資することが期待されるものとして内閣官房令で定める官職

なお、「アからエ」の採用試験の対象となる官職の詳細は政令に委任されているが、公正性確保の観点から、当該政令は人事院の意見を聴いて定めることとされている。

(2)　採用試験の対象となる官職から除かれる官職

ア　特別の知識、技術又はその他の能力に照らして採用試験による採用が不適当であるものについては、採用試験の対象となる官職から除かれる。

規則８－12第18条第１項第４号
平成26年人事院公示第13号第２項

①　総合職試験の対象となる官職から除かれる官職

ⅰ　日本史学、歯学、保健学、繊維学、獣医学、美術学、意匠学又は体育学に関する専門的知識又は技術を特に必要とする官職

ⅱ　無線従事者の免許、海技士の免許、定期運送用操縦士、事業用操縦士、一等航空整備士又は二等航空整備士の資格についての航空従事者技能証明を有する者をもって充てるべき官職

②　一般職試験の対象となる官職から除かれる官職

ⅰ　生物学、薬学、原子力工学、造船工学、繊維学、畜産学、獣医学、水産学、美術学、意匠学又は体育学に関する専門的知識又は技術を特に必要とする官職

ⅱ　無線従事者の免許、海技士の免許、定期運送用操縦士、事業

用操縦士、一等航空整備士又は二等航空整備士の資格についての航空従事者技能証明を有する者をもって充てるべき官職

iii　宮内庁の楽師の官職、空港事務所及び空港出張所の飛行場の警務又は飛行場等における事故に関する消火及び救助を行うことを職務とする官職、独立行政法人国立印刷局の校正の作業を行うことを職務とする官職

③　主として少年院における在院者の矯正教育その他の処遇、少年鑑別所における在所者の観護処遇並びに刑事施設における受刑者の改善指導及び教科指導に関する業務に従事することを職務とする官職のうち、少年院の職業指導又は教科指導に従事する教官の官職

イ　職務の内容に照らして採用試験による採用が不適当である守衛、用務員、自動車運転手等が従事する事務をつかさどる官職は、採用試験の対象となる官職から除かれる。

規則８－12第18条第１項第５号
平成26年人事院公示第13号第３項

(3)　採用試験の種類及び名称

国公法第45条の２第２項、第４項
対象官職等政令第２条
規則８－18第３条

採用試験を適正かつ公正に実施するためには、試験の対象となる官職群と当該官職に求められる知識、技術その他の能力の程度に応じて分類された者について、それぞれ適切な方法によって標準職務遂行能力及び適性の判定を行うことが求められることから、採用試験は、試験の対象となる官職群に求められる知識等の程度に応じて分類された者を対象とするものとして種類分けがなされている。

総合職試験及び一般職試験については、一定の範囲の知識等を有する者として政令で定めるものごとに、また、専門職試験については、特定の行政分野に応じて一定の範囲の知識等を有する者として政令で定めるものごとに、それぞれ採用試験を行うこととされている。

それぞれの採用試験に求められる知識等の程度については政令に委任されているが、公正性確保の観点から、当該政令は人事院の意見を聴いて定めることとされている。

採用試験の種類ごとの名称は規則８－18において定められ、それぞれの採用試験の名称は次のとおりである。

ア　総合職試験

①　国家公務員採用総合職試験（院卒者試験）

②　国家公務員採用総合職試験（大卒程度試験）

イ　一般職試験

①　国家公務員採用一般職試験（大卒程度試験）

②　国家公務員採用一般職試験（高卒程度試験）

ウ　専門職試験

①　皇宮護衛官採用試験（大卒程度試験）
②　皇宮護衛官採用試験（高卒程度試験）
③　刑務官採用試験
④　法務省専門職員（人間科学）採用試験
⑤　入国警備官採用試験
⑥　外務省専門職員採用試験
⑦　財務専門官採用試験
⑧　国税専門官採用試験
⑨　税務職員採用試験
⑩　食品衛生監視員採用試験
⑪　労働基準監督官採用試験
⑫　航空管制官採用試験
⑬　航空保安大学校学生採用試験
⑭　気象大学校学生採用試験
⑮　海上保安官採用試験
⑯　海上保安大学校学生採用試験
⑰　海上保安学校学生採用試験

エ　経験者採用試験の種類ごとの名称は、人事院が定める名称とされている。

平成26年人事院公示第22号第１項

(4)　採用試験により確保すべき人材

採用試験により確保すべき人材については、政令において、採用試験により、国民全体の奉仕者として、国民の立場に立ち、高い気概、使命感及び倫理感を持って、多様な知識及び経験に基づくとともに幅広い視野に立って行政課題に的確かつ柔軟に対応し、国民の信頼に足る民主的かつ能率的な行政の総合的な推進を担う職員となることができる知識及び技能、能力並びに資質を有する者を確保する旨を定め、また、このような人材に求められる知識･技術、能力及び資質に関する事項について定めているが、この政令は公正性確保の観点から、人事院の意見を聴いて定めるものとされている。

国公法第45条の２第３項、第４項
対象官職等政令第３条、別表

(5)　採用試験の区分

ア　区分試験

採用試験のうち多くのものは、試験の対象官職に必要とされる専門的な知識、技術、その他の能力等に応じていくつかのグループに区分して行われ、このように区分された採用試験を区分試験という。現在、区分試験が設けられているのは次の12種の採用試験である。このほか、経験者採用試験についても区分試験を設けることができることとされている。

規則８－18第４条、別表第１
平成26年人事院公示第22号第２項

採用試験	区　分　試　験
国家公務員採用総合職試験（院卒者試験）	行政、人間科学、デジタル、工学、数理科学・物理・地球科学、化学・生物・薬学、農業科学・水産、農業農村工学、森林・自然環境、法務
国家公務員採用総合職試験（大卒程度試験）	政治・国際・人文、法律、経済、人間科学、デジタル、工学、数理科学・物理・地球科学、化学・生物・薬学、農業科学・水産、農業農村工学、森林・自然環境、教養
国家公務員採用一般職試験（大卒程度試験）	行政、デジタル・電気・電子、機械、土木、建築、物理、化学、農学、農業農村工学、林学、教養
国家公務員採用一般職試験（高卒程度試験）	事務、事務（社会人）、技術、技術（社会人）、農業、農業（社会人）、農業土木、農業土木（社会人）、林業、林業（社会人）
皇宮護衛官採用試験（高卒程度試験）	護衛官、護衛官（社会人）
刑務官採用試験	刑務Ａ、刑務Ａ（社会人）、刑務Ｂ、刑務Ｂ（社会人）、刑務Ａ（武道）、刑務Ｂ（武道）
法務省専門職員（人間科学）採用試験	矯正心理専門職Ａ、矯正心理専門職Ｂ、法務教官Ａ、法務教官Ａ（社会人）、法務教官Ｂ、法務教官Ｂ（社会人）、保護観察官
入国警備官採用試験	警備官、警備官（社会人）
国税専門官採用試験	国税専門Ａ、国税専門Ｂ
労働基準監督官採用試験	労働基準監督Ａ、労働基準監督Ｂ
航空保安大学校学生採用試験	航空情報科、航空電子科
海上保安学校学生採用試験	一般課程、航空課程、管制課程、海洋科学課程

イ　地域試験

規則８－18第５条
平成23年人事院事務総局公示第２号

試験機関は、一般職採用試験の区分試験、刑務官採用試験の区分試験、税務職員採用試験及び経験者採用試験（区分試験とされた場合にはその区分試験）を、特定の地域に所在する官署等に属する官職の群に応じて区分することができることとされており、このように区分された採用試験を地域試験という。

現在、地域試験が行われているのは、国家公務員採用一般職試験（大卒程度試験）の「行政」及び「教養」の区分試験、国家公務員採用一般職試験（高卒程度試験）の「事務」、「技術」、「事務（社会人）」及び「技術（社会人）」の各区分試験、刑務官採用試験の各区分試験並びに税務職員採用試験である。

(6)　受験資格

国公法第38条、第44条
規則８－18第８条、第９条、別表第３
平成26年人事院公示第22号第６項

受験資格は採用試験（又は区分試験）ごとに定められており、その内容は次表のとおりである。経験者採用試験（又はその区分試験）の受験資格については、人事院が定めることとなっている。

欠格条項に該当し官職に就く能力を有しない者及び日本の国籍を有しない者（外務省専門職員採用試験及び経験者採用試験のうち外公法第２条第５項の外交領事事務に従事する外務職員の官職を対象とするものについては、外国の国籍を有する者を含む。）は、採用試験を受けることができない。

採用試験の種類	区分試験	受　験　資　格
国家公務員採用総合職試験（院卒者試験）	法務以外の区分	30歳未満の者で １　大学院の修士課程又は専門職大学院の課程の修了者及び修了見込みの者 ２　人事院が１に掲げる者と同等の資格があると認める者
	法務	30歳未満の者で １　法科大学院の課程の修了者又は修了見込みの者であって司法試験に合格したもの ２　人事院が１に掲げる者と同等の資格があると認める者
国家公務員採用総合職試験（大卒程度試験）	全区分	１　21歳以上30歳未満の者 ２　21歳未満の者で (1)　大学の卒業者及び卒業見込みの者 (2)　人事院が(1)に掲げる者と同等の資格があると認める者 (3)　教養の区分試験にあっては、(1)及び(2)に掲げるもののほか、19歳又は20歳の者
国家公務員採用一般職試験（大卒程度試験）	全区分	１　21歳以上30歳未満の者 ２　21歳未満の者で (1)　大学の卒業者及び卒業見込みの者並びに人事院がこれらの者と同等の資格があると認める者 (2)　短期大学又は高等専門学校の卒業者及び卒業見込みの者並びに人事院がこれらの者と同等の資格があると認める者 (3)　教養の区分試験にあっては、(1)及び(2)に掲げるもののほか、20歳の者
国家公務員採用一般職試験（高卒程度試験）	事務 技術 農業 農業土木 林業	１　高等学校又は中等教育学校を卒業して２年を経過していない者及び卒業見込みの者 ２　人事院が１に掲げる者に準ずると認める者
	事務（社会人） 技術（社会人） 農業（社会人） 農業土木（社会人） 林業（社会人）	40歳未満の者（事務、技術、農業、農業土木、林業の区分の１に掲げる期間が経過した者及び人事院が当該者に準ずると認める者に限る。）

皇宮護衛官採用試験（大卒程度試験）		1　21歳以上30歳未満の者 2　21歳未満の者で ⑴　大学の卒業者及び卒業見込みの者並びに人事院がこれらの者と同等の資格があると認める者 ⑵　短期大学又は高等専門学校の卒業者及び卒業見込みの者並びに人事院がこれらの者と同等の資格があると認める者
皇宮護衛官採用試験（高卒程度試験）	護衛官	1　高等学校又は中等教育学校を卒業して５年を経過していない者及び卒業見込みの者 2　人事院が１に掲げる者に準ずると認める者
	護衛官（社会人）	40歳未満の者（護衛官の区分の１に掲げる期間が経過した者及び人事院が当該者に準ずると認める者に限る。）
刑務官採用試験	刑務Ａ 刑務Ａ（武道）	17歳以上29歳未満の男子
	刑務Ｂ 刑務Ｂ（武道）	17歳以上29歳未満の女子
	刑務Ａ（社会人）	40歳未満の男子（刑務Ａ、刑務Ａ（武道）の区分に掲げる受験資格を有しなくなった者に限る。）
	刑務Ｂ（社会人）	40歳未満の女子（刑務Ｂ、刑務Ｂ（武道）の区分に掲げる受験資格を有しなくなった者に限る。）
法務省専門職員（人間科学）採用試験	矯正心理専門職Ａ	1　21歳以上30歳未満の男子 2　21歳未満の男子で ⑴　大学の卒業者及び卒業見込みの者 ⑵　人事院が⑴に掲げる者と同等の資格があると認める者
	矯正心理専門職Ｂ	1　21歳以上30歳未満の女子 2　21歳未満の女子で ⑴　大学の卒業者及び卒業見込みの者 ⑵　人事院が⑴に掲げる者と同等の資格があると認める者
	法務教官Ａ	1　21歳以上30歳未満の男子 2　21歳未満の男子で ⑴　大学の卒業者及び卒業見込みの者並びに人事院がこれらの者と同等の資格があると認める者 ⑵　短期大学又は高等専門学校の卒業者及び卒業見込みの者並びに人事院がこれらの者と同等の資格があると認める者
	法務教官Ｂ	1　21歳以上30歳未満の女子 2　21歳未満の女子で ⑴　大学の卒業者及び卒業見込みの者並びに人事院がこれらの者と同等の資格があると認める者 ⑵　短期大学又は高等専門学校の卒業者及び卒業見込みの者並びに人事院がこれらの者と同等の資格があると認める者

	法務教官A（社会人）	40歳未満の男子（法務教官Aの区分の1に掲げる受験資格を有しなくなった者に限る。）
	法務教官B（社会人）	40歳未満の女子（法務教官Bの区分の1に掲げる受験資格を有しなくなった者に限る。）
	保護観察官	1　21歳以上30歳未満の者 2　21歳未満の者で (1)　大学の卒業者及び卒業見込みの者並びに人事院がこれらの者と同等の資格があると認める者 (2)　短期大学又は高等専門学校の卒業者及び卒業見込みの者並びに人事院がこれらの者と同等の資格があると認める者
入国警備官採用試験	警備官	1　高等学校又は中等教育学校を卒業して5年を経過していない者及び卒業見込みの者 2　人事院が1に掲げる者に準ずると認める者
	警備官（社会人）	40歳未満の者（警備官の区分に掲げる期間が経過した者及び人事院が当該者に準ずると認める者に限る。）
外務省専門職員採用試験		1　21歳以上30歳未満の者 2　21歳未満の者で (1)　大学の卒業者及び卒業見込みの者並びに人事院がこれらの者と同等の資格があると認める者 (2)　短期大学又は高等専門学校の卒業者及び卒業見込みの者並びに人事院がこれらの者と同等の資格があると認める者
財務専門官採用試験		1　21歳以上30歳未満の者 2　21歳未満の者で (1)　大学の卒業者及び卒業見込みの者並びに人事院がこれらの者と同等の資格があると認める者 (2)　短期大学又は高等専門学校の卒業者及び卒業見込みの者並びに人事院がこれらの者と同等の資格があると認める者
国税専門官採用試験		1　21歳以上30歳未満の者 2　21歳未満の者で (1)　大学の卒業者及び卒業見込みの者 (2)　人事院が(1)に掲げる者と同等の資格があると認める者
税務職員採用試験		1　高等学校又は中等教育学校を卒業して3年を経過していない者及び卒業見込みの者 2　人事院が1に掲げる者に準ずると認める者
食品衛生監視員採用試験		1　21歳以上30歳未満の者で (1)　大学において薬学、畜産学、水産学又は農芸化学の課程を修めて卒業した者及び当該課程を修めて大学を卒業する見込みの者 (2)　都道府県知事の登録を受けた食品衛生監視員の養成施設において所定の課程を修了した者及び修了する見込みの者 2　21歳未満の者で (1)　1(1)に掲げる者

		(2) 都道府県知事の登録を受けた食品衛生監視員の養成施設において所定の課程を修了した者又は修了する見込みの者であって、大学の卒業者及び卒業見込みのもの (3) 人事院が(1)又は(2)に掲げる者と同等の資格があると認める者
労働基準監督官採用試験	全区分	1 21歳以上30歳未満の者 2 21歳未満の者で (1) 大学の卒業者及び卒業見込みの者 (2) 人事院が(1)に掲げる者と同等の資格があると認める者
航空管制官採用試験		1 21歳以上30歳未満の者 2 21歳未満の者で (1) 大学の卒業者及び卒業見込みの者並びに人事院がこれらの者と同等の資格があると認める者 (2) 短期大学又は高等専門学校の卒業者及び卒業する見込みの者並びに人事院がこれらの者と同等の資格があると認める者
航空保安大学校学生採用試験	全区分	1 高等学校又は中等教育学校を卒業して３年を経過していない者及び卒業見込みの者 2 人事院が１に掲げる者と同等の資格があると認める者
気象大学校学生採用試験		1 高等学校又は中等教育学校を卒業して２年を経過していない者及び卒業見込みの者 2 人事院が１に掲げる者と同等の資格があると認める者
海上保安官採用試験		30歳未満の者で 1 大学の卒業者及び卒業見込みの者 2 人事院が１に掲げる者と同等の資格があると認める者
海上保安大学校学生採用試験		1 高等学校又は中等教育学校を卒業して２年を経過していない者及び卒業見込みの者 2 人事院が１に掲げる者と同等の資格があると認める者
海上保安学校学生採用試験	全区分	1 高等学校又は中等教育学校を卒業して12年（採用試験が同一年度に２回行われる場合における初回の採用試験については、13年）を経過していない者及び卒業見込みの者（採用試験が同一年度に２回行われる場合における初回の採用試験については、９月卒業見込みの者） 2 人事院が１に掲げる者と同等の資格があると認める者

（注１）年齢は、採用試験の最終の合格者を発表する日の属する年度の４月１日における年齢である。

（注２）「修了見込みの者」、「卒業見込みの者」とは、それぞれ、採用試験の最終の合格者を発表する日の属する年度の３月までに、修了する見込みの者又は卒業する見込みの者をいう。

（注３）「９月卒業見込みの者」とは、採用試験の最終の合格者を発表する日の属する年度の９月までに卒業する見込みの者をいう。

（注４）「人事院が○に掲げる者と同等の資格があると認める者」及び「人事院が○に掲げる者に準ずると認める者」は、平成23年人事院公示第18号において定められている。

（注５）「卒業して○年を経過していない者」とは、採用試験の最終の合格者を発表する日の属する年度の４月１日において、当該教育機関を卒業した日の翌日から起算して○年を経過していない者をいう。

⑺　試験種目

規則８－18第６条第１項、別表第２

ア　試験種目の種類

試験種目は、次表のとおり27種類あり、採用試験（又は区分試験）ごとに、当該採用試験に係る官職の属する職制上の段階の標準的な官職に係る標準職務遂行能力及び当該採用試験に係る官職についての適性を有するかどうかの判定を行うため必要とされる種目が定められている。

このほか、経験者採用試験に係るものは人事院が定めるものとされている。

採用試験＼試験種目		基礎能力試験	専門試験		外国語試験			
			多肢選択式	記述式	多肢選択式	記述式	聞き取り	面接
国家公務員採用総合職試験（院卒者試験）	法務以外	○	○	○				
	法務	○						
国家公務員採用総合職試験（大卒程度試験）	教養以外	○	○	○				
	教養	○						
国家公務員採用一般職試験（大卒程度試験）	行政	○	○					
	行政、教養以外	○	○	○				
	教養	○						
国家公務員採用一般職試験（高卒程度試験）	事務、事務（社会人）	○						
	事務、事務（社会人）以外	○	○					
皇宮護衛官採用試験（大卒程度試験）		○						
皇宮護衛官採用試験（高卒程度試験）	全区分	○						
刑務官採用試験	刑務A、刑務B 刑務A（社会人）、刑務B（社会人）	○						
	刑務A（武道）、刑務B（武道）	○						
法務省専門職員（人間科学）採用試験	保護観察官以外	○	○	○				
	保護観察官	○	○	○				
入国警備官採用試験	全区分	○						
外務省専門職員採用試験		○		○		○		○
財務専門官採用試験		○	○	○				
国税専門官採用試験	全区分	○	○	○				
税務職員採用試験		○						
食品衛生監視員採用試験		○		○				
労働基準監督官採用試験	全区分	○	○	○				
航空管制官採用試験		○			○		○	○
航空保安大学校学生採用試験	全区分	○						
気象大学校学生採用試験		○						
海上保安官採用試験		○						
海上保安大学校学生採用試験		○						
海上保安学校学生採用試験	一般課程	○						
	航空課程	○						
	管制課程 海洋科学課程	○						

（注）経験者採用試験である採用試験にあっては基礎能力試験、専門試験（記述式）、外国語試験（記述式）、外国語試験（面接）、総合事例研究試験、一般論文試験、政策論文試験、経験論文試験、政策課題討議試験、人物試験及び総合評価面接試験のうちから採用試験ごとに人事院が定める方法により行う。

課題対応能力試験	政策論文試験	総合論文試験	一般論文試験	一般教養論文試験	課題論文試験	時事論文試験	政策課題討議試験	企画提案試験	学科試験		適性試験	作文試験	実技試験	人物試験	身体検査	身体測定	体力検査	適性検査	英語試験
									多肢選択式	記述式									
							○							○					○
							○							○					○
	○													○					○
		○					○	○						○					○
			○											○					
														○					
○				○										○					
											○	○		○					
														○					
					○									○	○	○	○		
												○		○	○	○	○		
												○		○	○	○	○		
												○	○	○	○	○			
														○	○	○			
														○					
												○		○	○	○	○		
						○								○	○				
														○					
														○	○				
											○	○		○	○				
														○					
														○	○				
											○			○	○	○			
									○					○	○	○			
									○	○		○		○	○				
					○									○	○	○	○		
									○	○		○		○	○	○	○		
												○		○	○	○	○		
									○					○	○	○	○	○	
									○					○	○	○	○		

イ　出題分野

試験種目のうち、専門試験、外国語試験、学科試験、英語試験及び実技試験の出題分野又は内容は、公示で定められている。

規則８－18第６条第２項、第３項
平成23年人事院公示第16号
平成26年人事院公示第22号、第23号

３　採用試験の施行

国公法第48条
規則８－18第11条
平成24年指令８－１

(1)　試験機関及び権限

ア　試験機関

試験機関は人事院であるが、外務省専門職員採用試験については外務省が試験機関として指定されている。

イ　権限の内容

規則８－18第12条第１項

試験機関の権限は、次のとおりである。

①　採用試験の実施に関する基本的な事項について計画を定めること
②　採用試験を告知し、周知させること
③　受験の申込みを受理すること
④　採用試験を実施すること
⑤　採用試験の結果に基づいて合格者を決定すること
⑥　採用候補者名簿を作成すること
⑦　採用試験の施行に必要な事項について調査すること
⑧　「①から⑦」に掲げるもののほか、国公法及び規則によりその権限に属させられた事項その他採用試験の施行に関する事務を処理すること

ウ　権限の委任

規則８－18第12条第３項
昭和60年人事院事務総局公示第１号

次の権限については、人事院地方事務局（所）長に委任されている。

①　国家公務員採用一般職試験（大卒程度試験）（「行政」及び「教養」に限る。）、国家公務員採用一般職試験（高卒者試験）及び国家公務員採用一般職試験（社会人試験（係員級））（「事務」及び「技術」に限る。）、刑務官採用試験、税務職員採用試験の結果に基づいて作成された採用候補者名簿に関する権限
②　国家公務員採用総合職試験（院卒者試験）、国家公務員採用総合職試験（大卒程度試験）、国家公務員採用一般職試験（大卒程度試験）、国家公務員採用一般職試験（高卒者試験）、国家公務員採用一般職試験（社会人試験（係員級））、刑務官採用試験、税務職員採用試験の受験の申込みを受理すること
③　「②」の採用試験を実施すること
④　「①」の採用試験の結果に基づいて、合格者を決定すること
⑤　「①」の採用試験の採用候補者名簿を作成すること
⑥　「①」の採用試験の施行に必要な事項について調査すること
⑦　「①」の採用試験に係る事務の一部を他の機関又は他の機関に

属する者に委託すること

⑧　「①」の採用試験に係る受験申込者に必要な事項を通知すること

(2)　試験の施行回数等

ア　試験の施行回数　　規則８－18第17条

採用試験は、毎年１回以上行うこととされているが、国家公務員採用一般職試験（高卒程度試験）の区分試験（事務（社会人)、技術（社会人)、農業（社会人)、農業土木（社会人）及び林業（社会人）の区分試験に限る。）及び経験者採用試験は、任命権者から試験を実施することの求めがあり、人事院が必要と認めた場合に実施される。

イ　試験の取りやめ　　規則８－18第18条

試験機関は、採用試験の対象となる官職に欠員の生ずることが予想されない等の事情が認められる場合には、採用試験又は採用試験の一部の区分試験若しくは地域試験を行わないことができることとされている。この場合においては、試験機関は、その旨を官報により告知しなければならない。

ウ　試験の実施回数　　規則８－18第６条第３項、第７条

試験機関は、採用試験を第１次試験及び第２次試験又は第１次試験、第２次試験及び第３次試験に分けて実施することとされているが、現在、第３次試験まで行われているものは航空管制官採用試験、海上保安学校学生採用試験航空課程区分及び一部の経験者採用試験であり、これ以外のものは、第１次試験及び第２次試験に分けて実施されている。

また、第１次試験、第２次試験及び第３次試験における試験種目については、毎年官報により告知されている。

エ　障害者等に対する受験上の配慮

(ア)　受験上の配慮の提供

障害を有する者をはじめ、負傷や疾病により受験上の配慮を必要と申し出てきた者に対しては、全採用試験にて、試験の公正、適切な実施が損なわれない限度において、合理的かつ社会通念上妥当な措置と認められる場合については、職員の募集及び採用時並びに採用後において障害者に対して各省各庁の長が講ずべき措置に関する指針（平成30年12月27日人事院事務総局職員福祉局長・人事院事務総局人材局長通知）も踏まえ、受験上の配慮を提供している。

(イ)　点字試験・時間延長措置試験・拡大文字試験

重度の視覚障害者（常態的に点字を使用する者）に対しては、国家公務員採用総合職試験（大卒程度試験）の「法律」区分及び国家公務

員採用一般職試験（大卒程度試験）の「行政」区分において、点字による試験を実施している。

また、一定の基準に該当する視覚障害者に対しては、国家公務員採用総合職試験（院卒者試験）、国家公務員採用総合職試験（大卒程度試験）、国家公務員採用一般職試験（大卒程度試験）、国家公務員採用一般職試験（高卒者試験）、国家公務員採用一般職試験（社会人試験（係員級））、財務専門官採用試験、国税専門官採用試験、食品衛生監視員採用試験、労働基準監督官採用試験、税務職員採用試験、気象大学校学生採用試験において、試験時間の延長措置又は拡大文字による受験を実施している。

(3) 試験の告知

国公法第46条、第47条
規則８－18第19条

採用試験は、受験資格を有する全ての者に対して、平等の条件で公開されなければならないとされており、受験に必要な事項については、あらかじめ官報により告知が行われている。

告知の内容は次のとおりである。

① 採用試験の種類ごとの名称及び区分試験又は地域試験が行われる場合にはその名称
② 採用試験の対象となる官職の職務と責任の概要
③ 採用試験の結果に基づいて採用された場合の初任給その他の給与
④ 受験資格
⑤ 試験種目並びに出題分野及び内容
⑥ 採用試験の実施時期及び試験地
⑦ 合格者の発表の時期及び方法
⑧ 採用候補者名簿の作成方法及び採用候補者名簿からの採用方法
⑨ 受験申込用紙の入手及び受験申込書の提出の場所、時期及び手続その他必要な受験手続
⑩ 「①から⑨」に掲げるもののほか、試験機関が必要と認める事項

(4) 受験の申込み等

規則８－18第21条
平成23年人事院公示第17号

採用試験の受験の申込み及び受験並びに採用試験の施行について必要な事項は、平成23年人事院公示第17号で定められている。

(5) 合格者の決定

ア 合格者の決定

規則８－18第24条
平成23年人事院公示第17号

合格者は、採用試験（区分試験又は地域試験が行われる場合には、それぞれ区分試験又は地域試験）ごと、第１次試験、第２次試験、第３次試験ごとに決定され、最終の合格者は、各試験種目の成績を総合して得られた結果により、採用試験による採用を予定している者の数等を勘案

して決定される。

（注）一部の採用試験では、第１次試験の試験種目の成績を第１次試験の合格者の決定に反映させず、最終の合格者を決定する際、他の試験種目の成績と総合している（国家公務員採用一般職試験（大卒程度試験）の一般論文試験又は専門試験（記述式）、国家公務員採用一般職試験（高卒程度試験）の事務区分の作文試験等）。

イ　合格者の発表

合格者の受験番号及び試験地は、インターネット上での掲示などの方法により発表される。

平成23年人事院公示第17号

第4部　分　　　　限

Ⅰ　総説

1　意義

(1)　身分保障

国公法第3条第2項、第74条第1項、第75条第1項

国公法上、分限について、明文の定義は設けられていないが、職員の身分保障を前提とした上での身分上の変化で職員に不利益を及ぼすものを意味している。

すなわち、身分保障とは、職員が保有する官職あるいは官職を保有することに基づく職務を遂行する権利その他の諸権利は、みだりに奪われてはならないということであるが、この身分保障は、単に、職員の地位及び権利の保障という側面にとどまらず、恣意的な免職等から職員を保護することによって、公務の民主的かつ能率的な運営を保障する機能をも有している。

このため、国公法は、「すべて職員の分限、懲戒及び保障については、公正でなければならない。」（公正の原則）と定めているほか、「職員は、法律又は人事院規則に定める事由による場合でなければ、その意に反して、降任され、休職され、又は免職されることはない。」と定めている。

(2)　分限の種類

分限には、(i)一定の事実の発生又は期日（期限）の到来をもって自動的に効果が発生するものと、(ii)権限ある者の行為（行政処分）を要するものに分けられる。

「(i)」には、失職、定年退職などがある一方、「(ii)」には、免職、休職、降任及び降給があり、このうち職員の意に反して行うことのできる行政処分を分限処分という。

（注）失職、辞職等については「第2部第8節」を、定年退職、管理監督職勤務上限年齢による降任については「第5部」を参照されたい。

(3)　分限処分を行う者

国公法第61条
規則8－12第50条
平成21年人企－532第50条関係

分限処分は、任命権者が行うものとされている。

ただし、この任命権者には、併任に係る官職の任命権者は含まれない。併任官職の任命権者は、併任の解除はできるが、職員に身分上の変動を伴うような休職、免職等の発令を行うことはできない。

(4)　懲戒処分との異同

国公法第82条

分限処分及び懲戒処分ともに、法令に定められた事由に該当する場合に、

任命権者が職員に対して行う行政処分である。

しかしながら、分限処分は、道義的責任を追及する意味を含むものではなく、公務能率の確保等の観点から、当該職員を官職あるいは職務から排除するものである。

この点、職員の義務違反あるいは非行等に対する公務秩序維持の観点から行う制裁である懲戒処分とは、趣旨目的が異なる。

したがって、場合によれば、分限処分と懲戒処分を、併せて行うことも可能である。

例　犯罪を行ったため、刑事休職中の職員を懲戒免職すること

勤務実績が悪く、かつ具体的職務上の義務違反を行った職員を降任させ、かつ、減給すること

2　適用除外

国公法第81条第1項

次に掲げる職員については、その性格から、国公法第75条（身分保障)、第78条（意に反する降任・免職)、第78条の2（幹部職員の降任に関する特例)、第79条・第80条（休職)、第89条（処分説明書の交付）及び行政不服審査法の規定は適用されないものとされている。

① 臨時的職員
② 条件付採用期間中の職員

（注）臨時的職員

国公法第60条の臨時的職員のほか、育児休業法第7条又は配偶者同行休業法第7条の規定に基づいて臨時的任用された職員（育児休業代替職員又は配偶者同行休業代替職員）も含まれる。

臨時的職員、条件付採用期間中の職員の分限については、「第2部第3節及び第5節」を参照されたい。

なお、非常勤職員については、国公法上の分限処分に関する規定は、すべて適用となる。

第4部

〔判例〕

○　任命権者の裁量権

（地方公務員法第28条所定の）分限制度は、公務の能率の維持およびその適正な運営の確保の目的から同条に定めるような処分権限を任命権者に認めるとともに、他方、公務員の身分保障の見地からその処分権限を発動しうる場合を限定したものである。分限制度の右のような趣旨・目的に照らし、かつ、同条に掲げる処分事由が被処分者の行動、態度、性格、状態等に関する一定の評価を内容として定められていることを考慮するときは、同条に基づく分限処分については、任命権者にある程度の裁量権は認められるけれども、もとよりその純然たる自由裁量に委ねられているものではなく、分限制度の上記目的と関係のない目的や動機に基づいて分限処分をすることが許されないのはもちろん、処分事由の有無の判断についても恣意にわたることを許されず、考慮すべき事項を

考慮せず、考慮すべきでない事項を考慮して判断するとか、また、その判断が合理性をもつ判断として許容される限度を超えた不当なものであるときは、裁量権の行使を誤った違法のものであることを免れないというべきである。(中略)ひとしく適格性の有無の判断であっても、分限処分が降任である場合と免職である場合とでは、前者がその職員が現に就いている特定の職についての適格性であるのに対し、後者の場合は、現に就いている職に限らず、転職の可能な他の職をも含めてこれらすべての職についての適格性である点において適格性の内容要素に相違があるのみならず、その結果においても、降任の場合は単に下位の職に降るにとどまるのに対し、免職の場合には公務員としての地位を失うという重大な結果になる点において大きな差異があることを考えれば、免職の場合における適格性の有無の判断については、特に厳密、慎重であることが要求されるのに対し、降任の場合における適格性の有無については、公務の能率の維持およびその適正な運営の確保の目的に照らして裁量的判断を加える余地を比較的広く認めても差支えないものと解される。(昭48.9.14　最高裁)

○　条件附採用職員に対する分限処分

法59条1項は、一般職の国家公務員である職員(以下職員という。)の採用につき、これを条件附のものとし、その職員が一定期間勤務し、その間その職務を良好な成績で遂行したときに、正式のものとなる旨規定し、いわゆる条件附採用制度をとることとしているが、この制度の趣旨、目的は、職員の採用にあたり行われる競争試験又は選考(以下試験等という。)の方法(法36条1項参照)が、なお、職務を遂行する能力を完全に実証するとはいい難いことにかんがみ、試験等によりいったん採用された職員の中に適格性を欠く者があるときは、その排除を容易にし、もって、職員の採用を能力の実証に基づいて行うとの成績主義の原則(法33条1項参照)を貫徹しようとするにあると解される。したがって、条件附採用期間中の職員は、いまだ正式採用に至る過程にあるものということができるのであって、右の職員の分限につき、正式採用の職員の分限に関する法の規定の適用がないこととされているのも(法81条1項)、このことを示すものにほかならない。

しかし、条件附採用期間中の職員といえども、すでに試験等という過程を経て、現に給与を受領し、正式採用されることに対する期待を有するものであるから、右の職員の分限に関し、一定の基準を設けても、その基準が正式採用の職員の場合と比べて緩和されたものであるかぎり、前述の条件附採用制度の趣旨、目的にもとるものとはいえない。法81条2項は、条件附採用期間中の職員の分限につき、人事院規則で必要な事項を定めうる旨規定しているが、これは、人事院が右の職員の勤務の実態等を勘案して、右の基準を設けることを許容しているものであり、規則9条の規定は、その趣旨で設けられたものと解されるのである。それゆえ、右の職員は、同条所定の事由に該当しないかぎり分限されないという保障を受けるものといわなくてはならない。

そして、条件附採用制度の趣旨、目的及び規則9条所定の分限事由が一定の評価を内容とするものであることを考えると、条件附採用期間中の職員に対する分限処分については、任命権者に相応の裁量権が認められることはいうまでもないが、もとより、それは純然たる自由裁量ではなく、その判断が合理性をもつものとして許容される限度をこえた不当なものであるときは、裁量権の行使を誤った違法なものというべきであり、右の分限処分がこのような違法性を有するかどうかについては、裁判所の審査に服すべきものである。(昭49.12.17　最高裁)

(注)その後の改正により「規則9条」については、「規則11－4第10条」を参照のこと。

○　過員整理に伴う分限免職

地公法28条１項４号の規定による分限免職処分に基づく過員の整理のため、現実になにびとを免職するかは、任免権者がみずからの裁量によつて決定しうるものであるが、その決定にあたつては、同法13条の定める平等取扱の原則、同法27条１項の定める公正基準及び同法56条の定める不利益取扱の禁止に違反してはならず、また、それが著しく客観的妥当性を欠き、明らかに条理に反するような場合には、自由裁量の限界を超えるものとして違法というべきである。

ところで、右分限免職処分は、同法28条１項１号ないし３号の場合と異なり、職制もしくは定数の改廃又は予算の減少により廃職又は過員を生じた場合、被処分者にはなんら責められるべき事由がないにもかかわらず、任免権者が被処分者に対し、その意思に反して一方的に免職という不利益な処分をなしうるものであること、また、現行法制上地方公務員が住民全体の奉仕者であると同時に勤労者であることを考慮しても、そのことから直ちに任免権者において、分限免職処分を回避するための措置として、余剰人員の配置転換を命ずる義務があるとすることは、任免権者の人事権、経営権を制肘することを認めることになり妥当でなく、ただ、過員整理の必要性、目的に照らし、任免権者において被処分者の配置転換が比較的容易であるにもかかわらず、配置転換の努力を尽くさずに分限免職処分をした場合に、権利の濫用となるにすぎないものというべきである。（昭62.1.29　福岡高裁）

○　適格性欠如についての考え方

国家公務員法78条３号の「その官職に必要な適格性を欠く場合」とは、当該職員の簡単に矯正することのできない持続性を有する素質、能力、性格等に基因してその職務の円滑な遂行に支障があり、又は支障を生ずる高度の蓋然性が認められる場合をいうものと解される。この意味における適格性の有無は、当該職員の外部に表れた行動、態度に徴してこれを判断すべきであり、その場合、個々の行為、態度につき、その性質、態様、背景、状況等の諸般の事情に照らして評価すべきであることはもちろん、それら一連の行動、態度については相互に有機的に関連付けて評価すべきであり、さらに、当該職員の経歴や性格、社会環境等の一般的要素をも考慮する必要があり、これら諸般の要素を総合的に検討した上、当該職に要求される一般的な適格性の要件との関連において同号該当性を判断しなければならない。（平16.3.25　最高裁）

Ⅱ　降任・免職

1　意義

(1)　降任

降任とは、職員をその職員が現に任命されている官職より下位の職制上の段階に属する官職に任命することであり、欠員補充の一方法としての意義を有している。　国公法第34条第１項第３号

しかしながら、降任は職員にとって不利益な処分であり、身分保障の面から、国公法第75条、第78条は、「その意に反して」行う場合の事由を限定している。

（注）職員から書面による同意を得た場合、分限処分ではなく国公法第35条の規定による欠員補充の方法としての降任となる。　規則８－12第29条

(2)　免職　規則８－12第４条第10号

免職とは、職員をその意に反して退職させることである。

分限による免職は、非違行為に対する職員の有責性を問うものではない点で懲戒免職と趣旨目的を異にするが、次の点で効果も異なる。

①　退職手当　退職手当法第12条第１項第１号

分限免職の場合には、支給されるが、懲戒免職の場合には、支給されない。

②　共済年金　共済法第97条第１項

懲戒免職の処分を受けた者は、国家公務員共済組合の組合員期間に係る退職等年金給付のうち経過的職域加算額又は終身退職年金の全部又は一部を支給しないことができる。

分限免職の場合には、特段の制限はない。

③　欠格条項　国公法第38条第２号

懲戒免職の処分を受けた者は、２年間、官職に就く能力を有しない。

分限免職の場合には、特段の制限はない。

2　降任・免職の事由　国公法第78条

国公法は、降任又は免職の事由として、

①　人事評価又は勤務の状況を示す事実に照らして、勤務実績がよくない場合

②　心身の故障のため、職務の遂行に支障があり、又はこれに堪えない場合

③　その他その官職に必要な適格性を欠く場合

④　官制若しくは定員の改廃又は予算の減少により廃職又は過員を生じた場合

を掲げている。

3　降任・免職の処分

昭和54年任企－548 第７条関係第１項、第２項

「２」の事由（「④」を除く。）による降任は、現に任命されている官職より下位の職制上の段階に属する官職の職務を遂行することが期待できると認められる場合に行うものとし、免職は、現に任命されている官職より下位の職制上の段階に属する官職の職務を遂行することが期待できないと認められる場合に行うものとされている。

(1)　勤務実績不良

規則11－４第７条 第１項

「人事評価又は勤務の状況を示す事実に照らして、勤務実績がよくない場合」として職員を降任させ、又は免職することができる場合は、次に掲げる場合であって、指導その他の人事院が定める措置を行ったにもかかわらず、勤務実績が不良なことが明らかなときとされている。

①　当該職員の能力評価又は業績評価の人事評価政令第９条第３項（人事評価政令第14条において準用する場合を含む。）に規定する確認が行われた人事評価政令第６条第１項に規定する全体評語が下位又は「不十分」の段階である場合
②　「①」に掲げる場合のほか、当該職員の勤務の状況を示す事実に基づき、勤務実績がよくないと認められる場合

（注１）「人事院が定める措置」は、次に掲げるいずれかの措置である。

昭和54年任企－548 第７条関係第３項

①　職員の上司等が、注意又は指導を繰り返し行うこと
②　職員の転任その他の当該職員が従事する職務を見直すこと
③　職員の矯正を目的とした研修の受講を命ずること
④　その他任命権者が職員の矯正のために必要と認める措置をとること

（注２）「⑴②」に該当するか否かを判断するに当たっては、例えば次に掲げる客観的な資料によるものとされている。

昭和54年任企－548 第７条関係第４項

①　職員の人事評価の結果その他職員の勤務実績を判断するに足ると認められる事実を記録した文書
②　職員の勤務実績が他の職員と比較して明らかに劣る事実を示す記録
③　職員の職務上の過誤、当該職員についての苦情等に関する記録
④　職員に対する指導等に関する記録

⑤　職員に対する分限処分、懲戒処分その他服務等に関する記録
⑥　職員の身上申告書又は職務状況に関する報告

(注3) 職員を降任させ、又は免職するに当たっては、任命権者は、警告書を交付した後、弁明の機会を与えなければならない。ただし、職員の勤務実績不良の程度、業務への影響等を考慮して、速やかに処分を行う必要があると認められる場合は、この限りでないとされている。　昭和54年任企－548 第7条関係第9項

(注4)「警告書」には、次に掲げる文言を記載するものとし、次の警告書を参考に、適宜の様式によるものとされている。　昭和54年任企－548 第7条関係第10項

①　勤務実績の不良又は適格性の欠如と評価することができる具体的事実及びその状態の改善を求める旨
②　「①」の状態が改善されない場合には、降任又は免職が行われることがある旨

警　告　書

(氏名)	(現官職)
(内容) 1　あなたには、次のとおり、勤務実績の不良又は適格性の欠如と評価することができる事実が認められますので、その改善を求めます。 2　今後、これらの状態が改善されない場合は、国家公務員法第78条第1号又は第3号に基づいて分限処分（免職・降任）が行われる可能性があります。	
(勤務実績の不良又は適格性の欠如と評価することができる具体的事実)	
年　　月　　日 任　命　権　者	

（注５）任命権者は、職員に対して、人事評価の結果の開示又は指導及び助言に当たり、勤務実績不良の状態が改善されない場合には降任又は免職の可能性があることを伝達するものとする。

昭和54年任企－548
第７条関係第11項

（注６）勤務実績は、一般職の職務についての勤務実績をいう。ただし、災害対策基本法により派遣された職員については、派遣された地方公共団体の職員としての職務が国又は行政執行法人の職員としての職務とみなされる。

災害対策基本法施行令
第17条第６項

⑵　心身の故障

規則11－４第７条
第３項、第14条

「心身の故障のため、職務の遂行に支障があり、又はこれに堪えない場合」とは、任命権者が指定する医師２名によって、長期の療養若しくは休養を要する疾患又は療養若しくは休養によっても治癒し難い心身の故障があると診断され、その疾患若しくは故障のため職務の遂行に支障があり、又はこれに堪えないことが明らかな場合とされている。

職員は診断を受けるよう命ぜられた場合には、これに従わなければならない。

（注１）医師の「診断」は、職員が次のいずれかに該当する場合に行うものとする。

昭和54年任企－548
第７条関係第５項

①　３年間の病気休職の期間が満了するにもかかわらず、心身の故障の回復が不十分で、職務を遂行することが困難であると考えられる場合
②　病気休職中であって、今後、職務を遂行することが可能となる見込みがないと判断される場合
③　病気休暇又は病気休職を繰り返してそれらの期間の累計が３年を超え、そのような状態が今後も継続して、職務の遂行に支障があると見込まれる場合
④　勤務実績がよくない職員又は官職への適格性を欠くと認められる職員について、それらが心身の故障に起因すると思料される場合

（注２）医師の「診断」を命ずるに当たり、文書を交付して行う場合は、当該文書には次に掲げる文言を記載するものとし、次の受診命令書を参考に、適宜の様式によるものとする。

昭和54年任企－548
第７条関係第６項

①　任命権者が指定する医師２名の診断を受け、診断書を提出するよう命ずる旨
②　受診命令が国公法第78条第２号に該当する可能性があるか否かを確認することを目的とするものである旨
③　正当な理由なくこの受診命令に従わない場合には、国公法第78条第３号の規定による免職が行われる可能性がある旨

<table>
<tr><td colspan="2" align="center">受　診　命　令　書</td></tr>
<tr><td>（氏名）</td><td>（現官職）</td></tr>
<tr><td colspan="2">（内容）

1　あなたに対し、　　年　　月　　日までに、次の医師２名の診断を受け、診断書を提出するよう命じます。

指定医師①　＿＿＿＿＿＿＿＿＿＿＿＿
指定医師②　＿＿＿＿＿＿＿＿＿＿＿＿

2　これは、国家公務員法第78条第２号に該当する可能性があるか否かを確認することを目的とするものです。

3　あなたが正当な理由なくこの受診命令に従わない場合は、国家公務員法第78条第３号に該当するものとして、分限免職が行われる可能性があります。</td></tr>
<tr><td colspan="2">年　　月　　日

任　命　権　者</td></tr>
</table>

⑶　適格性欠如

「その他その官職に必要な適格性を欠く場合」とは、職員の適格性を判断するに足ると認められる事実に基づき、その官職に必要な適格性を欠くと認められる場合であって、指導その他の人事院が定める措置を行ったにもかかわらず、適格性を欠くことが明らかなときとされている。（規則11－４第７条第４項、昭和54年任企－548第７条関係第７項）

「官職に必要な適格性を欠く」場合とは、当該職員の容易に矯正することができない持続性を有する素質、能力、性格等に基因してその職務の円滑な遂行に支障があり、又は支障を生ずる高度の蓋然性が認められる場合をいい、「⑵」の受診命令に再三にわたり従わない場合が含まれる。

（注１）「人事院が定める措置」は、「⑴（注１）」のほか、職員が行方不明の場合における当該職員の所在が明らかでないことの確認等適格性（昭和54年任企－548第７条関係第８項）

を欠いた状態が改善されないことを確認するために必要と認められる措置とされている。

（注２）警告書の交付の後の弁明の機会の付与及び警告書の記載等については、「⑴（注３）及び（注４）」を参照のこと。

昭和54年任企－548 第７条関係第９項、第10項

⑷ 廃職・過員

規則11－４第７条第５項

「官制若しくは定員の改廃又は予算の減少により廃職又は過員を生じた場合」に、職員のうちいずれを降任し、又は免職するかは、任命権者が、勤務成績、勤務年数その他の事実に基づき、公正に判断して定めるものとされている。

「官制」とは、行政組織のことであり、通常、内閣法、内閣府設置法、行組法及び各行政機関の設置を定める法律の体系によって形成される組織をいい、政省令で定められた組織も含まれる。（行政執行法人については、「官制」は「組織」と読み替えられる。）

独法通則法第59条第２項

「定員」とは、定員法その他職員の定員に関する法令により定められた定員をいい、定員法による場合は、同法に基づく政令により、内閣の機関、内閣府、デジタル庁、復興庁、各省別の定員のほか、省令、訓令等で定められる定員を含むものである。

「予算の減少」とは、必ずしも予算の絶対額の積極的減少のみを指すものではなく、予算の絶対額の減少はなくとも当該予算額算定の基礎が変更され、そのため当初予算額によって支弁されるべき職員数又は事業量若しくは事務量の減少を余儀なくされ、過員を生ずるに至ったような場合も含まれる。

「廃職」とは、行政機構の改正等の場合、行政機関の組織を定めた法令の改廃によってその機関に置かれていた官職が廃止されることをいう。

〔参考〕分限処分に当たっての留意点等について

平成21年人企－536人材局長（最終改正：平成26年人企－657）

職員の分限処分については、国家公務員法（昭和22年法律第120号）（以下「法」という。）第74条から第81条まで、人事院規則11－４（職員の身分保障）（以下「規則」という。）及び「人事院規則11－４（職員の身分保障）の運用について（昭和54年12月28日任企－548）」（以下「運用通知」という。）のほか、下記のとおり、留意点等について整理しましたので、平成21年４月１日以降、これによってください。各府省等におかれては、これを参考として、引き続き、分限制度の趣旨に則った対処に努めていただき、公務の適正かつ能率的な運営のより一層の確保をお願いいたします。

なお、「職員が分限事由に該当する可能性のある場合の対応措置について」（平成18年10月13日人企－1626人材局長通知）は廃止します。

記

Ⅰ　勤務実績不良及び適格性欠如の場合の留意点（法第78条第１号及び第３号関係）

１　規則第７条第１項第２号の勤務実績不良又は同条第４項の適格性欠如と評価することができる事実の例

⑴　勤務を欠くことにより職務を遂行しなかった。

①　長期にわたり又は繰り返し勤務を欠いたり、勤務時間の始め又は終わりに繰り返し勤務を欠いた。

［例］ア　連絡なしに出勤しなかったり、遅刻・早退をした。

イ　病気休暇や年次休暇が不承認となっているにもかかわらず、病気等を理由に出勤しなかった。

ウ　上司の指示を無視し、資料整理に従事するなどと称して出勤しなかった。

②　業務と関係ない用事で度々無断で長時間席を離れた（欠勤処理がなされていない場合でも勤務実績不良と評価され得る。）。

［例］ア　事務室内を目的もなく歩き回り、自席に座っていることがほとんどなかった。

イ　勤務時間中に自席で又は席を外して職場外に長時間私用電話をした。

⑵　割り当てられた特定の業務を行わなかった。

［例］所属する係の所掌業務のうち、自分の好む業務のみを行い、他の命ぜられた業務を処理しなかった。

⑶　不完全な業務処理により職務遂行の実績があがらなかった。

①　業務のレベルや作業能率が著しく低かった。

［例］ア　業務の成果物が著しく拙劣であった。

イ　事務処理数が職員の一般的な水準に比べ著しく劣った。

②　業務ミスを繰り返した。

［例］計算業務を行うに当たって初歩的な計算誤りを繰り返した。

③　業務を１人では完結できなかった。

［例］他の職員と比べて窓口対応等でトラブルが多く、他の職員が処理せざるを得なかった。

④　所定の業務処理を行わなかった。

［例］ア　上司への業務報告を怠った。

イ　書類の提出期限を守らなかった。

ウ　業務日誌を作成しなかった。

⑷　業務上の重大な失策を犯した。

⑸　職務命令に違反したり、職務命令（規則第14条の受診命令を含む。）を拒否した。
⑹　上司等に対する暴力、暴言、誹謗中傷を繰り返した。
⑺　協調性に欠け、他の職員と度々トラブルを起こした。

なお、個々の例が規則第７条第１項第２号の勤務実績不良又は同条第４項の適格性欠如のいずれに該当するかについては、諸般の要素を総合的に検討して判断する必要がある。

2　資料収集

⑴　規則第７条第１項第２号の勤務実績不良又は同条第４項の適格性欠如に該当するか否かの判断は、単一の事実や行動のみをもって判断するのではなく、一連の行動等を相互に有機的に関連付けて行うものであるので、運用通知第７条関係第４項に掲げる客観的な資料を収集した上で行う必要がある。

（参考）運用通知第７条関係第４項に掲げる資料
① 職員の人事評価の結果その他職員の勤務実績を判断するに足ると認められる事実を記録した文書
② 職員の勤務実績が他の職員と比較して明らかに劣る事実を示す記録
③ 職員の職務上の過誤、当該職員についての苦情等に関する記録
④ 職員に対する指導等に関する記録
⑤ 職員に対する分限処分、懲戒処分その他服務等に関する記録
⑥ 職員の身上申告書又は職務状況に関する報告

⑵　特に、職員の職務上の過誤や当該職員についての苦情等の具体的な事実が発生した場合には、その都度、詳細に記録を作成しておく。
⑶　また、運用通知第７条関係第３項⑴の指導や同項⑷の措置を行った場合は、その内容を記録しておく。

3　問題行動が心の不健康に起因すると思われる場合の対応

問題行動が心の不健康に起因すると思われる場合には、管理監督者は、職員に積極的に話しかけて事情を聞くほか、必要に応じ同僚等に職員の状況の変化の有無を聞き、また、健康管理者、健康管理医、専門家等と対応を相談するものとする（「職員の心の健康づくりのための指針について（平成16年３月30日勤職－75）」参照）。

4　懲戒処分との関係

問題行動の中には懲戒処分の対象となる事実も含まれている場合もあることから、当該事実を把握した任命権者は、分限処分と懲戒処分の目的や性格に照らし、総合的な判断に基づいてそれぞれ処分を行うなど厳正に対応する必要がある。

Ⅱ　心身の故障の場合の留意点（法第78条第２号関係）

1　治癒し難い心身の故障があるとの診断がなされなかった場合の対応

規則第７条第３項により任命権者が指定した医師２名のうち、少なくとも１名が同項に規定する診断をしなかった場合には、法第78条第２号に該当すると判断することはできず、職員本人及び主治医、健康管理医等と相談した上で、円滑な職場復帰を図っていくなどの対応を行う必要がある。

2　医師による適切な診断を求める努力

職員の心身の故障の回復の可能性及び職務遂行の可否を判断するための医師の専門的診断は、職場の実態や職員の職場における実情等に基づく必要がある。そのため、診断する医師にその実情を十分に伝え、適切な診断を求めていくことが必要である。

3　病気休職期間満了前からの準備

３年間の病気休職の期間が満了する場合には、その期間満了前から、当該職員や主治医と緊密に連絡を取って病状の把握に努め、運用通知第７条関係第５項⑴により医師２名の診断を求める必要があるかどうか検討しておく。

4　病気休暇又は病気休職の累計が３年を超える場合の対応

運用通知第７条関係第５項⑶に該当する場合（病気休暇又は病気休職を繰り返してそれらの期間の累計が３年を超え、そのような状態が今後も継続して、職務の遂行に支障が有ると見込まれる場合）には、規則第７条第３項の医師の診断を求めることとなるが、当該病気休暇や病気休職の原因である心身の故障の内容が明らかに異なるときには、これには該当しないものとして取り扱う。

［例］精神疾患の病状が回復し、職場復帰した後に、交通事故による外傷によって病気休職等とされた場合

Ⅲ　受診命令違反の場合の留意点（法第78条第３号関係）

規則第14条の受診命令に従わない場合に行われる分限免職は、法第78条第３号に基づく処分であるから、職員が正当な理由なく受診命令を拒否したことのほか、①当該職員が有していると思われる疾患又は心身の故障のため、職務の遂行に支障があり、又はこれに堪えない状況にあると認められること及び②受診命令拒否その他の行動、態度等から、当該職員が官職に必要な適格性を欠くと認められることを運用通知第７条関係第４項に掲げる客観的な資料により確認して行うものとする。

Ⅳ　行方不明の場合の留意点（法第78条第３号関係）

原則として１月以上にわたる行方不明の場合は、法第78条第３号による免職とする。被処分者となる職員の所在を知ることができない場合においては、人事院規則８－12（職員の任免）第56条に基づき、官報に処分内容を掲載するものとする。

Ⅴ　人事院への報告

規則第13条及び運用通知第13条関係に基づき、任命権者が、職員をその意に反して、降任させ又は免職したときは、当該処分の発令の日から１月以内に、法第89条第１項に規定する説明書の写１通を人事院に提出することとされているが、このほか職員が法78条第１号から第３号に該当するとして、規則、運用通知及びこの通知に基づき分限処分に係る対応や手続を行っていたところ、当該職員から辞職の申し出がありこれを承認した場合又は当該職員の同意に基づき降任を行った場合は、その旨を人事院へ報告するものとする。

以　上

＜参考＞分限処分に係る手続の流れ図（管理監督職勤務上限年齢による降任を除く）

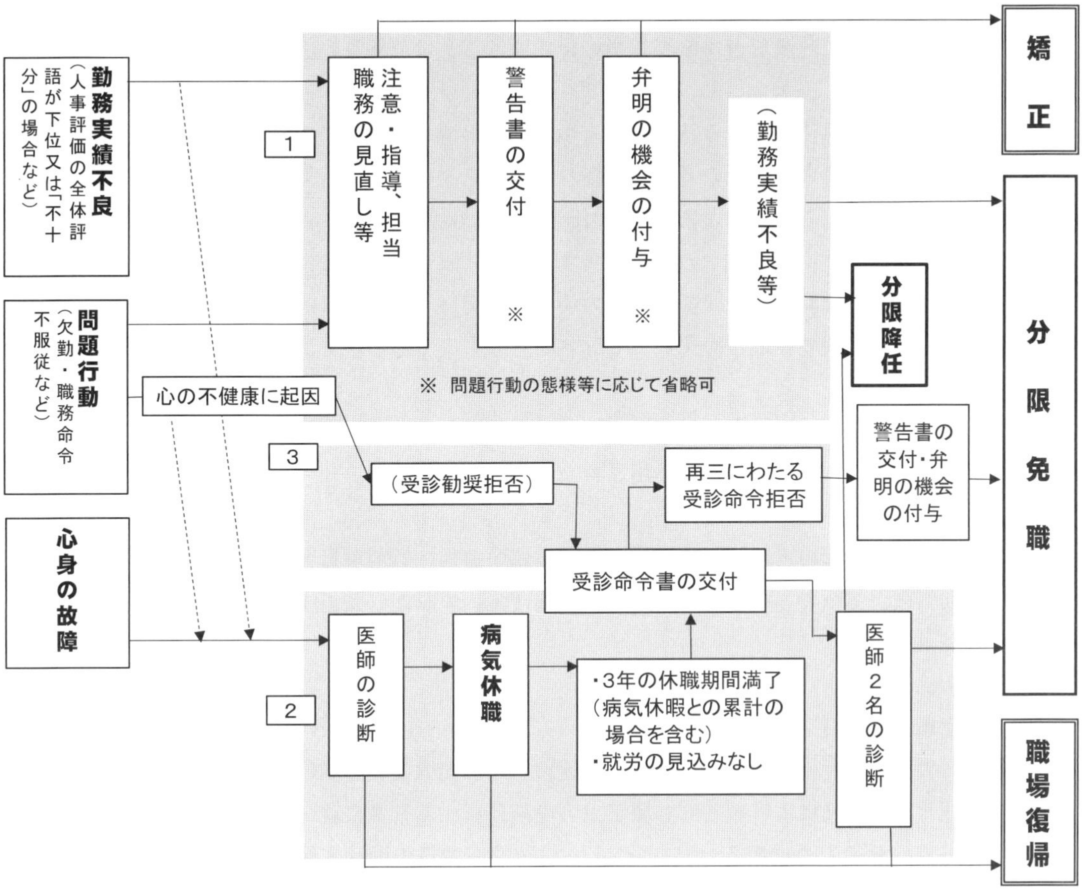

（注） 1 勤務実績不良及び適格性欠如　2 心身の故障　3 受診命令違反

4　幹部職員の降任に関する特例

任命権者は、幹部職員について、次に掲げる場合のいずれにも該当するときは、当該幹部職員が「２①から④」のいずれにも該当しない場合においても、その意に反して直近下位の職制上の段階に属する幹部職への降任を行うことができる。　　国公法第78条の２

① 同一の任命権者の下で同じ職制上の段階に属する他の幹部職員と比べて勤務実績が劣っている場合
② 当該幹部職員が現に任命されている官職に幹部職員となり得る他の特定の者を任命すると仮定した場合に、その者が、当該幹部職員より優れた業績を挙げることが十分見込まれる場合
③ 転任させるべき適当な官職がないと認められる場合又は幹部職員の任用を適切に行うため当該幹部職員を降任させる必要がある場合

（注１）幹部職員の範囲内において降任を行うことができるとされていることから、幹部職のうち職制上の段階が最下位の段階のものを占める部長級の職員を管理職員となる課長級に降任することはできない。

（注２）幹部職員の降任に関する特例は、人事評価その他の客観的な事実に基づき、現任者よりも別の者の方が優れた業績を挙げると十分見込まれる場合に限定されることに加え、降任先の官職も幹部職であって、現任官職の直近下位の職制上の段階に属するものに限られることになることから、幹部職員についてより弾力的な任用を行うという目的に照らして成績主義の原則との関係でも許容されるものである。

（注３）条件付採用期間中又は条件付昇任期間中の幹部職員については、幹部職員の降任に関する特例は適用されない。　規則11－４第７条の２第６項

ア　「同一の任命権者の下で同じ職制上の段階に属する他の幹部職員と比べて勤務実績が劣っている場合」とは、次に掲げるいずれかに該当することとされている。　規則11－４第７条の２第１項

①　幹部職員を降任させようとする日（以下「特例降任日」という。）以前における直近の能力評価及び直近の連続した２回の業績評価の全体評語（現官職又は現官職と同じ職制上の段階に属する官職に就いていた期間に係るものに限る。）に基づき、当該幹部職員の勤務実績が他の幹部職員に比して劣っていると認められること。

ただし、個別評語及び全体評語の段階が「３」とされている場合においてその能力評価及び業績評価の結果が次に掲げる場合のいずれかに該当する場合には、職員の属する職制上の段階において優れた能力又は実績を発揮していると考えられるため該当しないこととされている。

ⅰ　特例降任日以前における直近の能力評価の全体評語が上位の段階である場合であって、同日以前における直近の連続した２回の業績評価のうち、一の業績評価の全体評語が上位の段階であり、かつ、他の業績評価の全体評語が上位又は中位の段階であるとき。

ⅱ　特例降任日以前における直近の能力評価の全体評語が中位の段階である場合であって、同日以前における直近の連続した２回の業績評価の全体評語がいずれも上位の段階であるとき。

②　「①（ⅰ及びⅱを除く。）」に掲げる全体評語及び直近の評価期間が終了した後に明らかになった勤務の状況を示す事実を総合的に勘案して、当該幹部職員の勤務実績が他の幹部職員に比して劣っていると認められること。

③　「①（ⅰ及びⅱを除く。)」に掲げる全体評語の全部又は一部がない場合において、人事評価又は勤務の状況を示す事実を総合的に勘案して、当該幹部職員の勤務実績が他の幹部職員に比して劣っていると認められること。

イ　「当該幹部職員が現に任命されている官職に幹部職員となり得る他の特定の者を任命すると仮定した場合に、その者が、当該幹部職員より優れた業績を挙げることが十分見込まれる場合」とは、「他の特定の者」を次に掲げる者とした上で、現官職の職務の特性並びに当面の業務の重要度及び困難度を考慮して、人事評価等の客観的な事実から、「他の特定の者」が当該幹部職員より優れた業績を挙げることが十分見込まれ、当該他の特定の者を現官職に任命する必要がある場合とされている。　規則11－4第7条の2第2項

①　下位の職制上の段階の者（抜擢による場合（他の府省の職員の場合を含む。))

②　同一の職制上の段階の者のうち、

ⅰ　現官職と任命権者を異にする官職に就いている者（他の府省の幹部職員を任用する場合）

ⅱ　他の官職を占める他の幹部職員より優れた業績を挙げることが十分見込まれる他の者を当該他の官職に採用・昇任・転任させるため、配置換により現官職に就くこととなる者（他の幹部職に抜擢等を行うため、その官職に就いていた幹部職員をいわゆる「玉突き」により異動させる場合）

③　現官職の置かれる部局又は機関等とは異なる部局又は機関等に置かれる官職に就いている者（地方機関等の職員を任用する場合）

④　現に職員でない者

ウ　「転任させるべき適当な官職がないと認められる場合」とは、次の場合であるとされている。

①　欠員を生じ、又は生ずると見込まれる他の官職との関係においては、当該他の官職の職務の特性並びに当面の業務の重要度及び困難度を考慮して、人事評価等の客観的事実から、当該幹部職員の当該他の官職についての適性が他の候補者と比較して十分でないと認められる場合　規則11－4第7条の2第3項

②　欠員状態にはない官職との関係においては、当該他の官職の職務の特性並びに当面の業務の重要度及び困難度を考慮して、当該他の官職　規則11－4第7条の2第4項

に現に就いている職員との比較において、人事評価の結果を含む客観的な事実に照らして当該幹部職員が当該他の職員より優れた業績を挙げることが十分見込まれることに該当しない場合

エ　「幹部職員の任用を適切に行うため当該幹部職員を降任させる必要がある場合」とは、当該幹部職員が在職する府省等又は常勤の職員として在職していた府省等における同一の職制上の段階に属する官職、すなわち、任命権者は異なるが府省単位では同一の府省等、更には、過去に出向経験のある府省等における現官職と同一の職制上の段階に属する官職に転任させるべき適当な官職がないと認められる場合とされている。

規則11－4第7条の2第5項

Ⅲ　休職

1　意義

国公法第79条、第80条

休職とは、公務能率の維持又は公務の適正な運営の観点から、職員に長期にわたって職務に従事し得ない事情又は引き続き職務に従事させることが適当ではない事情が発生した場合に、その事情を勘案して一時的に職務系列から排除し、後任者を補充してその職務を行わせることができるようにするもので、職員としての身分を保有させたまま職務に従事させないものである。

停職、国際機関等への派遣、育児休業、交流派遣、法科大学院派遣、自己啓発等休業及び配偶者同行休業も、職員としての身分を保有させたまま、職務に従事させない制度である点では同じであるが、趣旨・目的、要件等が異なる。

（注）

- 停職は、職員が一定の義務違反を行った場合に公務員関係の秩序を維持する目的で行われる行政上の制裁措置である。
- 国際機関等への派遣は、派遣法に基づき国際協力等の目的で、職員を国際機関等の業務に従事させるためのものであり、職員の同意が必要である。
- 育児休業は、育児休業法に基づき子を養育する職員の継続的な勤務を促進し、職員の福祉を増進すること等の目的で、子を養育するためのものであり、職員の請求に基づく休業制度として整備されている。
- 交流派遣は、官民人事交流法に基づき行政の課題に柔軟かつ的確に対応できる人材の育成を図ること等の目的で、職員を民間企業の業務に従事させるものであり、職員の同意が必要である。
- 法科大学院派遣は、法科大学院派遣法に基づき法曹養成の基本理念に則した法科大学院における教育の充実に資すること等の目的で、検察官等を法科大学院における教授等の業務に従事させるものであり、検察官等の同意が必要である。
- 自己啓発等休業は、自己啓発等休業法に基づき自己啓発及び国際協力の機会を提供する目的で、職員に大学等における修学又は国際貢献活動を認めるものであり、職員の請求に基づく休業制度として整備されている。
- 配偶者同行休業は、配偶者同行休業法に基づき配偶者を有する職員の継続的な勤務を促進し公務の円滑な運営に資する目的で、職員が勤務等の事由により外国に滞在する配偶者と生活を共にすることを認めるものであり、職員の請求に基づく休業制度として整備されている。

・　職員団体の在籍専従については､｢休職にする｣という行為はなく、専従のための許可が与えられた場合の職員の身分上の取扱いが「休職者」とされている。

2　休職の事由

休職の事由は、国公法第79条及び規則11－4第3条に規定されている。

これらの事由に該当する場合に、任命権者は、職員をその意に反して、休職にすることができる。

職員が休職事由に該当する場合に休職にするかどうかの判断は、任命権者の裁量に委ねられているが、制度の趣旨等を踏まえ、諸般の事情を考慮して慎重に取り扱わなければならない。1人の職員について二以上の休職事由があるときは、休職にするか否か及びいずれの事由により休職にするかは任命権者の裁量によるものとされている。

(1)　国公法に規定する休職の事由

ア　病気休職　　国公法第79条第1号

心身の故障のため、長期の休養を要する場合である。

〔休職の期間〕　　規則11－4第5条第1項　昭和54年任企－548第5条関係第1項

休養を要する程度に応じ、3年を超えない範囲において、それぞれ個々の場合について、任命権者が定める。

休職の期間が3年に満たない場合においては、休職にした日から引き続き3年を超えない範囲内において、これを更新することができる。

これらの場合においては、原則として、医師の診断の結果に基づいて行うものとされている。

（注）休職期間3年が満了しても治癒せず、更に長期にわたり勤務できないことが明らかなときは、国公法第78条第2号により分限免職することができる。

〔休職の始期〕　　規則15－14第21条第1項ただし書

休職の始期については、特段の規定はなく、長期の療養を要すると判断された場合には、直ちに行い得るものであるが、病気休暇の期間は原則として連続して90日を超えることはできないと規定されていることから、この時期までに休職とすることとなると考えられている。

イ　刑事休職　　国公法第79条第2号

刑事事件に関し起訴された場合である。

職員が刑事事件に関し起訴された場合には、判決の確定まで無罪の推定を受けるとはいえ、起訴されることにより、勾留され、あるいは、公判に出廷するため職務に専念できなくなるおそれがあり、また、職務に引き続き従事させると行政運営に対する国民の信頼を損ねる場合もあるので、公務能率維持及び公務の信用の維持の観点から、休職にすることができることとされたものである。

職員が刑事事件に関して起訴されるといっても、職務との関連、罪名・罰条、勾留の有無等その態様は様々であり、その職場に及ぼす影響も様々であるので、休職にするか否かは、事案ごとにこれらの事情を参酌して判断することが必要である。

〔休職の期間〕 国公法第80条第2項

休職の期間は、最大、事件が裁判に係属している期間であり、裁判が確定するまでの間である。

しかしながら、係属中であっても復職は可能であり、例えば、第一審において無罪の判決がなされ、これに対し、検察官が控訴しても、諸般の事情を考慮して復職させることも可能である。

なお、犯罪の嫌疑により起訴されるおそれのある場合でも未だ起訴されていないうちは、休職させることはできない。

(2) 規則に規定する休職の事由

ア 研究休職 規則11－4第3条第1項第1号 昭和54年任企－548第3条関係第1項

学校、研究所、病院その他人事院の指定する公共的施設において、その職員の職務に関連があると認められる学術に関する事項の調査、研究若しくは指導に従事し、又は人事院の定める国際事情の調査等の業務若しくは国際約束等に基づく国際的な貢献に資する業務に従事する場合である。

休職させる施設が「研究所」に該当するかどうかは、人事院との相談としているが、一定の基準を満たす場合にはこの限りではないとしている。

この休職は、公共性の高い研究所等において、職員の職務に関連する研究等を行うためのものであり、当然、職務に復帰後、その成果等を職務に還元することが期待されるものである。なお、この事由には、大学で教授等として教育・研究等を行う場合も含まれるが、単なる知識の習得又は資格の取得を目的とする場合は該当しないとされている。

〔休職の期間〕 規則11－4第5条第1項、第3項

必要に応じ、3年を超えない範囲内において、任命権者が定める。

休職の期間が3年に満たない場合においては、休職にした日から引き続き3年を超えない範囲内において、これを更新することができる。

また、休職の期間が引き続き3年に達する際特に必要があるとき

は、任命権者は、２年を超えない範囲内において、人事院の承認を得て、休職の期間を更新することができる。

更に、更新した休職の期間が２年に満たない場合においては、任命権者は、必要に応じ、その期間の初日から起算して２年を超えない範囲内において、再度これを更新できる。

イ　共同研究休職

規則11－４第３条第１項第２号

国及び行政執行法人以外の者がこれらと共同して、又はこれらの委託を受けて行う科学技術に関する研究に係る業務であって、その職員の職務に関連があると認められるものに、研究休職の対象施設又は人事院が当該研究に関し指定する施設において従事する場合（派遣法第２条第１項による派遣の場合を除く。）である。

この休職は、研究交流促進法（現・科技イノベ活性化法）の趣旨を踏まえて昭和61年に措置されたものであり、公共的性格を有しない施設であっても、国及び行政執行法人との共同研究団体あるいはこれらの委託研究を行う団体で当該業務に従事することが国及び行政執行法人の研究に資することに着目して休職事由とされている。

ここにいう共同研究及び委託研究は、国又は行政執行法人の研究の効率的推進に資するものである必要があり、一般的な検査、試験、測定、分析、調査又は観測等は含まれない。

〔休職の期間〕

規則11－４第５条第２項、第４項

必要に応じ、５年を超えない範囲内において、任命権者が定める。

休職の期間が５年に満たない場合においては、休職にした日から引き続き５年を超えない範囲内において、これを更新することができる。

また、休職の期間が引き続き５年に達する際、やむを得ない事情があると人事院が認めるときは、任命権者は、人事院の承認を得て定める期間これを更新することができる。

ウ　役員等兼業休職

規則11－４第３条第１項第３号

規則14－18（研究職員の研究成果活用企業の役員等との兼業）第２条第１項に規定する研究職員（試験研究機関等の職員のうち研究をその職務の全部又は一部とする者）の官職と同規則第１条に規定する役員等（研究職員の研究成果を活用する事業を営む事業を実施するものの役員、顧問、又は評議員）の職とを兼ねる場合において、これらを兼ねることが同規則第４条第１項各号（第３号及び第６号を除く。）に掲げる基準のいずれにも該当するときで、かつ、主として当該役員等の職務に従事する必要があり、当該研究職員としての職務に従事することができないと認められる場合である。

〔休職の期間〕

原則的には「ア」の研究休職と同様であるが、休職の期間が引き続き5年に達する際、やむを得ない事情があると人事院が認めるときは、任命権者は、人事院の承認を得て定める期間これを更新することができる。

規則11－4第5条第1項、第3項、第4項

エ　設立援助休職

法令の規定により国が必要な援助又は配慮をすることとされている公共的機関の設立に伴う臨時的必要に基づき、これらの機関のうち、人事院が指定する機関において、その職員の職務と関連があると認められる業務に従事する場合である。

（注）現在、人事院が指定する機関はない。

規則11－4第3条第1項第4号

〔休職の期間〕

必要に応じ、3年を超えない範囲内において、任命権者が定める。

休職の期間が3年に満たない場合においては、休職にした日から引き続き3年を超えない範囲内において、これを更新することができる。

規則11－4第5条第1項

オ　行方不明休職

水難、火災その他の災害により、生死不明又は所在不明となった場合である。

「その他の災害」とは、暴風、豪雪、地震その他の異常な自然現象及び航空機の墜落、船舶の沈没等多数の遭難を伴う大規模な事故を指すものと解されており、災害に基因しない失踪等は含まれない。

この休職による場合は、後に生存が確認されれば問題ないが、死体が確認され災害時死亡と推定された場合、特別失踪の宣告があった場合（民法第30条第2項）、認定死亡の取扱いを受けた場合（戸籍法第89条）には、いずれも災害遭難時死亡とみなされるので、休職処分は無効となる。

規則11－4第3条第1項第5号

〔休職の期間〕

必要に応じ、3年を超えない範囲内において、任命権者が定める。

休職の期間が3年に満たない場合においては、休職にした日から引き続き3年を超えない範囲内において、これを更新することができる。

規則11－4第5条第1項

カ　過員休職

国公法第79条各号又は規則11－4第3条第1項各号のいずれかに該当して休職にされた職員がその休職の事由の消滅又はその休職の期間の満了により復職したときにおいて定員に欠員がない場合である。

規則11－4第3条第2項

専従休職者が復職したとき又は派遣法の規定により派遣された職員、育児休業法の規定により育児休業をした職員、官民人事交流法に規定する交流派遣職員、法科大学院派遣法の規定により専ら教授等の業務を行うために派遣された職員、自己啓発等休業法に規定する自己啓発等休業をした職員、福島復興再生特措法に規定する派遣職員、配偶者同行休業法に規定する配偶者同行休業をした職員、令和７年国際博覧会特措法に規定する派遣職員若しくは令和９年国際園芸博覧会特措法に規定する派遣職員が職務に復帰したときにおいて定員に欠員がない場合についても同様である。

（注）「定員」とは、定員法その他職員の定員に関する法令により定められた定員をいい、定員法による場合は、同法に基づく政令により、内閣の機関、内閣府、デジタル庁、復興庁、各省別の定員のほか、省令、訓令等で定められる定員を含むものである。

〔休職の期間〕　規則11－４第５条第５項

定員に欠員が生じるまでの間である。

過員休職者がいる場合において、欠員が生じ、その数が過員休職者の数より少ないときは、いずれの休職者について欠員が生じ、休職期間が満了したものとするかは、任命権者が定めるものとされている。

３　身分の取扱い

⑴　官職の保有　規則11－４第４条第１項、第２項　規則８－12第37条第３項第４号

休職中の職員は、休職にされた時占めていた官職又は休職中に異動した官職を保有する。休職中の職員は常時勤務していないので、定員法にいう「常勤の官職」に該当せず、所属府省の定員外となる。また、休職者の官職には、重ねて他の職員を補充することができる。

なお、休職に伴って併任は当然に終了するので、本務官職だけを保有することになる。

（注）専従許可を受けた職員は休職者とされるが、専従許可によって併任は当然には終了しないので、専従休職者は、併任官職を保有する。また、専従休職者で審議会等の諮問的な非常勤官職又はこれらに準ずる非常勤官職を占めるものは、当該非常勤官職の職務に従事することができる。　規則11－４第４条第３項、第11条

⑵　給与　規則９－８第22条第１項、第44条

休職者の給与は、給与法第23条、寒冷地手当法第２条及び規則９－13（休職者の給与）に定められており、休職事由ごとに休職給の基礎となる給与種目、支給割合等が異なっている。なお、国際機関等への派遣又は研究休

職、共同研究休職、役員等兼業休職、設立援助休職から職員が職務に復帰した場合において、特別に昇格させることができるほか、復帰した場合の号俸については、休職等の期間を一定の換算率で換算した期間を引き続き勤務したものとみなして、昇給の場合に準じて号俸を調整することができる（復職時調整）。

（注１）休職中の職員は、職務に従事せず、級別定数の外とされていることから、昇格させることはできない。

（注２）国際機関等に派遣されていたこと又は休職にされていたこと等の事情により、昇給評語の全部又は一部がない職員を昇給させようとする場合には、当該職員の人事評価の結果及び勤務成績を判定するに足りると認められる事実に基づき行うものとする。

なお、評価終了日以前１年間の全てが休職期間であること等により勤務成績を判定することができない職員は、昇給しない。

規則９－８第37条第３項
給実甲第326号第37条関係の第11項
平成21年給２－35別紙２第３項

(3) 退職手当

退職手当法第７条

退職手当の算定の基礎となる勤続期間の計算は、職員としての引き続いた在職期間によることとされているが、休職期間については在職期間から除算するものとして、

① その期間をすべて除算するもの
② その２分の１の期間を除算するもの

がある。

(4) 共済組合

共済法第２条第１項第１号

休職者も組合員資格を有し、所定の給付を受け、掛金を徴収される。

（参考）休職事由ごとの給与及び退職手当の取扱いの詳細は次のとおりである。

１　公務上又は通勤による傷病に係る休職

- 休職の期間中、給与の全額を支給する（給与法に規定する給与のみでなく、他の法律に基づいて支給することとされている給与（寒冷地手当等）を含む。）
- 復職時調整の換算率は３分の３以下
- 退職手当の在職期間の計算において除算されない

２　私傷病（結核性疾患）による休職

- 俸給、扶養手当、地域手当、広域異動手当、研究員調整手当、住居手当、期末手当及び寒冷地手当（以下「俸給等」という。）のそれぞれ100分の80を２年間支給することができる
- 復職時調整の換算率は２分の１以下
- 退職手当の在職期間の計算において２分の１除算

3　私傷病（非結核性疾患）による休職

・　俸給等のそれぞれ100分の80を１年間支給することができる
・　復職時調整の換算率は３分の１以下
・　退職手当の在職期間の計算において２分の１除算

4　刑事休職

・　休職の期間中、俸給等（期末手当及び寒冷地手当を除く。）のそれぞれ100分の60以内を支給することができる
・　復職時調整の換算率は３分の３以下（無罪判決を受けた場合に限る。）
・　退職手当の在職期間の計算において２分の１

（注）判決の確定前に退職したときは、退職手当は支給しない。ただし、禁錮以上の刑に処せられなかったときには支給される（禁錮以上の刑に処せられたときは職員は失職し、退職手当は支給されない。）。

5　研究休職

・　休職の期間中、俸給等のそれぞれ100分の70以内を支給することができる（原則として、本府省に勤務する専門スタッフ職俸給表３級の最高の号俸を受ける職員の俸給、専門スタッフ職調整手当、地域手当、期末手当及び勤勉手当の年額の合計額と休職先機関から支給される報酬等年額との差額の範囲内で休職給を支給することとされている。）
・　復職時調整の換算率は３分の３以下
・　退職手当の在職期間の計算において２分の１除算（退職手当法第６条の４第１項括弧書により休職等に含めない場合は除算されない。）

6　共同研究休職

・　休職の期間中、俸給等のそれぞれ100分の70以内を支給することができる
・　復職時調整の換算率は３分の３以下
・　退職手当の在職期間の計算において科技イノベ活性化法の要件を満たす場合は除算されない

7　役員兼業休職

・　無給
・　復職時調整の換算率は３分の３以下
・　退職手当の在職期間の計算において２分の１除算

8　設立援助休職

・　休職の期間中、俸給等のそれぞれ100分の70以内を支給することができる
・　復職時調整の換算率は３分の３以下
・　退職手当の在職期間の計算において除算されない

9　行方不明休職

・　休職の期間中、俸給等のそれぞれ100分の70以内を支給することができる（原因である災害が公務上の災害又は通勤災害等と認められる場合は100分の100以内。船員については、特例がある。）

・　復職時調整の換算率は３分の１以下（公務上の災害又は通勤災害のときは３分の３以下）

・　退職手当の在職期間の計算において２分の１除算

10　過員休職

・　休職の期間中、俸給等のそれぞれ100分の70以内を支給することができる

・　復職時調整の換算率は３分の２以下（先行する休職が公務に基づくもの又は通勤による災害に係るものである場合にあっては、３分の３以下）

・　退職手当の在職期間の計算において２分の１除算

４　復職

国公法第80条第３項
規則11－４第６条
昭和54年任企－548
第６条関係第３項

いかなる休職も、その事由が消滅したときは当然に終了したものとみなされる。

休職の事由が消滅したときは、任命権者は速やかにその職員を復職させなければならない。

また、休職の期間又は専従許可の有効期間が満了したときは、当該職員は当然復職する。

なお、Ａ事由の休職から、Ｂ事由（Ａとは根拠条項の異なる事由）の休職にする場合には、Ａ事由の休職について復職させてから、改めてＢ事由の休職を発令しなければならないと解されている。

昭和54年任企－548
第６条関係第２項

（注１）病気休職にされている職員を休職期間満了前に復職させる場合には、休職または更新する場合と同様、原則として医師の診断の結果に基づいて行うこととされている。

（注２）刑事休職については、公務上の必要があれば判決確定前に復職させ、あるいは免職にすることもできる。

〔行政実例〕

○　国公法第79条第１号に基づき休職にした後、これが公務に基づくものと認定されたとしても、当該休職発令に瑕疵がない以上、これを取り消すことはできない。（昭28.9.23　12－408　管理局長）

○　国公法第79条の法意は、職員が同条各号の一に該当するときは、当該職員の意思のいかんに関係なく、（場合によっては、その意に反してでも）これを休職することができるものとすることにあるのであって、職員が休職を願い出た場合においても、同条各号の一に該当するときは、同条によりこれを休職にすることができるものと解する。（昭26.1.12　71－５　法制局長）

○　看護婦が助産婦の資格を取得するために助産婦養成所にはいる場合は、規則11－４第３条第１項第１号に定める事由には該当しない。なお、特定職員に助産婦の知識、資格の取得等を命ずることは、当該職員の職務となり、休職事由には該当しない。（昭34.3.30任企－225　企画課長）

〔判例〕

○　無罪判決と起訴休職処分の適否

起訴休職の期間は起訴された刑事事件が裁判所に係属する間とし（80条２項）、その事由が消滅したとき、すなわち、起訴された刑事事件についての訴訟係属が終了したときに、休職処分が当然に終了したものとみなしているが（同条３項）、休職処分後に当該刑事事件について無罪判決が言い渡されたが、それがいまだ確定していない場合については、何らの規定も設けていない。したがって、起訴された刑事事件につき第一審裁判所において無罪の判決が言い渡された場合においても、休職処分が当然に終了したものとみなされるものでないことはもとより、任命権者は、当然に休職処分を撤回すべき義務を負うものでもなく、起訴休職制度の前記の趣旨、目的に照らして、休職を継続する必要性が消滅したか否かを判断し、休職処分を撤回すべきか否かを決定することができるのであって、その判断は、任命権者の裁量に任されているものというべきであり、任命権者が休職処分を撤回しなかったことは、裁量権の範囲を逸脱し、又はこれを濫用したと認められる場合でない限り、国家賠償法１条１項にいう違法な行為には当たらないと解するのが相当である。（昭63.6.16　最高裁）

Ⅳ　降給

1　意義

国公法第75条第2項
規則11－10第1条
給与法附則第15項

職員は、国公法又は規則で定める事由に該当するときは、降給される。

降給の対象となる職員は、給与法第6条第1項の俸給表のうちいずれかの俸給表（指定職俸給表を除く。）の適用を受ける者である。

（注）給与法附則第8項の規定に基づき行われる俸給月額の7割措置についても降給と位置付けられるが、これについては「第5部」を参照されたい。

⑴　降給の種類

規則11－10第3条

ア　降格

職員の意に反して、当該職員の職務の級を同一の俸給表の下位の職務の級に変更すること。

イ　降号

職員の意に反して、当該職員の号俸を同一の職務の級の下位の号俸に変更すること。

ウ　他の官職への転任に伴う降給

管理監督職勤務上限年齢に達している職員が、国公法第81条の2第1項に規定する他の官職への転任により現に属する職務の級より同一の俸給表の下位の職務の級に分類されている職務を遂行することとなった場合において、降格すること。

⑵　降格

ア　降格の事由

規則11－10第4条

職員が次のいずれかの事由に該当する場合で、各庁の長（給与法第7条に規定する各庁の長又はその委任を受けた者をいう。）が必要があると認めるときは、当該職員を降格するものとする。

㈠　降任された場合

㈡　次に掲げる転任により、現に属する職務の級より同一の俸給表の下位の職務の級に分類されている職務を遂行することとなった場合

①　人事管理上の必要性に鑑み臨時的に置かれる官職を占める行政職俸給表（一）7級相当以上の職員が、管理監督職であるものとした場合の異動期間の末日を超えて当該官職を占める場合における他の官職への転任

② 俸給の特別調整額支給官職等を占める休職・休業・派遣等をされている職員が、管理監督職であるものとした場合の異動期間の末日を超えて復職・復帰等する場合における他の官職への転任

(ウ) 次に掲げる事由のいずれかに該当する場合（「(ア)及び(イ)」に該当する場合を除く）

① 職員の能力評価又は業績評価の全体評語が下位又は「不十分」の段階である場合その他勤務の状況を示す事実に基づき勤務実績がよくないと認められる場合において、指導その他の人事院が定める措置を行ったにもかかわらず、なお勤務実績がよくない状態が改善されないときであって、当該職員がその職務の級に分類されている職務を遂行することが困難であると認められるとき

（注１）「勤務実績がよくないと認められる場合」に該当するか否かを判断するに当たっては、職員の人事評価の結果その他職員の勤務実績を判断するに足ると認められる事実等の要素を総合的に検討し行うこととしており、能力評価又は業績評価の全体評語が「やや不十分」の段階である場合は、総合的に検討する要素に含まれるものである。 令和２年給２－93

（注２）「その他の人事院が定める措置」とは、次のいずれかの措置をいう。 平成21年給２－26 第４条及び第５条関係第１項

i 職員の上司等が、注意又は指導を繰り返し行うこと
ii 職員の転任その他の当該職員が従事する職務を見直すこと
iii 職員の矯正を目的とした研修の受講を命ずること
iv その他職員の矯正のために必要と認める措置をとること

（注３）勤務実績又は適格性を判断するに当たっては、例えば次に掲げる客観的な資料によるものとする。 平成21年給２－26 第４条及び第５条関係第２項

i 職員の人事評価の結果その他職員の勤務実績を判断するに足りると認められる事実を記録した文書
ii 職員の勤務実績が他の職員と比較して明らかに劣る事実を示す記録
iii 職員の職務上の過誤、当該職員についての苦情等に関する記録
iv 職員に対する指導等に関する記録
v 職員に対する分限処分、懲戒処分その他服務等に関する記録

vi　職員の身上申告書又は職務状況に関する報告

（注４）職員を降格させ、又は降号するに当たっては、各庁の長は、警告書を交付した後、弁明の機会を与えるものとする。ただし、職員の勤務実績不良の程度、業務への影響等を考慮して、速やかに処分を行う必要があると認められる場合は、この限りでない。

平成21年給２－26
第４条及び第５条関係第７項

（注５）「警告書」には、次に掲げる文言を記載するものとし、平成21年給２－26別紙２を参考に、適宜の様式によるものとする。

i　勤務実績の不良又は適格性の欠如と評価することができる具体的事実及びその状態の改善を求める旨

ii　「i」の状態が改善されない場合には、降格又は降号が行われることがある旨

平成21年給２－26
第４条及び第５条関係第８項

（注６）各庁の長は、「全体評語が下位又は「不十分」の段階である場合」に該当するときは、職員に対して、評価結果の開示又は指導及び助言に当たり、勤務実績不良の状態が改善されない場合には降格又は降号の可能性があることを伝達するものとする。

平成21年給２－26
第４条及び第５条関係第９項

②　各庁の長が指定する医師２名によって、心身の故障があると診断され、その故障のため職務の遂行に支障があり、又はこれに堪えないことが明らかな場合

（注１）医師の「診断」は、職員が次のいずれかに該当する場合に行うものとする。職員は、診断を受けるよう命ぜられた場合には、これに従わなければならない。

i　３年間の病気休職の期間が満了するにもかかわらず、心身の故障の回復が不十分で、職務を遂行することが困難であると考えられる場合

ii　病気休職中であって、今後、職務を遂行することが可能となる見込みがないと判断される場合

iii　病気休暇又は病気休職を繰り返してそれらの期間の累計が３年を超え、そのような状態が今後も継続して、職務の遂行に支障があると見込まれる場合

iv　勤務実績がよくない職員又はその職務の級に分類されている職務を遂行することについての適格性を欠くと認められる職員について、それらが心身の故障に起因すると思料される場合

規則11－10第９条
平成21年給２－26
第４条及び第５条関係第３項

（注２）医師の「診断」を命ずるに当たり、文書を交付して行う場合は、当該文書には次に掲げる文言を記載するものとし、平成21年給２－26別紙１を参考に、適宜の様式によるものとする。

平成21年給２－26 第４条及び第５条関係第４項

ⅰ　各庁の長が指定する医師２名の診断を受け、診断書を提出するよう命ずる旨

ⅱ　受診命令が規則11－10第４条第１号ロに該当する可能性があるか否かを確認することを目的とするものである旨

ⅲ　正当な理由なくこの受診命令に従わない場合には、国公法第78条第３号の規定による免職が行われる可能性がある旨

③　職員がその職務の級に分類されている職務を遂行することについての適格性を判断するに足りると認められる事実に基づき、当該適格性を欠くと認められる場合において、指導その他の人事院が定める措置を行ったにもかかわらず、当該適格性を欠く状態がなお改善されないとき

（注１）適格性を判断するに当たっての客観的な資料については、「(ウ)①（注３)」と同じ。

平成21年給２－26 第４条及び第５条関係第２項

（注２）「適格性を欠く」場合とは、当該職員の容易に矯正することができない持続性を有する素質、能力、性格等に基因してその職務の円滑な遂行に支障があり、又は支障を生ずる高度の蓋然性が認められる場合とする。

平成21年給２－26 第４条及び第５条関係第５項

（注３）「その他の人事院が定める措置」は、「(ウ)①（注２)」に掲げるいずれかの措置のほか、職員が行方不明の場合における当該職員の所在が明らかでないことの確認等適格性を欠いた状態が改善されないことを確認するために必要と認められる措置とする。

平成21年給２－26 第４条及び第５条関係第６項

（注４）警告書の交付後の弁明の機会の付与及び警告書の記載等については、「(ウ)①（注４）及び（注５)」を参照のこと。

平成21年給２－26 第４条及び第５条関係第７項、第８項

(エ)　官制若しくは定員の改廃又は予算の減少により職員の属する職務の級の給与法第８条第１項又は第２項の規定による定数に不足が生じた場合

（注）定数に不足が生じた場合により職員のいずれを降格させるかは、勤務成績、勤務年数その他の事実に基づき、公正に判断して定める。

規則11－10第４条

イ　降格の場合の職務の級 　職員を降格させる場合には、級別定数の範囲内において、その職務に応じ、かつ、その者の人事評価の結果又は勤務成績を判定するに足りると認められる事実に基づき、その者が職務を遂行することが可能であると認められる下位の職務の級に決定する。 　(注) 職務の級が１級の者は降格させることができない。	給与法第８条第３項 規則９－８第24条 第１項、第２項
ウ　降格の場合の号俸 　職員を降格させた場合の号俸は、その者に適用される俸給表の別に応じ、かつ、降格した日の前日に受けていた号俸に対応する規則９－８（初任給、昇格、昇給等の基準）別表第７の２に定める降格時号俸対応表の降格後の号俸欄に定める号俸となる。	規則９－８第24条の２ 第１項
エ　号俸決定の特例 (ア) 職員を降格させた場合で当該降格が２級以上下位の職務の級への降格であるときは、それぞれ１級下位の職務の級への降格が順次行われたものとして得られる号俸とする。	規則９－８第24条の２ 第２項
(イ) 「ウ及び上記(ア)」によって得られる号俸に決定することが著しく不適当であると認められる場合には、あらかじめ人事院の承認を得て降格後の号俸を決定することができる。この場合、その号俸は降格前に受けていた俸給月額に達しない額の号俸でなければならない。	規則９－８第24条の２ 第３項
オ　職員の同意を得た場合の降格 　降格には、国公法第75条第２項に基づく職員の意に反する降格のほか、職員から書面による同意を得た場合に行うことができる降格がある。この場合の職務の級及び号俸の決定方法は上記と同じである。	規則９－８第24条 第３項
(3) 降号 ア　降号の事由 　職員の能力評価又は業績評価の全体評語が下位又は「不十分」の段階である場合その他勤務の状況を示す事実に基づき勤務実績がよくないと認められる場合であり、かつ、その職務の級に分類されている職務を遂行することが可能であると認められる場合であって、指導その他の人事院が定める措置を行ったにもかかわらず、なお勤務実績がよくない状態が改善されない場合において、各庁の長が必要があると認めるときは、当該職員を降号するものとする。	規則11－10第５条
(注)「勤務実績がよくないと認められる場合」、「その他の人事院が定める措置」、「勤務実績又は適格性を判断するに当たっての客観的な	令和２年給２－93 平成21年給２－26

資料」、「警告書の交付後の弁明の機会の付与及び警告書の記載等」、「全体評語が下位又は「不十分」の段階である場合の取扱い」については「(2)ア(ウ)①（注１）から（注６）」を参照のこと。

第４条及び第５条関係第１項、第２項、第７項～第９項

イ　降号の場合の号俸

規則９－８第42条

職員を降号させる場合におけるその者の号俸は、降号した日の前日に受けていた号俸より２号俸下位の号俸（当該受けていた号俸が職員の属する職務の級の最低の号俸の直近上位の号俸である場合にあっては、当該最低の号俸）とする。

（注）職務の級の最低の号俸を受けている者は降号させることができない。

〔参考〕降給に当たっての留意点等について

平成21年給２－32給与局長（最終改正：令和４年事企法－37）

職員の降給については、国家公務員法（昭和22年法律第120号。以下「法」という。）第75条第２項及び第81条の２第１項、一般職の職員の給与に関する法律（昭和25年法律第95号。以下「給与法」という。）附則第８項並びに人事院規則11－10（職員の降給）（以下「規則」という。）並びに「人事院規則11－10（職員の降給）の運用について（平成21年３月18日給２－26）」（以下「運用通知」という。）のほか、下記のとおり、留意点等について整理しましたので、平成21年４月１日以降、これによってください。各府省等におかれては、これを参考として、降給制度の趣旨に則った対処に努めていただき、公務の適正かつ能率的な運営のより一層の確保をお願いいたします。

記

Ⅰ　勤務実績不良又は適格性欠如の場合の留意点（規則第４条第１号イ若しくはハ又は第５条関係）

１　規則第４条第１号イ又はハの規定による降格

規則第４条第１号イ又はハの規定による降格は、例えば次項(1)から(3)までに掲げるような状態が著しい場合において、運用通知第４条及び第５条関係第１項又は第６項に掲げる措置を行ったにもかかわらず、なおその状態が改善されないときであって、公務能率に具体的な支障を及ぼすに至ったときに行うものとする。

なお、個々の例が規則第４条第１号イ又はハの勤務実績不良又は適格性欠如のいずれに該当するかについては、諸般の要素を総合的に検討して判断する必要がある。

２　規則第５条の規定による降号

規則第５条の規定による降号は、勤務実績がよくないと認められる場合であり、かつ、その職務の級に分類されている職務を遂行することが可能であると認められる場合であって、運用通知

第４条及び第５条関係第１項に掲げる措置を行ったにもかかわらず、例えば次の(1)から(3)までに掲げるような場合に該当する状態がなお改善されない場合において、公務能率に具体的な支障を及ぼすに至ったときに行うものとする。

(1) 職責を十分に果さず、本来行うべき業務の処理を怠ったり他者に押しつけたりするなどの勤務懈怠の状況がしばしば見られ、そのフォローのために他者の作業が滞るなど組織としての成果の達成を著しく阻害した場合

(2) 職務遂行上必要な判断を行わなかったこと若しくはその判断に関して軽微でない誤りを犯したことにより、又は通常の職務遂行上求められる作業を行わずに、単純な思い込みで業務を遂行したりするなど不適切な職務遂行をしばしば行ったことにより、関係者に損害を与え、組織の信用を著しく傷つけた場合

(3) 上司、部下、同僚との関係において必要な報告、指示、連絡等を怠り又は誤った報告等を行うこと、優先すべき業務と無関係な作業や不適切な判断を行うこと、部内・部外の関係者に対し情報提供を怠り又は誤解を招く情報提供を行うこと等がしばしばあり、業務を混乱させ、行政サービスに著しい支障を生じさせた場合

3 規則第４条第１号イ若しくはハ又は第５条の勤務実績不良又は適格性欠如と評価することができる具体的事実の例

(1) 勤務を欠くことにより職務を遂行しなかった。

① 長期にわたり又は繰り返し勤務を欠いたり、勤務時間の始め又は終わりに繰り返し勤務を欠いた。

［例］ア 連絡なしに出勤しなかったり、遅刻・早退をした。

イ 病気休暇や年次休暇が不承認となっているにもかかわらず、病気等を理由に出勤しなかった。

ウ 上司の指示を無視し、資料整理に従事するなどと称して出勤しなかった。

② 業務と関係ない用事で度々無断で長時間席を離れた（欠勤処理がなされていない場合でも勤務実績不良と評価され得る。）。

［例］ア 事務室内を目的もなく歩き回り、自席に座っていることがほとんどなかった。

イ 勤務時間中に自席で又は席を外して職場外に長時間私用電話をした。

(2) 割り当てられた特定の業務を行わなかった。

［例］ 所属する係の所掌業務のうち、自分の好む業務のみを行い、他の命ぜられた業務を処理しなかった。

(3) 不完全な業務処理により職務遂行の実績があがらなかった。

① 業務のレベルや作業能率が著しく低かった。

［例］ア 業務の成果物が著しく拙劣であった。

イ 事務処理数が職員の一般的な水準に比べ著しく劣った。

② 業務ミスを繰り返した。

［例］ 計算業務を行うに当たって初歩的な計算誤りを繰り返した。

③ 業務を１人では完結できなかった。

［例］ 他の職員と比べて窓口対応等でトラブルが多く、他の職員が処理せざるを得なかった。

④ 所定の業務処理を行わなかった。

［例］ア 上司への業務報告を怠った。

イ 書類の提出期限を守らなかった。

ウ 業務日誌を作成しなかった。

(4) 業務上の重大な失策を犯した。

(5) 職務命令に違反したり、職務命令（規則第９条の受診命令を含む。）を拒否した。

(6) 上司等に対する暴力、暴言、誹謗中傷を繰り返した。

(7) 協調性に欠け、他の職員と度々トラブルを起こした。

なお、個々の例が規則第４条第１号イ若しくはハ又は第５条の勤務実績不良又は適格性欠如のいずれに該当するかについては、諸般の要素を総合的に検討して判断する必要がある。

4 資料収集

(1) 規則第４条第１号イ若しくはハ又は第５条の勤務実績不良又は適格性欠如に該当するか否かの判断は、単一の事実や行動のみをもって判断するのではなく、一連の行動等を相互に有機的に関連付けて行うものであるので、運用通知第４条及び第５条関係第２項に掲げる客観的な資料を収集した上で行う必要がある。

（参考）運用通知第４条及び第５条関係第２項に掲げる資料

① 職員の人事評価の結果その他職員の勤務実績を判断するに足りると認められる事実を記録した文書

② 職員の勤務実績が他の職員と比較して明らかに劣る事実を示す記録

③ 職員の職務上の過誤、当該職員についての苦情等に関する記録

④ 職員に対する指導等に関する記録

⑤ 職員に対する分限処分、懲戒処分その他服務等に関する記録

⑥ 職員の身上申告書又は職務状況に関する報告

(2) 特に、職員の職務上の過誤や当該職員についての苦情等の具体的な事実が発生した場合には、その都度、詳細に記録を作成しておく。

(3) また、運用通知第４条及び第５条関係第１項(1)の指導や同項(4)の措置を行った場合は、その内容を記録しておく。

5　問題行動が心の不健康に起因すると思われる場合の対応

問題行動が心の不健康に起因すると思われる場合には、管理監督者は、職員に積極的に話しかけて事情を聞くほか、必要に応じ同僚等に職員の状況の変化の有無を聞き、また、健康管理者、健康管理医、専門家等と対応を相談するものとする（「職員の心の健康づくりのための指針について（平成16年３月30日勤職－75）」参照）。

6　懲戒処分との関係

問題行動の中には懲戒処分の対象となる事実も含まれている場合もあることから、分限処分と懲戒処分の目的や性格に照らし、総合的な判断に基づいてそれぞれ処分を行うなど厳正に対応する必要がある。

Ⅱ　心身の故障の場合の留意点（規則第４条第１号ロ関係）

1　心身の故障があるとの診断がなされなかった場合の取扱い

規則第４条第１号ロの規定により各庁の長が指定する医師２名のうち、少なくとも１名が心身の故障があると診断をしなかった場合には、同規定に該当すると判断することはできない。

2　医師による適切な診断を求める努力

職員の心身の故障の回復の可能性及び職務遂行の可否を判断するための医師の専門的診断は、職場の実態や職員の職場における実情等に基づく必要がある。そのため、診断する医師にその実情を十分に伝え、適切な診断を求めていくことが必要である。

3　病気休職期間満了前からの準備

３年間の病気休職の期間が満了する場合には、その期間満了前から、当該職員や主治医と緊密に連絡を取って病状の把握に努め、運用通知第４条及び第５条関係第３項（１）により医師２名の診断を求める必要があるかどうか検討しておく。

4　病気休暇又は病気休職の累計が３年を超える場合の対応

運用通知第４条及び第５条関係第３項（３）に該当する場合（病気休暇又は病気休職を繰り返してそれらの期間の累計が３年を超え、そのような状態が今後も継続して、職務の遂行に支障が有ると見込まれる場合）には、規則第４条第１号ロの医師の診断を求めることとなるが、当該病気休暇や病気休職の原因である心身の故障の内容が明らかに異なるときには、これには該当しないものとして取り扱う。

［例］　精神疾患の病状が回復し、職場復帰した後に、交通事故による外傷によって病気休職等とされた場合

Ⅲ　人事院への報告

規則第８条及び運用通知第８条関係に基づき、各庁の長が、降給（法第81条の２第３項に規定する他の官職への降任等に伴う降給及び給与法附則第８項の規定による降給を除く。）をしたときは、当該処分の発令の日から１月以内に、法第89条第１項に規定する説明書の写し１通を人事院に提出することとされているが、このほか職員が規則第４条から第６条に該当するとして、規則、運用通知及びこの通知に基づき降給（法第81条の２第３項に規定する他の官職への降任等に伴う降給及び人事院規則11－11（管理監督職勤務上限年齢による降任等）第５条第１号又は第２号に掲げる場合における法第81条の２第１項に規定する他の官職への転任に伴う降給を除く。）の処分に係る対応や手続を行っていたところ、当該職員から辞職の申し出がありこれを承認した場合又は当該職員の同意に基づき降格を行った場合は、その旨を人事院へ報告するものとする。

以　上

２　臨時的職員等

規則11－10第６条
平成21年給２－26
第６条関係

臨時的職員及び条件付採用期間中の職員の降給は、他の職員とは別に特例が設けられている。

Ⅴ　人事異動通知書及び処分説明書の交付

1　人事異動通知書の交付

規則８－12 第53条～第55条
規則11－10第７条

次のいずれかに該当する場合には、職員に人事異動通知書（以下「通知書」という。）を交付して行わなければならない。ただし、通知書の交付によることができない緊急のときは、通知書に代わる文書の交付その他適当な方法をもって通知書の交付に代えることができる。

①　職員を降任させる場合
②　職員を休職にし、又はその期間を更新する場合
③　職員を免職する場合
④　職員を降給させる場合

なお、職員を復職させた場合及び職員が復職した場合にも、通知書を交付しなければならない。

平成21年人企－532 第54条関係
平成21年給２－26 第７条関係第１項

また、「①から④」の分限処分は、通知書を交付した時（通知書に代わる文書の交付その他適当な方法をもって通知書の交付に代えた場合には、通知書の交付に代わる方法による通知が到達した時）にその効力が発生する。

平成21年給２－26 第７条関係第２項

（参考）職員を降給させる場合の通知書の「異動内容」欄の記入要領は、次のとおりであるが、これによっては特に支障がある場合には、これによらないことができる。（降任・免職、休職の場合の通知書の「異動内容」欄の記入要領については、「第２部第９節」を参照されたい。）

①　降格させる場合

「国家公務員法第75条第２項及びアの規定によりイに降格させる。ウを給する。」と記入する。

（注１）「ア」の記号をもって表示する事項は、根拠となる条項とする。この場合には、規則11－10第４条に定める事由により降格させるときは、同条に定める事由のうち該当する事由を規定する条項を記入し、国公法第81条の２第１項に規定する降給をさせるときは、「第81条の２第１項」と記入する。

（注２）「イ」の記号をもって表示する事項は、給与法に規定する職務の級とする。この場合には、「職務の級」の表示は「○○俸給表○級」とする。

（注３）「ウ」の記号をもって表示する事項は、給与法に規定する号俸とする。この場合には、「号俸」の表示は「○号俸」とする。

②　降号する場合

「国家公務員法第75条第２項及び人事院規則11－10第５条の規定

により降号する。アを給する。」と記入する。

（注）「ア」の記号をもって表示する事項は、給与法に規定する職務の級及び号俸とする。この場合には、「職務の級」の表示は「○○俸給表○級」と、「号俸」の表示は「○号俸」とする。

2　処分説明書の交付等

(1)　処分説明書の交付　　国公法第89条

職員に対し、その意に反して、降給（他の官職への降任等に伴う降給を除く。）、降任（他の官職への降任等に該当する降任を除く。）、休職若しくは免職をし、その他職員に対し著しく不利益な処分を行おうとするときは、当該処分を行う者は、当該職員に対し、当該処分の際、当該処分の事由を記載した説明書を交付しなければならない。

（注１）職員が「著しく不利益な処分」を受けたと思料する場合には、説明書の交付を請求することができる。

（注２）「説明書」には、当該処分につき、人事院に対して審査請求をすることができる旨及び審査請求をすることができる期間を記載しなければならない。

（注３）「説明書」の様式及び記載事項、記入要領は、昭和35年職職－354（処分説明書の様式および記載事項等について）に定められている。

(2)　処分説明書の写しの提出

規則11－４第13条
昭和54年任企－548 第13条関係
規則11－10第８条
平成21年給２－26 第８条関係
平成21年人企－536Ⅴ
平成21年給２－32Ⅲ

職員をその意に反して、降任させ又は免職したときは、説明書の写し１通を当該処分の発令の日から１月以内に人事院に提出しなければならない。

また、降給（国公法第81条の２第３項に規定する他の官職への降任等に伴う降給を除く。）をしたときは、説明書の写し１通を職員を降給させた日から１月以内に人事院に提出しなければならない。

（注）規則11－４又は規則11－10等に基づいて降任、免職又は降給の処分に係る対応や手続を行っていたところ、当該職員から辞職の申出がありこれを承認した場合又は当該職員の同意に基づき降任又は降格を行った場合は、その旨を人事院へ報告するものとする。

(3)　審査請求　　国公法第90条

その意に反して降給（他の官職への降任等に伴う降給を除く。）、降任（他の官職への降任等に該当する降任を除く。）、休職若しくは免職の処分を受け、その他著しく不利益な処分を受けた職員は、人事院に対してのみ審査請求をすることができる。

審査請求の手続は、規則13－１（不利益処分についての審査請求）による。

第5部　定　　　　年

公務員に定年制を定める第一の目的は、職員の新陳代謝を計画的に行うことにより組織の活力を維持し、もって公務能率の維持増進を図ることであり、第二の目的は、所定の年齢まで職員の勤務の継続を保障して、安んじて職員を公務に専念させ、職員の志気の高揚を図り、組織の活力を維持することである。

国家公務員に関する一般的な定年制は昭和60年３月に新たに導入され、定年年齢は原則として60歳とされたが、定年を段階的に65歳に引き上げるとともに、管理監督職勤務上限年齢による降任又は転任（いわゆる役職定年制）及び定年前再任用短時間勤務の制度を設けるほか、60歳を超える職員に係る給与に関する特例を設ける等の措置を講じる「国家公務員法等の一部を改正する法律（令和３年法律第61号）」が、令和５年４月１日から（一部の規定は公布日から）施行された。

Ⅰ　定年制

国公法第81条の６、第81条の７

職員の定年を原則65歳とし、職務と責任に特殊性があること又は欠員の補充が困難であることにより定年を65歳とすることが著しく不適当と認められる官職を占める職員の定年は、65歳を超え70歳を超えない範囲内としている。

また、定年退職予定者の退職により公務の運営に著しい支障が生ずると認められる事由があるときは、当該職員を定年退職日以降も引き続き勤務させること（勤務延長）ができる。

1　定年による退職

国公法第81条の６第１項
規則11－８第11条
令和４年給生－15第１第１項～第３項、第５項

職員は、法律に別段の定めのある場合を除き(注1)、定年に達したとき(注2)は、定年に達した日(注3)以後における最初の３月31日又は任命権者があらかじめ指定する日(注4)のいずれか早い日（定年退職日(注5)）に退職する。

（注１）一般職の国家公務員は原則的に国公法に定める定年制が適用されるが、特例として、検察官（検察庁法第31条、第22条）、文部科学省国立教育政策研究所の研究施設研究教育職員（教育公務員特例法第31条）は、それぞれの法律の定年制が適用される。

（注２）「定年に達したとき」とは、職員が定年の満年齢に達する誕生日の前日の午後12時を指す（年齢計算ニ関スル法律第２項、民法第143条第２項）。

（注３）「定年に達した日」とは、職員の定年に係る誕生日の前日をいう。

（注４）任命権者は定年退職日を指定する権限を有するが、この権限は委任することができない。なお、現在、この定年退職日の指定

第５部

を行っている府省はない。

（注５）任命権者は、部内の職員に係る定年及び定年退職日を適当な方法によって職員に周知させなければならない。

職員の定年退職は本務に係る官職に基づき行い、後述する勤務延長する場合を除き、定年退職日の終了まで職員としての身分を保有し、定年退職日の終了とともに当然に退職する。

⑴　定年年齢

［国公法第81条の６第２項］

ア　原則定年

職員の定年は原則として65歳とする（原則定年）。

原則定年は、令和５年４月１日から２年に１歳ずつ段階的に引き上がり、令和５年４月１日に61歳、同７年４月１日に62歳、同９年４月１日に63歳、同11年４月１日に64歳となり、同13年４月１日に65歳となる（国公法附則第８条）。

イ　特例定年

職務と責任に特殊性があること又は欠員の補充が困難であることにより、原則定年の65歳とすることが著しく不適当と認められる官職を占める医師及び歯科医師その他の職員として規則で定める職員の定年は、65歳を超え70歳を超えない範囲内で規則で定める年齢とする（特例定年）。

原則定年が段階的に引き上げられる期間の特例定年は、後述のとおり、規則で段階的に引き上げる（国公法附則第８条）（「Ⅱ」参照）。

特例定年とする職員は、次に掲げる施設等に勤務し、医療業務に従事する医師及び歯科医師で、特例定年の年齢は70歳である。

［規則11－８第２条
令和４年給生－15第１第６項、第７項］

①　刑務所、少年刑務所、拘置所、少年院又は少年鑑別所

②　入国者収容所又は地方出入国在留管理局

③　国立ハンセン病療養所

④　地方厚生局又は地方厚生支局（人事院が定める医師又は歯科医師に限る。）

⑤　国の行政機関の内部部局（これに相当するものを含む。）に置かれた医療業務を担当する部署（各府省の診療室等）（人事院が定める医師又は歯科医師に限る。）

⑵　定年制の適用除外

［国公法第81条の６第３項
令和４年給生－15第１第４項］

臨時的職員その他の法律により任期を定めて任用される職員及び常時勤務を要しない官職を占める職員には定年制を適用しない。

なお、規則８－12第42条第２項の規定による任期付任用職員（産休代替任期付職員等）は、「法律」により任期を定めて任用されていないため、

定年制が適用される。

（参考）臨時的職員その他の法律により任期を定めて任用される職員及び常時勤務を要しない職員の種類

・　「臨時的職員その他の法律により任期を定めて任用される職員」
　　臨時的任用職員（国公法第60条）
　　育児休業代替職員（育児休業法第７条）
　　配偶者同行休業代替職員（配偶者同行休業法第７条）
　　任期付職員法及び任期付研究員法に基づく任期付職員
　　暫定再任用フルタイム勤務職員（国公法等改正法附則第４条）　　等

・　「常時勤務を要しない職員」
　　定年前再任用短時間勤務職員（国公法第60条の２）
　　暫定再任用短時間勤務職員（国公法等改正法附則第５条）
　　育児短時間勤務に伴う任期付短時間勤務職員（育児休業法第23条）
　　期間業務職員、委員、顧問、参与等の非常勤の職員

※　定年前再任用短時間勤務職員、暫定再任用短時間勤務職員及び育児短時間勤務に伴う任期付短時間勤務職員については、「臨時的職員その他の法律により任期を定めて任用される職員」にも該当する。

２　勤務延長

国公法第81条の７第１項
規則11－８第３条
令和４年給生－15第２第１項、第５項

任命権者(注1)は、国公法第81条の６第１項の規定により定年で退職することとなる職員(注2)に、規則に掲げる事由があると認めるとき(注3)は、当該職員を当該定年退職日において従事している職務に従事させるため、引き続き勤務させること（勤務延長）ができる。

（注１）勤務延長に係る任命権者には、併任に係る官職の任命権者は含まれない。

（注２）勤務延長は定年で退職することとなる職員が対象となるが、「定年」には原則定年はもとより、特例定年も該当することから、特例定年で退職することとなる者を勤務延長することも差し支えない。

（注３）規則で定める事由に該当するか否かの判断は、本務の官職について行う。

（注４）休職、派遣等により職員としての身分を保有するが職務に従事しないこととされている職員については、勤務延長を行うことができない。

（注５）検察官については、勤務延長の規定は適用しない（検察庁法第22条第２項）。

(1)　勤務延長の要件

国公法第81の７第１項

勤務延長の要件は、職員の退職により「公務の運営に著しい支障が生ずると認められる事由」とされ、具体的な事由は規則で定める。

ア　職員の職務の遂行上の特別の事情

規則11－８第４条第１項
令和４年給生－15第２第３項

「退職すべきこととなる職員の職務の遂行上の特別の事情を勘案して、当該職員の退職により公務の運営に著しい支障が生ずると認められる事由」として、規則では「業務の性質上、当該職員の退職による担当者の交替により当該業務の継続的遂行に重大な障害が生ずること」を規定している。

例えば、定年退職することとなる職員が担当している重要な案件に係る業務の継続性を確保するため、その職員を引き続き任用する特別の必要性が認められる場合や、定年退職することとなる職員が大規模な研究プロジェクトにおいて重要な役割を果たしているため、その職員の退職により当該研究の完成が著しく遅延するなどの重大な障害が生ずる場合が該当する。

イ　職員の職務の特殊性

規則11－８第４条第２項
令和４年給生－15第２第４項

「退職すべきこととなる職員の職務の特殊性を勘案して、当該職員の退職により、当該職員が占める官職の欠員の補充が困難となることにより公務の運営に著しい支障が生ずると認められる事由」として、規則では「職務が高度の専門的な知識、熟達した技能若しくは豊富な経験を必要とするものであるため、又は勤務環境その他の勤務条件に特殊性があるため、当該職員の退職により生ずる欠員を容易に補充することができず業務の遂行に重大な障害が生ずること」を規定している。

例えば、定年退職することとなる職員が習得に相当の期間を要する熟練した技能等を要する職務に従事しているため、その職員の後任を容易に得ることができず、業務の遂行に重大な支障が生ずる場合や、定年退職することとなる職員が離島その他のへき地にある官署等に勤務しているため、その職員の退職による欠員を容易に補充することができず、業務の遂行に重大な支障が生ずる場合が該当する。

(2)　勤務延長の期限

国公法81条の７第１項、第２項
令和４年給生－15第２第２項、第７項

勤務延長は、定年退職日の翌日から起算して１年を超えない範囲内で期限を定める。

また、勤務延長の期限が到来する場合において、「（１）　勤務延長の要件」の「ア又はイ」の事由のいずれかが引き続きあると認めるときは、人事院の承認を得て、１年を超えない範囲内で勤務延長の期限又は延長された期限を延長することができる（初回の勤務延長は任命権者の判断、２回目以降の勤務延長は人事院の承認が必要）。

ただし、勤務延長の期限の延長は、定年退職日の翌日から起算して３年を超えることができない。

なお､勤務延長を行う場合及び勤務延長の期限を延長する場合の期限は､当該勤務延長の事由に応じた必要最小限のものでなければならない。

（参考）人事院の承認を得ようとする場合には、次に掲げる事項を記載した申請書及び勤務延長の期限を延長しようとする職員の人事記録の写しを提出する。

① 勤務延長の期限を延長しようとする職員の氏名及び年齢
② 勤務延長の期限を延長しようとする職員の所属部局、官職、職務の級及び号俸
③ 勤務延長の期限を延長しようとする職員の定年及び定年退職日
④ 勤務延長の期限を延長しようとする職員が現に従事している職務の内容
⑤ 現在の勤務延長の理由、その延長の根拠条項及び期限
⑥ 勤務延長の期限を延長しようとする理由、その延長の根拠条項及び勤務延長の期限を延長した場合の期限
⑦ その他参考となる事項

⑶ 異動期間を延長したままで定年退職日を迎えた場合の勤務延長

国公法第81条の７第１項ただし書、第２項後段かっこ書
令和４年給生－15第２第６項

管理監督職勤務上限年齢による降任等をされることなく定年退職日に至った職員のうち、国公法第81条の５第１項又は第２項の規定により、異動期間が延長された職員についても、勤務延長を行うことができる。

ただし､「⑵ 勤務延長の期限」について次に掲げる取扱いが異なる。

① 勤務延長しようとする場合は、初回の勤務延長から人事院の承認を要する。
② 勤務延長の期限は、当初の異動期間の末日の翌日から起算して３年を超えることができない。

（参考）人事院の承認を得ようとする場合には、次に掲げる事項を記載した申請書及び勤務延長を行おうとする職員の人事記録の写しを提出する。

① 勤務延長を行おうとする職員の氏名及び年齢
② 勤務延長を行おうとする職員の所属部局、官職、職務の級及び号俸
③ 勤務延長を行おうとする職員の定年及び定年退職日
④ 勤務延長を行おうとする職員が占めている管理監督職に係る管理監督職勤務上限年齢及び延長前の異動期間の末日

⑤　延長された異動期間の延長理由及びその延長の根拠条項

⑥　勤務延長を行おうとする職員が現に従事している職務の内容

⑦　勤務延長を行おうとする理由、その延長の根拠条項及び勤務延長を行った場合の期限

⑧　その他参考となる事項

なお、「職員の年齢別構成その他の特別の事情（国公法第81条の５第３項）」の事由により、定年退職日まで異動期間が延長された職員は、勤務延長を行うことができない。

(4)　勤務延長の終了

①　勤務延長の期限が到来したときには、勤務延長職員は当然に退職する（「期限の到来による退職」であって、「定年退職」ではない。）。

②　勤務延長職員は、勤務延長の期限の到来前に自己の都合により退職することができる（任用制度上は通常の「辞職」と同様の取扱い）。

③　勤務延長の期限の到来前に勤務延長の事由が消滅した場合は、職員の同意を得て、勤務延長の期限を繰り上げるものとされている。　規則11－８第６条

(5)　職員の同意　規則11－８第５条、第６条　令和４年給生－15第２第８項

次に掲げる場合は、あらかじめ職員の同意を得なければならない。

①　勤務延長を行う場合及び勤務延長の期限を延長する場合

②　勤務延長の期限の到来前に勤務延長の事由が消滅し、勤務延長の期限を繰り上げる場合

これらの職員の同意を得る手続は、それぞれ、定年退職日、勤務延長の期限の到来の日又は勤務延長の期限を繰り上げようとする日に近接する適切な時期に、書面（書面によらないことを適当と認める場合には、これに代わる適当な方法）により行う。

(6)　勤務延長職員の併任の制限等

①　勤務延長職員が従事している職務の遂行に支障がないと認められる場合を除き、勤務延長職員を併任することができない。　規則11－８第７条

②　勤務延長を行う場合、勤務延長の期限を延長する場合及び勤務延長の期限を繰り上げる場合において、職員が任命権者を異にする官職に併任されているときは、併任に係る官職の任命権者にその旨を通知しなければならない。　規則11－８第８条

3　定年に達している者の任用の制限

⑴　採用の制限

採用しようとする官職に係る定年に達している者を、当該官職に採用することはできない。

ただし、かつて職員であった者で、任命権者の要請に応じ、引き続き特別職に属する職、地方公務員の職等に就き、引き続いてこれらの職に就いているもの（いわゆる退職出向者）を、採用しようとする官職に係る定年退職日以前に採用する場合には、当該退職出向者が定年に達している場合であっても採用することができる。

規則11－8第9条第1項
令和4年給生－15第3第1項

⑵　異動の制限

昇任、降任、又は転任しようとする官職に係る定年に達している職員を、当該官職に係る定年退職日後に、当該官職に昇任、降任、又は転任させることはできない。

ただし、次に掲げる場合には、昇任、降任、又は転任させることができる。

① 勤務延長職員を、法令の改廃による組織の変更等により、勤務延長に係る官職の業務と同一の業務を行うことをその職務の主たる内容とする官職に昇任、降任、又は転任する場合

② 退職する職員を、退職手当の支給の都合により、退職の日に限り臨時的に置かれる官職に転任する場合

なお、勤務延長職員を、昇任、降任、又は転任しようとする官職に係る定年退職日以前に、当該官職に昇任、降任、又は転任した場合は、勤務延長されていない職員（定年前の職員）となる。

規則11－8第9条第2項
令和4年給生－15第2第9項、第3第2項

4　人事異動通知書の交付及び人事院への報告

⑴　人事異動通知書の交付

次に掲げる場合には、職員に規則8－12第58条の規定による人事異動通知書を交付しなければならない。ただし、「①又は⑥」に該当する場合のうち、人事異動通知書の交付によらないことを適当と認めるときは、人事異動通知書に代わる文書の交付その他適当な方法をもって人事異動通知書の交付に代えることができる。

① 職員が定年退職をする場合

② 勤務延長を行う場合

③ 勤務延長の期限を延長する場合

④ 勤務延長の期限を繰り上げる場合

⑤ 勤務延長職員を昇任、降任、又は転任したことにより、勤務延長職員ではなくなった場合

⑥ 勤務延長の期限の到来により職員が当然に退職する場合

規則11－8第10条
令和4年給生－15第4

（参考）人事異動通知書を交付する場合の「異動内容」欄の記入要領

・　職員が定年退職する場合

「国家公務員法第81条の６第１項の規定により　年　月　日限り定年退職」

・　勤務延長を行う場合

「　年　月　日まで勤務延長する」

・　勤務延長の期限を延長する場合

「勤務延長の期限を　年　月　日まで延長する」

・　勤務延長の期限を繰り上げる場合

「勤務延長の期限を　年　月　日に繰り上げる」

・　勤務延長職員が昇任、降任、又は転任し、勤務延長職員ではなくなった場合

「勤務延長されていない職員となった」

・　勤務延長の期限の到来により勤務延長職員が当然に退職する場合

「国家公務員法第81条の７アの規定による勤務延長の期限の到来により　年　月　日限り退職」

（「ア」は、勤務延長の期限の到来に係る根拠となる条項）

（※１）特に支障のある場合には、上記の記入要領によらないことができる。

（※２）上記以外の人事異動通知書の様式、記載事項等については、昭和27年13－799の規定による。

(2)　人事院への報告　規則11－８第12条

ア　定年退職日の指定

定年に達した日以後における最初の３月31日以外の定年退職日を指定した場合（指定の内容を変更した場合を含む。）には、速やかに指定の内容を人事院に報告しなければならない。

イ　勤務延長職員の異動

勤務延長職員を、法令の改廃による組織の変更等により、勤務延長に係る官職の業務と同一の業務を行うことをその職務の主たる内容とする官職に昇任、降任、又は転任した場合には、速やかに昇任、降任又は転任の内容を人事院に報告しなければならない。

ウ　勤務延長の状況

次に掲げる勤務延長の状況について、毎年５月末日までに人事院に報告しなければならない。

① 前年度に定年に達した職員に係る勤務延長（勤務延長型特例任用から引き続くものであって、人事院の承認を得たものを除く。）の事由及び期限の状況

② 前年度に勤務延長の期限が到来した行政執行法人の職員に係る勤務延長の期限又は延長された期限の延長の状況

5 行政執行法人職員の定年制

独法通則法第59条第2項

行政執行法人の職員についても国公法の定年制が適用されるが、行政執行法人の職員の職務と責任の特殊性を踏まえ、法人の自主性を尊重する必要があることから、当該職員については、国公法の定年制とは一部異なった取扱いを規定している。

例えば､特例定年とする職員及びその定年年齢並びに勤務延長の事由は、規則によらず法人の長が定め、勤務延長の期限又は延長された期限の延長は、人事院の承認を不要として法人の長が行う。

Ⅱ　定年の段階的な引上げ

原則定年は、令和５年度から２年に１歳ずつ段階的に引き上がり、令和13年度に65歳となる。

1　段階的な引上げ期間中の定年年齢等

国公法附則第８条
独法通則法第59条第２項

旧国公法における職員の類型に応じて、国公法第81条の６第２項の規定を読み替えることにより、定年の段階的な引上げ期間中の原則定年及び規則で定めることができる特例定年の範囲を規定している。

具体的な旧国公法における類型ごとの職員、定年の段階的な引上げ期間中の原則定年及び特例定年は、次の「(1)から(4)」のとおりである。

なお、行政執行法人については、旧国公法で特例定年が定められていた職員に相当する職員や、定年の段階的な引上げ期間中に特例定年を措置する職員、措置する特例定年を法人の長が定める。

(1)　旧国公法原則定年職員

国公法附則第８条第１項

旧国公法の規定により60歳の原則定年とされていた職員（旧国公法原則定年職員）は、令和５年４月１日に原則定年61歳とし、２年に１歳ずつ段階的に引き上げ、令和13年度に原則定年65歳とする。

(2)　旧国公法特例定年職員（医師及び歯科医師）

国公法附則第８条第２項
規則11－８附則第２条第１項～第３項
令和４年給生－15第５第１項、第２項

旧国公法の規定により65歳の特例定年とされていた医師及び歯科医師に相当する職員は、70歳の特例定年とするものを除き、令和５年４月１日から原則定年65歳とする。一方で、70歳の特例定年とする職員は、令和５年４月１日に66歳とし、２年に１歳ずつ段階的に引き上げ、令和13年度に70歳とする。

旧国公法の規定により65歳の特例定年とされていた医師及び歯科医師に相当する職員は、次に掲げる施設等に勤務し、医療業務に従事する医師及び歯科医師である。

①　病院又は診療所
②　国立児童自立支援施設
③　刑務所、少年刑務所、拘置所、少年院又は少年鑑別所（特例定年70歳）
④　入国者収容所又は地方出入国在留管理局（特例定年70歳）
⑤　検疫所又は国立障害者リハビリテーションセンター自立支援局の総合相談支援部若しくは国立保養所
⑥　国立ハンセン病療養所（特例定年70歳）

⑦　地方厚生局又は地方厚生支局（人事院が定める医師又は歯科医師にあっては特例定年70歳）

⑧　環境調査研修所

⑨　国の行政機関の内部部局（これに相当するものを含む。）に置かれた各府省の診療室等（人事院が定める医師又は歯科医師にあっては特例定年70歳）

⑩　「①～⑨」に掲げるもののほか、医療業務を担当する部署のある施設等

(3)　旧国公法特例定年職員（庁舎の監視その他の庁務等の業務に従事する職員）

国公法附則第８条第３項
規則11－８附則第２条第４項
令和４年給生－15第５第３項

旧国公法の規定により63歳の特例定年とされていた庁舎の監視その他の庁務等の業務に従事する職員に相当する職員は、令和５年４月１日から定年63歳とし、旧国公法原則定年職員の定年を64歳に引き上げる令和11年４月１日に64歳に、令和13年度に原則定年65歳とする。

旧国公法の規定により63歳の特例定年とされていた庁舎の監視その他の庁務等の業務に従事する職員に相当する職員は、次に掲げる職員であって給与法に規定する行政職俸給表（二）の適用を受ける職員である。

①　守衛、巡視等の監視、警備等の業務に従事する職員

②　用務員、労務作業員等の庁務又は労務に従事する職員

(注) 上記の職員は、規則９－８（初任給、昇格、昇給等の基準）別表第２の行政職俸給表（二）初任給基準表の備考第１項第２号に掲げる労務職員（甲）及び同項第３号に掲げる労務職員（乙）の区分に属する職員である。

(4)　旧国公法特例定年職員（その他の職員）

国公法附則第８条第４項、第５項
規則11－８附則第２条第５項、第６項、附則別表
令和４年給生－15第５第４項、第５項

旧国公法の規定により62歳の特例定年とされていた事務次官等、63歳の特例定年とされていた一部の研究所の副所長等、65歳の特例定年とされていた一部の研究所の長等の職員に相当する職員の定年は、旧国公法原則定年職員の定年を下回ることがない範囲内で定めている。

ア　旧国公法の規定により特例定年62歳とされていた事務次官等に相当する職員

令和５年４月１日から定年62歳とし、旧国公法原則定年職員の定年を63歳に引き上げる令和９年４月１日以降、旧国公法原則定年職員と同じペースで定年を引き上げ、令和13年度に原則定年65歳とする。

旧国公法の規定により62歳の特例定年とされていた事務次官等に相当する職員は、次に掲げる職員である。

事務次官（外交領事事務に従事する職員で人事院が定めるものを除く。）
外局（行組法第３条第３項の庁に限る。）の長官
会計検査院事務総長
会計検査院事務総局次長
人事院事務総長
内閣衛星情報センター所長
内閣審議官のうち、その職務と責任が事務次官又は外局の長官に相当するものとして人事院が定めるもの
内閣法制次長
内閣府審議官
地方創生推進事務局長
知的財産戦略推進事務局長
科学技術・イノベーション推進事務局長
公正取引委員会事務総長
警察庁長官
警察庁次長
警視総監
カジノ管理委員会事務局長
金融国際審議官
消費者庁長官
こども家庭庁長官
デジタル審議官
総務審議官
外務審議官（外交領事事務に従事する職員で人事院が定めるものを除く。）
財務官
文部科学審議官
厚生労働審議官
医務技監
農林水産審議官
経済産業審議官
技監
国土交通審議官
地球環境審議官
原子力規制庁長官

イ　旧国公法の規定により特例定年63歳とされていた一部の研究所の副所長等に相当する職員

令和５年４月１日から定年63歳とし、旧国公法原則定年職員の定年

を64歳に引き上げる令和11年４月１日に64歳、令和13年度に原則定年65歳とする。

旧国公法の規定により63歳の特例定年とされていた一部の研究所の副所長等に相当する職員は、次に掲げる職員である。

- 研究所、試験所等の副所長（これに相当する職員を含む。）で、次に掲げる職員
  ① 国立医薬品食品衛生研究所副所長
  ② 国立保健医療科学院次長
  ③ 国立感染症研究所副所長
- 宮内庁の職員のうち、次に掲げる職員
  ① 内舎人、上皇内舎人及び東宮内舎人
  ② 式部副長（人事院が定めるものを除く。）及び式部官
  ③ 鷹（たか）師長及び鷹（たか）師
  ④ 主膳長及び副主膳長
- 皇宮警察学校教育主事
- 在外公館に勤務する職員（給与法に規定する行政職俸給表(一)又は指定職俸給表の適用を受ける職員に限る。）及び外務省本省に勤務し、外交領事事務に従事する職員で人事院が定めるもの
- 海技試験官
- 原子力規制委員会の職員のうち、次に掲げる職員
  ① 上席原子力防災専門官
  ② 原子力防災専門官
  ③ 原子力艦放射能調査専門官
  ④ 上席放射線防災専門官
  ⑤ 統括核物質防護対策官
  ⑥ 主任安全審査官
  ⑦ 主任監視指導官
  ⑧ 原子力運転検査官
  ⑨ 主任原子力専門検査官
  ⑩ 原子力専門検査官

ウ　旧国公法の規定により特例定年65歳とされていた一部の研究所の長等に相当する職員

令和５年４月１日から原則定年65歳とする。

旧国公法の規定により65歳の特例定年とされていた一部の研究所の長等に相当する職員は、次に掲げる職員である。

・　研究所、試験所等の長で、次に掲げる職員

①　科学警察研究所長

②　消防大学校消防研究センター所長

③　国立医薬品食品衛生研究所の所長及び安全性生物試験研究センター長

④　国立保健医療科学院長

⑤　国立社会保障・人口問題研究所長

⑥　国立感染症研究所の所長、感染症疫学センター長、エイズ研究センター長、病原体ゲノム解析研究センター長、インフルエンザ・呼吸器系ウイルス研究センター長、薬剤耐性研究センター長、感染症危機管理研究センター長、治療薬・ワクチン開発研究センター長、実地疫学研究センター長、次世代生物学的製剤研究センター長、安全管理研究センター長、品質管理研究センター長及びハンセン病研究センターの長

⑦　国立障害者リハビリテーションセンターの総長、自立支援局長及び研究所長

⑧　環境調査研修所国立水俣病総合研究センター所長

・　迎賓館長

・　宮内庁の職員のうち、次に掲げる職員

①　宮内庁次長

②　女嬬、上皇女嬬及び東宮女嬬

③　式部副長（人事院が定めるものに限る。）

④　首席楽長、楽長及び楽長補

⑤　修補師長及び修補師長補

⑥　主厨長及び副主厨長

・　金融庁長官

・　国税不服審判所長

・　海難審判所の審判官及び理事官

・　運輸安全委員会事務局の船舶事故及びその兆候に関する調査に従事する事故調査官で人事院が定めるもの

・　原子力規制委員会の職員のうち、次に掲げる職員

①　地域原子力規制総括調整官

②　上席安全審査官

③　安全規制調整官

④　首席原子力専門検査官

⑤　統括監視指導官

⑥　上席原子力専門検査官

⑦　上席監視指導官

⑧　統括原子力運転検査官

⑨　教官

⑩　上席指導官

（参考）段階的な引上げ期間中及び完成時の定年年齢

	旧国公法原則定年職員	旧62歳特例定年職員	旧63歳特例定年職員	旧65歳特例定年職員	新70歳特例定年職員
（旧定年） ～ 令和5年3月（2023年）	60歳	62歳	63歳	65歳	65歳
令和5年4月（2023年） ～ 令和7年3月（2025年）	61歳	62歳	63歳	65歳	66歳
令和7年4月（2025年） ～ 令和9年3月（2027年）	62歳	62歳	63歳	65歳	67歳
令和9年4月（2027年） ～ 令和11年3月（2029年）	63歳	63歳（注2）	63歳	65歳	68歳
令和11年4月（2029年） ～ 令和13年3月（2031年）	64歳	64歳（注2）	64歳（注2）	65歳	69歳
令和13年4月（2031年） ～ （完成形）	65歳	65歳（注2）	65歳（注2）	65歳	70歳

（注1）太線内は定年の段階的引上げ途中の定年年齢を示す。

（注2）「旧62歳特例定年職員」及び「旧63歳特例定年職員」についても、占めている官職が後述する管理監督職勤務上限年齢制における管理監督職（指定職、俸給の特別調整額支給官職及び俸給の特別調整額支給官職に準ずる官職）に該当する場合で、管理監督職勤務上限年齢（旧特例定年の年齢）に達したときは、「管理監督職勤務上限年齢による降任等」を行うこととなるため、異動期間を延長しない限り、管理監督職として勤務することはできない。

2 勤務延長職員に係る経過措置

国公法等改正法附則
第3条
第5項～第11項
独法通則法第59条
第2項
規則11－8附則
第3条、第4条
令和4年給生－15
第5第6項～第8項

⑴ 旧国公法勤務延長職員

国公法等改正法の施行日（令和5年4月1日）前に旧国公法に基づいて勤務延長され、勤務延長の期限又は延長された期限が国公法等改正法の施行日以後に到来する職員（旧国公法勤務延長職員）の勤務及び定年の引上げに伴う措置の取扱いは、次のとおりである。

ア 勤務の取扱い

㋐ 旧国公法による勤務延長の期限又は延長された期限までの間の勤務は、「なお従前の例」による。

㋑ 旧国公法による勤務延長の期限又は延長された期限が到来する場合において、勤務延長の事由があると認めるときは、人事院の承認を得て、これらの期限の翌日から起算して1年を超えない範囲内で期限を延長することができる。ただし、当該期限は、旧国公法勤務延長職員に係る定年退職日の翌日から起算して３年を超えることができない。

なお、行政執行法人職員の勤務延長の期限又は延長された期限の延長は、人事院の承認を不要として法人の長が行う。

(ウ) 次に掲げる事項は、旧国公法勤務延長職員の勤務について準用する。

① 勤務延長に係る任命権者

② 勤務延長に係る職員の同意

③ 勤務延長の期限の繰上げ

④ 勤務延長職員の併任の制限

⑤ 勤務延長に係る他の任命権者に対する通知

⑥ 定年に達している者の異動の制限

⑦ 人事異動通知書の交付

⑧ 「法令の改廃による組織の変更等により、勤務延長に係る官職の業務と同一の業務を行うことをその職務の主たる内容とする官職に昇任し、降任し、又は転任した場合」及び「前年度に勤務延長の期限が到来した行政執行法人職員に係る勤務延長の期限又は延長された期限の延長の状況」の人事院への報告

イ 定年の引上げに伴う措置の取扱い

(ア) 施行日において旧国公法勤務延長職員として勤務する職員のうち、後述する管理監督職勤務上限年齢制における管理監督職（指定職、俸給の特別調整額支給官職及び俸給の特別調整額支給官職に準ずる官職）を占めたまま引き続き勤務している職員には、「管理監督職勤務上限年齢による降任等」を適用しない。

(イ) 旧国公法勤務延長職員又は当該職員で勤務延長の期限を延長した職員には、後述する「俸給月額の７割措置」を適用しない。

(2) 定年引上げ年度における勤務延長職員の異動の制限

国公法等改正法の施行日、令和７年４月１日、令和９年４月１日、令和11年４月１日及び令和13年４月１日（基準日）に定年が引き上げられる原則定年官職に、勤務延長職員のうち基準日の前日の引き上げ前の当該官職に係る定年年齢に達している者を昇任し、降任し、又は転任することはできない。

また、基準日以後に新たに設置等された原則定年官職に、これらの官職が基準日の前日に設置されていたものとした場合において、同日における定年に達している職員を昇任し、降任し、又は転任することはできない。

なお、異動の制限の対象となる場合であっても、勤務延長職員が勤務延

長に係る官職の業務と同一の業務を行うことをその職務の主たる内容とする官職に昇任し、降任し、又は転任する場合や、退職をする職員が、人事管理上の必要性に鑑み、当該退職の日に限り臨時的に置かれる官職に転任する場合については昇任、降任、又は転任することができるが、当該勤務延長職員については引き続き勤務延長職員として取り扱う。

Ⅲ　定年の引上げに伴う措置

「国家公務員法等の一部を改正する法律(令和３年法律第61号)」により、定年を令和５年４月から２年に１歳ずつ引き上げ、令和13年４月に65歳にすることとされたが、これに伴い、60歳に達した管理監督職の職員を原則として管理監督職以外の官職に降任等をする管理監督職勤務上限年齢制（いわゆる役職定年制）、定年前の60歳以降の職員が一旦退職した上で短時間勤務に移行する定年前再任用短時間勤務制等が新たに設けられ、また、60歳に達した職員の給与について、当分の間、原則として、60歳前の７割水準に設定する特例を設ける措置等が講じられた。

1　管理監督職勤務上限年齢制

国公法第81条の２～第81条の５

管理監督職勤務上限年齢制においては、管理監督職を占める職員を管理監督職勤務上限年齢に到達後に管理監督職以外の官職（非管理監督職）等へ異動させる措置、管理監督職勤務上限年齢に達している職員を、異動期間の末日の翌日以後は管理監督職に任用することができない措置等を講じている。

また、管理監督職勤務上限年齢に達している職員の非管理監督職等への異動により公務の運営に著しい支障が生ずると認められる十分な理由があるときは、職員の異動期間を延長して、引き続き管理監督職を占めて勤務させることができる。

(1)　管理監督職勤務上限年齢による降任等

国公法第81条の２第１項
令和４年給生－16第１第２項

任命権者は、管理監督職[ア・イ]を占める職員でその占める管理監督職に係る管理監督職勤務上限年齢[カ]に達している職員について、異動期間[ウ]に、管理監督職以外の官職又は管理監督職勤務上限年齢が当該職員の年齢を超える管理監督職への降任又は転任（降給を伴う転任に限る。）[エ]をする。

（注）併任されている職員の管理監督職勤務上限年齢に達した場合の降任等は、本務に係る官職に基づき行う。

ア　管理監督職に含まれる官職

規則11－11第２条

管理監督職勤務上限年齢制を適用する官職は次に掲げる官職である。

①　俸給の特別調整額支給官職（給与法第10条の２第１項）

②　①に準ずる官職として規則で定める官職

③　指定職俸給表の適用を受ける職員が占める官職（給与法別表第11）及び職務と責任が当該官職に相当する行政執行法人の官職

「②」に該当する官職は次に掲げる官職である。

・　内閣官房の室長に準ずる官職として人事院が定める官職

・　総務省の内部部局の室長に準ずる官職として人事院が定める官職

・　刑務所又は拘置所の看護課長、看護第一課長及び看護第二課長
・　大使館又は政府代表部の参事官並びに総領事館の総領事及び領事のうち、行政職俸給表（一）の適用を受ける職員でその職務の級が８級以上であるものの官職
・　税関又は沖縄地区税関の課長に準ずる官職として人事院が定める官職
・　国税局又は沖縄国税事務所の課長に準ずる官職として人事院が定める官職
・　植物防疫所若しくは那覇植物防疫事務所の統括植物検疫官又は動物検疫所若しくは動物検疫所支所の課長に準ずる官職として人事院が定める官職
・　国土交通省の内部部局の次席航空情報管理管制運航情報官、航空保安大学校若しくは航空保安大学校岩沼研修センターの科長、国土地理院、地方整備局事務所、北海道開発局若しくは北海道開発局開発建設部の課長、地方航空局空港事務所の次席航空管制官、地方航空局空港出張所若しくは地方航空局空港・航空路監視レーダー事務所の次席航空管制技術官又は航空交通管制部の次席航空管制官に準ずる官職として人事院が定める官職並びに地方運輸局運輸支局の首席運輸企画専門官及び首席海事技術専門官並びに地方運輸局、運輸監理部又は地方運輸局運輸支局の海事事務所の首席運輸企画専門官及び首席海事技術専門官
・　海上保安大学校又は海上保安学校の部長に準ずる官職として人事院が定める官職
・　行政職俸給表（一）の適用を受ける職員でその職務の級が７級であるもの、専門行政職俸給表の適用を受ける職員でその職務の級が５級であるもの、公安職俸給表（一）の適用を受ける職員でその職務の級が８級であるもの及び公安職俸給表（二）の適用を受ける職員でその職務の級が７級であるものの官職のうち人事院が定める官職
・　行政職俸給表（一）７級相当以上の職員が占める大臣官房付等の臨時的に置かれる官職については、俸給の特別調整額が支給されないため、本来は管理監督職勤務上限年齢制の対象外となるが、退職の日に限った大臣官房付等の人事管理上の必要性が認められる官職を除いた上で、俸給の特別調整額支給官職に準ずる官職とする。
・　行政執行法人の官職のうち、俸給の特別調整額支給官職に相当する官職として人事院が定める官職
・　上記の官職のほか、これらに相当する官職として人事院が定める官職

なお、指定職俸給表が適用される職員が占める大臣官房付等の臨時的に置かれる官職は、「③」に該当することから、次の「イ　管理監督職から除かれる官職」で記述する例外を除いて管理監督職に含まれ、管理監督職勤務上限年齢制の対象となる。

イ　管理監督職から除かれる官職

独法通則法第59条第２項
規則11－11第３条、附則第２条
令和４年給生－16第１第３項

管理監督職勤務上限年齢制を適用することが著しく不適当と認められる官職は、次に掲げる官職、宮内庁の内部部局の官職で人事院が定める官職並びに原子力規制委員会の地域原子力規制総括調整官、安全規制調整官、首席原子力専門検査官及び統括監視指導官である。

・　特例定年とする職員が占める官職
・　病院、療養所、診療所その他の国の部局又は機関に勤務し、医療業務に従事する医師及び歯科医師が占める官職（特例定年とする職員が占める官職を除く。）
・　研究所、試験所等の長で、次に掲げる官職
　①　科学警察研究所長
　②　消防大学校消防研究センター所長
　③　国立医薬品食品衛生研究所の所長及び安全性生物試験研究センター長
　④　国立保健医療科学院長
　⑤　国立社会保障・人口問題研究所長
　⑥　国立感染症研究所の所長、感染症疫学センター長、エイズ研究センター長、病原体ゲノム解析研究センター長、インフルエンザ･呼吸器系ウイルス研究センター長､薬剤耐性研究センター長、感染症危機管理研究センター長、治療薬・ワクチン開発研究センター長、実地疫学研究センター長、次世代生物学的製剤研究センター長、安全管理研究センター長、品質管理研究センター長及びハンセン病研究センターの長
　⑦　国立障害者リハビリテーションセンターの総長、自立支援局長及び研究所長
　⑧　環境調査研修所国立水俣病総合研究センター所長
・　迎賓館長
・　宮内庁次長
・　金融庁長官
・　国税不服審判所長
・　海難審判所の審判官及び理事官
・　運輸安全委員会事務局の船舶事故及びその兆候に関する調査をその職務の内容とする事故調査官で人事院が定める官職
・　地方環境事務所の国立公園調整官
・　研究職俸給表の適用を受ける職員でその職務の級が３級である

ものの官職
- 　休職・休業・派遣等をされている職員が占める指定職、俸給の特別調整額支給官職及び俸給の特別調整額支給官職に準ずる官職は、復職・復帰等する日までの間、管理監督職から除かれる官職とするが、復職・復帰等の日の翌日以降は管理監督職に含まれる官職となる。
- 　指定職俸給表が適用される職員が占める大臣官房付等のうち、人事管理上の必要性が認められるものについては、管理監督職から除かれる官職とする。
- 　上記の官職のほか、職務と責任の特殊性により管理監督職勤務上限年齢制を適用することが著しく不適当と認められる官職として人事院が定める官職

なお、行政執行法人については、管理監督職から除かれる官職を法人の長が定める。

(参考) 管理監督職に含まれる官職と管理監督職から除かれる官職のイメージ

管理監督職の範囲

①指定職
　本府省の事務次官級・局長級・部長級
　一部の管区機関の長　等

②俸給の特別調整額支給官職
　本府省の課長級・室長級
　地方支分部局の局長級・部長級・課長級　等

③俸給の特別調整額支給官職に準ずる官職
　俸給の特別調整額支給官職となっていない
　　本府省の調査官
　　地方支分部局の課長級専門職の一部　等
　(具体的な官職は規則11－11第2条)

管理監督職以外の官職

①・②のうち、新70歳・旧65歳特例定年官職
　矯正施設の医師
　金融庁長官、宮内庁次長　等
(具体的な官職は規則11－11第3条)

行政職(一)7級相当以上・指定職職員が占める付官職のうち、人事管理上の必要性に鑑みた一部の付官職
　退職の日限りの付官職　等

休職等職員の占める管理監督職は、復職等の日までの間、管理監督職に該当しない

※ 行政職(一)7級相当以上職員・指定職職員が占める付官職は、原則として管理監督職

※ 休職等職員の占める管理監督職は、復職等の翌日以降、管理監督職に該当

ウ　異動期間

管理監督職勤務上限年齢に達した日の翌日から同日以後における最初の４月１日までの間とする。

(注)「管理監督職勤務上限年齢に達した日」とは、当該職員が占める管理監督職に係る管理監督職勤務上限年齢の誕生日の前日をいう。

国公法第81条の２
　第１項
令和４年給生－16
　第１第１項

エ　管理監督職以外の官職又は管理監督職勤務上限年齢が当該職員の年齢を超える管理監督職への降任又は降給を伴う転任

異動期間に、管理監督職以外の官職又は管理監督職勤務上限年齢が当該職員の年齢を超える管理監督職（これらの官職を「他の官職」という。）へ「降任又は転任（降給を伴う転任に限る。）」をするものとする。

国公法第89条第１項
規則11－10第３条

(ア)　管理監督職勤務上限年齢が当該職員の年齢を超える管理監督職に異動した場合は、職員は異動先の官職の管理監督職勤務上限年齢に達していない職員となるが、その官職に在職し続けて当該官職の管理監督職勤務上限年齢に達した場合は、管理監督職勤務上限年齢による降任等の対象となる。

(イ)　他の官職への降給を伴う転任とは、他の官職への転任により現に属する職務の級より同一の俸給表の下位の職務の級に分類されている職務を遂行することとなった場合において、降格することをいう。

(ウ)　管理監督職勤務上限年齢による降任等は、処分説明書の交付の対象とはしない。

オ　管理監督職勤務上限年齢による降任等を行う必要のない異動等

異動期間に、国公法の他の規定により他の官職への昇任、降任若しくは転任をした場合又は管理監督職を占めたまま引き続き勤務させることとした場合については、管理監督職勤務上限年齢による降任等を行う必要はない。

国公法第81条の２第１項ただし書

カ　管理監督職勤務上限年齢

管理監督職勤務上限年齢は、原則として60歳とする。

ただし、次に掲げる管理監督職を占める職員の管理監督職勤務上限年齢は、次に掲げるとおりとする。

国公法第81条の２第２項
独法通則法第59条第２項
規則11－11第４条、附則第２条
令和４年給生－16第１第４項

(ア)　事務次官及びこれに準ずる管理監督職　62歳

・　事務次官（外交領事事務に従事する職員で人事院が定めるものが占める場合を除く。）、会計検査院事務総長、人事院事務総長及び内閣法制次長
・　外局（行組法第３条第３項の庁に限る。）の長官、警察庁長官、消費者庁長官及びこども家庭庁長官
・　会計検査院事務総局次長、内閣衛星情報センター所長、内閣審議官のうちその職務と責任が事務次官又は外局の長官に相当するものとして人事院が定める官職、内閣府審議官、地方創生推進事務局長、知的財産戦略推進事務局長、科学技術・イノベーション

推進事務局長、公正取引委員会事務総長、警察庁次長、警視総監、カジノ管理委員会事務局長、金融国際審議官、デジタル審議官、総務審議官、外務審議官（外交領事事務に従事する職員で人事院が定めるものが占める場合を除く。）、財務官、文部科学審議官、厚生労働審議官、医務技監、農林水産審議官、経済産業審議官、技監、国土交通審議官、地球環境審議官及び原子力規制庁長官

(イ) (ア)のほか、職務と責任に特殊性があること又は欠員補充が困難であることにより管理監督職勤務上限年齢を60歳とすることが著しく不適当と認められる管理監督職　63歳

・　研究所、試験所等の副所長（これに相当する官職を含む。）で、次に掲げる官職
　①　国立医薬品食品衛生研究所副所長
　②　国立保健医療科学院次長
　③　国立感染症研究所副所長

・　宮内庁の内部部局の官職のうち、次に掲げる官職（人事院が定める官職を除く。）
　①　式部副長及び式部官
　②　首席楽長、楽長及び楽長補
　③　主膳長
　④　主厨（ちゅう）長

・　在外公館に勤務する職員及び外務省本省に勤務し、外交領事事務に従事する職員で人事院が定めるものが占める官職

・　海技試験官

なお、行政執行法人については、法人の長が定める官職について60歳以外の管理監督職勤務上限年齢を定める。

（参考）管理監督職勤務上限年齢による降任等のイメージ

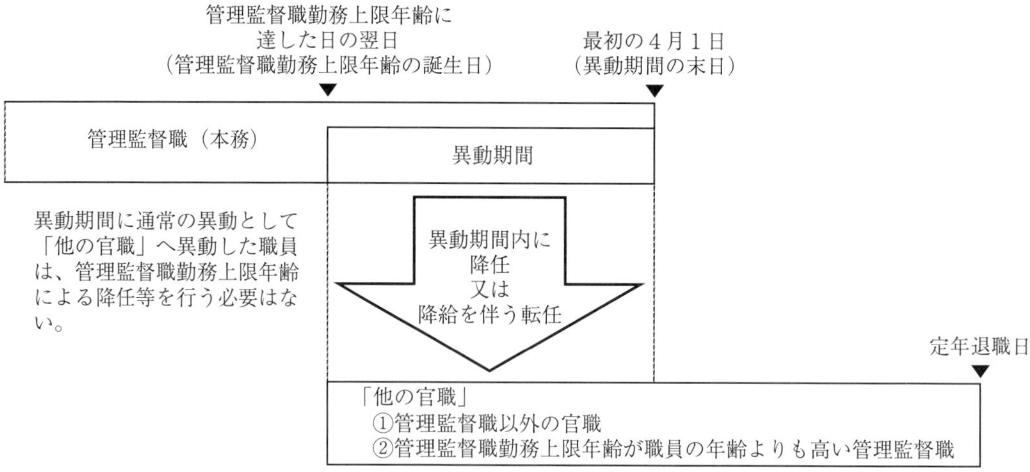

※ 管理監督職勤務上限年齢による降任等は、処分説明書交付の対象とならない。

※「他の官職」のうち、「②」の官職に異動させ、その後に当該官職の管理監督職勤務上限年齢に達した場合は、管理監督職勤務上限年齢による降任等の対象となる。

キ　職員の意に反する分限降任

規則11－10第４条
規則11－11第５条、第21条
令和４年給生－16第１第５項、第３第４項

「行政職俸給表（一）７級相当以上の職員及び指定職俸給表の適用を受ける職員が占める付官職のうち、人事管理上の必要性に鑑みた退職の日限り等の付官職」及び「復職等の日までの間に休職等された職員が占める管理監督職」は、「イ　管理監督職から除かれる官職」で述べたとおり、管理監督職以外の官職であることから、異動期間の末日を超えて就くことができる。

しかしながら、異動期間経過後にそれぞれの官職の要件に該当しなくなった場合には、職員の同意を得て管理監督職以外の官職に降任等（同意降任等）を行うことになる。

職員が同意降任に応じない場合、任命権者は、当該付官職に就いている期間又は復職・復帰等の日に、職員本人の意に反して分限降任や、降格を伴う転任を行うことができる。これらの場合には処分説明書の交付を必要とする。

（注）処分説明書については、写し１通を処分の発令の日から１月以内に人事院に提出しなければならない。

ク　管理監督職勤務上限年齢による降任等を行うに当たって遵守すべき基準

国公法第81条の２第３項
規則11－11第６条
令和４年給生－16第１第６項

任命権者は、管理監督職勤務上限年齢による降任等を行うに当たっては、平等取扱いの原則（国公法第27条）、人事管理の原則（同法第27条

の２)、任免の根本基準（同法第33条）及び分限の根本基準（同法第74条）並びに国公法第55条第３項及び第108条の７の規定に違反してはならないほか、次に掲げる基準を遵守しなければならない。

① 人事評価の結果又は勤務の状況及び職務経験等に基づき、標準職務遂行能力及び降任等をしようとする官職の適性を有すると認められる官職に、降任等をすること。
② 人事の計画その他の事情(注1)を考慮した上で、他の官職のうちできる限り上位の職制上の段階に属する官職に、降任等をすること。
③ より上位の職制上の段階に属する管理監督職を占める職員も同時に降任等をする場合には、「①」に掲げる基準に従った上での状況その他の事情(注1)を考慮してやむを得ないと認められる場合を除き、当該上位の職員の降任等をした官職が属する職制上の段階と同じ又は下位の職制上の段階に属する官職に、降任等をすること（逆転の防止)。

（注１）「その他の事情」には、例えば、当該職員が占めていた管理監督職と職務内容が相互に類似する官職群の範囲や、当該職員が有する他の官職への降任等についての意向、勤務地、職務内容等を勘案した上で降任等を行うべき官職の状況が含まれる。
（注２）やむを得ない事情がないにもかかわらず、下位の管理監督職員（企画官）を最上位の非管理監督職（課長補佐）に降任させ、上位の管理監督職員（課長）をより下位の非管理監督職（係長）に降任させる場合、「③」の基準に反することになると考えられる。

なお、職員が不利益と思料する降任がなされた場合は、人事院に対して審査請求をすることができる（国公法第90条第１項)。

また、前述の「キ　職員の意に反する分限降任」に掲げる職員本人の意に反して行う分限降任又は降格を伴う転任を行うに当たっても、上記に掲げる基準による他の官職への降任等に準じて行わなければならない。

ケ　管理監督職勤務上限年齢による降任等の任免協議における取扱い

管理監督職勤務上限年齢による降任等は、任命権者からの任免協議の場合の対象となる「幹部職員の幹部職以外の官職への昇任、降任及び転任」から除外（国公法第61条の４第１項）され、内閣総理大臣又は内閣官房長官の側からの任免協議を求める場合の対象となる「幹部職員の昇任、降任、転任、退職及び免職」から除外（同条第４項）されている。

(2)　管理監督職への任用制限

任命権者は、管理監督職勤務上限年齢に達している者(注1)について、異動期間の末日の翌日（他の官職への降任等をされた職員にあっては、当該官職への降任等をされた日）以後(注2)、管理監督職に新たに採用し、昇任し、降任し、又は転任することができない（任用制限）。

国公法第81条の３
規則11－11第７条、第８条、第19条、附則第２条

（注１）任用制限の対象とする職員は、任用しようとする管理監督職に係る管理監督職勤務上限年齢に達している者である。

（注２）任用制限する期間は、「異動期間の末日の翌日（他の官職への降任等をされた職員にあっては、当該官職への降任等をされた日）以後」であることから、地方自治体及び独立行政法人への出向者が戻ってくる場合等の管理監督職への採用については、異動期間の末日までは制限していない。ただし、異動期間中に採用した場合には、異動期間の末日までに他の官職への降任等を行う必要がある。

（注３）任用制限は併任について準用するため、異動期間の末日の翌日（他の官職への降任等をされた職員にあっては、当該他の官職への降任等をされた日）以後は、他の管理監督職に併任することができない。

ただし、次に掲げる職員が従事している職務の遂行に支障がないと認められる場合に限り、当該職員を、管理監督職に併任することができる。

①　管理監督職勤務上限年齢制の特例により延長された異動期間に係る管理監督職を占める職員

②　勤務延長により勤務している管理監督職を占める職員

③　管理監督職から除かれる官職のうち規則で定める官職を占める職員

④　管理監督職勤務上限年齢を62歳又は63歳とする官職を占める職員

（注４）職員が他の管理監督職に併任されている場合、当該職員が他の官職への降任等をされたとき又は併任されている他の管理監督職の異動期間の末日が到来したときは、当該併任を解除しなければならない。

(3)　管理監督職勤務上限年齢制の適用除外

臨時的職員その他の法律により任期を定めて任用される職員には管理監督職勤務上限年齢制を適用しない。なお、規則８－12第42条第２項の規定による任期付任用職員（産休代替任期付職員等）は、「法律」により任期を定めて任用されていないため、管理監督職勤務上限年齢制が適用される。

国公法第81条の４
令和４年給生－16第１第７項

（参考）臨時的職員その他の法律により任期を定めて任用される職員の

種類については「Ｉ１(2)」参照

(4) 管理監督職勤務上限年齢制の特例（特例任用）

国公法第81条の５
規則11－11第９条
令和４年給生－16
第２第１項

任命権者[注1]は、規則に掲げる事由があると認めるとき[注2]は、管理監督職勤務上限年齢に達して異動期間に管理監督職勤務上限年齢による降任等をされることとなる職員の異動期間を延長し、延長された異動期間が終了するまで管理監督職に就かせることができる。

（注１）管理監督職勤務上限年齢制の特例（特例任用）を行う任命権者には、併任に係る官職の任命権者は含まれず、本務に係る官職の任命権者が行う。

（注２）規則に掲げる事由があるか否かの判断は、本務に係る官職について行う。

ア　特例任用の要件等

国公法第81条の５
第１項、第３項

特例任用の要件は、「職員の他の官職への降任等により公務の運営に著しい支障が生ずると認められる事由」である。

(ア) 勤務延長型特例任用

勤務延長型特例任用は、現に占めている管理監督職を異動期間の末日後も引き続き占めさせる必要がある職員を対象とし、具体的な事由は規則で定める。

①　職員の職務の遂行上の特別の事情

規則11－11第10条
第１項
令和４年給生－16
第２第３項

「職員の職務の遂行上の特別の事情を勘案して、当該職員の他の官職への降任等により公務の運営に著しい支障が生ずると認められる事由」として、規則では「業務の性質上、当該職員の他の官職への降任等による担当者の交替により当該業務の継続的遂行に重大な障害が生ずること」を規定している（勤務延長が認められる場合の事由と同じ。）。

例えば、他の官職への降任等をすべき管理監督職を占める職員が担当している重要な案件に係る国会対応、各種審議会対応、外部との折衝、外交交渉等の業務の継続性を確保するため、その職員を引き続き任用する特別の必要性が認められる場合や、他の官職への降任等をすべき管理監督職を占める職員が大規模な研究プロジェクトにおいて重要な役割を果たしているため、その職員の他の官職への降任等により当該研究の完成が著しく遅延するなどの重大な障害が生ずる場合が該当する。

②　職員の職務の特殊性

規則11－11第10条
第２項

「職員の職務の特殊性を勘案して、当該職員の他の官職への降任等により、当該管理監督職の欠員の補充が困難となることにより公務の運営に著しい支障が生ずると認められる事由」として、規則では「職務が高度の専門的な知識、熟達した技能若しくは豊富な経験を必要とするものであるため、又は勤務環境その他の勤務条件に特殊性があるため、当該職員の他の官職への降任等により生ずる欠員を容易に補充することができず業務の遂行に重大な障害が生ずること」を規定している（勤務延長が認められる場合の事由と同じ。）。

令和４年給生－16 第２第４項

例えば、他の官職への降任等をすべき管理監督職を占める職員が習得に相当の期間を要する熟練した技能等を要する職務に従事しているため、その職員の後任を容易に得ることができず、業務の遂行に重大な支障が生ずる場合や、他の官職への降任等をすべき管理監督職を占める職員が離島その他のへき地にある官署等に勤務しているため、その職員の他の官職への降任等による欠員を容易に補充することができず、業務の遂行に重大な支障が生ずる場合が該当する。

(イ) 異動可能型特例任用（職員の年齢別構成その他の特別の事情）

独法通則法第59条 第２項
規則11－11 第12条～第14条

異動可能型特例任用は、現に占めている管理監督職を異動期間の末日後も引き続き占めさせる必要がある職員に加え、現に占めている管理監督職が属する特定管理監督職群の他の管理監督職への降任又は転任をさせる必要がある職員を対象とし、具体的な事由は規則で定める。

なお、特定管理監督職群に属する管理監督職を占める職員のうちいずれの職員の異動期間を延長するかについては、人事評価の結果、人事の計画その他の事情を考慮した上で、最も適任と認められる職員を公正に判断して定める。

「他の官職への降任等をすべき特定管理監督職群に属する管理監督職を占める職員について、当該職員の他の官職への降任等により、当該特定管理監督職群に属する管理監督職の欠員の補充が困難となることにより公務の運営に著しい支障が生ずると認められる事由」として、規則では「特定管理監督職群に属する管理監督職の属する職制上の段階の標準的な官職に係る標準職務遂行能力及び当該管理監督職についての適性を有すると認められる職員（当該管理監督職に係る管理監督職勤務上限年齢に達した職員を除く。）の数が当該管理監督職の数に満たない等の事情があるため、管理監督職を現に占める職員の他の官職への降任等により当該管理監督職に生ずる欠員を容易に補充することができず業務の遂行に重大な障害が生ずること」を規定している。

例えば、職員の年齢別構成に偏りがある等のため、管理監督職に就けるにふさわしい60歳未満の職員が十分に育成できておらず、また、当該官職への適性を持つ他省庁等からの人材の供給も望めないといった場合などが考えられる。

特定管理監督職群とは、職務の内容が相互に類似する複数の管理監督職（指定職を除く。）であって、欠員を容易に補充することができない年齢別構成その他の特別の事情がある管理監督職をいい、具体的な特定管理監督職群及びそれを構成する官職は次に掲げるものである。

【管区行政評価局等の特定管理監督職群】管区行政評価局の部長、地域総括評価官、主任業務管理官及び主任行政相談官並びに沖縄行政評価事務所の所長並びに行政評価支局の総務行政相談管理官、地域総括評価官、部長、主任業務管理官及び主任行政相談官並びに行政評価事務所の所長

【総合通信局等の特定管理監督職群】総務省の内部部局の室長、企画官及び調査官（いずれも人事院が定める官職に限る。）並びに情報通信政策研究所の部長、総合企画推進官、課長及び研修管理官並びに総合通信局の部長、総合通信調整官、次長、課長及び室長並びに沖縄総合通信事務所の次長、総合通信調整官及び課長

【矯正管区等の特定管理監督職群】刑務所、少年刑務所又は拘置所の支所長、課長（公安職俸給表（一）の適用を受ける職員が占める官職（支所に属する官職を除く。）に限る。）及び上席統括矯正処遇官並びに少年院又は少年鑑別所の庶務課長及び統括専門官並びに矯正管区の管区監査官、矯正就労支援情報センター室長、課長、管区調査官、成人矯正調整官及び少年矯正調整官

【国税局等の特定管理監督職群】国税局の部長、統括国税管理官、主任国税管理官、鑑定官室長、統括国税調査官、酒類業調整官、統括国税徴収官及び統括国税査察官並びに沖縄国税事務所の統括国税管理官、統括国税徴収官、酒類業調整官及び主任国税管理官並びに税務署の署長、副署長、税務広報広聴官、特別国税徴収官、特別国税調査官、統括国税徴収官、統括国税調査官及び酒類指導官並びに人事院が定める官職

【都道府県労働局の特定管理監督職群】都道府県労働局の雇用環境・均等部長、雇用環境・均等室長、労働基準部長並びに総務部、雇用環境・均等部、雇用環境・均等室、労働基準部又は職業安定部の課長及び室長（雇用環境・均等室長を除く。）並びに労働基準監督署の署長並びに労働基準監督署支署の支署長並びに公共職業安定所の所長並びに人事院が定める官職

【北海道運輸局の特定管理監督職群】北海道運輸局の技術・防災課長、安全指導課長、首席自動車監査官、整備・保安課長及び保安・環境調整官並びに北海道運輸局運輸支局の首席陸運技術専門官

【四国運輸局の特定管理監督職群】四国運輸局の総務部長、鉄道部長、自動車交通部長、自動車技術安全部長、海事振興部長、技術・防災課長、安全指導推進官、首席鉄道安全監査官、整備・保安課長、技術課長及び保安・環境調整官並びに四国運輸局運輸支局の

支局長及び次長並びに四国運輸局運輸支局の事務所の所長

【九州運輸局の特定管理監督職群】九州運輸局の安全防災・危機管理調整官、計画調整官、調整官及び離島航路活性化調整官並びに九州運輸局運輸支局の次長（人事院が定める官職に限る。）並びに九州運輸局運輸支局の事務所の所長

【地方航空局等の特定管理監督職群】国土交通省の内部部局の首席運航審査官、首席航空従事者試験官及び次席飛行検査官並びに地方航空局の先任運航審査官及び先任航空従事者試験官

【管区海上保安本部等の特定管理監督職群】海上保安学校分校の分校長並びに管区海上保安本部の情報管理官、会計管理官、部次長、技術管理官、企画調整官、課長、海洋情報企画調整官及び交通企画調整官並びに海上保安監部の部長並びに海上保安部の部長並びに海上保安航空基地の基地長並びに海上保安署の署長並びに海上交通センターの所長並びに航空基地の基地長並びに人事院が定める官職

【環境省の内部部局等の特定管理監督職群】環境省の内部部局の千鳥ケ淵戦没者墓苑管理事務所長並びに環境調査研修所の庶務課長及び国立水俣病総合研究センター総務課長並びに地方環境事務所の総務課長、資源循環課長及び環境対策課長並びに人事院が定める官職

【福島地方環境事務所の特定管理監督職群】福島地方環境事務所の廃棄物対策課長及び支所長

【地方環境事務所の特定管理監督職群】地方環境事務所の国立公園課長、野生生物課長、自然環境整備課長及び統括自然保護企画官

（注）指定職俸給表適用職員について、異動可能型特例任用により異動期間を延長する場合は、異動期間の末日までに職員の同意を得て特定管理監督職群を構成する管理監督職に降任させる必要がある。

なお、行政執行法人については、特定管理監督職群を法人の長が定める。

(ウ) 勤務延長型特例任用及び異動可能型特例任用の事由を同時に満たす場合

勤務延長型特例任用及び異動可能型特例任用の事由を同時に満たす場合については、「(ア)勤務延長型特例任用」を優先して適用させることとする。

また、勤務延長型特例任用の事由により延長された異動期間の末日は、当初の異動期間の末日の翌日から起算して３年を超えることはで

きないため、４年目以降においては、勤務延長型特例任用の事由を満たしている場合であっても、「(イ) 異動可能型特例任用」の事由により異動期間を延長する。

イ　異動期間の延長

国公法第81条の５第１項～第４項
独法通則法第59条第２項
規則11－11第11条
令和４年給生－16第２第２項、第５項、第６項

(ア) 異動期間の延長の期間は、異動期間の末日の翌日から起算して１年を超えない期間内とし、異動期間を延長する事由に応じた必要最小限のものでなければならない。

(イ) 延長された異動期間の終期が到来する場合において、勤務延長型特例任用又は異動可能型特例任用の事由が引き続きあると認めるときは、人事院の承認を得て、１年を超えない範囲内で、異動期間を更に延長することができる（初回の異動期間の延長は任命権者の判断、２回目以降の異動期間の延長は人事院の承認が必要。ただし、行政執行法人については人事院の承認を不要として法人の長が行う。）。

（注）勤務延長型特例任用の事由による再延長については、当初の異動期間の末日から勤務延長型特例任用の事由により引き続き延長されている場合のみできることとし、一度でも異動可能型特例任用の事由により異動期間が延長された場合は、勤務延長型特例任用の事由による異動期間の延長はできないこととしている。

（参考）人事院の承認を得ようとする場合には、次に掲げる事項を記載した申請書及び異動期間を更に延長しようとする職員の人事記録の写しを提出する。

① 異動期間を更に延長しようとする職員の氏名及び年齢
② 異動期間を更に延長しようとする職員の所属部局、官職、職務の級及び号俸
③ 異動期間を更に延長しようとする職員が占めている管理監督職に係る管理監督職勤務上限年齢及び異動期間の末日
④ 異動期間を更に延長しようとする職員が現に従事している職務の内容
⑤ 既に延長された異動期間の延長理由及びその延長の根拠条項
⑥ 異動期間を更に延長しようとする理由、その延長の根拠条項及び更に延長した場合の異動期間の末日
⑦ その他参考となる事項

(ウ) 勤務延長型特例任用の事由により延長された異動期間の末日は、当初の異動期間の末日の翌日から起算して３年を超えることができない。異動可能型特例任用の事由による異動期間の再延長は、最長で定年退職日まで（５年間）行うことができる。

(エ) 勤務延長型特例任用の事由により異動期間が延長された管理監督職を占める職員が、法令の改廃による組織の変更等により当該管理監督職の業務と同一の業務を行うことをその職務の主たる内容とする他の管理監督職を占める職員となる場合は、当該他の管理監督職を占める職員は、当該異動期間が延長された管理監督職を引き続き占めているものとみなされる。なお、その際の異動を人事院に報告しなければならない。

(オ) 勤務延長型特例任用の事由により異動期間を延長する場合は、「俸給月額の7割措置」の対象とならないが、異動可能型特例任用の事由により異動期間を延長する場合は当該措置が適用される。

ウ　延長した異動期間の期限の繰上げ等

規則11－11 第16条、第17条

異動期間を延長した場合において、当該異動期間の末日の到来前に当該異動期間の延長の事由が消滅したときは、他の官職への降任等を行う。

ただし、勤務延長型特例任用により異動期間を延長した場合において、当該異動期間の末日の到来前に当該異動期間の延長の事由が消滅するものの、引き続き異動可能型特例任用の事由があり、異動期間を延長しようとする場合は、「勤務延長型による異動期間の期限の繰上げ」を行って、改めて異動可能型特例任用の事由による異動期間の延長を行うことができる。

（参考１）勤務延長型特例任用のイメージ

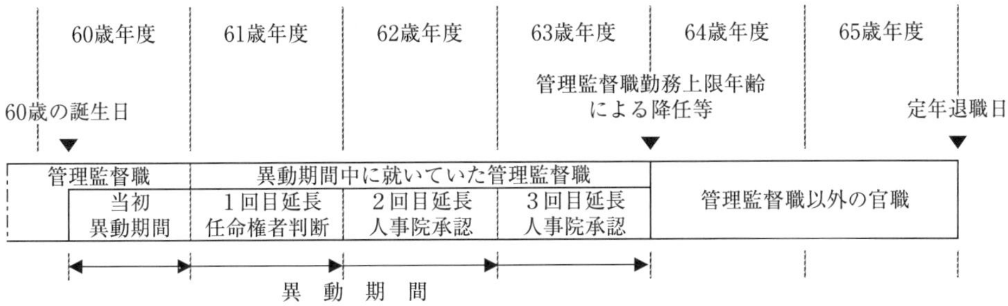

（参考２）異動可能型特例任用のイメージ

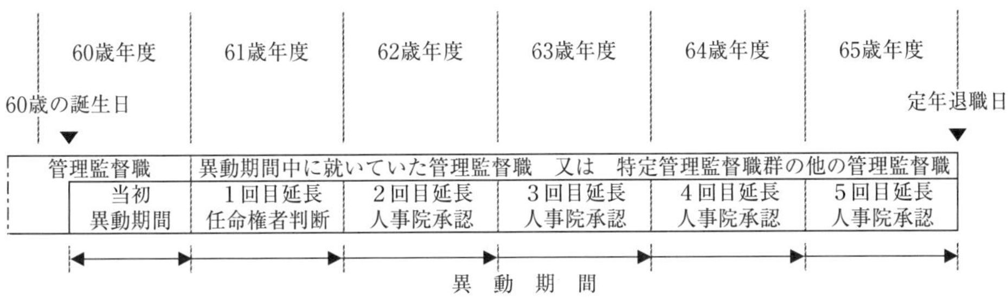

（参考３）勤務延長型特例任用から異動可能型特例任用へのイメージ

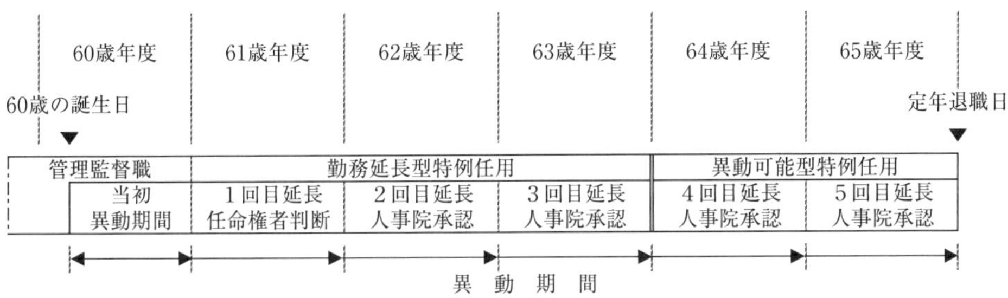

※ 勤務延長型特例任用は最長３年間。引き続いて異動可能型特例任用とする場合は、最長で合計５年間（定年退職日まで）延長することができる。

（参考４）勤務延長型による異動期間の期限の繰上げのイメージ

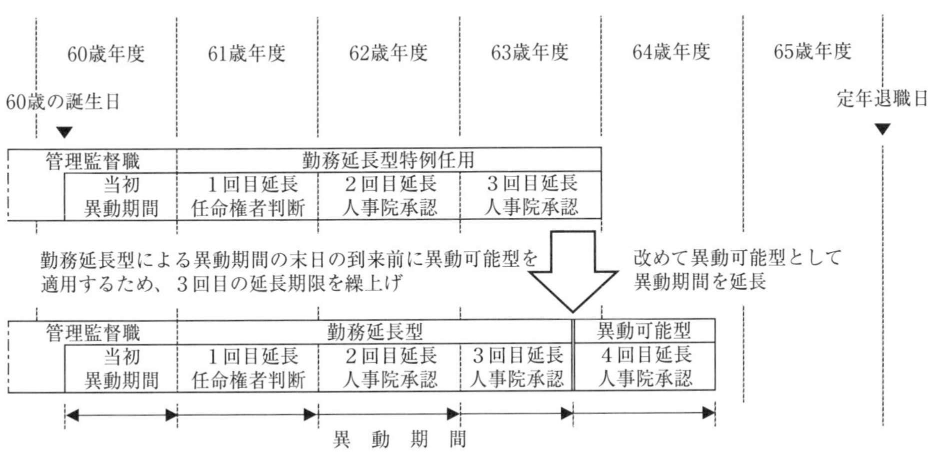

※ この場合も最長で合計５年間（定年退職日まで）延長することができる。

エ　異動期間の延長に係る他の任命権者に対する通知

規則11－11第18条

次に掲げる場合において、職員が任命権者を異にする官職に併任されているときは、当該併任に係る官職の任命権者にその旨を通知しなければならない。

① 異動期間を延長する場合

② 異動期間の期限を繰り上げる場合

③ 異動期間の延長の事由の消滅により他の官職への降任等をする場合

オ　職員の同意

規則11－11第15条
令和４給生－16
第２第７項、第８項

次に掲げる場合は、あらかじめ職員の同意を得なければならない。

① 異動期間を延長する場合

② 異動可能型特例任用において、特定管理監督職群の他の管理監督職に降任等をする場合

「①」の同意では、異動期間の延長の事由が消滅した場合には他の官職への降任等をする旨の同意も得る。また、同意を得る手続は、書面（書面によらないことを適当と認める場合には、これに代わる適当な方法）により、適切な時期に行う。

(5) 人事異動通知書の交付及び人事院への報告

ア　人事異動通知書の交付

規則11－11第20条
令和４年給生－16
第３第１項～第３項

次に掲げる場合には、職員に規則８－12第58条の規定による人事異動通知書を交付して行わなければならない（「①・②」の場合は、人事異動通知書を交付した時にその効力が発生する。）。

① 他の官職への降任等をする場合

② 「(1)キ」に掲げる職員本人の意に反して行う分限降任をする場合

③ 異動期間を延長する場合

④ 異動期間の期限を繰り上げる場合

⑤ 異動期間を延長した後、管理監督職勤務上限年齢が当該職員の年齢を超える管理監督職に異動し、当該管理監督職に係る管理監督職勤務上限年齢に達していない職員となった場合

（参考）人事異動通知書を交付する場合の「異動内容」欄の記入要領

・ 国公法第81条の２第１項本文の規定による他の官職への降任をする場合

「国家公務員法第81条の２第１項本文の規定によりアに降任させる」

・　国公法第81条の２第１項本文の規定による他の官職への転任（次の転任を除く。）をする場合

「国家公務員法第81条の２第１項本文の規定によりアに転任させる」

・　国公法第81条の２第１項本文の規定による他の官職への転任（規則８－12第４条第５号に規定する配置換である場合に限る。）をする場合

「国家公務員法第81条の２第１項本文の規定によりアに配置換する」

・　規則11－11第５条の規定による降任をする場合

「国家公務員法第75条第１項及び人事院規則11－11第５条の規定によりアに降任させる」

・　国公法第81条の５第１項から第４項までの規定により異動期間を延長する場合

「国家公務員法第81条の５イの規定により　年　月　日まで異動期間を延長する」

・　異動期間の期限を繰り上げる場合

「異動期間の期限を　年　月　日に繰り上げる」

・　国公法第81条の５第１項から第４項までの規定により異動期間を延長した後、管理監督職勤務上限年齢が職員の年齢を超える管理監督職に異動し、当該管理監督職に係る管理監督職勤務上限年齢に達していない職員となった場合

「異動期間を延長されていない職員となった」

（※１）「ア」は、官職の組織上の名称及び当該官職の属する所属部課とする。

（※２）「イ」は、根拠となる条項とする。

（※３）特に支障のある場合には、上記の記入要領によらないことができる。

（※４）上記以外の人事異動通知書の様式、記載事項等については、昭和27年13－799の規定による。

イ　人事院への報告　　規則11－11第22条

前年の４月２日からその年の４月１日までの間に異動期間が延長された管理監督職を占める職員に係る当該異動期間の延長の状況について、毎年５月末日までに人事院に報告しなければならない。

2　定年前再任用短時間勤務制

国公法第60条の2

定年前再任用短時間勤務制は、60歳に達した日以後に退職した者を、従前の勤務実績等に基づく選考により、採用しようとする官職に定年制の適用があるものとした場合における定年退職日までの任期で、同種の職務の常時勤務を要する官職（常勤官職）の通常の勤務時間に比し短い勤務時間のもの（短時間勤務の官職）に再任用することができるものであり、定年前再任用短時間勤務制により採用された職員を「定年前再任用短時間勤務職員」という。

(1)　定年前再任用短時間勤務職員としての再任用

国公法第60条の2第1項
国公法等改正法附則第3条第1項
規則8－21第2条
令和4年給生－18第1項、第2項

任命権者は、年齢60年に達した日(注2)以後に国公法の規定により退職(注3)をした者（年齢60年以上退職者(注4)）又は年齢60年に達した日(注2)以後に自衛隊法の規定により退職(注3)をした者（自衛隊法による年齢60年以上退職者(注4)）を、短時間勤務の官職(注5)に採用することができる。

（注1）定年前再任用を行うに当たっては、平等取扱いの原則（国公法第27条）、人事管理の原則（同法第27条の2）及び任免の根本基準（同法第33条）並びに同法第55条第3項の規定に違反してはならず、年齢60年以上退職者等が同法第108条の2第1項に規定する職員団体の構成員であったことその他同法第108条の7に規定する事由を理由として定年前再任用に関し不利益な取扱いをしてはならない。

（注2）「年齢60年に達した日」とは、60歳の誕生日の前日をいう。

（注3）臨時的職員その他の法律により任期を定めて任用される職員及び常時勤務を要しない官職を占める職員の退職は、ここにいう「退職」に含まれない（自衛官及び臨時的に任用された隊員、法律により任期を定めて任用された隊員、非常勤の隊員の退職も同様の取扱い）。

（注4）定年前再任用は令和5年4月1日以後に退職をした「年齢60年以上退職者」及び「自衛隊法による年齢60年以上退職者」に適用し、これらの退職者に国公法又は自衛隊法の規定により失職した者や懲戒免職処分を受けた者は含まれない。

（注5）「短時間勤務の官職」とは当該官職を占める職員の1週間当たりの通常の勤務時間が、常時勤務を要する官職でその職務が当該短時間勤務の官職と同種の官職を占める職員の1週間当たりの通常の勤務時間に比し短い時間である官職をいう。

ア　手続等

(ア)　定年前再任用希望者の同意を得る手続

規則8－21第3条
令和4年給生－18第3項

定年前再任用を行うに当たっては、あらかじめ、定年前再任用をされることを希望する者（定年前再任用希望者）に次に掲げる事項を明示し、その同意を得なければならない（定年前再任用希望者の定年前再任用までの間に、明示した事項の内容を変更する場合も、同様)。

① 定年前再任用を行う官職に係る職務内容
② 定年前再任用を行う日
③ 定年前再任用に係る勤務地
④ 定年前再任用をされた場合の給与
⑤ 定年前再任用をされた場合の１週間当たりの勤務時間
⑥ 「①〜⑤」に掲げるもののほか、任命権者が必要と認める事項

定年前再任用希望者の同意を得る手続は、明示された事項に同意する旨を示した文書の提出（文書の提出によらないことを適当と認める場合には、これに代わる適当な方法）により、定年前再任用を行う前の適切な時期に行う。

(イ) 定年前再任用を行うことができなくなった場合の取扱い

令和４年給生－18 第４項、第５項

定年前再任用希望者の同意を得た後に定年前再任用を行わないこととした場合は、当該定年前再任用希望者にその旨を速やかに通知するものとする。この場合において、定年前再任用希望者がなお定年前再任用をされることを希望するときは、定年前再任用を行うことができるよう、引き続き検討を行う。

上記の通知を行った場合において、現に職員である定年前再任用希望者から既に辞職の申出が行われているときは、辞職の意思を改めて確認する。

(ウ) 選考による再任用

規則８－21第４条
令和４年給生－18 第12項

定年前再任用は、従前の勤務実績その他の次に掲げる情報に基づく選考により行う。

① 能力評価及び業績評価の全体評語その他勤務の状況を示す事実に基づく従前の勤務実績

（注）外公法に規定する外務職員として人事評価が実施された職員については、外務職員の人事評価の基準、方法等に関する省令に規定する全体評語を上記の全体評語とみなす。

② 定年前再任用を行う官職の職務遂行に必要とされる経験又は資格の有無その他定年前再任用を行う官職の職務遂行上必要な事項

(エ) 条件付採用の適用除外

国公法第59条第１項
規則８－12第32条 第２号

「年齢60年以上退職者」の定年前再任用は条件付採用の適用を除外する。

なお、「自衛隊法による年齢60年以上退職者」の定年前再任用は、

原則どおり条件付のものとする。

イ　任期

国公法第60条の2第2項

定年前再任用短時間勤務職員の任期は、採用の日から、短時間勤務の官職を占める職員が常時勤務を要する官職でその職務が当該短時間勤務の官職と同種の官職を占めているものとした場合における定年退職日（定年退職日相当日）までとする。

（参考1）定年前再任用は退職日の翌日に限らず、退職日の翌々日以降に行うことも可能である。

（参考2）例えば、職員が63歳年度末まで定年前再任用短時間勤務を希望する場合であっても、任期の末日は定年退職日相当日となり、職員の希望に変更がなければ、職員は任期途中の63歳年度末で辞職（自己都合退職）することになる。

（参考）定年前再任用短時間勤務制のイメージ

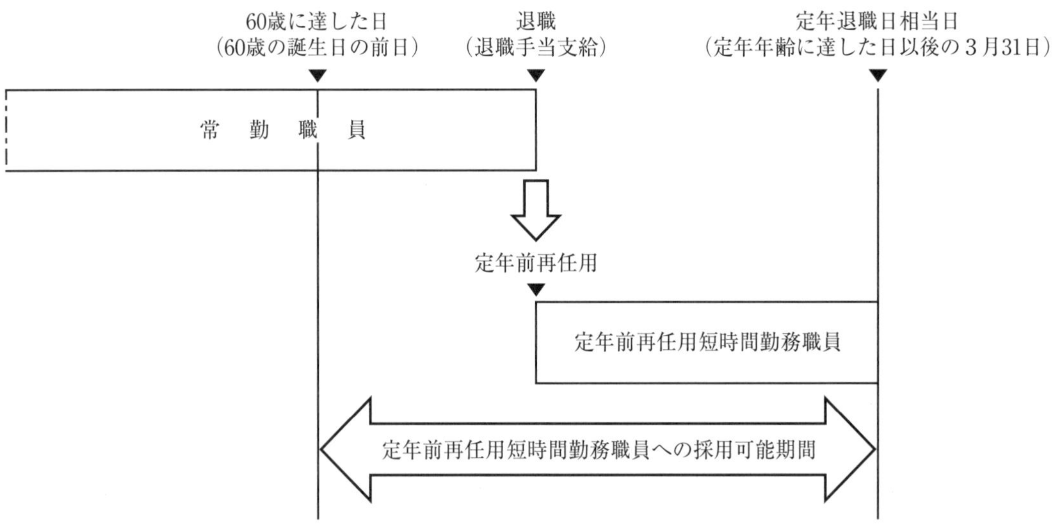

※ 退職日の翌日でなくても期間内であれば定年前再任用を行うことができる。

※ 任期は、旧再任用制度（任期1年以内、更新制）とは異なり、定年退職日相当日までの間となる。

(2)　定年前再任用短時間勤務職員等の任用の制限

国公法第60条の2第1項、第3項、第4項
規則8－21第5条
令和4年給生－18第6項

ア　指定職俸給表の適用を受ける職員が占める官職及びこれに準ずる行政執行法人の官職として規則で定める官職への定年前再任用をすることはできず、定年前再任用短時間勤務職員をこれらの官職に昇任し、降任し、又は転任することはできない。

イ　短時間勤務の官職に採用することができる者は、当該短時間勤務の官

職に係る定年退職日相当日を経過していない「年齢60年以上退職者」及び「自衛隊法による年齢60年以上退職者」に限る。

ウ　短時間勤務の官職に昇任し、降任し、又は転任することができる者は、当該短時間勤務の官職に係る定年退職日相当日を経過していない定年前再任用短時間勤務職員に限る。

エ　定年前再任用短時間勤務職員について、常時勤務を要する官職に昇任し、降任し、又は転任することはできず、定年前再任用短時間勤務職員以外の任期を定めて任用される職員とすることはできない。

(3)　人事異動通知書の交付及び人事院への報告

ア　人事異動通知書の交付等

規則８－21第６条
令和４年給生－18
第７項～第11項

次に掲げる場合には、職員に規則８－12第58条の規定による人事異動通知書を交付しなければならない。ただし、「②」に該当する場合のうち、人事異動通知書の交付によらないことを適当と認めるときは、人事異動通知書に代わる文書の交付その他適当な方法をもって人事異動通知書の交付に代えることができる。

①　定年前再任用を行う場合
②　任期の満了により定年前再任用短時間勤務職員が当然に退職する場合

（参考）人事異動通知書を交付する場合の「異動内容」欄等の記入要領

・　定年前再任用を行う場合
「ア（週○○勤務）に定年前再任用する
任期は　年　月　日までとする」
（「ア」は、官職の組織上の名称及び当該官職の属する所属部課とし、○○の部分には、当該官職を占める職員の１週間当たりの勤務時間を表示する。）

・　任期の満了により定年前再任用短時間勤務職員が当然に退職する場合
「定年前再任用の任期の満了により　年　月　日限り退職」

（※１）特に支障のある場合には、上記の記入要領によらないことができる。
（※２）定年前再任用短時間勤務職員に人事異動通知書を交付する場合には、人事異動通知書の「現官職」欄に記入する官職の組織上の名称及び当該官職の属する所属部課の末尾に、「週○○勤務」（○○の部分には、当該官職を占める職員の１週間当たりの勤務時間を表示する。※３において同じ。）を加える。

（※３）定年前再任用する者及び昇任し、降任し又は転任する定年前再任用短時間勤務職員に人事異動通知書を交付する場合には、人事異動通知書の「異動内容」欄に記入する官職の組織上の名称及び当該官職の属する所属部課の末尾に、「週〇〇勤務」を加える。

（※４）上記以外の人事異動通知書の様式、記載事項等については、昭和27年13－799の規定による。

また、定年前再任用する者に対しては、勤務時間の内容（始業及び終業の時刻、休憩時間等を含む。）を通知するものとする。定年前再任用短時間勤務職員の勤務時間の内容に変更が生じた場合も、同様とする。

イ　人事院への報告　　規則８－21第７条

前年度における定年前再任用の状況について、毎年５月末日までに人事院に報告しなければならない。

⑷　関連制度

ア　勤務時間・休暇　　勤務時間法 第５条第２項、第６条、第７条、第17条第１項第１号

・　勤務時間は、休憩時間を除き、１週間当たり15時間30分から31時間までの範囲内で定める。

・　週休日は、日曜日及び土曜日に加えて、月曜日から金曜日までの５日間において設けることができる。

・　１日の勤務時間は、７時間45分を超えない範囲内で割り振る。

・　フレックスタイム制を適用することができる。

・　公務の運営上の事情により特別の形態によって勤務する必要のある交替制等職員について、週休日及び勤務時間の割振りを別に定めることができる。

・　休暇について、年次休暇、病気休暇、特別休暇、介護休暇及び介護時間が付与される。

・　年次休暇は、その者の勤務時間を考慮して20日を超えない範囲内で、その者の勤務形態に応じて比例付与した日数とする。

イ　給与　　給与法第８条第12項

・　俸給月額は、俸給表の「定年前再任用短時間勤務職員」の欄に掲げる基準俸給月額のうち、当該職員の属する職務の級に応じた額を勤務時間数に応じて按分した額とする。

・　扶養手当等の一部の手当は支給しない。支給する手当のうち、常勤職員の支給額と同額とすることが合理的ではないと認められる手当は、定年前再任用短時間勤務職員の勤務時間等を考慮した額とする。

ウ　能率、懲戒、災害補償等

国公法第82条第2項

人事評価、能率、分限・懲戒・保障、服務、退職管理、倫理法の適用等の人事管理諸制度の取扱いは、基本的に常勤職員に関する取扱いと同様とする。

- 国際機関等派遣、官民人事交流派遣、法科大学院派遣、自己啓発等休業及び配偶者同行休業の規定は適用を除外する。
- 定年前再任用短時間勤務職員が、退職前の引き続く職員としての在職期間中や、かつての定年前再任用短時間勤務職員としての在職期間中に懲戒事由に該当する行為を行っていた場合には、その行為を理由として懲戒処分を行うことができる。

エ　その他の関連制度

- 定年前再任用後の退職については、退職手当は支給されず、これに伴い、勤務時間等に応じて雇用保険に加入することになる。
- 勤務時間等が一定以上である場合には、医療保険は共済組合（短期給付）に加入し、年金保険は厚生年金保険（第1号厚生年金被保険者）に加入することになる。それ以外の場合は、国民健康保険、共済組合（任意継続組合員）又は被扶養者のいずれかを選択することになる。
- 定員法の定員規制の対象とされないが、常勤職員及び定年前再任用短時間勤務職員による恒常的な業務の遂行体制全体を総合的に勘案して、その定数は別途管理される。

⑸　原則定年の引上げ年度の前年度までに引上げ前の定年に達している者及び定年前再任用短時間勤務職員の任用制限（経過措置）

国公法等改正法附則第3条第2項
規則8－21附則第3条

令和7年4月1日、令和9年4月1日、令和11年4月1日及び令和13年4月1日（基準日）から基準日の翌年の3月31日までの間（原則定年の引上げ年度）、引上げ前の原則定年に達している者を、定年が引き上げられた原則定年官職に相当する短時間勤務の官職に定年前再任用することができない。また、引上げ前の原則定年に達している定年前再任用短時間勤務職員を、定年が引き上げられた原則定年官職に相当する短時間勤務の官職に昇任し、降任し、又は転任することができない。

(注) 基準日以後に新たに設置された短時間勤務の官職及び基準日以後に法令の改廃による組織の変更等により名称が変更された短時間勤務の官職については、これらの官職が基準日の前日に設置されていたものとして取り扱う。

3　俸給月額の７割措置

給与法附則
第８項、第９項

当分の間、職員の俸給月額は、職員が60歳に達した日後における最初の４月１日（特定日[注1]）以後、当該職員に適用される俸給表の俸給月額のうち、当該職員の属する職務の級及び当該職員の受ける号俸に応じた額に100分の70を乗じて得た額（50円未満の端数を生じたときはこれを切り捨て、50円以上100円未満の端数を生じたときはこれを100円に切り上げた額）とし、この措置を「俸給月額の７割措置」という。

（注１）旧国公法の規定により62歳の特例定年とされていた事務次官等の特定日は、62歳に達した日後における最初の４月１日、旧国公法の規定により63歳の特例定年とされていた守衛等の労務職員及び研究所副所長等の特定日は、63歳に達した日後における最初の４月１日とする。

（注２）俸給月額の７割措置は、次の職員には適用しない。

- ・　臨時的職員その他の法律により任期を定めて任用される職員及び常勤を要しない職員（規則８－12第42条第２項の規定による任期付任用職員（産休代替任期付職員等）は、「法律」により任期を定めて任用されていないため、俸給月額の７割措置が適用される。）
- ・　旧国公法において特例定年が65歳とされていた医師及び歯科医師並びに研究所の長等に相当する職員として規則で定める職員
- ・　職員の職務遂行上の特別の事情又は職員の職務の特殊性という事由により異動期間を延長（いずれかの事由により再度延長された場合を含む。）された職員（勤務延長型特例任用職員）
- ・　65歳を超える特例定年が定められている職員
- ・　勤務延長された職員（定年退職日において俸給月額の７割措置が適用されていた職員を除く。）

⑴　「降給」としての位置付け

給与法附則第15項
規則11－10附則第２項

俸給月額の７割措置を給与に係る分限である「降給」として位置付ける。

⑵　処分説明書及び通知書等の交付

ア　処分説明書

給与法附則第15項
規則11－10附則第２項

職員の意に反して、不利益な処分や懲戒処分を行う場合には、職員に対して処分説明書を交付しなければならず、「降給」もその対象となるが、俸給月額の７割措置については処分説明書の交付を要しない。

イ　通知書等の交付

規則11－10附則第３項
規則９－147第６条
給実甲第1295号規則
第６条関係

俸給月額の７割措置を適用すること又は適用しないことにより、俸給月額が異動することとなった職員に対しては、人事異動通知書又はこれに代わる文書（通知書等）によりその旨を通知する。ただし、通知書等の交付によらないことを適当と認める場合には、適当な方法をもって通知書等の交付に代えることができる。

（参考）通知書等の記入に当たっての参考例

・　給与法附則第８項の規定の適用を受けることとなった場合
「俸給月額は、　年　月　日以後、一般職の職員の給与に関する法律（昭和25年法律第95号）附則第８項の規定により算定される額とする」

・　給与法附則第８項各号又は第９項各号に掲げるいずれかの職員に該当することとなり、給与法附則第８項の規定の適用を受けないこととなった場合
「アに掲げる職員に該当することとなり、　年　月　日以後、同法附則第８項の規定の適用を受けないこととなった」

（※）「ア」の記号をもって表示する事項は、給与法附則第８項各号又は第９項各号の条項のうち該当する条項とする。

(3)　管理監督職勤務上限年齢調整額の支給

俸給月額の７割措置と「１（１）　管理監督職勤務上限年齢による降任等」による俸給月額の二重の引下げがあった職員等に対しては、その不利益を緩和するための措置として、俸給月額に加えて別途の俸給（管理監督職勤務上限年齢調整額）を支給する。

ア　基本的な算出方法

給与法附則第10項
規則９－148第３条
給実甲第1296号第３条関係

国公法第81条の２第３項に規定する他の官職への降任等をされた職員であって、異動日[注1]の前日から引き続き同一の俸給表の適用を受ける職員のうち、特定日俸給月額[注2]が基礎俸給月額[注3]に達しないこととなる職員（規則で定める職員[注4]を除く。）には、当分の間、特定日以後、給与法附則第８項の規定により受ける俸給月額（俸給月額の７割措置による俸給月額）のほか、基礎俸給月額と特定日俸給月額との差額に相当する額（管理監督職勤務上限年齢調整額）を俸給として支給[注5]する。

（注１）「異動日」とは、職員が他の官職への降任等をされた日をいう。

（注２）「特定日俸給月額」とは、「３　俸給月額の７割措置」に掲げる特定日に給与法附則第８項の規定により受ける俸給月額をいう。

（注３）「基礎俸給月額」とは、異動日の前日に受けていた俸給月額に100分の70を乗じて得た額（50円未満の端数を生じたときはこれを切り捨て、50円以上100円未満の端数を生じたときはこれを100円に切り上げた額）をいう。

（注４）規則で除かれる職員は、次の職員である。

①　国公法第81条の２第３項に規定する他の官職への降任等をされ

た職員（特例任用後降任等職員を除く。）のうち、次に掲げる職員

※　「特例任用後降任等職員」とは、国公法第81条の２第３項に規定する他の官職への降任等をされた職員であって、異動日の前日において第１項特例任用職員（国公法第81条の５第１項又は第２項の規定により異動期間を延長された管理監督職を占める職員）又は第３項特例任用職員（同条第３項又は第４項の規定により異動期間を延長された管理監督職を占める職員）であったものをいう。

・　異動日以後に初任給基準異動をした職員
・　異動日から特定日までの間に降格又は降号をした職員
・　異動日の前日以後に育児短時間勤務等をした職員（異動日以後に育児短時間勤務等を開始し、特定日前に育児短時間勤務等を終了した職員を除く。）
・　異動日以後に人事院の承認を得て号俸を決定された職員又は人事院の定めるこれに準ずる職員

②　異動日の前日から特定日までの間の俸給表の俸給月額が増額改定又は減額改定をされた職員

（注５）管理監督職勤務上限年齢調整額は「俸給として支給」されることから、地域手当、広域異動手当、研究員調整手当、特地勤務手当及び特地勤務手当に準ずる手当、超過勤務手当及び休日給、期末手当及び勤勉手当（役職段階別加算を含む）、勤務１時間当たりの給与額、休職者の給与等の算定基礎となる（「イ　個別の算出方法」による当該調整額も同様の取扱い）。

イ　個別の算出方法

給与法附則第12項、第13項
規則９－148第４条～第12条
給実甲第1296号第４条関係～第12条関係

異動日の前日から引き続き俸給表の適用を受ける職員（俸給月額の７割措置を受ける職員に限り、「ア」の適用を受ける職員を除く）であって、「ア」の適用を受ける職員との権衡上必要があると認められる職員には、当分の間、職員の受ける俸給月額のほか、規則で定めるところにより、「ア」に準じて算出した額を俸給として支給する。

また、俸給月額の７割措置を受ける職員であって、任用の事情を考慮して「ア」又は上記の適用を受ける職員との権衡上必要があると認められる職員には、当分の間、職員の受ける俸給月額のほか、規則で定めるところにより、「ア」及び上記に準じて算出した額を俸給として支給する。

ウ　管理監督職勤務上限年齢調整額の支給の上限

給与法附則第11項
規則９－148第４条第２項等

「ア・イ」における「管理監督職勤務上限年齢調整額」と職員の受ける俸給月額との合計額が職員の属する職務の級における最高号俸の俸給月額を超える場合には、当該最高号俸の俸給月額と職員の受ける俸給月

額との差額に相当する額を俸給として支給する（「管理監督職勤務上限年齢調整額」と職員の受ける俸給月額との合計額は、当該職員の属する職務の級の最高号俸の俸給月額を超えないものとする。）。

エ　通知書等の交付

給実甲第1296号 その他の事項第１項

管理監督職勤務上限年齢調整額を支給されることとなる職員又はその額に変動がある職員に対しては、人事異動通知書又はこれに代わる文書（通知書等）によりその額を通知する。ただし、通知書等の交付によらないことを適当と認める場合には、適当な方法をもって通知書等の交付に代えることができる。

（参考）通知書等の記入に当たっての参考例

「一般職の職員の給与に関する法律（昭和25年法律第95号）アの規定による俸給イ円を給する」

（※１）「ア」の記号をもって表示する事項は、給与法附則第10項、第12項又は第13項の条項のうち該当する条項とする。

（※２）「イ」の記号をもって表示する額は、給与法附則第10項、第12項又は第13項の規定による俸給の額とする。

4　暫定再任用制度

国公法等改正法附則 第４条、第５条

暫定再任用制度は、年金が満額支給される65歳までの間の雇用確保のための経過的な措置として、旧国公法における再任用制度と同様の仕組みで再任用（フルタイム勤務及び短時間勤務）することができるものであり、暫定再任用制度により再任用された職員を「暫定再任用職員」という。

(1)　暫定再任用職員としての再任用

規則11－12第２条

暫定再任用を行うに当たっては、平等取扱いの原則（国公法第27条）、人事管理の原則（同法第27条の２）及び任免の根本基準（同法33条）並びに国公法第55条第３項の規定に違反してはならず、定年退職者等が同法第108条の２第１項に規定する職員団体の構成員であったことその他同法第108条の７に規定する事由を理由として暫定再任用に関し不利益な取扱いをしてはならない。

ア　施行日前退職者の暫定再任用

国公法等改正法附則 第４条第１項、第５条第１項 規則11－12第３条、第６条、第９条 令和４年給生－19 第１項

任命権者は、国公法等改正法の施行日（令和５年４月１日）前に定年退職等をした者のうち、

①　当該者を採用しようとする常時勤務を要する官職に係る旧国公法に規定する定年に達している者[注1]を、当該常時勤務を要する官職に、年齢65年到達年度の末日[注3]までの間、採用することができる。

② 当該者を採用しようとする短時間勤務の官職に係る旧国公法定年相当年齢に達している者（注2）を、当該短時間勤務の官職に、年齢65年到達年度の末日（注3）までの間、採用することができる（注4）。

（注１）「旧国公法に規定する定年に達している者」とは、旧原則定年の官職に採用する場合は60歳に達している者を、旧特例定年の官職に採用する場合は当該特例定年の年齢に達している者をいう。なお、採用しようとする官職が施行日以後に新たに設置された官職等であるときは、当該官職等が施行日の前日に設置されていたものとして取り扱う。

（注２）「旧国公法定年相当年齢に達している者」とは、短時間勤務の官職を占める職員が、常時勤務を要する官職でその職務が当該短時間勤務の官職と同種の官職を占めているものとした場合における旧国公法に規定する定年に達している者をいう。なお、採用しようとする短時間勤務の官職が施行日以後に新たに設置された短時間勤務の官職等であるときは、「（注１）」と同様に取り扱う。

（注３）「年齢65年到達年度の末日」とは、年齢65年に達する日以後における最初の３月31日をいう。

（注４）短時間勤務の官職に採用することができる者は、当該短時間勤務の官職に係る定年退職日相当日を経過していない「年齢60年以上退職者」及び「自衛隊法による年齢60年以上退職者」に限っている（「２⑵イ」、国公法第60条の２第３項）が、短時間勤務の暫定再任用は、これにかかわらず行うことができる。

国公法等改正法の施行日前に定年退職等をした者は、次に掲げる者である。

① 施行日前に旧国公法の規定により定年退職した者

② 旧国公法の規定により勤務延長された者であって施行日前又は施行日以後に退職した者

③ 25年以上勤続して施行日前に旧国公法の規定により退職した者のうち、次に掲げるもの

・ 当該退職の日の翌日から起算して５年を経過する日までの間にある者

・ 当該退職の日の翌日から起算して５年を経過する日までの間に、旧国公法に規定する再任用又は暫定再任用並びに旧自衛隊法に規定する再任用又は自衛隊法暫定再任用をされたことがある者

④ 旧自衛隊法の規定により退職した者のうち、次に掲げるもの

・ 施行日前に旧自衛隊法の規定により定年退職した者並びに旧自衛隊法の規定により勤務延長された者であって施行日前又は

施行日以後に退職した者
・　25年以上勤続して施行日前に旧自衛隊法の規定により退職した者であって、当該退職の日の翌日から起算して５年を経過する日までの間にある者
・　25年以上勤続して施行日前に旧自衛隊法の規定により退職した者であって、当該退職の日の翌日から起算して５年を経過する日までの間に、旧国公法に規定する再任用又は暫定再任用並びに旧自衛隊法に規定する再任用又は自衛隊法暫定再任用をされたことがある者

(注) 勤続年数については、常勤の国家公務員として継続して在職した期間とし、その計算は月を単位として行う。ただし、次に掲げる期間がある場合には、これをその者の勤続した期間に通算する。
・　退職手当法の規定による勤続期間として計算される非常勤職員の期間が常勤の国家公務員としての在職期間と継続している場合におけるその期間
・　常勤の地方公務員としての在職期間が常勤の国家公務員としての在職期間と継続している場合におけるその期間
・　公庫等職員又は独立行政法人等役員として在職した後引き続いて職員となった者の常勤の国家公務員としての引き続いた在職期間とみなされる期間
・　国の機関の非特定独立行政法人化等に伴い、当該法人職員として在職した後引き続いて職員となった者の常勤の国家公務員としての引き続いた在職期間とみなされる期間
・　旧日本専売公社、旧日本電信電話公社及び旧日本国有鉄道の職員の期間で常勤の国家公務員としての引き続いた在職期間とみなされる期間

イ　施行日以後退職者の暫定再任用

国公法等改正法附則第４条第２項、第５条第２項、第６条第６項
規則11－12第７条
令和４年給生－19第１項

任命権者は、令和14年３月31日までの間、国公法等改正法の施行日（令和５年４月１日）以後に定年退職等をした職員のうち、
①　当該者を採用しようとする常時勤務を要する官職に係る国公法に規定する定年に達している者(注1)を、当該常時勤務を要する官職に、年齢65年到達年度の末日(注4)までの間、採用することができる。
②　当該者を採用しようとする短時間勤務の官職に係る国公法定年相当年齢に達している者(注2)（定年前再任用短時間勤務職員として当該短時間勤務の官職に採用することができる者を除く。(注3)）を、当該短時間勤務の官職に、年齢65年到達年度の末日(注4)までの間、採用することができる(注5)。

（注１）「国公法に規定する定年に達している者」とは、採用しようとする官職の当該年度における定年に達している者（定年の引上げが行われる年度においては、定年が引き上げられる日の前日の定年に達している者）をいう。
（注２）「国公法定年相当年齢に達している者」とは、短時間勤務の官職を占める職員が、常時勤務を要する官職でその職務が当該短時間勤務の官職と同種の官職を占めているものとした場合における国公法に規定する定年に達している者をいう。
（注３）「定年前再任用短時間勤務職員として当該短時間勤務の官職に採用することができる者を除く。」ことから、定年前再任用短時間勤務職員として採用することができる者は、暫定再任用短時間勤務職員として採用することができない。
（注４）「年齢65年到達年度の末日」については「ア（注３）」と同じ。
（注５）短時間勤務の暫定再任用を可能とすることについては「ア（注４）」と同じ。

国公法等改正法の施行日以後に定年退職等をした者は、次に掲げる者である。

① 施行日以後に国公法の規定により定年退職した者
② 施行日以後に国公法の規定により勤務延長された者であって勤務延長後に退職した者
③ 施行日以後に国公法の規定により採用された定年前再任用短時間勤務職員のうち、任期が満了したことにより退職した者
④ 25年以上勤続して施行日以後に国公法の規定により退職した者のうち、次に掲げるもの
・ 当該退職の日の翌日から起算して５年を経過する日までの間にある者
・ 当該退職の日の翌日から起算して５年を経過する日までの間に、暫定再任用又は自衛隊法暫定再任用をされたことがある者
⑤ 施行日以後に自衛隊法の規定により退職した者のうち、次に掲げるもの
・ 施行日以後に自衛隊法の規定により定年退職した者並びに施行日以後に自衛隊法の規定により勤務延長された者であって勤務延長後に退職した者
・ 施行日以後に自衛隊法の規定により採用された定年前再任用短時間勤務隊員のうち、任期が満了したことにより退職した者
・ 25年以上勤続して施行日以後に自衛隊法の規定により退職した者であって、当該退職の日の翌日から起算して５年を経過する日までの間にある者
・ 25年以上勤続して施行日以後に自衛隊法の規定により退職し

た者であって、当該退職の日の翌日から起算して５年を経過する日までの間に、暫定再任用又は自衛隊法暫定再任用をされたことがある者

（注）勤続年数の取扱いは「ア（注）」と同じ。

⑵　手続等

規則11－12第４条

ア　暫定再任用をされることを希望する者への職務内容等の明示

暫定再任用を行うに当たっては、あらかじめ、暫定再任用をされることを希望する者に、次に掲げる事項を明示しなければならない。

①　暫定再任用を行う官職に係る職務内容
②　暫定再任用を行う日及び任期の末日
③　暫定再任用に係る勤務地
④　暫定再任用をされた場合の給与
⑤　暫定再任用をされた場合の１週間当たりの勤務時間
⑥　「①～⑤」に掲げるもののほか、任命権者が必要と認める事項

イ　選考による再任用

規則11－12第５条
令和４年給生－19第９項

暫定再任用は、従前の勤務実績その他の次に掲げる情報に基づく選考により行う。

①　能力評価及び業績評価の全体評語その他勤務の状況を示す事実に基づく従前の勤務実績

（注）外公法に規定する外務職員として人事評価が実施された職員については、外務職員の人事評価の基準、方法等に関する省令に規定する全体評語を上記の全体評語とみなす。

②　暫定再任用を行う官職の職務遂行に必要とされる経験又は資格の有無その他暫定再任用を行う官職の職務遂行上必要な事項

⑶　任期及び任期の更新

国公法等改正法附則第４条、第５条
規則11－12第８条
令和４年給生－19第２項、第９項

暫定再任用職員の任期は１年を超えない範囲内とする。また、当該任期は、直前の任期における勤務実績が、当該暫定再任用職員の能力評価及び業績評価の全体評語その他勤務の状況を示す事実に基づき良好である場合に、当該暫定再任用職員の同意を得て、１年を超えない範囲内で更新することができ、更新された任期を再度更新することもできる。

（注）外公法に規定する外務職員として人事評価が実施された職員についての全体評語の取扱いは、「⑵イ①（注）」と同じ。

この暫定再任用職員の同意を得る手続は、当該暫定再任用職員が任期の更新を希望する旨を示した文書の提出（文書の提出によらないことを適当と認める場合には、これに代わる適当な方法）により、任期の更新前の適

切な時期に行う。

当初の任期、更新された任期のいずれも、その末日は、暫定再任用職員が65歳に達する日以後における最初の３月31日以前でなければならない。

(4)　旧国公法再任用職員

> 国公法等改正法附則第６条第１項、第２項

施行日前に旧国公法の規定により採用された再任用職員（旧国公法再任用職員）のうち、国公法等改正法の施行の際、現に常時勤務を要する官職を占める職員はフルタイム勤務の暫定再任用職員と、現に短時間勤務の官職を占める職員は短時間勤務の暫定再任用職員とみなし、これらの職員の任期は、施行日における旧国公法再任用職員としての任期の残任期間と同一の期間とする。

(5)　暫定再任用職員の任用の制限等

> 国公法等改正法附則第３条第２項、第４条第１項・第２項、第５条第１項・第２項、第６条第３項

ア　指定職俸給表が適用される職員が占める官職への任用の制限

指定職俸給表の適用を受ける職員が占める官職及びこれに準ずる行政執行法人の官職として規則で定める官職への暫定再任用をすることはできず、暫定再任用職員をこれらの官職に昇任し、降任し、又は転任することはできない。

イ　定年前職員等となる異動の制限

> 国公法等改正法附則第６条第４項
> 規則11－12第10条
> 令和４年給生－19第３項

暫定再任用職員について、自身の年齢より定年が高い任期の定めのない常時勤務を要する官職に昇任し、降任し、又は転任することはできず、暫定再任用職員以外の任期を定めて任用される職員とすることはできない。なお、昇任等しようとする官職が施行日以後に新たに設置された官職等であるときは、当該官職等が施行日の前日に設置されていたものとして取り扱う。

ウ　短時間勤務の官職への異動

> 国公法等改正法附則第６条第５項
> 規則11－12第11条

短時間勤務の官職には、暫定再任用職員も昇任し、降任し、又は転任することができる。

エ　引上げ後の定年に達していない者の任用を可能とする措置

> 国公法等改正法附則第６条第６項
> 規則11－12第12条

令和６年から令和13年までの４月１日（基準日）から基準日の翌年の３月31日までの間、基準日における定年（短時間勤務の官職にあっては、当該短時間勤務の官職を占める職員が、常時勤務を要する官職でその職務が当該短時間勤務の官職と同種の官職を占めているものとした場合における定年）が基準日の前日における定年を超える官職に、基準日の前日において同日における当該官職に係る定年に達している施行日以後退職者又は暫定再任用職員を、暫定再任用し、又は昇任し、降任し、若し

くは転任することができる。なお、暫定再任用等しようとする官職が施行日以後に新たに設置された官職等であるときは、当該官職等が施行日の前日に設置されていたものとして取り扱う。

(6) 人事異動通知書の交付及び人事院への報告

ア 人事異動通知書の交付

規則11－12第13条
令和４年給生－19
第４項～第８項

次に掲げる場合には、職員に規則８－12第58条の規定による人事異動通知書を交付しなければならない。ただし、「③」に該当する場合のうち、人事異動通知書の交付によらないことを適当と認めるときは、人事異動通知書に代わる文書の交付その他適当な方法をもって人事異動通知書の交付に代えることができる。

① 暫定再任用を行う場合
② 暫定再任用職員の任期を更新する場合
③ 任期の満了により暫定再任用職員が当然に退職する場合

（参考）人事異動通知書を交付する場合の「異動内容」欄等の記入要領

・ 暫定再任用を行う場合
「アに暫定再任用する
任期は　年　月　日までとする」
（「ア」は、官職の組織上の名称及び当該官職の属する所属部課とし、短時間勤務の官職に暫定再任用する場合には、「ア（週○○勤務）」とし、当該官職を占める職員の１週間当たりの勤務時間を表示する。）

・ 暫定再任用職員の任期を更新する場合
「暫定再任用の任期を　年　月　日まで更新する」

・ 任期の満了により暫定再任用職員が当然に退職する場合
「暫定再任用の任期の満了により　年　月　日限り退職」

（※１）特に支障のある場合には、上記の記入要領によらないことができる。
（※２）上記以外の人事異動通知書の様式、記載事項等については、昭和27年13－799の規定による。
（※３）現に短時間勤務の官職を占める暫定再任用職員に人事異動通知書を交付する場合には、人事異動通知書の「現官職」欄に記入する官職の組織上の名称及び当該官職の属する所属部課の末尾に、当該官職を占める職員の１週間当たりの勤務時間を表示する。

また、短時間勤務の官職に暫定再任用する者及び新たに短時間勤務の官職に昇任し、降任し又は転任する暫定再任用職員に対しては、勤務時間の内容（始業及び終業の時刻、休憩時間等を含む。）を通知するものとする。現に短時間勤務の官職を占める暫定再任用職員の勤務時間の内容に変更が生じた場合も、同様とする。

イ　人事院への報告　　規則11－12第14条

前年度における暫定再任用の状況及び前年度における暫定再任用職員の任期の更新の状況について、毎年５月末日までに人事院に報告しなければならない。

(7)　関連制度

ア　勤務時間・休暇　　国公法等改正法附則第７条第９項

・　短時間勤務の官職を占める暫定再任用職員（暫定再任用短時間勤務職員）の勤務時間は、週15時間30分から週31時間までの範囲内で定められた時間とする。
・　暫定再任用職員は、定年前の職員と同様に年次休暇、病気休暇、特別休暇、介護休暇等を取得することができる。ただし、暫定再任用短時間勤務職員の年次休暇については、勤務時間等を考慮し、20日を超えない範囲で、その職員の勤務形態に応じた日数とする。

イ　給与　　国公法等改正法附則第７条第１項、第３項

・　暫定再任用職員の俸給月額は、職務の級ごとに設定された単一の額（俸給表の定年前再任用短時間勤務職員の欄に掲げる基準俸給月額とする。ただし、暫定再任用短時間勤務職員については、38時間45分に対する１週間当たりの勤務時間の割合を乗じて得た額とする。
・　暫定再任用職員には、長期継続雇用を前提にライフステージに応じた生計費の増加等に対処する目的で支給される生活関連手当や主として人材確保を目的とする手当（扶養手当など）を支給しない。

ウ　服務、能率、災害補償等　　国公法等改正法附則第６条第７項

・　服務、能率、分限、公平、災害補償等の人事管理諸制度の取扱いは、基本的に定年前の職員と同様とする。
・　暫定再任用職員が、退職前の引き続く職員としての在職期間中や、かつての暫定再任用職員としての在職期間中に懲戒事由に該当する行為を行っていた場合には、その行為を理由として懲戒処分を行うことができる。また、暫定再任用職員が、かつての旧国公法再任用職員や定年前再任用短時間勤務職員としての在職期間中に懲戒事由に該当する行為を行っていた場合においても、その行為を理由として懲戒処分を行うことができる。

エ　その他の関連制度

・　国際機関等への派遣、官民人事交流派遣、法科大学院派遣、自己啓発等休業及び配偶者同行休業の規定は適用を除外する。

・　暫定再任用後の退職については、退職手当は支給されず、これに伴い、常時勤務を要する官職を占める暫定再任用職員（暫定再任用フルタイム勤務職員）は雇用保険に加入し、暫定再任用短時間勤務職員は勤務時間等に応じて雇用保険に加入することとなる。

・　任用の期間が一定以上の暫定再任用フルタイム勤務職員については、採用の時点から共済組合員となり、短期給付（医療保険）と長期給付（厚生年金保険（第２号厚生年金保険被保険者）、退職等年金給付）が適用される。

・　勤務時間等が一定以上である暫定再任用短時間勤務職員については、医療保険は共済組合（短期給付）に加入し、年金保険は厚生年金保険（第１号厚生年金被保険者）に加入することになる。それ以外は、国民健康保険、共済組合（任意継続組合員）又は被扶養者のいずれかを選択することになる。

5　情報提供・意思確認制度

国公法附則第９条
規則１－78第２条

任命権者(注1)は、当分の間、職員が60歳(注2)に達する日の属する年度の前年度において、当該職員に対し、当該職員が60歳に達する日以後に適用される任用、給与及び退職手当に関する措置の内容その他の必要な情報を提供するものとする(注3)とともに、同日の翌日以後における勤務の意思を確認するよう努めるものとする(注3)。

（注１）情報提供及び意思確認を行う任命権者には、併任に係る官職の任命権者は含まれない。

（注２）旧国公法の規定により62歳の特例定年とされていた事務次官等にあっては「62歳」、旧国公法の規定により63歳の特例定年とされていた守衛等の労務職員及び研究所副所長等にあっては「63歳」とする。

（注３）任命権者が責任を持って実施することができる情報の提供は「提供するものとする」と規定することにより任命権者の義務とし、一方で、職員の行動を待たざるを得ない勤務の意思の確認は「確認するよう努めるものとする」と規定することにより任命権者の努力義務としている。

(1)　情報の提供

ア　情報提供の内容

規則１－78第６条
令和４年給生－17
第５項

職員に提供する情報は次に掲げる情報とし、当該情報を記載した文書を交付すること（文書の交付によらないことを適当と認める場合には、これに代わる適当な方法によること）により行う。

① 管理監督職勤務上限年齢による降任等に関する情報（国公法第81条の２から第81条の５）

② 定年前再任用短時間勤務職員の任用に関する情報

③ 60歳(注1)に達した日後における最初の４月１日以後の俸給月額を引き下げる給与に関する特例措置に関する情報（給与法附則第８項から第16項）

④ 60歳(注1)に達した日から定年に達する日の前日までの間に非違によることなく退職をした場合における退職手当の基本額について、当該退職をした日に定年退職をしたものと仮定した場合における額と同額とする退職手当に関する特例措置に関する情報（退職手当法附則第12項から第15項）

⑤ 「①～④」に掲げるもののほか、勤務の意思を確認するため必要であると任命権者が認める情報

（注１）旧国公法の規定により62歳の特例定年とされていた事務次官等にあっては「62歳」、旧国公法の規定により63歳の特例定年とされていた守衛等の労務職員及び研究所副所長等にあっては「63歳」とする。

（注２）任命権者に義務付けているのは、あくまで60歳に達する日以後に適用される人事管理に係る「制度」に関する情報の提供であり、例えば、制度の対象者、勤務時間や俸給水準等の勤務条件等についての情報の提供が該当するが、職員を充てることを予定している具体的な官職・職務や勤務地に関する情報を個々の職員に提供することを義務付けるものではない。

イ 情報提供の実施時期

規則１－78第４条
令和４年給生－17
第２項

情報提供の実施時期は60歳に達する日の属する年度の前年度とし、「60歳に達する日」とは、その職員の60歳の誕生日の前日をいう。

ただし、旧国公法の規定により62歳の特例定年とされていた事務次官等にあっては「62歳に達する日の属する年度の前年度」、旧国公法の規定により63歳の特例定年とされていた守衛等の労務職員及び研究所副所長等にあっては「63歳に達する日の属する年度の前年度」とする。

(2) 勤務の意思の確認

規則１－78第７条
令和４年給生－17
第６項

職員の勤務の意思を確認する場合は、そのための期間を十分に確保するよう努め、次に掲げる事項を記載した文書を職員に提出させること（文書の提出によらないことを適当と認める場合には、これに代わる適当な方法によること）により行う。

① 引き続き常時勤務を要する官職を占める職員として勤務する意思

② 60歳(注1)に達する日以後の退職の意思
③ 定年前再任用短時間勤務職員として勤務する意向
④ その他任命権者が必要と認める事項

(注1)「60歳」については「(1)ア (注1)」と同じ。
(注2)「勤務の意思」については、引き続き常勤職員として勤務を希望するか、定年前再任用短時間勤務職員として勤務を希望するか、退職するかの職員の意思を意味するものであり、職員が60歳以降の勤務を希望する具体的な官職・職務や勤務地については、確認すべき意思には含まれない。

職員が引き続いて常勤職員として勤務を希望しない意思を表明した場合であっても、意思表明によって何らかの法律的効果が生ずるものではない。そのため、退職の意思を有している職員は、辞職等の手続を別途採る必要がある。また、引き続き常勤職員として勤務する意思を表明した場合であっても、事後に希望が変わって60歳で退職(自己都合退職)することや、具体的な官職・職務や勤務地の提示を受けた段階等において、提示内容に納得せずに辞職(自己都合退職)することは、当然に認められる。

(3) 情報の提供及び勤務の意思の確認の対象としない職員

規則1－78第3条
令和4年給生－17
第1項

臨時的職員その他の法律により任期を定めて任用される職員及び常時勤務を要しない官職を占める職員のほか、次に掲げる職員は情報提供及び意思確認の対象から除外する。

なお、規則8－12第42条第2項規定による任期付任用職員(産休代替任期付職員等)は、「法律」により任期を定めて任用されていないため、情報提供及び意思確認の対象とされる。

① 規則9－147(給与法附則第8項の規定による俸給月額)第5条第1項に規定する職員(旧国公法の規定により65歳の特例定年とされていた医師・歯科医師)
② 規則9－147第5条第2項に規定する職員(旧国公法の規定により65歳の特例定年とされていた職員)
③ 国公法第81条の6第2項ただし書に規定する職員(65歳を超える特例定年が措置されている職員)

(参考)臨時的職員その他の法律により任期を定めて任用される職員及び常時勤務を要しない官職を占める職員の種類については「Ⅰ1(2)」参照

(4) 60歳等に達する年度の前年度に情報の提供及び勤務の意思の確認ができない職員の取扱い

規則1－78第5条
令和4年給生－17
第3項、第4項

情報提供及び意思確認を行うべき年度に情報提供等を行うことができない職員に対する情報提供等は、次に掲げる職員の区分に応じて、次に掲げる期間内にできる限り速やかに行う。

① 情報提供及び意思確認を行うべき年度に職員でなかった者で、当該情報提供及び意思確認を行うべき年度の末日後に採用された職員　当該職員が採用された日から同日の属する年度の末日までの期間

② 異動等により情報提供及び意思確認を行うべき年度の末日を経過することとなった職員　当該職員の異動等の日が属する年度（当該日が年度の初日である場合は、当該年度の前年度）

(注)「②」に掲げる職員に該当することとなった職員には、その都度情報提供及び意思確認を行うものとし、「異動等」が任命権者を異にする異動である場合は、異動後の任命権者が情報提供及び意思確認を行う。

(参考1)「①」に掲げる職員は、特別職や独立行政法人、地方公務員等への辞職出向から戻り出向元府省等に再採用された職員や、公務外から新規採用された職員のうち、情報提供等を行うべき年度に職員でなかったもの等が該当する。

(参考2)「②」に掲げる職員は、旧国公法の規定により63歳の特例定年とされていた職員から、旧国公法の規定による60歳の原則定年である職員に異動をした職員のうち、結果的に情報提供等を行うべき年度の末日を経過してしまったもの等が該当する。

第6部　官民人事交流

1　官民人事交流の概要

官民人事交流法
第1条、
第2条第2項

官民人事交流は、(i)行政運営における重要な役割を担うことが期待される職員について交流派遣をし、民間企業の実務を経験させることを通じて、効率的かつ機動的な業務遂行の手法を体得させ、かつ、民間企業の実情に関する理解を深めさせることにより、行政の課題に柔軟かつ的確に対応するために必要な知識及び能力を有する人材の育成を図るとともに、(ii)民間企業における実務の経験を通じて効率的かつ機動的な業務遂行の手法を体得している者について交流採用をして職務に従事させることにより行政運営の活性化を図り、もって公務の能率的な運営に資することを目的とする。

(注)「民間企業」とは、株式会社、合名会社、合資会社、合同会社、信用金庫、相互会社等をいう。

(1)　交流派遣

官民人事交流法第2条
第3項

「交流派遣」とは、期間を定めて、職員（法律により任期を定めて任用される職員、常時勤務を要しない官職を占める職員その他の規則で定める職員を除く。）を、その身分を保有させたまま、当該職員と民間企業との間で締結した労働契約に基づく業務に従事させることをいう（交流派遣職員は職務に復帰後、民間企業で体得した業務遂行の手法等を相当期間、公務に反映させることが求められている。）。

(2)　交流採用

官民人事交流法第2条
第4項

「交流採用」とは、選考により、次に掲げる者を任期を定めて常時勤務を要する官職を占める職員として採用することをいう。

① 民間企業に雇用されていた者であって、引き続いて官民人事交流法の規定により採用された職員となるため退職したもの（退職型交流採用）

② 民間企業に現に雇用されている者であって、官民人事交流法の規定により当該雇用関係を継続することができるもの（雇用継続型交流採用）

2　交流基準

官民人事交流法第5条

公務の公正性に対する国民の信頼を確保しつつ、適正な人事交流を実施するため、人事院は、行政運営に関し優れた識見を有する委員で組織する交流審査会の意見を聴いて、交流基準を定め、又はこれを変更する。

内閣総理大臣は、必要があると認めるときは、交流基準に関し、人事院に意見を述べることができる。また、任命権者その他の関係者は、交流基準に従い、常にその適正な運用の確保に努めなければならない。

(1) 人事交流に関する基本原則

規則21－０第７条
平成26年人企－660
規則第７条関係

人事交流は、その実務を経験することを通じて効率的かつ機動的な業務遂行の手法を体得することができる民間企業との間で行うものとする。ただし、民間企業が次に掲げる場合に該当するときは、当該民間企業との間の人事交流は行うことができない。

ア　人事交流を行おうとする日前１年以内に、民間企業又はその役員若しくは役員であった者が、当該民間企業の業務に係る刑事事件に関し起訴された場合（無罪の判決又は公訴棄却の決定が確定した場合を除く。）又は特定不利益処分（許認可等の取消しその他の民間企業の業務運営に重大な影響を及ぼすものとして、平成26年人企－660規則第７条関係第２項に規定する不利益処分をいう。）を受けた場合（同一の事実につき、起訴された場合又は特定不利益処分を受けた場合が合わせて２以上あることとなるときは、これらの場合のうち最初に起訴された場合又は特定不利益処分を受けた場合）

イ　交流派遣職員に対し、特別の取扱い（その者の能力、資格等に照らして特別であると認められるその者の民間企業における地位、賃金その他の処遇に関する取扱いをいう。）をした場合（当該特別の取扱いをした日から５年を経過している場合を除く。）

ウ　交流採用職員に係る次に掲げる合意に反した場合（当該合意に反することとなった日から５年を経過している場合を除く。）

① 交流採用職員に対し、その任期中、金銭、物品その他の財産上の利益を贈与しないものとすること
② 雇用継続型交流採用にあっては、交流採用職員の任期中の民間企業における地位、賃金その他の処遇について、交流採用の適正な運用が確保されるよう必要な措置を講ずる等適切な配慮を加えるものとすること
③ 交流採用職員であった者の復帰（退職型交流採用にあっては再雇用されること、雇用継続型交流採用にあっては交流採用の終了後引き続き雇用されていることをいう。）の後、復帰の日から起算して２年間は、交流採用職員であった者を(i)交流採用機関に対する許認可等の申請に関する業務、(ii)交流採用機関との間の契約の締結又は履行に関する業務、(iii)交流採用機関の民間企業に対する法令の規定に基づく検査、臨検、捜索、差押えその他これらに類する行為に関

する業務、(iv)交流採用機関に対する折衝又は交流採用機関からの情報の収集を主として行う業務に従事させないものとすること

また、人事交流は、国の機関等を単位として、特定の業種又は特定の民間企業に著しく偏ることのないように行うものとする。

規則21－0第8条
平成26年人企－660
規則第8条関係

(2) 交流派遣の対象とする職員及び交流採用の対象とする者

規則21－0
第9条、第20条

交流派遣は、行政運営における重要な役割を担うことが期待される職員を、交流採用は、民間企業における実務の経験を通じて効率的かつ機動的な業務遂行の手法を体得している者を対象として行うものとする。

(3) 所管関係にある場合の制限

規則21－0第2条
第2項第1号
平成26年人企－660
規則第2条関係
第1項、第2項

所管関係とは、民間企業に対する特定処分等に関する事務を所掌する国の機関等と、当該民間企業との関係をいう。

(注1)「国の機関等」とは、国の機関(会計検査院、内閣、人事院、内閣府、デジタル庁及び各省並びに宮内庁及び各外局)若しくは当該国の機関に置かれる部局等又は行政執行法人をいう。

(注2)「特定処分等」とは、官民人事交流法第5条第1項第1号に規定する処分等で裁量の余地が少ない処分又は軽微な処分等以外の処分等をいう。

交流派遣をしようとする日前2年以内に本省庁に属する官職等を占めていた期間のある職員については、当該職員の占めていた官職の区分に応じ、次に掲げる民間企業への交流派遣及び当該民間企業の子会社への交流派遣をすることができない。

規則21－0
第10条～第12条
平成26年人企－660
規則第12条関係

① 本省庁の局長等の官職　当該官職が属する国の機関と所管関係にある民間企業
② 本省庁の部長等の官職　当該官職が属する本省庁の局庁等と所管関係にある民間企業
③ 本省庁の課長等の官職　当該官職が属する本省庁の課等と所管関係にある民間企業
④ 本省庁のその他の官職　当該官職が属する本省庁の最小組織と所管関係にある民間企業
⑤ 管区機関の長の官職　当該官職が属する管区機関と所管関係にある民間企業
⑥ 国の機関に置かれる本省庁以外の部局等又は行政執行法人に属する官職(「⑤」の官職を除く。)　「①から④」の例に準じた取扱い

また、交流採用についても、採用後に就こうとする官職と交流元企業との関係が、上記の官職の区分に応じて掲げる所管関係にある場合には交流採用をすることができない。

規則21－０第21条

⑷　連続交流の制限

国の機関等と所管関係にある同一の民間企業に、連続して４回、当該民間企業と所管関係にある同一部局等に勤務する職員の交流派遣をすることができない。この場合において、既にされた当該同一部局等に勤務する職員の当該民間企業への交流派遣の終了の日から２年を経過していないときは、当該交流派遣と新たにする交流派遣は連続しているものとみなす。

規則21－０第13条
平成26年人企－660
規則第13条関係

また、国の機関等と所管関係にある同一の民間企業に雇用されている者を、連続して４回、当該民間企業と所管関係にある同一部局等の職員として交流採用をすることができない。この場合において、既にされた当該民間企業に雇用されている者の当該同一部局等の職員としての交流採用の終了の日から２年を経過していないときは、当該交流採用と新たにする交流採用は連続しているものとみなす。

規則21－０第22条

⑸　契約の締結に携わった職員等に係る制限

交流派遣をしようとする日前５年以内に、職員として在職していた国の機関等と民間企業との間の契約の締結又は履行に携わった期間のある職員については、当該民間企業及びその子会社への交流派遣をすることができない。

規則21－０第15条
平成26年人企－660
規則第15条関係

また、交流採用をしようとする日前５年以内に、交流元企業となる民間企業と国の機関等との間の契約の締結又は履行に携わった期間のある者については、当該国の機関等に交流採用をすることができない。

規則21－０第24条

⑹　特別契約関係がある場合の制限

交流派遣をしようとする日前５年間に係る年度のうちいずれかの年度において、国の機関等と民間企業との間に特別契約関係がある場合には、当該年度において当該国の機関等に在職していた職員については、当該民間企業及びその子会社への交流派遣をすることができない。

規則21－０第14条
平成26年人企－660
規則第14条関係

（注）特別契約関係とは、一の年度において国の機関等と民間企業との間に締結した契約の総額が２千万円以上であり、かつ、当該契約の総額のその年度における当該民間企業の売上額又は仕入額等の総額に占める割合が25パーセント（資本の額又は出資の総額が３億円以上であり、かつ、常時使用する従業員の数が300人以上の民間企業にあっては10パーセント）以上であることをいう。

また、交流採用をしようとする日前5年間に係る年度のうちいずれかの年度において国の機関等と民間企業との間に特別契約関係がある場合には、当該民間企業及びその子会社に雇用されている者については、当該国の機関等に交流採用をすることができない。

規則21－0第23条
平成26年人企－660
規則第23条関係及び第25条関係

(7) 収益の主たる部分を国の事務等によって得ている部門がある場合の制限

交流派遣をしようとする日前5年間に係る年度のうちいずれかの年度において、交流派遣予定職員の派遣先予定企業（監査法人、弁護士法人、損害保険料率算出団体、医療法人、学校法人、社会福祉法人、日本赤十字社、認可金融商品取引業協会、自主規制法人、消費生活協同組合及び消費生活協同組合連合会、特定非営利活動法人、一般社団法人及び一般財団法人に限る。）に、その事業による収益の主たる部分を国等の事務又は事業の実施等によって得ている部門がある場合には、当該部門の業務に従事させるために当該派遣先予定企業への交流派遣をすることができない。

規則21－0第19条
平成26年人企－660
規則第19条関係

また、交流採用をしようとする日前5年間に係る年度のうちいずれかの年度において、交流採用予定者の所属する民間企業（上記の法人に限る。）に、その事業による収益の主たる部分を国等の事務又は事業の実施等によって得ている部門がある場合には、当該年度において当該部門に所属したことがある当該交流採用予定者の交流採用をすることができない。

規則21－0第25条関係
平成26年人企－660
規則第23条関係及び第25条関係

(8) その他の制限

「(1)から(7)」のほか、次のような場合において人事交流をすることが制限される。

ア　派遣先企業の起訴等による交流派遣の制限

交流派遣の期間中に、派遣先企業又はその役員が、当該派遣先企業の業務に係る刑事事件に関し起訴された場合又は特定不利益処分を受けた場合（同一の事実につき、起訴された場合又は特定不利益処分を受けた場合が合わせて2以上あることとなるときは、これらの場合のうち最初に起訴された場合又は特定不利益処分を受けた場合に限る。）には、当該派遣先企業への交流派遣を継続することができない。

規則21－0第16条

イ　職員に対する特別の取扱いによる交流派遣の制限

民間企業が、交流派遣予定職員に対し、特別の取扱いをしようとした場合には、当該交流派遣予定職員の当該民間企業への交流派遣をすることができない。また、派遣先企業が、その交流派遣職員に対し、特別の取扱いをした場合には、当該派遣先企業への交流派遣を継続することができない。

規則21－0第17条

ウ　民間企業における業務内容による交流派遣の制限　　規則21－０第18条

交流派遣予定職員の派遣先予定企業における業務内容が、交流派遣をしようとする日前に当該交流派遣予定職員が職員として在職していた国の機関等に対する折衝又は当該国の機関等からの情報の収集を主として行うものである場合には、当該交流派遣予定職員は、当該派遣先予定企業への交流派遣をすることができない。また、交流派遣職員の派遣先企業における業務内容が、交流派遣をしようとする日前に当該交流派遣職員が職員として在職していた国の機関等に対する折衝又は当該国の機関等からの情報の収集を主として行うものであることとなった場合には、当該交流派遣職員の交流派遣を継続することができない。

エ　民間企業との合意がない場合の交流採用の制限　　規則21－０第26条

任命権者と民間企業との間で次に掲げる事項について合意がなされていない場合には、当該民間企業に雇用されている者の交流採用をすることができない。

① 交流採用職員に対し、その任期中、金銭、物品その他の財産上の利益を贈与しないものとすること
② 雇用継続型交流採用にあっては、交流採用職員の任期中の民間企業における地位、賃金その他の処遇について、交流採用の適正な運用が確保されるよう必要な措置を講ずる等適切な配慮を加えるものとすること
③ 交流採用職員であった者の復帰（退職型交流採用にあっては再雇用されること、雇用継続型交流採用にあっては交流採用の終了後引き続き雇用されていることをいう。）の後、復帰の日から起算して２年間は、交流採用職員であった者を(i)交流採用機関に対する許認可等の申請に関する業務、(ii)交流採用機関との間の契約の締結又は履行に関する業務、(iii)交流採用機関の民間企業に対する法令の規定に基づく検査、臨検、捜索、差押えその他これらに類する行為に関する業務、(iv)交流採用機関に対する折衝又は交流採用機関からの情報の収集を主として行う業務に従事させないものとすること
④ 交流採用職員であった者が復帰をしたときは、その者の民間企業における地位、賃金その他の処遇について、当該民間企業の他の従業員との均衡を失することのないよう適切な配慮を加えるものとすること

(9)　人事交流の特例

次に掲げる場合において、公務の公正性の確保に支障がないと人事院が認めるときは、必要に応じ交流審査会の意見を聴いた上で、人事交流を行い、又は継続することができる。　　規則21－０第27条

① 「(1)ア、(4)、(7)及び(8)ア」に該当する場合

② 「(3)」の所管関係にある民間企業又は当該民間企業の子会社との人事交流について、所管関係の基礎となる特定処分等が特定の業種の民間企業を対象とするものではない場合

また、国の機関等の組織の改廃が行われた場合、派遣先企業又は交流元企業における事業内容の変更が行われた場合その他の場合において、規則により難い特別の事情があると人事院が認めるときは、交流審査会の意見を聴いた上で、別段の取扱いをすることができる。

規則21－0第28条

3 人事交流の実施

官民人事交流法第6条
規則21－0第29条

(1) 人事院の公募等

人事院は、人事交流を希望する民間企業を官報への掲載により公募するほか、新聞、放送、インターネットその他の適切な手段により、民間企業に当該公募について周知させなければならない。

また、任命権者に対し、定期的に又はその求めに応じ、応募した民間企業について、その名簿及びそれぞれの民間企業が示した人事交流に関する条件を提示するものとする。

(2) 民間企業の応募

規則21－0第30条

「(1)」の公募に応募しようとする民間企業は、次に掲げる人事交流に関する条件を記載した書類を人事院に提出するものとする。

ア 交流派遣に係る職員を受け入れることを希望する民間企業

① 交流派遣に係る職員の年齢及び必要な経験等

② 交流派遣に係る職員の当該民間企業における地位及び業務内容

③ 労働契約の期間

④ 交流派遣に係る職員の当該民間企業における賃金、労働時間その他の労働条件

⑤ 「①から④」に掲げるもののほか、当該民間企業が必要と認める条件

イ 雇用する者が交流採用をされることを希望する民間企業

① 交流採用が「退職型交流採用」又は「雇用継続型交流採用」のいずれに係るものであるかの別

② 交流採用に係る者の年齢及び経歴

③ 交流採用に係る者の職務内容

④ 任用期間

⑤ 「①から④」に掲げるもののほか、当該民間企業が必要と認める条件

⑶　計画の認定

ア　交流派遣

任命権者は、「⑴」の提示された名簿に記載のある民間企業に交流派遣をしようとするときは、あらかじめ、当該交流派遣に係る職員の同意を得た上で、交流派遣に係る計画書類を提出して、当該計画が官民人事交流法及び交流基準に適合するものであることについて、人事院の認定を受けなければならない。

官民人事交流法第７条第１項、第２項

（注１）交流派遣に係る計画書類には次に掲げる事項を記載する。

規則21－０第31条
平成26年人企－660
規則第31条関係

1　交流派遣予定職員に関する次に掲げる事項

①　氏名及び生年月日

②　交流派遣をしようとする日前２年以内に占めていた官職及びその職務内容

③　派遣先予定企業の名称、所在地及び事業内容

④　派遣先予定企業における地位及び業務内容

⑤　交流派遣の期間

⑥　派遣先予定企業における賃金、労働時間その他の労働条件

⑦　派遣先予定企業における福利厚生に関する事項

⑧　交流派遣をしようとする日前５年以内において職員として在職していた国の機関等と派遣先予定企業との間の契約の締結又は履行に関する事務に従事したことの有無及びその内容

2　交流派遣をしようとする日前２年以内において交流派遣予定職員が職員として在職していた国の機関等の派遣先予定企業に対する処分等に関する事務の所掌の有無及びその内容

3　交流派遣をしようとする日前５年間に係るそれぞれの年度において交流派遣予定職員が職員として在職していた国の機関等と派遣先予定企業との間の契約関係の有無及びその内容

4　交流派遣をしようとする日前１年以内における派遣先予定企業（その役員又は役員であった者を含む。）に関する次に掲げる事項

①　当該派遣先予定企業の業務に係る刑事事件に関し起訴されたことの有無及びその内容

②　当該派遣先予定企業の業務に係る特定不利益処分を受けたことの有無及びその内容

5　交流派遣予定職員の在職する国の機関等と派遣先予定企業との間の人事交流の実績

6　交流派遣予定職員（交流派遣をしようとする日前２年以内に指定職俸給表の適用を受ける職員等に限る。）に係る当該

交流派遣予定職員を交流派遣の期間の満了により職務に復帰した後継続して勤務させ、及び当該交流派遣予定職員の交流派遣による経験等を生かすための当該交流派遣予定職員の配置その他の人事等に関する方針

7　「1から6」に掲げるもののほか、人事院が必要と認める事項

なお、規則21－0第4条第5号から第16号までに掲げる法人に交流派遣をしようとするときは、上記の事項のほか、同規則第31条第2項に規定する事項を記載しなければならない。

（注2）職員の同意は文書により行うものとし、その際には、当該職員に対して「（注1）1③から⑦」までに掲げる事項を明示しなければならない。

規則21－0第32条
平成26年人企－660
官民人事交流法
第7条関係

イ　交流採用

官民人事交流法第19条
第1項、第2項

任命権者は、「(1)」の提示された名簿に記載のある民間企業に雇用されていた者又は現に雇用されている者について交流採用をしようとするときは、あらかじめ、交流採用に係る計画書を提出して、当該計画が官民人事交流法及び交流基準に適合するものであることについて、人事院の認定を受けなければならない。

（注）交流採用に係る計画書類には次に掲げる事項を記載する。

規則21－0第42条
平成26年人企－660
規則第42条関係

1　交流採用予定者に関する次に掲げる事項

①　「退職型交流採用」又は「雇用継続型交流採用」のいずれに該当するかの別

②　所属企業の名称及び事業内容

③　氏名及び生年月日

④　所属企業における地位及び業務内容（雇用継続型交流採用にあっては、任期中に就くことを予定している所属企業における地位を含む。）

⑤　官職及びその職務内容

⑥　選考基準及び選考結果の概要

⑦　任期

⑧　交流採用をしようとする日前5年以内において交流採用予定機関と所属企業との間の契約の締結又は履行に関する事務に従事したことの有無及びその内容

2　交流採用予定機関の所属企業に対する処分等に関する事務の所掌の有無及びその内容

3　交流採用をしようとする日前5年間に係るそれぞれの年度における交流採用予定機関と所属企業との間の契約関係の有無及

びその内容

4　交流採用をしようとする日前1年以内における所属企業（その役員又は役員であった者を含む。）に関する次に掲げる事項

①　当該所属企業の業務に係る刑事事件に関し起訴されたことの有無及びその内容

②　当該所属企業の業務に係る特定不利益処分を受けたことの有無及びその内容

5　交流採用予定機関と所属企業との間の人事交流の実績

6　「1から5」に掲げるもののほか、人事院が必要と認める事項

なお、規則21－0第4条第5号から第16号までに掲げる法人に所属する者の交流採用をしようとするときは、上記の事項のほか、同規則第42条第2項に規定する事項を記載しなければならない。

⑷　取決めの締結等

ア　交流派遣

任命権者は、交流派遣をするときは、派遣先企業との間において、「⑶ア」の認定を受けた計画に従って、当該派遣先企業における当該交流派遣に係る職員の労働条件、当該職員が職務に復帰する場合における当該職員と当該派遣先企業との間の労働契約の終了その他交流派遣に当たって合意しておくべき事項について取決めを締結しなければならない。この場合において、任命権者は、当該職員にその取決めの内容を明示しなければならない。

官民人事交流法第7条第3項

（注）その他交流派遣に当たって合意しておくべき事項は、次に掲げる事項とする。

①　交流派遣予定職員の派遣先企業における業務の制限に関する事項

②　交流派遣予定職員の派遣先企業における福利厚生に関する事項

③　交流派遣予定職員の派遣先企業における業務の従事の状況の連絡に関する事項

規則21－0第33条

交流派遣職員は、取決めに定められた内容に従って、派遣先企業との間で労働契約を締結し、その交流派遣の期間中、当該派遣先企業の業務に従事するものとする。

官民人事交流法第9条

イ　交流採用

任命権者は、交流採用をするときは、民間企業との間において、(i)退職型交流採用にあっては当該交流採用に係る任期が満了した場合におけ

官民人事交流法第19条第3項、第4項
規則21－0第43条

る当該民間企業による再雇用に関する取決めを、(ii)雇用継続型交流採用にあっては当該交流採用に係る任期中における雇用及び任期が満了した場合における雇用に関する取決めを締結しておかなければならない。

平成26年人企－660
規則第43条関係

なお、雇用継続型交流採用の取決めにおいては、任期中における雇用に基づき賃金の支払その他の給付（賃金の支払以外のものであって、交流元企業がその雇用する者の福利厚生の増進を図るために行う給付のうち、次に掲げる給付（「①、③及び④」に掲げる給付を任期中に新たに行う場合にあっては、当該任期中に終了するものを除く。）であって、公務の公正性の確保に支障がないと人事院が認めるものを除く。）を行うことをその内容として定めてはならない。

① 住宅資金、生活資金、教育資金その他の資金の貸付け
② 交流採用予定者の委託を受けて行うその貯蓄金の管理（任期中の新たな貯蓄金の受入れを除く。）
③ 住宅の貸与
④ 保健医療サービスその他の人事院の定めるサービスの提供
⑤ 「①から④」に掲げる給付に準ずると認められるものとして人事院が指定する給付

(5) 計画の変更等

ア 交流派遣

規則21－０第34条
平成26年人企－660
規則第34条関係

(ア) 任命権者は、交流派遣の期間中に当該交流派遣の「(3)ア」に掲げる交流派遣に係る計画を変更する必要が生じたときは、人事院の認定を受けて当該計画を変更することができる。ただし、「(3)ア（注１）１④から⑦」までに掲げる事項に係る当該計画の変更は、派遣先企業からこれらの事項の変更を希望する旨の申出があった場合において、当該変更について、あらかじめ当該交流派遣に係る交流派遣職員の同意を得なければならない。

(イ) 任命権者は、「(3)ア（注１）④から⑦」までに掲げる事項について交流派遣に係る計画を変更したときは、派遣先企業との間において、変更後の計画に従って、当該変更に係る取決めを締結しなければならない。この場合において、任命権者は当該交流派遣に係る交流派遣職員にその取決めの内容を明示しなければならない。

(ウ) 「(イ)」に掲げる取決めが締結されたときは、交流派遣職員は、その取決めの内容に従って、派遣先企業との間で労働契約を締結するものとする。

イ　交流採用

規則21－０第44条
平成26年人企－660
規則第44条関係

任命権者は、交流採用に係る任期中に当該交流採用の「(3)イ」に掲げる交流採用に係る計画を変更する必要が生じたときは、当該変更に係る事項を記載した書類を人事院に提出して、その認定を受けなければならない。この場合において、当該変更に係る事項が任期の更新であるときは、任命権者は、あらかじめ当該交流採用に係る交流採用職員の同意を得なければならない。

(6)　期間・任期

官民人事交流法第８条

ア　交流派遣の期間

交流派遣の期間は、３年を超えることができない。

また、交流派遣をした任命権者は、当該派遣先企業から当該交流派遣の期間の延長を希望する旨の申出があり、かつ、その申出に理由があると認める場合には、当該交流派遣職員の同意及び人事院の承認を得て、当該交流派遣をした日から引き続き５年を超えない範囲内において、交流派遣の期間を延長することができる。

（注１）交流派遣の期間を延長する際の人事院の承認の申請は、次に掲げる事項を記載した書類を人事院事務総長に提出することにより行うものとする。

平成26年人企－660
官民人事交流法
第８条関係

① 交流派遣職員の氏名並びに派遣先企業の名称及び派遣先企業における地位
② 延長を必要とする理由
③ 現に従事している業務の内容
④ 交流派遣の年月日
⑤ 延長予定期間

（注２）交流派遣の期間を延長する場合において、当該期間を交流派遣をした日から引き続き３年を超えない範囲内で延長するときは、当該期間の延長について人事院の承認があったものとして取り扱うことができる。

（注３）任命権者は、「（注２）」に該当して人事院の承認があったものとして取り扱った場合には、遅滞なく、「（注１）」に掲げる事項を記載した書類を人事院事務総長に提出するものとする。

イ　交流採用の任期

官民人事交流法第19条
第５項、第６項

交流採用に係る任期は、３年を超えない範囲内で任命権者が定める。ただし、任命権者がその所掌事務の遂行上特に必要があると認める場合には、人事院の承認を得て、交流採用をした日から引き続き５年を超えない範囲内において、これを更新することができる。

また、任命権者は、交流採用をする場合には、当該交流採用をされる者にその任期を明示しなければならない。これを更新する場合も、同様とする。

（注１）交流採用の任期を更新する際の人事院の承認の申請は、次に掲げる事項を記載した書類を人事院事務総長に提出することにより行うものとする。 平成26年人企－660 官民人事交流法第19条関係

① 交流採用職員の氏名及び官職名（職務の級及び所属部課名）

② 更新を必要とする理由

③ 現に従事している職務の内容

④ 交流採用の年月日

⑤ 更新予定期間

（注２）交流採用の任期を更新する場合において、当該任期を交流採用をした日から引き続き３年を超えない範囲内で更新するときは、当該任期の更新について人事院の承認があったものとして取り扱うことができる。

（注３）任命権者は、「(注２)」に該当して人事院の承認があったものとして取り扱った場合には、遅滞なく、「(注１)」に掲げる事項を記載した書類を人事院事務総長に提出するものとする。

(7) 官職

ア 交流派遣職員の保有する官職 規則21－０第35条第１項

交流派遣職員は、交流派遣をされた時に占めていた官職又はその交流派遣の期間中に異動した官職を保有するものとする。ただし、併任に係る官職については、この限りでない。

イ 交流採用職員の官職の制限 官民人事交流法第20条 規則21－０第45条 平成26年人企－660 規則第45条関係

任命権者は、交流採用職員を交流元企業に対する処分等に関する事務又は交流元企業との間における契約の締結若しくは履行に関する事務をその職務とする官職に就けてはならない。

(注)「契約の締結若しくは履行に関する事務」には、工事請負、国有財産売払い、物品納入等についての交流採用職員の在職する国の機関等と交流元企業との間における契約に関する当該交流元企業の推薦若しくは選考、工事等の予定価格の積算若しくは入札執行又は当該契約の締結若しくは履行についての監督若しくは検査の事務を含む。

(8) 復帰等

ア 交流派遣

官民人事交流法第13条
規則21－0
第37条、第38条
平成26年人企－660
規則第38条関係

(ア) 交流派遣職員は、その交流派遣の期間が満了したときは、職務に復帰する。ただし、任命権者は、次に掲げる場合であって、その交流派遣を継続することができないか又は適当でないと認めるときは、速やかに当該交流派遣に係る交流派遣職員を職務に復帰させなければならない。

① 交流派遣職員がその派遣先企業の地位を失った場合
② 交流派遣職員が降任又は免職の事由のうち心身の故障又は適格性欠如に該当することとなった場合
③ 交流派遣職員が休職の事由のうち病気休職又は刑事休職に該当することとなった場合並びに水難、火災その他の災害により生死不明若しくは所在不明となった場合
④ 交流派遣職員が国公法第82条第１項各号に規定する懲戒処分の事由のいずれかに該当することとなった場合
⑤ 交流派遣職員の交流派遣が交流基準に適合しなくなった場合
⑥ 交流派遣職員の交流派遣が当該交流派遣の実施に関する計画又は当該計画に従い締結された取決めに反することとなった場合

(イ) 交流派遣後職務に復帰した職員については、その復帰の日から起算して２年間は、任命権者は、交流派遣後職務に復帰した職員の派遣先企業であった民間企業に対する処分等に関する事務又は当該民間企業との間における契約の締結若しくは履行に関する事務をその職務とする官職に就けてはならない。

(注)「契約の締結若しくは履行に関する事務」には、工事請負、国有財産売払い、物品納入等についての交流派遣後職務に復帰した職員の在職する国の機関等と当該職員の派遣先企業であった民間企業との間における契約に関する当該民間企業の推薦若しくは選考、工事等の予定価格の積算若しくは入札執行又は当該契約の締結若しくは履行についての監督若しくは検査の事務を含む。

イ 交流採用

交流採用職員は任期の満了により当然に退職する（任命権者と民間企業との間で締結した取決めに従い、退職型交流採用にあっては再雇用され、雇用継続型交流採用にあっては復帰する。）。

(9) その他

ア 交流派遣

(ア) 職務

官民人事交流法第10条第１項

交流派遣職員は、その交流派遣の期間中、職務に従事することはできない。

(イ) 給与

官民人事交流法第11条

交流派遣職員には、その交流派遣の期間中、給与を支給しない（交流派遣の期間中の賃金については、派遣先企業の他の従業員と同様に、企業の就業規則や賃金規程に基づき支払われる。)。

(ウ) 服務等

官民人事交流法第12条
規則21－０第36条

① 交流派遣職員は、派遣先企業において、その交流派遣前に在職していた国の機関及び行政執行法人に対してする申請に関する業務等に従事してはならない。
② 交流派遣職員は、派遣先企業における業務を行うに当たっては、職員たる地位を利用し、又はその交流派遣前において官職を占めていたことによる影響力を利用してはならない。
③ 交流派遣職員は、任命権者から求められたときは、派遣先企業における労働条件及び業務の遂行の状況を報告しなければならない。
④ 交流派遣職員には国公法第101条に規定する職務に専念する義務は適用しない。また、交流派遣職員の派遣先企業の業務への従事に関しては、国公法第104条に規定する他の事業又は事務の関与制限は適用しない。

(エ) 共済組合制度

官民人事交流法第14条

交流派遣職員は、共済組合制度のうち、長期給付の適用は継続となるが、短期給付及び福祉事業を利用することはできない（交流派遣の期間中は派遣先企業の健康保険等に加入することになる。)。

(オ) 職務に復帰した職員等に関する退職手当の取扱い

官民人事交流法第17条

交流派遣の期間は在職期間として通算される。ただし、交流派遣の終了の際に派遣先企業から退職手当相当の給付を受け取った場合には、交流派遣の期間の２分の１の期間が在職期間から除算される。

(カ) 交流派遣職員の職務復帰時における処遇

官民人事交流法第18条
規則21－０第40条、第41条
平成26年人企－660第40条関係、第41条関係

交流派遣職員が職務に復帰した場合におけるその者の職務の級及び号俸については、部内の他の職員との権衡上必要と認められる範囲内において、必要な調整を行うことができるほか、交流派遣職員が職務に復帰した場合における任用、給与等に関する処遇については、部内の他の職員との均衡を失することのないよう適切な配慮が加えられなければならない。

イ　交流採用

(ア)　服務等

官民人事交流法第21条

①　交流採用職員は、その任期中、雇用継続交流採用職員が任命権者と民間企業との間で締結した取決めに定められた内容に従って交流元企業の地位に就く場合を除き、交流元企業の地位に就いてはならない。

②　交流採用職員は、その任期中、いかなる場合においても、交流元企業の事業又は事務に従事してはならない。

(イ)　給与

規則21－０第47条

交流採用職員の初任給の決定等については、経験者採用試験の結果に基づいて職員となった者として取り扱うことができる。

４　運用状況の報告及び人事異動通知書の交付

(1)　運用状況の報告

官民人事交流法第23条
平成26年人企－660
官民人事交流法
第23条関係

任命権者は、毎年１月末日までに、人事院に対し、次の報告の区分に応じ、それぞれに掲げる書類を提出しなければならない。

ア　前年に交流派遣職員であった者に関する報告

当該者ごとに次に掲げる事項を記載した書類を提出する。

①　交流派遣に係る計画書類の提出の時に占めていた官職（当該者が国際機関に派遣されていたこと等の事情によりその占めていた官職の職務に従事していなかった場合は、あわせて、派遣先の機関名等）

②　派遣先企業の名称

③　前年に占めていた派遣先企業における地位及び業務内容（前年に地位又は業務内容の変更があった場合は、占めていた期間ごとの地位及び業務内容）

④　交流派遣の期間

⑤　「①から④」までに掲げるもののほか、参考となる事項

イ　３年前の年の１月１日から前年の12月31日までの間に交流派遣から職務に復帰した職員に関する報告

当該者ごとに次に掲げる事項を記載した書類及び当該者の前年末における人事記録の写しを提出する。

①　前年において当該者が国際機関に派遣されている等の事情によりその占める官職の職務に従事していない場合における派遣先等の機関名

②　前年において退職手当の支給を受けずに退職した場合における退職後に就いた機関等の名称

③　派遣先企業の名称
④　復帰の日の直前に派遣先企業において占めていた地位及び業務内容
⑤　「①から④」までに掲げるもののほか、参考となる事項

ウ　前年に交流採用職員であった者に関する報告
当該者ごとに次に掲げる事項を記載した書類及び当該者の前年末における人事記録の写しを提出する。
①　交流元企業の名称及び事業内容
②　交流採用をされた日の直前に交流元企業において占めていた地位（雇用継続型交流採用にあっては、当該者が交流元企業において占めている地位）
③　前年に占めていた官職の職務内容
④　交流採用に係る任期（当初の交流採用に係る任期に変更があった場合にあっては、変更後の任期）
⑤　「①から④」までに掲げるもののほか、参考となる事項

また、人事院は、毎年、国会及び内閣に対し、前年に交流派遣職員であった者、３年前の１月１日から前年の12月31日までの間に交流派遣後職務に復帰した職員、前年に交流採用職員であった者に関する事項等を報告しなければならない。

(2)　人事異動通知書の交付

規則21－０
第39条、第46条
平成26年人企－660
規則第39条関係、
規則第46条関係

任命権者は、次に掲げる場合には、職員に対して、規則８－12第58条の規定による人事異動通知書を交付しなければならない。
①　交流派遣をした場合
②　交流派遣職員の交流派遣の期間を延長した場合
③　交流派遣職員を職務に復帰させた場合
④　交流派遣の期間の満了により交流派遣職員が職務に復帰した場合
⑤　交流採用をした場合
⑥　交流採用職員の任期を更新した場合
⑦　任期の満了により交流採用職員が当然に退職した場合

(参考) 人事異動通知書を交付する場合の「異動内容」欄の記入要領
・　交流派遣をする場合
「ア（イ）に交流派遣をする
交流派遣の期間は　年　月　日から　年　月　日までとする」
注１　「ア」の記号をもって表示する事項は、派遣先企業の名称とする。
２　「イ」の記号をもって表示する事項は、派遣先企業の

本店又は主たる事務所の所在地とする。

・　交流派遣職員の交流派遣の期間を延長する場合

「交流派遣の期間を　年　月　日まで延長する」

・　交流派遣職員を職務に復帰させる場合

「職務に復帰させる」

・　交流派遣の期間の満了により交流派遣職員が職務に復帰した場合

「職務に復帰した（　年　月　日)」

・　交流採用をする場合

「アに採用する

任期は　年　月　日までとする」

注　「ア」の記号をもって表示する事項は、官職の組織上の名称及び当該官職の属する所属部課（所属部課の表示の単位は任命権者が定めるものとする。）とする。

・　交流採用職員の任期を更新する場合

「任期を　年　月　日まで更新する」

・　任期の満了により交流採用職員が当然に退職する場合

「任期の満了により　年　月　日限り退職した」

第７部　国際機関等派遣

１　意義

派遣法に基づく派遣は、国際協力の一環として、条約その他の国際約束等に基づき、又は我が国が加盟している国際機関及び外国政府の機関等の要請に応じて、職員をその同意の下にこれらの機関の業務に従事させるものである。

派遣法では、職員が安んじて国際機関等の業務に従事できるよう派遣職員の身分、給与、業務上の災害に対する補償、退職手当法の特例、復帰時における処遇などを定めている。

２　国際機関等派遣の目的

派遣法第１条
昭和45年任企－887
派遣法関係第２条
関係第１項

派遣法に基づく派遣は、「国際協力等の目的」、すなわち国際社会において我が国として果たすべき協力を行うことを目的とするものであり、条約、協定、交換公文、覚書等に基づき、または国際機関等からの要請に応じて職員を国際機関等に派遣する場合に行われる。

したがって、単に知識の習得、資格の取得等を目的として、調査、研究のため海外に赴くような場合は、派遣の対象とはならない。

(注)「国際協力等」の「等」とあるのは、沖縄が我が国に復帰するまでの間、琉球政府に職員を派遣することができるようにすることを含ませる趣旨であった。

３　国際機関等派遣の方法

職員の派遣については、派遣法第２条に

「任命権者は、条約その他の国際約束若しくはこれに準ずるものに基づき又は次に掲げる機関の要請に応じ、これらの機関の業務に従事させるため、部内の職員を派遣することができる。

一　わが国が加盟している国際機関

二　外国政府の機関

三　前２号に準ずる機関で、人事院規則で定めるもの

任命権者は、前項の規定により職員を派遣する場合には、当該職員の同意を得なければならない。」

と定められている。

(1)　派遣権者

派遣法第２条第１項
規則18－０第３条
昭和45年任企－887
派遣法関係第２条
関係第４項

派遣法に基づき職員を派遣することができるのは、国公法第55条第１項に規定されている内閣、各大臣、会計検査院長、人事院総裁、宮内庁長官、各外局の長のほか、内閣法制局長官等の法律で別に定められた任命権者で、

第７部

委任された任命権者は含まれない。

これは、派遣が国際協力という高次の国の政策にもかかわるものであることから、いわゆる原任命権者に限定したものである。また、派遣は身分関係の変動を伴うものであるので、分限処分の場合と同様、併任に係る官職の任命権者は除外されている。

⑵　派遣の契機

派遣法第２条第１項
昭和45年任企－887
派遣法関係第２条関係第１項、第２項

派遣法に基づく派遣は、条約その他の国際約束若しくはこれに準ずるものに基づき又は派遣先機関の要請に応じて行われる。

（注１）「条約その他の国際約束」とは、国家間又は国家と国際機関等との間の合意で、原則として条約、協定、交換公文、覚書等の文書によって行われ、これによって相互の間に拘束力をもつものをいう。

（注２）「条約その他の国際約束若しくはこれに準ずるもの」には、条約、協定、交換公文、覚書等のほか各省各庁の長又は行政執行法人の長と国際機関等を代表する者との間の合意も含まれる。

（注３）「派遣先機関の要請」とは、当該機関を代表していると認められる者から、職員の派遣を必要とする旨の意思表示が任命権者に対してなされることをいう。

⑶　派遣先機関

派遣法第２条第１項
規則18－０第２条
昭和45年指令18－２

派遣法に基づく派遣の対象となる機関は、次に掲げる機関である。

①　わが国が加盟している国際機関

（注）国際機関とは、条約等の国際約束に基づき複数の国家間で作られる組織体で、一定の目的の下に、国際法上の主体性を有し、自らの組織を通じて活動するものをいう。したがって、NGO等の非政府機関や「わが国が加盟していない国際機関」は、「②・③」に該当しない限り、対象とならない。

②　外国政府の機関

（注）わが国の行政組織における外局、地方支分部局、附属機関等に相当するものも含まれる。

③　「①及び②」に準ずる機関で、規則で定めるもの

ⅰ　外国の州又は自治体の機関

ⅱ　外国の学校、研究所又は病院

（注１）「外国の」とは、外国に所在するという意味ではなく、外

国の法人格等を有しているものをいい、国際協力の目的から、公共性の強いものに限られる。

（注２）「研究所」に該当するか否かについては、人事院に協議して判断する。

ⅲ　「ⅰ・ⅱ」に掲げるもののほか、指令で定める機関

- 国際標準化機構（ISO）
- 国際ヒューマン・フロンティア・サイエンス・プログラム推進機構（HFSPO）
- 国際刑事警察機構（ICPO）
- メコン河委員会（MRC）
- 南太平洋経済交流支援センター（SPEESC）
- 包括的核実験禁止条約機関準備委員会（CTBTO準備委員会）
- チリ共和国の環境センター（CENMA）
- 世界貯蓄銀行協会（WSBI）
- 世界アンチ・ドーピング機構（WADA）
- アイ・オー・ディー・ピー国際計画管理法人（IMI）
- 東南アジア諸国連合（ASEAN）
- 西アフリカ経済通貨同盟（UEMOA）
- 南部アフリカ開発共同体（SADC）
- 世界公共雇用サービス協会（WAPES）
- 国際港湾協会（IAPH）

⑷　従事する業務

派遣法第２条第１項
昭和45年任企－887
派遣法関係第２条関係第３項

派遣職員は派遣先機関の業務に従事するが、当該業務は派遣先機関の組織上の地位を占めて行う場合のほか、業務の遂行について所属庁又は所属する行政執行法人からの指揮監督を受けない限り、当該機関の組織上の地位を占めることなくその業務についての助言、指導等に当たる場合も含まれる。

⑸　派遣職員

派遣法第２条第１項
規則18－０第１条

ア　職員の範囲

派遣することができる職員は、一般職に属する職員のうち次に掲げる職員を除いた職員である。

①　非常勤職員
②　臨時的職員その他任期を限られた常勤職員
③　条件付採用期間中の職員
④　管理監督職勤務上限年齢制の特例により異動期間（延長された期間を含む。）を延長された管理監督職を占める職員
⑤　勤務延長職員

⑥　休職者

⑦　停職者

⑧　官民人事交流法に規定する交流派遣職員

⑨　法科大学院派遣法の規定により派遣されている職員

⑩　福島復興再生特措法に規定する派遣職員

⑪　令和7年国際博覧会特措法に規定する派遣職員

⑫　令和9年国際園芸博覧会特措法に規定する派遣職員

⑬　弁護士職務経験法の規定により弁護士となってその職務を行う職員

イ　職員の同意

派遣法第2条第2項
規則18－0第4条第2項

任命権者は、職員を派遣する場合には、当該職員の同意を得なければならない。派遣期間の更新をする場合も、同様である。

これは、職員は本来その職務を遂行する権利と義務を有することから、本来の職務を行わせないこととするには、本人の同意が必要であるとの考え方によるものである。

なお、職員の同意は、その意思を明確に確認する意味において、文書によるべきである。

4　身分の取扱い

派遣法第3条
規則18－0第5条
規則8－12第37条第3項第5号

派遣職員は、派遣の期間中、職員としての身分を保有するが、職務に従事しない。

職員としての身分を保有するとは、派遣された時に占めていた官職又はその派遣の期間中に異動した官職を保有することを意味する。ただし、併任は派遣により当然終了し、併任に係る官職は保有しないこととなる。

また、派遣職員は休職者と同様定員外職員となり、当該官職を他の職員をもって補充することができる。

5　派遣期間

規則18－0第4条第1項、第3項

派遣法の中には派遣期間に関する規定はない。これは、国際協力の目的に応じて種々の期間が想定され、一概に上限を定め得ないことによるものである。

しかしながら、職員の身分を持たせたまま職務に従事しなくて良いこととした趣旨として、当然復帰して本来の職務に従事することを前提としている。

このため、5年を超える期間を定めて派遣するとき、派遣の期間を更新する場合において派遣の期間が引き続き5年を超えることとなるとき及び引き続き5年を超えて派遣されている職員の派遣の期間を更新するときにおいては人事院に協議しなければならない。ただし、派遣の期間が5年を経過する際に、後任者への事務引継、派遣職員が従事する事業の終了の遅延等の事由により、引き続き５年を超えて派遣の期間を更新する必要がある場合であって、当該更新によっても派遣の期間が引き続き５年３月を超えないこととなるときは、人事院に協議する必要はない。

人事院に協議する場合には、次に掲げる書類を提出するものとする。

昭和45年任企－887
規則18－０関係
第４条関係第２項

① 次の事項を記載した協議書
・ 派遣職員の官職、氏名及び職務の級
・ 派遣先の機関の名称及び所在地
・ 派遣先の機関において従事する業務の内容
・ 派遣期間の始期及び終期（更新の場合にあっては、更新前の派遣期間の始期及び終期並びに更新予定期間）
・ ５年を超えて派遣する理由又は更新の理由

② その他参考となる資料

なお、派遣期間の始期及び終期は、次のとおりである。

昭和45年任企－887
規則18－０関係
第４条関係第１項

① 始期
原則として派遣先の機関に赴くため住所または居所を出発する日
出張先の国で派遣職員となる場合には、派遣の発令があったとき
(注) 赴任中の私用期間は派遣期間に含まれない。

② 終期
原則として国内の住所または居所に帰着する日
派遣の期間中に辞職する場合には、辞職承認の発令があったとき
(注) 帰任中の私用期間は派遣期間に含まれない。

６ その他

(1) 職務への復帰

派遣法第４条
規則11－４
第３条第２項

任命権者は、派遣職員についてその派遣の必要がなくなったときは、すみやかに当該職員を職務に復帰させなければならない。また、派遣職員は、その派遣の期間が満了したときは、職務に復帰するものとする。

(注) 職務復帰時に定員に欠員がない場合には、いわゆる過員休職にすることができる。

(2) 人事異動通知書の交付

規則18－０第６条

任命権者は、次に掲げる場合には、当該職員に規則８－12第58条の規定による人事異動通知書を交付しなければならない。

① 職員を派遣する場合
② 派遣職員の派遣の期間を更新する場合
③ 派遣職員を職務に復帰させる場合
④ 派遣職員が派遣の期間の満了によって職務に復帰した場合

（参考）人事異動通知書の「異動内容」欄の記入要領

昭和45年任企－887
規則18－０関係
第６条関係

・　派遣する場合

「ア（イ）に派遣する

派遣の期間は　年　月　日から　年　月　日までとする

派遣の期間中、俸給、扶養手当、地域手当、広域異動手当、研究員調整手当、住居手当及び期末手当のそれぞれ100分の　を支給する（又は「派遣の期間中、給与は支給しない」）」

注１　「ア」の記号をもつて表示する事項は、派遣先の機関の名称とする。

２　「イ」の記号をもつて表示する事項は、派遣先の機関の所在地とする。

３　給与法の適用を受けない職員の派遣の期間中の給与については、上記の例に準じて記入する。以下同じ。

・　派遣の期間を更新する場合

「派遣の期間を　年　月　日まで更新する

更新に係る期間中、俸給、扶養手当、地域手当、広域異動手当、研究員調整手当、住居手当及び期末手当のそれぞれ100分の　を支給する（又は「更新に係る期間中給与は支給しない」）」

・　職務に復帰させる場合

「職務に復帰させる」

・　派遣の期間が満了した場合

「職務に復帰した（　年　月　日）」

⑶　給与

派遣法第５条
規則18－０第７条
昭和45年任企－887
規則18－０関係
第７条関係
給実甲第444号

派遣職員には派遣期間中基本的な給与の一定割合を支給することができる。具体的な派遣職員に対する給与の取扱いは次のとおりである。

①　派遣先の勤務に対して報酬が支給されないとき、又は当該勤務に対して支給される報酬の額が低いと認められるときは、その派遣の期間中、俸給、扶養手当、地域手当、広域異動手当、研究員調整手当、住居手当及び期末手当のそれぞれ100分の100以内を支給する。

（注）検察官及び行政執行法人の職員についても、同様に給与が支給できるように定められている。

②　派遣先の機関の特殊事情により、給与を支給することが著しく不適当であると人事院が認めるときは、給与を支給しない。

③　「①」の派遣の期間中の給与は、あらかじめ職員の指定する者に対して支払うことができる。

⑷　業務上の災害に対する補償等

派遣法第６条～第８条

派遣職員に関する災害補償法の規定の適用については、派遣先の機関の業務を公務とみなしている。

なお、派遣職員の派遣先の業務上の災害又は通勤による災害に対し災害補償法の規定による補償を行なう場合において、補償を受けるべき者が派遣先の機関等から同一の事由について当該災害に対する補償を受けたときは、国は、その価額の限度において、同法の規定による補償を行なわない。

規則18－0 第８条、第８条の２
昭和45年任企－887 派遣法関係 第６条関係

（注１）共済法の規定の適用についても、派遣先の機関の業務を公務とみなし、公務障害年金又は公務遺族年金を支給する。

（注２）派遣職員が派遣先の機関の業務に起因する傷病のために、職務復帰後、病気休職となっている場合にも、派遣先の業務を公務とみなすことにより、当該病気休職の期間中、給与の全額を支給する。

⑸　退職手当の取扱い

派遣法第９条

派遣職員に関する退職手当法第５条第１項（25年以上勤続後の定年退職等の場合の退職手当の基本額）の規定の適用については、派遣先の機関の業務を公務とみなしている。また、派遣の期間は、現実に職務をとることを要しない期間には該当しないものとみなされ、全て通算される。

⑹　旅費の支給

派遣法第10条

派遣職員には、特に必要があると認められるときは、国家公務員等の旅費に関する法律に定める赴任の例に準じ旅費を支給することができる。

⑺　復帰時等における処遇

派遣法第11条

派遣職員が職務に復帰した場合における任用､給与等の処遇については、部内職員との均衡を失することのないよう適切な配慮が加えられなければならない。

具体的には、

①　派遣職員が職務に復帰した場合の配置
②　派遣職員が職務に復帰した場合の昇格（規則９－８（初任給、昇格、昇給等の基準）第22条第１項）
③　復帰時等における号俸の調整（規則９－８第44条、第44条の２、給実甲第192号（復職時等における号俸の調整の運用について））

などがある。

（注１）派遣職員は、職務に従事せず、級別定数の外とされていることから、派遣期間中に昇格させることはできない。

（注２）派遣職員のうち、評価終了日以前１年間の全てが派遣期間であること等により勤務成績を判定することができない職員は、昇給させることはできない。

(8) 報告

派遣職員は、任命権者から求められたときは、派遣先の機関における勤務条件等について報告しなければならない。

また、任命権者は、毎年５月末日までに、前年の４月１日に始まる年度内において派遣した職員の派遣先機関、派遣期間及び派遣先機関における処遇等の状況並びに派遣職員で当該年度内に職務に復帰したものの復帰後の処遇等の状況を人事院に報告するものとする。

規則18－０第９条
昭和45年任企－887
規則18－０関係
第９条関係

第８部　法科大学院派遣

１　意義

法科大学院派遣法に基づく派遣は、法科大学院の教育と司法試験等との連携等に関する法律の趣旨を踏まえて、法科大学院設置者からの要請があった場合に、当該設置者との取決めに基づき、いわゆる実務家教員として裁判官及び検察官その他の職員を、その同意を得た上で、派遣するものである。

法科大学院派遣法では、職務とともに実務家教員としての業務を行う場合及び専ら実務家教員としての業務を行う場合について必要な事項を定めている。

２　法科大学院派遣の目的

法科大学院派遣法
第１条

法科大学院派遣は、国の責務として、裁判官及び検察官その他一般職の国家公務員を法科大学院の教員として派遣する制度を整備することにより、法科大学院における法曹としての実務に関する教育の実効性の確保を図り、もって法曹養成の基本理念に則した法科大学院における教育の充実に資することを目的として行われるものである。

（注）法科大学院派遣法に基づく派遣は、裁判官及び検察官その他の一般職の国家公務員を対象とするものであり、派遣者はその他の職員よりも検察官が多数ではあるが、「３」以下では検察官を除く一般職の国家公務員について解説することとし、「検察官等」ではなく「職員」と表記することとした。

３　法科大学院派遣の方法

法科大学院派遣法
第３条第１項、
第４条第３項、
第11条第１項
平成15年人企－825
法科大学院派遣法
第４条及び第11条
関係第１項

任命権者は、法科大学院設置者から将来の法曹としての実務に必要な法律に関する理論的かつ実践的な能力を涵養するための教育を実効的に行うため、法科大学院における教授等として職員を必要とする旨の要請があった場合に、当該要請に係る派遣の必要性、派遣に伴う事務の支障その他の事情を勘案して、相当と認めるときは、これに応じ、職員の同意を得て、当該法科大学院設置者との間の取決めに基づき、期間を定めて、当該法科大学院における教授等の業務に従事させるため、当該法科大学院を置く大学に当該職員を派遣することができる。

（注）「その他の事情」には、職員を派遣した場合の当該職員の健康及び福祉への配慮等が含まれる。

(1)　派遣権者

法科大学院派遣法第2条第3項
規則24－0第4条

法科大学院派遣法に基づき職員を派遣することができるのは、国公法第55条第1項に規定されている任命権者（内閣、各大臣、会計検査院長及び人事院総裁並びに宮内庁長官及び各外局の長）及び内閣法制局長官等の法律で別に定められた任命権者並びにその委任を受けた者である。

また、併任に係る官職の任命権者は含まれない。

(2)　派遣職員

ア　職員の範囲

法科大学院派遣法第2条第2項
規則24－0第3条
平成15年人企－825規則第3条関係

派遣することができる職員は、一般職に属する職員のうち法律により任期を定めて任用される職員、常時勤務を要しない官職を占める職員、行政執行法人の職員のほか、次に掲げる職員を除いた職員である。

① 条件付採用期間中の職員
② 管理監督職勤務上限年齢制の特例により異動期間（延長された期間を含む。）を延長された管理監督職を占める職員
③ 勤務延長職員
④ 休職者
⑤ 停職者
⑥ 派遣法に規定する派遣職員
⑦ 官民人事交流法に規定する交流派遣職員
⑧ 福島復興再生特措法に規定する派遣職員
⑨ 令和7年国際博覧会特措法に規定する派遣職員
⑩ 令和9年国際園芸博覧会特措法に規定する派遣職員
⑪ 弁護士職務経験法の規定により弁護士となってその職務を行う職員
⑫ 規則8－12第42条第2項の規定により任期を定めて採用された職員その他任期を限られた職員

イ　職員の同意

法科大学院派遣法第4条第3項、第4項、第6項及び第7項、第11条第1項、第2項及び第4項
平成15年人企－825法科大学院派遣法第4条及び第11条関係第2項

任命権者は、職員を派遣する場合、当該派遣に係る取決めの内容を変更する場合及び派遣期間を延長する場合には、当該職員の同意を得なければならない。

また、職員を派遣する場合及び当該派遣に係る取決めの内容を変更する場合に職員の同意を得るに当たっては、あらかじめ、法科大学院設置者との間の取決めの内容及び当該派遣の期間中における給与の支給に関する事項を職員に明示しなければならない。

なお、職員の同意は、文書により行うものとする。

(3) 派遣の形態

法科大学院への派遣形態としては、職務とともに法科大学院における教授等の業務を行うもの（パートタイム型派遣）と、専ら法科大学院における教授等の業務を行うもの（フルタイム型派遣）がある。

法科大学院派遣法第４条第３項、第11条第１項

(4) 派遣期間

派遣の期間は、３年を超えることができない。ただし、派遣先の法科大学院設置者からその期間の延長を希望する旨の申出があり、かつ、特に必要があると認めるときは、任命権者は、当該派遣職員の同意を得て、当該派遣の日から引き続き５年を超えない範囲内で、これを延長することができる。

法科大学院派遣法第４条第７項、第11条第４項

(5) 派遣の契機

法科大学院派遣法に基づく派遣は、法科大学院設置者による派遣の要請に応じて行われる。

法科大学院派遣法第３条第１項
規則24－０第５条
平成15年人企－825規則第５条関係

職員の派遣を要請しようとする法科大学院設置者は、当該派遣を必要とする事由及び次に掲げる当該派遣に関して希望する条件を記載した書類を任命権者に提出するものとする。

① 派遣に係る職員に必要な専門的な知識経験等
② 派遣に係る職員の当該法科大学院における教授等の地位及び業務内容
③ 派遣の形態
④ 派遣の期間
⑤ 派遣に係る職員の当該法科大学院における勤務時間、教授等の業務に係る報酬等（報酬、賃金、給料、俸給、手当、賞与その他いかなる名称であるかを問わず、教授等の業務の対償として受けるすべてのものをいう。）その他の勤務条件
⑥ 「①から⑤」に掲げるもののほか、当該法科大学院設置者が必要と認める条件

（注１）「教授等の地位」には、専任教員であるかどうかの別及び常勤であるかどうかの別が含まれる。
（注２）「派遣の形態」とは、パートタイム型派遣又はフルタイム型派遣の別をいう。

(6) 派遣に係る取決め

任命権者が法科大学院設置者による派遣の要請に応じて職員を派遣しようとする場合には、任命権者と法科大学院設置者との間で派遣に係る取決

法科大学院派遣法第４条第３項及び第５項、第11条第１項及び第３項

めを締結する。

派遣に係る取決めにおいては、次に掲げる事項を定めるものとする。

① 当該法科大学院における勤務時間その他の勤務条件（教授等の業務に係る報酬等（報酬、賃金、給料、俸給、手当、賞与その他いかなる名称であるかを問わず、教授等の業務の対償として受けるすべてのものをいう。）を含む。）

② 教授等の業務の内容

③ 派遣の期間

④ 派遣の終了に関する事項

⑤ 派遣予定職員の派遣先予定法科大学院における服務に関する事項

⑥ 派遣予定職員の派遣先予定法科大学院における福利厚生に関する事項

⑦ 派遣予定職員の派遣先予定法科大学院における教授等の業務の従事の状況の連絡に関する事項

⑧ 派遣予定職員に係る派遣の期間の変更その他の取決めの内容の変更に関する事項

⑨ 派遣予定職員に係る取決めに疑義が生じた場合及び当該取決めに定めのない事項が生じた場合の取扱いに関する事項

規則24－0
第6条、第10条

(注)「法科大学院における勤務時間」を定めるに当たっては、職員が派遣先法科大学院となる法科大学院における教育を実効的に行うために十分な時間となるよう当該法科大学院における講義及び演習等の準備に要する時間をも考慮するものとする。

平成15年人企－825
法科大学院派遣法
第4条関係及び
第11条関係第3項

(7) 派遣の終了・職務への復帰

派遣の期間が満了したときは、パートタイム型派遣にあっては当該教授等の業務は終了し、フルタイム型派遣にあっては職員は職務に復帰するものとする。

また、任命権者は、派遣職員が、次に掲げる事由に該当する場合であって、その教授等の業務を継続することができないか又は適当でないと認めるときは、速やかに、パートタイム型派遣にあっては派遣を終了させ、フルタイム型派遣にあっては職員を職務に復帰させなければならない。

法科大学院派遣法
第5条第1項、
第12条
法科大学院派遣法
第5条第3項、
第12条第2項
規則24－0
第7条、第12条

① 職員が派遣先法科大学院（複数の法科大学院において教授等の業務を行うフルタイム型派遣にあっては、いずれかの派遣先法科大学院）における教授等の地位を失った場合

② パートタイム型派遣にあっては、職員が国公法第78条第1号から

第３号までのいずれかに該当することとなった場合。フルタイム型派遣にあっては、国公法第78条第２号又は第３号のいずれかに該当することとなった場合

③　職員が国公法第79条各号のいずれかに該当することとなった場合又は水難、火災その他の災害により生死不明若しくは所在不明となった場合

④　職員が国公法第82条第１項各号のいずれかに該当することとなった場合

⑤　職員の派遣が、当該派遣に係る取決め（複数の法科大学院において教授等の業務を行うフルタイム型にあっては、いずれかの法科大学院設置者との間の取決め）に反することとなった場合

４　身分の取扱い等

法科大学院派遣法第４条第８項、第９項

(1)　パートタイム型派遣

パートタイム型派遣により派遣された職員は、その派遣の期間中、派遣に係る取決めに定められた内容に従って、当該法科大学院において教授等の業務を行うものとし、その正規の勤務時間のうち当該法科大学院において教授等の業務を行うため必要であると任命権者が認める時間においては、勤務しない。

平成15年人企－825 法科大学院派遣法第４条関係及び第11条関係第４項

(注)「任命権者が認める時間」を認めるに当たっては、任命権者は次の点を考慮するものとする。

①　派遣職員が派遣先法科大学院と勤務官署等との間の移動に要する時間

②　派遣先法科大学院において教授等の業務を行うため臨時又は緊急の必要がある場合に法科大学院設置者が派遣に係る取決めにおいて定められた勤務時間以外の時間に業務を命ずることができると当該取決めにおいて定められたときは、法科大学院設置者が当該業務を命じたときに必要となる時間

法科大学院派遣法第11条第５項
規則24－０第11条

(2)　フルタイム型派遣

フルタイム型派遣により派遣された職員は、派遣の期間中、職員としての身分を保有するが、職務に従事しない。

職員としての身分を保有するとは、派遣された時に占めていた官職又はその派遣の期間中に異動した官職を保有することを意味する。ただし、併任に係る官職についてはこの限りではない。

また、派遣職員は定員外職員となり、当該官職を他の職員をもって補充することができる。

5　服務等

法科大学院派遣法第４条第10項

派遣職員には、派遣期間中の法科大学院における教授等の業務に対する任命権者の指揮監督は及ばず、派遣先法科大学院の指揮監督、服務規律に服するが、職員としての身分を保有することに伴い、国家公務員としての服務規律にも服することになる。

なお、パートタイム型派遣による法科大学院における教授等の業務への従事については、国公法第104条（他の事業又は事務の関与制限）の規定は、適用されない。

6　派遣期間中の給与等

⑴　教授等の業務に係る報酬等

法科大学院派遣法第７条第１項、第13条第１項

任命権者は、法科大学院設置者との間で派遣に係る取決めをするに当たっては、派遣される職員が派遣先法科大学院設置者から受ける教授等の業務に係る報酬等について、パートタイム型派遣により派遣される職員が従事している職務又はフルタイム型派遣により派遣される職員が派遣前に従事していた職務及びこれらの職員が派遣先法科大学院において行う教授等の業務の内容に応じた相当の額が確保されるよう努めなければならない。

⑵　派遣期間中の給与

ア　パートタイム型派遣

法科大学院派遣法第７条第２項、第３項
規則24－０第８条、第９条
平成15年人企－825法科大学院派遣法第７条第２項関係、規則第８条関係

正規の勤務時間において法科大学院において教授等の業務を行うため勤務しない場合には、その勤務しない１時間につき、給与法第19条に規定する勤務１時間当たりの給与額を減額して支給する。

ただし、派遣先法科大学院の法科大学院設置者から受ける教授等の業務に係る報酬等のうち正規の勤務時間において行われる教授等の業務に係るものの年額が、給与の減額分の年額に満たない場合であって、特に必要があると認められるときは、その派遣の期間中、両者の額の差額を限度として、給与の減額分の100分の50以内を支給することができる。

イ　フルタイム型派遣

法科大学院派遣法第13条第２項、第３項
規則24－０第13条
平成15年人企－825規則第13条関係

派遣の期間中、給与を支給しない。

ただし、派遣先法科大学院の法科大学院設置者から受ける教授等の業務に係る報酬等の年額が、派遣前の給与の年額に満たない場合であって、特に必要があると認められるときは、その派遣の期間中、両者の額の差額を限度として、俸給、扶養手当、地域手当、広域異動手当、研究員調整手当、住居手当及び期末手当のそれぞれ100分の50以内を支給することができる。

⑶　職務への復帰に伴う措置

法科大学院派遣法第20条

フルタイム型派遣により派遣された職員が職務に復帰した場合におい

て、部内の他の職員との権衡上特に必要があると認められるときは、その職務に応じた職務の級に昇格させることができる。

また、部内の他の職員との権衡上必要があると認められるときは、号俸を調整することができる。

そのほか、職務に復帰した場合における任用、給与等に関する処遇については、部内の他の職員との均衡を失することのないよう適切な配慮が加えられなければならない。

規則24－0
第14条、第15条
平成15年人企－825
規則第14条関係、
第15条関係

(4) 退職手当・共済

ア 退職手当

法科大学院派遣法
第10条、第19条

パートタイム型派遣による派遣の期間中又はその期間の満了後に退職した場合における退職手当法の規定の適用については、法科大学院における教授等の業務に係る業務上の傷病又は死亡は公務上の傷病又は死亡と、教授等の業務に係る通勤による傷病は公務上の通勤による傷病とみなされる。

また、上記の取扱いは、フルタイム型派遣により派遣された職員について準用され、派遣の期間は、現実に職務をとることを要しない期間には該当しないものとみなされ、全て通算される。

イ 共済

法科大学院派遣法
第14条～第16条

派遣職員に対する共済関係の取扱いは次の表のとおりである。

	パートタイム型派遣	フルタイム型派遣		
		国立大学法人	公立大学	私立大学
短期	国共済	国共済	地共済	健保、私学共済
長期	国共済	国共済	地共済	国共済
備考	国共済を継続適用	国共済を継続適用	地共済は国共済と同一の取扱い	派遣先制度の適用が原則、長期は不利益回避のため国共済を適用

7 人事異動通知書の交付及び報告

(1) 人事異動通知書の交付

規則24－0第16条

任命権者は、次に掲げる場合には、職員に対して、規則8－12第58条の規定による人事異動通知書を交付しなければならない。

① 職員を派遣した場合
② 派遣の期間を延長した場合

③　派遣の期間の満了によりパートタイム型派遣により派遣された職員の派遣が終了した場合又はフルタイム型派遣により派遣された職員が職務に復帰した場合

④　パートタイム型派遣により派遣された職員の派遣を終了させた場合又はフルタイム型派遣により派遣された職員を職務に復帰させた場合

（参考）人事異動通知書の「異動内容」欄の記入要領　　平成15年人企－825 規則第16条関係

・　パートタイム型派遣により職員を派遣する場合

「法科大学院派遣法第４条第３項の規定によりア（イ）に派遣する

派遣の期間は　年　月　日から　年　月　日までとする

正規の勤務時間のうち教授等の業務を行うために必要であると認める時間はウとする

派遣の期間中､給与の減額分の100分の　を支給する（又は「派遣の期間中、給与の減額分に係る給与は支給しない」）」

注１　「ア」の記号をもって表示する事項は、派遣先法科大学院の名称とする。

２　「イ」の記号をもって表示する事項は、派遣先法科大学院の所在地とする。

３　「ウ」の記号をもって表示する事項は、勤務時間内第４条派遣時間とする。以下同じ。

・　フルタイム型派遣により職員を派遣する場合

「法科大学院派遣法第11条第１項の規定によりア（イ）に派遣する

派遣の期間は　年　月　日から　年　月　日までとする

派遣の期間中、俸給、扶養手当、地域手当、広域異動手当、研究員調整手当、住居手当及び期末手当のそれぞれ100分の　を支給する（又は「派遣の期間中、給与は支給しない」）」

注１　「ア」の記号をもって表示する事項は、派遣先法科大学院の名称とする。

２　「イ」の記号をもって表示する事項は、派遣先法科大学院の所在地とする。

・　パートタイム型派遣により派遣した職員の派遣の期間を延長する場合

「派遣の期間を　年　月　日まで延長する

正規の勤務時間のうち教授等の業務を行うために必要であると認める時間はウとする

延長に係る期間中、給与の減額分の100分の　を支給する（又は「延長に係る期間中､給与の減額分に係る給与は支給しない」）」

・　フルタイム型派遣により派遣した職員の派遣の期間を延長する場合

「派遣の期間を　年　月　日まで延長する

延長に係る期間中、俸給、扶養手当、地域手当、広域異動手当、研究員調整手当、住居手当及び期末手当のそれぞれ100分の　を支給する（又は「延長に係る期間中、給与は支給しない」）」

・　派遣の期間の満了によりパートタイム型派遣により派遣した職員の派遣が終了した場合

「派遣の期間が満了した（　年　月　日）」

・　派遣の期間の満了によりフルタイム型派遣により派遣した職員が職務に復帰した場合

「職務に復帰した（　年　月　日）」

・　パートタイム型派遣により派遣した職員の派遣を終了させる場合

「派遣を終了させる」

・　フルタイム型派遣により派遣した職員を職務に復帰させる場合

「職務に復帰させる」

(2)　報告

規則24－0第17条
平成15年人企－825
規則第17条関係

派遣職員は、任命権者から求められたときは、派遣先法科大学院における勤務条件及び業務の遂行の状況について報告しなければならない。

また、任命権者は、毎年5月末日までに、前年の4月1日に始まる年度内において派遣されている期間のある職員の派遣先法科大学院、派遣の期間並びに派遣先法科大学院における地位、業務内容及び教授等の業務に係る報酬等の月額等の状況並びに派遣から当該年度内に職務に復帰した職員の当該復帰後の処遇等に関する状況について、人事院に報告しなければならない。

法令等　対照表

1　規則１－24・運用通知　対照表

規則１－24（公務の活性化のために民間の人材を採用する場合の特例） 施行日：平成27年４月１日、規則１－63による改正	運用通知
（趣旨） 第１条　この規則は、公務の活性化のために民間の人材を採用する場合（任期を定めて採用する場合を除く。）の任用及び給与の特例に関し必要な事項を定めるものとする。 （採用の方法等） 第２条　任命権者は、次に掲げる場合には、人事院の定める基準に従い、選考により、職員（給与法第６条第１項に規定する行政職俸給表（一）、専門行政職俸給表、税務職俸給表、公安職俸給表（一）又は公安職俸給表（二）の適用を受ける職員（以下この項において「行政職俸給表（一）等適用職員」という。）及び行政執行法人の職員のうち行政職俸給表（一）等適用職員の職務とその種類が類似する職務に従事する職員に限る。）を採用することができる。 一　公務外における専門的な実務の経験等により高度の専門的な知識経験を有すると認められる者を採用する場合で、採用以外の任用の方法により当該知識経験を必要とする職務に従事させる人材を確保することが困難であるとき。 二　前号に掲げる場合のほか、次のいずれかに該当する場合 イ　行政の新たな需要に対応するため、公務外における実務の経験等を通じて公務に有用な資質等を有すると認められる者を採用する場合で、採用以外の任用の方法により当該需要に対応するための職務に従事させる人材を確保することが困難であるとき、又は十分に得ることができないとき。 ロ　公務と異なる分野における多様な活動、経験等を通じて公務に有用な資質等を有すると認められる者を採用する場合で、その者を職務に従事させることが公務の能率的運営に資すると認められるとき。 ２　任命権者は、前項の規定により採用を行った場合には、その旨を人事院に報告しなければならない。 （規則９－８第４章から第６章までの規定の適用の特例） 第３条　前条第１項の規定により採用された職員に対する規則９－８（初任給、昇格、昇給等の基準）第４章から第６章までの規定の適用については、規則８－18（採用試験）第３条第４項に規定する経験者採用試験の結果に基づいて職員となった者として取り扱うものとする。 （雑則） 第４条　この規則に定めるもののほか、公務の活性化のために民間の人材を採用する場合の特例に関し必要な事項は、人事院が定める。 附則 この規則は、平成10年４月１日から施行する。	**【人事院規則１－24（公務の活性化のために民間の人材を採用する場合の特例）の運用について（平成10年管総－280、最終改正：平成26年事企法－277）】** 標記について下記のとおり定めたので、平成10年４月１日以降は、これによってください。 記 第２条関係 １　この条の第１項の規定により採用を行う場合には、次に掲げる基準に従わなければならない。 一　選考の対象者の募集が、公募又はこれに準ずる方法により行われていること。 二　選考が、人事院規則８－12（職員の任免）第19条に規定する官職に係る能力及び適正の有無を的確に判定し得る複数の者によって構成される選考委員会の審査を経て行われていること。 ２　前項第１号の公募を行う場合には、十分な期間を設けて周知するとともに、可能な限り多様な方法によるよう努めなければならない。 ３　この条の第２項の規定による報告は、採用を行った後遅滞なく、次に掲げる事項を掲載した文書により行うものとする。 一　採用官職（職務の級及び所属部課名） 二　当該官職に係る職務の内容 三　採用者の氏名 四　採用者の資格、実務の経験等の内容 五　採用年月日 六　募集の時期、公募等の方法及び範囲 七　選考委員会の構成及び選考の経緯 八　その他参考となる事項 ４　この条の規定による採用について人事院規則８－12第18条第３項の規定による協議を要する場合にあっては、当該協議に係る「任用関係の承認申請等の手続について（平成21年３月18日人企－537）」第４項の特定官職への採用協議書に、人事院規則１－24に基づく採用である旨並びに前項第６号及び第７号に掲げる事項を併せて記載することにより、この条の第２項の規定による報告を省略することができる。

2　国公法附則・規則１－78・運用通知　対照表

国公法 施行日：令和５年４月１日、令和３年法律第61号による改正	規則１－78（年齢60年に達する職員等に対する情報の提供及び勤務の意思の確認） 施行日：令和５年４月１日、新規制定	運用通知
附則 第９条　任命権者は、当分の間、職員（臨時的職員その他の法律により任期を定めて任用される職員及び常時勤務を要しない官職を占める職員並びに令和３年国家公務員法等改正法第１条の規定による改正前の第81条の２第２項第１号に掲げる職員に相当する職員として人事院規則で定める職員及び同項第３号に掲げる職員に相当する職員のうち人事院規則で定める職員その他人事院規則で定める職員を除く。以下この条において同じ。）が年齢60年（同項第２号に掲げる職員に相当する職員として人事院規則で定める職員にあつては同号に定める年齢とし、同項第３号に掲げる職員に相当する職員のうち人事院規則で定める職員にあつては同号に定める年齢とする。以下この条において同じ。）に達する日の属する年度の前年度（当該前年度に職員でなかつた者その他の当該前年度においてこの条の規定による情報の提供及び意思の確認を行うことができない職員として人事院規則で定める職員にあつては、人事院規則で定める期間）において、当該職員に対し、人事院規則で定めるところにより、令和３年国家公務員法等改正法による定年の引上げに伴う当分の間の措置として講じられる一般職の職員の給与に関する法律附則第８項から第16項までの規定による年齢60年に達した日後における最初の４月１日以後の当該職員の俸給月額を引き下げる給与に関する特例措置及び国家公務員退職手当法（昭和28年法律第182号）附則第12項から第15項までの規定による当該職員が年齢60年に達した日から定年に達する日の前日までの間に非違によることなく退職をした場合における退職手当の基本額を当該職員が当該退職をした日に第81条の６第１項の規定により退職をしたものと仮定した場合における額と同額とする退職手当に関する特例措置その他の当該職員が年齢60年に達する日以後に適用される任用、給与及び退職手当に関する措置の内容その他の必要な情報を提供するものとするとともに、同日の翌日以後における勤務の意思を確認するよう努めるものとする。	（趣旨） 第１条　この規則は、年齢60年に達する職員等に対する法附則第９条の規定による任用、給与及び退職手当に関する措置その他必要な情報の提供（以下「情報の提供」という。）及び同条の規定による勤務の意思の確認（以下「勤務の意思の確認」という。）に関し必要な事項を定めるものとする。 （任命権者） 第２条　法附則第９条の任命権者には、併任に係る官職の任命権者は含まれないものとする。 （情報の提供及び勤務の意思の確認の対象から除く職員） 第３条　法附則第９条の国家公務員法等の一部を改正する法律（令和３年法律第61号）第１条の規定による改正前の法（次項及び次条において「令和５年旧法」という。）第81条の２第２項第１号に掲げる職員に相当する職員として人事院規則で定める職員は、規則９－147（給与法附則第８項の規定による俸給月額）第５条第１項に規定する職員とする。 ２　法附則第９条の同条の規定を適用する職員から除く職員として令和５年旧法第81条の２第２項第３号に掲げる職員に相当する職員のうち人事院規則で定める職員は、規則９－147第５条第２項に規定する職員とする。 ３　法附則第９条のその他人事院規則で定める職員は、法第81条の６第２項ただし書に規定する職員（前項に規定する職員を除く。）とする。 （情報の提供及び勤務の意思の確認の時期の特例） 第４条　法附則第９条の令和５年旧法第81条の２第２項第２号に掲げる職員に相当する職員として人事院規則で定める職員は、規則９－147第２条に規定する職員とする。 ２　法附則第９条の同条に規定する年齢60年を令和５年旧法第81条の２第２項第３号に定める年齢とする同号に掲げる職員に相当する職員のうち人事院規則で定める職員は、規則９－147第	**【年齢60年に達する職員等に対する情報の提供及び勤務の意思の確認について（令和４年給生－17）】** 国家公務員法（昭和22年法律第120号。以下「法」という。）附則第９条及び人事院規則１－78（年齢60年に達する職員等に対する情報の提供及び勤務の意思の確認）（以下「規則」という。）の運用について下記のとおり定めたので、令和５年４月１日以降は、これによってください。 記 １　法附則第９条の「臨時的職員その他の法律により任期を定めて任用される職員」には、人事院規則８－12（職員の任免）第42条第２項の規定により任期を定めて任用される職員は含まれない。 ２　法附則第９条の「年齢60年（同項第２号に掲げる職員に相当する職員として人事院規則で定める職員にあっては同号に定める年齢とし、同項第３号に掲げる職員に相当する職員のうち人事院規則で定める職員にあっては同号に定める年齢とする。以下この条において同じ。）に達する日」とは、その職員の60歳（規則第４条第１項に規定する職員にあっては63歳、同条第２項に規定する職員にあっては人事院規則11－８－51（人事院規則11－８（職員の定年）の全部を改正する人事院規則）による改正前の人事院規則11－８（職員の定年）第４条第２項及び第３項第１号に定める年齢）の誕生日の前日をいう。 ３　任命権者は、規則第５条第１項第２号に掲げる職員に該当することとなった職員には、その都度情報の提供及び勤務の意思の確認を行うものとする。 ４　規則第５条第１項第２号に掲げる職員への情報の提供及び勤務の意思の確認において、同号に規定する異動等が任命権者を異にする異動である場合は、異動後の任命権者が情報の提供及び勤務の意思の確認を行うものとする。

3条に規定する職員（同条第1号ニ及び第2号トに規定する職員を除く。）とする。

第5条　法附則第9条の情報の提供及び意思の確認を行うことができない職員として人事院規則で定める職員は、次に掲げる職員とする。

一　年齢60年（前条第1項に規定する職員にあっては年齢63年、同条第2項に規定する職員にあっては規則9－147第3条各号に定める年齢。次条及び第7条第2項第2号において「年齢60年等」という。）に達する日の属する年度の前年度（以下この項において「情報の提供及び勤務の意思の確認を行うべき年度」という。）に職員でなかった者で、当該情報の提供及び勤務の意思の確認を行うべき年度の末日後に採用された職員（次号に掲げる職員を除く。）

二　異動等により情報の提供及び勤務の意思の確認を行うべき年度の末日を経過することとなった職員

2　法附則第9条の人事院規則で定める期間は、次の各号に掲げる職員の区分に応じ、それぞれ当該各号に定める期間とする。

一　前項第1号に掲げる職員　当該職員が採用された日から同日の属する年度の末日までの期間

二　前項第2号に掲げる職員　当該職員の異動等の日が属する年度（当該日が年度の初日である場合は、当該年度の前年度）

3　第1項各号に掲げる職員に対する情報の提供及び勤務の意思の確認は、前項各号に掲げる期間内に、できる限り速やかに行うものとする。

（情報の提供）

第6条　法附則第9条の規定により職員に提供する情報は、次に掲げる情報（第1号、第3号及び第4号に掲げる情報にあっては、当該職員が年齢60年等に達した日以後に適用される措置に関する情報に限る。）とする。

一　法第81条の2から第81条の5までの規定による管理監督職勤務上限年齢による降任等に関する情報

二　法第60条の2第2項に規定する定年前再任用短時間勤務職員（次条第2項第3号において「定年前再任用短時間勤務職員」という。）の任用に関する情報

三　給与法附則第8項から第16項までの規定による年齢60年等に達した日後における最初の4月1日以後の当該職員の俸給月額を引き下げる給与に関する特例措置に関する情報

5　規則第6条各号に掲げる情報を職員に提供するに当たっては、当該各号に掲げる情報を記載した文書を交付すること（当該文書の交付によらないことを適当と認める場合には、これに代わる適当な方法によること）により行うものとする。

6　規則第7条第2項各号に掲げる事項を職員に確認するに当たっては、当該各号に掲げる事項を記載した文書を職員に提出させること（当該文書の提出によらないことを適当と認める場合には、これに代わる適当な方法によること）により行うものとする。

四　国家公務員退職手当法（昭和28年法律第182号）附則第12項から第15項までの規定による当該職員が年齢60年等に達した日から法第81条の６第２項に規定する定年に達する日の前日までの間に非違によることなく退職をした場合における退職手当の基本額を当該職員が当該退職をした日に同条第１項の規定により退職をしたものと仮定した場合における額と同額とする退職手当に関する特例措置に関する情報
五　前各号に掲げるもののほか、法附則第９条の規定により勤務の意思を確認するため必要であると任命権者が認める情報

（勤務の意思の確認）
第７条　任命権者は、法附則第９条の規定により職員の勤務の意思を確認する場合は、そのための期間を十分に確保するよう努めなければならない。
２　勤務の意思の確認においては、次に掲げる事項を確認するものとする。
一　引き続き常時勤務を要する官職を占める職員として勤務する意思
二　年齢60年等に達する日以後の退職の意思
三　定年前再任用短時間勤務職員として勤務する意向
四　その他任命権者が必要と認める事項

（雑則）
第８条　この規則に定めるもののほか、情報の提供及び勤務の意思の確認の実施に関し必要な事項は、人事院が定める。

附則
この規則は、令和５年４月１日から施行する。

3　国公法・規則８－12・運用通知等　対照表

国公法 施行日：令和５年４月１日、令和３年法律第61号による改正	規則８－12（職員の任免） 施行日：令和６年12月１日、規則８－12－21による改正	運用通知等
（任免の根本基準） 第33条　職員の任用は、この法律の定めるところにより、その者の受験成績、人事評価又はその他の能力の実証に基づいて行わなければならない。 ②　前項に規定する根本基準の実施に当たつては、次に掲げる事項が確保されなければならない。 一　職員の公正な任用 二　行政需要の変化に対応するために行う優れた人材の養成及び活用 ③　職員の免職は、法律に定める事由に基づいてこれを行わなければならない。 ④　第１項に規定する根本基準の実施につき必要な事項であつて第２項第１号に掲げる事項の確保に関するもの及び前項に規定する根本基準の実施につき必要な事項は、この法律に定めのあるものを除いては、人事院規則でこれを定める。 第33条の２　第54条第１項に規定する採用昇任等基本方針には、前条第１項に規定する根本基準の実施につき必要な事項であつて同条第２項第２号に掲げる事項の確保に関するものとして、職員の採用、昇任、降任及び転任に関する制度の適切かつ効果的な運用の確保に資する基本的事項を定めるものとする。 （定義） 第34条　この法律において、次の各号に掲げる用語の意義は、当該各号に定めるところによる。 一　採用　職員以外の者を官職に任命すること（臨時的任用を除く。）をいう。 二　昇任　職員をその職員が現に任命されている官職より上位の職制上の段階に属する官職に任命することをいう。 三　降任　職員をその職員が現に任命されている官職より下位の職制上の段階に属する官職に任命することをいう。 四　転任　職員をその職員が現に任命されている官職以外の官職に任命することであつて前２号に定めるものに該当しない	第１章　総則 （趣旨） 第１条　職員の任免は、官職の職務と責任の特殊性に基づいて法附則第４条の規定により法律又は規則をもって別段の定めをした場合を除き、この規則の定めるところによる。 （任免の基本原則等） 第２条　いかなる場合においても、法第27条に定める平等取扱の原則、法第27条の２に定める人事管理の原則及び法第33条に定める任免の根本基準並びに法第55条第３項及び法第108条の７の規定に違反して職員の任免を行ってはならない。 ２　職員の任免は、情実人事を求める圧力又は働きかけその他の不当な影響を受けて行ってはならず、公正に行わなければならない。 第３条　任命権者は、国における政策の立案及び決定に男女が共同して参画する機会が確保されるよう、性別にかかわりなく人材の確保、育成及び活用を行うよう努めなければならない。 （定義） 第４条　この規則において、次の各号に掲げる用語の意義は、当該各号に定めるところによる。 一　採用　法第34条第１項第１号に規定する採用をいう。 二　昇任　法第34条第１項第２号に規定する昇任をいう。 三　降任　法第34条第１項第３号に規定する降任をいう。 四　転任　法第34条第１項第４号に規定する転任（次号に該当するものを除く。）をいう。 五　配置換　職員をその職員が現に任命されている官職と任命権者を同じくする他の官職（その存する標準的な官職を定める政令（平成21年政令第30号）に規定する部局又は機関等（これらに準ずるものとして人事院が定めるものを含む。第26条第３項において「部局又は機関等」という。）及び職制上の段階を同じくするものに限る。）に任命することをいう。	**【人事院規則８－12（職員の任免）の運用について（平成21年人企－532、最終改正：令和６年人企－1070)】** 標記について下記のとおり定めたので、平成21年４月１日以降は、これによってください。 なお、これに伴い、次に掲げる人事院事務総長通知は、廃止します。 (1)　新任用制度の実施について（昭和27年６月１日11－810） (2)　人事院規則８－12（職員の任免）の運用について（昭和43年６月１日任企－344） (3)　人事院規則８－13（行政職俸給表（一）の１級の官職等への任用候補者名簿による職員の任用に関する特例等）の運用について（昭和44年１月23日任企－42） (4)　人事院規則８－14（非常勤職員等の任用に関する特例）の運用について（昭和44年１月23日任企－43） (5)　人事院規則８－20（本省庁の課長等に任用する場合の選考の基準等）の運用について（平成10年３月31日任企－83） 記 第１条関係 この条の「別段の定めをした場合」とは、検察庁法（昭和22年法律第61号）、外務公務員法（昭和27年法律第41号）等において職員の任免の特例が定められている場合をいう。 第４条関係 １　この条の第５号の「人事院が定めるもの」は、外務職員の標準的な官職を定める省令（平成21年外務省令第４号）に規定する部局又は機関とする。 ２　この条の第13号の「人事院が定める官職」は、その官職を占める職員の１週間当たりの勤務時間が、一般職の職員の勤務時間、休暇等に関する法律（平成６年法律第33号。以下「勤務時間法」という。）第５条第１項に規定する勤務時間の４分の３を超えない時間であるものとする。

ものをいう。

五　標準職務遂行能力　職制上の段階の標準的な官職の職務を遂行する上で発揮することが求められる能力として内閣総理大臣が定めるものをいう。

六　幹部職員　内閣府設置法（平成11年法律第89号）第50条若しくは国家行政組織法第６条に規定する長官、同法第18条第１項に規定する事務次官若しくは同法第21条第１項に規定する局長若しくは部長の官職又はこれらの官職に準ずる官職であつて政令で定めるもの（以下「幹部職」という。）を占める職員をいう。

七　管理職員　国家行政組織法第21条第１項に規定する課長若しくは室長の官職又はこれらの官職に準ずる官職であつて政令で定めるもの（以下「管理職」という。）を占める職員をいう。

②　前項第５号の標準的な官職は、係員、係長、課長補佐、課長その他の官職とし、職制上の段階及び職務の種類に応じ、政令で定める。

（欠員補充の方法）

第35条　官職に欠員を生じた場合においては、その任命権者は、法律又は人事院規則に別段の定のある場合を除いては、採用、昇任、降任又は転任のいずれか一の方法により、職員を任命することができる。但し、人事院が特別の必要があると認めて任命の方法を指定した場合は、この限りではない。

（採用の方法）

第36条　職員の採用は、競争試験によるものとする。ただし、係員の官職（第34条第２項に規定する標準的な官職が係員である職制上の段階に属する官職その他これに準ずる官職として人事院規則で定めるものをいう。第45条の２第１項において同じ。）以外の官職に採用しようとする場合又は人事院規則で定める場合には、競争試験以外の能力の実証に基づく試験（以下「選考」という。）の方法によることを妨げない。

第37条　削除

（欠格条項）

第38条　次の各号のいずれかに該当する者は、人事院規則で定める場合を除くほか、官職に就く能力を有しない。

六　併任　採用、昇任、降任、転任又は配置換の方法により現に官職に任命されている職員を、その官職を占めさせたまま、他の官職に任命することをいう。

七　離職　職員が職員としての身分を失うことをいう。

八　失職　職員が欠格条項に該当することによって当然離職することをいう。

九　退職　失職の場合及び懲戒免職の場合を除いて、職員が離職することをいう。

十　免職　職員をその意に反して退職させることをいう。

十一　辞職　職員がその意により退職することをいう。

十二　任命権者　法第55条第１項又はその他の法律の規定により任命権を有する者をいい、同条第２項の規定によりその任命権が委任されている場合は、その委任を受けた者をいう。

十三　期間業務職員　相当の期間任用される職員を就けるべき官職以外の官職である非常勤官職であって、一会計年度内に限って臨時的に置かれるもの（法第60条の２第１項に規定する短時間勤務の官職その他人事院が定める官職を除く。）に就けるために任用される職員

（任命権の委任）

第５条　法第55条第２項の規定による任命権の委任（以下この条において「任命権の委任」という。）を行うに当たっては、一の官職について二以上の任命権者が同時に存在しないようにしなければならない。

2　任命権の委任を行う場合には、委任を受ける国家公務員の占める職の組織上の名称、勤務場所及びその権限の及ぶ官職の範囲を記入した書面を、その委任の効力が発生する日の前に、人事院に提示しなければならない。

3　任命権の委任を受けた職員は、委任された任命権を更に他の職員に委任することはできない。

（欠員補充の方法）

第６条　任命権者は、採用、昇任、降任、転任又は配置換のいずれかの方法により、職員を官職に任命することができる。

2　前項に定める方法のほか、特別の事情がある場合には、任命権者は、併任又は臨時的任用により職員を官職に任命することができる。

3　任命権者を異にする官職に職員を昇任させ、降任させ、転任させ、又は併任する場合には、当該職員が現に任命されている

第５条関係

1　この条の第１項の規定により、例えば、一の官職に対して採用についての権限を有する任命権者と昇任についての権限を有する任命権者が同時に存在してはならない。

2　委任された任命権の全部又は一部を取り消した場合は、この条の第２項に準じて通知するものとする。

3　任命権の委任を受けた国家公務員の占める職が法令の改廃等により廃止され、又は改称された場合は、その旨を通知するものとする。

第７条関係

1　この条の第１項に規定する特定官職（以下「特定官職」という。）は、人事院規則１－４－21（人事院規則１－４（現行の法律、命令及び規則の廃止）の一部を改正する人事院規則）による廃止前の人事院規則８－20（本省庁の課長等に任用する場合の選考の基準等）第２条第１項に定めていた官職と同様のものである。

2　特定官職は、内部部局の課長等の官職（会計検査院、人事院、内閣官房、内閣法制局、内閣府、宮内庁、内閣府設置法（平成11年法律第89号）第49条第１項及び第２項に規定する機関、デジタル庁、復興庁並びに国家行政組織法（昭和23年法律第120号）第３条に規定する国の行政機関の課長又はこれと同等以上の官職をいう。以下この項において同じ。）、内閣府設置法第18条、第37条、第39条、第40条、第43条及び第54条から第57条まで（宮内庁法（昭和22年法律第70号）第18条第１項において準用する場合を含む。）、宮内庁法第16条及び第17条第１項、デジタル庁設置法（令和３年法律第36号）第14条第１項、復興庁設置法（平成23年法律第125号）第13条第１項、第15条第１項及び第17条第１項並びに国家行政組織法第８条から第９条までに規定する機関等の官職であって内部部局の課長等の官職と同等のもの並びに行政執行法人（独立行政法人通則法（平成11年法律第103号）第２条第４項に規定する行政執行法人をいう。以下同じ。）の官職であって内部部局の課長等の官職とその職務と責任が類似すると認められるもののうち、次項に規定する段階の区分に応じ、人事院事務総長が指定するものとする。

3　この条の第２項の段階の区分は、職務の複雑と責任の度に応じたⅠ段階からⅣ段階までの４段階の区分とし、それぞれの段階に属する代表的な官職は　、段階の区分に応じ、次の表に掲げるものとする。

一　禁錮以上の刑に処せられ、その執行を終わるまで又はその執行を受けることがなくなるまでの者
二　懲戒免職の処分を受け、当該処分の日から２年を経過しない者
三　人事院の人事官又は事務総長の職にあつて、第109条から第112条までに規定する罪を犯し、刑に処せられた者
四　日本国憲法施行の日以後において、日本国憲法又はその下に成立した政府を暴力で破壊することを主張する政党その他の団体を結成し、又はこれに加入した者

（人事に関する不法行為の禁止）
第39条　何人も、次の各号のいずれかに該当する事項を実現するために、金銭その他の利益を授受し、提供し、要求し、若しくは授受を約束したり、脅迫、強制その他これに類する方法を用いたり、直接たると間接たるとを問わず、公の地位を利用し、又はその利用を提供し、要求し、若しくは約束したり、あるいはこれらの行為に関与してはならない。
一　退職若しくは休職又は任用の不承諾
二　採用のための競争試験（以下「採用試験」という。）若しくは任用の志望の撤回又は任用に対する競争の中止
三　任用、昇給、留職その他官職における利益の実現又はこれらのことの推薦

（人事に関する虚偽行為の禁止）
第40条　何人も、採用試験、選考、任用又は人事記録に関して、虚偽又は不正の陳述、記載、証明、採点、判断又は報告を行つてはならない。

（受験又は任用の阻害及び情報提供の禁止）
第41条　試験機関に属する者その他の職員は、受験若しくは任用を阻害し、又は受験若しくは任用に不当な影響を与える目的を以て特別若しくは秘密の情報を提供してはならない。

（採用試験の実施）
第42条　採用試験は、この法律に基づく命令で定めるところにより、これを行う。

（受験の欠格条項）
第43条　第44条に規定する資格に関する制限の外、官職に就く能官職の任命権者の同意を得なければならない。

（特定官職への任命）
第７条　任命権者は、本省の課長以上の官職等の公正な任命の確保が特に必要と認められる官職（以下この章において「特定官職」という。）への任命に当たっては、性別その他任命される者の属性を基準とすることなく、及び情実人事を求める圧力又は働きかけその他の不当な影響を受けることなく、任命される者について、補充しようとする官職の職務遂行に必要とされる知識、経験及び管理的又は監督的能力その他当該官職の職務を良好に遂行する能力の有無を、経歴評定、人事評価の結果その他客観的な判定方法により公正に検証しなければならない。
2　特定官職は、職務の複雑と責任の度に応じて四段階に区分することとし、それぞれの段階の区分及び当該段階に属する官職は、人事院が定めるものとする。

（標準的な官職が係員である職制上の段階に属する官職に準ずる官職）
第７条の２　法第36条の標準的な官職が係員である職制上の段階に属する官職に準ずる官職として人事院規則で定める官職は、次に掲げる官職とする。
一　法第34条第２項に規定する標準的な官職（次号及び第19条において単に「標準的な官職」という。）が、標準的な官職を定める政令本則の表２の項第３欄第31号、同表５の項第３欄第１号及び第２号、同表18の項第３欄並びに同表25の項第３欄第２号から第５号までに規定する内閣官房令で定める職制上の段階のうち人事院が定める職制上の段階に属する官職
二　行政執行法人の職員の占める官職のうち、標準的な官職が係員である職制上の段階に属する官職に相当する官職
2　人事院は、前項第１号の規定により職制上の段階を定めた場合には、その職制上の段階を官報により告知しなければならない。

（採用試験による職員の採用）
第８条　職員の採用は、法第36条又はこの規則第18条第１項の規定により選考によることが認められている場合を除き、補充しようとする官職を対象として行われた採用試験（職員を採用するための競争試験をいう。以下同じ。）の結果に基づいて作成された法第50条に規定する採用候補者名簿（以下「名簿」とい

段階	代表的な官職
Ⅰ段階	事務次官及び外局の長官
Ⅱ段階	本府省の局長
Ⅲ段階	本府省の部長、審議官及び局次長
Ⅳ段階	本府省の課長

第８条関係
1　採用試験（この条の第１項に規定する採用試験をいう。以下同じ。）については、国家公務員法（昭和22年法律第120号。以下「法」という。）及び法に基づく命令の定めるところによる。
2　任命権者は、この条の第１項に規定する面接を行うに当たっては、例えば、複数回行うこと、志望者間で公正に取り扱うこと等適正な実施に留意しなければならない。

第９条関係
1　この条の第２項の「当該官職を志望すると認められる採用候補者」であるかどうかは、補充しようとする官職を対象とする第８条第１項に規定する名簿（以下「名簿」という。）に記載されている採用候補者の意向を適宜の方法で確認して判断するものとする。
2　補充しようとする官職を対象とする名簿に、補充しようとする官職を志望すると認められる採用候補者がいない場合にあっては、任命権者は、この条の第２項の規定により、当該官職を対象とする採用試験（以下「対象試験」という。）が、人事院規則８－18（採用試験）（以下「規則８－18」という。）第３条第２項及び第３項第３号に掲げる採用試験の区分試験（規則８－18第４条第３項に規定する区分試験をいう。以下同じ。）、規則８－18第３条第３項第９号に掲げる採用試験並びに経験者採用試験である採用試験（規則８－18第４条第２項の規定により区分された場合にあっては、区分試験）を区分した規則８－18第５条第２項に規定する地域試験（以下「地域試験」という。）である場合において、当該採用試験を区分した対象試験以外の地域試験の結果に基づいて作成された名簿（当該名簿の対象となっている官職の全てについて当該名簿からの採用が見込まれていることその他の事情により、当該名簿からの新たな採用予定者の決定が見込まれないと認められるものに限る。）から、当該名簿に記載されている者を採用することができる。

力を有しない者は、受験することができない。

（受験の資格要件）
第44条　人事院は、人事院規則により、受験者に必要な資格として官職に応じ、その職務の遂行に欠くことのできない最小限度の客観的且つ画一的な要件を定めることができる。

（採用試験の内容）
第45条　採用試験は、受験者が、当該採用試験に係る官職の属する職制上の段階の標準的な官職に係る標準職務遂行能力及び当該採用試験に係る官職についての適性を有するかどうかを判定することをもつてその目的とする。

（採用試験における対象官職及び種類並びに採用試験により確保すべき人材）
第45条の２　採用試験は、次に掲げる官職を対象として行うものとする。
一　係員の官職のうち、政策の企画及び立案又は調査及び研究に関する事務をその職務とする官職その他これらに類する官職であつて政令で定めるもの（第３号に掲げるものを除く。）
二　定型的な事務をその職務とする係員の官職その他の係員の官職（前号及び次号に掲げるものを除く。）
三　係員の官職のうち、特定の行政分野に係る専門的な知識を必要とする事務をその職務とする官職として政令で定めるもの
四　係員の官職より上位の職制上の段階に属する官職のうち、民間企業における実務の経験その他これに類する経験を有する者を採用することが適当なものとして政令で定めるもの
②　採用試験の種類は、次に掲げるとおりとする。
一　総合職試験（前項第１号に掲げる官職への採用を目的とした競争試験をいう。）であつて、一定の範囲の知識、技術その他の能力（以下この項において「知識等」という。）を有する者として政令で定めるものごとに、受験者が同号に掲げる官職の属する職制上の段階の標準的な官職に係る標準職務遂行能力及び同号に掲げる官職についての適性を有するかどうかを判定することを目的として行うそれぞれの採用試験
二　一般職試験（前項第２号に掲げる官職への採用を目的とした競争試験をいう。）であつて、一定の範囲の知識等を有する者として政令で定めるものごとに、受験者が同号に掲げるう。）に記載された者の中から、法第56条に規定する面接（以下この款において「面接」という。）を行い、その結果を考慮して行うものとする。
2　任命権者は、面接を行うに当たっては、法第27条に規定する平等取扱の原則その他の第２条及び第３条に規定する任免の基本原則等に留意して、公正に行わなければならない。

（名簿からの採用の方法の特例）
第９条　任命権者は、補充しようとする官職と職務の内容が十分類似し、かつ、職務の複雑と責任の度が上位の官職への名簿がある場合には、前条第１項の規定にかかわらず、その名簿に記載されている者の中から面接を行い、その結果を考慮して採用することができる。
2　任命権者は、補充しようとする官職に係る名簿がない場合又は当該官職に係る名簿において、当該官職を志望すると認められる採用候補者が５人に満たない場合には、前条第１項の規定にかかわらず、人事院が定める基準に従い、他の名簿に記載されている者の中から面接を行い、その結果を考慮して採用することができる。
3　任命権者は、補充しようとする官職に係る名簿に記載されている者をもって当該官職を補充することが困難であると人事院が認めたときは、前条第１項及び前項の規定にかかわらず、補充しようとする官職と職務の内容が十分類似し、かつ、職務の複雑と責任の度が同等の官職を対象とする当該名簿以外の名簿で人事院が指定するものに記載されている者であって、補充しようとする官職を対象として行われた採用試験の合格点に相当する点以上の得点のものの中から面接を行い、その結果を考慮して採用することができる。
4　任命権者は、規則８－18（採用試験）第３条第２項第１号に掲げる採用試験のうち、次の各号に掲げる採用試験の対象となる本省庁（会計検査院、人事院、内閣官房、内閣法制局、内閣府、宮内庁、内閣府設置法（平成11年法律第89号）第49条第１項及び第２項に規定する機関、デジタル庁並びに国家行政組織法（昭和23年法律第120号）第３条に規定する国の行政機関に置かれる組織のうち、内部部局又はこれに準ずる組織として人事院が定めるものをいう。以下この項において同じ。）に属する官職について、当該官職を対象とする名簿（以下この項において「対象名簿」という。）に記載されている者のみでは本省庁に属する官職に求められる適性等を有する者を十分に得るこ

3　前項の規定による場合以外の場合には、この条の第２項の規定により、試験機関（第９条第５項に規定する試験機関をいう。以下同じ。）（次の各号に掲げる採用試験にあっては、当該各号に定める者とする。以下この項において同じ。）が適当と認める他の名簿に記載されている者を採用することができる。この場合において、試験機関は、任命権者が補充しようとする官職と職務の複雑と責任の度が同等で職務内容が十分類似している官職を対象とする名簿（対象試験と異なる種類の規則８－18第３条に掲げる採用試験（同条第４項に掲げるものにあっては、経験者採用試験である採用試験）及び異なる区分の区分試験の結果に基づき作成された名簿を含む。）を適当な名簿として認めるものとする。
一　規則８－18第３条に掲げる採用試験（同条第４項に掲げるものにあっては経験者採用試験である採用試験とし、同条第１項及び第３項第６号に掲げるもの並びに次号に掲げるものを除く。）　人事院事務総長
二　規則８－18第３条第２項第１号に掲げる採用試験のうち行政及び教養の区分試験、同項第２号に掲げる採用試験のうち事務、事務（社会人）、技術及び技術（社会人）の区分試験並びに第３項第３号及び第９号に掲げる採用試験　人事院地方事務局長又は人事院沖縄事務所長
4　前項の規定による他の名簿の認定の申請手続は、「任用関係の承認申請等の手続について（平成21年３月18日人企－537）」第１項に規定する手続による。
5　この条の第４項の「人事院が定めるもの」は、会計検査院、人事院、内閣官房、内閣法制局、内閣府、宮内庁、内閣府設置法第49条第１項及び第２項に規定する機関、デジタル庁、復興庁並びに国家行政組織法第３条に規定する国の行政機関に置かれる組織のうち、次に掲げるもの以外のものとする。
(1)　内閣府設置法第39条及び第55条並びに宮内庁法第16条第２項の機関、国家行政組織法第８条の２の施設等機関並びに人事院事務総局に置かれるこれらに類する組織
(2)　内閣府設置法第40条及び第56条（宮内庁法第18条第１項において準用する場合を含む。）並びに国家行政組織法第８条の３の特別の機関（警察庁の内部部局を除く。）、デジタル庁設置法第14条第１項のデジタル社会推進会議並びに復興庁設置法第13条第１項の復興推進会議
(3)　内閣府設置法第43条及び第57条（宮内庁法第18条第１項において準用する場合を含む。）、宮内庁法第17条第１項並

官職の属する職制上の段階の標準的な官職に係る標準職務遂行能力及び同号に掲げる官職についての適性を有するかどうかを判定することを目的として行うそれぞれの採用試験

三　専門職試験（前項第３号に掲げる官職への採用を目的とした競争試験をいう。）であつて、同号に規定する特定の行政分野に応じて一定の範囲の知識等を有する者として政令で定めるものごとに、受験者が同号に掲げる官職の属する職制上の段階の標準的な官職に係る標準職務遂行能力及び同号に掲げる官職についての適性を有するかどうかを判定することを目的として行うそれぞれの採用試験

四　経験者採用試験（前項第４号に掲げる官職への採用を目的とした競争試験をいう。）であつて、同号に規定する職制上の段階その他の官職に係る分類に応じて一定の範囲の知識等を有する者として政令で定めるものごとに、受験者が同号に掲げる官職の属する職制上の段階の標準的な官職に係る標準職務遂行能力及び同号に掲げる官職についての適性を有するかどうかを判定することを目的として行うそれぞれの採用試験

③　採用試験により確保すべき人材に関する事項は、前項各号に掲げる採用試験の種類ごとに、政令で定める。

④　前３項の政令は、人事院の意見を聴いて定めるものとする。

（採用試験の方法等）

第45条の３　採用試験の方法、試験科目、合格者の決定の方法その他採用試験に関する事項については、この法律に定めのあるものを除いては、前条第２項各号に掲げる採用試験の種類に応じ、人事院規則で定める。

（採用試験の公開平等）

第46条　採用試験は、人事院規則の定める受験の資格を有するすべての国民に対して、平等の条件で公開されなければならない。

（採用試験の告知）

第47条　採用試験の告知は、公告によらなければならない。

②　前項の告知には、その採用試験に係る官職についての職務及び責任の概要及び給与、受験の資格要件、採用試験の時期及び場所、願書の入手及び提出の場所、時期及び手続その他の必要な受験手続並びに人事院が必要と認めるその他の注意事項を記載するものとする。

とができないと見込まれるときは、前条第１項及び前２項の規定にかかわらず、当該各号に掲げる採用試験の区分に応じ、当該各号に定める名簿に記載されている者で本省庁に属する官職に求められる適性等を有すると認めるものの中から面接を行い、その結果を考慮して採用することができる。

一　規則８－18第４条第１項の規定により区分された行政の採用試験であって、同規則第５条第１項の規定により区分されたもの　当該区分された採用試験の結果に基づいて作成された名簿であって、対象名簿以外のもの

二　規則８－18第４条第１項の規定により区分された教養の採用試験であって、同規則第５条第１項の規定により区分されたもの　当該区分された採用試験の結果に基づいて作成された名簿であって、対象名簿以外のもの

5　任命権者は、補充しようとする官職に係る名簿及び第１項の名簿以外の名簿に記載されている採用候補者についてやむを得ない事情がある場合において、試験機関（規則８－18第11条第１項に規定する試験機関をいう。以下同じ。）がその者の得点等を考慮して適当と認めるときは、前条第１項及び前各項の規定にかかわらず、その者について面接を行い、その結果を考慮して採用することができる。

6　任命権者は、採用候補者が現に常勤官職に任命されているときは、前条第１項の規定にかかわらず、その者について面接を行い、その結果を考慮して、昇任させ、転任させ、配置換し、又はその者の同意を得て降任させることができる。

（名簿の作成）

第10条　試験機関は、規則８－18第24条の規定により採用試験の最終の合格者を決定した後、直ちに、同規則第３条第１項から第３項までに定められた名称又は同条第４項の規定に基づき定められた名称の採用試験（同規則第４条第１項若しくは第２項又は第５条第１項の規定により区分されている場合には、それぞれ同規則第４条第３項に規定する区分試験又は同規則第５条第２項に規定する地域試験）ごとに名簿を作成する。

2　名簿には、規則８－18第24条に規定する最終の合格者の氏名及び得点を、その得点順に記載するものとする。

3　名簿は、試験機関が規則８－18第24条に規定する最終の合格者を発表した日から、効力を生ずる。

びに国家行政組織法第９条の地方支分部局、復興庁設置法第17条第１項の地方機関並びに人事院事務総局に置かれるこれらに類する組織

6　この条の第５項の「やむを得ない事情」とは、転入学、転居等による地域的移動をいう。

7　この条の第５項の規定により試験機関が適当と認めるに当たっては、次の要件を満たしていることを必要とする。

(1)　当該名簿の対象官職とその採用候補者が記載されている名簿の対象官職とがその職務の複雑と責任の度において同等であり、かつ、職務内容が類似していること。

(2)　その者の得点から考慮して、当該名簿が作成された採用試験を受けたならば合格点以上を得たであろうと認められること。

8　この条の第６項の規定の趣旨は、名簿からの任命は、本来採用の方法によるべきものとされているが、現に常勤官職に任命されている職員（臨時的職員を除く。）であるときには、その者が辞職することなく、昇任させ、転任させ、配置換し、又はその者の同意を得て降任させることができることとするものである。なお、同項の規定に基づいて条件付採用期間中の職員を昇任させ、転任させ、配置換し、又はその者の同意を得て降任させるに当たっては、条件付採用期間が設けられている趣旨に反しないよう留意しなければならない。

第12条関係

この条の第２項の規定により採用候補者の任命の結果について通知する場合の手続は、「任用関係の承認申請等の手続について」第２項に規定する手続による。

第13条関係

この条の第１項の規定による復活は、次の各号に掲げる者については、それぞれ当該各号に定める場合に行うものとする。

一　第12条第１項第２号又は第３号に該当して名簿から削除された採用候補者　当該名簿から採用される意思があると明らかに認められる場合

二　第12条第１項第４号又は第５号に該当して削除された採用候補者　その事由が消滅したと認められる場合

第15条関係

この条の規定による閲覧に当たっては、名簿管理者は、名簿

③　第１項の規定による公告は、人事院規則の定めるところにより、受験の資格を有するすべての者に対し、受験に必要な事項を周知させることができるように、これを行わなければならない。
④　人事院は、受験の資格を有すると認められる者が受験するように、常に努めなければならない。
⑤　人事院は、公告された採用試験又は実施中の採用試験を、取り消し又は変更することができる。

（試験機関）
第48条　採用試験は、人事院規則の定めるところにより、人事院の定める試験機関が、これを行う。

（採用試験の時期及び場所）
第49条　採用試験の時期及び場所は、国内の受験資格者が、無理なく受験することができるように、これを定めなければならない。

（名簿の作成）
第50条　採用試験による職員の採用については、人事院規則の定めるところにより、採用候補者名簿を作成するものとする。

（採用候補者名簿に記載される者）
第51条　採用候補者名簿には、当該官職に採用することができる者として、採用試験において合格点以上を得た者の氏名及び得点を記載するものとする。

（名簿の閲覧）
第52条　採用候補者名簿は、受験者、任命権者その他関係者の請求に応じて、常に閲覧に供されなければならない。

（名簿の失効）
第53条　採用候補者名簿が、その作成後１年以上を経過したとき、又は人事院の定める事由に該当するときは、いつでも、人事院は、任意に、これを失効させることができる。

（採用昇任等基本方針）
第54条　内閣総理大臣は、公務の能率的な運営を確保する観点から、あらかじめ、次条第１項に規定する任命権者及び法律で別

（名簿の管理等）
第11条　試験機関の長は、名簿管理者として、その機関が作成する名簿に関することを管理する。
2　前項の権限は、部内の職員に委任することができる。この場合においては、その委任を受けた者を名簿管理者とする。
3　名簿管理者は、任命権者の求めに応じ、任命権者が採用を行うに当たり必要な範囲で、採用候補者に関する情報を提供することができる。
4　名簿管理者は、採用試験による職員の採用が公正に行われるよう、名簿を適正に管理しなければならない。
5　名簿管理者は、第３項の規定に基づき任命権者に情報を提供する場合又は第15条の規定に基づき名簿を閲覧に供する場合には、正確な内容を適切な範囲で提供し、又は開示しなければならない。

（採用候補者の削除）
第12条　名簿管理者は、採用候補者が次の各号のいずれかに該当する場合には、当該採用候補者を名簿から削除しなければならない。
一　当該名簿から任命された場合
二　当該名簿から任命される意思のないことを名簿管理者又は関係の任命権者に申し出た場合
三　前号に掲げる場合のほか、任命に関する再三の照会に応答しないこと等の事由により当該名簿から任命される意思がないと認められる場合
四　試験機関の調査の結果、心身の故障のため当該名簿の対象となる官職の職務の遂行に支障があり、又はこれに堪えないことが明らかとなった場合
五　試験機関の調査の結果、前号に掲げる場合のほか、当該名簿の対象となる官職に必要な適格性を欠くことが明らかとなった場合
六　試験機関の調査の結果、当該名簿の対象となる官職に係る採用試験を受ける資格が欠けていたことが明らかとなった場合
七　試験機関の調査の結果、当該名簿の対象となる官職に係る採用試験の受験の申込み又は当該採用試験において、主要な事実について虚偽又は不正の行為をしたことが明らかとなった場合
八　死亡した場合

に記載されている事項に個人情報の保護に関する法律（平成15年法律第57号）第２条第１項に規定する個人情報が含まれることを踏まえ、受験者、任命権者その他の関係者に応じて、閲覧の範囲を適当な範囲に限るものとする。

第16条関係
1　名簿の有効期間内に当該名簿の対象となる官職につき新たな名簿が作成されたときは、試験機関は、新旧両名簿を統合して名簿を作成することができる。
2　名簿の訂正又は変更は、第12条第１項又は第13条第１項の規定による場合のほか、名簿の作成の過程における漏れ、書き損じその他の事務上の誤り及び採用候補者の氏名その他の名簿の記載事項についての変更があったことを確認した場合に限り、行うことができる。

第17条関係
この条の第１項の「人事院が定める事項」は、名簿の名称、試験区分、採用予定年月日その他名簿管理者が必要と認める事項とする。

第18条関係
1　この条の第１項第１号及び第７号の「これらに準ずる職」とは、人事院規則12－０（職員の懲戒）第９条各号に掲げる法人（行政執行法人以外の独立行政法人通則法第２条第１項に規定する独立行政法人、国立大学法人法（平成15年法律第112号）第２条第１項に規定する国立大学法人及び同条第３項に規定する大学共同利用機関法人を除く。）（この条の第１項第７号ロにあっては、株式会社であるものを除く。）に属する職をいう。
2　この条の第１項第１号の「正式に就いている者」とあるのは、条件付任用期間中の者及びこれに類する者、臨時的に任用されている者並びに非常勤の者を除く趣旨である。
なお、同号の適用について、同号に規定する職に現に正式に就いている者をもって補充しようとする官職がその者が現に就いている職と同等以下であるかどうかについて疑義のある場合には、人事院と協議するものとする。
3　この条の第１項第２号の「正式に任命されていた官職」には、条件付任用期間中に任命されていた官職（条件付任用期間の終了後任命されていたものを除く。）、臨時的に任用されていた官職及び非常勤官職（第47条第３項に規定する非常勤官職をいう。

に定められた任命権者と協議して職員の採用、昇任、降任及び転任に関する制度の適切かつ効果的な運用を確保するための基本的な方針（以下「採用昇任等基本方針」という。）の案を作成し、閣議の決定を求めなければならない。

② 採用昇任等基本方針には、第33条の2に規定する基本的事項のほか、次に掲げる事項を定めるものとする。

一 職員の採用、昇任、降任及び転任に関する制度の適切かつ効果的な運用に関する基本的な指針

二 第56条の採用候補者名簿による採用及び第57条の選考による採用に関する指針

三 第58条の昇任及び転任に関する指針

四 管理職への任用に関する基準その他の指針

五 任命権者を異にする官職への任用に関する指針

六 職員の公募（官職の職務の具体的な内容並びに当該官職に求められる能力及び経験を公示して、当該官職の候補者を募集することをいう。次項において同じ。）に関する指針

七 官民の人材交流に関する指針

八 子の養育又は家族の介護を行う職員の状況を考慮した職員の配置その他の措置による仕事と生活の調和を図るための指針

九 前各号に掲げるもののほか、職員の採用、昇任、降任及び転任に関する制度の適切かつ効果的な運用を確保するために必要な事項

③ 前項第6号の指針を定めるに当たつては、犯罪の捜査その他特殊性を有する職務の官職についての公募の制限に関する事項その他職員の公募の適正を確保するために必要な事項に配慮するものとする。

④ 内閣総理大臣は、第1項の規定による閣議の決定があつたときは、遅滞なく、採用昇任等基本方針を公表しなければならない。

⑤ 第1項及び前項の規定は、採用昇任等基本方針の変更について準用する。

⑥ 任命権者は、採用昇任等基本方針に沿つて、職員の採用、昇任、降任及び転任を行わなければならない。

（任命権者）

第55条 任命権は、法律に別段の定めのある場合を除いては、内閣、各大臣（内閣総理大臣及び各省大臣をいう。以下同じ。）、会計検査院長及び人事院総裁並びに宮内庁長官及び各外局の長

2 任命権者は、採用候補者が前項第1号から第3号までに掲げる場合に該当すると認めたときは、その旨を名簿管理者に速やかに通知しなければならない。

3 名簿管理者は、第1項の規定により採用候補者を名簿から削除したとき（同項第1号、第2号又は第8号に掲げる場合に該当して削除したときを除く。）は、その旨を本人に通知しなければならない。

（採用候補者の復活）

第13条 名簿管理者は、前条第1項第2号から第5号までに掲げる場合のいずれかに該当して名簿から削除された採用候補者から当該名簿への復活の申出があった場合において、相当の理由があると認めるときは、当該採用候補者を当該名簿に復活することができる。

2 名簿管理者は、前項の規定により採用候補者を名簿に復活し、又は復活しなかったときは、その旨を本人に通知しなければならない。

（名簿の有効期間）

第14条 名簿の有効期間は、名簿の効力が発生した日から1年とする。ただし、次の各号に掲げる採用試験に係る名簿にあっては、当該各号に定める期間とする。

一 規則8－18第3条第1項、第2項第1号並びに第3項第7号、第8号及び第11号に掲げる採用試験（次号及び第3号に掲げるものを除く。） 5年

二 規則8－18第3条第1項第2号に掲げる採用試験のうち同規則第4条第1項の規定により区分された教養の採用試験 6年6月

三 規則8－18第3条第2項第1号に掲げる採用試験のうち同規則第4条第1項の規定により区分された教養の採用試験 6年

四 規則8－18第3条第3項第12号に掲げる採用試験 1年3月

2 名簿管理者は、災害その他特別の事情により、前項の規定により難いと認める場合には、同項の規定にかかわらず、必要と認める期間、当該名簿の有効期間を延長することができる。この場合において、名簿管理者は、その旨を官報により告知しなければならない。

3 名簿管理者は、採用候補者が第1項に定める名簿の有効期間

以下同じ。）は含まれない。

なお、同号の適用について、かつて職員であった者をもって補充しようとする官職がその者がかつて正式に任命されていた官職と職務の複雑と責任の度が同等以下であるかどうかについて疑義のある場合には、人事院と協議するものとする。

4 選考により職員をこの条の第1項第3号に掲げる官職に採用する場合には、次に掲げる基準を満たさなければならない。ただし、特別の事情により次に掲げる基準により難い場合には、あらかじめ選考による採用について人事院事務総長の承認を得て、同号の規定により職員を選考により採用することができる。

一 当該採用が、法第34条第2項に規定する標準的な官職（以下「標準的な官職」という。）が標準的な官職を定める政令に規定する内閣官房令で定める標準的な官職等を定める内閣官房令（平成21年内閣府令第2号）第5条第1項若しくは第2項の表の下欄に掲げる研究官である職制上の段階に属する官職又は当該官職に相当する行政執行法人の官職に、補充しようとする官職の職務内容と関連する学問を専攻し、大学院設置基準（昭和49年文部省令第28号）に規定する大学院修士課程の修了要件を満たした者で高度の研究業績を有するもの又は大学院設置基準に規定する大学院博士課程の修了要件を満たした者若しくは外国の大学院博士課程において修業し、当該修了要件と同等と認められる要件を満たした者をもって補充するものであること。

二 当該選考の対象者の募集に当たって、インターネットの利用、公共職業安定所への求人の申込み等による告知を行うなどできる限り広く募集が行われていること。この場合において、任命権者は、十分な期間を設けて周知するとともに、できる限り多様な方法によるよう努めなければならない。

三 当該選考が、採用しようとする官職の職務遂行の能力の有無を的確に判定し得る複数の者によって構成される選考委員会の審査を経て行われていること。

5 前項ただし書並びにこの条の第1項第6号及び第10号の規定による承認の申請手続は、「任用関係の承認申請等の手続について」第3項に規定する手続による。

6 障害者の雇用の促進等に関する法律（昭和35年法律第123号）第7条の3に規定する障害者活躍推進計画に基づき職員を採用する官職であり、採用試験によることが不適当であると認められるものについて、この条の第1項第10号に規定する人事院の承認を得て選考により職員を採用しようとする場合において、

に属するものとする。これらの機関の長の有する任命権は、その部内の機関に属する官職に限られ、内閣の有する任命権は、その直属する機関（内閣府及びデジタル庁を除く。）に属する官職に限られる。ただし、外局の長（国家行政組織法第７条第５項に規定する実施庁以外の庁にあつては、外局の幹部職）に対する任命権は、各大臣に属する。

② 前項に規定する機関の長たる任命権者は、幹部職以外の官職（内閣が任命権を有する場合にあつては、幹部職を含む。）の任命権を、その部内の上級の国家公務員（内閣が任命権を有する幹部職にあつては、内閣総理大臣又は国務大臣）に限り委任することができる。この委任は、その効力が発生する日の前に、書面をもつて、これを人事院に提示しなければならない。

③ この法律、人事院規則及び人事院指令に規定する要件を備えない者は、これを任命し、雇用し、昇任させ若しくは転任させてはならず、又はいかなる官職にも配置してはならない。

（採用候補者名簿による採用）

第56条　採用候補者名簿による職員の採用は、任命権者が、当該採用候補者名簿に記載された者の中から、面接を行い、その結果を考慮して行うものとする。

（選考による採用）

第57条　選考による職員の採用（職員の幹部職への任命に該当するものを除く。）は、任命権者が、任命しようとする官職の属する職制上の段階の標準的な官職に係る標準職務遂行能力及び当該任命しようとする官職についての適性を有すると認められる者の中から行うものとする。

（昇任、降任及び転任）

第58条　職員の昇任及び転任（職員の幹部職への任命に該当するものを除く。）は、任命権者が、職員の人事評価に基づき、任命しようとする官職の属する職制上の段階の標準的な官職に係る標準職務遂行能力及び当該任命しようとする官職についての適性を有すると認められる者の中から行うものとする。

② 任命権者は、職員を降任させる場合（職員の幹部職への任命に該当する場合を除く。）には、当該職員の人事評価に基づき、任命しようとする官職の属する職制上の段階の標準的な官職に係る標準職務遂行能力及び当該任命しようとする官職についての適性を有すると認められる官職に任命するものとする。

内において採用される時期についての希望を書面で申し出た場合には、その申出の内容を関係の任命権者に通知しなければならない。

（名簿の閲覧）

第15条　名簿管理者は、受験者、任命権者その他の関係者の請求に応じて、その執務時間中、名簿を閲覧に供しなければならない。

（名簿に関するその他の事項）

第16条　第10条から前条までに定めるもののほか、名簿の作成又は名簿の管理に関し必要な事項は人事院が定める。

（任命しようとする者の通知）

第17条　任命権者は、第８条又は第９条の規定に基づき名簿に記載されている者の中から任命しようとする者を選択した場合には、その者の氏名その他人事院が定める事項を速やかに名簿管理者に通知するものとする。

2 名簿管理者は、１人の採用候補者について複数の任命権者から前項の通知を受けた場合等であって必要と認めるときは、当該採用候補者の名簿からの任命について調整を行うものとする。

（選考による職員の採用）

第18条　法第36条に規定する選考の方法によることを妨げない場合として人事院規則で定める場合は、職員を同条に規定する係員の官職のうち次に掲げる官職に採用しようとする場合とする。

一　特別職に属する職、地方公務員の職、行政執行法人以外の独立行政法人（国立大学法人法（平成15年法律第112号）第２条第１項に規定する国立大学法人及び同条第３項に規定する大学共同利用機関法人を含む。第７号及び第32条第１号において同じ。）に属する職、沖縄振興開発金融公庫に属する職その他これらに準ずる職に現に正式に就いている者をもって補充しようとする官職でその者が現に就いている職と同等以下と認められるもの

二　かつて職員であった者をもって補充しようとする官職でその者がかつて正式に任命されていた官職と職務の複雑と責任の度が同等以下と認められるもの

三　採用試験を行っても十分な競争者が得られないことが予想される官職又は職務と責任の特殊性により職務の遂行能力に

採用しようとする者が同法第37条第２項に規定する対象障害者であるときは、あらかじめ同号に規定する人事院の承認を得たものとみなす。

7　任命権者は、前項の規定を適用して採用を行った場合には、遅滞なく、次に掲げる事項を記載した文書により人事院事務総長に報告するものとする。

一　採用官職（職務の級及び所属部課名）

二　職務の内容その他官職の特殊性

三　採用試験によることが不適当であると認める理由

四　選考の方法及び選考結果の概要

五　採用者の氏名

六　採用年月日

8　この条の第３項の協議は、「任用関係の承認申請等の手続について」第４項に規定する手続により、任命権者がその採用の決定を行う前に協議手続が終了するよう十分な余裕をもって行うものとする。

9　この条の第３項の協議は、次の各号のいずれかに掲げる場合であって、第25条各号に定める要件及び第30条第１項各号に掲げる要件を満たしている者と同等と認められる者（第25条各号に定める要件並びに同項第２号及び第３号に掲げる要件を満たしている者と同等と認められる者であって、同項第１号に掲げる要件を満たしている者と同等と認められないものにあっては、第19条に規定する官職に係る能力及び適性（以下「官職に係る能力及び適性」という。）の有無を的確に判定し得る複数の者によって構成される選考委員会が第31条関係第３項各号に掲げる要件を満たすと認める者）を採用するときには要しないものとする。

一　特別職に属する職、地方公務員の職、沖縄振興開発金融公庫に属する職若しくは人事院規則12－０第９条各号に掲げる法人に属する職（第25条関係第４項において「特別職に属する職等」という。）に現に正式に就いている者又は港湾法（昭和25年法律第218号）第43条の29第１項若しくは民間資金等の活用による公共施設等の整備等の促進に関する法律（平成11年法律第117号）第78条第１項に規定する国派遣職員（第25条関係第４項において単に「国派遣職員」という。）を採用する場合

二　法第60条の２第１項に規定する年齢60年以上退職者を同項の規定により採用する場合

10　任命権者は、前項の規定により採用を行った場合（同項に規

③　国際機関又は民間企業に派遣されていたこと等の事情により、人事評価が行われていない職員の昇任、降任及び転任（職員の幹部職への任命に該当するものを除く。）については、前２項の規定にかかわらず、任命権者が、人事評価以外の能力の実証に基づき、任命しようとする官職の属する職制上の段階の標準的な官職に係る標準職務遂行能力及び当該任命しようとする官職についての適性を判断して行うことができる。

（条件付任用）
第59条　職員の採用及び昇任は、職員であつた者又はこれに準ずる者のうち、人事院規則で定める者を採用する場合その他人事院規則で定める場合を除き、条件付のものとし、職員が、その官職において６月の期間（６月の期間とすることが適当でないと認められる職員として人事院規則で定める職員にあつては、人事院規則で定める期間）を勤務し、その間その職務を良好な成績で遂行したときに、正式のものとなるものとする。
②　前項に定めるもののほか、条件付任用に関し必要な事項は、人事院規則で定める。

（臨時的任用）
第60条　任命権者は、人事院規則の定めるところにより、緊急の場合、臨時の官職に関する場合又は採用候補者名簿がない場合には、人事院の承認を得て、６月を超えない任期で、臨時的任用を行うことができる。この場合において、その任用は、人事院規則の定めるところにより人事院の承認を得て、６月の期間で、これを更新することができるが、再度更新することはできない。
②　人事院は、臨時的任用につき、その員数を制限し、又は、任用される者の資格要件を定めることができる。
③　人事院は、前２項の規定又は人事院規則に違反する臨時的任用を取り消すことができる。
④　臨時的任用は、任用に際して、いかなる優先権をも与えるものではない。
⑤　前各項に定めるもののほか、臨時的に任用された者に対しては、この法律及び人事院規則を適用する。

（定年前再任用短時間勤務職員の任用）
第60条の２　任命権者は、年齢60年に達した日以後にこの法律の規定により退職（臨時的職員その他の法律により任期を定めて

ついて職員の順位の判定が困難な官職で、選考による採用について人事院が定める基準を満たすもの（次号に規定する人事院が定める官職を除く。）
四　特別の知識、技術又はその他の能力を必要とする官職で、当該特別の知識、技術又はその他の能力に照らして採用試験によることが不適当であると認められるものとして人事院が定めるもの
五　庁舎の監視その他の庁務等を職務の内容とする官職で、当該職務の内容に照らして採用試験によることが不適当であると認められるものとして人事院が定めるもの
六　補充しようとする官職に係る名簿がない官職又は補充しようとする官職に係る名簿において、当該官職を志望すると認められる採用候補者が５人に満たない官職で選考による採用について人事院の承認を得たもの
七　次に掲げる者をもって補充しようとする官職（第１号及び第２号に掲げる官職を除く。）
イ　かつて職員であった者で、任命権者の要請に応じ、引き続き特別職に属する職、地方公務員の職、行政執行法人以外の独立行政法人に属する職、沖縄振興開発金融公庫に属する職その他これらに準ずる職に就き、引き続いてこれらの職に就いているもの（これらの職のうち一の職から他の職に１回以上引き続いて異動した者を含む。）又は港湾法（昭和25年法律第218号）第43条の29第１項若しくは民間資金等の活用による公共施設等の整備等の促進に関する法律（平成11年法律第117号）第78条第１項に規定する国派遣職員（第32条第１号において単に「国派遣職員」という。）
ロ　特別職に属する職、地方公務員の職、行政執行法人以外の独立行政法人に属する職、沖縄振興開発金融公庫に属する職その他これらに準ずる職に就いている者で、採用後一定期間を経過した後に退職し、これらの職に復帰することが前提とされているもの
八　育児休業法第７条第１項又は第23条第１項の規定により任期を定めて採用された者をもって補充しようとする官職
九　配偶者同行休業法第７条第１項の規定により任期を定めて採用された者をもって補充しようとする官職
九の二　第42条第２項の規定により任期を定めて採用された者をもって補充しようとする同項第３号に掲げる官職
十　その他採用試験によることが不適当であると認められる官職で選考による採用について人事院の承認を得たもの

定する選考委員会によらない場合に限る。）には、その旨を報告するものとする。
11　前項の報告は、「任用関係の承認申請等の手続について」第５項に規定する手続により、採用後、原則として１週間以内に行うものとする。
12　任命権者は、第９項の規定により採用を行った場合（第10項に規定する場合を除く。）には、次に掲げる事項を記載した文書により人事院に報告するものとする。
一　採用された官職及びその職務の内容
二　採用された者の氏名
三　採用された者が有する顕著な業績等
四　採用年月日
五　採用に当たっての基準、第９項に規定する選考委員会の構成及び結果の概要
六　その他参考となる事項

第21条関係
1　任命権者は、この条の各号に掲げる能力実証方法の中から３以上（第１号に掲げる方法及び第２号に掲げる方法の中からそれぞれ少なくとも１以上）選択するものとする。
2　前項の規定にかかわらず、第22条第１項第３号に該当して同項ただし書の規定により同項に規定する募集を行わない場合における能力実証方法については、任命権者は、この条の第２号に掲げる方法の中から１以上選択すれば足りるものとする。この場合において、同号の「過去の経歴の有効性についての経歴評定」には、第42条第２項の規定により同項第３号に掲げる官職に任期を定めて採用された職員としての従前の勤務実績の評価が含まれる。

第22条関係
この条の規定により募集を行う場合には、十分な期間を設けて周知するよう努めるとともに、できる限り多様な方法によるよう努めなければならない。

第24条関係
1　第18条第１項第３号に掲げる官職への選考による採用に係るこの条の規定による報告は、前年度における状況について、毎年５月31日までに、次に掲げる事項を記載した文書により行うものとする。

任用される職員及び常時勤務を要しない官職を占める職員が退職する場合を除く。）をした者（以下この条及び第82条第２項において「年齢60年以上退職者」という。）又は年齢60年に達した日以後に自衛隊法（昭和29年法律第165号）の規定により退職（自衛官及び同法第44条の６第３項各号に掲げる隊員が退職する場合を除く。）をした者（以下この項及び第３項において「自衛隊法による年齢60年以上退職者」という。）を、人事院規則で定めるところにより、従前の勤務実績その他の人事院規則で定める情報に基づく選考により、短時間勤務の官職（当該官職を占める職員の１週間当たりの通常の勤務時間が、常時勤務を要する官職でその職務が当該短時間勤務の官職と同種の官職を占める職員の１週間当たりの通常の勤務時間に比し短い時間である官職をいう。以下この項及び第３項において同じ。）（一般職の職員の給与に関する法律別表第11に規定する指定職俸給表の適用を受ける職員が占める官職及びこれに準ずる行政執行法人の官職として人事院規則で定める官職（第４項及び第６節第１款第２目においてこれらの官職を「指定職」という。）を除く。以下この項及び第３項において同じ。）に採用することができる。ただし、年齢60年以上退職者又は自衛隊法による年齢60年以上退職者がこれらの者を採用しようとする短時間勤務の官職に係る定年退職日相当日（短時間勤務の官職を占める職員が、常時勤務を要する官職でその職務が当該短時間勤務の官職と同種の官職を占めているものとした場合における第81条の６第１項に規定する定年退職日をいう。次項及び第３項において同じ。）を経過した者であるときは、この限りでない。

② 前項の規定により採用された職員（以下この条及び第82条第２項において「定年前再任用短時間勤務職員」という。）の任期は、採用の日から定年退職日相当日までとする。

③ 任命権者は、年齢60年以上退職者又は自衛隊法による年齢60年以上退職者のうちこれらの者を採用しようとする短時間勤務の官職に係る定年退職日相当日を経過していない者以外の者を当該短時間勤務の官職に採用することができず、定年前再任用短時間勤務職員のうち当該定年前再任用短時間勤務職員を昇任し、降任し、又は転任しようとする短時間勤務の官職に係る定年退職日相当日を経過していない定年前再任用短時間勤務職員以外の職員を当該短時間勤務の官職に昇任し、降任し、又は転任することができない。

④ 任命権者は、定年前再任用短時間勤務職員を、指定職又は指定職以外の常時勤務を要する官職に昇任し、降任し、又は転任

2　人事院は、前項第４号又は第５号の規定により官職を定めた場合には、その官職を官報により告知しなければならない。

3　任命権者は、選考により職員を特定官職（特定幹部職（法第34条第１項第６号に規定する幹部職（第25条第３号及び第30条第１項において「幹部職」という。）で、人事院、検察庁、会計検査院又は警察庁に属するもの以外のものをいう。以下同じ。）に該当する官職を除く。）に採用しようとする場合には、人事院と協議しなければならない。

（選考の目的）

第19条　選考は、選考される者が、補充しようとする官職の属する職制上の段階の標準的な官職に係る法第34条第１項第５号に規定する標準職務遂行能力及び当該補充しようとする官職についての適性（以下「官職に係る能力及び適性」という。）を有するかどうかを判定することを目的とする。

（選考に関する権限）

第20条　任命権者は、選考に関し次に掲げる権限及び責務を有する。

一　選考を実施すること。

二　選考の実施に必要な事項について調査を行うこと。

三　その他法及び規則によりその権限に属させられた事項

2　前項の権限は、部内の職員に委任することができる。

3　人事院は、任命権者（前項の規定により第１項の権限が委任されている場合には、その委任を受けた者）の委任を受けて、第１項に掲げる権限の一部を行うことができる。

（選考の方法）

第21条　選考は、選考される者が、官職に係る能力及び適性を有するかどうかを、経歴、知識又は資格を有すること等を要件とする任命権者が定める基準に適合しているかどうかに基づいて判定するものとし、その判定は、人事院が定めるところにより、任命権者が次に掲げる方法により行うものとする。

一　一般的な知識及び知能若しくは専門的な知識、技術等についての筆記試験若しくは文章による表現力若しくは課題に関する理解力等についての論文試験若しくは作文試験又はこれらに代わる適当な方法

二　人柄、性向等についての人物試験、技能等の有無についての実地試験又は過去の経歴の有効性についての経歴評定

なお、第18条関係第４項ただし書の規定によりあらかじめ人事院事務総長の承認を得た場合には、当該報告を要しないものとする。

(1)　採用官職（職務の級及び所属部課名）

(2)　当該官職に係る職務の内容

(3)　採用試験を行っても十分な競争者が得られないことが予想される理由又は職務と責任の特殊性により職務遂行の能力について職員の順位の判定が困難である理由

(4)　採用者の氏名

(5)　採用年月日

(6)　採用者の有する学位、資格、実務の経験等の内容

(7)　募集の時期、公募等の方法及び範囲

(8)　同項第３号に規定する選考委員会の構成及び選考の経緯

(9)　その他参考となる事項

2　第18条第１項第８号から第９号の２に掲げる官職への選考による採用に係るこの条の規定による報告は、前年度における状況について、毎年５月31日までに、次に掲げる事項を記載した文書により行うものとする。

(1)　採用官職（職務の級及び所属部課名）

(2)　採用者の氏名

(3)　任期

(4)　用いた選考の方法

3　特定幹部職（第18条第３項に規定する特定幹部職をいう。以下同じ。）への選考による採用に係るこの条の規定による報告は、「任用関係の承認申請等の手続について」第５項に規定する手続により、採用後、原則として30日以内に行うものとする。

なお、当該採用が官民人事交流法第19条の規定による交流採用に係る認定を受けたものである場合又は任期付職員法第３条の規定による任期を定めた採用に係る承認を得たものである場合には、当該報告があったものとみなす。

第25条関係

1　この条の第１号イ及びロの「人事院が定める官職」は、標準的な官職が係員又は標準的な官職を定める政令に規定する内閣官房令で定める標準的な官職等を定める内閣官房令に規定する飛行員、航海士補、研究補助員、教育補助員、甲板員又は審査官補である職制上の段階の直近上位の職制上の段階に属する官職（当該官職が属する職制上の段階が最上位の職制上の段階である場合の当該官職を除く。）とする。

することができない。

（休職、復職、退職及び免職）
第61条　職員の休職、復職、退職及び免職は任命権者が、この法律及び人事院規則に従い、これを行う。

（適格性審査及び幹部候補者名簿）
第61条の2　内閣総理大臣は、次に掲げる者について、政令で定めるところにより、幹部職（自衛隊法第30条の2第1項第6号に規定する幹部職を含む。第2号及び次項において同じ。）に属する官職（同条第1項第2号に規定する自衛官以外の隊員が占める職を含む。次項及び第61条の11において同じ。）に係る標準職務遂行能力（同法第30条の2第1項第5号に規定する標準職務遂行能力を含む。次項において同じ。）を有することを確認するための審査（以下「適格性審査」という。）を公正に行うものとする。
一　幹部職員（自衛隊法第30条の2第1項第6号に規定する幹部隊員を含む。次号及び第61条の9第1項において同じ。）
二　幹部職員以外の者であつて、幹部職の職責を担うにふさわしい能力を有すると見込まれる者として任命権者（自衛隊法第31条第1項の規定により同法第2条第5項に規定する隊員（以下「自衛隊員」という。）の任免について権限を有する者を含む。第3項及び第4項、第61条の6並びに第61条の11において同じ。）が内閣総理大臣に推薦した者
三　前2号に掲げる者に準ずる者として政令で定める者
② 内閣総理大臣は、適格性審査の結果、幹部職に属する官職に係る標準職務遂行能力を有することを確認した者について、政令で定めるところにより、氏名その他政令で定める事項を記載した名簿（以下この条及び次条において「幹部候補者名簿」という。）を作成するものとする。
③ 内閣総理大臣は、任命権者の求めがある場合には、政令で定めるところにより、当該任命権者に対し、幹部候補者名簿を提示するものとする。
④ 内閣総理大臣は、政令で定めるところにより、定期的に、及び任命権者の求めがある場合その他必要があると認める場合には随時、適格性審査を行い、幹部候補者名簿を更新するものとする。
⑤ 内閣総理大臣は、前各項の規定による権限を内閣官房長官に委任する。

三　補充しようとする官職の特性に応じ、身体検査、身体測定若しくは体力検査又はこれらに代わる適当な方法

（選考の手続）
第22条　任命権者は、選考に当たっては、官職に係る能力及び適性にかかわらず、インターネットの利用、公共職業安定所への求人の申込み等による告知を行い、できる限り広く募集を行うものとする。ただし、次の各号のいずれかに該当する場合は、この限りでない。
一　官職に必要とされる知識、経験等の性質が特殊である等の事情から公募により難い場合
二　第18条第1項第1号又は第7号に掲げる官職に採用しようとする場合
三　第42条第2項の規定により同項第3号に掲げる官職に任期を定めて採用された職員を、その任期の満了後に引き続いて育児休業法第7条第1項の規定により任期を定めて採用しようとする場合（その採用により処理しようとする同項に規定する業務が当該職員の同号に規定する業務と同一である場合に限る。）
2　前項の告知の内容は、次に掲げる事項とする。
一　選考に係る官職についての職務と責任の概要
二　選考の結果に基づいて採用された場合の初任給その他の給与
三　応募資格
四　選考の実施時期及び場所
五　応募の受付期間及び方法その他必要な手続
六　選考の方法の概要
七　その他必要と認める事項

（選考の監査）
第23条　人事院は、任命権者が行う選考の状況及び結果を随時監査し、法及び規則に違反していると認めた場合においては、その是正を指示することができる。

（選考による採用の報告）
第24条　任命権者は、選考により職員を第18条第1項第3号若しくは第8号から第9号の2までに掲げる官職又は特定幹部職に採用した場合には、その旨を人事院に報告しなければならない。

2　この条の第1号イの「人事院が定める要件」は、昇任させようとする日以前における直近の連続した2回の能力評価の全体評語がいずれも「良好」の段階であって、直近の能力評価の人事評価の基準、方法等に関する政令（平成21年政令第31号。以下「人事評価政令」という。）第5条第3項に規定する評価期間において職員が職務遂行の中でとった行動について人事評価政令第4条第3項に規定する評価項目に照らして優れた行動がみられ、かつ、その他の行動は当該職員に求められる能力の発揮の程度に達していること等同号イ（括弧書を除く。）に掲げる要件を満たした場合に準ずると認められることとする。
3　この条の第1号ロの「人事院が定める要件」は、昇任させようとする日以前における直近の連続した4回の業績評価の全体評語がいずれも「良好」の段階であって、直近の業績評価の人事評価政令第5条第4項に規定する評価期間において職員が挙げた業績について人事評価政令第4条第4項に規定する果たすべき役割に照らして優れた業績がみられ、かつ、その他の業績は当該職員に求められる当該役割を果たした程度に達していること等同号ロ（括弧書を除く。）に掲げる要件を満たした場合に準ずると認められることとする。
4　この条の第1号ハの「これに相当する処分」とは、昇任させようとする者が特別職に属する職等に在職していた期間又は国派遣職員であった期間中の法第82条の規定に基づく懲戒処分に相当する処分のことをいう。
5　この条の第2号の「人事院が定める官職」は、標準的な官職が本省（標準的な官職を定める政令本則の表1の項第2欄第1号に掲げる部局又は機関等及び同表2の項第2欄第1号に掲げる部局又は機関等をいう。第7項及び第26条関係第1項において同じ。）の室長である職制上の段階より上位の職制上の段階に属する官職（第7項に定める官職及び特定幹部職に該当する官職を除く。）とする。
6　この条の第2号ハの「人事院が定める期間」は、次の各号に掲げる懲戒処分等（第25条第1号ハに規定する懲戒処分等をいう。）の種類の区分に応じて、当該各号に定める期間とする。
一　停職又はこれに相当する処分　2年
二　減給又はこれに相当する処分　1年6月
三　戒告又はこれに相当する処分　1年
7　この条の第3号の「人事院が定める官職」は、標準的な官職が本省の課長である職制上の段階より上位の職制上の段階に属する官職（特定幹部職に該当する官職を除く。）とする。

⑥　第１項(第３号を除く。)及び第２項から第４項までの政令は、人事院の意見を聴いて定めるものとする。

（幹部候補者名簿に記載されている者の中からの任用）

第61条の３　選考による職員の採用であつて、幹部職への任命に該当するものは、任命権者が、幹部候補者名簿に記載されている者であつて、当該任命しようとする幹部職についての適性を有すると認められる者の中から行うものとする。

②　職員の昇任及び転任であつて、幹部職への任命に該当するものは、任命権者が、幹部候補者名簿に記載されている者であつて、職員の人事評価に基づき、当該任命しようとする幹部職についての適性を有すると認められる者の中から行うものとする。

③　任命権者は、幹部候補者名簿に記載されている職員の降任であつて、幹部職への任命に該当するものを行う場合には、当該職員の人事評価に基づき、当該任命しようとする幹部職についての適性を有すると認められる幹部職に任命するものとする。

④　国際機関又は民間企業に派遣されていたこと等の事情により人事評価が行われていない職員のうち、幹部候補者名簿に記載されている者の昇任、降任又は転任であつて、幹部職への任命に該当するものについては、任命権者が、前２項の規定にかかわらず、人事評価以外の能力の実証に基づき、当該任命しようとする幹部職についての適性を判断して行うことができる。

（内閣総理大臣及び内閣官房長官との協議に基づく任用等）

第61条の４　任命権者は、職員の選考による採用、昇任、降任及び転任であつて幹部職への任命に該当するもの、幹部職員の幹部職以外の官職への昇任、降任及び転任（第81条の２第１項の規定による降任及び転任を除く。）並びに幹部職員の退職（政令で定めるものに限る。第４項において同じ。）及び免職（次項及び第３項において「採用等」という。）を行う場合には、政令で定めるところにより、あらかじめ内閣総理大臣及び内閣官房長官に協議した上で、当該協議に基づいて行うものとする。

②　前項の場合において、災害その他緊急やむを得ない理由により、あらかじめ内閣総理大臣及び内閣官房長官に協議する時間的余裕がないときは、任命権者は、同項の規定にかかわらず、当該協議を行うことなく、職員の採用等を行うことができる。

③　任命権者は、前項の規定により職員の採用等を行つた場合には、内閣総理大臣及び内閣官房長官に通知するとともに、遅滞なく、当該採用等について、政令で定めるところにより、内閣

（昇任）

第25条　任命権者は、職員を特定幹部職に昇任させる場合を除き、次の各号に掲げる官職の区分に応じ、当該各号に定める要件を満たす職員のうち、人事評価の結果に基づき官職に係る能力及び適性を有すると認められる者（第３号に掲げる官職に昇任させる場合にあっては、国の行政及び所管行政の全般について、高度な知識及び優れた識見を有し、指導力を有すると認められる者に限る。）の中から、人事の計画その他の事情を考慮した上で、最も適任と認められる者を昇任させることができる。

一　次号及び第３号に掲げる官職以外の官職　次に掲げる要件

イ　昇任させようとする日以前における直近の連続した２回の能力評価のうち、一の能力評価の全体評語が「優良」の段階以上であり、かつ、他の能力評価の全体評語が「良好」の段階以上であること（本省の係長の官職その他の人事院が定める官職に昇任させる場合にあっては、この要件に準ずるものとして人事院が定める要件を含む。）。

ロ　昇任させようとする日以前における直近の連続した４回の業績評価のうち、一の業績評価の全体評語が「優良」の段階以上であり、かつ、他の業績評価の全体評語が「良好」の段階以上であること（本省の係長の官職その他の人事院が定める官職に昇任させる場合にあっては、この要件に準ずるものとして人事院が定める要件を含む。）。

ハ　昇任させようとする日以前１年以内に、法第82条の規定に基づく懲戒処分又はこれに相当する処分（以下「懲戒処分等」という。）を受けていないこと及び同日において職員から聴取した事項又は調査により判明した事実に基づき懲戒処分等を受けることが相当とされる行為をしていないこと。

二　本省の課長の官職その他の人事院が定める官職（次号に掲げる官職を除く。）　次に掲げる要件

イ　昇任させようとする日以前における直近の連続した２回の能力評価のうち、一の能力評価の全体評語が「非常に優秀」の段階以上であり、かつ、他の能力評価の全体評語が「良好」の段階以上であること。

ロ　昇任させようとする日以前における直近の連続した４回の業績評価のうち、一の業績評価の全体評語が「優良」の段階以上であり、かつ、他の業績評価の全体評語が「良好」の段階以上であること。

ハ　昇任させようとする日以前２年以内で懲戒処分等の種類

8　この条の第３号イの「人事院が定める要件」は、次の各号に掲げる場合の区分に応じ、当該各号に定める要件とする。

一　昇任させようとする日以前における直近の連続した２回の能力評価の全体評語の全部が人事評価政令第６条第２項第２号に定める段階で付されたものである場合　当該全体評語がいずれも上位の段階であること。

二　昇任させようとする日以前における直近の連続した２回の能力評価の全体評語の全部又は一部が人事評価政令第６条第２項第３号に定める段階で付されたものである場合　当該連続した２回の能力評価のうち、一の能力評価の全体評語が上位の段階又は「非常に優秀」の段階以上であり、かつ、他の能力評価の全体評語が「優良」の段階以上であること。

9　この条の第３号ロの「人事院が定める要件」は、次の各号に掲げる場合の区分に応じ、当該各号に定める要件とする。

一　昇任させようとする日以前における直近の連続した４回の業績評価の全体評語の全部が人事評価政令第６条第２項第２号に定める段階で付されたものである場合　当該連続した４回の業績評価のうち、一の業績評価の全体評語が上位の段階であり、かつ、他の業績評価の全体評語が上位又は中位の段階であること。

二　昇任させようとする日以前における直近の連続した４回の業績評価の全体評語の全部又は一部が人事評価政令第６条第２項第３号に定める段階で付されたものである場合　当該連続した４回の業績評価のうち、一の業績評価の全体評語が上位の段階又は「非常に優秀」の段階以上であり、かつ、他の業績評価の全体評語が上位若しくは中位の段階又は「良好」の段階以上であること。

第26条関係

1　この条の第２項の「人事院が定める官職」は、標準的な官職が本省の課長補佐である職制上の段階より上位の職制上の段階に属する官職（第25条関係第５項及び第７項に定める官職並びに特定幹部職に該当する官職を除く。）とする。

2　この条の第２項の「人事院が定めるもの」は、第25条関係第５項若しくは第７項又は前項に定める官職への転任（次に掲げる職員の転任を除く。）とする。

一　第25条関係第５項若しくは第７項又は前項に定める官職へ転任させようとする職員であって、それぞれの官職に就いていたことがあるもの

総理大臣及び内閣官房長官に協議し、当該協議に基づいて必要な措置を講じなければならない。

④　内閣総理大臣又は内閣官房長官は、幹部職員について適切な人事管理を確保するために必要があると認めるときは、任命権者に対し、幹部職員の昇任、降任、転任、退職及び免職（第81条の２第１項の規定による降任及び転任を除く。以下この項において「昇任等」という。）について協議を求めることができる。この場合において、協議が調つたときは、任命権者は、当該協議に基づいて昇任等を行うものとする。

（管理職への任用に関する運用の管理）

第61条の５　任命権者は、政令で定めるところにより、定期的に、及び内閣総理大臣の求めがある場合には随時、管理職への任用の状況を内閣総理大臣に報告するものとする。

②　内閣総理大臣は、第54条第２項第４号の基準に照らして必要があると認める場合には、任命権者に対し、管理職への任用に関する運用の改善その他の必要な措置をとることを求めることができる。

（任命権者を異にする管理職への任用に係る調整）

第61条の６　内閣総理大臣は、任命権者を異にする管理職（自衛隊法第30条の２第１項第７号に規定する管理職を含む。）への任用の円滑な実施に資するよう、任命権者に対する情報提供、任命権者相互間の情報交換の促進その他の必要な調整を行うものとする。

（人事に関する情報の管理）

第61条の７　内閣総理大臣は、この款及び次款の規定の円滑な運用を図るため、内閣府、デジタル庁、各省その他の機関に対し、政令で定めるところにより、当該機関の幹部職員、管理職員、第61条の９第２項第２号に規定する課程対象者その他これらに準ずる職員として政令で定めるものの人事に関する情報の提供を求めることができる。

②　内閣総理大臣は、政令で定めるところにより、前項の規定により提出された情報を適正に管理するものとする。

（特殊性を有する幹部職等の特例）

第61条の８　法律の規定に基づき内閣に置かれる機関（内閣法制局、内閣府及びデジタル庁を除く。以下この項において「内閣別に人事院が定める期間において懲戒処分等を受けていないこと及び同日において職員から聴取した事項又は調査により判明した事実に基づき懲戒処分等を受けることが相当とされる行為をしていないこと。

三　特定幹部職以外の幹部職その他の人事院が定める官職　次に掲げる要件

イ　昇任させようとする日以前における直近の連続した２回の能力評価のうち、一の能力評価の全体評語が「非常に優秀」の段階以上であり、かつ、他の能力評価の全体評語が「優良」の段階以上であること（本号に掲げる官職又は特定幹部職に該当する官職を占める職員を昇任させる場合にあっては、人事院が定める要件を満たすこと。）。

ロ　昇任させようとする日以前における直近の連続した４回の業績評価のうち、一の業績評価の全体評語が「非常に優秀」の段階以上であり、かつ、他の業績評価の全体評語が「良好」の段階以上であること（本号に掲げる官職又は特定幹部職に該当する官職を占める職員を昇任させる場合にあっては、人事院が定める要件を満たすこと。）。

ハ　前号ハに掲げる要件

（転任）

第26条　任命権者は、職員を特定幹部職に転任させる場合を除き、人事評価の結果に基づき官職に係る能力及び適性を有すると認められる者の中から、人事の計画その他の事情を考慮した上で、最も適任と認められる者を転任させることができる。

2　本省の室長の官職その他の人事院が定める官職又は前条第２号若しくは第３号に規定する官職への転任（人事院が定めるものに限る。）については、前項の規定にかかわらず、同条の規定を準用する。この場合において、同条第１号中「次号及び第３号に掲げる官職以外の」とあるのは、「本省の室長の官職その他の人事院が定める」と読み替えるものとする。

3　任命権者は、降任された場合、職員の同意を得た場合その他特別の事情がある場合を除き、職員がかつて属していた部局又は機関等で占めていた官職より当該部局又は機関等の下位の職制上の段階に属する官職に転任させることとならないようにしなければならない。

（配置換）

第27条　任命権者は、職員を特定幹部職に配置換しようとする場

二　特定幹部職に該当する官職に現に就いている職員であって、転任させようとする日以前における直近の能力評価の全体評語及び直近の連続した２回の業績評価の全体評語が上位若しくは中位の段階又は「良好」の段階以上であるもの

第28条関係

1　この条の「国際機関又は民間企業に派遣されていたこと等の事情」には、国際機関又は民間企業に派遣されていたことのほか、例えば、国家公務員の育児休業等に関する法律（平成３年法律第109号）第３条の規定による育児休業（以下「育児休業」という。）をしていたこと、休職にされていたことが含まれる。

2　この条の「人事評価の結果又は勤務の状況」とは、国際機関、民間企業等への派遣、育児休業、休職等の前後の人事評価の結果又は勤務の状況（国際機関、民間企業等への派遣、育児休業又は研究所等の業務に従事することによる休職から職務に復帰した場合であって、当該派遣等の後の人事評価の結果又は勤務の状況がないときには、当該派遣等の前の人事評価の結果又は勤務の状況）をいう。

3　任命権者は、この条の「派遣されていた国際機関又は民間企業の業務への取組状況」の把握に努めなければならない。

4　任命権者は、この条の規定により職員を昇任させ、転任させ、又は配置換しようとする場合には、当該職員の人事評価の結果又は勤務の状況、派遣されていた国際機関又は民間企業の業務への取組状況等を総合的に勘案して第25条第１号イ及びロ、第２号イ及びロ若しくは第３号イ及びロ（これらの規定を第26条第２項において準用する場合を含む。）に掲げる要件を満たす職員又は第27条ただし書に規定する職員に相当すると認められる職員を当該要件を満たす職員又は同条ただし書に規定する職員とみなして、第25条、第26条第２項又は第27条ただし書の規定を適用するものとする。

5　任命権者は、特別の事情により、前項の規定によることができない場合又は適当でない場合には、あらかじめ人事院事務総長と協議して、別段の定めをすることができる。

第30条関係

1　この条の第１項第１号の「勤務の経験」には、国会、裁判所、国際機関等での勤務の経験を含むものとし、「人事院が定める研修」は、複数の府省の職員を対象として、職務の遂行に必要とされる行政的視野の拡大及び管理的能力、社会的識見等の向

の直属機関」という。）、人事院、検察庁及び会計検査院の官職（当該官職が内閣の直属機関に属するものであつて、その任命権者が内閣の委任を受けて任命権を行う者であるものを除く。）については、第61条の２から第61条の５までの規定は適用せず、第57条、第58条及び前条第１項の規定の適用については、第57条中「採用（職員の幹部職への任命に該当するものを除く。）」とあるのは「採用」と、第58条第１項中「転任（職員の幹部職への任命に該当するものを除く。）」とあるのは「転任」と、同条第２項中「降任させる場合（職員の幹部職への任命に該当する場合を除く。）」とあるのは「降任させる場合」と、同条第３項中「転任（職員の幹部職への任命に該当するものを除く。）」とあるのは「転任」と、前条第１項中「、政令」とあるのは「、当該機関の職員が適格性審査を受ける場合その他の必要がある場合として政令で定める場合に限り、政令」とする。

② 警察庁の官職については、第61条の２、第61条の３、第61条の４第４項及び第61条の５の規定は適用せず、第57条、第58条、第61条の４第１項から第３項まで及び前条第１項の規定の適用については、第57条中「採用（職員の幹部職への任命に該当するものを除く。）」とあるのは「採用」と、第58条第１項中「転任（職員の幹部職への任命に該当するものを除く。）」とあるのは「転任」と、同条第２項中「降任させる場合（職員の幹部職への任命に該当する場合を除く。）」とあるのは「降任させる場合」と、同条第３項中「転任（職員の幹部職への任命に該当するものを除く。）」とあるのは「転任」と、第61条の４第１項中「に協議した上で、当該協議に基づいて行う」とあるのは「（任命権者が警察庁長官である場合にあつては、国家公安委員会を通じて内閣総理大臣及び内閣官房長官）に通知するものとする。この場合において、内閣総理大臣及び内閣官房長官は、任命権者（任命権者が警察庁長官である場合にあつては、国家公安委員会を通じて任命権者）に対し、当該幹部職に係る標準職務遂行能力を有しているか否かの観点から意見を述べることができる」と、同条第２項中「に協議する」とあるのは「（任命権者が警察庁長官である場合にあつては、国家公安委員会を通じて内閣総理大臣及び内閣官房長官）に通知する」と、「当該協議」とあるのは「当該通知」と、同条第３項中「内閣総理大臣及び内閣官房長官に通知するとともに、遅滞なく」とあるのは「遅滞なく」と、「に協議し、当該協議に基づいて必要な措置を講じなければならない」とあるのは「（任命権者が警察庁長官である場合にあつては、国家公安委員会を通じて内閣総理大臣及合を除き、人事評価の結果に基づき配置換しようとする官職についての適性を有すると認められる者の中から、人事の計画その他の事情を考慮した上で、最も適任と認められる者を配置換することができる。ただし、配置換しようとする日以前における直近の能力評価又は業績評価の全体評語が下位又は「不十分」の段階である職員を配置換しようとする場合には、当該職員の人事評価の結果に基づき官職に係る能力及び適性を有するか否かを確認するものとする。

（昇任、転任又は配置換の特例）

第28条　任命権者は、職員が国際機関又は民間企業に派遣されていたこと等の事情により、第25条第１号イ及びロ、第２号イ及びロ若しくは第３号イ及びロ（これらの規定を第26条第２項において準用する場合を含む。）又は前条ただし書に規定する全体評語の全部又は一部がない場合には、これらの規定にかかわらず、人事院が定めるところにより、当該職員の人事評価の結果又は勤務の状況、派遣されていた国際機関又は民間企業の業務への取組状況等を総合的に勘案して官職に係る能力及び適性の有無を判断するとともに、人事の計画その他の事情を考慮した上で、当該職員を昇任させ、転任させ、又は配置換することができる。

（降任）

第29条　任命権者は、職員を降任させる場合（特定幹部職に降任させる場合を除く。）には、当該職員の人事評価の結果又は勤務の状況に基づき官職に係る能力及び適性を有すると認められる官職に、当該職員についての人事の計画への影響等を考慮して、行うものとする。

2　任命権者は、職員から書面による同意を得て、前項、法第61条の３第３項若しくは第４項又は法第61条の８第１項の規定により読み替えられた法第58条第２項若しくは第３項の規定により、降任させることができる。

（特定官職への昇任、降任、転任又は配置換の特例）

第30条　職員を特定官職（特定幹部職に該当する官職を除く。）に昇任させ、降任させ、転任させ、又は配置換する場合（昇任させ、降任させ、転任させ、又は配置換しようとする（以下この項において「昇任等させようとする」という。）者について昇任等させようとする官職の属する第７条第２項に規定する段上に資するものとして実施される研修で人事院事務総長が指定するものとする。

2　この条の第２項の人事院に対する報告は、「任用関係の承認申請等の手続について」第５項に規定する手続により、特定官職に職員を昇任させ、降任させ、転任させ、又は配置換した後、原則として30日以内に行うものとする。

第31条関係

1　この条の協議は、「任用関係の承認申請等の手続について」第６項に規定する手続により、任命権者がこの条の別段の定めを行う前に協議手続が終了するよう十分な余裕をもって行うものとする。

2　任命権者は、平成10年５月１日前に本府省の課に置かれる室長、課長補佐及びこれらの官職と職務の複雑と責任の度が同等の官職に昇任した者が、第30条第１項第１号に規定する経験を有していない場合には、次に掲げる経験を同号に規定する経験とみなすことについて、あらかじめ人事院と協議したものとして取り扱うことができる。

一　行政官長期在外研究員等としての留学の経験

二　外局（法律で国務大臣をもってその長に充てることと定められている庁を除く。以下同じ。）に採用された者の本府省又は当該本府省に置かれる他の外局での勤務の経験

三　管区機関（複数の都府県の地域又は北海道を管轄区域とする相当の規模を有する地方支分部局をいう。）又はこれに準ずる郵政民営化法（平成17年法律第97号）第166条第１項の規定による解散前の日本郵政公社の事務所における管理的若しくは監督的地位での勤務の経験

四　本府省に採用された者の外局での勤務の経験

3　特定官職（特定幹部職に該当する官職を除く。）に昇任させ、降任させ、転任させ、又は配置換しようとする（以下この項において「昇任等させようとする」という。）場合において、第25条第１号イ若しくはロ、第２号イ若しくはロ若しくは第３号イ若しくはロ（これらの規定を第26条第２項において準用する場合を含む。）又は第30条第１項第１号に掲げる要件を満たさないときにおけるこの条の協議について、任命権者は、官職に係る能力及び適性の有無を的確に判定し得る複数の者によって構成される選考委員会が次に掲げる要件を満たすと認めることをこれらの規定に掲げる要件を満たすこととみなすことについて、人事院と協議したものとして取り扱うことができる。

び内閣官房長官）に通知しなければならない。この場合において、内閣総理大臣及び内閣官房長官は、任命権者（任命権者が警察庁長官である場合にあつては、国家公安委員会を通じて任命権者）に対し、当該幹部職に係る標準職務遂行能力を有しているか否かの観点から意見を述べることができるものとする」と、前条第１項中「、政令」とあるのは「、当該機関の職員が適格性審査を受ける場合その他の必要がある場合として政令で定める場合に限り、政令」とする。

③ 内閣法制局、宮内庁、外局として置かれる委員会（政令で定めるものを除く。）及び国家行政組織法第７条第５項に規定する実施庁の幹部職（これらの機関の長を除く。）については、第61条の４第４項の規定は適用せず、同条第１項及び第３項の規定の適用については、同条第１項中「内閣総理大臣」とあるのは「任命権者の属する機関に係る事項についての内閣法（昭和22年法律第５号）にいう主任の大臣（第３項において単に「主任の大臣」という。）を通じて内閣総理大臣」と、同条第３項中「内閣総理大臣」とあるのは「主任の大臣を通じて内閣総理大臣」とする。

（運用の基準）

第61条の９　内閣総理大臣、各省大臣（自衛隊法第31条第１項の規定により自衛隊員の任免について権限を有する防衛大臣を含む。）、会計検査院長、人事院総裁その他機関の長であつて政令で定めるもの（以下この条及び次条において「各大臣等」という。）は、幹部職員の候補となり得る管理職員（同法第30条の２第１項第７号に規定する管理隊員を含む。次項において同じ。）としてその職責を担うにふさわしい能力及び経験を有する職員（自衛隊員（自衛官を除く。）を含む。同項において同じ。）を育成するための課程（以下「幹部候補育成課程」という。）を設け、内閣総理大臣の定める基準に従い、運用するものとする。

② 前項の基準においては、次に掲げる事項を定めるものとする。

一　各大臣等が、その職員であつて、採用後、一定期間勤務した経験を有するものの中から、本人の希望及び人事評価（自衛隊法第31条第３項に規定する人事評価を含む。次号において同じ。）に基づいて、幹部候補育成課程における育成の対象となるべき者を随時選定すること。

二　各大臣等が、前号の規定により選定した者（以下「課程対象者」という。）について、人事評価に基づいて、引き続き課程対象者とするかどうかを定期的に判定すること。

階（以下この項において「職務の段階」という。）と同一の職務の段階又は当該職務の段階より上位の職務の段階に属する官職を占めていたことがある場合を除く。）には、第25条から前条まで、規則11－４（職員の身分保障）第７条、第８条及び第10条並びに規則11－11（管理監督職勤務上限年齢による降任等）第５条、第６条及び第14条の規定によるほか、次に掲げる要件（昇任等させようとする官職が特定幹部職以外の幹部職又は法第34条第１項第７号に規定する管理職である場合にあっては、第２号及び第３号に掲げる要件）を満たさなければならない。

一　昇任等させようとする官職が職務の段階のうち最下位の職務の段階に属する官職の場合（当該職務の段階に属する官職に就いていたことがない場合にあっては、当該職務の段階より上位の職務の段階に属する官職へ最初に昇任等させようとする場合）にあっては、昇任等させようとする者がその在職している府省等（会計検査院、人事院、内閣官房、内閣法制局、各府省及びデジタル庁並びに宮内庁及び内閣府設置法第49条第１項に規定する各機関並びに各行政執行法人をいう。以下この号において同じ。）以外の府省等、在外公館、地方公共団体、民間企業等での勤務の経験又は人事院が定める研修の受講の経験を有しており、管理的又は監督的地位にある者にふさわしい幅広い能力及び柔軟な発想力を有していると認められること。

二　昇任等させようとする日以前２年以内において法第79条第２号の規定に基づく休職又はこれに相当する処分を受けていないこと。

三　昇任等させようとする日において、刑事事件に関して、起訴されていないこと及び職員から聴取した事項又は調査により判明した事実に基づき犯罪があると思料するに至った行為をしていないこと。

2　任命権者は、特定官職に職員を昇任させ、降任させ、転任させ、又は配置換した場合（次条の規定による場合を除く。）には、その旨を人事院に報告するものとする。

（第25条又は前条第１項の規定についての別段の定め）

第31条　任命権者は、特別の事情により、第25条各号（第26条第２項において準用する場合を含む。）又は前条第１項各号の規定によることができない場合又は適当ではない場合には、あらかじめ人事院と協議して、別段の定めをすることができる。この場合において、当該別段の定めは、任免の公正の確保その他

一　顕著な業績等に基づき補充しようとする官職の職務を遂行する十分な能力を有していると認められること。

二　補充しようとする官職が第30条に規定する職務の段階（以下この号において「職務の段階」という。）のうち最下位の職務の段階に属する官職の場合（当該職務の段階に属する官職に就いていたことがない場合にあっては、当該職務の段階より上位の職務の段階に属する官職へ最初に昇任等させようとする場合）にあっては、顕著な業績等に基づき管理的又は監督的地位にある者にふさわしい幅広い能力及び柔軟な発想力を有していると認められること。

4　任命権者は、前項の規定を適用して、職員を昇任させ、降任させ、転任させ、又は配置換した場合には、遅滞なく、次に掲げる事項を記載した文書により人事院に報告するものとする。

一　任命された官職及びその職務の内容

二　任命された者の氏名

三　当該任命された者が有する顕著な業績等

四　任命年月日

五　前項に規定する選考委員会の構成及び結果の概要

六　その他参考となる事項

第32条関係

1　この条の第１号の「これらに準ずる職」とは、人事院規則12－０第９条各号に掲げる法人（行政執行法人以外の独立行政法人通則法第２条第１項に規定する独立行政法人を除く。）に属する職をいう。

2　この条の第３号の「人事院が定める者」は、都道府県警察の職に現に正式に就いている地方警察職員（警察庁の職員又は警察法（昭和29年法律第162号）第56条第１項に規定する地方警務官として採用される者に限る。）とする。

3　法第60条の２第１項に規定する自衛隊法による年齢60年以上退職者の同項の規定による採用は、条件付のものとなる。

第34条関係

「実際に勤務した日数」には、勤務時間法第６条第１項に規定する週休日、勤務時間法第14条に規定する休日、勤務時間法第16条に規定する休暇等で実際に勤務しなかった日は算入しない。

課程対象者とするかどうかを定期的に判定すること。
三　各大臣等が、課程対象者に対し、管理職員に求められる政策の企画立案及び業務の管理に係る能力の育成を目的とした研修（政府全体を通ずるものを除く。）を実施すること。
四　各大臣等が、課程対象者に対し、管理職員に求められる政策の企画立案及び業務の管理に係る能力の育成を目的とした研修であつて、政府全体を通ずるものとして内閣総理大臣が企画立案し、実施するものを受講させること。
五　各大臣等が、課程対象者に対し、国の複数の行政機関又は国以外の法人において勤務させることにより、多様な勤務を経験する機会を付与すること。
六　第３号の研修の実施及び前号の機会の付与に当たつては、次に掲げる事項を行うよう努めること。
イ　民間企業その他の法人における勤務の機会を付与すること。
ロ　国際機関、在外公館その他の外国に所在する機関における勤務又は海外への留学の機会を付与すること。
ハ　所掌事務に係る専門性の向上を目的とした研修を実施し、又はその向上に資する勤務の機会を付与すること。
七　前各号に掲げるもののほか、幹部候補育成課程に関する政府全体としての統一性を確保するために必要な事項

（運用の管理）
第61条の10　各大臣等（会計検査院長及び人事院総裁を除く。次項において同じ。）は、政令で定めるところにより、定期的に、及び内閣総理大臣の求めがある場合には随時、幹部候補育成課程の運用の状況を内閣総理大臣に報告するものとする。
②　内閣総理大臣は、前条第１項の基準に照らして必要があると認める場合には、各大臣等に対し、幹部候補育成課程の運用の改善その他の必要な措置をとることを求めることができる。

（任命権者を異にする任用に係る調整）
第61条の11　第61条の６の規定は、任命権者を異にする官職への課程対象者の任用について準用する。

の第２条及び第３条に規定する任免の基本原則等に則したものでなければならない。

（条件付任用としない者）
第32条　法第59条第１項の人事院規則で定める者は、次に掲げる者とする。
一　かつて職員として正式に採用されていた者で引き続き特別職に属する職、地方公務員の職、行政執行法人以外の独立行政法人に属する職、沖縄振興開発金融公庫に属する職その他これらに準ずる職に就いたもののうち、引き続きこれらの職に現に正式に就いている者（これらの職のうち、一の職から他の職に１回以上引き続いて異動した者を含む。）又は国派遣職員
二　法第60条の２第１項に規定する年齢60年以上退職者（同項の規定により採用される者に限る。）
三　前２号に掲げるもののほか、人事院が定める者

（条件付任用の終了）
第32条の２　条件付任用期間の終了前に任命権者が別段の措置をしない限り、その期間が終了した日の翌日において、職員の採用及び昇任は、正式のものとなる。

（条件付任用期間の継続）
第33条　条件付任用期間中の職員を他の官職に任命した場合においては、新たに条件付任用期間が開始する場合を除き、その条件付任用期間が引き続くものとする。

（条件付採用期間の延長）
第34条　条件付採用期間の開始後６月間において実際に勤務した日数が90日に満たない職員については、その日数が90日に達するまで条件付採用期間は引き続くものとする。ただし、条件付採用期間は、当該条件付採用期間の開始後１年を超えないものとする。

（併任ができる場合）
第35条　任命権者は、次の各号のいずれかに該当する場合においては、併任を行うことができる。
一　法令の規定により、併任が認められている場合
二　現に任命されている官職と勤務時間が重ならない他の官職

第35条関係
1　この条の第１号に該当する場合としては、例えば、法務省設置法（平成11年法律第93号）附則第３項の規定に基づき法務省に属する官職（検察庁に属する官職を除く。）に検事をもって充てるときがある。
2　この条の第４号に該当する場合としては、例えば、次のような場合であって、その者の職務遂行に著しい支障がないと認められるときがある。
(1)　内閣官房等における政府全体として取り組むべき重要又は緊急な政策課題へ対応する場合
(2)　併任先部局等との業務上の連携を強化する必要がある場合
(3)　事業を新たに実施するため又は事業を終了するための業務を支援する場合
(4)　臨時に又は一定の期間業務が特に繁忙となる部局等に対して応援を行う場合
(5)　急に欠員が生じた場合であって、採用、昇任、転任等では対処ができないとき。
3　任命権者は、前項に掲げる場合においても、当該併任される職員の現に任命されている官職の職務遂行、当該職員の処遇等への影響にかんがみ、併任を必要とする事情、期間等を十分にしん酌し、適切に行うよう努めなければならない。
4　この条の第１項第４号の規定に基づいて遠隔地の官署に属する官職へ併任する場合には、真にやむを得ないものに限るものとする。

第38条関係
この条の規定は、併任の場合において勤務時間が重ならない部分に対しては兼ねる官職について給与を受けることができるという趣旨である。

第39条関係
1　この条の臨時的任用により現に官職に任命されている職員を昇任させ、降任させ、転任させ、配置換し、又は併任することはできない。
2　この条の第１項第１号に該当する場合には、例えば、事故、災害等により突発的に生じた欠員を緊急に補充する必要がある場合で、採用、昇任、降任、転任、配置換又は併任の方法による補充が直ちには行えない客観的な事情があるときが含まれる。

に併任する場合
三　併任の期間が３月を超えない場合
四　前３号に掲げる場合のほか、併任によって当該職員の職務遂行に著しい支障がないと認められる場合

（併任の方法）
第36条　任命権者は、職員を特定幹部職に併任する場合を除き、人事評価の結果その他の能力の実証に基づき官職に係る能力及び適性を有すると認められる者の中から、人事の計画その他の事情を考慮した上で、最も適任と認められる者を併任することができる。

（併任の解除及び終了）
第37条　任命権者は、いつでも併任を解除することができる。
2　任命権者は、併任を必要とする事由が消滅した場合においては、速やかに当該併任を解除しなければならない。
3　次の各号のいずれかに該当する場合においては、併任は、当然終了するものとする。
一　併任の期間が定められている場合において、その期間が満了したとき。
二　併任されている官職が廃止された場合
三　職員が離職した場合
四　職員が休職又は停職にされた場合
五　職員が派遣法第２条第１項の規定により派遣された場合
六　職員が育児休業法第３条の規定による育児休業の承認を受けた場合
七　職員が官民人事交流法第２条第３項に規定する交流派遣をされた場合
八　職員が法科大学院派遣法第11条第１項の規定により派遣された場合
九　職員が自己啓発等休業法第２条第５項に規定する自己啓発等休業の承認を受けた場合
十　職員が福島復興再生特別措置法（平成24年法律第25号）第48条の３第１項又は第89条の３第１項の規定により派遣された場合
十一　職員が配偶者同行休業法第２条第４項に規定する配偶者同行休業の承認を受けた場合
十二　職員が令和７年国際博覧会特措法第25条第１項の規定により派遣された場合

3　この条の第１項第２号に該当する場合には、例えば、勤務時間法第20条に規定する介護休暇（１日を単位とするものに限る。）又は人事院規則15－14（職員の勤務時間、休日及び休暇）第22条第１項第６号若しくは第７号に規定する特別休暇の承認を受けた職員の業務を処理することを職務とする官職で当該承認に係る期間を限度として置かれる臨時のものに臨時的任用を行う場合が含まれる。
4　この条の第１項第３号に該当する場合の臨時的任用及びその更新の承認の申請手続は、「任用関係の承認申請等の手続について」第７項に規定する手続による。
5　この条の第４項の規定による報告は、前年度におけるこの条の第１項第１号又は第２号に該当する場合の臨時的任用の実施状況について、毎年５月31日までに、次に掲げる事項を記載した文書により行うものとする。
(1)　臨時的任用官職
(2)　臨時的任用の期間
(3)　臨時的任用を必要とする理由
(4)　その他参考となる事項

第42条関係
1　この条の第１項の「恒常的に置く必要がある官職に充てるべき常勤の職員」とは、行政機関の職員の定員に関する法律（昭和44年法律第33号）の規定による定員規制の対象となる職員及びこれに相当する会計検査院若しくは人事院又は行政執行法人の職員をいう。
2　この条の第２項第１号の「３年以内に廃止される予定の官職」には、新たに設置される官職のほか、従前から設置されている官職も含まれる。
3　この条の第２項の規定により職員を採用する場合は、任期を定めて採用されることを承諾した文書を職員に提出させるものとする。
4　任期を定めて採用する職員の任免についての法及び規則の規定の適用については、任期の定めのない職員の場合と異なるところはない。
5　この条の第２項第２号に掲げる官職への採用について任期を定める場合には、次に掲げる基準に従わなければならない。
(1)　採用予定官職が、特別の計画に基づき実施される研究事業に係る５年以内に終了する予定の科学技術に関する高度の専門的知識、技術等を必要とする研究業務であって、当

十三　職員が令和９年国際園芸博覧会特措法第15条第１項の規定により派遣された場合

十四　職員が判事補及び検事の弁護士職務経験に関する法律（平成16年法律第121号）第２条第４項の規定により弁護士となってその職務を経験することを開始した場合

（法第101条との関係）

第38条　併任の場合において、勤務時間の重ならない部分に対しては、法第101条第１項後段の規定は、何らの影響を及ぼすものではない。

（臨時的任用）

第39条　任命権者は、常勤官職に欠員を生じた場合において、次の各号のいずれかに該当するときは、現に職員でない者を臨時的に任用することができる。この場合において、第１号又は第２号に該当するときは、法第60条第１項前段の人事院の承認があったものとみなす。

一　当該官職に採用、昇任、降任、転任又は配置換の方法により職員を任命するまでの間欠員にしておくことができない緊急の場合

二　当該官職が臨時的任用を行う日から１年に満たない期間内に廃止されることが予想される臨時のものである場合

三　当該官職に係る名簿がない場合又は当該官職に係る名簿において、当該官職を志望すると認められる採用候補者が５人に満たない場合

2　任命権者は、臨時的任用を行うに当たっては、第21条の規定に準じて官職に係る能力及び適性を有するかどうかの判定を行うとともに、できる限り広く募集を行うよう努めるものとする。

3　前項の募集を行うに当たっては、第22条第１項の規定に準じて行うものとする。

4　任命権者は、第１項第１号又は第２号の規定により臨時的任用を行った場合には、その旨を人事院に報告しなければならない。

（臨時的任用の期間）

第40条　臨時的任用の期間は、その任用を行った日から６月を超えることができない。

2　前条第１項第２号又は第３号の場合における臨時的任用は、６月を限って更新することができる。この場合において、同項

該研究事業の能率的運営に特に必要であると認められるものに従事することを職務内容とする官職であることが、研究計画において明らかであること。

(2)　採用予定者が、従事する研究業務の遂行に必要な高度の専門的知識、技術等を有していることが採用予定者の研究論文、特許その他国内外の大学、研究所等における研究業績等により明らかであること。

(3)　任用予定期間が従事する研究業務の遂行に必要な期間であることが、研究計画において明らかであること。

(4)　特別の事情により(1)から(3)までに規定する基準により難い場合には、あらかじめ人事院事務総長の承認を得ること。

6　前項(4)の規定による承認の申請手続は、「任用関係の承認申請等の手続について」第８項に規定する手続による。

7　この条の第２項第３号の「出産」とは、妊娠満12週以後の分べんをいう。

第43条関係

1　任期を定めて採用された職員について、その任期が更新されることとなる場合には、当該職員の同意を得るものとする。

2　第42条第２項第２号に掲げる官職に採用された職員の任期を更新する場合には、次に掲げる基準に従わなければならない。

(1)　任期の更新後に当該職員が従事する研究業務の内容及び研究事業における当該研究業務の位置付けに変更がないことが、新たな研究計画において明らかであること。

(2)　任期を定めて採用された職員が任期満了後も引き続きその研究業務に従事することが研究事業の能率的運営に特に必要であることが、新たな研究計画において明らかであること。

(3)　更新後の任期が、当該職員の採用の日から５年以内であり、かつ、従事する研究業務の遂行に必要な期間であることが、新たな研究計画において明らかであること。

(4)　任期の更新について当該職員の同意を書面により得ていること。

(5)　特別の事情により(1)から(3)までに規定する基準により難い場合には、あらかじめ人事院事務総長の承認を得ること。

3　前項(5)の規定による承認の申請手続は、「任用関係の承認申請等の手続について」第９項に規定する手続による。

4　この条の第１項の「出産」とは、妊娠満12週以後の分べんをいう。

第２号に掲げる場合の臨時的任用の更新については、法第60条第１項後段の人事院の承認があったものとみなす。
3　臨時的任用は、いかなる場合においても、再度更新することができない。

（臨時的任用に関するその他の事項）

第41条　法第60条第１項の規定による臨時的任用及びその更新に関する承認（第39条第１項後段及び前条第２項後段に規定するものを除く。）の権限は、部内の他の職員に委任することができる。
2　行政執行法人における臨時的任用については、第39条第１項後段及び第４項並びに前条第２項後段の規定は、適用しない。

（任期を定めた任命）

第42条　任命権者は、臨時的任用及び併任の場合を除き、恒常的に置く必要がある官職に充てるべき常勤の職員を任期を定めて任命してはならない。
2　任命権者は、次の各号に掲げる官職については、前項の規定にかかわらず、当該各号に定める期間を超えない範囲内の任期で職員を採用することができる。ただし、第２号に掲げる官職への採用について任期を定める場合には、人事院が定める基準に従わなければならない。
一　３年以内に廃止される予定の官職（次号及び第３号に掲げる官職を除く。）　その廃止されるまでの期間
二　特別の計画に基づき実施される研究事業に係る５年以内に終了する予定の科学技術に関する高度の専門的知識、技術等を必要とする研究業務であって、当該研究事業の能率的運営に特に必要であると認められるものに従事することを職務内容とする官職のうち、昇任、降任、転任及び配置換（以下「昇任等」という。）の方法により補充することが困難である官職　当該業務が終了するまでの期間
三　規則15－14（職員の勤務時間、休日及び休暇）第22条第１項第６号及び第７号の休暇を取得する職員の業務を処理することを職務内容とする官職のうち、昇任等の方法により補充することが困難である官職　当該職員の出産予定日（当該職員の出産の日以後に当該官職に採用しようとする場合にあっては、出産の日）の翌日から８週間を経過する日までの期間
3　任命権者は、前項の規定により任期を定めて職員を採用する場合には、当該職員にその任期を明示しなければならない。

第44条関係

1　第42条第２項各号に掲げる官職以外の常勤官職から同項第２号の官職と同一の研究業務を行うことを職務内容とする常勤官職を除く趣旨は、任期を定めて採用された職員を法令の改廃による組織の変更等に伴い他の常勤官職に異動させる場合において、異動後の官職が異動前の官職と同一の研究業務を行うことを職務内容とする官職であるときは、任期の定めのない職員とはならないということである。
2　任期を定めて採用された職員について、任期の定めがなくなることとなる場合には、当該職員の同意を得るものとする。

第45条関係

この条の規定による報告は、採用又は任期の更新を行った後遅滞なく、次の各号に掲げる区分に応じ、当該各号に掲げる事項を記載した文書により行うものとする。

なお、第42条関係第５項(4)又は第43条関係第２項(5)の規定によりあらかじめ人事院事務総長の承認を得た場合には、当該報告を要しないものとする。

一　第42条第２項第２号に掲げる官職への採用
(1)　任期を定めて採用された職員の官職（職務の級及び所属部課名）
(2)　当該官職に係る職務の内容
(3)　任期を定めて採用された職員の氏名
(4)　任期
(5)　研究計画
(6)　任期を定めて採用された職員の研究業績
(7)　その他参考となる事項
二　第42条第２項第２号に掲げる官職に採用された職員の任期の更新
(1)　任期を定めて採用された職員の官職（職務の級及び所属部課名）
(2)　任期を定めて採用された職員の氏名
(3)　更新後の任期
(4)　新たな研究計画
(5)　任期の更新を必要とする理由
(6)　その他参考となる事項

第46条関係

1　この条の第１項の「適宜の方法」には、例えば、作文試験、

（任期の更新）

第43条　任命権者は、前条第２項第１号又は第２号に掲げる官職への採用について定めた任期がそれぞれ３年又は５年に満たない場合においては、それぞれ採用した日から引き続き３年又は５年を超えない範囲内において、同項第３号に掲げる官職への採用について定めた任期の末日が同号に規定する職員の出産の日（当該職員が出産前である場合にあっては、出産予定日）の翌日から８週間を経過する日前である場合においては、採用した日から当該経過する日までの期間を超えない範囲内において、任期を更新することができる。ただし、同項第２号に掲げる官職に採用された職員の任期を更新する場合には、人事院が定める基準に従わなければならない。

2　前条第３項の規定は、前項の規定により職員の任期を更新する場合について準用する。

（任期の解消）

第44条　第42条第２項の規定により任期を定めて採用された職員が同項各号に掲げる官職以外の常勤官職（同項第２号の官職と同一の研究業務を行うことを職務内容とする常勤官職を除く。）に昇任等の方法により任命された場合には、任期の定めのない職員となったものとする。

（任期を定めた採用等の報告）

第45条　任命権者は、第42条第２項の規定により同項第２号に掲げる官職に職員を採用した場合又は第43条第１項の規定により当該職員の任期を更新した場合には、その旨を人事院に報告しなければならない。

（非常勤職員の採用の方法）

第46条　非常勤職員（法第60条の２第１項に規定する短時間勤務の官職を占める職員を除く。以下同じ。）の採用は、第２章第２節の規定にかかわらず、面接、経歴評定その他の適宜の方法による能力の実証を経て行うことができる。ただし、期間業務職員を採用する場合におけるこの項の規定の適用については、「、経歴評定」とあるのは、「及び経歴評定」とする。

2　任命権者は、非常勤職員の採用に当たっては、インターネットの利用、公共職業安定所への求人の申込み等による告知を行い、できる限り広く募集を行うものとする。ただし、次の各号のいずれかに該当する場合は、この限りでない。

体力検査、健康状態の確認が含まれる。

2　この条の第２項の規定により募集を行う場合には、十分な期間を設けて周知するよう努めるとともに、できる限り多様な方法によるよう努めなければならない。

3　この条の第２項第２号の「人事院が定めるとき」は、前年度において設置されていた官職で、補充しようとする官職と職務の内容が類似するもの（補充しようとする官職の任命権者が任命権を有していたものに限る。）に就いていた者を採用する場合において、面接及び当該職務の内容が類似する官職におけるその者の勤務実績に基づき、この条の第１項に規定する能力の実証を行うことができると明らかに認められる場合であって、面接及び当該勤務実績に基づき当該能力の実証を行うときとする。

第46条の２関係

任期を定めて採用された非常勤職員について、その任期が更新されることとなる場合には、当該非常勤職員の同意を得るものとする。

第47条関係

1　この条の第２項の規定は、第18条第１項の規定に基づき、補充しようとする官職に選考により採用することができる場合には、適用しない。

2　この条の第２項の「他の官職に係る名簿」には、補充しようとする官職と職務の複雑と責任の度が同等と認められる官職を対象とする名簿及び職務の複雑と責任の度が上位又は下位の官職を対象とする名簿が含まれる。

3　この条の第２項の規定に基づいて行われた昇任等は、採用試験の結果に基づく採用とはならない。

第48条関係

1　この条の第１項の「これらに準ずる非常勤官職」とは、内閣府設置法第18条の重要政策に関する会議又は同法第37条若しくは第54条の審議会等、宮内庁法第16条第１項の機関、復興庁設置法第15条第１項の復興推進委員会若しくは国家行政組織法第８条の審議会等の非常勤官職とその性格、職務の内容、勤務条件等が極めて類似している諮問的又は調査的な非常勤官職をいう。

2　この条の第１項の規定は、非常勤官職への採用（この条の第

一　官職に必要とされる知識、経験、技能等の内容、官署の所在地が離島その他のへき地である等の勤務環境、任期、採用の緊急性等の事情から公募により難い場合
二　期間業務職員を採用する場合において、前項に定める能力の実証を面接及び期間業務職員としての従前の勤務実績に基づき行うことができる場合であって公募による必要がないときとして人事院が定めるとき。

（非常勤職員の任期）
第46条の２　期間業務職員を採用する場合は、当該採用の日から同日の属する会計年度の末日までの期間の範囲内で任期を定めるものとする。
2　任命権者は、特別の事情により期間業務職員をその任期満了後も引き続き期間業務職員の職務に従事させる必要が生じた場合には、前項に規定する期間の範囲内において、その任期を更新することができる。
3　任命権者は、期間業務職員の採用又は任期の更新に当たっては、業務の遂行に必要かつ十分な任期を定めるものとし、必要以上に短い任期を定めることにより、採用又は任期の更新を反復して行うことのないよう配慮しなければならない。
4　期間業務職員以外の非常勤職員について任期を定める場合においては、前項の規定を準用する。
5　第42条第３項の規定は、非常勤職員の任期を定めた採用及び任期の更新について準用する。

（非常勤職員の昇任等の方法）
第47条　非常勤職員の常勤官職への昇任等は、第２章第３節の規定によらないで行うことができる。この場合においては、第21条の規定に準じて官職に係る能力及び適性を有するかどうかの判定を行うとともに、第22条第１項の規定に準じて募集を行うものとする。
2　任命権者は、前項の規定により補充しようとする官職が法第45条の２第１項各号に掲げる官職である場合にあっては、異動させようとする職員（当該職員は、当該官職に係る名簿又は当該補充しようとする官職と職務の内容が十分類似する他の官職に係る名簿に記載されている者でなければならない。）について面接を行い、その結果を考慮して昇任等を行うものとする。
3　非常勤職員の他の非常勤官職（法第60条の２第１項に規定する短時間勤務の官職を除く。以下同じ。）への昇任等は、第２項に規定する１月を超える任期を定めた期間業務職員の採用を除く。）又は昇任のうちこの条の第１項に規定する審議会等の非常勤官職以外の非常勤官職に採用する場合であって、法第36条ただし書の規定に基づく選考により、かつ、１年を超える任期を定めて非常勤官職に採用するときは、条件付のものとなるという趣旨である。
3　この条の第２項の「その職務を良好な成績で遂行した」か否かの判断は、期間業務職員の勤務の状況を示す事実に基づき、官職に求められる職務遂行の程度に照らして行うものとする。
4　条件付採用期間中の期間業務職員の勤務実績がよくないと認められる場合の取扱いについては、人事院規則11－４（職員の身分保障）第10条の定めるところによる。

第50条関係
　この条の規定は、併任に係る官職の任命権者は併任の解除はできるが、職員を休職にし、復職させ、免職し、又は職員の辞職を承認することはできないという趣旨である。

第53条関係
　この条の各号に掲げる異動で発令を要するものについては、その異動を発令した時にその効力が発生する。この場合においても、職員がその異動を了知するまでの間は、当該職員の不利益になるように取り扱うことは許されない。

第54条関係
　この条の各号に掲げる異動は、第53条に規定する通知書（以下「通知書」という。）を交付した時（第55条第５号に該当する場合には、通知書の交付に代わる方法による通知が到達した時）にその効力が発生する。

第55条関係
　この条の第２号は、法令の改廃による組織の新設、変更、廃止等に伴うこれらの組織間における職員の転任又は配置換については、通知書に代わる文書の交付その他適当な方法をもって通知書の交付に代えることができるという趣旨である。

第58条関係
1　通知書の様式、記載事項及び記入要領は、「人事異動通知書の様式及び記載事項等について（昭和27年６月１日13－799）」

章第３節の規定によらないで行うことができる。この場合においては、第46条第１項の規定に準じて、必要な能力の実証を行うものとする。

（条件付任用の特例）

第48条　内閣府設置法第18条の重要政策に関する会議又は同法第37条若しくは第54条の審議会等、宮内庁法（昭和22年法律第70号）第16条第１項の機関若しくは国家行政組織法第８条の審議会等の非常勤官職又はこれらに準ずる非常勤官職（以下この条及び次条において「審議会等の非常勤官職」という。）に採用し、審議会等の非常勤官職以外の非常勤官職に第46条の規定により若しくは１年を超えない任期を定めて採用し、又は非常勤官職に昇任させる場合には、これらの採用又は昇任は、条件付のものとしない。

2　前項の規定にかかわらず、１月を超える任期を定めた期間業務職員の採用は、その採用の日から起算して１月間条件付のものとし、その間その職務を良好な成績で遂行したときは、その期間の終了前に任命権者が別段の措置をしない限り、その期間が終了した日の翌日において、当該期間業務職員の採用は正式のものとなる。

3　第33条及び第34条の規定は、前項の規定による条件付採用期間について準用する。この場合において、同条中「６月間」とあるのは「１月間」と、「90日」とあるのは「15日」と、「当該条件付採用期間の開始後１年」とあるのは「当該職員の任期」と読み替えるものとする。

（併任ができる場合の特例）

第49条　任命権者は、職員を審議会等の非常勤官職に併任し、又は非常勤職員を非常勤官職に併任することができる。

（法第61条の任命権者）

第50条　法第61条に規定する任命権者には、併任に係る官職の任命権者を含まないものとする。

（辞職）

第51条　任命権者は、職員から書面をもって辞職の申出があったときは、特に支障のない限り、これを承認するものとする。

による。

2　非常勤官職への採用に当たっては、第53条第１号の規定にかかわらず、任期が極めて短い場合、同時期に多数の者を採用する場合その他特別の事情がある場合には、通知書に代わる文書をもって通知書に代えることができる。

その他の事項

外務公務員法第２条第５項に規定する外務職員として人事評価が実施された職員に対する第２章第３節の規定の適用については、外務職員の人事評価の基準、方法等に関する省令（平成21年外務省令第６号）第６条第１項に規定する全体評語を第２章第３節に規定する全体評語とみなす。

【任用関係の承認申請等の手続について（平成21年人企－537、最終改正：令和６年人企－1071）】

標記について下記のとおり定めたので、平成21年４月１日以降は、これによってください。

なお、これに伴い、「任用関係の承認申請等の手続について（昭和43年６月１日任企－345）」は、廃止します。

記

任用関係の承認申請等は次の各項に掲げる申請等の場合に応じ、当該各項(2)に定める申請先等に提出して行うものとする。

1　人事院規則８－12（職員の任免）の運用について（平成21年３月18日人企－532。以下「規則８－12運用通知」という。）第９条関係第３項の規定に基づく他名簿の認定申請の場合

(1)　提出書類

他名簿認定申請書（別紙１の様式による。）

(2)　申請先

ア　当該名簿が人事院規則８－18（採用試験）（以下「規則８－18」という。）第３条第２項第１号に掲げる採用試験のうち行政及び教養の区分試験（規則８－18第４条第３項に規定する区分試験をいう。以下同じ。）、規則８－18第３条第２項第２号に掲げる採用試験のうち事務、事務（社会人）、技術及び技術（社会人）の区分試験並びに同条第３項第３号及び第９号に掲げる採用試験の結果に基づいて作成された名簿以外の名簿の場合

人事院事務総長

（免職及び辞職以外の退職）

第52条　次の各号のいずれかに該当する場合においてその任期が更新されないときは、職員は、当然退職するものとする。法第60条第３項の規定により臨時的任用が取り消されたときも、同様とする。

一　臨時的任用の期間が満了した場合

二　法令により任期が定められている場合において、その任期が満了したとき。

三　前号に掲げる場合のほか、任期を定めて採用された場合において、その任期が満了したとき。

（通知書の交付）

第53条　任命権者は、次の各号のいずれかに該当する場合には、職員に人事異動通知書（以下「通知書」という。）を交付しなければならない。

一　職員を採用し、昇任させ、転任させ、若しくは配置換し、又は任期を更新した場合

二　職員を他の任命権者が昇任させ、降任させ、転任させ、又は併任することについて同意を与えた場合

三　任期を定めて採用された職員が任期の定めのない職員となった場合

四　臨時的任用を行った場合又は臨時的任用を更新した場合

五　併任を行った場合又は併任を解除した場合

六　併任が終了した場合

七　職員を復職させた場合

八　職員が復職した場合

九　職員が失職した場合

十　職員の辞職を承認した場合

十一　職員が退職した場合（免職又は辞職の場合を除く。）

第54条　任命権者は、次の各号のいずれかに該当する場合には、職員に通知書を交付して行わなければならない。

一　職員を降任させる場合

二　職員を休職にし、又はその期間を更新する場合

三　職員を免職する場合

（通知書の交付を要しない場合）

第55条　次の各号のいずれかに該当する場合においては、前２条の規定にかかわらず、通知書に代わる文書の交付その他適当な

イ　ア以外で名簿のある場合

人事院地方事務局長又は人事院沖縄事務所長

2　人事院規則８－12（職員の任免）（以下「規則８－12」という。）第12条第２項の規定に基づく任命結果の通知の場合

(1)　提出書類

ア　任命結果通知書（別紙２の様式による。）

イ　その他参考となる資料（規則８－12運用通知第９条関係第２項の規定により採用した場合には、同項に規定する名簿からの任命であることを証明する書類を含む。）

(2)　通知先

ア　当該名簿が規則８－18第３条第２項第１号に掲げる採用試験のうち行政及び教養の区分試験、同項第２号に掲げる採用試験のうち事務、事務（社会人）、技術及び技術（社会人）の区分試験並びに同条第３項第３号及び第９号に掲げる採用試験の結果に基づいて作成された名簿以外の名簿の場合

人事院事務総長

イ　ア以外の場合

人事院地方事務局長又は人事院沖縄事務所長

3　規則８－12第18条第１項第６号若しくは第10号又は規則８－12運用通知第18条関係第４項ただし書の規定に基づく選考による採用の承認申請の場合

(1)　提出書類

ア　選考採用承認申請書（別紙３の１から別紙３の３までの様式による。）

イ　採用予定者の履歴書

ウ　その他参考となる資料

(2)　申請先

人事院事務総長。ただし、 規則８－12第18条第１項第６号の規定に基づき、規則８－18別表第１国家公務員採用一般職試験（大卒程度試験）の項第１号及び第11号、同表国家公務員採用一般職試験（高卒程度試験）の項第１号及び第２号並びに同表刑務官採用試験の項第１号から第４号までに掲げる官職へ選考により採用する場合については、人事院地方事務局長又は人事院沖縄事務所長とする。

4　規則８－12第18条第３項の規定に基づく特定官職への採用の

方法をもって通知書の交付に代えることができる。

一　次に掲げる組織の単位内で職員を配置換した場合

イ　会計検査院、人事院、内閣法制局並びに内閣府、宮内庁並びに内閣府設置法第49条第1項及び第2項に規定する機関並びに国家行政組織法第3条に規定する国の行政機関の課

ロ　内閣府設置法第37条、第39条、第40条、第43条及び第54条から第57条まで（宮内庁法第18条第1項において準用する場合を含む。）並びに宮内庁法第16条及び第17条第1項並びに国家行政組織法第8条から第9条までに規定する機関の組織のうち規模、所掌事務の範囲等がイに掲げる組織と同等と認められる組織

ハ　行政執行法人の組織のうち規模、所掌事務の範囲等がイに掲げる組織に準ずる組織

二　法令の改廃による組織の変更等に伴い、職員を転任させ、又は配置換した場合

三　非常勤官職に職員を転任させ、配置換し、又は併任し、若しくはその併任を解除した場合（任期の更新を伴う場合を除く。）

四　第53条第2号、第6号及び第11号に掲げる場合で通知書の交付によらないことを適当と認めるとき。

五　前条各号に掲げる場合であって、通知書の交付によることができない緊急のとき。

第56条　第54条の規定による通知書の交付は、これを受けるべき者の所在を知ることができない場合においては、その内容を官報に掲載することをもってこれに代えることができるものとし、掲載された日から2週間を経過した時に通知書の交付があったものとみなす。

（他の任命権者に対する通知）

第57条　任命権者を異にする官職に併任されている職員について、第53条各号又は第54条各号に掲げる場合に該当する事実が生じた場合においては、当該事実に係る任命権者は、他の任命権者にその旨を通知しなければならない。

（通知書の様式等）

第58条　通知書の様式は、人事院が定める。

2　通知書には、職員の氏名、異動の内容その他人事院が定める

協議の場合

(1)　提出書類

ア　特定官職への採用協議書（別紙4の1の様式による。ただし、規則8－12運用通知第18条関係第9項各号に掲げる採用についての協議の場合には、別紙4の2の様式による。）

イ　採用予定者の履歴書（別紙4の2の様式による場合には、採用予定者の履歴書及びかつてその者が職員であったときはその時の人事記録の写し）

ウ　その他参考となる資料

(2)　協議先

人事院事務総長

5　規則8－12運用通知第18条関係第10項の規定に基づく特定官職への選考による採用の報告及び規則8－12第24条の規定に基づく特定幹部職への選考による採用の報告並びに規則8－12第30条第2項の規定に基づく特定官職への昇任、降任、転任又は配置換の報告の場合（規則8－12第31条の規定に基づきあらかじめ人事院と協議をした別段の定めによる任命の場合を除く。）

(1)　提出書類

ア　特定官職への任命結果報告書（別紙5の様式による。）

イ　任命された者の人事記録の写し（採用についての報告の場合には、採用された者の履歴書及びかつてその者が職員であったときはその時の人事記録の写し）

ウ　人事異動図

（注）人事異動図に、別紙5の記の部分の内容を付記して提出するときは、特定官職への任命結果報告書の提出に代えて、当該人事異動図を添付する文書により、人事院に報告することができる。

(2)　報告先

人事院事務総長

6　規則8－12第31条の規定に基づく別段の定めをすることについての協議の場合

(1)　提出書類

ア　別段の定めについての協議書（別紙6の様式による。）

イ　任命予定者の人事記録の写し

ウ　その他参考となる資料

(2)　協議先

人事院事務総長

事項を記載しなければならない。
3　前２項に定めるもののほか、通知書に関し必要な事項は、人事院が定める。

第59条　この規則に定めるもののほか、職員の任免に関し必要な事項は、人事院が定める。

附則
この規則は、平成21年４月１日から施行する。

附則（令和３年12月24日規則８－12－17）
（施行期日）
第１条　この規則は、令和４年10月１日から施行する。

（経過措置）
第２条　職員を昇任させようとする日以前における直近の連続した２回の能力評価及び４回の業績評価の全体評語の全部が、令和４年９月30日までのいずれかの評価期間（人事評価政令第５条第３項又は第４項に規定する評価期間をいう。以下同じ。）に係る能力評価又は業績評価の全体評語となる間における職員の昇任及び転任の要件については、なお従前の例による。

第３条　職員を昇任させようとする日以前における直近の連続した２回の能力評価及び４回の業績評価の全体評語の一部が、令和４年９月30日までのいずれかの評価期間に係る能力評価又は業績評価の全体評語となる間におけるこの規則による改正後の規則８－12第25条（第26条第２項において準用する場合を含む。）の規定の適用については、同規則第25条第１号イ及び第３号イ中「「優良」」とあるのは「上位の段階又は「優良」」と、同条第１号イ、第２号イ及び第３号ロ中「「良好」」とあるのは「上位若しくは中位の段階又は「良好」」と、同条第１号ロ及び第２号ロ中「４回の業績評価のうち、一の業績評価の全体評語が「優良」の段階以上であり、かつ、他の業績評価」とあるのは「３回の業績評価（令和４年９月30日までのいずれかの評価期間に係る業績評価を含む場合は、当該業績評価の回数を除いた回数の単独の又は連続した業績評価）」と、同条第１号ロ中「こと（本省の係長の官職その他の人事院が定める官職に昇任させる場合にあっては、この要件に準ずるものとして人事院が定める要件を含む。）」とあるのは「こと」と、同条第２号イ

7　規則８－12第39条第１項第３号に該当する場合の臨時的任用又はその更新の承認申請の場合
(1)　提出書類
ア　臨時的任用承認申請書（別紙７の１の様式による。）又は臨時的任用更新承認申請書（別紙７の２の様式による。）
イ　任用予定者の履歴書又は任用更新予定者の人事記録の写し
ウ　その他参考となる資料
(2)　申請先
ア　国家公務員法（昭和22年法律第120号）第45条の２第１項第１号及び採用試験の対象官職及び種類並びに採用試験により確保すべき人材に関する政令（平成26年政令第192号）第１条第２項第11号、第12号、第14号及び第15号に規定する官職の場合
人事院総裁
イ　アの官職以外の官職の場合
人事院事務総長。ただし、規則８－18別表第１国家公務員採用一般職試験（大卒程度試験）の項第１号及び第11号、同表国家公務員採用一般職試験（高卒程度試験）の項第１号及び第２号並びに同表刑務官採用試験の項第１号から第４号までに掲げる官職の場合については、人事院地方事務局長又は人事院沖縄事務所長とする。

8　規則８－12運用通知第42条関係第５項(4)の規定に基づく任期を定めた採用の承認申請（以下「任期付採用の承認申請」という。）
(1)　提出書類
ア　任期付採用承認申請書（別紙８の様式による。）
イ　研究計画書
ウ　採用予定者の履歴書
エ　採用予定者が任期を定めて採用されることを承諾した文書の写し
オ　その他参考となる資料
(2)　申請先
人事院事務総長
（注）選考採用の承認申請と同時にこの任期付採用の承認申請を行う場合には、選考採用承認申請書と重複する記載事項の記入及び添付資料の提出は省略することができる。

及び第３号ロ中「「非常に優秀」」とあるのは「上位の段階又は「非常に優秀」」と、同条第２号イ中「こと」とあるのは「こと（直近の能力評価が令和４年９月30日までの評価期間に係るものとなる場合にあっては、直近の能力評価の全体評語が上位の段階であり、かつ、他の能力評価の全体評語が上位又は中位の段階であること。）」と、同条第３号イ中「「非常に優秀」の段階以上」とあるのは「上位の段階」と、同号イ及びロ中「こと（本号に掲げる官職又は特定幹部職に該当する官職を占める職員を昇任させる場合にあっては、人事院が定める要件を満たすこと。）」とあるのは「こと」とする。

第４条　職員を配置換させようとする日以前における直近の能力評価又は業績評価の全体評語が、令和４年９月30日までの評価期間に係る能力評価又は業績評価の全体評語となる間におけるこの規則による改正後の規則８－12第27条ただし書の規定の適用については、なお従前の例による。

附則（令和４年２月18日規則１－79）　抄

（施行期日）

第１条　この規則は、令和５年４月１日から施行する。

（定義）

第２条　この附則において、次の各号に掲げる用語の意義は、それぞれ当該各号に定めるところによる。

一　令和３年改正法　国家公務員法等の一部を改正する法律（令和３年法律第61号）をいう。

二　令和５年旧法　令和３年改正法第１条の規定による改正前の法をいう。

三　暫定再任用職員　令和３年改正法附則第３条第４項に規定する暫定再任用職員をいう。

四　暫定再任用短時間勤務職員　令和３年改正法附則第７条第１項に規定する暫定再任用短時間勤務職員をいう。

五　定年前再任用短時間勤務職員　法第60条の２第２項に規定する定年前再任用短時間勤務職員をいう。

六　施行日　この規則の施行の日をいう。

七　旧法再任用職員　施行日前に令和５年旧法第81条の４第１項又は第81条の５第１項の規定により採用された職員をいう。

9　規則８－12運用通知第43条関係第２項(5)の規定に基づく任期の更新の承認申請の場合

(1)　提出書類

ア　任期付任用更新承認申請書（別紙９の様式による。）

イ　研究計画書

ウ　職員が任期を更新されることについて同意した文書の写し

エ　その他参考となる資料

(2)　申請先

人事院事務総長

別紙１～別紙９　（略）

【平成26年人事院公示第13号（人事院規則８－12（職員の任免）第７条の２第１項第１号並びに第18条第１項第４号及び第５号の規定に基づき、標準的な官職が係員である職制上の段階に属する官職に準ずる官職の属する職制上の段階及び選考の方法による採用を妨げない係員の官職に関し、決定した件、最終改正：平成27年人事院公示第14号）】

人事院は、人事院規則８－12（職員の任免）第７条の２第１項第１号並びに第18条第１項第４号及び第５号の規定に基づき、標準的な官職が係員である職制上の段階に属する官職に準ずる官職の属する職制上の段階及び選考の方法による採用を妨げない係員の官職に関し、次のとおり決定した。

1　人事院規則８－12（職員の任免）（以下「規則」という。）第７条の２第１項第１号の人事院が定める職制上の段階は、国家公務員法（昭和22年法律第120号）第34条第２項に規定する標準的な官職（以下単に「標準的な官職」という。）が、標準的な官職を定める政令に規定する内閣官房令で定める標準的な官職等を定める内閣官房令（平成21年内閣府令第２号）第２条第11項各号の表の下欄に掲げる航海士補、同令第５条第１項の表の下欄に掲げる研究官、同条第２項の表の下欄に掲げる研究補助員、同令第18条の表の下欄に掲げる審査官補及び同令第25条第２項から第５項までの表の下欄に掲げる海事技術専門官である職制上の段階とする。

2　規則第18条第１項第４号の特別の知識、技術又はその他の能力を必要とする官職で、当該特別の知識、技術又はその他の能力に照らして採用試験によることが不適当であると認められるものとして人事院が定めるものは、次のとおりとする。

一　主として政策の企画立案等の高度の知識、技術又は経験を必要とする業務に従事することを職務とする官職のうち、次に掲げる官職のいずれかに該当する官職

(1)　次に掲げるもののいずれか一に関する専門的知識又は技術を特に必要とする官職

日本史学、歯学、保健学、繊維学、獣医学、美術学、意匠学又は体育学

(2)　次に掲げるいずれか一の免許等を有する者をもって充てるべき官職

ア　電波法（昭和25年法律第131号）による無線従事者の免許

イ　船舶職員及び小型船舶操縦者法（昭和26年法律第149号）による海技士の免許

ウ　航空法（昭和27年法律第231号）による定期運送用操縦士、事業用操縦士、一等航空整備士又は二等航空整備士の資格についての航空従事者技能証明

二　主として事務処理等の定型的な業務に従事することを職務とする官職のうち、次に掲げる官職のいずれかに該当する官職

(1)　次に掲げるもののいずれか一に関する専門的知識又は技術を特に必要とする官職

生物学、薬学、原子力工学、造船工学、繊維学、畜産学、獣医学、水産学、美術学、意匠学又は体育学

(2)　次に掲げるいずれか一の免許等を有する者をもって充てるべき官職

ア　電波法による無線従事者の免許

イ　船舶職員及び小型船舶操縦者法による海技士の免許

ウ　航空法による定期運送用操縦士、事業用操縦士、一等航空整備士又は二等航空整備士の資格についての航空従事者技能証明

(3)　次に掲げる官職

ア　宮内庁の楽師の官職

イ　空港事務所及び空港出張所の飛行場の警務又は飛行場等における事故に関する消火及び救助を行うことを職務とする官職

ウ　独立行政法人国立印刷局の校正の作業を行うことを職

（改正後の人事院規則８－12における暫定再任用職員に関する経過措置）

第５条　令和３年改正法附則第４条第１項各号（第４号を除く。）又は第２項各号（第５号を除く。）に掲げる者を同条第１項若しくは第２項又は附則第５条第１項若しくは第２項の規定により採用する場合には、これらの採用は、条件付のものとしない。

（雑則）

第25条　附則第３条から前条までに規定するもののほか、この規則の施行に関し必要な経過措置は、人事院が定める。

務とする官職

三　主として少年院における在院者の矯正教育その他の処遇、少年鑑別所における在所者の観護処遇並びに刑事施設における受刑者の改善指導及び教科指導に関する業務に従事することを職務とする官職のうち、少年院の職業指導又は教科指導に従事する教官の官職

3　規則第18条第１項第５号の庁舎の監視その他の庁務等を職務の内容とする官職で、採用試験によることが不適当であると認められるものとして人事院が定めるものは、標準的な官職が、標準的な官職を定める政令に規定する内閣官房令で定める標準的な官職等を定める内閣官房令第15条第３項の表の下欄に掲げる係員である職制上の段階に属する官職とする。

4　平成23年人事院公示第15号は、廃止する。

5　この決定は、平成26年５月30日から効力を発生する。

【人事院規則８－12（職員の任免）の運用について第30条関係第１項に基づく研修の指定について（平成21年人企－538）】

人事院規則８－12（職員の任免）の運用について（平成21年３月18日人企－532）第30条関係第１項の人事院事務総長が指定する研修について下記のとおり指定したので、平成21年４月１日以降はこれによってください。

この指定は、平成10年５月１日前に本省の課に置かれる室長、課長補佐及びこれらの官職と職務の複雑と責任の度が同等の官職に昇任した職員について適用するものとします。

なお、「人事院規則８－20（本省庁の課長等に任用する場合の選考の基準等）の運用について第４条関係第４項に基づく研修の指定について（任企－103）」は廃止します。

記

研修名	実施機関
行政研修（係長級特別課程）	人事院
行政研修（課長補佐級特別課程）	人事院
管理者要員啓発課程	総務省

（注）1　「行政研修（係長級特別課程）」には、平成10年度まで実施された「行政研修基礎課程（係長級）」を含む。
2　「行政研修（課長補佐級特別課程）」には、平成11年度まで実施された「行政研修（課長補佐級マネジメントコース）」を含む。
3　上記の他、平成19年度までに人事院が実施した「本省庁課長補佐研修」も人事院の定める研修に含むものとする。

【併任制度の適正な運用について（平成21年人企－575・給３－28、最終改正：平成30年人企－143・給３－25）】

今般、併任制度の運用の適正化及び併任に係る諸手当の取扱いについて、次の規則及び運用通知の整備を行いました。

○　人事院規則８－12（職員の任免）
○　人事院規則８－12（職員の任免）の運用について（平成21年３月18日人企－532）
○　給実甲第180号（初任給調整手当の運用について）
○　給実甲第351号（特地勤務手当等の運用について）
○　給実甲第797号（研究員調整手当の運用について）
○　給実甲第1019号（地域手当の運用について）
○　給実甲第1033号（広域異動手当の運用について）
○　給実甲第1078号（本府省業務調整手当の運用について）

ついては、平成21年４月１日以降、下記の事項に留意のうえ、適正な運用を図ってください。

記

1　併任

併任は、人事院規則８－12第35条及び第49条に定める場合に行うことができるものです。人事院規則８－12（職員の任免）の運用について第35条関係第３項及び第４項に規定するとおり、本務官署から遠隔地にある官署（本務官署からおおむね60キロメートル以上離れた官署をいう。）に属する官職への併任については真にやむを得ないものに限るようにするなど適正な運用に努めてください。

2　手当の取扱い

本府省業務調整手当、地域手当、広域異動手当等に関し、併任されている官職の業務に引き続き１箇月以上専ら従事（広域異動手当にあっては６箇月を超えて専ら従事）することが予定されている職員については、これらの職員の職務従事の実態に鑑み、当該併任官職に基づきこれらの手当を支給することとしたところですが、この取扱いは職員に不利益のないよう行うものであり、各府省におかれては、引き続き長期にわたって併任官職の業務に専ら従事させるような形態の併任をできる限り解消していくよう努めてください。

3　報告
　併任される官職の業務に引き続き３箇月を超えて専ら従事することが予定される職員について、年度ごとに、当該職員に係る任用状況を別紙様式により当該専ら従事することとなった日の属する年度の翌年度の５月末日までに、企画課長宛て報告ください。

別紙　（略）

【期間業務職員の適切な採用について（平成22年人企−972、最終改正：令和６年人企−840）】

期間業務職員の採用は、人事院規則８－12（職員の任免）第46条の規定に基づき、面接及び経歴評定その他の適宜の方法による能力の実証を経て行うとともに、採用に当たっては原則として公募を行う必要があるとされているところですが、今般、下記のとおり、制度の運用に当たっての留意点等について整理しましたので、平成22年10月１日以降、下記の事項に留意の上、制度の適正な運用を図ってください。

記

1　任命権者は、期間業務職員を採用する場合において、人事院規則８－12（職員の任免）（以下「規則」という。）第46条第２項第２号及び「人事院規則８－12（職員の任免）の運用について（平成21年３月18日人企−532）」（以下「運用通知」という。）第46条関係第３項の規定により公募によらない採用を行うときにおいても、国家公務員法（昭和22年法律第120号）に定める平等取扱いの原則及び任免の根本基準（成績主義の原則）を踏まえた適正な運用を行うこと。

2　規則第46条第２項第２号に掲げる場合に該当するものとして

公募を行わない場合には、同号及び運用通知第46条関係第３項に定める場合に該当することについて、任命権者が厳正に判断すること。

3　任命権者は、規則第46条第２項第２号及び運用通知第46条関係第３項の規定により公募によらない採用を行う場合であっても、面接及び従前の勤務実績に基づき、補充しようとする官職に必要とされる能力の実証を適切に行う必要があること。

4　任命権者は、期間業務職員の円滑な人事管理を確保するため、任期満了に際し、期間業務職員に対して規則第46条第２項第２号及び運用通知第46条関係第３項の規定による公募によらない採用の有無など必要な情報を適切に提供するよう努めるものとすること。

【期間業務職員の適切な採用に当たっての留意点等について（令和６年人企－841)】

期間業務職員の採用については、人事院規則８－12（職員の任免）（以下「規則」という。）第46条第２項において「できる限り広く募集を行うもの」とし、公募によらない採用ができる場合を同項各号において規定していますが、「期間業務職員の適切な採用について（平成22年８月10日人企－972)」において、任命権者が、規則第46条第２項第２号及び「人事院規則８－12（職員の任免）の運用について（平成21年３月18日人企－532)」第46条関係第３項の規定により公募によらない採用（以下「公募によらない再採用」という。）を行う場合であっても、国家公務員法（昭和22年法律第120号）に定める平等取扱いの原則及び任免の根本基準（成績主義の原則）を踏まえることとしていますので、下記の点に留意いただき、引き続き制度の適正な運用を行っていただきますようお願いします。

記

公募によらない再採用を行う場合とは、例えば、「仮に公募を行った際に、一定数の応募者は見込まれるものの、職場内の職務経験を有することにより公務の能率的な運営に相当程度資することが想定され、公募への応募者よりも、むしろ職場内の職務経験を有する者を任用することが適当であると任命権者が判断する場合」等が考えられる。なお、任命権者が公募によらない再採用を行うに当たっては、採用しようとする者の期間業務職員としての従前の勤務実績の他、当該者に就かせようとする業務の必要性、当該業務に求められる知識及び経験、労働市場における人材確保状況等も考慮すること。

【人事異動通知書の様式及び記載事項等について（昭和27年13－799、最終改正：令和３年人企－457）】

人事異動通知書の様式及び記載事項等については、下記のとおり決定されたので通知します。

記

（通知書の様式）

1　人事院規則８－12（職員の任免）（以下「規則」という。）第53条に規定する通知書（以下「通知書」という。）は、次の各号に掲げる場合の区分に応じ、当該各号に定める様式によるものとする。

一　次号に掲げる場合以外の場合　別紙第１

二　規則第54条各号に掲げる場合及び人事院規則11－10（職員の降給）第７条本文に規定する場合　別紙第１の２

（通知書の記載事項及び記入要領）

2　通知書の記載事項及び記入要領については、次の各号に定めるところによる。ただし、これによっては特に支障のある場合には、これによらないことができる。

一　「氏名」欄には、規則第53条各号又は第54条各号に掲げる場合に該当する事実（以下「異動」という。）に係る者の氏名を記入する。

二　「現官職」欄には、職員である者について異動が生ずる際にその者の占めている官職の組織上の名称及び当該官職の属する所属部課（所属部課の表示の単位は任命権者が定めるものとする。以下同じ。）を記入する。

三　「異動内容」欄には、異動の内容を別紙第２により記入する。

四　「日付及び任命権者」の欄には、異動を発令した年月日又は異動が発生した年月日（以下「発令日」という。）並びに任命権者（任命権の委任が行われた場合には、その委任を受けた者とする。以下同じ。）の職の組織上の名称及び氏名を記入する。

（規則第55条第５号の規定による場合の事後処理）

3　規則第55条第５号の規定による場合において必要と認めるときは、発令後更に通知書を交付することができる。

（二以上の異動に係る通知書）

4　一の職員に係る発令日を同じくする二以上の異動については、一の通知書によることができる。この場合には、これらの異動の内容を「異動内容」欄に併せて記入するものとし、規則第54条各号に掲げる場合に該当する事実を含むときは、別紙第１の２に掲げる様式によるものとする。

（俸給の決定についての通知）

5　各庁の長（権限の委任が行われた場合には、その委任を受けた者とする。以下同じ。）が、給実甲第326号（人事院規則９－８（初任給、昇格、昇給等の基準）の運用について）その他の事項第１項又は給実甲第609号（俸給の調整額の運用について）その他の事項第１項の規定により職員の俸給の決定に関する事項を通知する場合の通知書の記載事項及び記入要領は、第２項の規定に準ずるものとする。この場合において、同項第３号中「別紙第２」とあるのは、「別紙第３」とする。

6　任命権者たる各庁の長が職員についての異動の発令日において、当該職員の俸給の決定に関する事項を通知する場合には、当該異動に係る通知書を用いることができる。この場合、俸給の決定に関する事項は前項の場合に準じて「異動内容」欄に記入するものとする。

（退職手当についての通知）

7　職員が退職した場合における国家公務員退職手当法（昭和28年法律第182号）による退職手当の支給に関する事項の通知は、通知書により行うものとする。この場合の記載事項及び記入要領については第２項に準ずるものとするが、「異動内容」欄には、「退職手当として金　円を支給する（根拠法令の条項）」と記入し、退職手当を支給しない場合においては「退職手当は支給しない（根拠法令の条項）」と記入するものとする。

別紙第１・第１の２　（略）

別紙第2

「異動内容」欄記入要領

「異動内容」欄の記載事項及び記入要領については、次の各号による。

一　採用する場合（次号に該当する場合を除く。）

「アに採用する」と記入する。

二　任期を定めて採用する場合

「アに採用する（イによる）

任期は　年　月　日までとする」と記入する。

三　昇任させる場合

「アに昇任させる」と記入する。

四　降任させる場合

「イによりアに降任させる」と記入する。ただし、職員をその意により降任させる場合には、「イにより」の記入は要しない。

五　転任させる場合

「アに転任させる」と記入する。

六　配置換する場合

「アに配置換する」と記入する。

七　職員を他の任命権者が昇任させ、降任させ、転任させ、又は併任することに同意を与えた場合

「ウに出向させる」と記入する。ただし、他の任命権者が併任することに同意を与えた場合には、「（併任）」を末尾に加える。

八　併任を行う場合

「アに併任する」と記入し、併任の期間を定める場合には、「併任の期間は　年　月　日までとする」と併記する。

九　併任を解除する場合

「アの併任を解除する」と記入する。

十　併任が終了した場合

「アの併任は終了した」と記入する。

十一　臨時的任用を行う場合

「アに臨時的に任用する。

任期は　年　月　日までとする」と記入する。

十二　臨時的任用を更新する場合

「臨時的任用を更新する。

任期は　年　月　日までとする」と記入する。

十三　任期を更新する場合

「任期を　年　月　日まで更新する」と記入する。

十四　任期を定めて採用された職員が任期の定めのない職員となる場合

「人事院規則８－12第44条の規定により任期の定めのない職員となる」と記入する。

十五　休職にする場合

「イにより休職にする。

休職の期間は　年　月　日までとする」と記入する。ただし、国家公務員法（昭和22年法律第120号）第79条第２号又は人事院規則11－４（職員の身分保障）第３条第２項の規定により休職にする場合には、「休職の期間は　年　月　日までとする」の記入は要しない。

十六　休職の期間を更新する場合

「休職の期間を　年　月　日まで更新する」と記入する。

十七　復職させる場合

「アに復職させる」と記入する。

十八　職員が復職した場合

「アに復職した」と記入する。

十九　職員が失職した場合

「エに該当して失職した」と記入する。

二十　免職する場合

「イにより免職する」と記入する。

二十一　辞職を承認する場合

「辞職を承認する」と記入する。

二十二　職員が退職した場合（第20号、前号又は次号に該当する場合を除く。）

「退職した」と記入する。

二十三　任期の満了により職員が当然に退職した場合

「任期の満了により　年　月　日限り退職した」と記入する。

注１　「ア」の記号をもって表示する事項は、官職の組織上の名称（期間業務職員である場合は、その旨を含む。）及び当該官職の属する所属部課とする。

２　「イ」の記号をもって表示する事項は、根拠法令の条項とする。

３　「ウ」の記号をもって表示する事項は、異動に係る官職の属する機関の名称とする。

４　「エ」の記号をもって表示する事項は、失職となった事由を掲げる法令の条項とする。

別紙第３

「異動内容」欄記入要領（俸給の決定関係）

職員の俸給の決定に関する事項を通知する場合の「異動内容」

欄の記載事項及び記入要領については、次の各号による。

一　次号から第４号までに該当する場合以外の場合で俸給の決定を行うとき

「アイを給する（ウ）」と記入する。

二　昇格させる場合

「アに昇格させる。イを給する」と記入する。

三　人事院規則９－８（初任給、昇格、昇給等の基準）第24条の規定により降格させる場合

「アに降格させる。イを給する」と記入する。

四　一般職の職員の給与に関する法律（昭和25年法律第95号。以下「給与法」という。）第10条の規定により俸給の調整を行う場合

「エを給する」と記入する。

注１　「ア」の記号をもって表示する事項は、給与法に規定する職務の級とする。この場合には、「職務の級」の表示は「○○俸給表○級」とする。

２　「イ」の記号をもって表示する事項は、給与法に規定する号俸とする。この場合には、「号俸」の表示は「○号俸」とする。

３　「ウ」の記号をもって表示する事項は、その根拠となる条項とする。ただし、当該根拠が明らかである場合には、省略することができる。

４　指定職俸給表の適用を受ける職員等にあっては、「ア」及び「イ」の記号をもって表示する事項は、１及び２の規定の例によるものとする。

５　「エ」の記号をもって表示する事項は、給与法の規定による俸給の調整額とする。この場合には、「俸給の調整額」の表示は「調整数○の俸給の調整額」又は「俸給の調整額○○円」とする。

4　国公法・幹部職員の任用等に関する政令　対照表

<table>
<tr><th>国公法
施行日：令和５年４月１日、令和３年法律第61号による改正</th><th>幹部職員の任用等に関する政令
施行日：令和５年４月１日、令和５年政令第126号による改正</th></tr>
<tr><td>（定義）
第34条　この法律において、次の各号に掲げる用語の意義は、当該各号に定めるところによる。
一　採用　職員以外の者を官職に任命すること（臨時的任用を除く。）をいう。
二　昇任　職員をその職員が現に任命されている官職より上位の職制上の段階に属する官職に任命することをいう。
三　降任　職員をその職員が現に任命されている官職より下位の職制上の段階に属する官職に任命することをいう。
四　転任　職員をその職員が現に任命されている官職以外の官職に任命することであつて前２号に定めるものに該当しないものをいう。
五　標準職務遂行能力　職制上の段階の標準的な官職の職務を遂行する上で発揮することが求められる能力として内閣総理大臣が定めるものをいう。
六　幹部職員　内閣府設置法（平成11年法律第89号）第50条若しくは国家行政組織法第６条に規定する長官、同法第18条第１項に規定する事務次官若しくは同法第21条第１項に規定する局長若しくは部長の官職又はこれらの官職に準ずる官職であつて政令で定めるもの（以下「幹部職」という。）を占める職員をいう。
七　管理職員　国家行政組織法第21条第１項に規定する課長若しくは室長の官職又はこれらの官職に準ずる官職であつて政令で定めるもの（以下「管理職」という。）を占める職員をいう。
②　前項第５号の標準的な官職は、係員、係長、課長補佐、課長その他の官職とし、職制上の段階及び職務の種類に応じ、政令で定める。

（適格性審査及び幹部候補者名簿）
第61条の２　内閣総理大臣は、次に掲げる者について、政令で定めるところにより、幹部職（自衛隊法第30条の２第１項第６号に規定する幹部職を含む。第２号及び次項において同じ。）に属する官職（同条第１項第２号に規定する自衛官以外の隊員が占める職を含む。次項及び第61条の11において同じ。）に係る標準職務遂行能力（同法第30条の２第１項第５号に規定する標準職務遂行能力を含む。次項において同じ。）を有することを確認するための審査（以下「適格性審査」という。）を公正に行うものとする。
一　幹部職員（自衛隊法第30条の２第１項第６号に規定する幹部隊員を含む。次号及び第61条の９第１項において同じ。）
二　幹部職員以外の者であつて、幹部職の職責を担うにふさわしい能力を有すると見込まれる者として任命権者（自衛隊法第31条第１項の規定により同法第２条第５項に規定する隊員（以下「自衛隊員」という。）の任免について権限を有する者を含む。第３項及び第４項、第61条の６並びに第61条の11において同じ。）が内閣総理大臣に推薦した者
三　前２号に掲げる者に準ずる者として政令で定める者</td><td>（定義）
第１条　この政令において「官職」、「職員」、「人事評価」、「標準職務遂行能力」、「幹部職員」、「幹部職」、「管理職員」、「管理職」、「標準的な官職」、「適格性審査」、「幹部候補者名簿」、「採用等」、「内閣の直属機関」、「各大臣等」、「幹部候補育成課程」又は「課程対象者」とは、それぞれ国家公務員法（以下「法」という。）第２条第４項、第18条の２第１項、第34条第１項第５号から第７号まで若しくは第２項、第61条の２第１項若しくは第２項、第61条の４第１項、第61条の８第１項又は第61条の９第１項若しくは第２項第２号に規定する官職、職員、人事評価、標準職務遂行能力、幹部職員、幹部職、管理職員、管理職、標準的な官職、適格性審査、幹部候補者名簿、採用等、内閣の直属機関、各大臣等、幹部候補育成課程又は課程対象者をいう。
２　この政令において「任命権者」とは、法第55条第１項に規定する任命権者及び法律で別に定められた任命権者並びにその委任を受けた者をいう。

（事務次官、局長又は部長の官職及び課長又は室長の官職に準ずる官職）
第２条　法第34条第１項第６号の政令で定める官職は、次に掲げる機関に属する官職（内閣府設置法（平成11年法律第89号）第50条及び国家行政組織法（昭和23年法律第120号）第６条に規定する長官、同法第18条第１項に規定する事務次官並びに同法第21条第１項に規定する局長及び部長の官職並びに行政の特定の分野における高度の専門的な知識経験に基づく調査、研究、情報の分析等を行うことによる政策の企画及び立案等の支援に関する事務をつかさどる官職（当該官職に準ずる官職として内閣官房令で定めるものを含む。次項において同じ。）を除く。）であって、標準的な官職を定める政令（平成21年政令第30号）本則の表１の項第２欄第１号に掲げる部局若しくは機関等に存する同項第３欄第１号、第２号若しくは第３号に掲げる職制上の段階又はこれらと同等の職制上の段階（職制上の段階のうち、上位の職制上の段階及び下位の職制上の段階以外のものをいう。以下同じ。）に属するものとする。
一　法律の規定に基づき内閣に置かれる機関（内閣府及びデジタル庁を除く。）又は内閣の所轄の下に置かれる機関（人事院に置かれる公務員研修所、地方事務局及び沖縄事務所を除く。）
二　内閣府（内閣府設置法第37条、第39条、第40条及び第43条に規定する機関を除く。）、宮内庁（宮内庁法（昭和22年法律第70号）第16条及び第17条第１項に規定する機関並びに同法第18条第１項において準用する内閣府設置法第56条及び第57条に規定する機関を除く。）又は内閣府設置法第49条第１項若しくは第２項に規定する機関（同法第54条から第57条までに規定する機関及び私的独占の禁止及び公正取引の確保に関する法律（昭和22年法律第54号）第35条の２第１項に規定する機関を除く。）
三　内閣府地方創生推進事務局
四　内閣府知的財産戦略推進事務局
五　内閣府科学技術・イノベーション推進事務局</td></tr>
</table>

② 内閣総理大臣は、適格性審査の結果、幹部職に属する官職に係る標準職務遂行能力を有することを確認した者について、政令で定めるところにより、氏名その他政令で定める事項を記載した名簿（以下この条及び次条において「幹部候補者名簿」という。）を作成するものとする。
③ 内閣総理大臣は、任命権者の求めがある場合には、政令で定めるところにより、当該任命権者に対し、幹部候補者名簿を提示するものとする。
④ 内閣総理大臣は、政令で定めるところにより、定期的に、及び任命権者の求めがある場合その他必要があると認める場合には随時、適格性審査を行い、幹部候補者名簿を更新するものとする。
⑤ 内閣総理大臣は、前各項の規定による権限を内閣官房長官に委任する。
⑥ 第１項（第３号を除く。）及び第２項から第４項までの政令は、人事院の意見を聴いて定めるものとする。

（幹部候補者名簿に記載されている者の中からの任用）
第61条の３　選考による職員の採用であつて、幹部職への任命に該当するものは、任命権者が、幹部候補者名簿に記載されている者であつて、当該任命しようとする幹部職についての適性を有すると認められる者の中から行うものとする。
② 職員の昇任及び転任であつて、幹部職への任命に該当するものは、任命権者が、幹部候補者名簿に記載されている者であつて、職員の人事評価に基づき、当該任命しようとする幹部職についての適性を有すると認められる者の中から行うものとする。
③ 任命権者は、幹部候補者名簿に記載されている職員の降任であつて、幹部職への任命に該当するものを行う場合には、当該職員の人事評価に基づき、当該任命しようとする幹部職についての適性を有すると認められる幹部職に任命するものとする。
④ 国際機関又は民間企業に派遣されていたこと等の事情により人事評価が行われていない職員のうち、幹部候補者名簿に記載されている者の昇任、降任又は転任であつて、幹部職への任命に該当するものについては、任命権者が、前２項の規定にかかわらず、人事評価以外の能力の実証に基づき、当該任命しようとする幹部職についての適性を判断して行うことができる。

（内閣総理大臣及び内閣官房長官との協議に基づく任用等）
第61条の４　任命権者は、職員の選考による採用、昇任、降任及び転任であつて幹部職への任命に該当するもの、幹部職員の幹部職以外の官職への昇任、降任及び転任（第81条の２第１項の規定による降任及び転任を除く。）並びに幹部職員の退職（政令で定めるものに限る。第４項において同じ。）及び免職（次項及び第３項において「採用等」という。）を行う場合には、政令で定めるところにより、あらかじめ内閣総理大臣及び内閣官房長官に協議した上で、当該協議に基づいて行うものとする。
② 前項の場合において、災害その他緊急やむを得ない理由により、あらかじめ内閣総理大臣及び内閣官房長官に協議する時間的余裕がないときは、任命権者は、同項の規定にかかわらず、当該協議を行うことなく、職員の採用等を行うことができる。
③ 任命権者は、前項の規定により職員の採用等を行つた場合には、内閣総理大臣及び内閣官房長官に通知するとともに、遅滞なく、当該採用等について、政令で定めるところにより、内閣総理大臣及び内閣官房長官に協議し、当該協議に基づいて必要な措置を講じなければならない。

六　内閣府健康・医療戦略推進事務局
七　内閣府宇宙開発戦略推進事務局
八　内閣府北方対策本部
九　内閣府総合海洋政策推進事務局
十　内閣府国際平和協力本部
十一　警察庁（警察大学校、科学警察研究所、皇宮警察本部、管区警察局、東京都警察情報通信部及び北海道警察情報通信部を除く。）
十二　デジタル庁
十三　国家行政組織法第３条第２項に規定する機関（同法第８条から第９条までに規定する機関及び労働組合法（昭和24年法律第174号）第19条の11第２項に規定する機関を除く。）
十四　検察庁（高等検察庁、地方検察庁及び区検察庁を除く。）
十五　厚生労働省死因究明等推進本部
十六　会計検査院（会計検査院法（昭和22年法律第73号）第19条に規定する機関を除く。）
2　法第34条第１項第７号の政令で定める官職は、前項各号に掲げる機関に属する官職（国家行政組織法第21条第１項に規定する課長及び室長の官職並びに行政の特定の分野における高度の専門的な知識経験に基づく調査、研究、情報の分析等を行うことによる政策の企画及び立案等の支援に関する事務をつかさどる官職を除く。）であつて、標準的な官職を定める政令本則の表１の項第２欄第１号に掲げる部局若しくは機関等に存する同項第３欄第４号若しくは第５号に掲げる職制上の段階又はこれらと同等の職制上の段階に属するものとする。

（適格性審査の実施）
第３条　適格性審査においては、人事評価（自衛隊法（昭和29年法律第165号）第31条第３項に規定する人事評価を含む。第３項において同じ。）その他の任命権者（同条第１項の規定により同法第２条第５項に規定する隊員（次条第２項第２号において「自衛隊員」という。）の任免について権限を有する者を含む。第５条並びに第６条第２項及び第３項において同じ。）から提出された標準職務遂行能力（同法第30条の２第１項第５号に規定する標準職務遂行能力を含む。以下この項及び次条において同じ。）を有することの確認に資する情報又は必要に応じて行う調査その他の適当な方法により得られた標準職務遂行能力を有することの確認に資する情報に基づき、内閣官房長官が定めるところにより、幹部職（同法第30条の２第１項第６号に規定する幹部職を含む。第10条第３項において同じ。）に属する官職（同法第30条の２第１項第２号に規定する自衛官以外の隊員が占める職を含む。）に係る標準職務遂行能力を有することを確認するものとする。
2　内閣官房長官は、前項の定めをするに当たつては、人事院の意見を聴くものとする。
3　内閣官房長官は、人事評価が行われていない者のうち内閣官房長官が定める者に対して適格性審査を行う場合において、国家公務員としての職務又はこれに類する職務以外の職務の経歴を参酌する場合その他国家公務員としての職務又はこれに類する職務を遂行するに当たり発揮した能力又は挙げた業績に関する情報以外の情報を参酌する場合であつて、適格性審査の公正な実施を確保するために必要があると認めるときは、人事行政に関し高度の知見又は豊富な経験を有し、客観的かつ中立公正な判断をすることができる者の意見を聴くものとする。
4　内閣の直属機関、人事院、検察庁、会計検査院又は警察庁（以下この項及び第10条第３項にお

④　内閣総理大臣又は内閣官房長官は、幹部職員について適切な人事管理を確保するために必要があると認めるときは、任命権者に対し、幹部職員の昇任、降任、転任、退職及び免職（第81条の２第１項の規定による降任及び転任を除く。以下この項において「昇任等」という。）について協議を求めることができる。この場合において、協議が調つたときは、任命権者は、当該協議に基づいて昇任等を行うものとする。

（管理職への任用に関する運用の管理）
第61条の５　任命権者は、政令で定めるところにより、定期的に、及び内閣総理大臣の求めがある場合には随時、管理職への任用の状況を内閣総理大臣に報告するものとする。
②　内閣総理大臣は、第54条第２項第４号の基準に照らして必要があると認める場合には、任命権者に対し、管理職への任用に関する運用の改善その他の必要な措置をとることを求めることができる。

（任命権者を異にする管理職への任用に係る調整）
第61条の６　内閣総理大臣は、任命権者を異にする管理職（自衛隊法第30条の２第１項第７号に規定する管理職を含む。）への任用の円滑な実施に資するよう、任命権者に対する情報提供、任命権者相互間の情報交換の促進その他の必要な調整を行うものとする。

（人事に関する情報の管理）
第61条の７　内閣総理大臣は、この款及び次款の規定の円滑な運用を図るため、内閣府、デジタル庁、各省その他の機関に対し、政令で定めるところにより、当該機関の幹部職員、管理職員、第61条の９第２項第２号に規定する課程対象者その他これらに準ずる職員として政令で定めるものの人事に関する情報の提供を求めることができる。
②　内閣総理大臣は、政令で定めるところにより、前項の規定により提出された情報を適正に管理するものとする。

（特殊性を有する幹部職等の特例）
第61条の８　法律の規定に基づき内閣に置かれる機関（内閣法制局､内閣府及びデジタル庁を除く。以下この項において「内閣の直属機関」という。）、人事院、検察庁及び会計検査院の官職（当該官職が内閣の直属機関に属するものであつて、その任命権者が内閣の委任を受けて任命権を行う者であるものを除く。）については、第61条の２から第61条の５までの規定は適用せず、第57条、第58条及び前条第１項の規定の適用については、第57条中「採用（職員の幹部職への任命に該当するものを除く。）」とあるのは「採用」と、第58条第１項中「転任（職員の幹部職への任命に該当するものを除く。）」とあるのは「転任」と、同条第２項中「降任させる場合（職員の幹部職への任命に該当する場合を除く。）」とあるのは「降任させる場合」と、同条第３項中「転任（職員の幹部職への任命に該当するものを除く。）」とあるのは「転任」と、前条第１項中「、政令」とあるのは「、当該機関の職員が適格性審査を受ける場合その他の必要がある場合として政令で定める場合に限り、政令」とする。
②　警察庁の官職については、第61条の２、第61条の３、第61条の４第４項及び第61条の５の規定

いて「内閣直属機関等」という。）の官職（当該官職が内閣の直属機関に属するものであって、その任命権者が内閣の委任を受けて任命権を行う者であるものを除く。）のうち幹部職を占める職員に対する適格性審査は、当該職員の任命権者が当該職員を内閣直属機関等以外の機関の幹部職員（自衛隊法第30条の２第１項第６号に規定する幹部隊員を含む。第10条第３項及び第15条において同じ。）の候補者として内閣総理大臣に推薦した場合に限り行うものとする。

（幹部候補者名簿の作成）
第４条　幹部候補者名簿は、次の各号に掲げる職制上の段階ごとに、適格性審査の結果、当該各号に掲げる職制上の段階の標準的な官職（自衛隊法第30条の２第２項の標準的な官職を含む。次項第３号において同じ。）に係る標準職務遂行能力を有することが確認された者の氏名及び次項各号に掲げる事項を記載した名簿とする。
一　標準的な官職を定める政令本則の表１の項第２欄第１号に掲げる部局又は機関等に存する同項第３欄第１号に掲げる職制上の段階及びこれと同等の職制上の段階（幹部職が属するものに限る。）並びに防衛省の事務次官の属する職制上の段階
二　標準的な官職を定める政令本則の表１の項第２欄第１号に掲げる部局又は機関等に存する同項第３欄第２号に掲げる職制上の段階及びこれと同等の職制上の段階（幹部職が属するものに限る。）並びに防衛省の局長の属する職制上の段階
三　標準的な官職を定める政令本則の表１の項第２欄第１号に掲げる部局又は機関等に存する同項第３欄第３号に掲げる職制上の段階及びこれと同等の職制上の段階（幹部職が属するものに限る。）並びに防衛省の次長の属する職制上の段階
２　法第61条の２第２項の政令で定める事項は、次に掲げる事項とする。
一　生年月日
二　職員（自衛隊員（自衛官を除く。）を含む。次条第１号及び第６条第３項において同じ。）にあっては、その官職（自衛隊員（自衛官を除く。）が占める職を含む。次条第１号及び第６条第３項において同じ。）
三　有することが確認された標準職務遂行能力に係る標準的な官職に係る職制上の段階
四　その他内閣官房長官が定める事項

（幹部候補者名簿の提示）
第５条　法第61条の２第３項の規定による幹部候補者名簿の提示は、任命権者に対し、次に掲げる者に係る事項を提示することにより行うものとする。
一　当該任命権者が任命権を有する官職を占める職員
二　当該任命権者から提示の求めがあった者であって内閣官房長官が必要と認めるもの

（幹部候補者名簿の更新）
第６条　法第61条の２第４項の規定による定期的な適格性審査の実施及びその結果に基づく幹部候補者名簿の更新は、毎年１回行うものとする。
２　内閣官房長官は、前項の規定によるほか、任命権者の求めがある場合その他必要があると認める場合には、随時、適格性審査を行い、その結果に基づき幹部候補者名簿を更新するものとする。

は適用せず、第57条、第58条、第61条の４第１項から第３項まで及び前条第１項の規定の適用については、第57条中「採用（職員の幹部職への任命に該当するものを除く。）」とあるのは「採用」と、第58条第１項中「転任（職員の幹部職への任命に該当するものを除く。）」とあるのは「転任」と、同条第２項中「降任させる場合（職員の幹部職への任命に該当する場合を除く。）」とあるのは「降任させる場合」と、同条第３項中「転任（職員の幹部職への任命に該当するものを除く。）」とあるのは「転任」と、第61条の４第１項中「に協議した上で、当該協議に基づいて行う」とあるのは「（任命権者が警察庁長官である場合にあつては、国家公安委員会を通じて内閣総理大臣及び内閣官房長官）に通知するものとする。この場合において、内閣総理大臣及び内閣官房長官は、任命権者（任命権者が警察庁長官である場合にあつては、国家公安委員会を通じて任命権者）に対し、当該幹部職に係る標準職務遂行能力を有しているか否かの観点から意見を述べることができる」と、同条第２項中「に協議する」とあるのは「（任命権者が警察庁長官である場合にあつては、国家公安委員会を通じて内閣総理大臣及び内閣官房長官）に通知する」と、「当該協議」とあるのは「当該通知」と、同条第３項中「内閣総理大臣及び内閣官房長官に通知するとともに、遅滞なく」とあるのは「遅滞なく」と、「に協議し、当該協議に基づいて必要な措置を講じなければならない」とあるのは「（任命権者が警察庁長官である場合にあつては、国家公安委員会を通じて内閣総理大臣及び内閣官房長官）に通知しなければならない。この場合において、内閣総理大臣及び内閣官房長官は、任命権者（任命権者が警察庁長官である場合にあつては、国家公安委員会を通じて任命権者）に対し、当該幹部職に係る標準職務遂行能力を有しているか否かの観点から意見を述べることができるものとする」と、前条第１項中「、政令」とあるのは「、当該機関の職員が適格性審査を受ける場合その他の必要がある場合として政令で定める場合に限り、政令」とする。

③　内閣法制局、宮内庁、外局として置かれる委員会（政令で定めるものを除く。）及び国家行政組織法第７条第５項に規定する実施庁の幹部職（これらの機関の長を除く。）については、第61条の４第４項の規定は適用せず、同条第１項及び第３項の規定の適用については、同条第１項中「内閣総理大臣」とあるのは「任命権者の属する機関に係る事項についての内閣法（昭和22年法律第５号）にいう主任の大臣（第３項において単に「主任の大臣」という。）を通じて内閣総理大臣」と、同条第３項中「内閣総理大臣」とあるのは「主任の大臣を通じて内閣総理大臣」とする。

（運用の基準）

第61条の９　内閣総理大臣、各省大臣（自衛隊法第31条第１項の規定により自衛隊員の任免について権限を有する防衛大臣を含む。）、会計検査院長、人事院総裁その他機関の長であつて政令で定めるもの（以下この条及び次条において「各大臣等」という。）は、幹部職員の候補となり得る管理職員（同法第30条の２第１項第７号に規定する管理隊員を含む。次項において同じ。）としてその職責を担うにふさわしい能力及び経験を有する職員（自衛隊員（自衛官を除く。）を含む。同項において同じ。）を育成するための課程（以下「幹部候補育成課程」という。）を設け、内閣総理大臣の定める基準に従い、運用するものとする。

②　前項の基準においては、次に掲げる事項を定めるものとする。

一　各大臣等が、その職員であつて、採用後、一定期間勤務した経験を有するものの中から、本

3　内閣官房長官は、任命権者から幹部候補者名簿に記載されている事項のうち当該任命権者が任命権を有する官職を占める職員に係る事項に関し削除の求めがあった場合において、当該職員の職務の特殊性に配慮する観点から必要があると認めるときは、当該事項を削除することにより幹部候補者名簿を更新するものとする。

（採用等の協議等の対象となる退職）

第７条　法第61条の４第１項の政令で定める退職は、職員からの申出による退職とする。

（採用等の協議等の方法）

第８条　法第61条の４第１項又は第３項の規定による協議は、採用等をしようとする者又は採用等をされた者の氏名、当該採用等の内容その他の内閣総理大臣が定める事項を記載した書面により行うものとする。

2　法第61条の８第２項の規定により読み替えて適用する法第61条の４第１項又は第３項の規定による通知は、採用等をしようとする者又は採用等をされた者の氏名、当該採用等の内容、当該採用等に係る幹部職に係る標準職務遂行能力を有するか否かの観点から意見を述べるために必要な事項その他の内閣総理大臣が定める事項を記載した書面により行うものとする。

（管理職への任用の状況の報告）

第９条　法第61条の５第１項の規定による定期的な報告は、内閣総理大臣が定める事項について、毎年１回行うものとする。

2　任命権者は、内閣総理大臣から管理職への任用の状況に関し法第61条の５第１項の規定により報告の求めがあったときは、内閣総理大臣が定める事項を報告するものとする。

（人事に関する情報の管理）

第10条　内閣総理大臣が、内閣府、デジタル庁、各省その他の機関に対し、法第61条の７第１項の規定により人事に関する情報の提供を求める場合には、書面をもって行うものとする。

2　法第61条の７第１項の政令で定める職員は、幹部職員、管理職員及び課程対象者以外の職員であって、次に掲げるものとする。

一　標準的な官職を定める政令本則の表１の項第２欄第１号に掲げる部局若しくは機関等に存する同項第３欄第１号から第５号までに掲げる職制上の段階又はこれらと同等の職制上の段階に属する官職を占める職員

二　前号に掲げる職員のほか、幹部候補者名簿に記載されている職員

三　前２号に掲げる職員のほか、幹部職又は管理職に任用されたことがある職員、課程対象者として選定されたことがある職員その他幹部職員、管理職員又は課程対象者に準ずる職員として内閣総理大臣が定めるもの

3　法第61条の８第１項又は第２項の規定により読み替えて適用する法第61条の７第１項の政令で定める場合は、内閣直属機関等の官職（当該官職が内閣の直属機関に属するものであって、その任命権者が内閣の委任を受けて任命権を行う者であるものを除く。）を占める職員について、内閣直属機関等以外の機関の幹部職員の候補者として適格性審査が行われる場合及び内閣直属機関

人の希望及び人事評価（自衛隊法第31条第３項に規定する人事評価を含む。次号において同じ。）に基づいて、幹部候補育成課程における育成の対象となるべき者を随時選定すること。

二　各大臣等が、前号の規定により選定した者（以下「課程対象者」という。）について、人事評価に基づいて、引き続き課程対象者とするかどうかを定期的に判定すること。

三　各大臣等が、課程対象者に対し、管理職員に求められる政策の企画立案及び業務の管理に係る能力の育成を目的とした研修（政府全体を通ずるものを除く。）を実施すること。

四　各大臣等が、課程対象者に対し、管理職員に求められる政策の企画立案及び業務の管理に係る能力の育成を目的とした研修であつて、政府全体を通ずるものとして内閣総理大臣が企画立案し、実施するものを受講させること。

五　各大臣等が、課程対象者に対し、国の複数の行政機関又は国以外の法人において勤務させることにより、多様な勤務を経験する機会を付与すること。

六　第３号の研修の実施及び前号の機会の付与に当たつては、次に掲げる事項を行うよう努めること。

イ　民間企業その他の法人における勤務の機会を付与すること。

ロ　国際機関、在外公館その他の外国に所在する機関における勤務又は海外への留学の機会を付与すること。

ハ　所掌事務に係る専門性の向上を目的とした研修を実施し、又はその向上に資する勤務の機会を付与すること。

七　前各号に掲げるもののほか、幹部候補育成課程に関する政府全体としての統一性を確保するために必要な事項

（運用の管理）

第61条の10　各大臣等（会計検査院長及び人事院総裁を除く。次項において同じ。）は、政令で定めるところにより、定期的に、及び内閣総理大臣の求めがある場合には随時、幹部候補育成課程の運用の状況を内閣総理大臣に報告するものとする。

②　内閣総理大臣は、前条第１項の基準に照らして必要があると認める場合には、各大臣等に対し、幹部候補育成課程の運用の改善その他の必要な措置をとることを求めることができる。

等以外の機関の幹部職への任命に関して協議が行われる場合とする。

4　内閣総理大臣は、法第61条の７第１項の規定により提供された情報を取り扱う者を指定するとともに、その他の者が当該情報を閲覧ができないようにするために必要な措置を講じなければならない。

（採用等の協議の特例が適用されない外局として置かれる委員会）

第11条　法第61条の８第３項の政令で定める外局として置かれる委員会は、中央労働委員会とする。

（幹部職への併任）

第12条　職員の幹部職への併任は、法第61条の３第２項及び第４項の規定並びに法第61条の４の規定（同条第１項及び第３項の規定にあっては法第61条の８第２項又は第３項の規定により読み替えて適用する場合を、法第61条の４第２項の規定にあっては法第61条の８第２項の規定により読み替えて適用する場合を含む。次項において同じ。）の適用については、職員の転任であって幹部職への任命に該当するものとみなす。

2　職員の幹部職の併任の解除は、法第61条の４の規定の適用については、幹部職員の幹部職以外の官職への転任とみなす。

（政令で定める機関の長）

第13条　法第61条の９第１項の政令で定める機関の長は、次のとおりとする。

一　宮内庁長官
二　公正取引委員会委員長
三　警察庁長官
四　カジノ管理委員会委員長
五　金融庁長官
六　消費者庁長官
七　こども家庭庁長官

（運用の状況の報告）

第14条　法第61条の10第１項の規定による定期的な報告は、毎年度、次に掲げる事項について行うものとする。

一　前年度における幹部候補育成課程における育成の対象となるべき者の選定の実施状況
二　前年度における課程対象者について引き続き課程対象者とするかどうかの判定の実施状況
三　前年度の末日において課程対象者としている者の状況
四　前年度における法第61条の９第２項第３号の研修の実施、同項第４号の研修の受講及び同項第５号の機会の付与の状況
五　前各号に掲げるもののほか、内閣総理大臣が必要と認める事項

2　各大臣等（会計検査院長及び人事院総裁を除く。）は、内閣総理大臣から幹部候補育成課程の運用の状況に関し法第61条の10第１項の規定により報告の求めがあったときは、内閣総理大臣が必要と認める事項を報告するものとする。

（内閣官房令への委任）

第15条　この政令に定めるもののほか、幹部職員の任用等に係る特例に関し必要な事項（自衛隊法第30条の２第１項第６号に規定する幹部隊員にあっては適格性審査及び幹部候補者名簿に関し必要な事項に限り、同項第７号に規定する管理職にあっては法第61条の６の規定に基づく調整に関し必要な事項に限る。）及び幹部候補育成課程に関し必要な事項は、内閣官房令で定める。

附則

（施行期日）

1　この政令は、国家公務員法等の一部を改正する法律（平成26年法律第22号。以下「改正法」という。）の施行の日（平成26年５月30日）から施行する。ただし、次の各号に掲げる規定は、当該各号に定める日から施行する。

一　次項の規定　公布の日

二　第13条及び第14条の規定　改正法附則第１条第２号に定める日（平成26年８月29日）

（準備行為）

2　内閣官房長官は、第３条第１項の定めをするときは、この政令の施行の日（次項において「施行日」という。）前においても、人事院の意見を聴くことができる。

（経過措置）

3　施行日から改正法附則第１条第２号に定める日の前日までの間における第１条第１項、第10条第２項及び第15条の規定の適用については、第１条第１項中「、「内閣の直属機関」、「各大臣等」、「幹部候補育成課程」又は「課程対象者」とあるのは「又は「内閣の直属機関」と、「、第61条の８第１項又は第61条の９第１項若しくは第２項第２号」とあるのは「又は第61条の８第１項」と、「、内閣の直属機関、各大臣等、幹部候補育成課程又は課程対象者」とあるのは「又は内閣の直属機関」と、第10条第２項中「、管理職員及び課程対象者」とあるのは「及び管理職員」と、同項第３号中「、課程対象者として選定されたことがある職員その他」とあるのは「その他」と、「、管理職員又は課程対象者」とあるのは「又は管理職員」と、第15条中「に限る。）及び幹部候補育成課程に関し必要な事項」とあるのは「に限る。）」とする。

5　国公法・対象官職等政令・経験者採用試験対象官職等内閣官房令　対照表

国公法 施行日：令和５年４月１日、令和３年法律第61号による改正	対象官職等政令 施行日：令和６年12月１日、令和６年政令第270号による改正	経験者採用試験対象官職等内閣官房令 施行日：令和６年４月１日、 令和６年内閣官房令第２号による改正
（採用試験における対象官職及び種類並びに採用試験により確保すべき人材） 第45条の２　採用試験は、次に掲げる官職を対象として行うものとする。 一　係員の官職のうち、政策の企画及び立案又は調査及び研究に関する事務をその職務とする官職その他これらに類する官職であつて政令で定めるもの（第３号に掲げるものを除く。） 二　定型的な事務をその職務とする係員の官職その他の係員の官職（前号及び次号に掲げるものを除く。） 三　係員の官職のうち、特定の行政分野に係る専門的な知識を必要とする事務をその職務とする官職として政令で定めるもの 四　係員の官職より上位の職制上の段階に属する官職のうち、民間企業における実務の経験その他これに類する経験を有する者を採用することが適当なものとして政令で定めるもの ②　採用試験の種類は、次に掲げるとおりとする。 一　総合職試験（前項第１号に掲げる官職への採用を目的とした競争試験をいう。）であつて、一定の範囲の知識、技術その他の能力（以下この項において「知識等」という。）を有する者として政令で定めるものごとに、受験者が同号に掲げる官職の属する職制上の段階の標準的な官職に係る標準職務遂行能力及び同号に掲げる官職についての適性を有するかどうかを判定することを目的として行うそれぞれの採用試験 二　一般職試験（前項第２号に掲げる官職への採用を目的とした競争試験をいう。）であつて、一定の範囲の知識等を有する者として政令で定めるものごとに、受験者が同号に掲げる官職の属する職制上の段階の標準的な官職に係る標準職務遂行能力及び同号に掲げる官職についての適性を有するかどうかを判定することを目的として行うそれぞれの採用試験 三　専門職試験（前項第３号に掲げる官職への採用を目的とした競争試験をいう。）であつて、同号に規定する特定の行政分野に応じて一定の範囲の知識等を有する者として政令で定めるものごとに、受験者が同号に掲げる官職の属する職制上	（採用試験における対象官職） 第１条　国家公務員法（以下「法」という。）第45条の２第１項第１号の政令で定める官職は、法第36条に規定する係員の官職（次項において「係員の官職」という。）のうち、次に掲げるものとする。 一　専門的な知識又は技能に基づいて行う工業所有権に関する審査の事務をその職務の主たる内容とする官職 二　専門的な知識又は技能に基づいて行う海事に関する試験又は検査の事務をその職務の主たる内容とする官職 三　独立行政法人通則法（平成11年法律第103号）第２条第４項に規定する行政執行法人における印刷又は造幣に関する業務の運営又は管理の事務をその職務の主たる内容とする官職 ２　法第45条の２第１項第３号の政令で定める官職は、係員の官職のうち、次に掲げるものとする。 一　天皇及び皇后、皇太子その他の皇族の護衛、皇居及び御所の警備その他の皇宮警察の分野に係る専門的な知識を必要とする事務をその職務の主たる内容とする官職 二　懲役、禁錮又は拘留の刑の執行のため拘置される者等の収容及び刑事施設（これに附置された労役場及び監置場を含む。）における被収容者等の処遇並びに刑事施設の警備の分野に係る専門的な知識を必要とする事務をその職務の主たる内容とする官職 三　次に掲げるいずれかの分野に係る専門的な知識を必要とする事務をその職務の主たる内容とする官職 イ　少年鑑別所における鑑別及び刑事施設における受刑者の資質の調査に関する分野 ロ　少年院における在院者の矯正教育その他の処遇、少年鑑別所における在所者の観護処遇並びに刑事施設における受刑者の改善指導及び教科指導に関する分野 ハ　保護観察、調査、生活環境の調整その他犯罪をした者及び非行のある少年の更生保護並びに犯罪の予防に関する分野 四　入国、上陸及び在留に関する違反事件の調査並びに収容令	（係長又は課長補佐の官職に準ずる官職） 第１条　採用試験の対象官職及び種類並びに採用試験により確保すべき人材に関する政令（以下「令」という。）第１条第３項に規定する国家公務員法（昭和22年法律第120号）第34条第２項に規定する標準的な官職（以下「標準的な官職」という。）が係長又は課長補佐である職制上の段階に属する官職に準ずるものとして内閣官房令で定める官職は、次に掲げるものとする。 一　外務公務員法（昭和27年法律第41号）第２条第５項に規定する外務職員の官職であって、標準的な官職が書記官（外務職員の標準的な官職を定める省令（平成21年外務省令第４号）本則の表第４欄に掲げるものをいう。）である職制上の段階に属する官職又はその職務と責任がこれに相当する官職のうち、総領事館に置かれるもの（以下「書記官等の官職」という。） 二　標準的な官職が国税調査官（標準的な官職を定める政令に規定する内閣官房令で定める標準的な官職等を定める内閣官房令（平成21年内閣府令第２号）第３条第４項の表５の項下欄に掲げるものをいう。）である職制上の段階に属する官職（以下「国税調査官の官職」という。） （実務経験等活用官職） 第２条　令第１条第３項に規定する実務経験等活用官職として内閣官房令で定める官職は、次に掲げるものとする。 一　標準的な官職が係長である職制上の段階に属する官職（以下「係長の官職」という。）のうち、政策の企画及び立案又は調査及び研究に関する事務をその職務とする官職であって、民間企業における実務の経験その他これに類する経験を活用することができるもの（第６号及び第７号ロに掲げるものを除く。） 二　会計検査院の係長の官職のうち、会計に関する知識を必要とする会計検査に関する事務をその職務の主たる内容とする官職であって、民間企業における実務の経験その他これに類する経験を活用することができるもの

の段階の標準的な官職に係る標準職務遂行能力及び同号に掲げる官職についての適性を有するかどうかを判定することを目的として行うそれぞれの採用試験

四　経験者採用試験（前項第４号に掲げる官職への採用を目的とした競争試験をいう。）であつて、同号に規定する職制上の段階その他の官職に係る分類に応じて一定の範囲の知識等を有する者として政令で定めるものごとに、受験者が同号に掲げる官職の属する職制上の段階の標準的な官職に係る標準職務遂行能力及び同号に掲げる官職についての適性を有するかどうかを判定することを目的として行うそれぞれの採用試験

③　採用試験により確保すべき人材に関する事項は、前項各号に掲げる採用試験の種類ごとに、政令で定める。

④　前３項の政令は、人事院の意見を聴いて定めるものとする。

書及び退去強制令書の執行を受ける者の収容、護送及び送還の分野に係る専門的な知識を必要とする事務をその職務の主たる内容とする官職

五　外交領事事務（これと直接関連する業務を含む。別表外務省専門職員採用試験の項下欄第１号において同じ。）の分野に係る特定の国、地域又は業務についての専門的な知識及び特定の外国語の能力を必要とする事務をその職務の主たる内容とする官職

六　財務局及び沖縄総合事務局における国の予算の執行に関する実地監査、国有財産の管理及び処分並びに金融機関の検査その他の監督の分野に係る専門的な知識を必要とする事務をその職務の主たる内容とする官職

七　内国税の賦課及び徴収、酒類業の発達並びに税理士業務の運営の分野に係る専門的な知識を必要とする事務をその職務の主たる内容とする官職

八　販売の用に供し、又は営業上使用する食品衛生法（昭和22年法律第233号）第４条第１項、第２項、第４項若しくは第５項に規定する食品、添加物、器具若しくは容器包装又は同法第68条第１項に規定するおもちゃの輸入に際して検疫所において行う検査及び指導の分野に係る専門的な知識を必要とする事務をその職務の主たる内容とする官職

九　労働基準法（昭和22年法律第49号）、労働安全衛生法（昭和47年法律第57号）その他の労働条件、産業安全、労働衛生及び労働者の保護に関する法令に基づいて行う検査その他の監督の分野に係る専門的な知識を必要とする事務をその職務の主たる内容とする官職

十　航空交通管制の分野に係る専門的な知識を必要とする事務をその職務の主たる内容とする官職

十一　航空保安大学校において航空保安業務の分野（航空交通管制の分野を除く。別表航空保安大学校学生採用試験の項下欄第１号及び第２号において同じ。）に係る業務を遂行するに必要な知識及び技能を修得するための専門的な知識を必要とする事務をその職務の主たる内容とする官職

十二　気象大学校において気象業務の分野に係る業務を遂行するに必要な知識及び技能を修得するための専門的な知識を必要とする事務をその職務の主たる内容とする官職

十三　海上保安業務の分野に係る専門的な知識を必要とする事務をその職務の主たる内容とする官職

十四　海上保安大学校において海上保安業務の分野に係る業務

三　総務省の係長の官職のうち、次に掲げる官職であって、民間企業における実務の経験その他これに類する経験を活用することができるもの

　イ　総務省の所掌に係る事務の実施等の業務に従事することをその職務の主たる内容とする官職（ロに掲げるものを除く。）

　ロ　総務省の所掌に係る事務の実施等の業務に主として技術的な知識を活用して従事することをその職務の主たる内容とする官職

四　外交領事事務（これと直接関連する業務を含む。別表において同じ。）に関する事務をその職務の主たる内容とする書記官等の官職であって、民間企業における実務の経験その他これに類する経験を活用することができるもの

五　内国税の賦課及び徴収、酒類業の発達並びに税理士業務の運営に関する事務をその職務の主たる内容とする国税調査官の官職であって、民間企業における実務の経験その他これに類する経験を活用することができるもの

六　農林水産省の係長の官職のうち、同省の所掌に係る政策の企画及び立案又は調査及び研究に関する事務に主として技術的な知識を活用して従事することをその職務とする官職であって、民間企業における実務の経験その他これに類する経験を活用することができるもの

七　国土交通省の係長の官職のうち、次に掲げる官職であって、民間企業における実務の経験その他これに類する経験を活用することができるもの（イにあってはハ並びに第８号及び第９号に掲げるものを、ハにあっては第８号及び第９号に掲げるものを除く。）

　イ　国土交通省の所掌に係る事務の実施等の業務に従事することをその職務の主たる内容とする官職

　ロ　国土交通省の所掌に係る政策の企画及び立案又は調査及び研究に関する事務に主として技術的な知識を活用して従事することをその職務とする官職

　ハ　国土交通省の所掌に係る事務の実施等の業務に主として技術的な知識を活用して従事することをその職務の主たる内容とする官職

八　観光庁の係長の官職のうち、同庁の所掌に係る事務の実施等の業務に従事することをその職務の主たる内容とする官職であって、民間企業における実務の経験その他これに類する経験を活用することができるもの

を遂行するに必要な知識及び技能を修得するための専門的な知識を必要とする事務をその職務の主たる内容とする官職
十五　海上保安学校において海上保安業務の分野に係る業務を遂行するに必要な知識及び技能を修得するための専門的な知識を必要とする事務をその職務の主たる内容とする官職
3　法第45条の２第１項第４号の政令で定める官職は、法第34条第２項に規定する標準的な官職が係長若しくは課長補佐である職制上の段階に属する官職又はこれらに準ずるものとして内閣官房令で定める官職のうち、民間企業における実務の経験その他これに類する経験を通じて効率的かつ機動的な業務遂行の手法その他の知識又は技能を体得している者を採用してその職務に従事させることにより行政運営の活性化その他公務の能率的運営に資することが期待されるものとして内閣官房令で定める官職（以下「実務経験等活用官職」という。）とする。
4　内閣総理大臣は、前項の内閣官房令を定めようとするときは、あらかじめ、関係する任命権者（法第55条第１項に規定する任命権者及び法律で別に定められた任命権者をいう。次条第５項において同じ。）と協議するものとする。

（一定の範囲の知識等を有する者）
第２条　法第45条の２第２項第１号の一定の範囲の知識、技術その他の能力（以下この条において「知識等」という。）を有する者として政令で定めるものは、次に掲げるそれぞれの者とする。
一　学校教育法（昭和22年法律第26号）に基づく大学院の修士課程若しくは同法に基づく専門職大学院の課程を修了した者又はこれらの者と同程度の知識等を有する者（第４項及び別表総合職試験の項中欄において「院卒程度の者」という。）
二　学校教育法に基づく大学（短期大学を除く。）を卒業した者又はこれらの者と同程度の知識等を有する者（以下この条及び別表において「大卒程度の者」という。）
2　法第45条の２第２項第２号の一定の範囲の知識等を有する者として政令で定めるものは、次に掲げるそれぞれの者とする。
一　大卒程度の者
二　学校教育法に基づく高等学校を卒業した者又はこれらの者と同程度の知識等を有する者（次項及び別表において「高卒程度の者」という。）
3　法第45条の２第２項第３号の一定の範囲の知識等を有する者として政令で定めるものは、次の各号に掲げる行政分野に応じ、

九　気象庁の係長の官職のうち、同庁の所掌に係る事務の実施等の業務に主として技術的な知識を活用して従事することをその職務の主たる内容とする官職であって、民間企業における実務の経験その他これに類する経験を活用することができるもの

（一定の範囲の知識等を有する者の定め）
第３条　令第２条第４項に規定する内閣官房令で定めるものは、前条各号に掲げるそれぞれの実務経験等活用官職について、大卒程度の者とする。

（経験者採用試験の種類ごとに内閣官房令で定める知識、能力等）
第４条　令別表実務経験等活用官職に係る経験者採用試験の項下欄の内閣官房令で定める知識、能力等は、別表の上欄に掲げる競争試験であって同表の中欄に掲げる者ごとに行うそれぞれの採用試験の種類に応じて、同表の下欄に掲げるものとする。

附則
この内閣官房令は、公布の日から施行する。

別表（第４条関係）

経験者採用試験（係長級（事務））	大卒程度の者	一　困難な課題を解決できる論理的な思考力、判断力、表現力その他総合的な能力又は適切かつ効果的に説明及び討議を行う能力 二　前号に掲げる事項の基盤となる基礎的な外国語の能力 三　前２号に掲げるもののほか、民間企業における実務の経験その他これに類する経験を通じて体得した効率的かつ機動的な業務遂行の手法その他の知識及び能力 四　採用後の研修又は職務経験を通じて前各号の知識及び能力の向上が見込まれる資質
会計検査院経験者採用試験	大卒程度の者	一　会計に関する分野における知識 二　課題を解決できる論理的な思考力、判断力及び表現力 三　前２号に掲げるもののほか、民間企業に

当該各号に定める者とする。
一　前条第２項第１号、第７号又は第13号から第15号までに規定する分野　次のイ又はロに掲げるそれぞれの者
　イ　大卒程度の者
　ロ　高卒程度の者
二　前条第２項第３号、第５号、第６号又は第８号から第10号までに規定する分野　大卒程度の者
三　前条第２項第２号、第４号、第11号又は第12号に規定する分野　高卒程度の者
4　法第45条の２第２項第４号の一定の範囲の知識等を有する者として政令で定めるものは、実務経験等活用官職ごとに、次の各号に掲げる者のいずれかのうち内閣官房令で定めるものとする。
一　院卒程度の者
二　大卒程度の者
三　院卒程度の者又は大卒程度の者
5　内閣総理大臣は、前項の内閣官房令を定めようとするときは、あらかじめ、関係する任命権者と協議するものとする。

（採用試験により確保すべき人材）
第３条　採用試験（法第39条第２号に規定する採用試験をいう。以下この条及び別表において同じ。）においては、国民全体の奉仕者として、国民の立場に立ち、高い気概、使命感及び倫理感を持って、多様な知識及び経験に基づくとともに幅広い視野に立って行政課題に的確かつ柔軟に対応し、国民の信頼に足る民主的かつ能率的な行政の総合的な推進を担う職員となることができる知識及び技能、能力並びに資質を有する者を確保するものとし、かつ、別表の上欄に掲げる競争試験であって、同表の中欄に掲げる者ごとに行うそれぞれの採用試験においては、当該それぞれの採用試験に応じて同表の下欄に掲げる事項に該当する者を確保するものとする。

（人事院への意見聴取）
第４条　第１条第３項、第２条第４項及び別表実務経験等活用官職に係る経験者採用試験の項下欄の内閣官房令は、人事院の意見を聴いて定めるものとする。

附則
この政令は、国家公務員法等の一部を改正する法律（平成26年

（係長級）		おける実務の経験その他これに類する経験を通じて体得した効率的かつ機動的な業務遂行の手法その他の知識及び能力 四　採用後の研修又は職務経験を通じて前各号の知識及び能力の向上が見込まれる資質
総務省経験者採用試験（係長級（事務））	大卒程度のもの	一　課題を解決できる論理的な思考力、判断力及び表現力 二　前号に掲げるもののほか、民間企業における実務の経験その他これに類する経験を通じて体得した効率的かつ機動的な業務遂行の手法その他の知識及び能力 三　採用後の研修又は職務経験を通じて前２号の知識及び能力の向上が見込まれる資質
総務省経験者採用試験（係長級（技術））	大卒程度の者	一　自然科学の分野における特定の専門領域に関する知識及びその関連領域における知識 二　課題を解決できる論理的な思考力、判断力及び表現力 三　前２号に掲げるもののほか、民間企業における実務の経験その他これに類する経験を通じて体得した効率的かつ機動的な業務遂行の手法その他の知識及び能力 四　採用後の研修又は職務経験を通じて前各号の知識及び能力の向上が見込まれる資質
外務省経験者採用試験（書記官級）	大卒程度の者	一　外交領事事務に関する分野における社会経済情勢に関する知識並びに国際法規に関する知識及びこれに関連する知識 二　特定の外国語の能力並びに課題を解決できる論理的な思考力、判断力及び表現力 三　前２号に掲げるもののほか、民間企業における実務の経験その他これに類する経験を通じて体得した効率的かつ機動的な業務遂行の手法その他の知識及び能力 四　採用後の研修又は職務経験を通じて前各号の知識及び能力の向上が見込まれる資質 五　第２号の特定の外国語以外の外国語の能力を必要に応じて習得する意欲

法律第22号）の施行の日（平成26年５月30日）から施行する。

別表（第３条関係）

総合職試験	院卒程度の者	一　人文科学、社会科学又は自然科学のいずれかの分野における特定の専門領域に関する知識又は技術及びその関連領域における知識を備えるとともに、これらに係る応用能力を備えていること。 二　困難な課題を解決できる論理的な思考力、判断力、表現力その他総合的かつ高度な能力並びに適切かつ効果的に説明及び討議を行う能力を備えていること。 三　前２号に掲げる事項の基盤となる基礎的な外国語の能力を備えていること。 四　採用後の研修又は職務経験を通じて第１号に規定する特定の専門領域に関する知識又は技術及びその関連領域における知識並びに前３号に規定する能力の向上が見込まれること。 五　前各号に掲げるもののほか、採用試験の種類の全てを通じて備えているべき知識、能力等を備えていること。
	大卒程度の者	一　人文科学、社会科学若しくは自然科学のいずれかの分野における特定の専門領域に関する知識若しくは技術及びその関連領域における知識又は幅広い教養を備えていること。 二　困難な課題を解決できる論理的な思考力、判断力、表現力その他総合的な能力又は適切かつ効果的に説明及び討議を行う能力を備えていること。 三　前２号に掲げる事項の基盤となる基礎的な外国語の能力を備えていること。 四　採用後の研修又は職務経験を通じて第１号に規定する特定の専門領域に関する知識若しくは技術及びその関連領域における知識又は同号に規定する教養並びに前２号に規定する能力の向上が見込まれること。
国税庁経験者採用試験（国税調査官級）	大卒程度の者	一　課題を解決できる論理的な思考力、判断力及び表現力 二　前号に掲げるもののほか、民間企業における実務の経験その他これに類する経験を通じて体得した効率的かつ機動的な業務遂行の手法その他の知識及び能力 三　採用後の研修又は職務経験を通じて前２号の知識及び能力の向上が見込まれる資質
農林水産省経験者採用試験（係長級（技術））	大卒程度の者	一　自然科学の分野における特定の専門領域に関する知識及びその関連領域における知識 二　困難な課題を解決できる論理的な思考力、判断力、表現力その他総合的な能力又は適切かつ効果的に説明及び討議を行う能力 三　前２号に掲げる事項の基盤となる基礎的な外国語の能力 四　前各号に掲げるもののほか、民間企業における実務の経験その他これに類する経験を通じて体得した効率的かつ機動的な業務遂行の手法その他の知識及び能力 五　採用後の研修又は職務経験を通じて前各号の知識及び能力の向上が見込まれる資質
国土交通省経験者採用試験（係長級（事務））	大卒程度の者	一　課題を解決できる論理的な思考力、判断力及び表現力 二　前号に掲げるもののほか、民間企業における実務の経験その他これに類する経験を通じて体得した効率的かつ機動的な業務遂行の手法その他の知識及び能力 三　採用後の研修又は職務経験を通じて前２号の知識及び能力の向上が見込まれる資質
国土交通省経験者採用試験（係長級（技術））	大卒程度の者	一　自然科学の分野における特定の専門領域に関する知識及びその関連領域における知識 二　第２条第７号ロの官職にあっては、次に掲げる能力 イ　困難な課題を解決できる論理的な思考力、判断力、表現力その他総合的な能力

		五　前各号に掲げるもののほか、採用試験の種類の全てを通じて備えているべき知識、能力等を備えていること。
一般職試験	大卒程度の者	一　人文科学、社会科学若しくは自然科学のいずれかの分野における特定の専門領域に関する知識若しくは技術及びその関連領域における知識又は一般的な教養を備えていること。 二　課題を解決できる論理的な思考力、判断力及び表現力を備えていること。 三　採用後の研修又は職務経験を通じて第1号に規定する特定の専門領域に関する知識若しくは技術及びその関連領域における知識又は同号に規定する教養並びに前号に規定する論理的な思考力、判断力及び表現力の向上が見込まれること。 四　前3号に掲げるもののほか、採用試験の種類の全てを通じて備えているべき知識、能力等を備えていること。
	高卒程度の者	一　自然科学の分野における特定の専門領域に関する基礎的な技術又は論理的な思考力及び表現力並びに基礎的な課題を正確かつ迅速に処理することができる能力を備えていること。 二　採用後の研修又は職務経験を通じて前号に規定する技術又は同号に規定する論理的な思考力及び表現力並びに基礎的な課題を正確かつ迅速に処理することができる能力の向上が見込まれること。 三　前2号に掲げるもののほか、採用試験の種類の全てを通じて備えているべき知識、能力等を備えていること。
皇宮護衛官採用試験	大卒程度の者	一　社会経済情勢に関する知識を備えていること。 二　状況に応じて課題を解決できる論理的な思考力、判断力及び表現力を備えていること。 三　採用後の研修又は職務経験を通じて第1

		又は適切かつ効果的に説明及び討議を行う能力 ロ　前号及びイに掲げる事項の基盤となる基礎的な外国語の能力 三　第2条第7号ハの官職にあっては、課題を解決できる論理的な思考力、判断力及び表現力 四　前各号に掲げるもののほか、民間企業における実務の経験その他これに類する経験を通じて体得した効率的かつ機動的な業務遂行の手法その他の知識及び能力 五　採用後の研修又は職務経験を通じて前各号の知識及び能力の向上が見込まれる資質
観光庁経験者採用試験（係長級）	大卒程度の者	一　課題を解決できる論理的な思考力、判断力及び表現力 二　前号に掲げるもののほか、民間企業における実務の経験その他これに類する経験を通じて体得した効率的かつ機動的な業務遂行の手法その他の知識及び能力 三　採用後の研修又は職務経験を通じて前2号の知識及び能力の向上が見込まれる資質
気象庁経験者採用試験（係長級（技術））	大卒程度の者	一　自然科学の分野における特定の専門領域に関する知識及びその関連領域における知識 二　課題を解決できる論理的な思考力、判断力及び表現力 三　前2号に掲げるもののほか、民間企業における実務の経験その他これに類する経験を通じて体得した効率的かつ機動的な業務遂行の手法その他の知識及び能力 四　採用後の研修又は職務経験を通じて前各号の知識及び能力の向上が見込まれる資質

備考　この表における次に掲げる用語の意義は、それぞれ次に定めるとおりとする。
一　経験者採用試験（係長級（事務））　経験者採用試験のうち、第2条第1号に掲げる官職への採用を目的としたもの
二　会計検査院経験者採用試験（係長級）　経験者採用試験のうち、第2条第2号に掲げる官職への採用を目的とした

		号に規定する知識並びに前号に規定する論理的な思考力、判断力及び表現力の向上が見込まれること。 四　職務を適切に遂行することができる身体の状況にあること及び職務を遂行する上で求められる体力を備えていること。 五　前各号に掲げるもののほか、採用試験の種類の全てを通じて備えているべき知識、能力等を備えていること。
	高卒程度の者	一　論理的な思考力及び表現力を備えていること。 二　採用後の研修又は職務経験を通じて前号に規定する論理的な思考力及び表現力の向上が見込まれること。 三　職務を適切に遂行することができる身体の状況にあること及び職務を遂行する上で求められる体力を備えていること。 四　前３号に掲げるもののほか、採用試験の種類の全てを通じて備えているべき知識、能力等を備えていること。
刑務官採用試験	高卒程度の者	一　論理的な思考力及び表現力を備えていること。 二　採用後の研修又は職務経験を通じて前号に規定する論理的な思考力及び表現力の向上が見込まれること。 三　職務を適切に遂行することができる身体の状況にあること及び職務を遂行する上で求められる体力又は武道の技術を備えていること。 四　前３号に掲げるもののほか、採用試験の種類の全てを通じて備えているべき知識、能力等を備えていること。
法務省専門職員採用試験	大卒程度の者	一　矯正処遇又は保護観察の分野における心理学、教育学又は社会学の知識を備えていること。 二　課題を解決できる論理的な思考力、判断力及び表現力を備えていること。 三　採用後の研修又は職務経験を通じて第1

もの

三　総務省経験者採用試験（係長級（事務））　経験者採用試験のうち、第２条第３号イに掲げる官職への採用を目的としたもの

四　総務省経験者採用試験（係長級（技術））　経験者採用試験のうち、第２条第３号ロに掲げる官職への採用を目的としたもの

五　外務省経験者採用試験（書記官級）　経験者採用試験のうち、第２条第４号に掲げる官職への採用を目的としたもの

六　国税庁経験者採用試験（国税調査官級）　経験者採用試験のうち、第２条第５号に掲げる官職への採用を目的としたもの

七　農林水産省経験者採用試験（係長級（技術））　経験者採用試験のうち、第２条第６号に掲げる官職への採用を目的としたもの

八　国土交通省経験者採用試験（係長級（事務））　経験者採用試験のうち、第２条第７号イに掲げる官職への採用を目的としたもの

九　国土交通省経験者採用試験（係長級（技術））　経験者採用試験のうち、第２条第７号ロ又はハに掲げる官職への採用を目的としたもの

十　観光庁経験者採用試験（係長級）　経験者採用試験のうち、第２条第８号に掲げる官職への採用を目的としたもの

十一　気象庁経験者採用試験（係長級（技術））　経験者採用試験のうち、第２条第９号に掲げる官職への採用を目的としたもの

		号に規定する知識並びに前号に規定する論理的な思考力、判断力及び表現力の向上が見込まれること。 四　第1条第2項第3号イ又はロに掲げる分野に係る専門的な知識を必要とする事務をその職務の主たる内容とする官職にあっては、職務を適切に遂行することができる身体の状況にあること。 五　前各号に掲げるもののほか、採用試験の種類の全てを通じて備えているべき知識、能力等を備えていること。
入国警備官採用試験	高卒程度の者	一　論理的な思考力及び表現力を備えていること。 二　採用後の研修又は職務経験を通じて前号に規定する論理的な思考力及び表現力の向上が見込まれること。 三　職務を適切に遂行することができる身体の状況にあること及び職務を遂行する上で求められる体力を備えていること。 四　前3号に掲げるもののほか、採用試験の種類の全てを通じて備えているべき知識、能力等を備えていること。
外務省専門職員採用試験	大卒程度の者	一　外交領事事務に関する分野における社会経済情勢に関する知識並びに国際法規に関する知識及びこれに関連する知識を備えていること。 二　特定の外国語の能力並びに課題を解決できる論理的な思考力、判断力及び表現力を備えていること。 三　採用後の研修又は職務経験を通じて第1号に規定する知識並びに前号に規定する特定の外国語の能力並びに課題を解決できる論理的な思考力、判断力及び表現力の向上が見込まれること。 四　第2号の特定の外国語以外の外国語の能力を必要に応じて習得する意欲を備えていること。 五　職務を適切に遂行することができる身体

		の状況にあること。 六　前各号に掲げるもののほか、採用試験の種類の全てを通じて備えているべき知識、能力等を備えていること。
財務専門官採用試験	大卒程度の者	一　財政又は金融に関する分野における知識及びその関連分野における知識を備えていること。 二　課題を解決できる論理的な思考力、判断力及び表現力を備えていること。 三　採用後の研修又は職務経験を通じて第1号に規定する知識並びに前号に規定する論理的な思考力、判断力及び表現力の向上が見込まれること。 四　前3号に掲げるもののほか、採用試験の種類の全てを通じて備えているべき知識、能力等を備えていること。
国税専門官採用試験	大卒程度の者	一　次のイ又はロに掲げる知識を備えていること。 イ　税務に関する分野における知識及びその関連分野における知識 ロ　イに掲げる知識及び情報処理に関して必要な知識 二　課題を解決できる論理的な思考力、判断力及び表現力を備えていること。 三　採用後の研修又は職務経験を通じて第1号イ又はロに掲げる知識並びに前号に規定する論理的な思考力、判断力及び表現力の向上が見込まれること。 四　職務を適切に遂行することができる身体の状況にあること。 五　前各号に掲げるもののほか、採用試験の種類の全てを通じて備えているべき知識、能力等を備えていること。
税務職員採用試験	高卒程度の者	一　論理的な思考力及び表現力並びに基礎的な課題を正確かつ迅速に処理することができる能力を備えていること。 二　採用後の研修又は職務経験を通じて前号に規定する論理的な思考力及び表現力並び

		に基礎的な課題を正確かつ迅速に処理することができる能力の向上が見込まれること。 三　職務を適切に遂行することができる身体の状況にあること。 四　前3号に掲げるもののほか、採用試験の種類の全てを通じて備えているべき知識、能力等を備えていること。
食品衛生監視員採用試験	大卒程度の者	一　食品衛生に関する分野における知識及びその関連分野における知識を備えていること。 二　課題を解決できる論理的な思考力、判断力及び表現力を備えていること。 三　採用後の研修又は職務経験を通じて第1号に規定する知識並びに前号に規定する論理的な思考力、判断力及び表現力の向上が見込まれること。 四　前3号に掲げるもののほか、採用試験の種類の全てを通じて備えているべき知識、能力等を備えていること。
労働基準監督官採用試験	大卒程度の者	一　労働行政に関する分野における知識及びその関連分野における知識を備えていること。 二　課題を解決できる論理的な思考力、判断力及び表現力を備えていること。 三　採用後の研修又は職務経験を通じて第1号に規定する知識並びに前号に規定する論理的な思考力、判断力及び表現力の向上が見込まれること。 四　職務を適切に遂行することができる身体の状況にあること。 五　前各号に掲げるもののほか、採用試験の種類の全てを通じて備えているべき知識、能力等を備えていること。
航空管制官採用試験	大卒程度の者	一　航空交通管制の分野に係る業務に求められる記憶力及び空間を把握する能力を備えるとともに、航空英語に関する知識及び能力の基礎となる英語の知識及び能力を備えていること。

		二　採用後の研修又は職務経験を通じて、前号に規定する記憶力及び空間を把握する能力の向上が見込まれるとともに、同号に規定する航空英語に関する知識及び能力の習得及び向上が見込まれること。 三　職務を適切に遂行することができる身体の状況にあること。 四　前３号に掲げるもののほか、採用試験の種類の全てを通じて備えているべき知識、能力等を備えていること。
航空保安大学校学生採用試験	高卒程度の者	一　航空保安業務の分野に係る業務を遂行するに必要な知識及び技能を修得する上で基礎となる知識として、次のイ又はロに掲げる知識を備えていること。 イ　数学及び物理の知識 ロ　数学及び英語の知識 二　採用後の研修又は職務経験を通じて、前号イ又はロに掲げる知識の向上が見込まれるとともに、航空保安業務の分野に係る業務を遂行するに必要な知識及び技能の修得及び向上が見込まれること。 三　職務を適切に遂行することができる身体の状況にあること。 四　前３号に掲げるもののほか、採用試験の種類の全てを通じて備えているべき知識、能力等を備えていること。
気象大学校学生採用試験	高卒程度の者	一　気象業務の分野に係る業務を遂行するに必要な知識及び技能を修得する上で基礎となる数学、物理及び英語の知識並びに論理的な思考力及び表現力を備えていること。 二　採用後の研修又は職務経験を通じて、前号に規定する数学、物理及び英語の知識並びに同号に規定する論理的な思考力及び表現力の向上が見込まれるとともに、気象業務の分野に係る業務を遂行するに必要な知識及び技能の修得及び向上が見込まれること。 三　職務を適切に遂行することができる身体

		の状況にあること。 四　前３号に掲げるもののほか、採用試験の種類の全てを通じて備えているべき知識、能力等を備えていること。
海上保安官採用試験	大卒程度の者	一　社会経済情勢に関する知識を備えていること。 二　状況に応じて課題を解決できる論理的な思考力、判断力及び表現力を備えていること。 三　採用後の研修又は職務経験を通じて第１号に規定する知識並びに前号に規定する論理的な思考力、判断力及び表現力の向上が見込まれること。 四　職務を適切に遂行することができる身体の状況にあること及び職務を遂行する上で求められる体力を備えていること。 五　前各号に掲げるもののほか、採用試験の種類の全てを通じて備えているべき知識、能力等を備えていること。
海上保安大学校学生採用試験	高卒程度の者	一　海上保安業務の分野に係る業務を遂行するに必要な知識及び技能を修得する上で基礎となる数学及び英語の知識並びに論理的な思考力及び表現力を備えていること。 二　採用後の研修又は職務経験を通じて、前号に規定する数学及び英語の知識並びに同号に規定する論理的な思考力及び表現力の向上が見込まれるとともに、海上保安業務の分野に係る業務を遂行するに必要な知識及び技能の修得及び向上が見込まれること。 三　職務を適切に遂行することができる身体の状況にあること及び職務を遂行する上で求められる体力を備えていること。 四　前３号に掲げるもののほか、採用試験の種類の全てを通じて備えているべき知識、能力等を備えていること。
海上保安学校学生採	高卒程度の者	一　海上保安業務の分野に係る業務を遂行するに必要な知識及び技能を修得する上で基礎となる知識又は能力として、次のイ又は

用試験		ロに掲げるものを備えていること。 イ　数学及び英語の知識 ロ　論理的な思考力及び表現力 二　採用後の研修又は職務経験を通じて、前号イに掲げる知識又は同号ロに掲げる論理的な思考力及び表現力の向上が見込まれるとともに、海上保安業務の分野に係る業務を遂行するに必要な知識及び技能の修得及び向上が見込まれること。 三　職務を適切に遂行することができる身体の状況にあること及び職務を遂行する上で求められる体力を備えていること。 四　前３号に掲げるもののほか、採用試験の種類の全てを通じて備えているべき知識、能力等を備えていること。
実務経験等活用官職に係る経験者採用試験	第２条第４項の内閣官房令で定める者	一　経験者採用試験の種類ごとに内閣官房令で定める知識、能力等を備えていること。 二　前号に掲げるもののほか、採用試験の種類の全てを通じて備えているべき知識、能力等を備えていること。

備考

一　この表における次に掲げる用語の意義は、それぞれ次に定めるとおりとする。

イ　総合職試験　法第45条の２第１項第１号に掲げる官職への採用を目的とした競争試験

ロ　一般職試験　法第45条の２第１項第２号に掲げる官職への採用を目的とした競争試験

ハ　皇宮護衛官採用試験　専門職試験（法第45条の２第１項第３号に掲げる官職への採用を目的とした競争試験をいう。以下同じ。）のうち、第１条第２項第１号に掲げる官職への採用を目的としたもの

ニ　刑務官採用試験　専門職試験のうち、第１条第２項第２号に掲げる官職への採用を目的としたもの

ホ　法務省専門職員採用試験　専門職試験のうち、第１条第２項第３号に掲げる官職への採用を目的としたもの

ヘ　入国警備官採用試験　専門職試験のうち、第１条第２項

第４号に掲げる官職への採用を目的としたもの

ト　外務省専門職員採用試験　専門職試験のうち、第１条第２項第５号に掲げる官職への採用を目的としたもの

チ　財務専門官採用試験　専門職試験のうち、第１条第２項第６号に掲げる官職への採用を目的としたもの

リ　国税専門官採用試験　専門職試験のうち、第１条第２項第７号に掲げる官職への採用を目的としたものであって、大卒程度の者が当該官職の属する職制上の段階の標準的な官職に係る標準職務遂行能力及び同号に掲げる官職についての適性を有するかどうかを判定することを目的として行うもの

ヌ　税務職員採用試験　専門職試験のうち、第１条第２項第７号に掲げる官職への採用を目的としたものであって、高卒程度の者が当該官職の属する職制上の段階の標準的な官職に係る標準職務遂行能力及び同号に掲げる官職についての適性を有するかどうかを判定することを目的として行うもの

ル　食品衛生監視員採用試験　専門職試験のうち、第１条第２項第８号に掲げる官職への採用を目的としたもの

ヲ　労働基準監督官採用試験　専門職試験のうち、第１条第２項第９号に掲げる官職への採用を目的としたもの

ワ　航空管制官採用試験　専門職試験のうち、第１条第２項第10号に掲げる官職への採用を目的としたもの

カ　航空保安大学校学生採用試験　専門職試験のうち、第１条第２項第11号に掲げる官職への採用を目的としたもの

ヨ　気象大学校学生採用試験　専門職試験のうち、第１条第２項第12号に掲げる官職への採用を目的としたもの

タ　海上保安官採用試験　専門職試験のうち、第１条第２項第13号に掲げる官職への採用を目的としたもの

レ　海上保安大学校学生採用試験　専門職試験のうち、第１条第２項第14号に掲げる官職への採用を目的としたもの

ソ　海上保安学校学生採用試験　専門職試験のうち、第１条第２項第15号に掲げる官職への採用を目的としたもの

ツ　経験者採用試験　法第45条の２第１項第４号に掲げる官職への採用を目的とした競争試験

ネ　実務経験等活用官職に係る経験者採用試験　経験者採用試験のうち、それぞれの実務経験等活用官職への採用を目的としたもの

二　この表において「採用試験の種類の全てを通じて備えてい

るべき知識、能力等」とは、次に掲げるものをいう。
イ　我が国の歴史及び文化その他の人文科学、社会科学及び自然科学の分野における基礎的な知識
ロ　基礎的な課題について十分に理解した上で、着実に取り組み、正確かつ迅速に処理し、その結果を踏まえた説明を適切に行うことができる基礎的な能力
ハ　公共の利益のために勤務することについての明確な自覚及び国際的かつ多角的な視点

6　国公法・規則８－18・公示等　対照表

国公法
施行日：令和５年４月１日、令和３年法律第61号による改正

（採用試験における対象官職及び種類並びに採用試験により確保すべき人材）
第45条の２　採用試験は、次に掲げる官職を対象として行うものとする。
一　係員の官職のうち、政策の企画及び立案又は調査及び研究に関する事務をその職務とする官職その他これらに類する官職であつて政令で定めるもの（第３号に掲げるものを除く。）
二　定型的な事務をその職務とする係員の官職その他の係員の官職（前号及び次号に掲げるものを除く。）
三　係員の官職のうち、特定の行政分野に係る専門的な知識を必要とする事務をその職務とする官職として政令で定めるもの
四　係員の官職より上位の職制上の段階に属する官職のうち、民間企業における実務の経験その他これに類する経験を有する者を採用することが適当なものとして政令で定めるもの
②　採用試験の種類は、次に掲げるとおりとする。
一　総合職試験（前項第１号に掲げる官職への採用を目的とした競争試験をいう。）であつて、一定の範囲の知識、技術その他の能力（以下この項において「知識等」という。）を有する者として政令で定めるものごとに、受験者が同号に掲げる官職の属する職制上の段階の標準的な官職に係る標準職務遂行能力及び同号に掲げる官職についての適性を有するかどうかを判定することを目的として行うそれぞれの採用試験
二　一般職試験（前項第２号に掲げる官職への採用を目的とした競争試験をいう。）であつて、一定の範囲の知識等を有する者として政令で定めるものごとに、受験者が同号に掲げる官職の属する職制上の段階の標準的な官職に係る標準職務遂行能力及び同号に掲げる官職についての適性を有するかどうかを判定することを目的として行うそれぞれの採用試験
三　専門職試験（前項第３号に掲げる官職への採用を目的とした競争試験をいう。）であつて、同号に規定する特定の行政分野に応じて一定の範囲の知識等を有する者として政令で定めるものごとに、受験者が同号に掲げる官職の属する職制上

規則８－18（採用試験）
施行日：令和６年12月１日、規則８－18－36による改正

（総則）
第１条　職員を採用するための競争試験（以下「採用試験」という。）については、別に定める場合を除き、この規則の定めるところによる。
２　採用試験の企画、計画及び実施は、公正かつ適正に行われなければならない。

（採用試験の目的）
第２条　採用試験は、受験者が、当該採用試験に係る官職の属する職制上の段階の標準的な官職に係る法第34条第１項第５号に規定する標準職務遂行能力及び当該採用試験に係る官職についての適性（第６条第１項において「能力及び適性」という。）を有するかどうかを相対的に判定することを目的とする。

（採用試験の種類ごとの名称）
第３条　総合職試験（法第45条の２第２項第１号に規定する総合職試験をいう。以下同じ。）である採用試験の種類（同項に規定する採用試験の種類をいう。以下同じ。）ごとの名称は、次の各号に掲げる当該採用試験の種類に応じ、それぞれ当該各号に定める名称とする。
一　採用試験の対象官職及び種類並びに採用試験により確保すべき人材に関する政令（平成26年政令第192号。以下「対象官職等政令」という。）第２条第１項第１号に規定する者に対して行う採用試験　国家公務員採用総合職試験（院卒者試験）
二　対象官職等政令第２条第１項第２号に規定する者に対して行う採用試験　国家公務員採用総合職試験（大卒程度試験）
２　一般職試験（法第45条の２第２項第２号に規定する一般職試験をいう。以下同じ。）である採用試験の種類ごとの名称は、次の各号に掲げる当該採用試験の種類に応じ、それぞれ当該各号に定める名称とする。
一　対象官職等政令第２条第２項第１号に規定する者に対して行う採用試験　国家公務員採用一般職試験（大卒程度試験）

公示等

【平成23年人事院事務総局公示第２号（人事院規則８－18（採用試験）第５条第１項の規定に基づき、地域試験の区分に関し、決定した件、最終改正：令和６年人事院事務総局公示第２号）】
人事院事務総長は、人事院規則８－18（採用試験）第５条第１項の規定に基づき、地域試験の区分に関し、次のとおり決定した。

１　別表の採用試験の種類ごとの名称欄に掲げる採用試験（税務職員採用試験を除く。）の同表の区分試験欄に掲げる区分試験及び税務職員採用試験を、同表の地域試験の名称欄に掲げる名称の地域試験に区分する。

２　地域試験の対象となる官職は、それぞれの地域試験に対応する別表の地域の範囲欄に掲げる地域に所在する官署又は独立行政法人通則法（平成11年法律第103号）第２条第４項に規定する行政執行法人の事務所に属する官職とする。

３　昭和60年人事院事務総局公示第２号は、廃止する。

４　この決定は、平成24年２月１日から効力を発生する。

別表

採用試験の種類ごとの名称	区分試験	地域試験の名称	地域の範囲
国家公務員採用一般職試験（大卒程度試験）	行政 教養	行政北海道地域 教養北海道地域	北海道
		行政東北地域 教養東北地域	青森県　岩手県　宮城県 秋田県　山形県　福島県

		行政関東甲信越地域 教養関東甲信越地域	茨城県　栃木県　群馬県　埼玉県　千葉県　東京都　神奈川県　山梨県　新潟県　長野県
		行政東海北陸地域 教養東海北陸地域	岐阜県　静岡県　愛知県　三重県　富山県　石川県　福井県
		行政近畿地域 教養近畿地域	滋賀県　京都府　大阪府　兵庫県　奈良県　和歌山県
		行政中国地域 教養中国地域	鳥取県　島根県　岡山県　広島県　山口県
		行政四国地域 教養四国地域	徳島県　香川県　愛媛県　高知県
		行政九州地域 教養九州地域	福岡県　佐賀県　長崎県　熊本県　大分県　宮崎県　鹿児島県
		行政沖縄地域 教養沖縄地域	沖縄県
国家公務員採用一般職試験（高卒程度試験）	事務 技術 事務（社会人） 技術（社会人）	事務北海道地域 技術北海道地域 事務（社会人）北海道地域 技術（社会人）北海道地域	北海道

二　対象官職等政令第2条第2項第2号に規定する者に対して行う採用試験　国家公務員採用一般職試験（高卒程度試験）

3　専門職試験（法第45条の2第2項第3号に規定する専門職試験をいう。以下同じ。）である採用試験の種類ごとの名称は、次の各号に掲げる当該採用試験の種類に応じ、それぞれ当該各号に定める名称とする。

一　対象官職等政令第1条第2項第1号に規定する官職を対象とし、対象官職等政令第2条第3項第1号イに規定する者に対して行う採用試験　皇宮護衛官採用試験（大卒程度試験）

二　対象官職等政令第1条第2項第1号に規定する官職を対象とし、対象官職等政令第2条第3項第1号ロに規定する者に対して行う採用試験　皇宮護衛官採用試験（高卒程度試験）

三　対象官職等政令第1条第2項第2号に規定する官職を対象とし、対象官職等政令第2条第3項第3号に規定する者に対して行う採用試験　刑務官採用試験

四　対象官職等政令第1条第2項第3号に規定する官職を対象とし、対象官職等政令第2条第3項第2号に規定する者に対して行う採用試験　法務省専門職員（人間科学）採用試験

五　対象官職等政令第1条第2項第4号に規定する官職を対象とし、対象官職等政令第2条第3項第3号に規定する者に対して行う採用試験　入国警備官採用試験

六　対象官職等政令第1条第2項第5号に規定する官職を対象とし、対象官職等政令第2条第3項第2号に規定する者に対して行う採用試験　外務省専門職員採用試験

七　対象官職等政令第1条第2項第6号に規定する官職を対象とし、対象官職等政令第2条第3項第2号に規定する者に対して行う採用試験　財務専門官採用試験

八　対象官職等政令第1条第2項第7号に規定する官職を対象とし、対象官職等政令第2条第3項第1号イに規定する者に対して行う採用試験　国税専門官採用試験

九　対象官職等政令第1条第2項第7号に規定する官職を対象とし、対象官職等政令第2条第3項第1号ロに規定する者に対して行う採用試験　税務職員採用試験

十　対象官職等政令第1条第2項第8号に規定する官職を対象とし、対象官職等政令第2条第3項第2号に規定する者に対して行う採用試験　食品衛生監視員採用試験

十一　対象官職等政令第1条第2項第9号に規定する官職を対象とし、対象官職等政令第2条第3項第2号に規定する者に対して行う採用試験　労働基準監督官採用試験

の段階の標準的な官職に係る標準職務遂行能力及び同号に掲げる官職についての適性を有するかどうかを判定することを目的として行うそれぞれの採用試験

四　経験者採用試験（前項第4号に掲げる官職への採用を目的とした競争試験をいう。）であつて、同号に規定する職制上の段階その他の官職に係る分類に応じて一定の範囲の知識等を有する者として政令で定めるものごとに、受験者が同号に掲げる官職の属する職制上の段階の標準的な官職に係る標準職務遂行能力及び同号に掲げる官職についての適性を有するかどうかを判定することを目的として行うそれぞれの採用試験

③　採用試験により確保すべき人材に関する事項は、前項各号に掲げる採用試験の種類ごとに、政令で定める。

④　前3項の政令は、人事院の意見を聴いて定めるものとする。

十二　対象官職等政令第１条第２項第10号に規定する官職を対象とし、対象官職等政令第２条第３項第２号に規定する者に対して行う採用試験　航空管制官採用試験
十三　対象官職等政令第１条第２項第11号に規定する官職を対象とし、対象官職等政令第２条第３項第３号に規定する者に対して行う採用試験　航空保安大学校学生採用試験
十四　対象官職等政令第１条第２項第12号に規定する官職を対象とし、対象官職等政令第２条第３項第３号に規定する者に対して行う採用試験　気象大学校学生採用試験
十五　対象官職等政令第１条第２項第13号に規定する官職を対象とし、対象官職等政令第２条第３項第１号イに規定する者に対して行う採用試験　海上保安官採用試験
十六　対象官職等政令第１条第２項第14号に規定する官職を対象とし、対象官職等政令第２条第３項第１号ロに規定する者に対して行う採用試験　海上保安大学校学生採用試験
十七　対象官職等政令第１条第２項第15号に規定する官職を対象とし、対象官職等政令第２条第３項第１号ロに規定する者に対して行う採用試験　海上保安学校学生採用試験

4　経験者採用試験（法第45条の２第２項第４号に規定する経験者採用試験をいう。以下同じ。）である採用試験の種類ごとの名称は、人事院が定める名称とする。

（採用試験の区分）

第４条　前条第１項及び第２項並びに第３項第２号から第５号まで、第８号、第11号、第13号及び第17号に掲げる採用試験は、別表第１の区分試験欄に掲げる採用試験に区分する。

2　前項に掲げる採用試験のほか、経験者採用試験である採用試験は、人事院の定める採用試験に区分することができる。

3　前２項の規定により区分された採用試験（以下「区分試験」という。）の対象となる官職は、第１項に定める場合にあっては別表第１の区分試験の対象となる官職欄に掲げる官職とし、前項に定める場合にあっては人事院が定める官職とする。

第５条　試験機関は、必要と認めるときは、第３条第２項及び第３項第３号に掲げる採用試験の区分試験、同項第９号に掲げる採用試験並びに経験者採用試験である採用試験（前条第２項の規定により区分された場合にあっては、区分試験。次項、次条第１項、第８条第３項及び第10条第２項において同じ。）をこれらの採用試験ごとに特定の地域に所在する官署又は行政執行

人）北海道地域	
事務東北地域 技術東北地域 事務（社会人）東北地域 技術（社会人）東北地域	青森県　岩手県　宮城県 秋田県　山形県　福島県
事務関東甲信越地域 技術関東甲信越地域 事務（社会人）関東甲信越地域 技術（社会人）関東甲信越地域	茨城県　栃木県　群馬県 埼玉県　千葉県　東京都 神奈川県　山梨県　新潟県 長野県
事務東海北陸地域 技術東海北陸地域 事務（社会人）東海北陸地域 技術（社会人）東海北陸地域	岐阜県　静岡県　愛知県 三重県　富山県　石川県 福井県
事務近畿地域 技術近畿地域 事務（社会	滋賀県　京都府　大阪府 兵庫県　奈良県　和歌山県

法人の事務所に属する官職の群に応じた採用試験に区分することができる。
2　試験機関は、前項の規定により採用試験を区分した場合には、区分された採用試験（以下「地域試験」という。）の名称及びその対象となる官職（第10条第２項の規定により経験者採用試験である採用試験の地域試験の名称及びその対象となる官職として告知されるものを除く。）を官報により告知しなければならない。

（試験種目）
第６条　採用試験による能力及び適性を有するかどうかの判定は、第３条第１項から第３項までに掲げる採用試験（第４条第１項に掲げる採用試験にあっては、区分試験）にあっては採用試験ごとに別表第２の試験種目欄に掲げる方法により行い、経験者採用試験である採用試験にあっては基礎能力試験、専門試験（記述式）、外国語試験（記述式）、外国語試験（面接）、総合事例研究試験、一般論文試験、政策論文試験、経験論文試験、政策課題討議試験、人物試験及び総合評価面接試験のうちから採用試験ごとに人事院が定める方法により行う。
2　別表第２の試験種目欄に掲げる方法及び前項の規定により人事院が定める方法（以下「試験種目」という。）のうち、次の各号に掲げる試験種目の出題分野又は内容は、それぞれ当該各号に定めるものとする。
一　専門試験（多肢選択式）、専門試験（記述式）、外国語試験（多肢選択式）、外国語試験（記述式）、外国語試験（面接）、外国語試験（聞き取り）、学科試験（多肢選択式）及び学科試験（記述式）　人文科学、社会科学、自然科学その他の分野から人事院が定める出題分野
二　英語試験　英語の能力の程度を検定するための試験機関以外の者が行う試験に関し人事院が定める内容
三　実技試験　技能その他の分野から人事院が定める内容
3　人事院は、前項の規定により定めた試験種目の出題分野及び内容（第10条第１項の規定により経験者採用試験である採用試験の試験種目の出題分野として告知されるものを除く。）を官報により告知しなければならない。

（採用試験の実施方法）
第７条　採用試験は、第１次試験及び第２次試験又は第１次試験、第２次試験及び第３次試験に分けて実施するものとする。

人）近畿地域 技術（社会人）近畿地域	
事務中国地域 技術中国地域 事務（社会人）中国地域技術（社会人）中国地域	鳥取県　島根県　岡山県 広島県　山口県
事務四国地域 技術四国地域 事務（社会人）四国地域 技術（社会人）四国地域	徳島県　香川県　愛媛県 高知県
事務九州地域 技術九州地域 事務（社会人）九州地域 技術（社会人）九州地域	福岡県　佐賀県　長崎県 熊本県　大分県　宮崎県 鹿児島県
事務沖縄地域 技術沖縄地	沖縄県

（受験資格）

第８条　第３条第１項から第３項までに掲げる採用試験（第４条第１項に掲げる採用試験にあっては､区分試験）の受験資格は、別表第３に定める。

２　人事院は、別表第３に掲げる受験資格のうち、人事院の認定に係るものについて認定した場合には、当該認定した受験資格を官報により告知しなければならない。

３　経験者採用試験である採用試験の受験資格は、人事院が定める。

第９条　次の各号のいずれかに該当する者は、採用試験を受けることができない。

一　前条の受験資格を有しない者

二　法第38条の規定に該当する者

三　日本の国籍を有しない者

２　前項各号のいずれかに該当する者のほか、外国の国籍を有する者は、第３条第３項第６号に掲げる採用試験及び経験者採用試験のうちその対象となる官職が専ら外務公務員法第２条第５項に規定する外務職員で同項に規定する外交領事事務に従事するものの占める官職である採用試験を受けることができない。

（経験者採用試験の告知）

第10条　人事院は、経験者採用試験について、第３条第４項、第４条第２項及び第３項、第６条第１項及び第２項並びに第８条第３項の規定により名称、区分試験及びその対象となる官職、試験種目及びその出題分野並びに受験資格を定めた場合には、その内容を官報により告知しなければならない。

２　試験機関は、第５条第１項の規定により経験者採用試験である採用試験を区分した場合には、地域試験の名称及びその対象となる官職を官報により告知しなければならない。

（試験機関）

第11条　試験機関は、人事院とする。ただし、人事院が定める採用試験についての試験機関は、国の機関のうち人事院の定める機関とする。

２　人事院は、前項ただし書の規定による定めをしたときは、その定めた採用試験及び試験機関を官報により告知しなければならない。

		域 事務（社会人）沖縄地域 技術（社会人）沖縄地域	
刑務官採用試験	刑務Ａ 刑務Ｂ 刑務Ａ（社会人） 刑務Ｂ（社会人） 刑務Ａ（武道） 刑務Ｂ（武道）	刑務Ａ北海道地域 刑務Ｂ北海道地域 刑務Ａ（社会人）北海道地域 刑務Ｂ（社会人）北海道地域 刑務Ａ（武道）北海道地域 刑務Ｂ（武道）北海道地域	北海道
		刑務Ａ東北地域 刑務Ｂ東北地域 刑務Ａ（社会人）東北地域 刑務Ｂ（社会人）東北地域 刑務Ａ（武道）東北地域 刑務Ｂ（武道）東北地域	青森県　岩手県　宮城県 秋田県　山形県　福島県

（試験機関の権限等）

第12条　試験機関は、次に掲げる事務をつかさどる。

一　採用試験の実施に関する基本的な事項について計画を定めること。

二　採用試験を告知し、周知させること。

三　受験の申込みを受理すること。

四　採用試験を実施すること。

五　採用試験の結果に基づいて合格者を決定すること。

六　採用候補者名簿を作成すること。

七　採用試験の施行に必要な事項について調査すること。

八　前各号に掲げるもののほか、法及び規則によりその権限に属させられた事項その他採用試験の施行に関する事務を処理すること。

2　前項に規定する試験機関の権限は、その機関の長が行うものとする。

3　試験機関の長は、その権限の一部を部内の職員に委任することができる。

4　試験機関は、その事務の一部を他の機関（試験機関が人事院以外の機関である場合にあっては、人事院に限る。以下この項において同じ。）又は他の機関に属する者に委託することができる。

（試験機関の長等の行う調査）

第13条　試験機関の長は、法第17条第１項の規定により指名された者として、当該試験機関の行う採用試験について必要な調査を行うことができる。

2　前条第３項の規定により前項の調査を行う権限の委任を受けた者は、法第17条第１項の規定により指名された者として、その委任に係る事項について必要な調査を行うことができる。

（採用試験に関する協議及び報告）

第14条　第11条第１項ただし書の規定により人事院が定めた試験機関（次項及び次条において「指定試験機関」という。）は、採用試験を行う場合には、募集方法、採用試験の日時及び場所、採点又は評定の方法、合格者予定数等についてあらかじめ人事院に協議しなければならない。

2　指定試験機関は、採用試験の施行後速やかにその結果について人事院に報告しなければならない。

刑務Ａ関東甲信越静地域 刑務Ｂ関東甲信越静地域 刑務Ａ（社会人）関東甲信越静地域 刑務Ｂ（社会人）関東甲信越静地域 刑務Ａ（武道）関東甲信越静地域 刑務Ｂ（武道）関東甲信越静地域	茨城県　栃木県　群馬県　埼玉県　千葉県　東京都　神奈川県　山梨県　新潟県　長野県　静岡県
刑務Ａ東海北陸地域 刑務Ｂ東海北陸地域 刑務Ａ（社会人）東海北陸地域 刑務Ｂ（社会人）東海北陸地域 刑務Ａ（武道）東海北陸地域 刑務Ｂ（武道）東海北陸地域	岐阜県　愛知県　三重県　富山県　石川県　福井県
刑務Ａ近畿地域	滋賀県　京都府　大阪府　兵庫県　奈良県　和歌山県

（採用試験の監査）

第15条　人事院は、指定試験機関の行う採用試験の状況及び結果を随時監査し、法及び規則に違反していると認めた場合には、その是正を指示することができる。

（採用試験に関する秘密）

第16条　採用試験に関する事務に従事する者は、採用試験に関する秘密その他その職務上知ることのできた秘密を細心の注意をもって保持しなければならない。

（採用試験の施行）

第17条　第３条第１項から第３項までに掲げる採用試験（区分試験（次項に掲げる区分試験を除く。）及び地域試験を含む。）は、それぞれ毎年１回以上行う。

2　第３条第２項第２号に掲げる採用試験の区分試験（別表第１の区分試験欄に掲げる事務（社会人）、技術（社会人）、農業（社会人）、農業土木（社会人）及び林業（社会人）の区分試験に限る。）及び経験者採用試験は、任命権者（法第55条第１項に規定する任命権者及び法律で別に定められた任命権者並びにその委任を受けた者をいう。）から当該採用試験を実施することの求めがあった場合において、人事院が必要と認めるときに、行う。

（採用試験、区分試験又は地域試験の取りやめ）

第18条　前条第１項の規定にかかわらず、試験機関は、採用試験の対象となる官職に欠員の生ずることが予想されない等の事情が認められる場合には、当該採用試験又は当該採用試験の一部の区分試験若しくは地域試験を行わないことができる。この場合においては、試験機関は、その旨を官報により告知しなければならない。

（採用試験の告知）

第19条　試験機関は、採用試験を行う場合には、あらかじめ官報により告知しなければならない。

2　前項の告知の内容は、次に掲げる事項とする。

一　第３条の採用試験の種類ごとの名称及び区分試験又は地域試験が行われる場合のその名称

二　採用試験の対象となる官職の職務と責任の概要

三　採用試験の結果に基づいて採用された場合の初任給その他

刑務Ｂ近畿地域 刑務Ａ（社会人）近畿地域 刑務Ｂ（社会人）近畿地域 刑務Ａ（武道）近畿地域 刑務Ｂ（武道）近畿地域	
刑務Ａ中国地域 刑務Ｂ中国地域 刑務Ａ（社会人）中国地域 刑務Ｂ（社会人）中国地域 刑務Ａ（武道）中国地域 刑務Ｂ（武道）中国地域	鳥取県　島根県　岡山県　広島県　山口県
刑務Ａ四国地域 刑務Ｂ四国地域 刑務Ａ（社会人）四国地域 刑務Ｂ（社	徳島県　香川県　愛媛県　高知県

の給与
四　受験資格
五　試験種目並びに出題分野及び内容
六　採用試験の実施時期及び試験地
七　合格者の発表の時期及び方法
八　採用候補者名簿の作成方法及び採用候補者名簿からの採用方法
九　受験申込用紙の入手及び受験申込書の提出の場所、時期及び手続その他必要な受験手続
十　前各号に掲げるもののほか、試験機関が必要と認める事項

（採用試験の周知）
第20条　試験機関は、採用試験を行う場合には、前条の規定により告知するほか、新聞、放送、インターネットその他の適切な手段により、当該採用試験の受験資格を有する全ての者に同条第２項に掲げる事項を周知させるように努めなければならない。

（受験の申込み及び受験）
第21条　人事院及び試験機関は、採用試験を受けようとする者が受験の申込み及び受験をするについて必要な事項を定めることができる。この場合においては、官報その他の適切な方法により周知させるものとする。
2　採用試験を受けようとする者は、受験の申込み及び受験をするに当たっては、前項の規定による人事院又は試験機関の定めに従わなければならない。

（受験の拒否等）
第22条　試験機関は、次に掲げる者については、当該採用試験を受けさせず、若しくは当該採用試験の実施の場所から退場を命じ、又は既に受けた当該受験を無効とすることができる。
一　不正の手段により当該採用試験を受け、又は受けようとした者
二　人事院若しくは試験機関の定めに違反し、又は試験機関の指示に従わない者
三　前２号に掲げるもののほか、当該採用試験の適正な実施を妨げた者

（採用試験の再実施）
第23条　試験機関は、天災その他避けることのできない事故によ

会人）四国地域 刑務Ａ（武道）四国地域 刑務Ｂ（武道）四国地域	
刑務Ａ九州地域 刑務Ｂ九州地域 刑務Ａ（社会人）九州地域 刑務Ｂ（社会人）九州地域 刑務Ａ（武道）九州地域 刑務Ｂ（武道）九州地域	福岡県　佐賀県　長崎県　熊本県　大分県　宮崎県　鹿児島県
刑務Ａ沖縄地域 刑務Ｂ沖縄地域 刑務Ａ（社会人）沖縄地域 刑務Ｂ（社会人）沖縄地域 刑務Ａ（武道）沖縄地域 刑務Ｂ（武	沖縄県

り採用試験の全部又は一部を受けることができなかった受験申込者がある場合には、当該受験申込者に対し、当該採用試験の全部又は一部を再実施することができる。答案等の判定資料の滅失等やむを得ない事情により合格者の適正な決定ができない場合の当該判定資料の滅失等に係る受験申込者に対しても、同様とする。
2　試験機関は、前項の規定により採用試験を再実施する場合には、その旨及び受験に必要な事項を官報により告知し、又は当該受験申込者に必要な事項を通知しなければならない。

（最終の合格者）
第24条　試験機関は、第３条に掲げる採用試験（同条第４項に掲げるものにあっては経験者採用試験である採用試験とし、区分試験又は地域試験が行われる場合にはそれぞれ区分試験又は地域試験）ごとに、各試験種目の成績を総合して得られた結果により、当該採用試験による採用を予定している者の数等を勘案して必要と認められる数の最終の合格者を決定しなければならない。

（雑則）
第25条　この規則に定めるもののほか、採用試験の施行に関し必要な事項は、人事院が定める。

附則
この規則は、平成24年２月１日から施行する。

別表第１　区分試験及び区分試験の対象となる官職（第４条関係）

採用試験の種類ごとの名称	区分試験	区分試験の対象となる官職
国家公務員採用総合職試験（院卒者試験）	行政	一　法第45条の２第１項第１号に規定する官職のうち、主として政治学、国際関係、哲学、歴史学、文学、法律及び経済に関する知識、技術又はその他の能力を必要とする業務に従事することを職務とする官職
	人間科学	二　法第45条の２第１項第１号に規定する官職のうち、主として心理学、教育

		道）沖縄地域	
税務職員採用試験		税務北海道地域	北海道
		税務東北地域	青森県　岩手県　宮城県　秋田県　山形県　福島県
		税務関東甲信越地域	茨城県　栃木県　群馬県　埼玉県　千葉県　東京都　神奈川県　山梨県　新潟県　長野県
		税務東海北陸地域	岐阜県　静岡県　愛知県　三重県　富山県　石川県　福井県
		税務近畿地域	滋賀県　京都府　大阪府　兵庫県　奈良県　和歌山県
		税務中国地域	鳥取県　島根県　岡山県　広島県　山口県
		税務四国地域	徳島県　香川県　愛媛県　高知県
		税務九州地域	福岡県　佐賀県　長崎県　熊本県　大分県　宮崎県　鹿児島県
		税務沖縄地域	沖縄県

【平成23年人事院公示第16号（人事院規則８－18（採用試験）第６条第２項第１号及び第３号の規定に基づき、試験種目の出題分野及び内容に関し、決定した件、最終改正：令和６年人事院公示第14号）】

人事院は、人事院規則８－18（採用試験）第６条第２項第１号及び第３号の規定に基づき、試験種目の出題分野及び内容に関し、次のとおり決定した。

1　採用試験の試験種目の出題分野及び内容は、別表の出題分野及び内容欄に掲げるとおりとする。

		学、福祉及び社会学に関する知識、技術又はその他の能力を必要とする業務に従事することを職務とする官職
	デジタル	三　法第45条の２第１項第１号に規定する官職のうち、主として情報科学及び情報工学に関する知識、技術又はその他の能力を必要とする業務に従事することを職務とする官職
	工学	四　法第45条の２第１項第１号に規定する官職のうち、主として計測、制御、電気、電子、通信、機械、航空、土木、建築、材料工学、原子力工学及び造船工学に関する知識、技術又はその他の能力を必要とする業務に従事することを職務とする官職
	数理科学・物理・地球科学	五　法第45条の２第１項第１号に規定する官職のうち、主として数学、情報科学、経営工学、物理及び地球科学に関する知識、技術又はその他の能力を必要とする業務に従事することを職務とする官職
	化学・生物・薬学	六　法第45条の２第１項第１号に規定する官職のうち、主として化学、生物学、薬学及び農芸化学に関する知識、技術又はその他の能力を必要とする業務に従事することを職務とする官職
	農業科学・水産	七　法第45条の２第１項第１号に規定する官職のうち、主として農学、農業経済、畜産及び水産に関する知識、技術又はその他の能力を必要とする業務に従事することを職務とする官職
	農業農村工学	八　法第45条の２第１項第１号に規定する官職のうち、主として農業農村工学に関する知識、技術又はその他の能力を必要とする業務に従事することを職務とする官職

2　昭和60年人事院公示第６号は、廃止する。

3　この決定は、平成24年２月１日から効力を発生する。

別表

採用試験の種類ごとの名称	区分試験	試験種目	出題分野及び内容
国家公務員採用総合職試験（院卒者試験）	行政	専門試験（多肢選択式）	一　受験者の選択する次のイからニまでのいずれかに掲げる科目 イ　政治学、行政学、国際関係、憲法、行政法、民法（担保物権、親族及び相続を除く。）、国際法、経済学、財政学、経済政策及び国際事情 ロ　政治学、国際関係、思想・哲学、歴史学、文学・芸術、人文地理学・文化人類学、心理学、教育学、社会学及び憲法 ハ　憲法、行政法、民法、商法、刑法、労働法、国際法、経済学及び財政学 ニ　経済理論、財政学、経済政策、国際経済学、統計学、計量経済学、経済史、経済事情、経営学、憲法及び民法（担保物権、親族及び相続を除く。）
		専門試験（記述式）	二　政治学、行政学、国際関係、思想・哲学、歴史学、文学・芸術、憲法、行政法、民法、商法、刑法、民事訴訟法、国際法、経済理論、財政学、経済政策及び公共政策のうち、受験者の選択する２科目（国際関係、思想・哲学、歴史学、文学・芸術又は公共政策を選択する場合にあっては、１科目又は２科目）

	森林・自然環境	九　法第45条の２第１項第１号に規定する官職のうち、主として林学、砂防、造園及び林産に関する知識、技術又はその他の能力を必要とする業務に従事することを職務とする官職
	法務	十　法第45条の２第１項第１号に規定する官職のうち、主として法曹に必要な学識及び能力を必要とする業務に従事することを職務とする官職
国家公務員採用総合職試験（大卒程度試験）	政治・国際・人文	一　法第45条の２第１項第１号に規定する官職のうち、主として政治学、国際関係、哲学、歴史学及び文学に関する知識、技術又はその他の能力を必要とする業務に従事することを職務とする官職
	法律	二　法第45条の２第１項第１号に規定する官職のうち、主として法律に関する知識、技術又はその他の能力を必要とする業務に従事することを職務とする官職
	経済	三　法第45条の２第１項第１号に規定する官職のうち、主として経済に関する知識、技術又はその他の能力を必要とする業務に従事することを職務とする官職
	人間科学	四　国家公務員採用総合職試験（院卒者試験）の項第２号に掲げる官職と同一の官職
	デジタル	五　国家公務員採用総合職試験（院卒者試験）の項第３号に掲げる官職と同一の官職
	工学	六　国家公務員採用総合職試験（院卒者試験）の項第４号に掲げる官職と同一の官職
	数理科学・物	七　国家公務員採用総合職試験（院卒者試験）の項第５号に掲げる官職と同一

人間科学	専門試験（多肢選択式）	三　次のイからハまでに掲げる科目 イ　人間科学に関する基礎 ロ　受験者の選択する次の(1)又は(2)のいずれかに掲げる科目 (1)　人間の資質及び行動並びに人間関係の理解に関する心理学的基礎（心理学史、生理、知覚、学習等）並びに心理学における研究方法に関する基礎 (2)　教育学、福祉及び社会学に関する基礎並びに教育学、福祉及び社会学における調査・分析に関する基礎 ハ　認知心理学、臨床心理学、教育環境学、教育心理学、教育経営学、教育方法学、社会福祉総論、社会福祉各論、福祉計画論、地域福祉論、社会学（理論）、社会学（各論）、社会心理学及び現代社会論のうち、受験者の選択する４科目
	専門試験（記述式）	四　心理学に関連する領域、教育学、福祉及び社会学に関連する領域、教育学に関連する領域、福祉に関連する領域並びに社会学に関連する領域のうち、受験者の選択する２領域（心理学に関連する領域を含む選択をする場合にあっては、１領域又は２領域）
デジタル	専門試験（多肢選択式）	五　基礎数学、情報基礎、情報と社会、線形代数、解析、確率・統計、数学モデル、オペレーションズ・リサーチ、経営工学（経営数学・生産管理・品質管理）、計算機科学、情報工学（ハードウェア）、情報工学（ソフトウェア）、情報技術、制御工学、電磁気学、電気工学、電子工学及び通信工学

	理・地球科学	の官職
	化学・生物・薬学	八　国家公務員採用総合職試験（院卒者試験）の項第６号に掲げる官職と同一の官職
	農業科学・水産	九　国家公務員採用総合職試験（院卒者試験）の項第７号に掲げる官職と同一の官職
	農業農村工学	十　国家公務員採用総合職試験（院卒者試験）の項第８号に掲げる官職と同一の官職
	森林・自然環境	十一　国家公務員採用総合職試験（院卒者試験）の項第９号に掲げる官職と同一の官職
	教養	十二　法第45条の２第１項第１号に規定する官職のうち、国家公務員採用総合職試験（院卒者試験）の項各号に掲げる官職及び前各号に掲げる官職を除く全ての官職
国家公務員採用一般職試験（大卒程度試験）	行政	一　法第45条の２第１項第２号に規定する官職のうち、主として政治学、国際関係、法律、経済、心理学、教育学及び社会学に関する知識、技術又はその他の能力を必要とする業務に従事することを職務とする官職
	デジタル・電気・電子	二　法第45条の２第１項第２号に規定する官職のうち、主として情報工学、通信、電気及び電子に関する知識、技術又はその他の能力を必要とする業務に従事することを職務とする官職
	機械	三　法第45条の２第１項第２号に規定する官職のうち、主として機械に関する知識、技術又はその他の能力を必要とする業務に従事することを職務とする官職
	土木	四　法第45条の２第１項第２号に規定す

	専門試験（記述式）	六　計算機科学、情報工学（ハードウェア）、情報工学（ソフトウェア）及び情報技術
工学	専門試験（多肢選択式）	七　次のイ及びロに掲げる科目 イ　工学に関する基礎 ロ　技術論、基礎化学、工学基礎実験、情報基礎、電磁気学、電気工学、材料力学、流体力学、構造力学（土木）・土木材料・土木施工、土質力学・水理学、環境工学（土木）・衛生工学、構造力学（建築）、建築構造・建築材料・建築施工、計測工学・制御工学、電子工学、通信工学、機械力学、熱力学・熱機関、土木計画、建築計画・建築法規・建築設備、建築史・都市計画、材料工学（材料科学）、材料工学（金属材料・無機材料）、原子力工学（原子核・放射線）、原子力工学（原子炉・核燃料サイクル）、船舶海洋工学（流体）及び船舶海洋工学（構造）のうち、受験者の選択する４科目、５科目又は６科目
	専門試験（記述式）	八　受験者の選択する次のイ又はロのいずれかに掲げる科目 イ　計測工学、制御工学、電磁気学・電気回路、電気機器、電力工学、電子工学、通信工学、信頼性工学、材料力学、機械力学、流体力学、熱力学・熱機関、航空工学、構造力学（土木）、土質力学、水理学、土木計画、環境工学（土木）・衛生工学、材料工学（材料科学）、材料工学（金属材料）、材料工学（無機材料）、原子力工学（原子核・放射線）、原子力工学（原子炉・核燃料サ

	る官職のうち、主として土木に関する知識、技術又はその他の能力を必要とする業務に従事することを職務とする官職
建築	五　法第45条の２第１項第２号に規定する官職のうち、主として建築に関する知識、技術又はその他の能力を必要とする業務に従事することを職務とする官職
物理	六　法第45条の２第１項第２号に規定する官職のうち、主として物理に関する知識、技術又はその他の能力を必要とする業務に従事することを職務とする官職
化学	七　法第45条の２第１項第２号に規定する官職のうち、主として化学に関する知識、技術又はその他の能力を必要とする業務に従事することを職務とする官職
農学	八　法第45条の２第１項第２号に規定する官職のうち、主として農学に関する知識、技術又はその他の能力を必要とする業務に従事することを職務とする官職
農業農村工学	九　法第45条の２第１項第２号に規定する官職のうち、主として農業農村工学に関する知識、技術又はその他の能力を必要とする業務に従事することを職務とする官職
林学	十　法第45条の２第１項第２号に規定する官職のうち、主として林学に関する知識、技術又はその他の能力を必要とする業務に従事することを職務とする官職
教養	十一　法第45条の２第１項第２号に規定する官職のうち、課題を解決できる論

		イクル）、船舶海洋工学（流体）及び船舶海洋工学（構造）のうち、受験者の選択する２科目 ロ　建築設計及び都市設計のうち、受験者の選択する１科目
数理科学・物理・地球科学	専門試験（多肢選択式）	九　次のイからハまでに掲げる科目 イ　基礎数学及び情報数学 ロ　受験者の選択する次の(1)又は(2)のいずれかに掲げる科目 (1)　線形代数、解析及び確率・統計 (2)　基礎物理及び地球科学 ハ　集合・位相、代数、幾何、解析、確率・統計、情報理論、計算機数学、離散数学、数値計算、数学モデル、オペレーションズ・リサーチ、経営工学（経営数学・生産管理・品質管理）、物理数学、古典物理学、現代物理学（物性物理学を含む。）、地球物理学及び地質学
	専門試験（記述式）	十　代数、幾何、解析、確率・統計、情報科学、数学モデル、経営工学（経営数学・生産管理・品質管理）、古典物理学、現代物理学（物性物理学を含む。）、地球物理学及び地質学
化学・生物・薬学	専門試験（多肢選択式）	十一　次のイ及びロに掲げる科目 イ　基礎数学、基礎物理、基礎化学及び基礎生物学 ロ　数学・物理、基礎物理化学・基礎無機化学、物理化学・無機化学、有機化学、工業化学・化学工学、分析化学・薬化学、薬理学、薬剤学・衛生化学、食品学、土壌肥料学・環境科学・農薬、生化学・分子生物学、応用微生物学・生物工学、発生生物

		理的な思考力、判断力及び表現力を必要とする業務に従事することを職務とする官職であって、前各号に掲げる官職を除く全ての官職
国家公務員採用一般職試験（高卒程度試験）	事務	一　法第45条の２第１項第２号に規定する官職のうち、国家公務員採用一般職試験（大卒程度試験）の項各号に掲げる官職及び次号から第５号までに掲げる官職を除く全ての官職
	事務（社会人）	
	技術	二　法第45条の２第１項第２号に規定する官職のうち、主として電気、電子、情報処理、機械、土木及び建築に関する知識、技術又はその他の能力を必要とする業務に従事することを職務とする官職
	技術（社会人）	
	農業	三　法第45条の２第１項第２号に規定する官職のうち、主として農業に関する知識、技術又はその他の能力を必要とする業務に従事することを職務とする官職
	農業（社会人）	
	農業土木	四　法第45条の２第１項第２号に規定する官職のうち、主として農業土木に関する知識、技術又はその他の能力を必要とする業務に従事することを職務とする官職
	農業土木（社会人）	
	林業	五　法第45条の２第１項第２号に規定する官職のうち、主として林業に関する知識、技術又はその他の能力を必要とする業務に従事することを職務とする官職
	林業（社会人）	
皇宮護衛官採用試験（高卒程度試験）	護衛官	対象官職等政令第１条第２項第１号に規定する官職
	護衛官（社会人）	
刑務官採用試験	刑務Ａ	一　対象官職等政令第１条第２項第２号に規定する官職のうち、主として刑事
	刑務Ａ	

		学・生理学、細胞生物学（形態学を含む。）・放射線生物学、遺伝学・進化学及び生態学（動物行動学を含む。）・系統分類学のうち、受験者の選択する５科目又は６科目
	専門試験（記述式）	十二　物理化学、無機化学、有機化学、分析化学、化学工学、薬化学、薬理学、薬剤学、食品学、土壌肥料学、農薬、生化学、分子生物学、生物工学、応用微生物学、発生生物学、生理学、細胞生物学（形態学を含む。）、遺伝学及び生態学（動物行動学を含む。）
農業科学・水産	専門試験（多肢選択式）	十三　次のイからハまでに掲げる科目 イ　生物資源に関する基礎 ロ　受験者の選択する次の(1)又は(2)のいずれかに掲げる科目 (1)　農業科学に関する基礎 (2)　水産学に関する基礎 ハ　作物学、園芸学、育種遺伝学、植物病理学、昆虫学、土壌肥料学・植物生理学、経済学、農業資源経済学（基礎）、農業資源経済学（応用）、農業経営学、食料政策・農業政策・農業関係法律、家畜育種学、家畜繁殖学、家畜生理学、家畜飼養学・家畜栄養学・飼料学・家畜管理学、畜産一般、水産経済学・水産経営学、漁政、漁業学・水産資源学、水産海洋学・水産環境保全、水産生物学・増養殖学、水産化学・水産利用学及び水産一般のうち、受験者の選択する５科目
	専門試験（記	十四　作物学、園芸学、育種遺伝学、植物病理学、昆虫学、農業資源経

	述式）	済学、農業経営学、食料政策・農業政策、家畜育種学、家畜繁殖学、家畜生理学、家畜飼養学・家畜栄養学・飼料学・家畜管理学、漁業学、水産資源学、水産海洋学、水産環境保全、水産生物学、増養殖学、水産化学及び水産利用学のうち、受験者の選択する２科目
農業農村工学	専門試験（多肢選択式）	十五　次のイ及びロに掲げる科目 イ　農業農村工学に関する基礎 ロ　設計・施工、農業水利学、土地改良、農村計画学・公共経済学、農村環境整備、機械基礎工学、生物生産機械工学、食料機械工学・生物生産施設工学及び環境調節工学のうち、受験者の選択する３科目
	専門試験（記述式）	十六　設計・施工、農業水利学、土地改良、農村計画学、農村環境整備、公共経済学、生物生産機械工学、食料機械工学・生物生産施設工学及び環境調節工学のうち、受験者の選択する２科目
森林・自然環境	専門試験（多肢選択式）	十七　次のイ及びロに掲げる科目 イ　森林・自然環境に関する基礎 ロ　森林環境科学（森林政策及び林業動向を含む。）、森林資源科学（森林立地及び森林保護を含む。）、森林生物生産科学（森林経営・育林技術・森林工学）、砂防学基礎、砂防工学、流域管理、造園学原論・造園材料、造園計画（自然公園）、造園計画（都市公園）、木材特性・木質構造、木材加工・材質改良及び木材成分利用（特用林産を含む。）のうち、受験者の選択する３科目

	（社会人）	施設における男子の被収容者の処遇の業務に従事することを職務とする官職
	刑務Ｂ 刑務Ｂ（社会人）	二　対象官職等政令第１条第２項第２号に規定する官職のうち、主として刑事施設における女子の被収容者の処遇の業務に従事することを職務とする官職
	刑務Ａ（武道）	三　対象官職等政令第１条第２項第２号に規定する官職のうち、主として刑事施設における男子の被収容者の警備の業務に従事することを職務とする官職
	刑務Ｂ（武道）	四　対象官職等政令第１条第２項第２号に規定する官職のうち、主として刑事施設における女子の被収容者の警備の業務に従事することを職務とする官職
法務省専門職員（人間科学）採用試験	矯正心理専門職Ａ	一　対象官職等政令第１条第２項第３号に規定する官職のうち、主として少年鑑別所における鑑別及び刑事施設における男子の受刑者の資質の調査に関する業務に従事することを職務とする官職
	矯正心理専門職Ｂ	二　対象官職等政令第１条第２項第３号に規定する官職のうち、主として少年鑑別所における鑑別及び刑事施設における女子の受刑者の資質の調査に関する業務に従事することを職務とする官職
	法務教官Ａ 法務教官Ａ（社会人）	三　対象官職等政令第１条第２項第３号に規定する官職のうち、主として少年院における男子の在院者の矯正教育その他の処遇、少年鑑別所における在所者の観護処遇並びに刑事施設における男子の受刑者の改善指導及び教科指導に関する業務に従事することを職務とする官職
	法務教官Ｂ	四　対象官職等政令第１条第２項第３号に規定する官職のうち、主として少年

	法務教官B（社会人）	院における女子の在院者の矯正教育その他の処遇、少年鑑別所における在所者の観護処遇並びに刑事施設における女子の受刑者の改善指導及び教科指導に関する業務に従事することを職務とする官職
	保護観察官	五　対象官職等政令第１条第２項第３号に規定する官職のうち、主として保護観察、調査、生活環境の調整その他犯罪をした者及び非行のある少年の更生保護並びに犯罪の予防に関する業務に従事することを職務とする官職
入国警備官採用試験	警備官	対象官職等政令第１条第２項第４号に規定する官職
	警備官（社会人）	
国税専門官採用試験	国税専門A	一　対象官職等政令第１条第２項第７号に規定する官職のうち、次号に掲げる官職を除く全ての官職
	国税専門B	二　対象官職等政令第１条第２項第７号に規定する官職のうち、主として情報処理に関して必要な知識、技術又はその他の能力を必要とする業務に従事することを職務とする官職
労働基準監督官採用試験	労働基準監督A	一　対象官職等政令第１条第２項第９号に規定する官職のうち、次号に掲げる官職を除く全ての官職
	労働基準監督B	二　対象官職等政令第１条第２項第９号に規定する官職のうち、主として工学に関する知識、技術又はその他の能力を必要とする業務に従事することを職務とする官職
航空保安大学校学生採用試験	航空情報科	一　対象官職等政令第１条第２項第11号に規定する官職のうち、航空保安大学校本科航空情報科学生の官職
	航空電子科	二　対象官職等政令第１条第２項第11号に規定する官職のうち、航空保安大学…

		専門試験（記述式）	十八　森林科学に関する基礎、国土保全に関する基礎、自然環境・公園緑地に関する基礎及び木材等林産物に関する基礎のうち、受験者の選択する１科目
国家公務員採用総合職試験（大卒程度試験）	政治・国際・人文	専門試験（多肢選択式）	一　受験者の選択する次のイ又はロのいずれかに掲げる科目 イ　国家公務員採用総合職試験（院卒者試験）の項第１号イに定める科目と同一の科目 ロ　国家公務員採用総合職試験（院卒者試験）の項第１号ロに定める科目と同一の科目
		専門試験（記述式）	二　受験者の選択する次のイ又はロのいずれかに掲げる科目 イ　政治学、行政学、国際関係、憲法、国際法及び公共政策のうち、受験者の選択する２科目（国際関係又は公共政策を選択する場合にあっては、１科目又は２科目） ロ　思想・哲学、歴史学及び文学・芸術のうち、受験者の選択する１科目又は２科目
	法律	専門試験（多肢選択式）	三　国家公務員採用総合職試験（院卒者試験）の項第１号ハに定める科目と同一の科目
		専門試験（記述式）	四　憲法、行政法、民法、国際法及び公共政策のうち、受験者の選択する２科目
	経済	専門試験（多肢選択式）	五　国家公務員採用総合職試験（院卒者試験）の項第１号ニに定める科目と同一の科目
		専門試験（記述式）	六　次のイ及びロに掲げる科目 イ　経済理論 ロ　財政学、経済政策及び公共政策のうち、受験者の選択する１科目

		校本科航空電子科学生の官職
海上保安学校学生採用試験	一般課程	一　対象官職等政令第１条第２項第15号に規定する官職のうち、海上保安学校本科一般課程学生の官職
	航空課程	二　対象官職等政令第１条第２項第15号に規定する官職のうち、海上保安学校本科航空課程学生の官職
	管制課程	三　対象官職等政令第１条第２項第15号に規定する官職のうち、海上保安学校本科管制課程学生の官職
	海洋科学課程	四　対象官職等政令第１条第２項第15号に規定する官職のうち、海上保安学校本科海洋科学課程学生の官職

別表第２　採用試験の試験種目（第６条関係）

採用試験の種類ごとの名称	区分試験	試験種目
国家公務員採用総合職試験（院卒者試験）	行政 人間科学 デジタル 工学 数理科学・物理・地球科学 化学・生物・薬学 農業科学・水産 農業農村工学 森林・自然環境	基礎能力試験、専門試験（多肢選択式）、専門試験（記述式）、政策課題討議試験、人物試験及び英語試験
	法務	基礎能力試験、政策課題討議試験、人物試験及び英語試験
国家公務員採用総合職試験（大	政治・国際・人文	基礎能力試験、専門試験（多肢選択式）、専門試験（記述式）、政

人間科学	専門試験（多肢選択式）	七　国家公務員採用総合職試験（院卒者試験）の項第３号に定める科目と同一の科目
	専門試験（記述式）	八　国家公務員採用総合職試験（院卒者試験）の項第４号に定める領域と同一の領域
デジタル	専門試験（多肢選択式）	九　国家公務員採用総合職試験（院卒者試験）の項第５号に定める科目と同一の科目
	専門試験（記述式）	十　国家公務員採用総合職試験（院卒者試験）の項第６号に定める科目と同一の科目
工学	専門試験（多肢選択式）	十一　国家公務員採用総合職試験（院卒者試験）の項第７号に定める科目と同一の科目
	専門試験（記述式）	十二　国家公務員採用総合職試験（院卒者試験）の項第８号に定める科目と同一の科目
数理科学・物理・地球科学	専門試験（多肢選択式）	十三　国家公務員採用総合職試験（院卒者試験）の項第９号に定める科目と同一の科目
	専門試験（記述式）	十四　国家公務員採用総合職試験（院卒者試験）の項第10号に定める科目と同一の科目
化学・生物・薬学	専門試験（多肢選択式）	十五　国家公務員採用総合職試験（院卒者試験）の項第11号に定める科目と同一の科目
	専門試験（記述式）	十六　国家公務員採用総合職試験（院卒者試験）の項第12号に定める科目と同一の科目
農業科学・水産	専門試験（多肢選択式）	十七　国家公務員採用総合職試験（院卒者試験）の項第13号に定める科目と同一の科目

卒程度試験）	法律 経済 人間科学 デジタル工学 数理科学・物理・地球科学 化学・生物・薬学 農業科学・水産 農業農村工学 森林・自然環境	策論文試験、人物試験及び英語試験
	教養	基礎能力試験、総合論文試験、政策課題討議試験、企画提案試験、人物試験及び英語試験
国家公務員採用一般職試験（大卒程度試験）	行政	基礎能力試験、専門試験（多肢選択式）、一般論文試験及び人物試験
	デジタル・電気・電子 機械 土木 建築 物理 化学 農学 農業農村工学 林学	基礎能力試験、専門試験（多肢選択式）、専門試験（記述式）及び人物試験
	教養	基礎能力試験、課題対応能力試験、一般教養論文試験及び人物試験

		専門試験（記述式）	十八　国家公務員採用総合職試験（院卒者試験）の項第14号に定める科目と同一の科目
	農業農村工学	専門試験（多肢選択式）	十九　国家公務員採用総合職試験（院卒者試験）の項第15号に定める科目と同一の科目
		専門試験（記述式）	二十　国家公務員採用総合職試験（院卒者試験）の項第16号に定める科目と同一の科目
	森林・自然環境	専門試験（多肢選択式）	二十一　国家公務員採用総合職試験（院卒者試験）の項第17号に定める科目と同一の科目
		専門試験（記述式）	二十二　国家公務員採用総合職試験（院卒者試験）の項第18号に定める科目と同一の科目
国家公務員採用一般職試験（大卒程度試験）	行政	専門試験（多肢選択式）	一　政治学、行政学、憲法、行政法、民法（総則及び物権）、民法（債権、親族及び相続）、ミクロ経済学、マクロ経済学、財政学・経済事情、経営学、国際関係、社会学、心理学、教育学、英語（基礎）及び英語（一般）のうち、受験者の選択する８科目
	デジタル・電気・電子	専門試験（多肢選択式）	二　次のイ及びロに掲げる科目 イ　工学に関する基礎、情報・通信工学（理論）、電磁気学、電気回路、電気計測・制御、電気機器及び電力工学 ロ　受験者の選択する次の(1)又は(2)のいずれかに掲げる科目 (1)　情報工学（プログラミング） (2)　電子工学及び電子回路
		専門試験（記述式）	三　情報工学・通信・電気・電子に関連する領域

機械	専門試験（多肢選択式）	四　工学に関する基礎、材料力学、機械力学、流体力学、熱工学、機械設計、機械材料及び機械工作
	専門試験（記述式）	五　機械工学に関連する領域
土木	専門試験（多肢選択式）	六　工学に関する基礎、構造力学（土木）、水理学、土質力学、測量、土木材料、土木設計、土木施工、土木計画、環境工学（土木）及び衛生工学
	専門試験（記述式）	七　土木工学に関連する領域
建築	専門試験（多肢選択式）	八　工学に関する基礎、構造力学（建築）、建築構造、建築材料、建築施工、環境工学（建築）、建築設備、建築史、建築計画、建築法規及び都市計画
	専門試験（記述式）	九　建築設計製図
物理	専門試験（多肢選択式）	十　物理、応用物理及び地球物理
	専門試験（記述式）	十一　物理に関連する領域
化学	専門試験（多肢選択式）	十二　数学、物理、物理化学、分析化学、無機化学、有機化学、生物化学、工業化学及び化学工学
	専門試験（記述式）	十三　化学に関連する領域

国家公務員採用一般職試験（高卒程度試験）	事務 事務（社会人）	基礎能力試験、適性試験、作文試験及び人物試験
	技術 農業 農業土木 林業 技術（社会人） 農業（社会人） 農業土木（社会人） 林業（社会人）	基礎能力試験、専門試験（多肢選択式）及び人物試験
皇宮護衛官採用試験（大卒程度試験）		基礎能力試験、課題論文試験、人物試験、身体検査、身体測定及び体力検査
皇宮護衛官採用試験（高卒程度試験）	全ての区分試験	基礎能力試験、作文試験、人物試験、身体検査、身体測定及び体力検査
刑務官採用試験	刑務Ａ 刑務Ｂ 刑務Ａ（社会人） 刑務Ｂ（社会人）	基礎能力試験、作文試験、人物試験、身体検査、身体測定及び体力検査
	刑務Ａ（武道） 刑務Ｂ（武道）	基礎能力試験、作文試験、実技試験、人物試験、身体検査及び身体測定
法務省専門職員（人間科学）採用試験	矯正心理専門職Ａ 矯正心理専門職Ｂ 法務教官Ａ	基礎能力試験、専門試験（多肢選択式）、専門試験（記述式）、人物試験、身体検査及び身体測定

	法務教官B 法務教官A（社会人） 法務教官B（社会人）	
	保護観察官	基礎能力試験、専門試験（多肢選択式）、専門試験（記述式）及び人物試験
入国警備官採用試験	全ての区分試験	基礎能力試験、作文試験、人物試験、身体検査、身体測定及び体力検査
外務省専門職員採用試験		基礎能力試験、専門試験（記述式）、外国語試験（記述式）、外国語試験（面接）、時事論文試験、人物試験及び身体検査
財務専門官採用試験		基礎能力試験、専門試験（多肢選択式）、専門試験（記述式）及び人物試験
国税専門官採用試験	全ての区分試験	基礎能力試験、専門試験（多肢選択式）、専門試験（記述式）、人物試験及び身体検査
税務職員採用試験		基礎能力試験、適性試験、作文試験、人物試験及び身体検査
食品衛生監視員採用試験		基礎能力試験、専門試験（記述式）及び人物試験
労働基準監督官採用試験	全ての区分試験	基礎能力試験、専門試験（多肢選択式）、専門試験（記述式）、人物試験及び身体検査
航空管制官採用試験		基礎能力試験、適性試験、外国語試験（多肢選択式）、外国語試験（聞き取り）、外国語試験（面接）、人物試験、身体検査及び身体測定

	農学	専門試験（多肢選択式）	十四　栽培学汎論、作物学、園芸学、育種遺伝学、植物病理学、昆虫学、土壌肥料学・植物生理学、畜産一般及び農業経済一般
		専門試験（記述式）	十五　農学に関連する領域
	農業農村工学	専門試験（多肢選択式）	十六　数学、水理学、応用力学、土壌物理、土質力学、測量、農業水利学、土地改良、農村環境整備、農業造構、材料・施工、農業機械及び農学一般
		専門試験（記述式）	十七　農業農村工学に関連する領域
	林学	専門試験（多肢選択式）	十八　林業政策、林業経営学、造林学、林業工学、林産一般及び砂防工学
		専門試験（記述式）	十九　林学に関連する領域
国家公務員採用一般職試験（高卒程度試験）	技術 技術（社会人）	専門試験（多肢選択式）	一　次のイ及びロに掲げる科目 イ　数学、物理及び情報 ロ　受験者の選択する次の(1)から(4)までのいずれかに掲げる科目 (1)　電気回路、電気機器、電力技術、電子技術、電子回路、電子計測制御、通信技術、プログラミング技術、ハードウェア技術、ソフトウェア技術及びコンピュータシステム技術 (2)　機械工作、機械設計、原動機、電子機械、生産技術及び電気回路 (3)　測量、土木基盤力学、土木

			構造設計、土木施工及び社会基盤工学 (4) 建築構造、建築計画、建築構造設計、建築施工及び建築法規
	農業 農業（社会人）		二　農業と環境、農業と情報、作物、野菜、果樹、草花、畜産、農業経営、農業機械及び植物バイオテクノロジー
	農業土木 農業土木（社会人）		三　農業と環境、農業と情報、農業土木設計、農業土木施工、水循環及び測量
	林業 林業（社会人）		四　農業と環境、農業と情報、植物バイオテクノロジー、森林科学、森林経営、林産物利用及び測量
刑務官採用試験	刑務Ａ（武道） 刑務Ｂ（武道）	実技試験	受験者の選択する次のイ又はロのいずれかに掲げるもの イ　柔道 ロ　剣道
法務省専門職員（人間科学）採用試験	矯正心理専門職Ａ 矯正心理専門職Ｂ	専門試験（多肢選択式）	一　心理学に関連する領域並びに心理学、教育学、福祉及び社会学に関する基礎
		専門試験（記述式）	二　心理学に関連する領域
	法務教官Ａ 法務教官Ｂ 法務教官Ａ（社会人）	専門試験（多肢選択式）	三　心理学、教育学、福祉及び社会学に関する基礎
		専門試験（記述式）	四　心理学に関連する領域、教育学に関連する領域、福祉に関連する領域及び社会学に関連する領域のうち、受験者の選択する１領域

航空保安大学校学生採用試験	全ての区分試験	基礎能力試験、学科試験（多肢選択式）、人物試験、身体検査及び身体測定
気象大学校学生採用試験		基礎能力試験、学科試験（多肢選択式）、学科試験（記述式）、作文試験、人物試験及び身体検査
海上保安官採用試験		基礎能力試験、課題論文試験、人物試験、身体検査、身体測定及び体力検査
海上保安大学校学生採用試験		基礎能力試験、学科試験（多肢選択式）、学科試験（記述式）、作文試験、人物試験、身体検査、身体測定及び体力検査
海上保安学校学生採用試験	一般課程	基礎能力試験、作文試験、人物試験、身体検査、身体測定及び体力検査
	航空課程	基礎能力試験、学科試験（多肢選択式）、人物試験、身体検査、身体測定、体力検査及び適性検査
	管制課程 海洋科学課程	基礎能力試験、学科試験（多肢選択式）、人物試験、身体検査、身体測定及び体力検査

別表第３　採用試験の受験資格（第８条関係）

採用試験の種類ごとの名称	区分試験	受験資格
国家公務員採用総合職試験（院卒者試験）	行政 人間科学 デジタル 工学 数理科学・物	一　第19条の規定により告知された当該採用試験の第24条に規定する最終の合格者を発表する日の属する年度（４月１日から翌年の３月31日までをいう。以下同じ。）（以下「試験年度」という。）の４月１日における年齢が30歳未満の者で次に掲げるもの イ　大学院の修士課程又は専門職大学院

	理・地球科学 化学・生物・薬学 農業科学・水産 農業農村工学 森林・自然環境	の課程を修了した者及び試験年度の３月までに大学院の修士課程又は専門職大学院の課程を修了する見込みの者 ロ　人事院がイに掲げる者と同等の資格があると認める者
	法務	二　試験年度の４月１日における年齢が30歳未満の者で次に掲げるもの イ　法科大学院（学校教育法（昭和22年法律第26号）第99条第２項に規定する専門職大学院であって、法曹に必要な学識及び能力を培うことを目的とするものをいう。）の課程を修了した者又は試験年度の３月までに当該課程を修了する見込みの者であって、司法試験に合格したもの ロ　人事院がイに掲げる者と同等の資格があると認める者
国家公務員採用総合職試験（大卒程度試験）	政治・国際・人文 法律 経済 人間科学 デジタル 工学 数理科学・物理・地	次に掲げる者 イ　試験年度の４月１日における年齢が21歳以上30歳未満の者 ロ　試験年度の４月１日における年齢が21歳未満の者で次に掲げるもの (1)　大学を卒業した者及び試験年度の３月までに大学を卒業する見込みの者 (2)　人事院が(1)に掲げる者と同等の資格があると認める者 (3)　教養の区分試験にあっては、(1)及び(2)に掲げるもののほか、試験年度の４月１日における年齢が19歳又は

	法務教官Ｂ（社会人） 保護観察官		
外務省専門職員採用試験		専門試験（記述式）	一　次のイ及びロに掲げる科目 イ　国際法 ロ　憲法及び経済学のうち、受験者の選択する１科目
		外国語試験（記述式）	二　英語、フランス語、ドイツ語、ロシア語、スペイン語、ポルトガル語、イタリア語、アラビア語、ペルシャ語、ミャンマー語、タイ語、ベトナム語、インドネシア語、中国語及び朝鮮語のうち、受験者の選択する１箇国語
		外国語試験（面接）	
財務専門官採用試験		専門試験（多肢選択式）	一　次のイ及びロに掲げる科目 イ　憲法、行政法、経済学、財政学及び経済事情 ロ　民法･商法、経営学、会計学、統計学、政治学･社会学、英語、情報数学及び情報工学のうち、受験者の選択する２科目
		専門試験（記述式）	二　憲法、民法、経済学、財政学及び会計学のうち、受験者の選択する１科目
国税専門官採用試験	国税専門Ａ	専門試験（多肢選択式）	一　民法、商法、会計学、憲法・行政法、経済学、財政学、経営学、政治学・社会学・社会事情、英語及び商業英語
		専門試験（記述式）	二　憲法、民法、経済学、会計学及び社会学のうち、受験者の選択する１科目
	国税専門Ｂ	専門試験（多肢選択式）	三　民法、商法、会計学、基礎数学、情報数学、情報工学、統計学、物理、化学、経済学及び英語

	球科学 化学・生物・薬学 農業科学・水産 農業農村工学 森林・自然環境 教養	20歳の者
国家公務員採用一般職試験（大卒程度試験）	行政 デジタル・電気・電子 機械 土木 建築 物理 化学 農学 農業農村工学 林学 教養	次に掲げる者 イ　試験年度の４月１日における年齢が21歳以上30歳未満の者 ロ　試験年度の４月１日における年齢が21歳未満の者で次に掲げるもの (1)　大学を卒業した者及び試験年度の３月までに大学を卒業する見込みの者並びに人事院がこれらの者と同等の資格があると認める者 (2)　学校教育法に基づく短期大学（以下単に「短期大学」という。）又は同法に基づく高等専門学校（以下単に「高等専門学校」という。）を卒業した者及び試験年度の３月までに短期大学又は高等専門学校を卒業する見込みの者並びに人事院がこれらの者と同等の資格があると認める者 (3)　教養の区分試験にあっては、(1)及び(2)に掲げるもののほか、試験年度の４月１日における年齢が20歳の者
国家公務員採用一般職試験（高卒程度試験）	事務 技術 農業 農業土木	一　次に掲げる者 イ　試験年度の４月１日において高等学校又は学校教育法に基づく中等教育学校（以下単に「中等教育学校」という。）を卒業した日の翌日から起算して２年

		専門試験（記述式）	四　科学技術に関連する領域
食品衛生監視員採用試験		専門試験（記述式）	次のイからハまでに掲げる科目 イ　受験者の選択する次の(1)又は(2)のいずれかに掲げる科目 (1)　分析化学 (2)　食品化学 ロ　受験者の選択する次の(1)又は(2)のいずれかに掲げる科目 (1)　微生物学 (2)　毒性学 ハ　受験者の選択する次の(1)又は(2)のいずれかに掲げる科目 (1)　公衆衛生学 (2)　食品衛生学
労働基準監督官採用試験	労働基準監督Ａ	専門試験（多肢選択式）	一　憲法、行政法、民法、刑法、労働法、経済学、労働経済・社会保障、社会学及び労働事情
		専門試験（記述式）	二　労働法及び労働事情
	労働基準監督Ｂ	専門試験（多肢選択式）	三　工学に関する基礎及び労働事情
		専門試験（記述式）	四　工学に関する専門基礎及び工業事情
航空管制官採用試験		外国語試験（多肢選択式）	英語
		外国語試験	

	林業	を経過していない者及び試験年度の３月までに高等学校又は中等教育学校を卒業する見込みの者 ロ　人事院がイに掲げる者に準ずると認める者
	事務（社会人） 技術（社会人） 農業（社会人） 農業土木（社会人） 林業（社会人）	二　試験年度の４月１日における年齢が40歳未満の者（前号イに規定する期間が経過した者及び人事院が当該者に準ずると認める者に限る。）
皇宮護衛官採用試験（大卒程度試験）		次に掲げる者 イ　試験年度の４月１日における年齢が21歳以上30歳未満の者 ロ　試験年度の４月１日における年齢が21歳未満の者で次に掲げるもの (1)　大学を卒業した者及び試験年度の３月までに大学を卒業する見込みの者並びに人事院がこれらの者と同等の資格があると認める者 (2)　短期大学又は高等専門学校を卒業した者及び試験年度の３月までに短期大学又は高等専門学校を卒業する見込みの者並びに人事院がこれらの者と同等の資格があると認める者
皇宮護衛官採用試験（高卒程度試験）	護衛官	一　次に掲げる者 イ　試験年度の４月１日において高等学校又は中等教育学校を卒業した日の翌日から起算して５年を経過していない

		（聞き取り）	
		外国語試験（面接）	
航空保安大学校学生採用試験	航空情報科	学科試験（多肢選択式）	一　数学Ⅰ、数学Ⅱ、数学Ａ、数学Ｂ、数学Ｃ、英語コミュニケーションⅠ及び英語コミュニケーションⅡ
	航空電子科		二　数学Ⅰ、数学Ⅱ、数学Ａ、数学Ｂ、数学Ｃ、物理基礎及び物理
気象大学校学生採用試験		学科試験（多肢選択式）	一　数学Ⅰ、数学Ⅱ、数学Ａ、数学Ｂ、数学Ｃ、物理基礎、物理、英語コミュニケーションⅠ及び英語コミュニケーションⅡ
		学科試験（記述式）	二　数学Ⅰ、数学Ⅱ、数学Ⅲ、数学Ａ、数学Ｂ、数学Ｃ、物理基礎、物理、英語コミュニケーションⅠ及び英語コミュニケーションⅡ
海上保安大学校学生採用試験		学科試験（多肢選択式）	航空保安大学校学生採用試験の項第１号に定める科目と同一の科目
		学科試験（記述式）	
海上保安学校学生採用試験	航空課程 管制課程 海洋科学課程	学科試験（多肢選択式）	航空保安大学校学生採用試験の項第１号に定める科目と同一の科目

【平成23年人事院公示第18号（人事院規則８－18（採用試験）別表第３国家公務員採用総合職試験（院卒者試験）の項第１号ロ及び第２号ロ、同表国家公務員採用総合職試験（大卒程度試験）

		者及び試験年度の３月までに高等学校又は中等教育学校を卒業する見込みの者 ロ　人事院がイに掲げる者に準ずると認める者
	護衛官（社会人）	二　試験年度の４月１日における年齢が40歳未満の者（前号イに規定する期間が経過した者及び人事院が当該者に準ずると認める者に限る。）
刑務官採用試験	刑務Ａ 刑務Ａ（武道）	一　試験年度の４月１日における年齢が17歳以上29歳未満の男子
	刑務Ｂ 刑務Ｂ（武道）	二　試験年度の４月１日における年齢が17歳以上29歳未満の女子
	刑務Ａ（社会人）	三　試験年度の４月１日における年齢が40歳未満の男子（第１号に規定する受験資格を有しなくなった者に限る。）
	刑務Ｂ（社会人）	四　試験年度の４月１日における年齢が40歳未満の女子（第２号に規定する受験資格を有しなくなった者に限る。）
法務省専門職員（人間科学）採用試験	矯正心理専門職Ａ	一　次に掲げる者 イ　試験年度の４月１日における年齢が21歳以上30歳未満の男子 ロ　試験年度の４月１日における年齢が21歳未満の男子で次に掲げるもの (1)　大学を卒業した者及び試験年度の３月までに大学を卒業する見込みの者 (2)　人事院が(1)に掲げる者と同等の資格があると認める者
	矯正心理専門職Ｂ	二　次に掲げる者 イ　試験年度の４月１日における年齢が21歳以上30歳未満の女子 ロ　試験年度の４月１日における年齢が21歳未満の女子で次に掲げるもの

の項ロ(2)、同表国家公務員採用一般職試験（大卒程度試験）の項ロ(1)及び(2)、同表国家公務員採用一般職試験（高卒程度試験）の項第１号ロ及び第２号、同表皇宮護衛官採用試験（大卒程度試験）の項ロ(1)及び(2)、同表皇宮護衛官採用試験（高卒程度試験）の項第１号ロ及び第２号、同表法務省専門職員（人間科学）採用試験の項第１号ロ(2)、第２号ロ(2)、第３号ロ(1)及び(2)、第４号ロ(1)及び(2)並びに第７号ロ(1)及び(2)、同表入国警備官採用試験の項第１号ロ及び第２号、同表外務省専門職員採用試験の項ロ(1)及び(2)、同表財務専門官採用試験の項ロ(1)及び(2)、同表国税専門官採用試験の項ロ(2)、同表税務職員採用試験の項ロ、同表食品衛生監視員採用試験の項ロ(3)、同表労働基準監督官採用試験の項ロ(2)、同表航空管制官採用試験の項ロ(1)及び(2)、同表航空保安大学校学生採用試験の項ロ、同表気象大学校学生採用試験の項ロ、同表海上保安官採用試験の項ロ、同表海上保安大学校学生採用試験の項ロ並びに同表海上保安学校学生採用試験の項ロの規定に基づき、人事院の認定に係る受験資格に関し、決定した件、最終改正：令和５年人事院公示第５号)】

人事院は、人事院規則８－18（採用試験）別表第３国家公務員採用総合職試験（院卒者試験）の項第１号ロ及び第２号ロ、同表国家公務員採用総合職試験（大卒程度試験）の項ロ(2)、同表国家公務員採用一般職試験（大卒程度試験）の項ロ(1)及び(2)、同表国家公務員採用一般職試験（高卒程度試験）の項第１号ロ及び第２号、同表皇宮護衛官採用試験（大卒程度試験）の項ロ(1)及び(2)、同表皇宮護衛官採用試験（高卒程度試験）の項第１号ロ及び第２号、同表法務省専門職員（人間科学）採用試験の項第１号ロ(2)、第２号ロ(2)、第３号ロ(1)及び(2)、第４号ロ(1)及び(2)並びに第７号ロ(1)及び(2)、同表入国警備官採用試験の項第１号ロ及び第２号、同表外務省専門職員採用試験の項ロ(1)及び(2)、同表財務専門官採用試験の項ロ(1)及び(2)、同表国税専門官採用試験の項ロ(2)、同表税務職員採用試験の項ロ、同表食品衛生監視員採用試験の項ロ(3)、同表労働基準監督官採用試験の項ロ(2)、同表航空管制官採用試験の項ロ(1)及び(2)、同表航空保安大学校学生採用試験の項ロ、同表気象大学校学生採用試験の項ロ、同表海上保安官採用試験の項ロ、同表海上保安大学校学生採用試験の項ロ並びに同表海上保安学校学生採用試験の項ロの規定に基づき、人事院の認定に係る受験資格に関し、次のとおり決定した。

1　院卒程度の者に行う採用試験関係

一　人事院規則８－18（採用試験）（以下「規則」という。）別

	⑴　大学を卒業した者及び試験年度の3月までに大学を卒業する見込みの者 ⑵　人事院が⑴に掲げる者と同等の資格があると認める者
法務教官A	三　次に掲げる者 イ　試験年度の4月1日における年齢が21歳以上30歳未満の男子 ロ　試験年度の4月1日における年齢が21歳未満の男子で次に掲げるもの ⑴　大学を卒業した者及び試験年度の3月までに大学を卒業する見込みの者並びに人事院がこれらの者と同等の資格があると認める者 ⑵　短期大学又は高等専門学校を卒業した者及び試験年度の3月までに短期大学又は高等専門学校を卒業する見込みの者並びに人事院がこれらの者と同等の資格があると認める者
法務教官B	四　次に掲げる者 イ　試験年度の4月1日における年齢が21歳以上30歳未満の女子 ロ　試験年度の4月1日における年齢が21歳未満の女子で次に掲げるもの ⑴　大学を卒業した者及び試験年度の3月までに大学を卒業する見込みの者並びに人事院がこれらの者と同等の資格があると認める者 ⑵　短期大学又は高等専門学校を卒業した者及び試験年度の3月までに短期大学又は高等専門学校を卒業する見込みの者並びに人事院がこれらの者と同等の資格があると認める者
法務教官A（社会人）	五　試験年度の4月1日における年齢が40歳未満の男子（第3号イに規定する受験資格を有しなくなった者に限る。）

表第3国家公務員採用総合職試験（院卒者試験）の項第1号ロに規定する「人事院がイに掲げる者と同等の資格があると認める者」は、次に掲げる者とする。

イ　学校教育法（昭和22年法律第26号）に基づく大学において医学を履修する課程、歯学を履修する課程、薬学を履修する課程のうち臨床に係る実践的な能力を培うことを主たる目的とするもの又は獣医学を履修する課程を修了した者及び規則第19条の規定に基づき告知された当該採用試験の規則第24条に規定する最終の合格者を発表する日の属する年度（4月1日から翌年3月31日までをいう。）（以下「試験年度」という。）の3月までにこれらの課程のいずれかを修了する見込みの者

ロ　学校教育法第104条第7項第2号の規定に基づき大学院に相当する教育を行うと認められた課程を修了した者及び試験年度の3月までに当該課程を修了する見込みの者

ハ　学校教育法施行規則（昭和22年文部省令第11号）第155条第1項第2号から第4号までに規定する18年の課程又は同項第4号の2に規定する修業年限が5年以上である課程を修了した者及び試験年度の3月までにこれらの課程のいずれかを修了する見込みの者

ニ　学校教育法施行規則第156条第1号から第4号までの規定に基づき、修士の学位又は専門職学位に相当する学位を授与された者及び試験年度の3月までに修士の学位又は専門職学位に相当する学位を授与される見込みの者

ホ　防衛医科大学校の教育訓練を修了した者及び試験年度の3月までに当該教育訓練を修了する見込みの者

二　規則別表第3国家公務員採用総合職試験（院卒者試験）の項第2号ロに規定する「人事院がイに掲げる者と同等の資格があると認める者」は、司法試験予備試験に合格した者であって司法試験に合格したものとする。

2　大卒程度の者に行う採用試験関係

一　規則別表第3国家公務員採用総合職試験（大卒程度試験）の項ロ⑵、同表法務省専門職員（人間科学）採用試験の項第1号ロ⑵及び第2号ロ⑵、同表国税専門官採用試験の項ロ⑵並びに同表労働基準監督官採用試験の項ロ⑵に規定する「人事院が⑴に掲げる者と同等の資格があると認める者」、同表国家公務員採用一般職試験（大卒程度試験）の項ロ⑴、同表皇宮護衛官採用試験（大卒程度試験）の項ロ⑴、同表法務省

	法務教官B（社会人）	六　試験年度の４月１日における年齢が40歳未満の女子（第４号イに規定する受験資格を有しなくなった者に限る。）
	保護観察官	七　次に掲げる者 イ　試験年度の４月１日における年齢が21歳以上30歳未満の者 ロ　試験年度の４月１日における年齢が21歳未満の者で次に掲げるもの (1)　大学を卒業した者及び試験年度の３月までに大学を卒業する見込みの者並びに人事院がこれらの者と同等の資格があると認める者 (2)　短期大学又は高等専門学校を卒業した者及び試験年度の３月までに短期大学又は高等専門学校を卒業する見込みの者並びに人事院がこれらの者と同等の資格があると認める者
入国警備官採用試験	警備官	一　次に掲げる者 イ　試験年度の４月１日において高等学校又は中等教育学校を卒業した日の翌日から起算して５年を経過していない者及び試験年度の３月までに高等学校又は中等教育学校を卒業する見込みの者 ロ　人事院がイに掲げる者に準ずると認める者
	警備官（社会人）	二　試験年度の４月１日における年齢が40歳未満の者（前号イに規定する期間が経過した者及び人事院が当該者に準ずると認める者に限る。）
外務省専門職員採用試験		次に掲げる者 イ　試験年度の４月１日における年齢が21歳以上30歳未満の者 ロ　試験年度の４月１日における年齢が21歳未満の者で次に掲げるもの (1)　大学を卒業した者及び試験年度の

専門職員（人間科学）採用試験の項第３号ロ(1)、第４号ロ(1)及び第７号ロ(1)、同表外務省専門職員採用試験の項ロ(1)、同表財務専門官採用試験の項ロ(1)並びに同表航空管制官採用試験の項ロ(1)に規定する「人事院がこれらの者と同等の資格があると認める者」並びに同表海上保安官採用試験の項ロに規定する「人事院がイに掲げる者と同等の資格があると認める者」は、次に掲げる者とする。

イ　学校教育法第102条第２項の規定に基づき大学院に入学したことのある者

ロ　学校教育法第104条第７項第１号の規定に基づき学士の学位を授与された者

ハ　学校教育法第104条第７項第２号に規定する課程を修了した者及び試験年度の３月までに当該課程を修了する見込みの者

ニ　学校教育法施行規則第155条第１項第２号から第４号の２までに規定する課程を修了した者及び試験年度の３月までに当該課程を修了する見込みの者

ホ　学校教育法に基づく専修学校の専門課程のうち、学校教育法施行規則第155条第１項第５号の規定に基づき文部科学大臣が指定した課程を修了した者（同号の規定に基づき文部科学大臣が定める日以後に修了した者に限る。）及び試験年度の３月までに当該課程を修了する見込みの者

二　規則別表第３国家公務員採用一般職試験（大卒程度試験）の項ロ(2)、同表皇宮護衛官採用試験（大卒程度試験）の項ロ(2)及び同表財務専門官採用試験の項ロ(2)に規定する「人事院がこれらの者と同等の資格があると認める者」は、次に掲げる者とする。

イ　学校教育法に基づく高等学校の専攻科の課程のうち、同法第58条の２の文部科学大臣の定める基準を満たす課程を修了した者及び試験年度の３月までに当該課程を修了する見込みの者

ロ　学校教育法に基づく専門職大学の前期課程を修了した者及び試験年度の３月までに当該課程を修了する見込みの者

ハ　学校教育法に基づく専修学校の専門課程のうち、次に掲げるいずれかの課程を修了した者及び試験年度の３月までに当該課程を修了する見込みの者（(2)に掲げる課程に係るこれらの者にあっては、当該課程への入学が平成29年４月１日前である者に限る。）

(1)　学校教育法第132条の文部科学大臣の定める基準を満

		3月までに大学を卒業する見込みの者並びに人事院がこれらの者と同等の資格があると認める者 (2) 短期大学又は高等専門学校を卒業した者及び試験年度の3月までに短期大学又は高等専門学校を卒業する見込みの者並びに人事院がこれらの者と同等の資格があると認める者
財務専門官採用試験		次に掲げる者 イ 試験年度の4月1日における年齢が21歳以上30歳未満の者 ロ 試験年度の4月1日における年齢が21歳未満の者で次に掲げるもの (1) 大学を卒業した者及び試験年度の3月までに大学を卒業する見込みの者並びに人事院がこれらの者と同等の資格があると認める者 (2) 短期大学又は高等専門学校を卒業した者及び試験年度の3月までに短期大学又は高等専門学校を卒業する見込みの者並びに人事院がこれらの者と同等の資格があると認める者
国税専門官採用試験	全ての区分試験	次に掲げる者 イ 試験年度の4月1日における年齢が21歳以上30歳未満の者 ロ 試験年度の4月1日における年齢が21歳未満の者で次に掲げるもの (1) 大学を卒業した者及び試験年度の3月までに大学を卒業する見込みの者 (2) 人事院が(1)に掲げる者と同等の資格があると認める者
税務職員採用試験		次に掲げる者 イ 試験年度の4月1日において高等学校又は中等教育学校を卒業した日の翌日から起算して3年を経過していない者及び試験年度の3月までに高等学校又は中等教育学校を卒業する見込みの

たす課程

(2) 修業年限が2年以上であり、かつ、1,600時間以上の授業の履修を義務付けている課程であって、当該履修の成果が授業科目の目標に達していることを筆記試験その他の方法により認められることを修了の要件とするもの

ニ 農業改良助長法（昭和23年法律第165号）第7条第1項第5号に掲げる事業等を行う農業者研修教育施設（修業年限2年以上のものに限る。）の卒業者及び試験年度の3月までに当該農業者研修教育施設を卒業する見込みの者

ホ 職業能力開発促進法（昭和44年法律第64号）第16条第1項若しくは第2項の規定に基づき国若しくは都道府県が設置した職業能力開発短期大学校若しくは職業能力開発大学校の専門課程（以下このホにおいて「短期大学校等の専門課程」という。）又は同法第27条に規定する職業能力開発総合大学校の特定専門課程を修了した者及び試験年度の3月までに短期大学校等の専門課程又は当該特定専門課程を修了する見込みの者

ヘ 森林法施行令（昭和26年政令第276号）第9条の規定に基づき農林水産大臣が指定する教育機関（修業年限2年以上のものに限る。）の卒業者及び試験年度の3月までに当該教育機関を卒業する見込みの者

ト 学校教育法施行規則第155条第2項第5号から第7号までに規定する課程を修了した者及び試験年度の3月までに当該課程を修了する見込みの者

チ 国立研究開発法人農業・食品産業技術総合研究機構において、園芸又は茶業に必要な学理及び技術の修得を目的として行う長期研修の課程（研修期間2年以上のものに限る。）の卒業者及び試験年度の3月までに当該課程を卒業する見込みの者

リ 都道府県の条例等の規定に基づく農業講習所（修業年限2年以上のものに限る。）の卒業者及び試験年度の3月までに当該農業講習所を卒業する見込みの者

三 規則別表第3法務省専門職員（人間科学）採用試験の項第3号ロ(2)、第4号ロ(2)及び第7号ロ(2)に規定する「人事院がこれらの者と同等の資格があると認める者」は、前号イからハまで、ホ及びトに掲げる者とする。

四 規則別表第3外務省専門職員採用試験の項ロ(2)及び同表航空管制官採用試験の項ロ(2)に規定する「人事院がこれらの者と同等の資格があると認める者」は、第2号イからハまで及

		者 ロ　人事院がイに掲げる者に準ずると認める者
食品衛生監視員採用試験		次に掲げる者 イ　試験年度の４月１日における年齢が21歳以上30歳未満の者で次に掲げるもの (1)　大学において薬学、畜産学、水産学又は農芸化学の課程を修めて卒業した者及び試験年度の３月までに当該課程を修めて大学を卒業する見込みの者 (2)　都道府県知事の登録を受けた食品衛生監視員の養成施設において所定の課程を修了した者及び試験年度の３月までに当該課程を修了する見込みの者 ロ　試験年度の４月１日における年齢が21歳未満の者で次に掲げるもの (1)　イ(1)に掲げる者 (2)　都道府県知事の登録を受けた食品衛生監視員の養成施設において所定の課程を修了した者又は試験年度の３月までに当該課程を修了する見込みの者であって、大学を卒業したもの及び試験年度の３月までに大学を卒業する見込みのもの (3)　人事院が(1)又は(2)に掲げる者と同等の資格があると認める者
労働基準監督官採用試験	全ての区分試験	次に掲げる者 イ　試験年度の４月１日における年齢が21歳以上30歳未満の者 ロ　試験年度の４月１日における年齢が21歳未満の者で次に掲げるもの (1)　大学を卒業した者及び試験年度の３月までに大学を卒業する見込みの者 (2)　人事院が(1)に掲げる者と同等の資

びトに掲げる者とする。

五　規則別表第３食品衛生監視員採用試験の項ロ(3)に規定する「人事院が(1)又は(2)に掲げる者と同等の資格があると認める者」は、都道府県知事の登録を受けた食品衛生監視員の養成施設（平成27年４月１日前に厚生労働大臣の登録を受けた食品衛生監視員の養成施設を含む。）において所定の課程を修了した者又は試験年度の３月までに当該課程を修了する見込みの者であって、国立研究開発法人水産研究・教育機構水産大学校を卒業したもの及び試験年度の３月までに国立研究開発法人水産研究・教育機構水産大学校を卒業する見込みのものとする。

3　高卒程度の者に行う採用試験関係

一　規則別表第３国家公務員採用一般職試験（高卒程度試験）の項第１号ロに規定する「人事院がイに掲げる者に準ずると認める者」は、次に掲げる者とする。

イ　試験年度の４月１日において、学校教育法に定める義務教育を終了した日から起算して２年以上５年未満の者であって、規則別表第３国家公務員採用一般職試験（高卒程度試験）の項第１号イに該当しないもの

ロ　試験年度の４月１日において、学校教育法に定める義務教育を終了した日から起算して５年を経過した者であって、次に掲げるもの

(1)　学校教育法に基づく高等専門学校の第３学年の課程を修了した者であって、試験年度の４月１日において、当該課程を修了した日の翌日から起算して２年を経過していないもの及び試験年度の３月までに当該課程を修了する見込みの者

(2)　学校教育法第90条第２項の規定に基づき大学に入学したことのある者であって、試験年度の４月１日において、大学に入学した日の翌日から起算して２年を経過していないもの

(3)　学校教育法施行規則第150条第２号の規定に基づき文部科学大臣が高等学校の課程と同等の課程を有するものとして認定した在外教育施設の当該課程を修了した者であって、試験年度の４月１日において、当該課程を修了した日の翌日から起算して２年を経過していないもの及び試験年度の３月までに当該課程を修了する見込みの者

(4)　学校教育法に基づく専修学校の高等課程のうち、学校

教育法施行規則第150条第３号の規定に基づき文部科学大臣が指定した課程を修了した者（同号の規定に基づき文部科学大臣が定める日以後に修了した者に限る。）であって、試験年度の４月１日において、当該課程を修了した日の翌日から起算して２年を経過していないもの及び試験年度の３月までに当該課程を修了する見込みの者

(5)　独立行政法人海技教育機構の海技士教育科海技課程の本科の卒業者であって、試験年度の４月１日において、当該本科を卒業した日の翌日から起算して２年を経過していないもの及び試験年度の３月までに当該本科を卒業する見込みの者

ハ　高等学校卒業程度認定試験規則（平成17年文部科学省令第１号）に規定する高等学校卒業程度認定試験に合格した者（同令第８条第１項ただし書の規定の適用を受ける者であって、試験年度の４月１日における年齢が17歳以上のものを含む。）であって、試験年度の４月１日において、当該試験に合格した日（同項ただし書の規定の適用を受ける者にあっては、18歳に達した日の翌日）の翌日から起算して２年を経過していないもの

ニ　外国において学校教育における12年の課程を修了した者であって、試験年度の４月１日において、当該課程を修了した日の翌日から起算して２年を経過していないもの及び外国において試験年度の３月までに当該課程を修了する見込みの者

ホ　昭和23年文部省告示第47号第20号から第23号までに規定する資格を有する者であって、試験年度の４月１日において、当該資格を取得した日の翌日から起算して２年を経過していないもの

ヘ　昭和23年文部省告示第47号第24号に規定する教育施設及びこれに準ずるものに置かれる12年の課程を修了した者であって、試験年度の４月１日において、当該課程を修了した日の翌日から起算して２年を経過していないもの及び試験年度の３月までに当該課程を修了する見込みの者

ト　昭和56年文部省告示第153号第１号に規定する検定に合格した者であって、試験年度の４月１日において、当該検定に合格した日の翌日から起算して２年を経過していないもの、同告示第２号から第５号までに規定する課程を修了した者であって、試験年度の４月１日において、当該課程を修了した日の翌日から起算して２年を経過していないも

		格があると認める者
航空管制官採用試験		次に掲げる者 イ　試験年度の４月１日における年齢が21歳以上30歳未満の者 ロ　試験年度の４月１日における年齢が21歳未満の者で次に掲げるもの (1)　大学を卒業した者及び試験年度の３月までに大学を卒業する見込みの者並びに人事院がこれらの者と同等の資格があると認める者 (2)　短期大学又は高等専門学校を卒業した者及び試験年度の３月までに短期大学又は高等専門学校を卒業する見込みの者並びに人事院がこれらの者と同等の資格があると認める者
航空保安大学校学生採用試験	全ての区分試験	次に掲げる者 イ　試験年度の４月１日において高等学校又は中等教育学校を卒業した日の翌日から起算して３年を経過していない者及び試験年度の３月までに高等学校又は中等教育学校を卒業する見込みの者 ロ　人事院がイに掲げる者と同等の資格があると認める者
気象大学校学生採用試験		次に掲げる者 イ　試験年度の４月１日において高等学校又は中等教育学校を卒業した日の翌日から起算して２年を経過していない者及び試験年度の３月までに高等学校又は中等教育学校を卒業する見込みの者 ロ　人事院がイに掲げる者と同等の資格があると認める者
海上保安官採用試験		試験年度の４月１日における年齢が30歳未満の者で次に掲げるもの イ　大学を卒業した者及び試験年度の３月までに大学を卒業する見込みの者

		ロ　人事院がイに掲げる者と同等の資格があると認める者
海上保安大学校学生採用試験		次に掲げる者 イ　試験年度の４月１日において高等学校又は中等教育学校を卒業した日の翌日から起算して２年を経過していない者及び試験年度の３月までに高等学校又は中等教育学校を卒業する見込みの者 ロ　人事院がイに掲げる者と同等の資格があると認める者
海上保安学校学生採用試験	全ての区分試験	次に掲げる者 イ　試験年度の４月１日において高等学校又は中等教育学校を卒業した日の翌日から起算して12年（採用試験が同一年度に２回行われる場合における初回の採用試験については、13年）を経過していない者及び試験年度の３月（採用試験が同一年度に２回行われる場合における初回の採用試験については、９月）までに高等学校又は中等教育学校を卒業する見込みの者 ロ　人事院がイに掲げる者と同等の資格があると認める者

の及び試験年度の３月までに当該課程を修了する見込みの者

二　規則別表第３国家公務員採用一般職試験（高卒程度試験）の項第２号に規定する「人事院が当該者に準ずると認める者」は、学校教育法に定める義務教育を終了した日から起算して５年を経過した者（同項第１号イ又はロに該当する者を除く。）とする。

三　規則別表第３皇宮護衛官採用試験（高卒程度試験）の項第１号ロ及び同表入国警備官採用試験の項第１号ロに規定する「人事院がイに掲げる者に準ずると認める者」については、第１号の規定を準用する。この場合において、同号イ及びロ中「５年」とあるのは「８年」と、同号ロからトまでの規定中「２年を」とあるのは「５年を」と読み替えるものとする。

四　規則別表第３皇宮護衛官採用試験（高卒程度試験）の項第２号及び同表入国警備官採用試験の項第２号に規定する「人事院が当該者に準ずると認める者」については、第２号の規定を準用する。この場合において、同号中「５年」とあるのは「８年」と、「同項第１号イ又はロ」とあるのは「同表皇宮護衛官採用試験（高卒程度試験）の項第１号イ若しくはロ又は同表入国警備官採用試験の項第１号イ若しくはロ」と読み替えるものとする。

五　規則別表第３税務職員採用試験の項ロに規定する「人事院がイに掲げる者に準ずると認める者」については、第１号の規定を準用する。この場合において、同号イ及びロ中「５年」とあるのは「６年」と、同号ロからトまでの規定中「２年を」とあるのは「３年を」と読み替えるものとする。

六　規則別表第３航空保安大学校学生採用試験の項ロに規定する「人事院がイに掲げる者と同等の資格があると認める者」は、次に掲げる者とする。

イ　学校教育法に基づく高等専門学校の第３学年の課程を修了した者であって、試験年度の４月１日において、当該課程を修了した日の翌日から起算して３年を経過していないもの及び試験年度の３月までに当該課程を修了する見込みの者

ロ　学校教育法第90条第２項の規定に基づき大学に入学したことのある者であって、試験年度の４月１日において、大学に入学した日の翌日から起算して３年を経過していないもの

ハ　学校教育法施行規則第150条第２号の規定に基づき文部

科学大臣が高等学校の課程と同等の課程を有するものとして認定した在外教育施設の当該課程を修了した者であって、試験年度の４月１日において、当該課程を修了した日の翌日から起算して３年を経過していないもの及び試験年度の３月までに当該課程を修了する見込みの者

ニ　学校教育法に基づく専修学校の高等課程のうち、学校教育法施行規則第150条第３号の規定に基づき文部科学大臣が指定した課程を修了した者（同号の規定に基づき文部科学大臣が定める日以後に修了した者に限る。）であって、試験年度の４月１日において、当該課程を修了した日の翌日から起算して３年を経過していないもの及び試験年度の３月までに当該課程を修了する見込みの者

ホ　高等学校卒業程度認定試験規則に規定する高等学校卒業程度認定試験に合格した者（同令第８条第１項ただし書の規定の適用を受ける者であって、試験年度の４月１日における年齢が17歳以上のものを含む。）であって、試験年度の４月１日において、当該試験に合格した日（同項ただし書の規定の適用を受ける者にあっては、18歳に達した日の翌日）の翌日から起算して３年を経過していないもの

ヘ　独立行政法人海技教育機構の海技士教育科海技課程の本科の卒業者であって、試験年度の４月１日において、当該本科を卒業した日の翌日から起算して３年を経過していないもの及び試験年度の３月までに当該本科を卒業する見込みの者

ト　外国において学校教育における12年の課程を修了した者であって、試験年度の４月１日において、当該課程を修了した日の翌日から起算して３年を経過していないもの及び外国において試験年度の３月までに当該課程を修了する見込みの者

チ　昭和23年文部省告示第47号第20号から第23号までに規定する資格を有する者であって、試験年度の４月１日において、当該資格を取得した日の翌日から起算して３年を経過していないもののうち、試験年度の４月１日における年齢が17歳以上のもの

リ　昭和23年文部省告示第47号第24号に規定する教育施設及びこれに準ずるものに置かれる12年の課程を修了した者であって、試験年度の４月１日において、当該課程を修了した日の翌日から起算して３年を経過していないもの又は試験年度の３月までに当該課程を修了する見込みの者のう

ち、試験年度の４月１日における年齢が17歳以上のもの

ヌ　昭和56年文部省告示第153号第１号に規定する検定に合格した者であって、試験年度の４月１日において、当該検定に合格した日の翌日から起算して３年を経過していないもの、同告示第２号から第５号までに規定する課程を修了した者であって、試験年度の４月１日において、当該課程を修了した日の翌日から起算して３年を経過していないもの又は試験年度の３月までに当該課程を修了する見込みの者のうち、試験年度の４月１日における年齢が17歳以上のもの

七　規則別表第３気象大学校学生採用試験の項ロ及び同表海上保安大学校学生採用試験の項ロに規定する「人事院がイに掲げる者と同等の資格があると認める者」については、前号の規定を準用する。この場合において、同号イからヌまでの規定中「３年を」とあるのは、「２年を」と読み替えるものとする。

八　規則別表第３海上保安学校学生採用試験の項ロに規定する「人事院がイに掲げる者と同等の資格があると認める者」については、第６号の規定を準用する。この場合において、同号イからヌまでの規定中「３年を」とあるのは、「12年を」と読み替えるものとする。

九　海上保安学校学生採用試験が同一年度に２回行われる場合における初回の当該採用試験について、規則別表第３海上保安学校学生採用試験の項ロに規定する「人事院がイに掲げる者と同等の資格があると認める者」は、前号の規定にかかわらず、次に掲げる者とする。

イ　学校教育法に基づく高等専門学校の第３学年の課程を修了した者であって、試験年度の４月１日において、当該課程を修了した日の翌日から起算して13年を経過していないもの

ロ　学校教育法第90条第２項の規定に基づき大学に入学したことのある者であって、試験年度の４月１日において、大学に入学した日の翌日から起算して13年を経過していないもの

ハ　学校教育法施行規則第150条第２号の規定に基づき文部科学大臣が高等学校の課程と同等の課程を有するものとして認定した在外教育施設の当該課程を修了した者であって、試験年度の４月１日において、当該課程を修了した日の翌日から起算して13年を経過していないもの及び試験年

度の９月までに当該課程を修了する見込みの者

ニ　学校教育法に基づく専修学校の高等課程のうち、学校教育法施行規則第150条第３号の規定に基づき文部科学大臣が指定した課程を修了した者（同号の規定に基づき文部科学大臣が定める日以後に修了した者に限る。）であって、試験年度の４月１日において、当該課程を修了した日の翌日から起算して13年を経過していないもの及び試験年度の９月までに当該課程を修了する見込みの者

ホ　高等学校卒業程度認定試験規則に規定する高等学校卒業程度認定試験に合格した者（同令第８条第１項ただし書の規定の適用を受ける者であって、試験年度の10月１日における年齢が18歳以上のものを含む。）であって、試験年度の４月１日において、当該試験に合格した日（同項ただし書の規定の適用を受ける者にあっては、18歳に達した日の翌日）の翌日から起算して13年を経過していないもの

ヘ　独立行政法人海技教育機構の海技士教育科海技課程の本科の卒業者であって、試験年度の４月１日において、当該本科を卒業した日の翌日から起算して13年を経過していないもの

ト　外国において学校教育における12年の課程を修了した者であって、試験年度の４月１日において、当該課程を修了した日の翌日から起算して13年を経過していないもの及び外国において試験年度の９月までに当該課程を修了する見込みの者

チ　昭和23年文部省告示第47号第20号から第23号までに規定する資格を有する者であって、試験年度の４月１日において、当該資格を取得した日の翌日から起算して13年を経過していないもののうち、試験年度の10月１日における年齢が18歳以上のもの

リ　昭和23年文部省告示第47号第24号に規定する教育施設及びこれに準ずるものに置かれる12年の課程を修了した者であって、試験年度の４月１日において、当該課程を修了した日の翌日から起算して13年を経過していないもの又は試験年度の９月までに当該課程を修了する見込みの者のうち、試験年度の10月１日における年齢が18歳以上のもの

ヌ　昭和56年文部省告示第153号第１号に規定する検定に合格した者であって、試験年度の４月１日において、当該検定に合格した日の翌日から起算して13年を経過していないもの、同告示第２号から第５号までに規定する課程を修了

した者であって、試験年度の４月１日において、当該課程を修了した日の翌日から起算して13年を経過していないもの又は試験年度の９月までに当該課程を修了する見込みの者のうち、試験年度の10月１日における年齢が18歳以上のもの

4　昭和59年人事院公示第６号は、廃止する。

5　この決定は、平成24年２月１日から効力を発生する。

【平成26年人事院公示第22号（人事院規則８－18（採用試験）第３条第４項、第４条第２項及び第３項、第６条第１項及び第２項第１号並びに第８条第３項の規定に基づき、経験者採用試験である採用試験の種類ごとの名称、区分試験及びその対象となる官職、試験種目及びその出題分野並びに受験資格に関し、決定した件、最終改正：令和６年人事院公示第９号）】

人事院は、人事院規則８－18（採用試験）第３条第４項、第４条第２項及び第３項、第６条第１項及び第２項第１号並びに第８条第３項の規定に基づき、経験者採用試験である採用試験の種類ごとの名称、区分試験及びその対象となる官職、試験種目及びその出題分野並びに受験資格に関し、次のとおり決定した。

1　人事院規則８－18（採用試験）（以下「規則」という。）第３条第４項の人事院が定める名称は、次の各号に掲げる経験者採用試験である採用試験の種類（以下単に「種類」という。）に応じ、それぞれ当該各号に定める名称とする。

一　経験者採用試験の対象官職及び種類並びに採用試験の種類ごとに求められる知識及び能力等に関する内閣官房令（平成26年内閣官房令第３号。以下「内閣官房令」という。）第２条第１号に掲げる官職を対象とし、内閣官房令第３条に規定する大卒程度の者に対して行う採用試験　経験者採用試験（係長級（事務））

二　内閣官房令第２条第２号に掲げる官職を対象とし、内閣官房令第３条に規定する大卒程度の者に対して行う採用試験　会計検査院経験者採用試験（係長級（事務））

三　内閣官房令第２条第３号（同号イに係る部分に限る。）に掲げる官職を対象とし、内閣官房令第３条に規定する大卒程度の者に対して行う採用試験　総務省経験者採用試験（係長級（事務））

四　内閣官房令第2条第3号（同号ロに係る部分に限る。）に掲げる官職を対象とし、内閣官房令第3条に規定する大卒程度の者に対して行う採用試験　総務省経験者採用試験（係長級（技術））
五　内閣官房令第2条第4号に掲げる官職を対象とし、内閣官房令第3条に規定する大卒程度の者に対して行う採用試験　外務省経験者採用試験（書記官級）
六　内閣官房令第2条第5号に掲げる官職を対象とし、内閣官房令第3条に規定する大卒程度の者に対して行う採用試験　国税庁経験者採用試験（国税調査官級）
七　内閣官房令第2条第6号に掲げる官職を対象とし、内閣官房令第3条に規定する大卒程度の者に対して行う採用試験　農林水産省経験者採用試験（係長級（技術））
八　内閣官房令第2条第7号（同号イに係る部分に限る。）に掲げる官職を対象とし、内閣官房令第3条に規定する大卒程度の者に対して行う採用試験　国土交通省経験者採用試験（係長級（事務））
九　内閣官房令第2条第7号（同号ロ及びハに係る部分に限る。）に掲げる官職を対象とし、内閣官房令第3条に規定する大卒程度の者に対して行う採用試験　国土交通省経験者採用試験（係長級（技術））
十　内閣官房令第2条第8号に掲げる官職を対象とし、内閣官房令第3条に規定する大卒程度の者に対して行う採用試験　観光庁経験者採用試験（係長級（事務））
十一　内閣官房令第2条第9号に掲げる官職を対象とし、内閣官房令第3条に規定する大卒程度の者に対して行う採用試験　気象庁経験者採用試験（係長級（技術））

2　規則第4条第2項の規定に基づき、経験者採用試験である採用試験のうち別表第1の種類ごとの名称欄に掲げる採用試験を、同表の区分試験欄に掲げる採用試験に区分する。

3　規則第4条第3項の規定に基づき、前項の規定により区分された採用試験（以下「区分試験」という。）の対象となる官職は、別表第1の区分試験の対象となる官職欄に掲げるとおりとする。

4　規則第6条第1項の人事院が定める方法は、経験者採用試験である採用試験（第2項の規定により区分された採用試験にあっては、区分試験）ごとに別表第2の試験種目欄に掲げるとおりとする。

5　前項の規定により別表第２の試験種目欄に掲げられた試験種目のうち規則第６条第２項第１号に掲げる試験種目に係る同号の人事院が定める出題分野は、別表第３の出題分野欄に掲げるとおりとする。

6　規則第８条第３項の規定に基づき、経験者採用試験である採用試験の受験資格は、その採用試験（第２項の規定により区分された採用試験にあっては、区分試験）ごとに別表第４の受験資格欄に掲げるとおりとする。

7　この決定は、平成26年８月１日から効力を発生する。

別表第１

種類ごとの名称	区分試験	区分試験の対象となる官職
国土交通省経験者採用試験（係長級（技術））	本省	内閣官房令第２条第７号（同号ロに係る部分に限る。）に掲げる官職のうち、国土交通省の内部部局（本省に置かれる職を含む。）における主として都市計画及び都市計画事業、下水道、河川等の整備及び管理、砂防、道路の整備及び管理、住宅の供給、建築物の質の向上、道路運送車両の安全の確保及び道路運送車両に係る環境の保全、船舶の安全の確保、港湾等の整備及び管理、航空運送及び航空に関する事業の発達、改善及び調整、航空機の安全の確保、空港等の管理に関連する環境対策、官公庁施設の整備及び官公庁施設に関する指導等に関する事務に従事することを職務とする官職
	国土地理院	内閣官房令第２条第７号（同号ハに係る部分に限る。）に掲げる官職のうち、国土地理院における主として土地の測量及び地図の調製に関する事務に従事することを職務とする官職
	地方整	内閣官房令第２条第７号（同号ハに係る

	備局・北海道開発局	部分に限る。）に掲げる官職のうち、地方整備局若しくは北海道開発局における主として河川等、道路若しくは港湾等の整備及び管理、官公庁施設の整備及び官公庁施設に関する指導等に関する事務又は北海道開発局における主として農地の保全等に関する事務に従事することを職務とする官職

別表第2

種類ごとの名称	区分試験	試験種目
経験者採用試験（係長級(事務)）		基礎能力試験、経験論文試験、政策課題討議試験及び人物試験
会計検査院経験者採用試験（係長級（事務））		基礎能力試験、経験論文試験、政策課題討議試験、人物試験及び総合評価面接試験
総務省経験者採用試験（係長級（事務））		基礎能力試験、経験論文試験、人物試験及び総合評価面接試験
総務省経験者採用試験（係長級（技術））		基礎能力試験、経験論文試験、人物試験及び総合評価面接試験
外務省経験者採用試験（書記官級）		基礎能力試験、外国語試験（記述式）、外国語試験（面接）、経験論文試験、人物試験及び総合評価面接試験
国税庁経験者採用試験（国税調査官級）		基礎能力試験、経験論文試験、人物試験及び総合評価面接試験
農林水産省経験者採用試験（係長級（技術））		基礎能力試験、経験論文試験、政策課題討議試験、人物試験及び総合評価面接試験
国土交通省経験者採用試験（係長級（事務））		基礎能力試験、経験論文試験、人物試験及び総合評価面接試験
国土交通省経験	本省	基礎能力試験、経験論文試験、

者採用試験（係長級（技術））		政策課題討議試験、人物試験及び総合評価面接試験
	国土地理院	基礎能力試験、経験論文試験、人物試験及び総合評価面接試験
	地方整備局・北海道開発局	基礎能力試験、経験論文試験、人物試験及び総合評価面接試験
観光庁経験者採用試験（係長級（事務））		基礎能力試験、経験論文試験、人物試験及び総合評価面接試験
気象庁経験者採用試験（係長級（技術））		基礎能力試験、経験論文試験、人物試験及び総合評価面接試験

別表第３

種類ごとの名称	試験種目	出題分野
外務省経験者採用試験（書記官級）	外国語試験（記述式）	英語、フランス語、ドイツ語、ロシア語、スペイン語、ポルトガル語、アラビア語、トルコ語、タイ語、インドネシア語、中国語及び朝鮮語のうち、受験者の選択する１か国語
	外国語試験（面接）	英語、フランス語、ドイツ語、ロシア語、スペイン語、ポルトガル語、アラビア語、トルコ語、タイ語、インドネシア語、中国語及び朝鮮語のうち、受験者の選択する１か国語

別表第４

種類ごとの名称	区分試験	受験資格
経験者採用試験（係長級（事務））		規則第19条の規定により告知された当該採用試験の規則第24条に規定する最終の合格者を発表する日の属する年度（４月１日から翌年の３月31日までをいう。）（以下「試

		験年度」という。）の４月１日において、学校教育法（昭和22年法律第26号）に基づく大学（短期大学を除き、同法第104条第７項第２号の規定により大学に相当する教育を行うものとして認められた課程を置く教育施設を含む。）若しくはこれに相当する外国の大学（これに準ずる教育施設を含む。）（以下「大学等」という。）を卒業した日又は同法に基づく大学の大学院の課程（同号の規定により大学院の課程に相当する教育を行うものとして認められたものを含む。）若しくはこれに相当する外国の大学（これに準ずる教育施設を含む。）の課程（以下「大学院の課程等」という。）を修了した日のうち最も古い日から起算して２年を経過した者
会計検査院経験者採用試験（係長級（事務））		試験年度の４月１日において、大学等を卒業した日又は大学院の課程等を修了した日のうち最も古い日から起算して５年を経過した者で、平成18年１月１日以降に公認会計士法（昭和23年法律第103号）第３条に規定する公認会計士試験に合格したもの又は同日前に公認会計士法の一部を改正する法律（平成15年法律第67号）の規定による改正前の公認会計士法の規定による公認会計士試験の第２次試験に合格したもの
総務省経験者採用試験（係長級（事務））		試験年度の４月１日において、大学等を卒業した日又は大学院の課程等を修了した日のうち最も古い日から起算して７年を経過した者
総務省経験者採用試験（係長級（技術））		試験年度の４月１日において、次の各号のいずれかに該当する日（二以上あるときは、当該日のうち最も古い日）から起算して12年を経過した者で、学校教育法に基づく短期大学、高等専門学校、高等学校の専攻科の課程（同法第58条の２の文部科学大臣の定める基準を満たすものに限る。）若

しくは専修学校の専門課程（同法第132条の文部科学大臣の定める基準を満たすものに限る。）（以下「短期大学等」という。）、大学等、大学院の課程等、第1号、第4号、第5号、第7号、第9号若しくは第10号に規定する学校若しくは課程、職業能力開発促進法（昭和44年法律第64号）第16条第1項若しくは第2項の規定に基づき国若しくは都道府県が設置した職業能力開発短期大学校の専門課程若しくは職業能力開発大学校の専門課程若しくは応用課程又は同法第27条に規定する職業能力開発総合大学校の特定専門課程若しくは特定応用課程に在学して電気、電子、通信、情報工学、機械、物理又は化学に関する課程を修めて卒業又は修了したもの

一　学校教育法に基づく高等学校又は中等教育学校を卒業した日

二　学校教育法に基づく高等専門学校の第3学年の課程を修了した日

三　学校教育法第90条第2項の規定に基づき大学に入学した日

四　学校教育法施行規則（昭和22年文部省令第11号）第150条第2号の規定に基づき文部科学大臣が高等学校の課程と同等の課程を有するものとして認定した在外教育施設の当該課程を修了した日

五　学校教育法に基づく専修学校の高等課程のうち、学校教育法施行規則第150条第3号の規定に基づき文部科学大臣が指定した課程を修了した日（同号の規定に基づき文部科学大臣が定める日以後に修了した場合に限る。）

六　高等学校卒業程度認定試験規則（平成17年文部科学省令第1号）に規定する高等学校卒業程度認定試験の合格者となった日

七　外国において学校教育における12年の課程を修了した日

		八　昭和23年文部省告示第47号第20号から第23号までに規定する資格を取得した日 九　昭和23年文部省告示第47号第24号に規定する教育施設又はこれに準ずるものに置かれる12年の課程を修了した日 十　昭和56年文部省告示第153号第１号に規定する検定に合格した日又は同告示第２号から第５号までに規定する課程を修了した日
外務省経験者採用試験（書記官級）		試験年度の４月１日において、大学等を卒業した日又は大学院の課程等を修了した日のうち最も古い日から起算して９年を経過した者
国税庁経験者採用試験（国税調査官級）		試験年度の４月１日において、大学等を卒業した日又は大学院の課程等を修了した日のうち最も古い日から起算して８年を経過した者
農林水産省経験者採用試験（係長級（技術））		試験年度の４月１日において、大学等を卒業した日又は大学院の課程等を修了した日のうち最も古い日から起算して４年を経過した者で、これらの大学等又は大学院の課程等に在学して情報工学、土木、造船工学、数学、物理、地球科学、化学、生物学、薬学、農芸化学、農学、農業経済、畜産、水産、農業農村工学、林学、砂防、造園又は林産に関する課程を修めて卒業又は修了したもの
国土交通省経験者採用試験（係長級（事務））		試験年度の４月１日において、大学等を卒業した日又は大学院の課程等を修了した日のうち最も古い日から起算して７年を経過した者
国土交通省経験者採用試験（係長級	本省	試験年度の４月１日において、大学等を卒業した日又は大学院の課程等を修了した日のうち最も古い日から起算して２年を経過した者で、これらの大学等又は大学院の

（技術））		課程等に在学して計測、制御、情報工学、電気、電子、通信、機械、航空、土木、建築、材料工学、造船工学、農業農村工学、林学、砂防又は造園に関する課程を修めて卒業又は修了したもの
	国土地理院	試験年度の４月１日において、大学等を卒業した日又は大学院の課程等を修了した日のうち最も古い日から起算して７年を経過した者で、これらの大学等又は大学院の課程等に在学して電気、電子、通信、情報工学、土木、物理、地球科学、農業農村工学又は林学に関する課程を修めて卒業又は修了し、かつ、測量法（昭和24年法律第188号）第49条第１項に規定する測量士の登録を受けているもの
	地方整備局・北海道開発局	試験年度の４月１日において、次の各号のいずれかに該当する日（２以上あるときは、当該日のうち最も古い日）から起算して11年を経過した者で、短期大学等、大学等、大学院の課程等又は第１号、第４号、第５号、第７号、第９号若しくは第10号に規定する学校若しくは課程に在学して電気、機械、土木、建築又は農業農村工学に関する課程を修めて卒業又は修了したもの 一　学校教育法に基づく高等学校又は中等教育学校を卒業した日 二　学校教育法に基づく高等専門学校の第３学年の課程を修了した日 三　学校教育法第90条第２項の規定に基づき大学に入学した日 四　学校教育法施行規則第150条第２号の規定に基づき文部科学大臣が高等学校の課程と同等の課程を有するものとして認定した在外教育施設の当該課程を修了した日 五　学校教育法に基づく専修学校の高等課程のうち、学校教育法施行規則第150条第３号の規定に基づき文部科学大臣が指

		定した課程を修了した日（同号の規定に基づき文部科学大臣が定める日以後に修了した場合に限る。） 六　高等学校卒業程度認定試験規則に規定する高等学校卒業程度認定試験の合格者となった日 七　外国において学校教育における12年の課程を修了した日 八　昭和23年文部省告示第47号第20号から第23号までに規定する資格を取得した日 九　昭和23年文部省告示第47号第24号に規定する教育施設又はこれに準ずるものに置かれる12年の課程を修了した日 十　昭和56年文部省告示第153号第１号に規定する検定に合格した日又は同告示第２号から第５号までに規定する課程を修了した日
観光庁経験者採用試験（係長級（事務））		試験年度の４月１日において、大学等を卒業した日又は大学院の課程等を修了した日のうち最も古い日から起算して７年を経過した者
気象庁経験者採用試験（係長級（技術））		試験年度の４月１日において、大学等を卒業した日又は大学院の課程等を修了した日のうち最も古い日から起算して８年を経過した者で、これらの大学等又は大学院の課程等に在学して電気、電子、通信、情報工学、土木、物理、地球科学又は化学に関する課程を修めて卒業又は修了したもの

【平成24年人事院指令８－１（人事院規則８－18（採用試験）第11条第１項ただし書の規定に基づく採用試験及び採用試験の試験機関の指定について、最終改正：平成26年人事院指令８－１）】

1　人事院は、人事院規則８－18（採用試験）第11条第１項ただし書の規定に基づき、人事院が定める採用試験として同規則第３条第３項第６号に掲げる採用試験を定め、この採用試験の試験機関として外務省を指定する。

2　昭和60年人事院指令８－１は、廃止する。

【平成23年人事院公示第17号（人事院規則８－18（採用試験）第21条第１項及び第25条の規定に基づき、採用試験の受験の申込み及び受験並びに採用試験の施行に関し、決定した件、最終改正：令和６年人事院公示第15号）】

人事院は、人事院規則８－18（採用試験）第21条第１項及び第25条の規定に基づき、採用試験の受験の申込み及び受験並びに採用試験の施行に関し、次のとおり決定した。

1　採用試験の受験の申込み及び受験

一　採用試験の受験の申込み

(1)　採用試験を受けようとする者は、この号に定める手続により、受験の申込みをしなければならない。

(2)　受験の申込みは、受験申込書を試験機関（人事院規則８－18（採用試験）（以下「規則」という。）第12条第４項の規定に基づき受験申込書の受付の事務が他の機関に委託された場合は、当該機関とする。(6)から(8)まで及び第２項第１号において同じ。）に提出して行うものとする。

(3)　受験申込書には、試験機関の定める様式の受験申込用紙を用い、所定の事項を記載し、及び試験機関が必要と認める資料を添付しなければならない。

(4)　区分試験（規則第４条第３項に規定する区分試験をいう。以下同じ。）又は地域試験（規則第５条第２項に規定する地域試験をいう。以下この(4)において同じ。）に区分して行われる採用試験についての受験の申込みは、一の区分試験又は一の地域試験についてのみ行うことができる。ただし、規則第３条第１項第２号に掲げる採用試験の区分試験のうち、教養の区分試験及び教養の区分試験以外の一の区分試験に受験の申込みを行う場合は、この限りでない。

(5)　受験の申込みは、試験機関の定める申込受付期間内に行わなければならない。

(6)　郵便又は民間事業者による信書の送達に関する法律（平成14年法律第99号）第２条第６項に規定する一般信書便事業者、同条第９項に規定する特定信書便事業者若しくは同法第３条第４号に規定する外国信書便事業者による同法第２条第２項に規定する信書便（以下この(6)において「信書便」という。）で提出された受験申込書が、申込受付の最終日後に試験機関に到達した場合において、まだ当該採用試験が実施されていないときは、申込受付の最終日以前の通信日付印（通信日付印のないものについては、郵便局又は信書便の業務を行う事業所において交付されるその郵便物又は同条第３項に規定する信書便物の受領証その他のそれらの引受日を証明する書面）があるものに限り、申込受付期間内に提出されたものとみなす。

(7) 採用試験を受けようとする者は、情報通信技術を活用した行政の推進等に関する法律（平成14年法律第151号）第６条第１項及び人事院規則１－38（人事院関係法令に基づく行政手続等における情報通信技術の活用）の規定の例により、受験申込書の提出に代えて、同項に規定する電子情報処理組織を使用して受験の申込みを行うことができる。この場合における当該受験の申込みの試験機関への到達については、同条第３項の規定の例による。

(8) 受験の申込みをした者は、試験機関が第２項第１号(2)の規定により不適法な受験の申込みの補正を命じたときは、その命ずるところに従い、補正をしなければならない。

(9) 受験の申込みの受理後においては、受験申込書に記載された受験申込者の志望に係る事項は、変更することができない。ただし、試験地については、試験機関がやむを得ない事情があると認めた場合は、この限りでない。

二　採用試験の受験

(1) 採用試験は、当該採用試験についての受験の申込みを受理された者に限り受けることができる。

(2) 採用試験を受けようとする者は、試験機関の指定する日時、試験地及び試験場において受験しなければならない。

(3) 採用試験を受けようとする者は、第２項第２号(5)の試験管理者が同号(6)の規定により試験機関の指定する時間又は試験場と異なる時間又は試験場を指定したときは、(2)の規定にかかわらず、その指定された時間又は試験場において受験しなければならない。

(4) 採用試験を受けようとする者は、試験機関が第２項第２号(2)の規定により書類その他の資料の提示又は提出を求めたときは、当該資料を提示し、又は提出しなければならない。

(5) (4)の規定に反し、当該資料を提示せず、又は提出しなかった者は、試験機関が第２項第２号(3)の規定により当該採用試験の受験を拒否したときは、その後に実施する当該採用試験を受けることができない。

(6)　受験の申込みを受理された者で当該採用試験を受ける資格が欠けていたことが明らかとなったものは、その後に実施する当該採用試験を受けることができない。
(7)　一の試験種目を受けなかった者は、当該採用試験についてその後に実施する試験種目を受けることができない。
(8)　第２次試験は、当該採用試験の第１次試験の合格者、第３次試験は、当該採用試験の第２次試験の合格者に限り受けることができる。
(9)　受験者は、採用試験の実施の事務を執るための場所に立ち入ってはならない。

2　採用試験の施行

一　受験の申込みの受理

(1)　試験機関は、受験の申込みが行われた場合には、受験の申込みの時期、受験申込書の記載事項その他の事項について審査し、受験の申込みの要件を満たしていると認めたときは、当該受験の申込みを受理しなければならない。
(2)　試験機関は、受験の申込みが不適法であって、補正することができると認めたときは、相当の期間を定めて、その補正を命じなければならない。ただし、受験申込書の記載事項の軽微な不備については、自ら補正することができる。
(3)　試験機関は、受験の申込みが不適法であって、補正することができないと認めたとき及び(2)の規定により補正を命じた場合でその期間の末日までに補正がなされなかったときは、当該受験の申込みを却下するものとする。この場合には、受験申込者に対し、その理由を示さなければならず、かつ、前項第１号(7)の規定により受験申込書の提出に代えて電子情報処理組織を使用して受験の申込みを行った場合を除き、当該受験申込者が提出した受験申込書を返還しなければならない。
(4)　試験機関は、受験の申込みを受理したときは、受験申込者に第１次試験の実施の日時、試験場その他受験に必要な事項を記載した受験票を発行するものとする。
(5)　試験機関は、天災その他やむを得ない事情により、申込受付期間を延長することが必要であると認められる場合には、必要と認められる範囲内で、その期間を延長することができる。
(6)　(5)の規定により申込受付期間を延長する場合には、試験機関は、当該申込受付期間その他申込みに必要な事項について、官報、インターネットその他適切な方法により周知しなければならない。

二　採用試験の実施

(1)　試験機関は、第１次試験、第２次試験又は第３次試験の試験種目を定める。

(2)　試験機関は、採用試験を受けようとする者に対して、その者が受験申込者本人であること又は受験資格を有する者であることを証明する書類その他の資料の提示又は提出を求めることができる。

(3)　試験機関は、(2)の規定により資料の提示又は提出を求められた者が当該資料を提示せず、又は提出しなかった場合において、その者が受験申込者本人であること又は受験資格を有する者であることを確認することができないことにより採用試験の公正な実施を確保することができないと認めるときは、規則第22条の規定に基づき、その者にその後に実施する当該採用試験を受けさせないものとする。

(4)　試験機関は、受験の申込みを受理された者が当該採用試験を受ける資格が欠けていたことが明らかとなった場合には、その後に実施する当該採用試験を受けさせてはならない。この場合において、既に受けた試験種目があるときは、当該受験を無効とするものとする。

(5)　試験機関は、試験場ごとに当該試験場における採用試験の実施を管理する者（以下「試験管理者」という。）を指名するものとする。

(6)　試験管理者は、採用試験の適正な実施に著しく困難な事情があると認める場合には、試験機関の指定する時間又は試験場と異なる時間又は試験場において採用試験を実施することができる。

(7)　試験管理者は、採用試験の適正な実施を確保するため、採用試験に関する事務に従事する者以外の者が、当該採用試験の実施に直接関係のある場所に自由に立ち入ることを制限するものとする。

三　合格者の決定

(1)　試験機関は、規則第３条に掲げる採用試験（同条第４項に掲げるものにあっては経験者採用試験である採用試験とし、区分試験が行われる場合には区分試験）の試験種目ごとに能力及び適性（規則第２条に規定する能力及び適性をいう。）を有するかどうかを判定する基準を定めなければならない。

(2) 試験機関は、合格者を決定したときは、その受験番号及び試験地を、インターネットの利用その他の適切な方法により発表しなければならない。
(3) 試験機関は、合格者を決定したときは、インターネットの利用その他の適切な方法により合格者である旨を本人に通知するものとする。
(4) 試験機関は、第１次試験の合格者を決定したときは、当該合格者に対し、第２次試験の実施の日時、試験場その他受験に必要な事項をインターネットの利用その他の適切な方法により通知しなければならない。第３次試験が実施される採用試験について第２次試験の合格者を決定した場合においても、同様とする。

3　昭和60年人事院公示第７号は、廃止する。

4　この決定は、平成24年２月１日から効力を発生する。

【平成26年人事院公示第23号（人事院規則８－18（採用試験）第６条第２項第２号、第21条第１項及び第25条の規定に基づき、英語試験の内容、受験及び施行に関し、決定した件、最終改正：平成６年人事院公示第10号）】

人事院は、人事院規則８－18（採用試験）第６条第２項第２号、第21条第１項及び第25条の規定に基づき、英語試験の内容、受験及び施行に関し、次のとおり決定した。

1　受験者は、試験機関の指定する日時、試験地及び試験場において、次の各号に掲げるいずれかの試験（人事院規則８－18（採用試験）第19条第１項の規定により告知された採用試験の第１次試験の日の属する年の５年前の年の４月１日以後に実施されたものに限る。以下この項において「対象試験」という。）の成績を証する書面の原本を提示し、及びその写しを提出すること（対象試験の成績を証する電磁的記録（電子的方式、磁気的方式その他人の知覚によっては認識することができない方式で作られる記録であって、電子計算機による情報処理の用に供されるものをいう。）を出力することにより作成した書面であって、試験機関が当該書面に記載された事項を利用して真正な成績を確認することができるものを提出することを含む。次項及び第３項において「成績証明書の提示等」という。）ができる。
一　Educational Testing ServiceのTOEFLiBTテスト

二　Educational Testing ServiceのTOEIC Listening & Reading TEST（公開テストに限る。）
三　ブリティッシュ・カウンシル、IDP:IELTSオーストラリア及びケンブリッジ大学英語検定機構のIELTSのアカデミック・モジュール又はジェネラル・トレーニング・モジュール
四　公益財団法人日本英語検定協会の実用英語技能検定

2　試験機関は、成績証明書の提示等をした受験者については、当該成績証明書の提示等に係る前項の成績に応じて、平成23年人事院公示第17号（第4項において「公示」という。）第2項第3号(1)に基づき定める基準（次項において単に「基準」という。）に従い英語試験による能力及び適性（人事院規則8－18第2条に規定する能力及び適性をいう。次項において同じ。）を有するかどうかの判定（次項において単に「判定」という。）を行うものとする。

3　試験機関は、成績証明書の提示等をしなかった受験者については、英語試験に係る能力及び適性を確認できなかったものとして、基準に従い判定を行うものとする。

4　英語試験の受験及び施行については、前3項の規定によるほか、公示に定めるところによる。

5　この決定は、平成27年2月1日から効力を発生する。

7　国公法・国公法等改正法附則・規則８－21・運用通知　対照表

国公法 施行日：令和５年４月１日、令和３年法律第61号による改正 国公法等改正法　附則 令和３年６月11日法律第61号	規則８－21（年齢60年以上退職者等の定年前再任用） 施行日：令和５年４月１日、新規制定	運用通知
【国公法】 （定年前再任用短時間勤務職員の任用） 第60条の２　任命権者は、年齢60年に達した日以後にこの法律の規定により退職（臨時的職員その他の法律により任期を定めて任用される職員及び常時勤務を要しない官職を占める職員が退職する場合を除く。）をした者（以下この条及び第82条第２項において「年齢60年以上退職者」という。）又は年齢60年に達した日以後に自衛隊法（昭和29年法律第165号）の規定により退職（自衛官及び同法第44条の６第３項各号に掲げる隊員が退職する場合を除く。）をした者（以下この項及び第３項において「自衛隊法による年齢60年以上退職者」という。）を、人事院規則で定めるところにより、従前の勤務実績その他の人事院規則で定める情報に基づく選考により、短時間勤務の官職（当該官職を占める職員の１週間当たりの通常の勤務時間が、常時勤務を要する官職でその職務が当該短時間勤務の官職と同種の官職を占める職員の１週間当たりの通常の勤務時間に比し短い時間である官職をいう。以下この項及び第３項において同じ。）（一般職の職員の給与に関する法律別表第11に規定する指定職俸給表の適用を受ける職員が占める官職及びこれに準ずる行政執行法人の官職として人事院規則で定める官職（第４項及び第６節第１款第２目においてこれらの官職を「指定職」という。）を除く。以下この項及び第３項において同じ。）に採用することができる。ただし、年齢60年以上退職者又は自衛隊法による年齢60年以上退職者がこれらの者を採用しようとする短時間勤務の官職に係る定年退職日相当日（短時間勤務の官職を占める職員が、常時勤務を要する官職でその職務が当該短時間勤務の官職と同種の官職を占めているものとした場合における第81条の６第１項に規定する定年退職日をいう。次項及び第３項において同じ。）を経過した者であるときは、この限りでない。 ②　前項の規定により採用された職員（以下この条及び第82条第２項において「定年前再任用短時間勤務職員」という。）の任	（総則） 第１条　この規則は、法第60条の２第１項に規定する年齢60年以上退職者及び同項に規定する自衛隊法による年齢60年以上退職者（次条第２項において「年齢60年以上退職者等」と総称する。）の定年前再任用（法第60条の２第１項の規定により採用することをいう。以下同じ。）に関し必要な事項を定めるものとする。 第２条　定年前再任用を行うに当たっては、法第27条に定める平等取扱いの原則、法第27条の２に定める人事管理の原則及び法第33条に定める任免の根本基準並びに法第55条第３項の規定に違反してはならない。 ２　年齢60年以上退職者等が法第108条の２第１項に規定する職員団体の構成員であったことその他法第108条の７に規定する事由を理由として定年前再任用に関し不利益な取扱いをしてはならない。 （定年前再任用希望者に明示する事項及び定年前再任用希望者の同意） 第３条　任命権者は、定年前再任用を行うに当たっては、あらかじめ、定年前再任用をされることを希望する者（以下この条及び次条において「定年前再任用希望者」という。）に次に掲げる事項を明示し、その同意を得なければならない。当該定年前再任用希望者の定年前再任用までの間に、明示した事項の内容を変更する場合も、同様とする。 一　定年前再任用を行う官職に係る職務内容 二　定年前再任用を行う日 三　定年前再任用に係る勤務地 四　定年前再任用をされた場合の給与 五　定年前再任用をされた場合の１週間当たりの勤務時間 六　前各号に掲げるもののほか、任命権者が必要と認める事項	**【年齢60年以上退職者等の定年前再任用の運用について（令和４年給生－18）】** 国家公務員法（昭和22年法律第120号。以下「法」という。）第60条の２及び人事院規則８－21（年齢60年以上退職者等の定年前再任用）（以下「規則」という。）の運用について下記のとおり定めたので、令和５年４月１日以降は、これによってください。 記 １　法第60条の２第１項の「年齢60年に達した日」とは、60歳の誕生日の前日をいう。 ２　法第60条の２第１項の「年齢60年以上退職者」及び「自衛隊法による年齢60年以上退職者」には、次に掲げる者は含まれない。 一　法第76条の規定により失職した者 二　法第82条の規定により懲戒免職の処分を受けた者 三　自衛隊法（昭和29年法律第165号）第38条第２項の規定により失職した者 四　自衛隊法第46条の規定により懲戒免職の処分を受けた者 ３　規則第３条の規定による職員の同意を得る手続は、当該職員が明示された事項に同意する旨を示した文書の提出により（文書の提出によらないことを適当と認める場合には、これに代わる適当な方法により）、定年前再任用を行う前の適切な時期に行うものとする。 ４　任命権者は、規則第３条の規定により定年前再任用希望者の同意を得た後に、当該定年前再任用希望者の定年前再任用を行わないこととした場合は、当該定年前再任用希望者にその旨を速やかに通知するものとする。この場合において、当該定年前再任用希望者がなお定年前再任用をされることを希望するとき

期は、採用の日から定年退職日相当日までとする。

③　任命権者は、年齢60年以上退職者又は自衛隊法による年齢60年以上退職者のうちこれらの者を採用しようとする短時間勤務の官職に係る定年退職日相当日を経過していない者以外の者を当該短時間勤務の官職に採用することができず、定年前再任用短時間勤務職員のうち当該定年前再任用短時間勤務職員を昇任し、降任し、又は転任しようとする短時間勤務の官職に係る定年退職日相当日を経過していない定年前再任用短時間勤務職員以外の職員を当該短時間勤務の官職に昇任し、降任し、又は転任することができない。

④　任命権者は、定年前再任用短時間勤務職員を、指定職又は指定職以外の常時勤務を要する官職に昇任し、降任し、又は転任することができない。

【国公法等改正法】

附則

（国家公務員法の一部改正に伴う経過措置）

第３条　新国家公務員法第60条の２の規定は、施行日以後に退職をした同条第１項に規定する年齢60年以上退職者（次項において「新国家公務員法による年齢60年以上退職者」という。）及び同条第１項に規定する自衛隊法による年齢60年以上退職者（次項において「新自衛隊法による年齢60年以上退職者」という。）について適用する。

2　任命権者は、基準日（令和７年４月１日、令和９年４月１日、令和11年４月１日及び令和13年４月１日をいう。以下この項において同じ。）から基準日の翌年の３月31日までの間、基準日における新国家公務員法定年相当年齢（新国家公務員法第60条の２第１項に規定する短時間勤務の官職であって同項に規定する指定職（次条第１項及び附則第６条第３項において「指定職」という。）以外のもの（附則第６条第２項を除き、以下この条及び附則第５条から第７条までにおいて「短時間勤務の官職」という。）を占める職員が、常時勤務を要する官職でその職務が当該短時間勤務の官職と同種の官職を占めているものとした場合における新国家公務員法第81条の６第２項に規定する定年をいう。以下この項及び附則第５条第２項において同じ。）が基準日の前日における新国家公務員法定年相当年齢を超える短時間勤務の官職（基準日における新国家公務員法定年相当年齢が新国家公務員法第81条の６第２項本文に規定する定年である

（定年前再任用の選考に用いる情報）

第４条　法第60条の２第１項の人事院規則で定める情報は、定年前再任用希望者についての次に掲げる情報とする。

一　能力評価及び業績評価の全体評語その他勤務の状況を示す事実に基づく従前の勤務実績

二　定年前再任用を行う官職の職務遂行に必要とされる経験又は資格の有無その他定年前再任用を行う官職の職務遂行上必要な事項

（指定職に準ずる行政執行法人の官職）

第５条　法第60条の２第１項の人事院規則で定める官職は、行政執行法人の官職であってその職務と責任が給与法に規定する指定職俸給表の適用を受ける職員が占める官職に相当するもののうち人事院が定める官職とする。

（人事異動通知書の交付）

第６条　任命権者は、次の各号のいずれかに該当する場合には、職員に規則８－12（職員の任免）第58条の規定による人事異動通知書（以下この条において「人事異動通知書」という。）を交付しなければならない。ただし、第２号に該当する場合のうち、人事異動通知書の交付によらないことを適当と認めるときは、人事異動通知書に代わる文書の交付その他適当な方法をもって人事異動通知書の交付に代えることができる。

一　定年前再任用を行う場合

二　任期の満了により定年前再任用短時間勤務職員（法第60条の２第２項に規定する定年前再任用短時間勤務職員をいう。）が当然に退職する場合

（報告）

第７条　任命権者（法第55条第１項に規定する任命権者及び法律で別に定められた任命権者に限る。）は、毎年５月末日までに、前年度における定年前再任用の状況を人事院に報告しなければならない。

（雑則）

第８条　この規則に定めるもののほか、定年前再任用の実施に関し必要な事項は、人事院が定める。

附則　抄

は、任命権者は、当該定年前再任用希望者の定年前再任用を行うことができるよう、引き続き検討を行うものとする。

5　前項の通知を行った場合において、現に職員である定年前再任用希望者から既に辞職の申出が行われているときは、任命権者は当該定年前再任用希望者の辞職の意思を改めて確認するものとする。

6　任命権者は、定年前再任用短時間勤務職員を、昇任、降任又は転任によって任期の定めのない常時勤務を要する官職を占める職員のほか、定年前再任用短時間勤務職員以外の任期を定めて任用される職員とすることはできない。

7　定年前再任用短時間勤務職員に人事異動通知書を交付する場合には、人事異動通知書の「現官職」欄に記入する官職の組織上の名称及び当該官職の属する所属部課（所属部課の表示の単位は任命権者が定めるものとする。次項及び第９項第１号において同じ。）の末尾に、「（週○○勤務）」（○○の部分には、当該官職を占める職員の１週間当たりの勤務時間を表示する。次項及び第９項第１号において同じ。）を加えるものとする。

8　定年前再任用する者及び昇任し、降任し又は転任する定年前再任用短時間勤務職員に人事異動通知書を交付する場合には、人事異動通知書の「異動内容」欄に記入する官職の組織上の名称及び当該官職の属する所属部課の末尾に「（週○○勤務）」を加えるものとする。

9　規則第６条の規定により人事異動通知書を交付する場合の「異動内容」欄の記入要領は、次のとおりとする。ただし、これによっては特に支障のある場合には、これによらないことができる。

一　定年前再任用を行う場合

「ア（週○○勤務）に定年前再任用する

任期は　年　月　日までとする」

と記入する。

注　「ア」の記号をもって表示する事項は、官職の組織上の名称及び当該官職の属する所属部課とする。

二　任期の満了により定年前再任用短時間勤務職員が当然に退職する場合

7

短時間勤務の官職に限る。）及びこれに相当する基準日以後に設置された短時間勤務の官職その他の人事院規則で定める短時間勤務の官職（以下この項において「新国家公務員法原則定年相当年齢引上げ短時間勤務官職」という。）に、基準日の前日までに新国家公務員法による年齢60年以上退職者又は新自衛隊法による年齢60年以上退職者となった者（基準日前から新国家公務員法第81条の７第１項又は第２項の規定により勤務した後基準日以後に退職をした者及び基準日前から新自衛隊法第44条の７第１項又は第２項の規定により勤務した後基準日以後に退職をした者を含む。）のうち基準日の前日において同日における当該新国家公務員法原則定年相当年齢引上げ短時間勤務官職に係る新国家公務員法定年相当年齢に達している者（当該人事院規則で定める短時間勤務の官職にあっては、人事院規則で定める者）を、新国家公務員法第60条の２第１項の規定により採用することができず、新国家公務員法原則定年相当年齢引上げ短時間勤務官職に、同条第２項に規定する定年前再任用短時間勤務職員（附則第12条第１項及び第３項を除き、以下「定年前再任用短時間勤務職員」という。）のうち基準日の前日において同日における当該新国家公務員法原則定年相当年齢引上げ短時間勤務官職に係る新国家公務員法定年相当年齢に達している定年前再任用短時間勤務職員（当該人事院規則で定める短時間勤務の官職にあっては、人事院規則で定める定年前再任用短時間勤務職員）を、昇任し、降任し、又は転任することができない。

3　平成11年10月１日前に新国家公務員法第82条第２項前段に規定する退職又は先の退職がある定年前再任用短時間勤務職員について、同項後段の規定を適用する場合には、同項後段に規定する引き続く職員としての在職期間には、同日前の当該退職又は先の退職の前の職員としての在職期間を含まないものとする。

4　暫定再任用職員（次条第１項若しくは第２項又は附則第５条第１項若しくは第２項の規定により採用された職員をいう。附則第６条及び第７条において同じ。）として在職していた期間がある定年前再任用短時間勤務職員に対する新国家公務員法第82条第２項後段の規定の適用については、同項後段中「又は」とあるのは、「又は国家公務員法等の一部を改正する法律（令和３年法律第61号）附則第４条第１項若しくは第２項若しくは第５条第１項若しくは第２項の規定によりかつて採用されて同

（施行期日）
第１条　この規則は、令和５年４月１日から施行する。ただし、次条の規定は、公布の日から施行する。

（準備行為）
第２条　第３条の規定による定年前再任用の手続は、この規則の施行前においても行うことができる。

（令和３年改正法附則第３条第２項の人事院規則で定める短時間勤務の官職並びに人事院規則で定める者及び定年前再任用短時間勤務職員）
第３条　国家公務員法等の一部を改正する法律（令和３年法律第61号。次項及び第３項において「令和３年改正法」という。）附則第３条第２項の人事院規則で定める短時間勤務の官職は、次に掲げる官職のうち、当該官職が基準日の前日に設置されていたものとした場合において、基準日における新国家公務員法定年相当年齢が基準日の前日における新国家公務員法定年相当年齢を超える短時間勤務の官職（当該官職に係る新国家公務員法定年相当年齢が新国家公務員法第81条の６第２項本文に規定する定年である短時間勤務の官職に限る。）とする。
一　基準日以後に新たに設置された短時間勤務の官職
二　基準日以後に法令の改廃による組織の変更等により名称が変更された短時間勤務の官職
2　令和３年改正法附則第３条第２項の人事院規則で定める者は、前項に規定する官職が基準日の前日に設置されていたものとした場合において、同日における当該官職に係る新国家公務員法定年相当年齢に達している者とする。
3　令和３年改正法附則第３条第２項の人事院規則で定める定年前再任用短時間勤務職員は、第１項に規定する官職が基準日の前日に設置されていたものとした場合において、同日における当該官職に係る新国家公務員法定年相当年齢に達している定年前再任用短時間勤務職員とする。

「定年前再任用の任期の満了により　年　月　日限り退職」と記入する。

10　前３項に定めるもののほか、規則第６条の規定により交付する人事異動通知書の様式、記載事項等については、「人事異動通知書の様式及び記載事項等について（昭和27年６月１日13－799）」の規定によるものとする。

11　定年前再任用する者に対しては、勤務時間の内容（始業及び終業の時刻、休憩時間等を含む。以下この項において同じ。）を通知するものとする。定年前再任用短時間勤務職員の勤務時間の内容に変更が生じた場合も、同様とする。

12　外務公務員法（昭和27年法律第41号）第２条第５項に規定する外務職員として人事評価が実施された職員に対する規則第４条の規定の適用については、外務職員の人事評価の基準、方法等に関する省令（平成21年外務省令第６号）第６条第１項に規定する全体評語を規則第４条第１号に規定する全体評語とみなす。

法附則第３条第４項に規定する暫定再任用職員として在職していた期間若しくは」とする。 ５～11　（略） 12　研究施設研究教育職員（第６条の規定による改正後の教育公務員特例法第31条第１項に規定する研究施設研究教育職員をいう。附則第６条第９項及び第10項において同じ。）については、第２項及び第９項の規定は、適用しない。		

8　国公法・規則11－４・規則11－10・運用通知等　対照表

国公法 施行日：令和５年４月１日、令和３年法律第61号による改正	規則11－４（職員の身分保障） 施行日：令和５年４月１日、規則１－79による改正 規則11－10（職員の降給） 施行日：令和５年４月１日、規則１－79による改正	運用通知等
（身分保障） 第75条　職員は、法律又は人事院規則で定める事由による場合でなければ、その意に反して、降任され、休職され、又は免職されることはない。 ②　職員は、この法律又は人事院規則で定める事由に該当するときは、降給されるものとする。 （欠格による失職） 第76条　職員が第38条各号（第２号を除く。）のいずれかに該当するに至つたときは、人事院規則で定める場合を除くほか、当然失職する。 （離職） 第77条　職員の離職に関する規定は、この法律及び人事院規則でこれを定める。 （本人の意に反する降任及び免職の場合） 第78条　職員が、次の各号に掲げる場合のいずれかに該当するときは、人事院規則の定めるところにより、その意に反して、これを降任し、又は免職することができる。 一　人事評価又は勤務の状況を示す事実に照らして、勤務実績がよくない場合 二　心身の故障のため、職務の遂行に支障があり、又はこれに堪えない場合 三　その他その官職に必要な適格性を欠く場合 四　官制若しくは定員の改廃又は予算の減少により廃職又は過員を生じた場合 （幹部職員の降任に関する特例） 第78条の２　任命権者は、幹部職員（幹部職のうち職制上の段階が最下位の段階のものを占める幹部職員を除く。以下この条において同じ。）について、次の各号に掲げる場合のいずれにも	**【規則11－４（職員の身分保障）】** （総則） 第１条　職員の身分保障（法第81条の２第１項本文の規定による他の官職への降任及び規則11－11（管理監督職勤務上限年齢による降任等）第５条の規定による降任並びに降給を除く。）については、官職の職務と責任の特殊性に基づいて法附則第４条の規定により法律又は規則をもつて別段の定めをした場合を除いて、この規則の定めるところによる。 第２条　いかなる場合においても、法第27条に定める平等取扱の原則、法第74条に定める分限の根本基準及び法第108条の７の規定に違反して、職員を免職し、又は降任し、その他職員に対して不利益な処分をしてはならない。 （休職の場合） 第３条　職員が次の各号のいずれかに該当する場合には、これを休職にすることができる。 一　学校、研究所、病院その他人事院の指定する公共的施設において、その職員の職務に関連があると認められる学術に関する事項の調査、研究若しくは指導に従事し、又は人事院の定める国際事情の調査等の業務若しくは国際約束等に基づく国際的な貢献に資する業務に従事する場合（次号に該当する場合、派遣法第２条第１項の規定による派遣の場合及び法科大学院派遣法第11条第１項の規定による派遣の場合を除く。） 二　国及び行政執行法人以外の者がこれらと共同して、又はこれらの委託を受けて行う科学技術に関する研究に係る業務であつて、その職員の職務に関連があると認められるものに、前号に掲げる施設又は人事院が当該研究に関し指定する施設において従事する場合（派遣法第２条第１項の規定による派遣の場合を除く。） 三　規則14－18（研究職員の研究成果活用企業の役員等との兼業）第２条第１項に規定する研究職員の官職と同規則第１条	**【人事院規則11－４（職員の身分保障）の運用について（昭和54年任企－548、最終改正：令和２年人企－1313）】** 標記については、今後下記によることとしたので、通知します。 なお、「人事院規則11－４（職員の身分保障）第５条の承認申請手続について（昭和42年９月１日任企－600）は、廃止します。 記 第１条関係 この条の「降給」とは、人事院規則11－10（職員の降給）に定める降給をいい、この条の「別段の定めをした場合」とは、検察庁法（昭和22年法律第61号）及び外務公務員法（昭和27年法律第41号）において職員の身分保障の特例が定められている場合をいう。 第３条関係 １　この条の第１項第１号には、単なる知識の習得又は資格の取得を目的とする場合は該当しない。 ２　この条の第１項第１号の「人事院の定める国際事情の調査等の業務若しくは国際約束等に基づく国際的な貢献に資する業務」は、次に掲げるいずれかの業務（当該業務以外の国際事情の調査等の業務又は国際約束等に基づく国際的な貢献に資する業務であって、人事院事務総長が指定するものを含む。）であって、休職にしようとする職員の職務に関連があり、かつ、当該職員が従事することが公務の運営に有益であると認められるものとする。 (1)　次のいずれかに該当する場合における国際事情の調査、研究、情報の提供等の業務 ア　法令の規定又は閣議決定若しくは閣議了解に基づく場合 イ　国の施策との密接な連携の下に行う必要はあるが、国が自ら実施することは適当でない特別の事情がある場合 (2)　条約、協定、交換公文、覚書等又は各省各庁の長若しくは

該当するときは、人事院規則の定めるところにより、当該幹部職員が前条各号に掲げる場合のいずれにも該当しない場合においても、その意に反して降任（直近下位の職制上の段階に属する幹部職への降任に限る。）を行うことができる。
一　当該幹部職員が、人事評価又は勤務の状況を示す事実に照らして、他の官職（同じ職制上の段階に属する他の官職であつて、当該官職に対する任命権が当該幹部職員の任命権者に属するものをいう。第３号において「他の官職」という。）を占める他の幹部職員に比して勤務実績が劣つているものとして人事院規則で定める要件に該当する場合
二　当該幹部職員が現に任命されている官職に幹部職員となり得る他の特定の者を任命すると仮定した場合において、当該他の特定の者が、人事評価又は勤務の状況を示す事実その他の客観的な事実及び当該官職についての適性に照らして、当該幹部職員より優れた業績を挙げることが十分見込まれる場合として人事院規則で定める要件に該当する場合
三　当該幹部職員について、欠員を生じ、若しくは生ずると見込まれる他の官職についての適性が他の候補者と比較して十分でない場合として人事院規則で定める要件に該当すること若しくは他の官職の職務を行うと仮定した場合において当該幹部職員が当該他の官職に現に就いている他の職員より優れた業績を挙げることが十分見込まれる場合として人事院規則で定める要件に該当しないことにより、転任させるべき適当な官職がないと認められる場合又は幹部職員の任用を適切に行うため当該幹部職員を降任させる必要がある場合として人事院規則で定めるその他の場合

（本人の意に反する休職の場合）
第79条　職員が、左の各号の一に該当する場合又は人事院規則で定めるその他の場合においては、その意に反して、これを休職することができる。
一　心身の故障のため、長期の休養を要する場合
二　刑事事件に関し起訴された場合

（休職の効果）
第80条　前条第１号の規定による休職の期間は、人事院規則でこれを定める。休職期間中その事故の消滅したときは、休職は当然終了したものとし、すみやかに復職を命じなければならない。
②　前条第２号の規定による休職の期間は、その事件が裁判所に規定する役員等の職とを兼ねる場合において、これらを兼ねることが同規則第４条第１項各号（第３号及び第６号を除く。）に掲げる基準のいずれにも該当するときで、かつ、主として当該役員等の職務に従事する必要があり、当該研究職員としての職務に従事することができないと認められるとき。
四　法令の規定により国が必要な援助又は配慮をすることとされている公共的機関の設立に伴う臨時的必要に基づき、これらの機関のうち、人事院が指定する機関において、その職員の職務と関連があると認められる業務に従事する場合
五　水難、火災その他の災害により、生死不明又は所在不明となつた場合
2　法第79条各号又は前項各号のいずれかに該当して休職にされた職員がその休職の事由の消滅又はその休職の期間の満了により復職したときにおいて定員に欠員がない場合には、これを休職にすることができる。法第108条の６第１項ただし書若しくは行政執行法人の労働関係に関する法律（昭和23年法律第257号）第７条第１項ただし書に規定する許可（以下「専従許可」という。）を受けた職員（以下「専従休職者」という。）が復職したとき又は派遣法第２条第１項の規定により派遣された職員、育児休業法第３条第１項の規定により育児休業をした職員、官民人事交流法第８条第２項に規定する交流派遣職員、法科大学院派遣法第11条第１項の規定により派遣された職員、自己啓発等休業法第２条第５項に規定する自己啓発等休業をした職員、福島復興再生特別措置法（平成24年法律第25号）第48条の３第７項若しくは第89条の３第７項に規定する派遣職員、配偶者同行休業法第２条第４項に規定する配偶者同行休業をした職員、令和７年国際博覧会特措法第25条第７項に規定する派遣職員若しくは令和９年国際園芸博覧会特措法第15条第７項に規定する派遣職員が職務に復帰したときにおいて定員に欠員がない場合についても、同様とする。

（休職中の職員等の保有する官職）
第４条　休職中の職員は、休職にされた時占めていた官職又は休職中に異動した官職を保有するものとする。ただし、併任に係る官職については、この限りでない。
2　前項の規定は、当該官職を他の職員をもつて補充することを妨げるものではない。
3　第１項本文及び前項の規定は、専従休職者の保有する官職について準用する。

独立行政法人通則法（平成11年法律第103号）第２条第４項に規定する行政執行法人の長と我が国が加盟している国際機関若しくは外国政府の機関を代表する者との間の合意に基づく技術的支援等の国際的な貢献に資する業務

3　この条の第１項第１号の公共的施設の指定、同号の公共的施設の指定及び前項括弧書の国際事情の調査等の業務若しくは国際約束等に基づく国際的な貢献に資する業務の指定、この条の第１項第２号の施設の指定又は同項第４号の機関の指定を受けようとする場合には、指定の種類に応じ、それぞれ別紙１から別紙４までの様式の申請書を提出するものとする。

4　この条の第１項第３号の規定により職員を休職にするには、国家公務員法（昭和22年法律第120号。以下「法」という。）第103条第３項及び人事院規則14－18（研究職員の研究成果活用企業の役員等との兼業）第４条の規定による承認が行われていることが必要である。

第５条関係
1　法第79条第１号の規定により職員を休職にする場合又は同号の規定による休職（以下「病気休職」という。）の期間を更新する場合には、原則として医師の診断の結果に基づいて行うものとする。

2　この条の第１項又は第２項の規定による休職の期間は、同一の休職の事由（根拠条号）に該当する状態が存続する限り、その原因である疾病の種類、従事する業務の内容等が異なることとなった場合においても、引き続き３年（同項の規定による休職の期間については、５年）を超えることができない。

3　この条の第３項の休職の期間の更新の承認又は第４項の休職の期間を更新する期間の設定の承認を求める場合には、承認の種類に応じ、別紙５から別紙８までの様式の申請書を提出するものとする。

第６条関係
1　復職の場合における当該復職に係る官職は、第４条第１項（同条第３項において準用する場合を含む。）の規定により保有している官職である。

係属する間とする。

③　いかなる休職も、その事由が消滅したときは、当然に終了したものとみなされる。

④　休職者は、職員としての身分を保有するが、職務に従事しない。休職者は、その休職の期間中、給与に関する法律で別段の定めをしない限り、何らの給与を受けてはならない。

（適用除外）

第81条　次に掲げる職員の分限（定年に係るものを除く。次項において同じ。）については、第75条、第78条から前条まで及び第89条並びに行政不服審査法（平成26年法律第68号）の規定は、適用しない。

一　臨時的職員

二　条件付採用期間中の職員

②　前項各号に掲げる職員の分限については、人事院規則で必要な事項を定めることができる。

（休職の期間）

第５条　法第79条第１号の規定による休職の期間は、休養を要する程度に応じ、第３条第１項第１号、第３号、第４号及び第５号の規定による休職の期間は、必要に応じ、いずれも３年を超えない範囲内において、それぞれ個々の場合について、任命権者が定める。この休職の期間が３年に満たない場合においては、休職にした日から引き続き３年を超えない範囲内において、これを更新することができる。

２　第３条第１項第２号の規定による休職の期間は、必要に応じ、５年を超えない範囲内において、任命権者が定める。この休職の期間が５年に満たない場合においては、休職にした日から引き続き５年を超えない範囲内において、これを更新することができる。

３　第３条第１項第１号及び第３号の規定による休職の期間が引き続き３年に達する際特に必要があるときは、任命権者は、２年を超えない範囲内において、人事院の承認を得て、休職の期間を更新することができる。この更新した休職の期間が２年に満たない場合においては、任命権者は、必要に応じ、その期間の初日から起算して２年を超えない範囲内において、再度これを更新することができる。

４　第３条第１項第２号の規定による休職及び前項の規定に基づく同条第１項第３号の規定による休職の期間が引き続き５年に達する際、やむを得ない事情があると人事院が認めるときは、任命権者は、人事院の承認を得て定める期間これを更新することができる。

５　第３条第２項の規定による休職の期間は、定員に欠員が生ずるまでの間とする。この場合において、欠員の数が同条同項の規定による休職者の数より少ないときは、いずれの休職者について欠員を生じたものとするかは、任命権者が定めるものとする。

（復職）

第６条　法第79条第１号及びこの規則第３条第１項各号に掲げる休職の事由が消滅したときにおいては、当該職員が離職し、又は他の事由により休職にされない限り、すみやかにその職員を復職させなければならない。

２　休職の期間若しくは専従許可の有効期間が満了したとき又は専従許可が取り消されたときにおいては、当該職員は、当然復職するものとする。

２　法第79条第１号に該当して休職にされている職員の休職期間満了前の復職は、原則として医師の診断の結果に基づいて行うものとする。

３　この条の第２項の「当然復職する」とは、任命権者の発令を待つまでもなく、当該職員が職務に復帰することをいう。なお、この場合においても、任命権者は、人事院規則８－12（職員の任免）（以下「規則８－12」という。）第53条第８号の規定により人事異動通知書を交付しなければならない。

第７条関係

１　法第78条（第４号を除く。次項において同じ。）の規定による降任は、現に任命されている官職より下位の職制上の段階に属する官職の職務を遂行することが期待できると認められる場合に行うものとする。

２　法第78条の規定による免職は、現に任命されている官職より下位の職制上の段階に属する官職の職務を遂行することが期待できないと認められる場合に行うものとする。

３　この条の第１項各号に掲げる場合のいずれかに該当するときは、同項の「人事院が定める措置」として次に掲げる措置のいずれかをとるものとする。

(1)　職員の上司等が、注意又は指導を繰り返し行うこと。

(2)　職員の転任その他の当該職員が従事する職務を見直すこと。

(3)　職員の矯正を目的とした研修の受講を命ずること。

(4)　その他任命権者が職員の矯正のために必要と認める措置をとること。

４　この条の第１項第２号又は第４項に該当するか否かを判断するに当たっては、例えば次に掲げる客観的な資料によるものとする。

(1)　職員の人事評価の結果その他職員の勤務実績を判断するに足ると認められる事実を記録した文書

(2)　職員の勤務実績が他の職員と比較して明らかに劣る事実を示す記録

(3)　職員の職務上の過誤、当該職員についての苦情等に関する記録

(4)　職員に対する指導等に関する記録

（本人の意に反する降任又は免職）

第７条　法第78条第１号の規定により職員を降任させ、又は免職することができる場合は、次に掲げる場合であつて、指導その他の人事院が定める措置を行つたにもかかわらず、勤務実績が不良なことが明らかなときとする。

一　当該職員の能力評価又は業績評価の全体評語が下位又は「不十分」の段階である場合

二　前号に掲げる場合のほか、当該職員の勤務の状況を示す事実に基づき、勤務実績がよくないと認められる場合

2　法第34条第１項第６号に規定する幹部職員（以下単に「幹部職員」という。）は、前項の規定による場合のほか、法第61条の２第１項に規定する適格性審査において現官職（当該幹部職員が現に任命されている官職をいう。次条において同じ。）に係る標準職務遂行能力（法第34条第１項第５号に規定する標準職務遂行能力をいう。）を有することが確認されなかつたときには、法第78条第１号の規定により降任させ、又は免職することができる。

3　法第78条第２号の規定により職員を降任させ、又は免職することができる場合は、任命権者が指定する医師２名によつて、長期の療養若しくは休養を要する疾患又は療養若しくは休養によつても治癒し難い心身の故障があると診断され、その疾患若しくは故障のため職務の遂行に支障があり、又はこれに堪えないことが明らかな場合とする。

4　法第78条第３号の規定により職員を降任させ、又は免職することができる場合は、職員の適格性を判断するに足ると認められる事実に基づき、その官職に必要な適格性を欠くと認められる場合であつて、指導その他の人事院が定める措置を行つたにもかかわらず、適格性を欠くことが明らかなときとする。

5　法第78条第４号の規定により職員のうちいずれを降任し、又は免職するかは、任命権者が、勤務成績、勤務年数その他の事実に基づき、公正に判断して定めるものとする。

（幹部職員の降任に関する特例）

第７条の２　法第78条の２第１号の人事院規則で定める要件は、次の各号のいずれかに該当することとする。

一　法第78条の２の規定により幹部職員を降任させようとする日（以下この号において「特例降任日」という。）以前における直近の能力評価及び直近の連続した２回の業績評価の全体評語（現官職又は現官職と同じ職制上の段階に属する官職

(5)　職員に対する分限処分、懲戒処分その他服務等に関する記録

(6)　職員の身上申告書又は職務状況に関する報告

5　この条の第３項の医師の「診断」は、職員が次のいずれかに該当する場合に行うものとする。

(1)　３年間の病気休職の期間が満了するにもかかわらず、心身の故障の回復が不十分で、職務を遂行することが困難であると考えられる場合

(2)　病気休職中であって、今後、職務を遂行することが可能となる見込みがないと判断される場合

(3)　病気休暇又は病気休職を繰り返してそれらの期間の累計が３年を超え、そのような状態が今後も継続して、職務の遂行に支障があると見込まれる場合

(4)　勤務実績がよくない職員又は官職への適格性を欠くと認められる職員について、それらが心身の故障に起因すると思料される場合

6　この条の第３項の医師の「診断」を命ずるに当たり、文書を交付して行う場合は、当該文書には次に掲げる文言を記載するものとし、別紙９を参考に、適宜の様式によるものとする。

(1)　任命権者が指定する医師２名の診断を受け、診断書を提出するよう命ずる旨

(2)　受診命令が法第78条第２号に該当する可能性があるか否かを確認することを目的とするものである旨

(3)　正当な理由なくこの受診命令に従わない場合には、法第78条第３号の規定による免職が行われる可能性がある旨

7　法第78条第３号及びこの条の第４項の「官職に必要な適格性を欠く」場合とは、当該職員の容易に矯正することができない持続性を有する素質、能力、性格等に基因してその職務の円滑な遂行に支障があり、又は支障を生ずる高度の蓋然性が認められる場合をいい、第14条の受診命令に再三にわたり従わない場合が含まれるものとする。

8　この条の第４項の「人事院が定める措置」は、この条の第１項の「人事院が定める措置」のほか、職員が行方不明の場合における当該職員の所在が明らかでないことの確認等適格性を欠いた状態が改善されないことを確認するために必要と認められ

に就いていた期間に係るものに限る。以下この号及び次号において同じ。）に基づき、当該幹部職員の勤務実績が他の官職（法第78条の２第１号に規定する他の官職をいう。以下この条において同じ。）を占める他の幹部職員に比して劣つていると認められること（当該幹部職員が人事評価政令第６条第２項第２号に掲げる職員である場合においてその能力評価及び業績評価の結果が次に掲げる場合のいずれかに該当する場合を除く。）。

イ　特例降任日以前における直近の能力評価の全体評語が上位の段階である場合であつて、同日以前における直近の連続した２回の業績評価のうち、一の業績評価の全体評語が上位の段階であり、かつ、他の業績評価の全体評語が上位又は中位の段階であるとき。

ロ　特例降任日以前における直近の能力評価の全体評語が中位の段階である場合であつて、同日以前における直近の連続した２回の業績評価の全体評語がいずれも上位の段階であるとき。

二　前号（イ及びロを除く。次号において同じ。）に規定する全体評語及び直近の評価期間（人事評価政令第５条第３項又は第４項に規定する評価期間をいう。）が終了した後に明らかになつた勤務の状況を示す事実を総合的に勘案して、当該幹部職員の勤務実績が他の官職を占める他の幹部職員に比して劣つていると認められること。

三　第１号に規定する全体評語の全部又は一部がない場合において、人事評価又は勤務の状況を示す事実を総合的に勘案して、当該幹部職員の勤務実績が他の官職を占める他の幹部職員に比して劣つていると認められること。

2　法第78条の２第２号の人事院規則で定める要件は、次の各号のいずれにも該当することとする。

一　法第78条の２第２号に規定する他の特定の者が、次に掲げる者のいずれかに該当すること。

イ　現官職の置かれる部局又は機関等（標準的な官職を定める政令（平成21年政令第30号）に規定する部局又は機関等（外務職員の標準的な官職を定める省令（平成21年外務省令第４号）に規定する部局又は機関等を含む。）をいう。以下この号において同じ。）に置かれる官職に就いている者であつて、次に掲げる者のいずれかに該当するもの

(1)　現官職の属する職制上の段階より下位の職制上の段階に属する官職に就いている者

る措置とする。

9　法第78条第１号又は第３号の規定により職員を降任させ、又は免職するに当たっては、任命権者は、警告書を交付した後、弁明の機会を与えるものとする。ただし、職員の勤務実績不良の程度、業務への影響等を考慮して、速やかに処分を行う必要があると認められる場合は、この限りでない。

10　前項の警告書には、次に掲げる文言を記載するものとし、別紙10を参考に、適宜の様式によるものとする。

(1)　勤務実績の不良又は適格性の欠如と評価することができる具体的事実及びその状態の改善を求める旨

(2)　(1)の状態が改善されない場合には、降任又は免職が行われることがある旨

11　任命権者は、この条の第１項第１号に該当するときは、職員に対して、人事評価の基準、方法等に関する政令（平成21年政令第31号）第10条又は第11条（同令第14条及び第18条第２号において準用する場合を含む。）に規定する評価結果の開示又は指導及び助言に当たり、勤務実績不良の状態が改善されない場合には降任又は免職の可能性があることを伝達するものとする。

第８条関係

この条に基づく降任を行う場合においては、第７条関係第９項及び第10項の規定の例による。

第９条及び第10条関係

臨時的職員及び条件付採用期間中の職員については、第７条の規定は適用されない。

第12条関係

この条の規定による報告は、職員を休職にした後遅滞なく、次の(1)又は(2)に掲げる休職の別に応じ、それぞれ(1)又は(2)に掲げる事項を記載した文書により行うものとする。ただし、第３条関係第２項括弧書の規定によりあらかじめ人事院事務総長の指定を受けた場合は、この限りでない。

(1)　第３条第１項第１号（人事院の定める国際事情の調査等の業務又は国際約束等に基づく国際的な貢献に資する業務に従事する場合に限る。）の規定による休職

(2) 現官職の属する職制上の段階と同じ職制上の段階に属する官職に就いている者であつて、次に掲げる者のいずれかに該当するもの

(i) 現官職と任命権者を異にする官職に就いている者

(ii) 他の官職を占める他の幹部職員より優れた業績を挙げることが十分見込まれる他の者を当該他の官職に採用、昇任又は転任（配置換（規則８－12（職員の任免）第４条第５号に規定する配置換をいう。以下この号において同じ。）を除く。）させるため、配置換により現官職に就くこととなる者

ロ 現官職の置かれる部局又は機関等とは異なる部局又は機関等に置かれる官職に就いている者

ハ 現に職員でない者

二 現官職の職務の特性並びに当面の業務の重要度及び困難度を考慮して人事評価又は勤務の状況を示す事実その他の客観的な事実に基づき判断した結果、他の特定の者が当該幹部職員より優れた業績を挙げることが十分見込まれ、当該他の特定の者を現官職に任命する必要があると認められること。

3 法第78条の２第３号の欠員を生じ、若しくは生ずると見込まれる他の官職についての適性が他の候補者と比較して十分でない場合として人事院規則で定める要件は、当該他の官職の職務の特性並びに当面の業務の重要度及び困難度を考慮して前項第２号に規定する客観的な事実に基づき判断した結果、当該幹部職員の当該他の官職についての適性が他の候補者と比較して十分でないと認められることとする。

4 法第78条の２第３号の他の官職の職務を行うと仮定した場合において当該幹部職員が当該他の官職に現に就いている他の職員より優れた業績を挙げることが十分見込まれる場合として人事院規則で定める要件は、当該他の官職の職務の特性並びに当面の業務の重要度及び困難度を考慮して人事評価又は勤務の状況を示す事実に基づき判断した結果、当該幹部職員が当該他の職員より優れた業績を挙げることが十分見込まれることとする。

5 法第78条の２第３号の人事院規則で定めるその他の場合は、同号及び前２項中「他の官職」を「現官職と同じ職制上の段階に属する官職（当該幹部職員が在職している府省等（会計検査院、人事院、内閣官房、内閣法制局、各府省及びデジタル庁並びに宮内庁及び内閣府設置法（平成11年法律第89号）第49条第１項に規定する各機関並びに各行政執行法人をいう。以下同じ。）又は常勤の職員として在職していた府省等に置かれる官

ア 休職者の氏名及び官職名

イ 休職予定期間

ウ 所管行政との関係及び職員を休職にした理由

エ 休職者とその従事する業務との関係

オ その他参考となる事項

(2) 第３条第１項第３号の規定による休職

ア 休職者の氏名及び官職名

イ 休職予定期間

ウ 人事院規則14－18第４条の規定による承認の年月日及び期限

エ 主として研究成果活用企業の役員等の業務に従事する必要があり、研究職員としての職務に従事することができないと認められる事情

オ その他参考となる事項

第13条関係

処分説明書の写しの提出は、当該処分の発令の日から１月以内に行うものとする。

その他の事項

外務公務員法第２条第５項に規定する外務職員として人事評価が実施された職員に対する第７条第１項第１号、第８条及び第10条第２号並びに第７条関係第11項の規定の適用については、外務職員の人事評価の基準、方法等に関する省令（平成21年外務省令第６号）第６条第１項に規定する全体評語を第７条第１項第１号に規定する全体評語と、同令第16条第１項に規定する特別評価の全体評語を第８条に規定する特別評価の全体評語と、同令第10条又は第11条（同令第14条及び第18条第２号において準用する場合を含む。）に規定する評価結果の開示又は指導及び助言を同条関係第11項に規定する評価結果の開示又は指導及び助言とみなす。

別紙１～別紙10 （略）

【分限処分に当たっての留意点等について（平成21年人企－536、最終改正：平成26年人企－657)】

職員の分限処分については、国家公務員法（昭和22年法律第120号）（以下「法」という。）第74条から第81条まで、人事院規則11－４（職員の身分保障）（以下「規則」という。）及び「人事

職に限る。)」と読み替えてこれらの規定を適用した場合に、第3項に規定する要件に該当し、又は前項に規定する要件に該当しないことにより、転任させるべき適当な官職がないと認められる場合とする。

6　前各項の規定は、条件付採用期間中又は条件付昇任期間中の幹部職員については、適用しない。

(条件付昇任期間中の職員の降任の特例)

第8条　条件付昇任期間中の職員は、第7条第1項又は第2項の規定による場合のほか、当該職員の特別評価の人事評価政令第18条において準用する人事評価政令第9条第3項に規定する確認が行われた人事評価政令第16条第1項に規定する全体評語が下位の段階である場合(第10条第2号において「特別評価の全体評語が下位の段階である場合」という。)であつて、第7条第1項に定める措置を行つたにもかかわらず、勤務実績が不良なことが明らかなときには、法第78条第1号の規定により降任させることができる。

(臨時的職員の特例)

第9条　臨時的職員は、法第78条各号のいずれかに掲げる事由に該当する場合、規則8－12第39条第1項各号に該当する事由がなくなつた場合、育児休業法第7条第1項に規定する臨時的任用の事由がなくなつた場合又は配偶者同行休業法第7条第1項に規定する臨時的任用の事由がなくなつた場合には、いつでも免職することができる。

(条件付採用期間中の職員の特例)

第10条　条件付採用期間中の職員は、次に掲げる場合には、いつでも降任させ、又は免職することができる。

一　法第78条第4号に掲げる事由に該当する場合

二　特別評価の全体評語が下位の段階である場合又は勤務の状況を示す事実に基づき勤務実績がよくないと認められる場合において、その官職に引き続き任用しておくことが適当でないと認められるとき。

三　心身に故障がある場合において、その官職に引き続き任用しておくことが適当でないと認められるとき。

四　前2号に掲げる場合のほか、客観的事実に基づいてその官職に引き続き任用しておくことが適当でないと認められる場合

院規則11－4(職員の身分保障)の運用について(昭和54年12月28日任企－548)」(以下「運用通知」という。)のほか、下記のとおり、留意点等について整理しましたので、平成21年4月1日以降、これによってください。各府省等におかれては、これを参考として、引き続き、分限制度の趣旨に則った対処に努めていただき、公務の適正かつ能率的な運営のより一層の確保をお願いいたします。

なお、「職員が分限事由に該当する可能性のある場合の対応措置について」(平成18年10月13日人企－1626人材局長通知)は廃止します。

記

Ⅰ　勤務実績不良及び適格性欠如の場合の留意点(法第78条第1号及び第3号関係)

1　規則第7条第1項第2号の勤務実績不良又は同条第4項の適格性欠如と評価することができる事実の例

(1)　勤務を欠くことにより職務を遂行しなかった。

①　長期にわたり又は繰り返し勤務を欠いたり、勤務時間の始め又は終わりに繰り返し勤務を欠いた。

[例]

ア　連絡なしに出勤しなかったり、遅刻・早退をした。

イ　病気休暇や年次休暇が不承認となっているにもかかわらず、病気等を理由に出勤しなかった。

ウ　上司の指示を無視し、資料整理に従事するなどと称して出勤しなかった。

②　業務と関係ない用事で度々無断で長時間席を離れた(欠勤処理がなされていない場合でも勤務実績不良と評価され得る。)。

[例]

ア　事務室内を目的もなく歩き回り、自席に座っていることがほとんどなかった。

イ　勤務時間中に自席で又は席を外して職場外に長時間私用電話をした。

(2)　割り当てられた特定の業務を行わなかった。

[例]所属する係の所掌業務のうち、自分の好む業務のみを行い、他の命ぜられた業務を処理しなかった。

(3)　不完全な業務処理により職務遂行の実績があがらなかった。

①　業務のレベルや作業能率が著しく低かった。

[例]

（専従休職者の特例）
第11条　専従休職者で内閣府設置法第18条の重要政策に関する会議若しくは同法第37条若しくは第54条の審議会等、宮内庁法(昭和22年法律第70号）第16条第１項の機関若しくは国家行政組織法（昭和23年法律第120号）第８条の審議会等の諮問的な非常勤官職又はこれらに準ずる非常勤官職を占めるもの（法第60条の２第１項に規定する短時間勤務の官職を占めるものを除く。）は、法第80条第４項の規定にかかわらず、当該非常勤官職の職務に従事することができる。

（休職の報告）
第12条　任命権者は、第３条第１項第１号（人事院の定める国際事情の調査等の業務又は国際約束等に基づく国際的な貢献に資する業務に従事する場合に限る。）又は第３号の規定により職員を休職にした場合には、その旨を人事院に報告しなければならない。

（処分説明書の写の提出）
第13条　任命権者は、職員をその意に反して、降任させ又は免職したときは、法第89条第１項に規定する説明書の写１通を人事院に提出しなければならない。

（受診命令に従う義務）
第14条　職員は、第７条第３項に規定する診断を受けるよう命ぜられた場合には、これに従わなければならない。

（雑則）
第15条　この規則の実施に関し必要な事項は、人事院が定める。

附則（昭和61年11月19日人事院規則11－４－１）
（施行期日）
1　この規則は、公布の日から施行する。

（経過措置）
2　この規則の施行の際現に改正前の人事院規則11－４第３条第１項第１号の規定により休職にされている職員で、改正後の人事院規則11－４第３条第１項第２号に該当することとなるものの当該休職については、なお従前の例による。

ア　業務の成果物が著しく拙劣であった。
イ　事務処理数が職員の一般的な水準に比べ著しく劣った。
②　業務ミスを繰り返した。
［例］計算業務を行うに当たって初歩的な計算誤りを繰り返した。
③　業務を１人では完結できなかった。
［例］他の職員と比べて窓口対応等でトラブルが多く、他の職員が処理せざるを得なかった。
④　所定の業務処理を行わなかった。
［例］
ア　上司への業務報告を怠った。
イ　書類の提出期限を守らなかった。
ウ　業務日誌を作成しなかった。
(4)　業務上の重大な失策を犯した。
(5)　職務命令に違反したり、職務命令（規則第14条の受診命令を含む。）を拒否した。
(6)　上司等に対する暴力、暴言、誹謗中傷を繰り返した。
(7)　協調性に欠け、他の職員と度々トラブルを起こした。
なお、個々の例が規則第７条第１項第２号の勤務実績不良又は同条第４項の適格性欠如のいずれに該当するかについては、諸般の要素を総合的に検討して判断する必要がある。

2　資料収集
(1)　規則第７条第１項第２号の勤務実績不良又は同条第４項の適格性欠如に該当するか否かの判断は、単一の事実や行動のみをもって判断　するのではなく、一連の行動等を相互に有機的に関連付けて行うものであるので、運用通知第７条関係第４項に掲げる客観的な資料を収集した上で行う必要がある。
（参考）運用通知第７条関係第４項に掲げる資料
①　職員の人事評価の結果その他職員の勤務実績を判断するに足ると認められる事実を記録した文書
②　職員の勤務実績が他の職員と比較して明らかに劣る事実を示す記録
③　職員の職務上の過誤、当該職員についての苦情等に関する記録
④　職員に対する指導等に関する記録
⑤　職員に対する分限処分、懲戒処分その他服務等に関する記録
⑥　職員の身上申告書又は職務状況に関する報告

【規則11－10（職員の降給）】

（総則）

第１条　職員（給与法第６条第１項の俸給表（以下「俸給表」という。）のうちいずれかの俸給表（指定職俸給表を除く。）の適用を受ける者をいう。以下同じ。）の降給については、別に定める場合を除き、この規則の定めるところによる。

第２条　いかなる場合においても、法第27条に定める平等取扱の原則、法第74条に定める分限の根本基準及び法第108条の７の規定に違反して、職員を降給させてはならない。

（降給の種類）

第３条　降給の種類は、降格（職員の意に反して、当該職員の職務の級を同一の俸給表の下位の職務の級に変更することをいう。以下同じ。）及び降号（職員の意に反して、当該職員の号俸を同一の職務の級の下位の号俸に変更することをいう。以下同じ。）並びに法第81条の２第１項に規定する降給（同項本文の規定による他の官職への転任により現に属する職務の級より同一の俸給表の下位の職務の級に分類されている職務を遂行することとなった場合において、降格することをいう。）とする。

（降格の事由）

第４条　各庁の長（給与法第７条に規定する各庁の長又はその委任を受けた者をいう。以下同じ。）は、職員が降任又は転任（規則11－11（管理監督職勤務上限年齢による降任等）第５条第１号又は第２号に掲げる場合における法第81条の２第１項に規定する他の官職への転任に限る。第６条第１項において同じ。）により現に属する職務の級より同一の俸給表の下位の職務の級に分類されている職務を遂行することとなった場合のほか、次の各号のいずれかに掲げる事由に該当し、必要があると認める場合は、当該職員を降格するものとする。この場合において、第２号の規定により職員のうちいずれを降格させるかは、各庁の長が、勤務成績、勤務年数その他の事実に基づき、公正に判断して定める　ものとする。

一　次に掲げる事由のいずれかに該当する場合（職員が降任された場合を除く。）

イ　職員の能力評価又は業績評価（次条並びに第６条第１項第１号イ及び第２項において「定期評価」という。）の全体評語が下位又は「不十分」の段階である場合その他勤務の状況を示す事実に基づき勤務実績がよくないと認められ

(2)　特に、職員の職務上の過誤や当該職員についての苦情等の具体的な事実が発生した場合には、その都度、詳細に記録を作成しておく。

(3)　また、運用通知第７条関係第３項(1)の指導や同項(4)の措置を行った場合は、その内容を記録しておく。

3　問題行動が心の不健康に起因すると思われる場合の対応

問題行動が心の不健康に起因すると思われる場合には、管理監督者は、職員に積極的に話しかけて事情を聞くほか、必要に応じ同僚等に職員の状況の変化の有無を聞き、また、健康管理者、健康管理医、専門家等と対応を相談するものとする（「職員の心の健康づくりのための指針について（平成16年３月30日勤職－75）」参照）。

4　懲戒処分との関係

問題行動の中には懲戒処分の対象となる事実も含まれている場合もあることから、当該事実を把握した任命権者は、分限処分と懲戒処分の目的や性格に照らし、総合的な判断に基づいてそれぞれ処分を行うなど厳正に対応する必要がある。

Ⅱ　心身の故障の場合の留意点（法第78条第２号関係）

1　治癒し難い心身の故障があるとの診断がなされなかった場合の対応

規則第７条第３項により任命権者が指定した医師２名のうち、少なくとも１名が同項に規定する診断をしなかった場合には、法第78条第２号に該当すると判断することはできず、職員本人及び主治医、健康管理医等と相談した上で、円滑な職場復帰を図っていくなどの対応を行う必要がある。

2　医師による適切な診断を求める努力

職員の心身の故障の回復の可能性及び職務遂行の可否を判断するための医師の専門的診断は、職場の実態や職員の職場における実情等に基づく必要がある。そのため、診断する医師にその実情を十分に伝え、適切な診断を求めていくことが必要である。

3　病気休職期間満了前からの準備

３年間の病気休職の期間が満了する場合には、その期間満了前から、当該職員や主治医と緊密に連絡を取って病状の把握に

る場合において、指導その他の人事院が定める措置を行ったにもかかわらず、なお勤務実績がよくない状態が改善されないときであって、当該職員がその職務の級に分類されている職務を遂行することが困難であると認められるとき。

ロ　各庁の長が指定する医師２名によって、心身の故障があると診断され、その故障のため職務の遂行に支障があり、又はこれに堪えないことが明らかな場合

ハ　職員がその職務の級に分類されている職務を遂行することについての適格性を判断するに足りると認められる事実に基づき、当該適格性を欠くと認められる場合において、指導その他の人事院が定める措置を行ったにもかかわらず、当該適格性を欠く状態がなお改善されないとき。

二　官制若しくは定員の改廃又は予算の減少により職員の属する職務の級の給与法第８条第１項又は第２項の規定による定数に不足が生じた場合

（降号の事由）

第５条　各庁の長は、職員の定期評価の全体評語が下位又は「不十分」の段階である場合その他勤務の状況を示す事実に基づき勤務実績がよくないと認められる場合であり、かつ、その職務の級に分類されている職務を遂行することが可能であると認められる場合であって、指導その他の人事院が定める措置を行ったにもかかわらず、なお勤務実績がよくない状態が改善されない場合において、必要があると認めるときは、当該職員を降号するものとする。

（臨時的職員又は条件付採用期間中の職員の特例）

第６条　各庁の長は、臨時的職員が降任により、又は条件付採用期間中の職員が降任又は転任により、現に属する職務の級より同一の俸給表の下位の職務の級に分類されている職務を遂行することとなった場合のほか、次の各号のいずれかに掲げる事由に該当し、必要があると認める場合は、いつでもこれらの職員を降格することができる。

一　次に掲げる事由のいずれかに該当する場合（職員が降任された場合を除く。）

イ　職員の定期評価の全体評語が下位又は「不十分」の段階である場合（条件付採用期間中の職員にあっては、当該職員の特別評価の人事評価政令第18条において準用する人事評価政令第９条第３項に規定する確認が行われた人事評価

努め、運用通知第７条関係第５項(1)により医師２名の診断を求める必要があるかどうか検討しておく。

4　病気休暇又は病気休職の累計が３年を超える場合の対応

運用通知第７条関係第５項(3)に該当する場合（病気休暇又は病気休職を繰り返してそれらの期間の累計が３年を超え、そのような状態が今後も継続して、職務の遂行に支障が有ると見込まれる場合）には、規則第７条第３項の医師の診断を求めることとなるが、当該病気休暇や病気休職の原因である心身の故障の内容が明らかに異なるときには、これには該当しないものとして取り扱う。

［例］精神疾患の病状が回復し、職場復帰した後に、交通事故による外傷によって病気休職等とされた場合

Ⅲ　受診命令違反の場合の留意点（法第78条第３号関係）

規則第14条の受診命令に従わない場合に行われる分限免職は、法第78条第３号に基づく処分であるから、職員が正当な理由なく受診命令を拒否したことのほか、①当該職員が有していると思われる疾患又は心身の故障のため、職務の遂行に支障があり、又はこれに堪えない状況にあると認められること及び②受診命令拒否その他の行動、態度等から、当該職員が官職に必要な適格性を欠くと認められることを運用通知第７条関係第４項に掲げる客観的な資料により確認して行うものとする。

Ⅳ　行方不明の場合の留意点（法第78条第３号関係）

原則として１月以上にわたる行方不明の場合は、法第78条第３号による免職とする。被処分者となる職員の所在を知ることができない場合においては、人事院規則８－12（職員の任免）第56条に基づき、官報に処分内容を掲載するものとする。

Ⅴ　人事院への報告

規則第13条及び運用通知第13条関係に基づき、任命権者が、職員をその意に反して、降任させ又は免職したときは、当該処分の発令の日から１月以内に、法第89条第１項に規定する説明書の写１通を人事院に提出することとされているが、このほか職員が法78条第１号から第３号に該当するとして、規則、運用通知及びこの通知に基づき分限処分に係る対応や手続を行っていたところ、当該職員から辞職の申し出がありこれを承認した場合又は当該職員の同意に基づき降任を行った場合は、その旨

政令第16条第１項に規定する全体評語が下位の段階である場合。次項において同じ。）その他勤務の状況を示す事実に基づき勤務実績がよくないと認められる場合であって、当該職員がその職務の級に分類されている職務を遂行することが困難であると認められるとき。

ロ　心身の故障のため、職務の遂行に支障があり、又はこれに堪えないことが明らかである場合

ハ　イ又はロに掲げる場合のほか、客観的事実に基づいてその職務の級に分類されている職務を遂行することが困難であると認められるとき。

二　第４条第２号に掲げる事由

2　各庁の長は、臨時的職員又は条件付採用期間中の職員の定期評価の全体評語が下位又は「不十分」の段階である場合その他勤務の状況を示す事実に基づき勤務実績がよくないと認められる場合であり、かつ、その職務の級に分類されている職務を遂行することが可能であると認められる場合であって、必要があると認めるときは、いつでもこれらの職員を降号することができる。

（通知書の交付）

第７条　各庁の長は、職員を降給させる場合には、職員に規則８－12（職員の任免）第53条に規定する通知書（以下「通知書」という。）を交付して行わなければならない。ただし、通知書の交付によることができない緊急の場合においては、通知書に代わる文書の交付その他適当な方法をもって通知書の交付に代えることができる。

（処分説明書の写しの提出）

第８条　各庁の長は、降給（法第81条の２第３項に規定する他の官職への降任等に伴う降給を除く。）をしたときは、法第89条第１項に規定する説明書の写し１通を人事院に提出しなければならない。

（受診命令に従う義務）

第９条　職員は、第４条第１号ロに規定する診断を受けるよう命ぜられた場合には、これに従わなければならない。

（雑則）

第10条　この規則の実施に関し必要な事項は、人事院が定める。

を人事院へ報告するものとする。

【人事院規則11－10（職員の降給）の運用について（平成21年給２－26、最終改正：令和４年事企法－37）】

人事院規則11－10（職員の降給）の運用について下記のとおり定めたので、平成21年４月１日以降は、これによってください。

記

第４条及び第５条関係

1　第４条第１号イ及び第５条の「人事院が定める措置」は、次に掲げるいずれかの措置とする。

(1)　職員の上司等が、注意又は指導を繰り返し行うこと。

(2)　職員の転任その他の当該職員が従事する職務を見直すこと。

(3)　職員の矯正を目的とした研修の受講を命ずること。

(4)　その他職員の矯正のために必要と認める措置をとること。

2　第４条第１号イ若しくはハ又は第５条の勤務実績又は適格性を判断するに当たっては、例えば次に掲げる客観的な資料によるものとする。

(1)　職員の人事評価の結果その他職員の勤務実績を判断するに足りると認められる事実を記録した文書

(2)　職員の勤務実績が他の職員と比較して明らかに劣る事実を示す記録

(3)　職員の職務上の過誤、当該職員についての苦情等に関する記録

(4)　職員に対する指導等に関する記録

(5)　職員に対する分限処分、懲戒処分その他服務等に関する記録

(6)　職員の身上申告書又は職務状況に関する報告

3　第４条第１号ロの医師の「診断」は、職員が次のいずれかに該当する場合に行うものとする。

(1)　３年間の病気休職（国家公務員法（昭和22年法律第120号）第79条第１号の規定による休職をいう。以下同じ。）の期間が満了するにもかかわらず、心身の故障の回復が不十分で、職務を遂行することが困難であると考えられる場合

(2)　病気休職中であって、今後、職務を遂行することが可能となる見込みがないと判断される場合

(3) 病気休暇又は病気休職を繰り返してそれらの期間の累計が3年を超え、そのような状態が今後も継続して、職務の遂行に支障があると見込まれる場合
(4) 勤務実績がよくない職員又はその職務の級に分類されている職務を遂行することについての適格性を欠くと認められる職員について、それらが心身の故障に起因すると思料される場合

4 第4条第1号ロの医師の「診断」を命ずるに当たり、文書を交付して行う場合は、当該文書には次に掲げる文言を記載するものとし、別紙1を参考に、適宜の様式によるものとする。
(1) 各庁の長が指定する医師2名の診断を受け、診断書を提出するよう命ずる旨
(2) 受診命令が第4条第1号ロに該当する可能性があるか否かを確認することを目的とするものである旨
(3) 正当な理由なくこの受診命令に従わない場合には、国家公務員法第78条第3号の規定による免職が行われる可能性がある旨

5 第4条第1号ハの「適格性を欠く」場合とは、当該職員の容易に矯正することができない持続性を有する素質、能力、性格等に基因してその職務の円滑な遂行に支障があり、又は支障を生ずる高度の蓋然性が認められる場合とする。

6 第4条第1号ハの「人事院が定める措置」は、第1項に掲げるいずれかの措置のほか、職員が行方不明の場合における当該職員の所在が明らかでないことの確認等適格性を欠いた状態が改善されないことを確認するために必要と認められる措置とする。

7 第4条第1号イ若しくはハ又は第5条の規定により職員を降格させ、又は降号するに当たっては、各庁の長は、警告書を交付した後、弁明の機会を与えるものとする。ただし、職員の勤務実績不良の程度、業務への影響等を考慮して、速やかに処分を行う必要があると認められる場合は、この限りでない。

8 前項の警告書には、次に掲げる文言を記載するものとし、別紙2を参考に、適宜の様式によるものとする。
(1) 勤務実績の不良又は適格性の欠如と評価することができる

附則

(施行期日)

1 この規則は、平成21年4月1日から施行する。

(給与法附則第8項の規定の適用を受ける職員に対する規定の適用)

2 給与法附則第8項の規定の適用を受ける職員に対する第3条及び第8条の規定の適用については、当分の間、第3条中「とする」とあるのは「並びに給与法附則第8項の規定による降給とする」と、第8条中「を除く」とあるのは「及び給与法附則第8項の規定による降給を除く」とする。

3 第7条の規定は、給与法附則第8項の規定による降給の場合には、適用しない。この場合において、同項の規定の適用を受ける職員には、規則9－147（給与法附則第8項の規定による俸給月額）第6条の規定により、同項の規定の適用により俸給月額が異動することとなった旨の通知を行うものとする。

具体的事実及びその状態の改善を求める旨
(2) (1)の状態が改善されない場合には、降格又は降号が行われることがある旨

9　各庁の長は、第４条第１号イ又は第５条の「全体評語が下位又は「不十分」の段階である場合」に該当するときは、職員に対して、人事評価の基準、方法等に関する政令（平成21年政令第31号）第10条又は第11条（同令第14条及び第18条第２号において準用する場合を含む。）に規定する評価結果の開示又は指導及び助言に当たり、勤務実績不良の状態が改善されない場合には降格又は降号の可能性があることを伝達するものとする。

第６条関係

1　臨時的職員及び条件付採用期間中の職員については、第４条及び第５条の規定は適用されない。

2　この条の第１項第１号イ又は第２項の勤務実績を判断するに当たっては、例えば第４条及び第５条関係第２項に掲げる客観的な資料によるものとする。

第７条関係

1　職員の降給は、この条に規定する通知書（以下「通知書」という。）を交付した時（この条のただし書に該当する場合には通知書の交付に代わる方法による通知が到達した時）にその効力が発生する。

2　この条の規定により交付する通知書の「異動内容」欄の記入要領は、次のとおりとする。ただし、これによっては特に支障がある場合には、これによらないことができる。

(1)　降格させる場合

「国家公務員法第75条第２項及びアの規定によりイに降格させる。ウを給する。」と記入する。

注１　「ア」の記号をもって表示する事項は、根拠となる条項とする。この場合には、第４条に定める事由により降格させるときは、同条に定める事由のうち該当する事由を規定する条項を記入し、国家公務員法第81条の２第１項に規定する降給をさせるときは、「第81条の２第１項」と記入する。

２　「イ」の記号をもって表示する事項は、一般職の職員

の給与に関する法律（昭和25年法律第95号。以下「給与法」という。）に規定する職務の級とする。この場合には、「職務の級」の表示は「○○俸給表○級」とする。

3　「ウ」の記号をもって表示する事項は、給与法に規定する号俸とする。この場合には、「号俸」の表示は「○号俸」とする。

(2)　降号する場合

「国家公務員法第75条第２項及び人事院規則11－10第５条の規定により降号する。アを給する。」と記入する。

注　「ア」の記号をもって表示する事項は、給与法に規定する職務の級及び号俸とする。この場合には、「職務の級」の表示は「○○俸給表○級」と、「号俸」の表示は「○号俸」とする。

3　各庁の長は、職員を降給させる場合（国家公務員法第81条の２第３項に規定する他の官職への降任等に伴う降給の場合を除く。）においては、当該職員が現に任命されている官職の任命権者（人事院規則８－12（職員の任免）第４条第12号に規定する任命権者をいう。ただし、当該各庁の長である任命権者を除く。）にその旨を通知するものとする。

第８条関係

この条に規定する説明書の写しの提出は、職員を降給させた日から１月以内に行うものとする。

その他の事項

1　第４条及び第５条関係第４項の文書又は同関係第７項の警告書の交付は、「人事院規則11－４（職員の身分保障）の運用について（昭和54年12月28日任企－548）」第７条関係第６項の文書又は同条関係第９項の警告書の交付と同時に行う場合であって、これらの文書に第４条及び第５条関係第４項又は第８項に掲げる文言を適宜記載するときは、省略することができる。

2　外務公務員法第２条第５項に規定する外務職員として人事評価が実施された職員に対する第４条第１号イ、第５条、第６条第１項第１号イ及び第２項並びに第４条及び第５条関係第９項の規定の適用については、外務職員の人事評価の基準、方法等に関する省令（平成21年外務省令第６号）第６条第１項に規定する全体評語を第４条第１号イに規定する全体評語と、同令第

16条第１項に規定する特別評価の全体評語を第６条第１項第１号イに規定する特別評価の全体評語と、同令第10条及び第11条に規定する評価結果の開示又は指導及び助言を第４条及び第５条関係第９項に規定する評価結果の開示又は指導及び助言とみなす。

別紙１・別紙２　（略）

【降給に当たっての留意点等について（平成21年給２－32、最終改正：令和４年給２－73)】

職員の降給については、国家公務員法（昭和22年法律第120号。以下「法」という。）第75条第２項及び第81条の２第１項、一般職の職員の給与に関する法律（昭和25年法律第95号。以下「給与法」という。）附則第８項並びに人事院規則11－10（職員の降給）（以下「規則」という。）並びに「人事院規則11－10（職員の降給）の運用について（平成21年３月18日給２－26)」（以下「運用通知」という。）のほか、下記のとおり、留意点等について整理しましたので、平成21年４月１日以降、これによってください。各府省等におかれては、これを参考として、降給制度の趣旨に則った対処に努めていただき、公務の適正かつ能率的な運営のより一層の確保をお願いいたします。

記

Ⅰ　勤務実績不良又は適格性欠如の場合の留意点（規則第４条第１号イ若しくはハ又は第５条関係）

1　規則第４条第１号イ又はハの規定による降格

規則第４条第１号イ又はハの規定による降格は、例えば次項⑴から⑶までに掲げるような状態が著しい場合において、運用通知第４条及び第５条関係第１項又は第６項に掲げる措置を行ったにもかかわらず、なおその状態が改善されないときであって、公務能率に具体的な支障を及ぼすに至ったときに行うものとする。

なお、個々の例が規則第４条第１号イ又はハの勤務実績不良又は適格性欠如のいずれに該当するかについては、諸般の要素を総合的に検討して判断する必要がある。

2　規則第５条の規定による降号

規則第５条の規定による降号は、勤務実績がよくないと認められる場合であり、かつ、その職務の級に分類されている職務を遂行することが可能であると認められる場合であって、運用通知第４条及び第５条関係第１項に掲げる措置を行ったにもかかわらず、例えば次の(1)から(3)までに掲げるような場合に該当する状態がなお改善されない場合において、公務能率に具体的な支障を及ぼすに至ったときに行うものとする。

(1) 職責を十分に果さず、本来行うべき業務の処理を怠ったり他者に押しつけたりするなどの勤務懈怠の状況がしばしば見られ、そのフォローのために他者の作業が滞るなど組織としての成果の達成を著しく阻害した場合

(2) 職務遂行上必要な判断を行わなかったこと若しくはその判断に関して軽微でない誤りを犯したことにより、又は通常の職務遂行上求められる作業を行わずに、単純な思い込みで業務を遂行したりするなど不適切な職務遂行をしばしば行ったことにより、関係者に損害を与え、組織の信用を著しく傷つけた場合

(3) 上司、部下、同僚との関係において必要な報告、指示、連絡等を怠り又は誤った報告等を行うこと、優先すべき業務と無関係な作業や不適切な判断を行うこと、部内・部外の関係者に対し情報提供を怠り又は誤解を招く情報提供を行うこと等がしばしばあり、業務を混乱させ、行政サービスに著しい支障を生じさせた場合

3 規則第４条第１号イ若しくはハ又は第５条の勤務実績不良又は適格性欠如と評価することができる具体的事実の例

(1) 勤務を欠くことにより職務を遂行しなかった。

① 長期にわたり又は繰り返し勤務を欠いたり、勤務時間の始め又は終わりに繰り返し勤務を欠いた。

[例]

ア 連絡なしに出勤しなかったり、遅刻・早退をした。

イ 病気休暇や年次休暇が不承認となっているにもかかわらず、病気等を理由に出勤しなかった。

ウ 上司の指示を無視し、資料整理に従事するなどと称して出勤しなかった。

② 業務と関係ない用事で度々無断で長時間席を離れた（欠勤処理がなされていない場合でも勤務実績不良と評価され得る。）。

[例]

ア 事務室内を目的もなく歩き回り、自席に座っているこ

とがほとんどなかった。

イ　勤務時間中に自席で又は席を外して職場外に長時間私用電話をした。

(2)　割り当てられた特定の業務を行わなかった。

[例] 所属する係の所掌業務のうち、自分の好む業務のみを行い、他の命ぜられた業務を処理しなかった。

(3)　不完全な業務処理により職務遂行の実績があがらなかった。

①　業務のレベルや作業能率が著しく低かった。

[例]

ア　業務の成果物が著しく拙劣であった。

イ　事務処理数が職員の一般的な水準に比べ著しく劣った。

②　業務ミスを繰り返した。

[例] 計算業務を行うに当たって初歩的な計算誤りを繰り返した。

③　業務を１人では完結できなかった。

[例] 他の職員と比べて窓口対応等でトラブルが多く、他の職員が処理せざるを得なかった。

④　所定の業務処理を行わなかった。

[例]

ア　上司への業務報告を怠った。

イ　書類の提出期限を守らなかった。

ウ　業務日誌を作成しなかった。

(4)　業務上の重大な失策を犯した。

(5)　職務命令に違反したり、職務命令（規則第９条の受診命令を含む。）を拒否した。

(6)　上司等に対する暴力、暴言、誹謗中傷を繰り返した。

(7)　協調性に欠け、他の職員と度々トラブルを起こした。

なお、個々の例が規則第４条第１号イ若しくはハ又は第５条の勤務実績不良又は適格性欠如のいずれに該当するかについては、諸般の要素を総合的に検討して判断する必要がある。

4　資料収集

(1)　規則第４条第１号イ若しくはハ又は第５条の勤務実績不良又は適格性欠如に該当するか否かの判断は、単一の事実や行動のみをもって判断するのではなく、一連の行動等を相互に有機的に関連付けて行うものであるので、運用通知第４条及び第５条関係第２項に掲げる客観的な資料を収集した上で行う必要がある。

（参考）運用通知第４条及び第５条関係第２項に掲げる資料

① 職員の人事評価の結果その他職員の勤務実績を判断するに足りると認められる事実を記録した文書
② 職員の勤務実績が他の職員と比較して明らかに劣る事実を示す記録
③ 職員の職務上の過誤、当該職員についての苦情等に関する記録
④ 職員に対する指導等に関する記録
⑤ 職員に対する分限処分、懲戒処分その他服務等に関する記録
⑥ 職員の身上申告書又は職務状況に関する報告

(2) 特に、職員の職務上の過誤や当該職員についての苦情等の具体的な事実が発生した場合には、その都度、詳細に記録を作成しておく。

(3) また、運用通知第４条及び第５条関係第１項(1)の指導や同項(4)の措置を行った場合は、その内容を記録しておく。

5　問題行動が心の不健康に起因すると思われる場合の対応

問題行動が心の不健康に起因すると思われる場合には、管理監督者は、職員に積極的に話しかけて事情を聞くほか、必要に応じ同僚等に職員の状況の変化の有無を聞き、また、健康管理者、健康管理医、専門家等と対応を相談するものとする（「職員の心の健康づくりのための指針について（平成16年３月30日勤職－75）」参照）。

6　懲戒処分との関係

問題行動の中には懲戒処分の対象となる事実も含まれている場合もあることから、分限処分と懲戒処分の目的や性格に照らし、総合的な判断に基づいてそれぞれ処分を行うなど厳正に対応する必要がある。

Ⅱ　心身の故障の場合の留意点（規則第４条第１号ロ関係）

1　心身の故障があるとの診断がなされなかった場合の取扱い

規則第４条第１号ロの規定により各庁の長が指定する医師２名のうち、少なくとも１名が心身の故障があると診断をしなかった場合には、同規定に該当すると判断することはできない。

2　医師による適切な診断を求める努力

職員の心身の故障の回復の可能性及び職務遂行の可否を判断するための医師の専門的診断は、職場の実態や職員の職場における実情等に基づく必要がある。そのため、診断する医師にその実情を十分に伝え、適切な診断を求めていくことが必要である。

3　病気休職期間満了前からの準備

3年間の病気休職の期間が満了する場合には、その期間満了前から、当該職員や主治医と緊密に連絡を取って病状の把握に努め、運用通知第4条及び第5条関係第3項(1)により医師2名の診断を求める必要があるかどうか検討しておく。

4　病気休暇又は病気休職の累計が3年を超える場合の対応

運用通知第4条及び第5条関係第3項(3)に該当する場合（病気休暇又は病気休職を繰り返してそれらの期間の累計が3年を超え、そのような状態が今後も継続して、職務の遂行に支障が有ると見込まれる場合）には、規則第4条第1号ロの医師の診断を求めることとなるが、当該病気休暇や病気休職の原因である心身の故障の内容が明らかに異なるときには、これには該当しないものとして取り扱う。

［例］精神疾患の病状が回復し、職場復帰した後に、交通事故による外傷によって病気休職等とされた場合

Ⅲ　人事院への報告

規則第8条及び運用通知第8条関係に基づき、各庁の長が、降給（法第81条の2第3項に規定する他の官職への降任等に伴う降給及び給与法附則第8項の規定による降給を除く。）をしたときは、当該処分の発令の日から1月以内に、法第89条第1項に規定する説明書の写し1通を人事院に提出することとされているが、このほか職員が規則第4条から第6条に該当するとして、規則、運用通知及びこの通知に基づき降給（法第81条の2第3項に規定する他の官職への降任等に伴う降給及び人事院規則11－11（管理監督職勤務上限年齢による降任等）第5条第1号又は第2号に掲げる場合における法第81条の2第1項に規定する他の官職への転任に伴う降給を除く。）の処分に係る対応や手続を行っていたところ、当該職員から辞職の申し出がありこれを承認した場合又は当該職員の同意に基づき降格を行った場合は、その旨を人事院へ報告するものとする。

9　国公法・規則11－８・運用通知　対照表

国公法 施行日：令和５年４月１日、令和３年法律第61号による改正 国公法等改正法　附則 令和３年６月11日法律第61号	規則11－８（職員の定年） 施行日：令和６年４月１日、規則11－８－53による改正	運用通知
【国公法】 （定年による退職） 第81条の６　職員は、法律に別段の定めのある場合を除き、定年に達したときは、定年に達した日以後における最初の３月31日又は第55条第１項に規定する任命権者若しくは法律で別に定められた任命権者があらかじめ指定する日のいずれか早い日（次条第１項及び第２項ただし書において「定年退職日」という。）に退職する。 ②　前項の定年は、年齢65年とする。ただし、その職務と責任に特殊性があること又は欠員の補充が困難であることにより定年を年齢65年とすることが著しく不適当と認められる官職を占める医師及び歯科医師その他の職員として人事院規則で定める職員の定年は、65年を超え70年を超えない範囲内で人事院規則で定める年齢とする。 ③　前２項の規定は、臨時的職員その他の法律により任期を定めて任用される職員及び常時勤務を要しない官職を占める職員には適用しない。 （定年による退職の特例） 第81条の７　任命権者は、定年に達した職員が前条第１項の規定により退職すべきこととなる場合において、次に掲げる事由があると認めるときは、同項の規定にかかわらず、当該職員に係る定年退職日の翌日から起算して１年を超えない範囲内で期限を定め、当該職員を当該定年退職日において従事している職務に従事させるため､引き続き勤務させることができる。ただし、第81条の５第１項から第４項までの規定により異動期間（これらの規定により延長された期間を含む。）を延長した職員であつて、定年退職日において管理監督職を占めている職員については、同条第１項又は第２項の規定により当該定年退職日まで当該異動期間を延長した場合であつて、引き続き勤務させることについて人事院の承認を得たときに限るものとし、当該期限	（趣旨） 第１条　この規則は、職員の定年に関し必要な事項を定めるものとする。 （定年の特例） 第２条　法第81条の６第２項ただし書の人事院規則で定める職員は、次に掲げる施設等に勤務し、医療業務に従事する医師及び歯科医師（第４号及び第５号に掲げる施設等にあっては、人事院が定める医師又は歯科医師に限る。）とする。 一　刑務所、少年刑務所、拘置所、少年院又は少年鑑別所 二　入国者収容所又は地方出入国在留管理局 三　国立ハンセン病療養所 四　地方厚生局又は地方厚生支局 五　国の行政機関の内部部局（これに相当するものを含む。）に置かれた医療業務を担当する部署 ２　法第81条の６第２項ただし書の人事院規則で定める年齢は、年齢70年とする。 （勤務延長に係る任命権者） 第３条　法第81条の７に規定する任命権者には、併任に係る官職の任命権者は含まれないものとする。 （勤務延長ができる事由） 第４条　法第81条の７第１項第１号の人事院規則で定める事由は、業務の性質上、当該職員の退職による担当者の交替により当該業務の継続的遂行に重大な障害が生ずることとする。 ２　法第81条の７第１項第２号の人事院規則で定める事由は、職務が高度の専門的な知識、熟達した技能若しくは豊富な経験を必要とするものであるため、又は勤務環境その他の勤務条件に特殊性があるため、当該職員の退職により生ずる欠員を容易に補充することができず業務の遂行に重大な障害が生ずることと	**【定年制度の運用について（令和４年給生－15、最終改正：令和６年給生－39）】** 国家公務員法（昭和22年法律第120号。以下「法」という。）第81条の６、第81条の７及び附則第８条、国家公務員法等の一部を改正する法律（令和３年法律第61号。以下「令和３年改正法」という。）附則第３条第６項、第９項及び第11項並びに人事院規則11－８（職員の定年）（以下「規則」という。）の運用について下記のとおり定めたので、令和５年４月１日以降は、これによってください。 なお、これに伴い、「定年制度の運用について（昭和59年７月２日任企－219）」は廃止します。 記 第１　定年退職関係 １　法第81条の６第１項の「定年に達した日」とは、その職員の定年に係る誕生日の前日をいう。 ２　法第81条の６第１項の規定により、職員（同条第３項に規定する職員を除く。以下同じ。）は、法第81条の７第１項又は第２項の規定により引き続いて勤務する場合を除き、定年退職日の終了まで職員としての身分を保有し、定年退職日の終了とともに当然に退職する。 ３　法第81条の６第１項に規定する指定の権限は、委任することができない。 ４　法第81条の６第３項の「臨時的職員その他の法律により任期を定めて任用される職員」には、人事院規則８－12（職員の任免）第42条第２項の規定により任期を定めて任用される職員は含まれない。

は、当該職員が占めている管理監督職に係る異動期間の末日の翌日から起算して３年を超えることができない。

一　前条第１項の規定により退職すべきこととなる職員の職務の遂行上の特別の事情を勘案して、当該職員の退職により公務の運営に著しい支障が生ずると認められる事由として人事院規則で定める事由

二　前条第１項の規定により退職すべきこととなる職員の職務の特殊性を勘案して、当該職員の退職により、当該職員が占める官職の欠員の補充が困難となることにより公務の運営に著しい支障が生ずると認められる事由として人事院規則で定める事由

②　任命権者は、前項の期限又はこの項の規定により延長された期限が到来する場合において、前項各号に掲げる事由が引き続きあると認めるときは、人事院の承認を得て、これらの期限の翌日から起算して１年を超えない範囲内で期限を延長することができる。ただし、当該期限は、当該職員に係る定年退職日（同項ただし書に規定する職員にあつては、当該職員が占めている管理監督職に係る異動期間の末日）の翌日から起算して３年を超えることができない。

③　前２項に定めるもののほか、これらの規定による勤務に関し必要な事項は、人事院規則で定める。

（定年に関する事務の調整等）

第81条の８　内閣総理大臣は、職員の定年に関する事務の適正な運営を確保するため、各行政機関が行う当該事務の運営に関し必要な調整を行うほか、職員の定年に関する制度の実施に関する施策を調査研究し、その権限に属する事項について適切な方策を講ずるものとする。

附則

第８条　令和５年４月１日から令和13年３月31日までの間における第81条の６第２項の規定の適用については、次の表の上欄に掲げる期間の区分に応じ、同項中「65年」とあるのはそれぞれ同表の中欄に掲げる字句と、同項ただし書中「70年」とあるのはそれぞれ同表の下欄に掲げる字句とする。

令和５年４月１日から令和７年３月31日まで	61年	66年
令和７年４月１日から令和９年３月31日まで	62年	67年

する。

（勤務延長に係る職員の同意）

第５条　任命権者は、勤務延長（法第81条の７第１項の規定により職員を引き続き勤務させることをいう。以下同じ。）を行う場合及び勤務延長の期限（同項の期限又は同条第２項の規定により延長された期限をいう。以下同じ。）を延長する場合には、あらかじめ職員の同意を得なければならない。

（勤務延長の期限の繰上げ）

第６条　任命権者は、勤務延長の期限の到来前に当該勤務延長の事由が消滅した場合は、職員の同意を得て、当該勤務延長の期限を繰り上げるものとする。

（勤務延長職員の併任の制限）

第７条　任命権者は、勤務延長職員（法第81条の７第１項又は第２項の規定により引き続き勤務している職員をいう。以下同じ。）が従事している職務の遂行に支障がないと認められる場合を除き、勤務延長職員を併任することができない。

（勤務延長に係る他の任命権者に対する通知）

第８条　任命権者は、勤務延長を行う場合、勤務延長の期限を延長する場合及び勤務延長の期限を繰り上げる場合において、職員が任命権者を異にする官職に併任されているときは、当該併任に係る官職の任命権者にその旨を通知しなければならない。

（定年に達している者の任用の制限）

第９条　任命権者は、採用しようとする官職に係る定年に達している者を、当該官職に採用することができない。ただし、かつて職員であった者で、任命権者の要請に応じ、引き続き特別職に属する職、地方公務員の職、沖縄振興開発金融公庫に属する職その他これらに準ずる職で人事院が定めるものに就き、引き続いてこれらの職に就いているもの（これらの職のうち一の職から他の職に１回以上引き続いて異動した者を含む。）を、当該官職に係る定年退職日（法第81条の６第１項に規定する定年退職日をいう。次項及び第11条において同じ。）以前に採用する場合は、この限りでない。

２　任命権者は、昇任し、降任し、又は転任しようとする官職に係る定年に達している職員を、当該官職に係る定年退職日後に、

５　併任されている職員の定年退職は、本務に係る官職に基づき行うものとする。

６　規則第２条第１項の「医師及び歯科医師」とは、医師法（昭和23年法律第201号）第２条の規定による医師の免許を有する職員及び歯科医師法（昭和23年法律第202号）第２条の規定による歯科医師の免許を有する職員をいう。

７　規則第２条第１項第５号の「医療業務を担当する部署」とは、各府省の診療室等をいう。

第２　勤務延長関係

１　規則第４条各項で定める事由に該当するか否かの判断は、本務に係る官職について行うものとする。

２　勤務延長を行う場合及び勤務延長の期限を延長する場合の期限は、当該勤務延長の事由に応じた必要最小限のものでなければならない。

３　規則第４条第１項で定める事由には、例えば、次に掲げるような場合が該当する。

一　定年退職することとなる職員が担当している重要な案件に係る業務の継続性を確保するため、その職員を引き続き任用する特別の必要性が認められる場合

二　定年退職することとなる職員が大規模な研究プロジェクトにおいて重要な役割を果たしているため、その職員の退職により当該研究の完成が著しく遅延するなどの重大な障害が生ずる場合

４　規則第４条第２項で定める事由には、例えば、次に掲げるような場合が該当する。

一　定年退職することとなる職員が習得に相当の期間を要する熟練した技能等を要する職務に従事しているため、その職員の後任を容易に得ることができず、業務の遂行に重大な支障が生ずる場合

二　定年退職することとなる職員が離島その他のへき地にある官署等に勤務しているため、その職員の退職による欠員を容易に補充することができず、業務の遂行に重大な支障が生ずる場合

令和９年４月１日から令和11年３月31日まで	63年	68年
令和11年４月１日から令和13年３月31日まで	64年	69年

② 令和５年４月１日から令和13年３月31日までの間における国家公務員法等の一部を改正する法律（令和３年法律第61号。以下この条及び次条において「令和３年国家公務員法等改正法」という。）第１条の規定による改正前の第81条の２第２項第１号に掲げる職員に相当する職員として人事院規則で定める職員に対する第81条の６第２項の規定の適用については、前項の規定にかかわらず、次の表の上欄に掲げる期間の区分に応じ、同条第２項ただし書中同表の中欄に掲げる字句は、それぞれ同表の下欄に掲げる字句とする。

令和５年４月１日から 令和７年３月31日まで	65年を超え70年を超えない範囲内で人事院規則で定める年齢	年齢66年
令和７年４月１日から 令和９年３月31日まで	70年	67年
令和９年４月１日から 令和11年３月31日まで	70年	68年
令和11年４月１日から 令和13年３月31日まで	70年	69年

③ 令和５年４月１日から令和13年３月31日までの間における令和３年国家公務員法等改正法第１条の規定による改正前の第81条の２第２項第２号に掲げる職員に相当する職員として人事院規則で定める職員に対する第81条の６第２項の規定の適用については、第１項の規定にかかわらず、次の表の上欄に掲げる期間の区分に応じ、同条第２項中「65年」とあるのはそれぞれ同表の中欄に掲げる字句と、同項ただし書中「70年」とあるのはそれぞれ同表の下欄に掲げる字句とする。

令和５年４月１日から令和７年３月31日まで	63年	66年
令和７年４月１日から令和９年３月31日まで	63年	67年
令和９年４月１日から令和11年３月31日まで	63年	68年
令和11年４月１日から令和13年３月31日まで	64年	69年

④ 令和５年４月１日から令和７年３月31日までの間における令和３年国家公務員法等改正法第１条の規定による改正前の第81

当該官職に昇任し、降任し、又は転任することができない。ただし、次に掲げる場合は、この限りでない。
一 勤務延長職員を、法令の改廃による組織の変更等により、勤務延長に係る官職の業務と同一の業務を行うことをその職務の主たる内容とする官職に昇任し、降任し、又は転任する場合
二 退職をする職員を、人事管理上の必要性に鑑み、当該退職の日に限り臨時的に置かれる官職に転任する場合

（人事異動通知書の交付）

第10条 任命権者は、次の各号のいずれかに該当する場合には、職員に規則８－12（職員の任免）第58条の規定による人事異動通知書（以下この条において「人事異動通知書」という。）を交付しなければならない。ただし、第１号又は第６号に該当する場合のうち、人事異動通知書の交付によらないことを適当と認めるときは、人事異動通知書に代わる文書の交付その他適当な方法をもって人事異動通知書の交付に代えることができる。
一 職員が定年退職（法第81条の６第１項の規定により退職することをいう。）をする場合
二 勤務延長を行う場合
三 勤務延長の期限を延長する場合
四 勤務延長の期限を繰り上げる場合
五 勤務延長職員を昇任し、降任し、又は転任したことにより、勤務延長職員ではなくなった場合
六 勤務延長の期限の到来により職員が当然に退職する場合

（職員への周知）

第11条 任命権者（法第55条第１項に規定する任命権者及び法律で別に定められた任命権者に限る。次条において同じ。）は、部内の職員に係る定年及び定年退職日を適当な方法によって職員に周知させなければならない。

（報告）

第12条 任命権者は、法第81条の６第１項の規定による指定を行った場合（指定の内容を変更した場合を含む。）には、速やかに当該指定の内容を人事院に報告しなければならない。

2 任命権者は、第９条第２項ただし書（第１号に係る部分に限る。）の規定による昇任、降任又は転任を行った場合には、速やかに当該昇任、降任又は転任の内容を人事院に報告しなけれ

5 休職、派遣等により職員としての身分を保有するが職務に従事しないこととされている職員については、勤務延長を行うことができない。

6 法第81条の７第１項ただし書の人事院の承認を得ようとする場合には、次に掲げる事項を記載した申請書及び勤務延長を行おうとする職員の人事記録の写しを提出するものとする。この場合において、当該申請書については、別紙第１を参考に、適宜の様式によるものとする。
一 勤務延長を行おうとする職員の氏名及び年齢
二 勤務延長を行おうとする職員の所属部局、官職、職務の級及び号俸
三 勤務延長を行おうとする職員の定年及び定年退職日
四 勤務延長を行おうとする職員が占めている管理監督職に係る管理監督職勤務上限年齢及び延長前の異動期間の末日
五 延長された異動期間の延長理由及びその延長の根拠条項
六 勤務延長を行おうとする職員が現に従事している職務の内容
七 勤務延長を行おうとする理由、その延長の根拠条項及び勤務延長を行った場合の期限
八 その他参考となる事項

7 法第81条の７第２項の人事院の承認を得ようとする場合には、次に掲げる事項を記載した申請書及び勤務延長の期限を延長しようとする職員の人事記録の写しを提出するものとする。この場合において、当該申請書については、別紙第２を参考に、適宜の様式によるものとする。
一 勤務延長の期限を延長しようとする職員の氏名及び年齢
二 勤務延長の期限を延長しようとする職員の所属部局、官職、職務の級及び号俸
三 勤務延長の期限を延長しようとする職員の定年及び定年退職日
四 勤務延長の期限を延長しようとする職員が現に従事している職務の内容
五 現在の勤務延長の理由、その延長の根拠条項及び期限
六 勤務延長の期限を延長しようとする理由、その延長の根拠条項及び勤務延長の期限を延長した場合の期限
七 その他参考となる事項

条の２第２項第３号に掲げる職員に相当する職員として人事院規則で定める職員に対する第81条の６第２項の規定の適用については、第１項の規定にかかわらず、同条第２項中「、年齢65年」とあるのは「、60年を超え65年を超えない範囲内で人事院規則で定める年齢」と、同項ただし書中「65年を超え70年を超えない範囲内で人事院規則で定める年齢」とあるのは「年齢66年」とする。

⑤　令和７年４月１日から令和13年３月31日までの間における前項に規定する職員に対する第81条の６第２項の規定の適用については、第１項の規定にかかわらず、次の表の上欄に掲げる期間の区分に応じ、同条第２項中「、年齢65年」とあるのはそれぞれ同表の中欄に掲げる字句と、同項ただし書中「70年」とあるのはそれぞれ同表の下欄に掲げる字句とする。

令和７年４月１日から令和９年３月31日まで	、61年を超え65年を超えない範囲内で人事院規則で定める年齢	67年
令和９年４月１日から令和11年３月31日まで	、62年を超え65年を超えない範囲内で人事院規則で定める年齢	68年
令和11年４月１日から令和13年３月31日まで	、63年を超え65年を超えない範囲内で人事院規則で定める年齢	69年

【国公法等改正法】

附則

（国家公務員法の一部改正に伴う経過措置）

第３条　（略）

２～４　（略）

５　施行日前に旧国家公務員法第81条の３第１項又は第２項の規定により勤務することとされ、かつ、旧国家公務員法勤務延長期限（同条第１項の期限又は同条第２項の規定により延長された期限をいう。以下この項及び次項において同じ。）が施行日以後に到来する職員（次項において「旧国家公務員法勤務延長職員」という。）に係る当該旧国家公務員法勤務延長期限までの間における同条第１項又は第２項の規定による勤務については、新国家公務員法第81条の７の規定にかかわらず、なお従前の例による。

６　任命権者は、旧国家公務員法勤務延長職員について、旧国家公務員法勤務延長期限又はこの項の規定により延長された期限ばならない。

３　任命権者は、毎年５月末日までに、次に掲げる事項を人事院に報告しなければならない。

一　前年度に定年に達した職員に係る勤務延長（法第81条の７第１項ただし書の規定による人事院の承認を得たものを除く。）の事由及び期限の状況

二　前年度に勤務延長の期限が到来した職員（行政執行法人の職員に限る。）に係る法第81条の７第２項の規定による期限の延長の状況

（雑則）

第13条　この規則に定めるもののほか、職員の定年の実施に関し必要な事項は、人事院が定める。

附則　抄

（施行期日）

第１条　この規則は、令和５年４月１日から施行する。

（令和５年４月１日から令和13年３月31日までの間における令和３年改正法による改正前の法第81条の２第２項各号に掲げる職員に相当する職員の定年等）

第２条　法附則第８条第２項の人事院規則で定める職員は、次に掲げる施設等に勤務し、医療業務に従事する医師及び歯科医師とする。

一　病院又は診療所

一の二　国立児童自立支援施設

二　刑務所、少年刑務所、拘置所、少年院又は少年鑑別所

三　入国者収容所又は地方出入国在留管理局

四　検疫所又は国立障害者リハビリテーションセンター自立支援局の総合相談支援部若しくは国立保養所

五　国立ハンセン病療養所

六　地方厚生局又は地方厚生支局

七　環境調査研修所

八　国の行政機関の内部部局（これに相当するものを含む。）に置かれた医療業務を担当する部署（第１号に掲げるものを除く。）

九　前各号に掲げるもののほか、医療業務を担当する部署のある施設等

２　法附則第８条第２項の規定により読み替えて適用する法第81

８　勤務延長を行う場合及び勤務延長の期限を延長する場合の規則第５条の規定による職員の同意並びに勤務延長の期限を繰り上げる場合の規則第６条の規定による職員の同意を得る手続は、それぞれ、定年退職日、勤務延長の期限の到来の日又は勤務延長の期限を繰り上げようとする日に近接する適切な時期に、書面により（書面によらないことを適当と認める場合には、これに代わる適当な方法により）、行うものとする。

９　勤務延長職員は、昇任し、降任し、又は転任しようとする官職に係る定年退職日以前に、当該官職に昇任し、降任し、又は転任することにより、勤務延長されていない職員となる。

第３　定年に達している者の任用の制限関係

１　規則第９条第１項の「これらに準ずる職で人事院が定めるもの」は、次に掲げる法人に属する職とする。

一　国家公務員退職手当法施行令（昭和28年政令第215号）第９条の２各号に掲げる法人

二　国家公務員退職手当法施行令第９条の４各号に掲げる法人（沖縄振興開発金融公庫及び前号に掲げる法人を除く。）

三　特別の法律の規定により国家公務員退職手当法（昭和28年法律第182号）第７条の２の規定の適用について同条第１項に規定する公庫等職員とみなされる者を使用する法人

２　規則第９条第２項ただし書第２号に掲げる場合には、退職手当の支給の都合により転任する場合が該当する。

第４　人事異動通知書の交付関係

１　規則第10条の規定により人事異動通知書を交付する場合の「異動内容」欄の記入要領は、次のとおりとする。ただし、これによっては特に支障のある場合には、これによらないことができる。

一　職員が定年退職する場合

「国家公務員法第81条の６第１項の規定により　年　月日限り定年退職」

と記入する。

二　勤務延長を行う場合

「　年　月　日まで勤務延長する」

と記入する。

三　勤務延長の期限を延長する場合

が到来する場合において、新国家公務員法第81条の7第1項各号に掲げる事由があると認めるときは、人事院の承認を得て、これらの期限の翌日から起算して1年を超えない範囲内で期限を延長することができる。ただし、当該期限は、当該旧国家公務員法勤務延長職員に係る旧国家公務員法第81条の2第1項に規定する定年退職日の翌日から起算して3年を超えることができない。

7　独立行政法人通則法（平成11年法律第103号）第2条第4項に規定する行政執行法人の職員に対する前項の規定の適用については、同項中「ときは、人事院の承認を得て」とあるのは、「ときは」とする。

8　新国家公務員法第81条の2第1項の規定は、施行日において第5項の規定により同条第1項に規定する管理監督職を占めたまま引き続き勤務している職員には適用しない。

9　任命権者は、基準日（施行日、令和7年4月1日、令和9年4月1日、令和11年4月1日及び令和13年4月1日をいう。以下この項において同じ。）から基準日の翌年の3月31日までの間、基準日における新国家公務員法定年（新国家公務員法第81条の6第2項に規定する定年をいう。以下この項及び次条第2項において同じ。）が基準日の前日における新国家公務員法定年（基準日が施行日である場合には、施行日の前日における旧国家公務員法第81条の2第2項に規定する定年）を超える官職（基準日における新国家公務員法定年が新国家公務員法第81条の6第2項本文に規定する定年である官職に限る。）及びこれに相当する基準日以後に設置された官職その他の人事院規則で定める官職に、基準日から基準日の翌年の3月31日までの間に新国家公務員法第81条の7第1項若しくは第2項の規定又は第5項若しくは第6項の規定により勤務している職員のうち、基準日の前日において同日における当該官職に係る新国家公務員法定年（基準日が施行日である場合には、施行日の前日における旧国家公務員法第81条の2第2項に規定する定年）に達している職員（当該人事院規則で定める官職にあっては、人事院規則で定める職員）を、昇任し、降任し、又は転任することができない。

10　第2条の規定による改正後の一般職の職員の給与に関する法条の6第2項ただし書の人事院規則で定める職員は、前項に規定する職員のうち、同項第2号、第3号、第5号、第6号及び第8号に掲げる施設等に勤務し、医療業務に従事する医師及び歯科医師（同項第6号及び第8号に掲げる施設等にあっては、人事院が定める医師又は歯科医師に限る。）とする。

3　法附則第8条第2項の規定により読み替えて適用する法第81条の6第2項ただし書の人事院規則で定める年齢は、次の各号に掲げる期間の区分に応じ、それぞれ当該各号に定める年齢とする。

一　令和7年4月1日から令和9年3月31日まで　年齢67年

二　令和9年4月1日から令和11年3月31日まで　年齢68年

三　令和11年4月1日から令和13年3月31日まで　年齢69年

4　法附則第8条第3項の人事院規則で定める職員は、次に掲げる職員であって給与法に規定する行政職俸給表（二）の適用を受ける職員とする。

一　守衛、巡視等の監視、警備等の業務に従事する職員

二　用務員、労務作業員等の庁務又は労務に従事する職員

5　法附則第8条第4項の人事院規則で定める職員は、次の各号に掲げる期間の区分に応じ、それぞれ当該各号に定める職員とする。

一　令和5年4月1日から令和7年3月31日まで　附則別表の各項職員の欄に掲げる職員

二　令和7年4月1日から令和9年3月31日まで　附則別表の2の項及び3の項職員の欄に掲げる職員

三　令和9年4月1日から令和13年3月31日まで　附則別表の3の項職員の欄に掲げる職員

6　法附則第8条第4項又は第5項の規定により読み替えて適用する法第81条の6第2項本文の人事院規則で定める年齢は、附則別表職員の欄に掲げる職員の区分に応じ、それぞれ同表年齢の欄に掲げる年齢とする。

（令和3年改正法附則第3条第6項の規定による勤務についての準用）

第3条　第3条、第5条から第8条まで、第9条第2項、第10条並びに第12条第2項及び第3項（第2号に係る部分に限る。）の規定は、国家公務員法等の一部を改正する法律（令和3年法律第61号。次条において「令和3年改正法」という。）附則第3条第6項の規定による勤務について準用する。

「勤務延長の期限を　年　月　日まで延長する」

と記入する。

四　勤務延長の期限を繰り上げる場合

「勤務延長の期限を　年　月　日に繰り上げる」

と記入する。

五　勤務延長職員が昇任し、降任し、又は転任し、勤務延長職員ではなくなった場合

「勤務延長されていない職員となった」

と記入する。

六　勤務延長の期限の到来により勤務延長職員が当然に退職する場合

「国家公務員法第81条の7アの規定による勤務延長の期限の到来により　年　月　日限り退職」

と記入する。

注　「ア」の記号をもって表示する事項は、勤務延長の期限の到来に係る根拠となる条項とする。

2　前項に定めるもののほか、規則第10条の規定により交付する人事異動通知書の様式、記載事項等については、「人事異動通知書の様式及び記載事項等について（昭和27年6月1日13−799）」の規定によるものとする。

第5　規則附則関係

1　規則附則第2条第1項及び第2項の「医師及び歯科医師」とは、第1の第6項に規定する職員をいう。

2　規則附則第2条第1項第8号及び第9号の「医療業務を担当する部署」とは、第1の第7項に規定する部署をいう。

3　規則附則第2条第4項に定める職員は、人事院規則9−8（初任給、昇格、昇給等の基準）別表第2の行政職俸給表（二）初任給基準表の備考第1項第2号に掲げる労務職員（甲）及び同項第3号に掲げる労務職員（乙）の区分に属する職員である。

4　規則附則別表の2の項職員の欄中「研究所、試験所等の副所長（これに相当する職員を含む。）で人事院が定めるもの」は、次に掲げる職員とする。

一　国立医薬品食品衛生研究所副所長

二　国立保健医療科学院次長

律（附則第７条及び第12条第４項において「新一般職給与法」という。）附則第８項から第16項までの規定は、第５項又は第６項の規定により勤務している職員には適用しない。

11　第５項から前項までに定めるもののほか、第５項又は第６項の規定による勤務に関し必要な事項は、人事院規則で定める。

12　研究施設研究教育職員（第６条の規定による改正後の教育公務員特例法第31条第１項に規定する研究施設研究教育職員をいう。附則第６条第９項及び第10項において同じ。）については、第２項及び第９項の規定は、適用しない。

（令和３年改正法附則第３条第９項の人事院規則で定める官職及び職員等）

第４条　令和３年改正法附則第３条第９項の人事院規則で定める官職は、次に掲げる官職のうち、当該官職が基準日の前日に設置されていたものとした場合において、基準日における新国家公務員法定年が基準日の前日における新国家公務員法定年（同日が令和５年３月31日である場合には、旧国家公務員法第81条の２第２項に規定する定年に準じた年齢）を超える官職（当該官職に係る定年が新国家公務員法第81条の６第２項本文に規定する定年である官職に限る。）とする。

一　基準日以後に新たに設置された官職

二　基準日以後に法令の改廃による組織の変更等により名称が変更された官職

2　令和３年改正法附則第３条第９項の人事院規則で定める職員は、前項に規定する官職が基準日の前日に設置されていたものとした場合において、同日における当該官職に係る新国家公務員法定年（同日が令和５年３月31日である場合には、旧国家公務員法第81条の２第２項に規定する定年に準じた年齢）に達している職員とする。

3　第９条第２項ただし書及び第12条第２項の規定は、令和３年改正法附則第３条第９項の規定により昇任し、降任し、又は転任することができない場合について準用する。

（雑則）

第５条　前３条に規定するもののほか、この規則の施行に関し必要な経過措置は、人事院が定める。

附則別表（附則第２条第５項及び第６項関係）

項	職員	年齢
1	事務次官（外交領事事務に従事する職員で人事院が定めるものを除く。以下この表において同じ。） 外局（国家行政組織法（昭和23年法律第120号）第３条第３項の庁に限る。以下この表において同じ。）の長官 会計検査院事務総長 会計検査院事務総局次長 人事院事務総長 内閣衛星情報センター所長	62年

三　国立感染症研究所副所長

5　規則附則別表の３の項職員の欄中「研究所、試験所等の長で人事院が定めるもの」は、次に掲げる職員とする。

一　科学警察研究所長

二　消防大学校消防研究センター所長

三　国立医薬品食品衛生研究所の所長及び安全性生物試験研究センター長

四　国立保健医療科学院長

五　国立社会保障・人口問題研究所長

六　国立感染症研究所の所長、感染症疫学センター長、エイズ研究センター長、病原体ゲノム解析研究センター長、インフルエンザ・呼吸器系ウイルス研究センター長、薬剤耐性研究センター長、感染症危機管理研究センター長、治療薬・ワクチン開発研究センター長、実地疫学研究センター長、次世代生物学的製剤研究センター長、安全管理研究センター長、品質管理研究センター長及びハンセン病研究センターの長

七　国立障害者リハビリテーションセンターの総長、自立支援局長及び研究所長

八　環境調査研修所国立水俣病総合研究センター所長

6　第２の第２項、第５項及び第７項から第９項まで、第３の第２項並びに第４の規定は、令和３年改正法附則第３条第６項の規定による勤務について準用する。この場合において、別紙第２中「国家公務員法第81条の７第２項」とあるのは、「国家公務員法等の一部を改正する法律（令和３年法律第61号）附則第３条第６項」とする。

7　規則附則第４条第３項の規定により準用する規則第９条第２項ただし書第２号に掲げる場合には、第３の第２項に規定する場合が該当する。

8　規則附則第４条第３項の規定により準用する規則第９条第２項ただし書の規定により昇任し、降任し、又は転任した令和３年改正法附則第３条第９項の規定の適用を受ける職員は、第２の第９項の規定にかかわらず、勤務延長されていない職員とはならない。

別紙第１・別紙第２　（略）

	内閣審議官のうち、その職務と責任が事務次官又は外局の長官に相当するものとして人事院が定めるもの 内閣法制次長 内閣府審議官 地方創生推進事務局長 知的財産戦略推進事務局長 科学技術・イノベーション推進事務局長 公正取引委員会事務総長 警察庁長官 警察庁次長 警視総監 カジノ管理委員会事務局長 金融国際審議官 消費者庁長官 こども家庭庁長官 デジタル審議官 総務審議官 外務審議官（外交領事事務に従事する職員で人事院が定めるものを除く。） 財務官 文部科学審議官 厚生労働審議官 医務技監 農林水産審議官 経済産業審議官 技監 国土交通審議官 地球環境審議官 原子力規制庁長官	
2	研究所、試験所等の副所長（これに相当する職員を含む。）で人事院が定めるもの 宮内庁の職員のうち、次に掲げる職員 一　内舎人、上皇内舎人及び東宮内舎人 二　式部副長（人事院が定めるものを除く。）及び式部官 三　鷹（たか）師長及び鷹（たか）師 四　主膳長及び副主膳長	63年

	皇宮警察学校教育主事 在外公館に勤務する職員（給与法に規定する行政職俸給表（一）又は指定職俸給表の適用を受ける職員に限る。）及び外務省本省に勤務し、外交領事事務に従事する職員で人事院が定めるもの 海技試験官 原子力規制委員会の職員のうち、次に掲げる職員 一　上席原子力防災専門官 二　原子力防災専門官 三　原子力艦放射能調査専門官 四　上席放射線防災専門官 五　統括核物質防護対策官 六　主任安全審査官 七　主任監視指導官 八　原子力運転検査官 九　主任原子力専門検査官 十　原子力専門検査官	
3	研究所、試験所等の長で人事院が定めるもの 迎賓館長 宮内庁の職員のうち、次に掲げる職員 一　宮内庁次長 二　女嬬（じゅ）、上皇女嬬（じゅ）及び東宮女嬬（じゅ） 三　式部副長（人事院が定めるものに限る。） 四　首席楽長、楽長及び楽長補 五　修補師長及び修補師長補 六　主厨（ちゅう）長及び副主厨（ちゅう）長 金融庁長官 国税不服審判所長 海難審判所の審判官及び理事官 運輸安全委員会事務局の船舶事故及びその兆候に関する調査に従事する事故調査官で人事院が定めるもの 原子力規制委員会の職員のうち、次に掲げる職員 一　地域原子力規制総括調整官 二　上席安全審査官	65年

三　安全規制調整官
四　首席原子力専門検査官
五　統括監視指導官
六　上席原子力専門検査官
七　上席監視指導官
八　統括原子力運転検査官
九　教官
十　上席指導官

10　国公法・規則11－11・運用通知　対照表

国公法 施行日：令和５年４月１日、令和３年法律第61号による改正	規則11－11(管理監督職勤務上限年齢による降任等) 施行日：令和６年４月１日、規則11－11－３による改正	運用通知
（管理監督職勤務上限年齢による降任等） 第81条の２　任命権者は、管理監督職（一般職の職員の給与に関する法律第10条の２第１項に規定する官職及びこれに準ずる官職として人事院規則で定める官職並びに指定職（これらの官職のうち、病院、療養所、診療所その他の国の部局又は機関に勤務する医師及び歯科医師が占める官職その他のその職務と責任に特殊性があること又は欠員の補充が困難であることによりこの条の規定を適用することが著しく不適当と認められる官職として人事院規則で定める官職を除く。）をいう。以下この目及び第81条の７において同じ。）を占める職員でその占める管理監督職に係る管理監督職勤務上限年齢に達している職員について、異動期間（当該管理監督職勤務上限年齢に達した日の翌日から同日以後における最初の４月１日までの間をいう。以下この目及び同条において同じ。）（第81条の５第１項から第４項までの規定により延長された期間を含む。以下この項において同じ。）に、管理監督職以外の官職又は管理監督職勤務上限年齢が当該職員の年齢を超える管理監督職（以下この項及び第３項においてこれらの官職を「他の官職」という。）への降任又は転任（降給を伴う転任に限る。）をするものとする。ただし、異動期間に、この法律の他の規定により当該職員について他の官職への昇任、降任若しくは転任をした場合又は第81条の７第１項の規定により当該職員を管理監督職を占めたまま引き続き勤務させることとした場合は、この限りでない。 ②　前項の管理監督職勤務上限年齢は、年齢60年とする。ただし、次の各号に掲げる管理監督職を占める職員の管理監督職勤務上限年齢は、当該各号に定める年齢とする。 一　国家行政組織法第18条第１項に規定する事務次官及びこれに準ずる管理監督職のうち人事院規則で定める管理監督職　年齢62年 二　前号に掲げる管理監督職のほか、その職務と責任に特殊性があること又は欠員の補充が困難であることにより管理監督職勤務上限年齢を年齢60年とすることが著しく不適当と認められる管理監督職として人事院規則で定める管理監督職　60	（総則） 第１条　法第81条の２から第81条の５までに規定する管理監督職勤務上限年齢による降任等については、別に定める場合を除き、この規則の定めるところによる。 （管理監督職に含まれる官職） 第２条　法第81条の２第１項に規定する給与法第10条の２第１項に規定する官職（以下この条において「俸給の特別調整額支給官職」という。）に準ずる官職として人事院規則で定める官職は、次に掲げる官職とする。 一　内閣官房の室長に準ずる官職として人事院が定める官職 二　総務省の内部部局の室長に準ずる官職として人事院が定める官職 三　刑務所又は拘置所の看護課長、看護第一課長及び看護第二課長 四　大使館又は政府代表部の参事官並びに総領事館の総領事及び領事のうち、行政職俸給表（一）の適用を受ける職員でその職務の級が８級以上であるものの官職 五　税関又は沖縄地区税関の課長に準ずる官職として人事院が定める官職 六　国税局又は沖縄国税事務所の課長に準ずる官職として人事院が定める官職 七　植物防疫所若しくは那覇植物防疫事務所の統括植物検疫官又は動物検疫所若しくは動物検疫所支所の課長に準ずる官職として人事院が定める官職 八　国土交通省の内部部局の次席航空情報管理管制運航情報官、航空保安大学校若しくは航空保安大学校岩沼研修センターの科長、国土地理院、地方整備局事務所、北海道開発局若しくは北海道開発局開発建設部の課長、地方航空局空港事務所の次席航空管制官、地方航空局空港出張所若しくは地方航空局空港・航空路監視レーダー事務所の次席航空管制技術官又は航空交通管制部の次席航空管制官に準ずる官職として人事院が定める官職並びに地方運輸局運輸支局の首席運輸企	**【管理監督職勤務上限年齢による降任等の運用について（令和４年給生－16、最終改正：令和６年給生－40)】** 国家公務員法（昭和22年法律第120号。以下「法」という。）第81条の２から第81条の５まで及び人事院規則11－11（管理監督職勤務上限年齢による降任等）（以下「規則」という。）の運用について下記のとおり定めたので、令和５年４月１日以降は、これによってください。 記 第１　管理監督職勤務上限年齢による降任等関係 １　法第81条の２第１項の「管理監督職勤務上限年齢に達した日」とは、当該職員が占める管理監督職に係る管理監督職勤務上限年齢の誕生日の前日をいう。 ２　併任されている職員の管理監督職勤務上限年齢に達した場合の降任等は、本務に係る官職に基づき行うものとする。 ３　規則第３条第３号の「人事院が定める官職」は、次に掲げる官職とする。 一　科学警察研究所長 二　消防大学校消防研究センター所長 三　国立医薬品食品衛生研究所の所長及び安全性生物試験研究センター長 四　国立保健医療科学院長 五　国立社会保障・人口問題研究所長 六　国立感染症研究所の所長、感染症疫学センター長、エイズ研究センター長、病原体ゲノム解析研究センター長、インフルエンザ・呼吸器系ウイルス研究センター長、薬剤耐性研究センター長、感染症危機管理研究センター長、治療薬・ワクチン開発研究センター長、実地疫学研究センター長、次世代生物学的製剤研究センター長、安全管理研究センター長、品質管理研究センター長及びハンセン病研究センターの長 七　国立障害者リハビリテーションセンターの総長、自立支援

年を超え64年を超えない範囲内で人事院規則で定める年齢

③　第１項本文の規定による他の官職への降任又は転任（以下この目及び第89条第１項において「他の官職への降任等」という。）を行うに当たつて任命権者が遵守すべき基準に関する事項その他の他の官職への降任等に関し必要な事項は、人事院規則で定める。

（管理監督職への任用の制限）

第81条の３　任命権者は、採用し、昇任し、降任し、又は転任しようとする管理監督職に係る管理監督職勤務上限年齢に達している者を、その者が当該管理監督職を占めているものとした場合における異動期間の末日の翌日（他の官職への降任等をされた職員にあつては、当該他の官職への降任等をされた日）以後、当該管理監督職に採用し、昇任し、降任し、又は転任することができない。

（適用除外）

第81条の４　前２条の規定は、臨時的職員その他の法律により任期を定めて任用される職員には適用しない。

（管理監督職勤務上限年齢による降任等及び管理監督職への任用の制限の特例）

第81条の５　任命権者は、他の官職への降任等をすべき管理監督職を占める職員について、次に掲げる事由があると認めるときは、当該職員が占める管理監督職に係る異動期間の末日の翌日から起算して１年を超えない期間内（当該期間内に次条第１項に規定する定年退職日（以下この項及び次項において「定年退職日」という。）がある職員にあつては、当該異動期間の末日の翌日から定年退職日までの期間内。第３項において同じ。）で当該異動期間を延長し、引き続き当該管理監督職を占める職員に、当該管理監督職を占めたまま勤務をさせることができる。

一　当該職員の職務の遂行上の特別の事情を勘案して、当該職員の他の官職への降任等により公務の運営に著しい支障が生ずると認められる事由として人事院規則で定める事由

二　当該職員の職務の特殊性を勘案して、当該職員の他の官職への降任等により、当該管理監督職の欠員の補充が困難となることにより公務の運営に著しい支障が生ずると認められる事由として人事院規則で定める事由

②　任命権者は、前項又はこの項の規定により異動期間（これら

画専門官及び首席海事技術専門官並びに地方運輸局、運輸監理部又は地方運輸局運輸支局の海事事務所の首席運輸企画専門官及び首席海事技術専門官

九　海上保安大学校又は海上保安学校の部長に準ずる官職として人事院が定める官職

十　行政職俸給表（一）の適用を受ける職員でその職務の級が７級であるものの官職のうち人事院が定める官職

十一　専門行政職俸給表の適用を受ける職員でその職務の級が５級であるものの官職のうち人事院が定める官職

十二　公安職俸給表（一）の適用を受ける職員でその職務の級が８級であるものの官職のうち人事院が定める官職

十三　公安職俸給表（二）の適用を受ける職員でその職務の級が７級であるものの官職のうち人事院が定める官職

十四　次に掲げる職員が占める官職であって、臨時的に置かれる官職（人事管理上の必要性に鑑み、当該職員の退職の日に限り臨時的に置かれる官職及び附則第２条の規定により読み替えられた次条各号列記以外の部分に規定する官職若しくは同条第１号から第10号までに掲げる官職若しくは管理監督職勤務上限年齢が当該職員の年齢を超える第４条第１項各号若しくは第２項各号に掲げる官職への昇任若しくは転任が予定されている職員又は任命権者の要請に応じ特別職に属する国家公務員となることが予定されている職員を引き続き任用するため、人事管理上の必要性に鑑み、14日を超えない期間内（人事管理上特に必要と認める場合は必要と認める期間内）において臨時的に置かれる官職を除く。）

イ　行政職俸給表（一）の適用を受ける職員でその職務の級が７級以上であるもの

ロ　専門行政職俸給表の適用を受ける職員でその職務の級が５級以上であるもの

ハ　税務職俸給表の適用を受ける職員でその職務の級が７級以上であるもの

ニ　公安職俸給表（一）の適用を受ける職員でその職務の級が８級以上であるもの

ホ　公安職俸給表（二）の適用を受ける職員でその職務の級が７級以上であるもの

ヘ　海事職俸給表（一）の適用を受ける職員でその職務の級が６級以上であるもの

ト　教育職俸給表（一）の適用を受ける職員でその職務の級が４級以上であるもの

局長及び研究所長

八　環境調査研修所国立水俣病総合研究センター所長

4　規則第４条第２項第１号の「人事院が定める官職」は、次に掲げる官職とする。

一　国立医薬品食品衛生研究所副所長

二　国立保健医療科学院次長

三　国立感染症研究所副所長

5　任命権者は、規則第５条各号に掲げる場合に該当する職員について、当該職員の同意を得て降任させることができない場合は、当該各号に定める日又は期間に、同条の規定により当該職員の意に反する降任を行うか、人事院規則11－10（職員の降給）第４条の規定による降格を伴う転任を行うか、管理監督職以外の官職又は管理監督職勤務上限年齢が当該職員の年齢を超える管理監督職への転任を行うかを判断するものとする。

6　規則第６条第１項第２号及び第３号の「その他の事情」には、例えば、当該職員が占めていた管理監督職と職務内容が相互に類似する官職群の範囲や、当該職員が有する他の官職への降任等についての意向、勤務地、職務内容等を勘案した上で降任等を行うべき官職の状況が含まれ、同項第２号の「できる限り上位の職制上の段階に属する官職に、降任等をすること」には、同項第３号において上位職職員の降任等をした官職が属する職制上の段階より下位の職制上の段階に属する官職に降任等をする場合に、当該下位の職制上の段階のうちできる限り上位の職制上の段階に属する官職に当該職員を降任等をすることが含まれる。

7　法第81条の４の「臨時的職員その他の法律により任期を定めて任用される職員」には、人事院規則８－12（職員の任免）第42条第２項の規定により任期を定めて任用される職員は含まれない。

第２　管理監督職勤務上限年齢による降任等の特例関係

1　規則第10条各項又は第13条に規定する事由があるか否かの判断は、本務に係る官職について行うものとする。

2　異動期間を延長する場合の延長する期間は、当該異動期間を

の規定により延長された期間を含む。）が延長された管理監督職を占める職員について、前項各号に掲げる事由が引き続きあると認めるときは、人事院の承認を得て、延長された当該異動期間の末日の翌日から起算して１年を超えない期間内（当該期間内に定年退職日がある職員にあつては、延長された当該異動期間の末日の翌日から定年退職日までの期間内。第４項において同じ。）で延長された当該異動期間を更に延長することができる。ただし、更に延長される当該異動期間の末日は、当該職員が占める管理監督職に係る異動期間の末日の翌日から起算して３年を超えることができない。

③　任命権者は、第１項の規定により異動期間を延長することができる場合を除き、他の官職への降任等をすべき特定管理監督職群（職務の内容が相互に類似する複数の管理監督職（指定職を除く。以下この項及び次項において同じ。）であつて、これらの欠員を容易に補充することができない年齢別構成その他の特別の事情がある管理監督職として人事院規則で定める管理監督職をいう。以下この項において同じ。）に属する管理監督職を占める職員について、当該職員の他の官職への降任等により、当該特定管理監督職群に属する管理監督職の欠員の補充が困難となることにより公務の運営に著しい支障が生ずると認められる事由として人事院規則で定める事由があると認めるときは、当該職員が占める管理監督職に係る異動期間の末日の翌日から起算して１年を超えない期間内で当該異動期間を延長し、引き続き当該管理監督職を占めている職員に当該管理監督職を占めたまま勤務をさせ、又は当該職員を当該管理監督職が属する特定管理監督職群の他の管理監督職に降任し、若しくは転任することができる。

④　任命権者は、第１項若しくは第２項の規定により異動期間（これらの規定により延長された期間を含む。）が延長された管理監督職を占める職員について前項に規定する事由があると認めるとき（第２項の規定により延長された当該異動期間を更に延長することができるときを除く。）、又は前項若しくはこの項の規定により異動期間（前３項又はこの項の規定により延長された期間を含む。）が延長された管理監督職を占める職員について前項に規定する事由が引き続きあると認めるときは、人事院の承認を得て、延長された当該異動期間の末日の翌日から起算して１年を超えない期間内で延長された当該異動期間を更に延長することができる。

⑤　前各項に定めるもののほか、これらの規定による異動期間（こ

チ　研究職俸給表の適用を受ける職員でその職務の級が５級以上であるもの
リ　医療職俸給表（二）の適用を受ける職員でその職務の級が７級以上であるもの
ヌ　医療職俸給表（三）の適用を受ける職員でその職務の級が６級以上であるもの
ル　福祉職俸給表の適用を受ける職員でその職務の級が６級であるもの
十五　行政執行法人の官職のうち、俸給の特別調整額支給官職に相当する官職として人事院が定める官職
十六　前各号に掲げる官職のほか、これらに相当する官職として人事院が定める官職

（管理監督職から除かれる官職）
第３条　法第81条の２第１項に規定する同条の規定を適用することが著しく不適当と認められる官職として人事院規則で定める官職は、次に掲げる官職とする。
一　法第81条の６第２項ただし書に規定する人事院規則で定める職員が占める官職
二　病院、療養所、診療所その他の国の部局又は機関に勤務し、医療業務に従事する医師及び歯科医師が占める官職（前号に掲げる官職を除く。）
三　研究所、試験所等の長で人事院が定める官職
四　迎賓館長
五　宮内庁次長
六　金融庁長官
七　国税不服審判所長
八　海難審判所の審判官及び理事官
九　運輸安全委員会事務局の船舶事故及びその兆候に関する調査をその職務の内容とする事故調査官で人事院が定める官職
十　地方環境事務所の国立公園調整官
十一　研究職俸給表の適用を受ける職員でその職務の級が３級であるものの官職
十二　法第79条の規定により休職にされた職員若しくは法第108条の６第１項ただし書に規定する許可を受けた職員が復職する日、法第82条の規定により停職にされた職員、派遣法第２条第１項の規定により派遣された職員、育児休業法第３条第１項の規定により育児休業をした職員、官民人事交流法第８条第２項に規定する交流派遣職員、法科大学院派遣法第

延長する事由に応じた必要最小限のものでなければならない。

3　規則第10条第１項で定める事由には、例えば、次に掲げるような場合が該当する。
一　他の官職への降任等をすべき管理監督職を占める職員が担当している重要な案件に係る国会対応、各種審議会対応、外部との折衝、外交交渉等の業務の継続性を確保するため、その職員を引き続き任用する特別の必要性が認められる場合
二　他の官職への降任等をすべき管理監督職を占める職員が大規模な研究プロジェクトにおいて重要な役割を果たしているため、その職員の他の官職への降任等により当該研究の完成が著しく遅延するなどの重大な障害が生ずる場合

4　規則第10条第２項で定める事由には、例えば、次に掲げるような場合が該当する。
一　他の官職への降任等をすべき管理監督職を占める職員が習得に相当の期間を要する熟練した技能等を要する職務に従事しているため、その職員の後任を容易に得ることができず、業務の遂行に重大な支障が生ずる場合
二　他の官職への降任等をすべき管理監督職を占める職員が離島その他のへき地にある官署等に勤務しているため、その職員の他の官職への降任等による欠員を容易に補充することができず、業務の遂行に重大な支障が生ずる場合

5　規則第11条の規定を適用した場合は、その際の異動の内容を人事院に報告するものとする。

6　法第81条の５第２項又は第４項の人事院の承認を得ようとする場合には、次に掲げる事項を記載した申請書及び異動期間を更に延長しようとする職員の人事記録の写しを提出するものとする。この場合において、当該申請書については、別紙を参考に、適宜の様式によるものとする。
一　異動期間を更に延長しようとする職員の氏名及び年齢
二　異動期間を更に延長しようとする職員の所属部局、官職、職務の級及び号俸
三　異動期間を更に延長しようとする職員が占めている管理監督職に係る管理監督職勤務上限年齢及び異動期間の末日
四　異動期間を更に延長しようとする職員が現に従事している職務の内容

れらの規定により延長された期間を含む。）の延長及び当該延長に係る職員の降任又は転任に関し必要な事項は、人事院規則で定める。

11条第１項の規定により派遣された職員、自己啓発等休業法第２条第５項に規定する自己啓発等休業をした職員、福島復興再生特別措置法（平成24年法律第25号）第48条の３第７項若しくは第89条の３第７項に規定する派遣職員、配偶者同行休業法第２条第４項に規定する配偶者同行休業をした職員、令和７年国際博覧会特措法第25条第７項に規定する派遣職員若しくは令和９年国際園芸博覧会特措法第15条第７項に規定する派遣職員が職務に復帰する日又は判事補及び検事の弁護士職務経験に関する法律（平成16年法律第121号）第２条第４項の規定により弁護士となってその職務を行う職員が同条第７項に規定する弁護士職務経験（第５条第２号において「弁護士職務経験」という。）を終了する日までの間に占める官職

十三　指定職俸給表の適用を受ける職員が占める官職であって、次に掲げるもの（前号に掲げる官職を除く。）

イ　人事管理上の必要性に鑑み、当該職員の退職の日に限り臨時的に置かれる官職

ロ　附則第２条の規定により読み替えられた各号列記以外の部分に規定する官職若しくは第１号から第７号までに掲げる官職若しくは管理監督職勤務上限年齢が当該職員の年齢を超える次条第１項各号若しくは第２項各号に掲げる官職への昇任若しくは転任が予定されている職員又は任命権者の要請に応じ特別職に属する国家公務員となることが予定されている職員を引き続き任用するため、人事管理上の必要性に鑑み、14日を超えない期間内（人事管理上特に必要と認める場合は必要と認める期間内）において臨時的に置かれる官職

十四　前各号に掲げる官職のほか、職務と責任の特殊性により法第81条の２の規定を適用することが著しく不適当と認められる官職として人事院が定める官職

（管理監督職勤務上限年齢を年齢60年としない管理監督職等）

第４条　法第81条の２第２項第１号の人事院規則で定める管理監督職は、次に掲げる官職とする。

一　事務次官（外交領事事務に従事する職員で人事院が定めるものが占める場合を除く。第３号において同じ。）、会計検査院事務総長、人事院事務総長及び内閣法制次長

二　外局（国家行政組織法（昭和23年法律第120号）第３条第３項の庁に限る。次号において同じ。）の長官、警察庁長官、

五　既に延長された異動期間の延長理由及びその延長の根拠条項

六　異動期間を更に延長しようとする理由、その延長の根拠条項及び更に延長した場合の異動期間の末日

七　その他参考となる事項

7　異動期間を延長する場合の規則第15条の規定による職員の同意では、当該異動期間の延長の事由が消滅した場合には他の官職への降任等をする旨の同意も得ることとする。

8　規則第15条の規定による職員の同意を得る手続は、書面により（書面によらないことを適当と認める場合には、これに代わる適当な方法により）、適切な時期に行うものとする。

第３　その他の事項

1　規則第20条第１項に規定する異動は、人事異動通知書を交付した時にその効力が発生する。

2　規則第20条各項の規定により人事異動通知書を交付する場合の「異動内容」欄の記入要領は、次のとおりとする。ただし、これによっては特に支障のある場合には、これによらないことができる。

一　法第81条の２第１項本文の規定による他の官職への降任をする場合

「国家公務員法第81条の２第１項本文の規定によりアに降任させる」

と記入する。

二　法第81条の２第１項本文の規定による他の官職への転任（次号に規定する転任を除く。）をする場合

「国家公務員法第81条の２第１項本文の規定によりアに転任させる」

と記入する。

三　法第81条の２第１項本文の規定による他の官職への転任（人事院規則８－12第４条第５号に規定する配置換である場合に限る。）をする場合

「国家公務員法第81条の２第１項本文の規定によりアに配置換する」

と記入する。

四　規則第５条の規定による降任をする場合

消費者庁長官及びこども家庭庁長官
三　会計検査院事務総局次長、内閣衛星情報センター所長、内閣審議官のうちその職務と責任が事務次官又は外局の長官に相当するものとして人事院が定める官職、内閣府審議官、地方創生推進事務局長、知的財産戦略推進事務局長、科学技術・イノベーション推進事務局長、公正取引委員会事務総長、警察庁次長、警視総監、カジノ管理委員会事務局長、金融国際審議官、デジタル審議官、総務審議官、外務審議官（外交領事事務に従事する職員で人事院が定めるものが占める場合を除く。）、財務官、文部科学審議官、厚生労働審議官、医務技監、農林水産審議官、経済産業審議官、技監、国土交通審議官、地球環境審議官及び原子力規制庁長官

2　法第81条の２第２項第２号の人事院規則で定める管理監督職は、次に掲げる官職とする。
一　研究所、試験所等の副所長（これに相当する官職を含む。）で人事院が定める官職
二　宮内庁の内部部局の官職のうち、次に掲げる官職
イ　式部副長及び式部官
ロ　首席楽長、楽長及び楽長補
ハ　主膳長
ニ　主厨（ちゅう）長
三　在外公館に勤務する職員及び外務省本省に勤務し、外交領事事務に従事する職員で人事院が定めるものが占める官職
四　海技試験官

3　法第81条の２第２項第２号の人事院規則で定める年齢は、年齢63年とする。

（本人の意に反する降任）
第５条　任命権者は、職員が次の各号に掲げる場合のいずれかに該当するときは、当該職員の意に反して、当該各号に定める日又は期間に、管理監督職（法第81条の２第１項に規定する管理監督職をいう。以下同じ。）以外の官職又は管理監督職勤務上限年齢が当該職員の年齢を超える管理監督職への降任を行うことができる。
一　第２条第14号イからルまでに掲げる職員であって同号括弧書に規定する臨時的に置かれる官職を占めるものが、当該官職が管理監督職であるものとした場合の法第81条の２第１項に規定する異動期間（以下「異動期間」という。）の末日を超えて当該官職を占める場合　同号括弧書に規定する期間

「国家公務員法第75条第１項及び人事院規則11－11第５条の規定によりアに降任させる」
と記入する。
五　法第81条の５第１項から第４項までの規定により異動期間を延長する場合
「国家公務員法第81条の５イの規定により　年　月　日まで異動期間を延長する」
と記入する。
六　異動期間の期限を繰り上げる場合
「異動期間の期限を　年　月　日に繰り上げる」
と記入する。
七　法第81条の５第１項から第４項までの規定により異動期間を延長した後、管理監督職勤務上限年齢が職員の年齢を超える管理監督職に異動し、当該管理監督職に係る管理監督職勤務上限年齢に達していない職員となった場合
「異動期間を延長されていない職員となった」
と記入する。
注１　「ア」の記号をもって表示する事項は、官職の組織上の名称及び当該官職の属する所属部課（所属部課の表示の単位は任命権者が定めるものとする。）とする。
２　「イ」の記号をもって表示する事項は、根拠となる条項とする。

3　前項に定めるもののほか、規則第20条各項の規定により交付する人事異動通知書の様式、記載事項等については、「人事異動通知書の様式及び記載事項等について（昭和27年６月１日13－799）」の規定によるものとする。

4　規則第21条に規定する処分説明書の写しの提出は、当該処分の発令の日から１月以内に行うものとする。

別紙　（略）

二　第３条第12号に規定する職員が、同号に規定する官職が管理監督職であるものとした場合の異動期間の末日を超えて当該官職を占める場合　同号に規定する復職する日、職務に復帰する日又は弁護士職務経験を終了する日

三　第３条第13号ロに規定する職員が、同号ロに掲げる官職が管理監督職であるものとした場合の異動期間の末日を超えて当該官職を占める場合　同号ロに規定する期間

（他の官職への降任等を行うに当たって遵守すべき基準）

第６条　任命権者は、法第81条の２第３項に規定する他の官職への降任等（以下「他の官職への降任等」という。）を行うに当たっては、法第27条に定める平等取扱いの原則、法第27条の２に定める人事管理の原則、法第33条に定める任免の根本基準及び法第74条に定める分限の根本基準並びに法第55条第３項及び第108条の７の規定に違反してはならないほか、次に掲げる基準を遵守しなければならない。

一　当該職員の人事評価の結果又は勤務の状況及び職務経験等に基づき、降任又は転任（降給を伴う転任に限る。）（以下この項及び第15条において「降任等」という。）をしようとする官職の属する職制上の段階の標準的な官職に係る法第34条第１項第５号に規定する標準職務遂行能力（第13条において「標準職務遂行能力」という。）及び当該降任等をしようとする官職についての適性を有すると認められる官職に、降任等をすること。

二　人事の計画その他の事情を考慮した上で、法第81条の２第１項に規定する他の官職のうちできる限り上位の職制上の段階に属する官職に、降任等をすること。

三　当該職員の他の官職への降任等をする際に、当該職員が占めていた管理監督職が属する職制上の段階より上位の職制上の段階に属する管理監督職を占める職員（以下この号において「上位職職員」という。）の他の官職への降任等もする場合には、第１号に掲げる基準に従った上での状況その他の事情を考慮してやむを得ないと認められる場合を除き、上位職職員の降任等をした官職が属する職制上の段階と同じ職制上の段階又は当該職制上の段階より下位の職制上の段階に属する官職に、降任等をすること。

２　任命権者は、前条の規定による降任又は規則11－10（職員の降給）第４条（各号列記以外の部分に限る。）の規定による降格を伴う転任を行うに当たっては、前項の基準による他の官職

への降任等に準じて行わなければならない。

（管理監督職への併任の制限）

第７条　法第81条の３の規定は、併任について準用する。ただし、検察官を管理監督職に併任する場合は、この限りでない。

（他の管理監督職の併任の解除）

第８条　職員が他の管理監督職に併任されている場合において、当該職員が他の官職への降任等をされたとき（第17条の規定により他の官職への降任等をされたときを含む。）又は併任されている他の管理監督職の異動期間の末日が到来したときは、任命権者は、当該併任を解除しなければならない。

（異動期間の延長に係る任命権者）

第９条　法第81条の５第１項から第４項までに規定する任命権者には、併任に係る官職の任命権者は含まれないものとする。

（法第81条の５第１項の異動期間の延長ができる事由）

第10条　法第81条の５第１項第１号の人事院規則で定める事由は、業務の性質上、当該職員の他の官職への降任等による担当者の交替により当該業務の継続的遂行に重大な障害が生ずることとする。

２　法第81条の５第１項第２号の人事院規則で定める事由は、職務が高度の専門的な知識、熟達した技能若しくは豊富な経験を必要とするものであるため、又は勤務環境その他の勤務条件に特殊性があるため、当該職員の他の官職への降任等により生ずる欠員を容易に補充することができず業務の遂行に重大な障害が生ずることとする。

（異動期間が延長された管理監督職に組織の変更等があった場合）

第11条　法第81条の５第１項又は第２項の規定により異動期間が延長された管理監督職を占める職員が、法令の改廃による組織の変更等により当該管理監督職の業務と同一の業務を行うことをその職務の主たる内容とする他の管理監督職を占める職員となる場合は、当該他の管理監督職を占める職員は、当該異動期間が延長された管理監督職を引き続き占めているものとみなす。

（特定管理監督職群を構成する管理監督職）

第12条　法第81条の５第３項に規定する人事院規則で定める管理監督職は、次の各号に掲げる区分ごとに、当該各号に定める官職とする。

一　管区行政評価局等の特定管理監督職群　管区行政評価局の部長、地域総括評価官、主任業務管理官及び主任行政相談官並びに沖縄行政評価事務所の所長並びに行政評価支局の総務行政相談管理官、地域総括評価官、部長、主任業務管理官及び主任行政相談官並びに行政評価事務所の所長

二　総合通信局等の特定管理監督職群　総務省の内部部局の室長、企画官及び調査官（いずれも人事院が定める官職に限る。）並びに情報通信政策研究所の部長、総合企画推進管、課長及び研修管理官並びに総合通信局の部長、総合通信調整官、次長、課長及び室長並びに沖縄総合通信事務所の次長、総合通信調整官及び課長

三　矯正管区等の特定管理監督職群　刑務所、少年刑務所又は拘置所の支所長、課長（公安職俸給表（一）の適用を受ける職員が占める官職（支所に属する官職を除く。）に限る。）及び上席統括矯正処遇官並びに少年院又は少年鑑別所の庶務課長及び統括専門官並びに矯正管区の管区監査官、矯正就労支援情報センター室長、課長、管区調査官、成人矯正調整官及び少年矯正調整官

四　国税局等の特定管理監督職群　国税局の部長、統括国税管理官、主任国税管理官、鑑定官室長、統括国税調査官、酒類業調整官、統括国税徴収官及び統括国税査察官並びに沖縄国税事務所の統括国税管理官、統括国税徴収官、酒類業調整官及び主任国税管理官並びに税務署の署長、副署長、税務広報広聴官、特別国税徴収官、特別国税調査官、統括国税徴収官、統括国税調査官及び酒類指導官並びに人事院が定める官職

五　都道府県労働局の特定管理監督職群　都道府県労働局の雇用環境・均等部長、雇用環境・均等室長、労働基準部長並びに総務部、雇用環境・均等部、雇用環境・均等室、労働基準部又は職業安定部の課長及び室長（雇用環境・均等室長を除く。）並びに労働基準監督署の署長並びに労働基準監督署支署の支署長並びに公共職業安定所の所長並びに人事院が定める官職

六　北海道運輸局の特定管理監督職群　北海道運輸局の技術・防災課長、安全指導課長、首席自動車監査官、整備・保安課長及び保安・環境調整官並びに北海道運輸局運輸支局の首席

陸運技術専門官

七　四国運輸局の特定管理監督職群　四国運輸局の総務部長、鉄道部長、自動車交通部長、自動車技術安全部長、海事振興部長、技術・防災課長、安全指導推進官、首席鉄道安全監査官、整備・保安課長、技術課長及び保安・環境調整官並びに四国運輸局運輸支局の支局長及び次長並びに四国運輸局運輸支局の事務所の所長

七の二　九州運輸局の特定管理監督職群　九州運輸局の安全防災・危機管理調整官、計画調整官、調整官及び離島航路活性化調整官並びに九州運輸局運輸支局の次長（人事院が定める官職に限る。）並びに九州運輸局運輸支局の事務所の所長

八　地方航空局等の特定管理監督職群　国土交通省の内部部局の首席運航審査官、首席航空従事者試験官及び次席飛行検査官並びに地方航空局の先任運航審査官及び先任航空従事者試験官

九　管区海上保安本部等の特定管理監督職群　海上保安学校分校の分校長並びに管区海上保安本部の情報管理官、会計管理官、部次長、技術管理官、企画調整官、課長、海洋情報企画調整官及び交通企画調整官並びに海上保安監部の部長並びに海上保安部の部長並びに海上保安航空基地の基地長並びに海上保安署の署長並びに海上交通センターの所長並びに航空基地の基地長並びに人事院が定める官職

十　環境省の内部部局等の特定管理監督職群　環境省の内部部局の千鳥ケ淵戦没者墓苑管理事務所長並びに環境調査研修所の庶務課長及び国立水俣病総合研究センター総務課長並びに地方環境事務所の総務課長、資源循環課長及び環境対策課長並びに人事院が定める官職

十一　福島地方環境事務所の特定管理監督職群　福島地方環境事務所の廃棄物対策課長及び支所長

十二　地方環境事務所の特定管理監督職群　地方環境事務所の国立公園課長、野生生物課長、自然環境整備課長及び統括自然保護企画官

（法第81条の５第３項の異動期間の延長ができる事由）

第13条　法第81条の５第３項の人事院規則で定める事由は、特定管理監督職群（法第81条の５第３項に規定する特定管理監督職群をいう。次条において同じ。）に属する管理監督職の属する職制上の段階の標準的な官職に係る標準職務遂行能力及び当該管理監督職についての適性を有すると認められる職員（当該管

理監督職に係る管理監督職勤務上限年齢に達した職員を除く。）の数が当該管理監督職の数に満たない等の事情があるため、管理監督職を現に占める職員の他の官職への降任等により当該管理監督職に生ずる欠員を容易に補充することができず業務の遂行に重大な障害が生ずることとする。

（法第81条の５第３項又は第４項の規定による任用）
第14条　法第81条の５第３項又は第４項の規定により特定管理監督職群に属する管理監督職を占める職員のうちいずれをその異動期間を延長し、引き続き当該管理監督職を占めたまま勤務をさせ、又は当該管理監督職が属する特定管理監督職群の他の管理監督職に降任し、若しくは転任するかは、任命権者が、人事評価の結果、人事の計画その他の事情を考慮した上で、最も適任と認められる職員を、公正に判断して定めるものとする。

（異動期間の延長等に係る職員の同意）
第15条　任命権者は、法第81条の５第１項から第４項までの規定により異動期間を延長する場合及び同条第３項の規定により他の管理監督職に降任等をする場合には、あらかじめ職員の同意を得なければならない。

（延長した異動期間の期限の繰上げ）
第16条　任命権者は、法第81条の５第１項又は第２項の規定により異動期間を延長した場合において、当該異動期間の末日の到来前に同条第４項の規定を適用しようとするときは、当該異動期間の期限を繰り上げることができる。

（異動期間の延長事由が消滅した場合の措置）
第17条　任命権者は、法第81条の５第１項から第４項までの規定により異動期間を延長した場合において、当該異動期間の末日の到来前に当該異動期間の延長の事由が消滅したときは、他の官職への降任等をするものとする。

（異動期間の延長に係る他の任命権者に対する通知）
第18条　任命権者は、法第81条の５第１項から第４項までの規定により異動期間を延長する場合、異動期間の期限を繰り上げる場合及び異動期間の延長の事由の消滅により他の官職への降任等をする場合において、職員が任命権者を異にする官職に併任されているときは、当該併任に係る官職の任命権者にその旨を通知しなければならない。

（管理監督職への併任の特例）

第19条　任命権者は、次に掲げる職員が従事している職務の遂行に支障がないと認められる場合に限り、第７条本文の規定にかかわらず、当該職員を、管理監督職に併任することができる。

一　法第81条の５第１項から第４項までの規定により延長された異動期間に係る管理監督職を占める職員

二　法第81条の７第１項又は第２項の規定により勤務している管理監督職を占める職員

三　第３条第１号から第10号までに掲げる官職を占める職員

四　第４条第１項各号又は第２項各号に掲げる官職を占める職員

（人事異動通知書の交付）

第20条　任命権者は、他の官職への降任等又は第５条の規定による職員の意に反する降任をする場合には、職員に規則８－12（職員の任免）第58条の規定による人事異動通知書（次項において「人事異動通知書」という。）を交付して行わなければならない。

2　任命権者は、次の各号のいずれかに該当する場合には、職員に人事異動通知書を交付しなければならない。

一　法第81条の５第１項から第４項までの規定により異動期間を延長する場合

二　異動期間の期限を繰り上げる場合

三　法第81条の５第１項から第４項までの規定により異動期間を延長した後、管理監督職勤務上限年齢が当該職員の年齢を超える管理監督職に異動し、当該管理監督職に係る管理監督職勤務上限年齢に達していない職員となった場合

（処分説明書の写しの提出）

第21条　任命権者は、職員をその意に反して降任させたときは、法第89条第１項に規定する説明書の写し１通を人事院に提出しなければならない。

（報告）

第22条　任命権者（法第55条第１項に規定する任命権者及び法律で別に定められた任命権者に限る。）は、毎年５月末日までに、前年の４月２日からその年の４月１日までの間に法第81条の５第１項から第４項までの規定により異動期間が延長された管理

監督職を占める職員に係る当該異動期間の延長の状況を人事院に報告しなければならない。

（雑則）

第23条　この規則に定めるもののほか、管理監督職勤務上限年齢による降任等の実施に関し必要な事項は、人事院が定める。

附則　抄

（施行期日）

第１条　この規則は、令和５年４月１日から施行する。

（経過措置）

第２条　当分の間、第３条、第４条第２項第２号及び第19条第３号の規定の適用については、第３条中「次に掲げる官職」とあるのは「次に掲げる官職、宮内庁の内部部局の官職で人事院が定める官職並びに原子力規制委員会の地域原子力規制総括調整官、安全規制調整官、首席原子力専門検査官及び統括監視指導官」と、第４条第２項第２号中「次に掲げる官職」とあるのは「次に掲げる官職（人事院が定める官職を除く。）」と、第19条第３号中「第３条第１号から第10号までに掲げる官職」とあるのは「第３条に規定する官職（同条第11号から第14号までに掲げる官職を除く。）」とする。

第３条　国家公務員法等の一部を改正する法律（令和３年法律第61号）附則第３条第５項に規定する旧国家公務員法勤務延長職員に対する第19条の規定の適用については、同条第２号中「又は第２項」とあるのは、「若しくは第２項又は国家公務員法等の一部を改正する法律（令和３年法律第61号）附則第３条第５項若しくは第６項」とする。

11　国公法等改正法・規則11－12・運用通知　対照表

国公法等改正法　附則 令和３年６月11日法律第61号	規則11－12（定年退職者等の暫定再任用） 施行日：令和５年４月１日、新規制定	運用通知
附則 第４条　任命権者は、次に掲げる者のうち、年齢65年に達する日以後における最初の３月31日（以下「年齢65年到達年度の末日」という。）までの間にある者であって、当該者を採用しようとする常時勤務を要する官職（指定職を除く。以下この項及び次項並びに附則第６条第４項において同じ。）に係る旧国家公務員法第81条の２第２項に規定する定年（施行日以後に設置された官職その他の人事院規則で定める官職にあっては、人事院規則で定める年齢）に達している者を、人事院規則で定めるところにより、従前の勤務実績その他の人事院規則で定める情報に基づく選考により、１年を超えない範囲内で任期を定め、当該常時勤務を要する官職に採用することができる。 一　施行日前に旧国家公務員法第81条の２第１項の規定により退職した者 二　旧国家公務員法第81条の３第１項若しくは第２項又は前条第５項若しくは第６項の規定により勤務した後退職した者 三　施行日前に旧国家公務員法の規定により退職した者（前２号に掲げる者を除く。）のうち、勤続期間その他の事情を考慮して前２号に掲げる者に準ずる者として人事院規則で定める者 四　施行日前に旧自衛隊法の規定により退職した者（旧自衛隊法第44条の３第１項又は第２項及び附則第８条第５項又は第６項の規定により勤務した後退職した者を含む。）のうち、前３号に掲げる者に準ずる者として人事院規則で定める者 ２　令和14年３月31日までの間、任命権者は、次に掲げる者のうち、年齢65年到達年度の末日までの間にある者であって、当該者を採用しようとする常時勤務を要する官職に係る新国家公務員法定年に達している者を、人事院規則で定めるところにより、従前の勤務実績その他の人事院規則で定める情報に基づく選考により、１年を超えない範囲内で任期を定め、当該常時勤務を要する官職に採用することができる。 一　施行日以後に新国家公務員法第81条の６第１項の規定により退職した者 二　施行日以後に新国家公務員法第81条の７第１項又は第２項	（総則） 第１条　この規則は、国家公務員法等の一部を改正する法律（令和３年法律第61号。以下「令和３年改正法」という。）附則第４条第１項及び第２項に規定する者（次条第２項及び第５条において「定年退職者等」と総称する。）の暫定再任用（令和３年改正法附則第４条第１項若しくは第２項又は第５条第１項若しくは第２項の規定により採用することをいう。以下同じ。）に関し必要な事項を定めるものとする。 第２条　暫定再任用を行うに当たっては、法第27条に定める平等取扱いの原則、法第27条の２に定める人事管理の原則及び法第33条に定める任免の根本基準並びに法第55条第３項の規定に違反してはならない。 ２　定年退職者等が法第108条の２第１項に規定する職員団体の構成員であったことその他法第108条の７に規定する事由を理由として暫定再任用に関し不利益な取扱いをしてはならない。 （令和３年改正法附則第４条第１項の人事院規則で定める官職及び年齢） 第３条　令和３年改正法附則第４条第１項の人事院規則で定める官職は、次に掲げる官職とする。 一　令和３年改正法の施行の日（以下「施行日」という。）以後に新たに設置された官職 二　施行日以後に法令の改廃による組織の変更等により名称が変更された官職 ２　令和３年改正法附則第４条第１項の人事院規則で定める年齢は、前項に規定する官職が施行日の前日に設置されていたものとした場合における旧国家公務員法第81条の２第２項に規定する定年に準じた当該官職に係る年齢とする。 （暫定再任用をされることを希望する者に明示する事項） 第４条　任命権者は、暫定再任用を行うに当たっては、あらかじめ、暫定再任用をされることを希望する者に、次に掲げる事項を明示するものとする。	**【定年退職者等の暫定再任用の運用について（令和４年給生－19）】** 国家公務員法等の一部を改正する法律（令和３年法律第61号。以下「令和３年改正法」という。）附則第４条から第７条まで及び人事院規則11－12（定年退職者等の暫定再任用）（以下「規則」という。）の運用について下記のとおり定めたので、令和５年４月１日以降は、これによってください。 なお、「定年退職者等の再任用の運用について（平成11年10月25日管高－978）」は廃止します。 記 1　令和３年改正法附則第４条第１項第３号及び第２項第４号に規定する勤続期間並びに規則第６条及び第７条の勤続した期間は、常勤の国家公務員（以下この項において「国家公務員」という。）として継続して在職した期間とし、その計算は月を単位として行うものとする。ただし、次に掲げる期間がある場合には、これをその者の勤続した期間に通算するものとする。 一　国家公務員退職手当法（昭和28年法律第182号）の規定による勤続期間として計算される非常勤職員の期間が国家公務員としての在職期間と継続している場合におけるその期間 二　常勤の地方公務員としての在職期間が国家公務員としての在職期間と継続している場合におけるその期間 三　国家公務員退職手当法第７条の２第１項若しくは第２項の規定の適用を受ける職員又は同法第８条第１項若しくは第２項の規定の適用を受ける職員（特別職の国家公務員から引き続いて職員となった者を除く。）であった者のそれぞれこれらの規定により国家公務員としての引き続いた在職期間とみなされる期間 四　国家公務員退職手当法施行令（昭和28年政令第215号）第５条の２各号（第１号から第７号までを除く。）に掲げる国家公務員としての引き続いた在職期間とみなされる期間のほか、次に掲げる規定により国家公務員としての引き続いた在職期間とみなされる期間 イ　たばこ事業法等の施行に伴う関係法律の整備等に関する

の規定により勤務した後退職した者

三　施行日以後に新国家公務員法第60条の2第1項の規定により採用された者のうち、同条第2項に規定する任期が満了したことにより退職した者

四　施行日以後に新国家公務員法の規定により退職した者（前3号に掲げる者を除く。）のうち、勤続期間その他の事情を考慮して前3号に掲げる者に準ずる者として人事院規則で定める者

五　施行日以後に新自衛隊法の規定により退職した者のうち、前各号に掲げる者に準ずる者として人事院規則で定める者

3　前2項の任期又はこの項の規定により更新された任期は、人事院規則で定めるところにより、1年を超えない範囲内で更新することができる。ただし、当該任期の末日は、前2項の規定により採用する者又はこの項の規定により任期を更新する者の年齢65年到達年度の末日以前でなければならない。

第5条　任命権者は、新国家公務員法第60条の2第3項の規定にかかわらず、前条第1項各号に掲げる者のうち、年齢65年到達年度の末日までの間にある者であって、当該者を採用しようとする短時間勤務の官職に係る旧国家公務員法定年相当年齢（短時間勤務の官職を占める職員が、常時勤務を要する官職でその職務が当該短時間勤務の官職と同種の官職を占めているものとした場合における旧国家公務員法第81条の2第2項に規定する定年（施行日以後に設置された官職その他の人事院規則で定める官職にあっては、人事院規則で定める年齢）をいう。）に達している者を、人事院規則で定めるところにより、従前の勤務実績その他の人事院規則で定める情報に基づく選考により、1年を超えない範囲内で任期を定め、当該短時間勤務の官職に採用することができる。

2　令和14年3月31日までの間、任命権者は、新国家公務員法第60条の2第3項の規定にかかわらず、前条第2項各号に掲げる者のうち、年齢65年到達年度の末日までの間にある者であって、当該者を採用しようとする短時間勤務の官職に係る新国家公務員法定年相当年齢に達している者（新国家公務員法第60条の2第1項の規定により当該短時間勤務の官職に採用することができる者を除く。）を、人事院規則で定めるところにより、従前の勤務実績その他の人事院規則で定める情報に基づく選考により、1年を超えない範囲内で任期を定め、当該短時間勤務の官職に採用することができる。

一　暫定再任用を行う官職に係る職務内容
二　暫定再任用を行う日及び任期の末日
三　暫定再任用に係る勤務地
四　暫定再任用をされた場合の給与
五　暫定再任用をされた場合の1週間当たりの勤務時間
六　前各号に掲げるもののほか、任命権者が必要と認める事項

（暫定再任用の選考に用いる情報）

第5条　令和3年改正法附則第4条第1項及び第2項並びに第5条第1項及び第2項の人事院規則で定める情報は、定年退職者等についての次に掲げる情報とする。

一　能力評価及び業績評価の全体評語その他勤務の状況を示す事実に基づく従前の勤務実績

二　暫定再任用を行う官職の職務遂行に必要とされる経験又は資格の有無その他暫定再任用を行う官職の職務遂行上必要な事項

（施行日前の定年退職者等に準ずる者として人事院規則で定める者）

第6条　令和3年改正法附則第4条第1項第3号の人事院規則で定める者は、25年以上勤続して施行日前に退職した者のうち、次に掲げるものとする。

一　当該退職の日の翌日から起算して5年を経過する日までの間にある者

二　当該退職の日の翌日から起算して5年を経過する日までの間に、旧法再任用（旧国家公務員法第81条の4第1項又は第81条の5第1項の規定により採用することをいう。次項第2号ロにおいて同じ。）又は暫定再任用をされたことがある者（前号に掲げる者を除く。）

三　当該退職の日の翌日から起算して5年を経過する日までの間に、旧自衛隊法再任用（旧自衛隊法第44条の4第1項又は第44条の5第1項の規定により採用することをいう。次項第2号ハにおいて同じ。）又は自衛隊法暫定再任用（令和3年改正法附則第9条第1項若しくは第2項又は第10条第1項若しくは第2項の規定により採用することをいう。次項第2号ハ及び次条において同じ。）をされたことがある者（前2号に掲げる者を除く。）

2　令和3年改正法附則第4条第1項第4号の人事院規則で定める者は、次に掲げる者とする。

法律（昭和59年法律第71号）附則第4条第1項又は第2項

ロ　日本電信電話株式会社法及び電気通信事業法の施行に伴う関係法律の整備等に関する法律（昭和59年法律第87号）附則第4条第1項又は第2項

ハ　日本国有鉄道改革法等施行法（昭和61年法律第93号）附則第5条第1項又は第2項

2　規則第8条第2項の規定による暫定再任用職員の同意を得る手続は、当該暫定再任用職員が任期の更新を希望する旨を示した文書の提出により（文書の提出によらないことを適当と認める場合には、これに代わる適当な方法により）、任期の更新前の適切な時期に行うものとする。

3　任命権者は、暫定再任用職員を、昇任、降任又は転任によって任期の定めのない常時勤務を要する官職を占める職員のほか、暫定再任用職員以外の任期を定めて任用される職員とすることはできない。

4　現に短時間勤務の官職を占める暫定再任用職員に人事異動通知書を交付する場合には、人事異動通知書の「現官職」欄に記入する官職の組織上の名称及び当該官職の属する所属部課（所属部課の表示の単位は任命権者が定めるものとする。次項及び第6項第1号において同じ。）の末尾に、「（週○○勤務）」（○○の部分には、当該官職を占める職員の1週間当たりの勤務時間を表示する。次項及び第6項第1号において同じ。）を加えるものとする。

5　短時間勤務の官職に暫定再任用する者及び短時間勤務の官職に昇任し、降任し又は転任する暫定再任用職員に人事異動通知書を交付する場合には、人事異動通知書の「異動内容」欄に記入する官職の組織上の名称及び当該官職の属する所属部課の末尾に、「（週○○勤務）」を加えるものとする。

6　規則第13条の規定により人事異動通知書を交付する場合の「異動内容」欄の記入要領は、次のとおりとする。ただし、これによっては特に支障のある場合には、これによらないことができる。

一　暫定再任用を行う場合

「アに暫定再任用する

3　前２項の規定により採用された職員の任期については、前条第３項の規定を準用する。

第６条　施行日前に旧国家公務員法第81条の４第１項又は第81条の５第１項の規定により採用された職員（以下この項及び次項において「旧国家公務員法再任用職員」という。）のうち、この法律の施行の際現に常時勤務を要する官職を占める職員は、施行日に、附則第４条第１項の規定により採用されたものとみなす。この場合において、当該採用されたものとみなされる職員の任期は、同項の規定にかかわらず、施行日における旧国家公務員法再任用職員としての任期の残任期間と同一の期間とする。

2　旧国家公務員法再任用職員のうち、この法律の施行の際現に旧国家公務員法第81条の５第１項に規定する短時間勤務の官職を占める職員は、施行日に、前条第１項の規定により採用されたものとみなす。この場合において、当該採用されたものとみなされる職員の任期は、同項の規定にかかわらず、施行日における旧国家公務員法再任用職員としての任期の残任期間と同一の期間とする。

3　任命権者は、暫定再任用職員を指定職に昇任し、又は転任することができない。

4　任命権者は、附則第４条第１項又は前条第１項の規定により採用した職員のうち当該職員を昇任し、降任し、又は転任しようとする常時勤務を要する官職に係る旧国家公務員法第81条の２第２項に規定する定年（施行日以後に設置された官職その他の人事院規則で定める官職にあっては、人事院規則で定める年齢）に達した職員以外の職員及び附則第４条第２項又は前条第２項の規定により採用した職員のうち当該職員を昇任し、降任し、又は転任しようとする常時勤務を要する官職に係る新国家公務員法第81条の６第２項に規定する定年に達した職員以外の職員を、当該常時勤務を要する官職に昇任し、降任し、又は転任することができない。

5　前２条の規定が適用される場合における新国家公務員法第60条の２第３項の規定の適用については、同項中「経過していない定年前再任用短時間勤務職員」とあるのは、「経過していない定年前再任用短時間勤務職員、国家公務員法等の一部を改正する法律（令和３年法律第61号。以下この項において「令和３年国家公務員法等改正法」という。）附則第４条第１項又は第５条第１項の規定により採用した職員のうち当該職員を昇任

一　令和３年改正法附則第９条第１項第１号、第２号、第５号及び第６号に掲げる者

二　令和３年改正法附則第９条第１項第３号及び第７号に掲げる者（25年以上勤続して施行日前に退職した者に限る。）のうち、次に掲げるもの

イ　当該退職の日の翌日から起算して５年を経過する日までの間にある者

ロ　当該退職の日の翌日から起算して５年を経過する日までの間に、旧法再任用又は暫定再任用をされたことがある者（イに掲げる者を除く。）

ハ　当該退職の日の翌日から起算して５年を経過する日までの間に、旧自衛隊法再任用又は自衛隊法暫定再任用をされたことがある者（イ及びロに掲げる者を除く。）

（施行日以後の定年退職者等に準ずる者として人事院規則で定める者）

第７条　令和３年改正法附則第４条第２項第４号の人事院規則で定める者は、25年以上勤続して施行日以後に退職した者のうち、次に掲げるものとする。

一　当該退職の日の翌日から起算して５年を経過する日までの間にある者

二　当該退職の日の翌日から起算して５年を経過する日までの間に、暫定再任用をされたことがある者（前号に掲げる者を除く。）

三　当該退職の日の翌日から起算して５年を経過する日までの間に、自衛隊法暫定再任用をされたことがある者（前２号に掲げる者を除く。）

2　令和３年改正法附則第４条第２項第５号の人事院規則で定める者は、次に掲げる者とする。

一　令和３年改正法附則第９条第２項第１号から第３号まで、第６号及び第７号に掲げる者

二　令和３年改正法附則第９条第２項第４号及び第８号に掲げる者（25年以上勤続して施行日以後に退職した者に限る。）のうち、次に掲げるもの

イ　当該退職の日の翌日から起算して５年を経過する日までの間にある者

ロ　当該退職の日の翌日から起算して５年を経過する日までの間に、暫定再任用をされたことがある者（イに掲げる者

任期は　年　月　日までとする」

と記入する。

注　「ア」の記号をもって表示する事項は、官職の組織上の名称及び当該官職の属する所属部課とする。なお、短時間勤務の官職に暫定再任用する場合には、「ア（週○○勤務）」とする。

二　暫定再任用職員の任期を更新する場合

「暫定再任用の任期を　年　月　日まで更新する」

と記入する。

三　任期の満了により暫定再任用職員が当然に退職する場合

「暫定再任用の任期の満了により　年　月　日限り退職」

と記入する。

7　前３項に定めるもののほか、規則第13条の規定により交付する人事異動通知書の様式、記載事項等については、「人事異動通知書の様式及び記載事項等について（昭和27年６月１日13−799）」の規定によるものとする。

8　短時間勤務の官職に暫定再任用する者及び新たに短時間勤務の官職に昇任し、降任し又は転任する暫定再任用職員に対しては、勤務時間の内容（始業及び終業の時刻、休憩時間等を含む。以下この項において同じ。）を通知するものとする。現に短時間勤務の官職を占める暫定再任用職員の勤務時間の内容に変更が生じた場合も、同様とする。

9　外務公務員法（昭和27年法律第41号）第２条第５項に規定する外務職員として人事評価が実施された職員に対する規則第５条及び第８条第１項の規定の適用については、外務職員の人事評価の基準、方法等に関する省令（平成21年外務省令第６号）第６条第１項に規定する全体評語を規則第５条第１号及び第８条第１項に規定する全体評語とみなす。

し、降任し、又は転任しようとする短時間勤務の官職に係る旧国家公務員法定年相当年齢(短時間勤務の官職を占める職員が、常時勤務を要する官職でその職務が当該短時間勤務の官職と同種の官職を占めているものとした場合における令和３年国家公務員法等改正法第１条の規定による改正前の第81条の２第２項に規定する定年（令和３年国家公務員法等改正法の施行の日以後に設置された官職その他の人事院規則で定める官職にあつては、人事院規則で定める年齢）をいう。）に達している職員及び令和３年国家公務員法等改正法附則第４条第２項又は第５条第２項の規定により採用した職員のうち当該職員を昇任し、降任し、又は転任しようとする短時間勤務の官職に係る新国家公務員法定年相当年齢（短時間勤務の官職を占める職員が、常時勤務を要する官職でその職務が当該短時間勤務の官職と同種の官職を占めているものとした場合における第81条の６第２項に規定する定年をいう。）に達している職員」とする。

6　任命権者は、基準日（前２条の規定が適用される間における各年の４月１日（施行日を除く。）をいう。以下この項において同じ。）から基準日の翌年の３月31日までの間、基準日における新国家公務員法定年（新国家公務員法第81条の６第２項に規定する定年（短時間勤務の官職にあっては、当該短時間勤務の官職を占める職員が、常時勤務を要する官職でその職務が当該短時間勤務の官職と同種の官職を占めているものとした場合における同項に規定する定年）をいう。以下この項において同じ。）が基準日の前日における新国家公務員法定年を超える官職及びこれに相当する基準日以後に設置された官職その他の人事院規則で定める官職（以下この項において「新国家公務員法定年引上げ官職」という。）に、附則第４条第２項各号に掲げる者のうち基準日の前日において同日における当該新国家公務員法定年引上げ官職に係る新国家公務員法定年に達している者（当該人事院規則で定める官職にあっては、人事院規則で定める者）を、同項又は前条第２項の規定により採用しようとする場合には、当該者は当該者を採用しようとする新国家公務員法定年引上げ官職に係る新国家公務員法定年に達しているものとみなして、これらの規定を適用し、新国家公務員法定年引上げ官職に、附則第４条第２項又は前条第２項の規定により採用された職員のうち基準日の前日において同日における当該新国家公務員法定年引上げ官職に係る新国家公務員法定年に達している職員（当該人事院規則で定める官職にあっては、人事院規則で定める職員）を、昇任し、降任し、又は転任しようとする場

を除く。）

ハ　当該退職の日の翌日から起算して５年を経過する日までの間に、自衛隊法暫定再任用をされたことがある者（イ及びロに掲げる者を除く。）

（任期の更新）

第８条　暫定再任用職員（令和３年改正法附則第３条第４項に規定する暫定再任用職員をいう。以下同じ。）の令和３年改正法附則第４条第３項（令和３年改正法附則第５条第３項において準用する場合を含む。）の規定による任期の更新は、当該暫定再任用職員の当該更新直前の任期における勤務実績が、当該暫定再任用職員の能力評価及び業績評価の全体評語その他勤務の状況を示す事実に基づき良好である場合に行うことができる。

2　任命権者は、暫定再任用職員の任期を更新する場合には、あらかじめ当該暫定再任用職員の同意を得なければならない。

（令和３年改正法附則第５条第１項の人事院規則で定める官職及び年齢）

第９条　令和３年改正法附則第５条第１項の人事院規則で定める官職は、次に掲げる官職とする。

一　施行日以後に新たに設置された短時間勤務の官職

二　施行日以後に法令の改廃による組織の変更等により名称が変更された短時間勤務の官職

2　令和３年改正法附則第５条第１項の人事院規則で定める年齢は、前項に規定する官職が施行日の前日に設置されていたものとした場合において、当該官職を占める職員が、常時勤務を要する官職でその職務が同項に規定する官職と同種の官職を占めているものとしたときにおける旧国家公務員法第81条の２第２項に規定する定年に準じた前項に規定する官職に係る年齢とする。

（令和３年改正法附則第６条第４項の人事院規則で定める官職及び年齢）

第10条　令和３年改正法附則第６条第４項の人事院規則で定める官職は、第３条第１項各号に掲げる官職とする。

2　令和３年改正法附則第６条第４項の人事院規則で定める年齢は、第３条第２項に規定する年齢とする。

（令和３年改正法附則第６条第５項の規定により読み替えて適

合には、当該職員は当該職員を昇任し、降任し、又は転任しようとする新国家公務員法定年引上げ官職に係る新国家公務員法定年に達しているものとみなして、第４項の規定及び前項の規定により読み替えて適用する新国家公務員法第60条の２第３項の規定を適用する。

7　暫定再任用職員は、定年前再任用短時間勤務職員とみなして、新国家公務員法第82条第２項後段の規定を適用する。この場合において、同項後段中「年齢60年以上退職者」とあるのは「国家公務員法等の一部を改正する法律（令和３年法律第61号。以下この項において「令和３年国家公務員法等改正法」という。）附則第４条第１項第１号から第３号まで若しくは第２項第１号、第２号若しくは第４号に掲げる者となつた日若しくは同項第３号に掲げる者に該当する場合における年齢60年以上退職者」と、「又は」とあるのは「又は令和３年国家公務員法等改正法第１条の規定による改正前の第81条の４第１項若しくは第81条の５第１項の規定によりかつて採用されて職員として在職していた期間、令和３年国家公務員法等改正法附則第４条第１項若しくは第２項若しくは第５条第１項若しくは第２項の規定によりかつて採用されて令和３年国家公務員法等改正法附則第３条第４項に規定する暫定再任用職員として在職していた期間若しくは」とする。

8　平成11年10月１日前に新国家公務員法第82条第２項前段に規定する退職又は先の退職がある暫定再任用職員について、前項の規定により定年前再任用短時間勤務職員とみなして同条第２項後段の規定を適用する場合には、同項後段に規定する引き続く職員としての在職期間には、同日前の当該退職又は先の退職の前の職員としての在職期間を含まないものとする。

9　研究施設研究教育職員への採用についての前２条の規定の適用については、附則第４条第１項及び第２項並びに前条第１項及び第２項中「任期を定め」とあるのは「文部科学省令で定めるところにより任命権者が定める任期をもって」と、附則第４条第３項（前条第３項において準用する場合を含む。）中「範囲内で」とあるのは「範囲内で文部科学省令で定めるところにより任命権者が定める期間をもって」とする。

10　附則第４条第２項又は前条第２項の規定による研究施設研究教育職員への採用並びにこれらの規定により採用された研究施設研究教育職員の昇任、降任及び転任に関し必要な経過措置は、第６項の規定にかかわらず、文部科学省令で定める。

11　検察官及び退職時に特定地方警務官であった者については、用する法第60条の２第３項の人事院規則で定める官職及び年齢）

第11条　令和３年改正法附則第４条及び第５条の規定が適用される場合における令和３年改正法附則第６条第５項の規定により読み替えて適用する法第60条の２第３項の人事院規則で定める官職は、第９条第１項各号に掲げる官職とする。

2　令和３年改正法附則第４条及び第５条の規定が適用される場合における令和３年改正法附則第６条第５項の規定により読み替えて適用する法第60条の２第３項の人事院規則で定める年齢は、第９条第２項に規定する年齢とする。

（令和３年改正法附則第６条第６項の人事院規則で定める官職並びに人事院規則で定める者及び職員）

第12条　令和３年改正法附則第６条第６項の人事院規則で定める官職は、次に掲げる官職のうち、当該官職が基準日の前日に設置されていたものとした場合において、基準日における新国家公務員法定年が基準日の前日における新国家公務員法定年を超える官職とする。

一　基準日以後に新たに設置された官職（短時間勤務の官職を含む。）

二　基準日以後に法令の改廃による組織の変更等により名称が変更された官職（短時間勤務の官職を含む。）

2　令和３年改正法附則第６条第６項の人事院規則で定める者は、前項に規定する官職が基準日の前日に設置されていたものとした場合において、同日における当該官職に係る新国家公務員法定年に達している者とする。

3　令和３年改正法附則第６条第６項の人事院規則で定める職員は、第１項に規定する官職が基準日の前日に設置されていたものとした場合において、同日における当該官職に係る新国家公務員法定年に達している職員とする。

（人事異動通知書の交付）

第13条　任命権者は、次の各号のいずれかに該当する場合には、職員に規則８－12（職員の任免）第58条の規定による人事異動通知書（以下この条において「人事異動通知書」という。）を交付しなければならない。ただし、第３号に該当する場合のうち、人事異動通知書の交付によらないことを適当と認めるときは、人事異動通知書に代わる文書の交付その他適当な方法をもって人事異動通知書の交付に代えることができる。

一　暫定再任用を行う場合

前2条の規定は、適用しない。

第7条　暫定再任用職員（短時間勤務の官職を占める暫定再任用職員（以下この条において「暫定再任用短時間勤務職員」という。）を除く。以下この項及び次項において同じ。）の俸給月額は、当該暫定再任用職員が定年前再任用短時間勤務職員であるものとした場合に適用される一般職の職員の給与に関する法律第6条第2項に規定する俸給表の定年前再任用短時間勤務職員の欄に掲げる基準俸給月額のうち、同法第8条第3項の規定により当該暫定再任用職員の属する職務の級に応じた額とする。

2　国家公務員の育児休業等に関する法律（平成3年法律第109号。第9項及び附則第12条において「育児休業法」という。）第12条第1項に規定する育児短時間勤務をしている暫定再任用職員に対する前項の規定の適用については、同項中「とする」とあるのは、「に、国家公務員の育児休業等に関する法律（平成3年法律第109号）第17条の規定により読み替えられた一般職の職員の勤務時間、休暇等に関する法律（平成6年法律第33号）第5条第1項ただし書の規定により定められた当該暫定再任用職員の勤務時間を同項本文に規定する勤務時間で除して得た数を乗じて得た額とする」とする。

3　暫定再任用短時間勤務職員の俸給月額は、当該暫定再任用短時間勤務職員が定年前再任用短時間勤務職員であるものとした場合に適用される一般職の職員の給与に関する法律第6条第2項に規定する俸給表の定年前再任用短時間勤務職員の欄に掲げる基準俸給月額のうち、同法第8条第3項の規定により当該暫定再任用短時間勤務職員の属する職務の級に応じた額に、一般職の職員の勤務時間、休暇等に関する法律（平成6年法律第33号）第5条第2項の規定により定められた当該暫定再任用短時間勤務職員の勤務時間を同条第1項に規定する勤務時間で除して得た数を乗じて得た額とする。

4　暫定再任用短時間勤務職員は、定年前再任用短時間勤務職員とみなして、新一般職給与法第12条第2項、第16条第2項及び第22条第1項の規定を適用する。

5　暫定再任用職員は、定年前再任用短時間勤務職員とみなして、新一般職給与法第19条の4第3項の規定を適用する。

6　新一般職給与法第19条の7第1項の職員に暫定再任用職員が含まれる場合における勤勉手当の額の同条第2項各号に掲げる職員の区分ごとの総額の算定に係る同項の規定の適用については、同項第1号中「定年前再任用短時間勤務職員」とあるのは

二　暫定再任用職員の任期を更新する場合
三　任期の満了により暫定再任用職員が当然に退職する場合

（報告）
第14条　任命権者（法第55条第1項に規定する任命権者及び法律で別に定められた任命権者に限る。）は、毎年5月末日までに、次に掲げる事項を人事院に報告しなければならない。
一　前年度における暫定再任用の状況
二　前年度における暫定再任用職員の任期の更新の状況

（雑則）
第15条　この規則に定めるもののほか、暫定再任用の実施に関し必要な事項は、人事院が定める。

附則　抄

（施行期日）
第1条　この規則は、令和5年4月1日から施行する。ただし、次条の規定は、公布の日から施行する。

（準備行為）
第2条　第4条の規定による暫定再任用の手続は、この規則の施行前においても行うことができる。

「定年前再任用短時間勤務職員及び国家公務員法等の一部を改正する法律（令和３年法律第61号）附則第３条第４項に規定する暫定再任用職員（次号において「暫定再任用職員」という。）」と、同項第２号中「定年前再任用短時間勤務職員」とあるのは「定年前再任用短時間勤務職員及び暫定再任用職員」とする。

7　附則第24条の規定による改正後の国家公務員の寒冷地手当に関する法律（昭和24年法律第200号。附則第12条第５項において「新寒冷地手当法」という。）の規定並びに一般職の職員の給与に関する法律第８条第４項、第７項及び第９項から第11項まで、第10条の４、第11条、第11条の２、第11条の５から第11条の７まで、第11条の９、第11条の10、第13条の２並びに第14条並びに新一般職給与法第８条第５項、第６項及び第８項の規定は、暫定再任用職員には適用しない。

8　暫定再任用職員に対する第３条の規定による改正後の国家公務員退職手当法（附則第12条第６項において「新退職手当法」という。）第２条第１項の規定の適用については、同項中「第45条の２第１項」とあるのは、「第45条の２第１項又は国家公務員法等の一部を改正する法律（令和３年法律第61号）附則第４条第１項若しくは第２項若しくは第５条第１項若しくは第２項」とする。

9　暫定再任用短時間勤務職員は、定年前再任用短時間勤務職員とみなして、附則第19条の規定による改正後の育児休業法（附則第12条において「新育児休業法」という。）第26条第１項並びに附則第20条の規定による改正後の一般職の職員の勤務時間、休暇等に関する法律第５条第２項、第６条第１項ただし書及び第２項ただし書、第７条第２項、第11条、第17条第１項並びに第23条の規定を適用する。

10　前３条及び前各項に定めるもののほか、暫定再任用職員の任用その他暫定再任用職員に関し必要な事項は、人事院規則で定める。

12　派遣法・規則18－０・運用通知等　対照表

派遣法 施行日：平成21年５月29日、平成21年法律第41号による改正	規則18－０（職員の国際機関等への派遣） 施行日：令和５年４月１日、令和４年規則１－79による改正	運用通知等
（趣旨） 第１条　この法律は、国際協力等の目的で、国際機関、外国政府の機関等に派遣される職員（国家公務員法（昭和22年法律第120号）第２条に規定する一般職に属する職員をいう。以下同じ。）の処遇等について定めるものとする。 （職員の派遣） 第２条　任命権者（国家公務員法第55条第１項に規定する任命権者及び法律で別に定められた任命権者をいう。以下同じ。）は、条約その他の国際約束若しくはこれに準ずるものに基づき又は次に掲げる機関の要請に応じ、これらの機関の業務に従事させるため、部内の職員（人事院規則で定める職員を除く。）を派遣することができる。 一　わが国が加盟している国際機関 二　外国政府の機関 三　前２号に準ずる機関で、人事院規則で定めるもの ２　任命権者は、前項の規定により職員を派遣する場合には、当該職員の同意を得なければならない。 （派遣職員の身分） 第３条　前条第１項の規定により派遣された職員（以下「派遣職員」という。）は、その派遣の期間中、職員としての身分を保有するが、職務に従事しない。 第４条　任命権者は、派遣職員についてその派遣の必要がなくなつたときは、すみやかに当該職員を職務に復帰させなければならない。 ２　派遣職員は、その派遣の期間が満了したときは、職務に復帰するものとする。 （派遣職員の給与） 第５条　派遣職員には、その派遣の期間中、俸給、扶養手当、地域手当、広域異動手当、研究員調整手当、住居手当及び期末手	（派遣除外職員） 第１条　派遣法第２条第１項に規定する規則で定める職員は、次に掲げる職員とする。 一　非常勤職員 二　臨時的職員その他任期を限られた常勤職員 三　条件付採用期間中の職員 四　法第81条の５第１項から第４項までの規定により異動期間（これらの規定により延長された期間を含む。）を延長された管理監督職を占める職員 五　勤務延長職員 六　休職者 七　停職者 八　官民人事交流法第８条第２項に規定する交流派遣職員 九　法科大学院派遣法第４条第３項又は第11条第１項の規定により派遣されている職員 十　福島復興再生特別措置法（平成24年法律第25号）第48条の３第７項又は第89条の３第７項に規定する派遣職員 十一　令和７年国際博覧会特措法第25条第７項に規定する派遣職員 十二　令和９年国際園芸博覧会特措法第15条第７項に規定する派遣職員 十三　判事補及び検事の弁護士職務経験に関する法律（平成16年法律第121号）第２条第４項の規定により弁護士となつてその職務を行う職員 （派遣先機関） 第２条　派遣法第２条第１項第３号に規定する規則で定める機関は、次に掲げる機関とする。 一　外国の州又は自治体の機関 二　外国の学校、研究所又は病院 三　前２号に掲げるもののほか、指令で定める機関 （任命権者）	**【国際機関等に派遣される一般職の国家公務員の処遇等に関する法律および人事院規則18－０（職員の国際機関等への派遣）の運用について（昭和45年任企－887、最終改正：令和４年事企法－37）】** 標記について下記のとおり定めたので、通知します。 記 派遣法関係 第２条関係 １　この条は、国際協力等のため条約、協定、交換公文、覚書等に基づき、または国際機関等からの要請に応じて職員を派遣する場合について定めるものである。したがつて、単に職員が知識の習得、資格の取得等を目的として、調査、研究のため海外に赴くような場合は、この条の第１項各号に掲げる機関の業務に従事する場合であつても、派遣の対象とはならない。 ２　この条の第１項の「条約その他の国際約束若しくはこれに準ずるもの」には、条約、協定、交換公文、覚書等のほか各省各庁の長又は行政執行法人（独立行政法人通則法（平成11年法律第103号）第２条第４項に規定する行政執行法人をいう。以下同じ。）の長と国際機関等を代表する者との間の合意も含まれる。 ３　この条の第１項の「これらの機関の業務に従事させる」には、職員が同項各号に掲げる機関の組織上の地位を占めて業務を行う場合のほか、業務の遂行について所属庁又は所属する行政執行法人からの指揮監督を受けない限り、これらの機関の組織上の地位を占めることなくその業務についての助言、指導等に当たる場合も含まれる。 ４　この条の第１項の規定に基づき、職員を派遣する権限は、委任することができない。 第６条関係

12

当のそれぞれ100分の100以内を支給することができる。
2　前項の規定による給与の支給に関し必要な事項は、人事院規則（派遣職員が検察官の俸給等に関する法律（昭和23年法律第76号）の適用を受ける職員である場合にあつては、同法第３条第１項に規定する準則）で定める。

（派遣職員の業務上の災害に対する補償等）
第６条　派遣職員に関する国家公務員災害補償法（昭和26年法律第191号）の規定の適用については、派遣先の機関の業務を公務とみなす。
2　派遣職員の派遣先の業務上の災害又は通勤による災害に対する補償に係る国家公務員災害補償法の規定による平均給与額については、同法第４条の規定にかかわらず、人事院規則で定める。
3　派遣職員の派遣先の業務上の災害又は通勤による災害に対し国家公務員災害補償法の規定による補償を行なう場合において、補償を受けるべき者が派遣先の機関等から同一の事由について当該災害に対する補償を受けたときは、国は、その価額の限度において、同法の規定による補償を行なわない。

第７条　派遣職員に関する国家公務員共済組合法（昭和33年法律第128号）又は地方公務員等共済組合法（昭和37年法律第152号）の規定の適用については、それぞれ派遣先の機関の業務を公務とみなす。
2　派遣職員に関する国家公務員共済組合法又は地方公務員等共済組合法の規定の適用については、派遣職員の派遣先の業務上の災害又は通勤による災害に対して派遣先の機関等から補償が行なわれることとなつたため、前条第３項の規定により、当該災害に対する国家公務員災害補償法の規定による補償が行なわれないこととなつた場合における当該派遣先の機関等からの補償を同法の規定による補償に相当する補償とみなす。

第８条　派遣職員に関する一般職の職員の給与に関する法律（昭和25年法律第95号）第23条第１項又は附則第６項の規定の適用については、派遣先の機関の業務を公務とみなす。

（派遣職員に関する国家公務員退職手当法の特例）
第９条　派遣職員に関する国家公務員退職手当法（昭和28年法律第182号）第５条第１項の規定の適用については、派遣先の機

第３条　派遣法第２条第１項の規定により職員を派遣することができる任命権者（以下「任命権者」という。）には、併任に係る官職の任命権者は含まれないものとする。

（派遣期間）
第４条　任命権者は、５年を超える期間を定めて職員を派遣するときは、人事院に協議しなければならない。
2　派遣の期間は、職員の同意を得て、これを更新することができる。
3　第１項の規定は、派遣の期間を更新する場合において、派遣の期間が引き続き５年を超えることとなるとき及び引き続き５年を超えて派遣されている職員の派遣の期間を更新する場合に準用する。ただし、派遣の期間が５年を経過する際に、後任者への事務引継、派遣法第２条第１項の規定により派遣された職員が従事する事業の終了の遅延等の事由により、引き続き５年を超えて派遣の期間を更新する必要がある場合であつて、当該更新によつても派遣の期間が引き続き５年３月を超えないこととなるときは、この限りでない。

（派遣職員の保有する官職）
第５条　派遣法第２条第１項の規定により派遣された職員（第10条第１項の職員を含む。以下「派遣職員」という。）は、派遣された時（第10条第１項の職員にあつては、派遣職員となつた時）占めていた官職又はその派遣の期間中に異動した官職を保有するものとする。ただし、併任に係る官職については、この限りでない。
2　前項の規定は、当該官職を他の職員をもつて補充することを妨げるものではない。

（人事異動通知書の交付）
第６条　任命権者は、派遣法第２条第１項の規定により職員を派遣する場合、派遣職員の派遣の期間を更新する場合、派遣職員を職務に復帰させる場合又は派遣職員が派遣の期間の満了によつて職務に復帰した場合には、当該職員に規則８－12（職員の任免）第58条の規定による人事異動通知書（以下「人事異動通知書」という。）を交付しなければならない。

（派遣職員の給与）
第７条　派遣職員には、人事院の定めるところにより、その派遣

派遣先の機関等から同一の事由について補償を受けた場合における国家公務員災害補償法（昭和26年法律第191号）の規定による補償については、派遣先の機関等から受けた補償を第三者から受けた損害賠償とみなして、同法第６条第２項の規定の例により取り扱うものとする。ただし、これにより難い場合は、そのつど人事院事務総長に協議して別段の取扱いをすることができる。

規則18－０関係
第１条関係
この条の第５号の「勤務延長職員」とは、国家公務員法（昭和22年法律第120号）第81条の７第１項又は第２項の規定により定年退職日の翌日以降引き続いて勤務している職員をいう。

第４条関係
1　派遣の期間は、原則として派遣先の機関に赴くため住所または居所を出発する日から本邦の住所または居所に帰着する日までとする。
2　この条の第１項又は第３項の規定により人事院に協議する場合には、次に掲げる書類を提出するものとする。
(1)　次の事項を記載した協議書
イ　派遣職員の官職、氏名及び職務の級
ロ　派遣先の機関の名称及び所在地
ハ　派遣先の機関において従事する業務の内容
ニ　派遣期間の始期及び終期（更新の場合にあつては、更新前の派遣期間の始期及び終期並びに更新予定期間）
ホ　５年を超えて派遣する理由又は更新の理由
(2)　その他参考となる資料

第６条関係
人事異動通知書の「異動内容」欄の記入要領は、次のとおりとする。
一　派遣する場合
「ア（イ）に派遣する
派遣の期間は　年　月　日から　年　月　日までとする
派遣の期間中、俸給、扶養手当、地域手当、広域異動手当、研究員調整手当、住居手当及び期末手当のそれぞれ100分の　を支給する（又は「派遣の期間中、給与は支給しない」）」
と記入する。

関の業務を公務とみなす。
2　派遣職員に関する国家公務員退職手当法第６条の４第１項及び第７条第４項の規定の適用については、派遣の期間は、同法第６条の４第１項に規定する現実に職務をとることを要しない期間には該当しないものとみなす。

（派遣職員に対する旅費の支給）
第10条　派遣職員には、特に必要があると認められるときは、国家公務員等の旅費に関する法律（昭和25年法律第114号）に定める赴任の例に準じ旅費を支給することができる。

（派遣職員の復帰時における処遇）
第11条　派遣職員が職務に復帰した場合における任用、給与等に関する処遇については、部内職員との均衡を失することのないよう適切な配慮が加えられなければならない。

（人事院規則への委任）
第12条　第２条から第４条まで及び第６条の規定の実施に関し必要な事項は、人事院規則で定める。

附則　抄
（施行期日）
1　この法律は、公布の日から起算して30日を経過した日から施行する。

（経過措置）
2　この法律の施行の際現に国家公務員法第79条の規定に基づく人事院規則の定めるところにより休職にされ、第２条第１項各号に掲げる機関（次項及び附則第４項において「国際機関等」という。）の業務に従事している職員のうち、人事院規則で定めるものは、この法律の施行の日（以下「施行日」という。）に派遣職員となるものとする。

3　施行日前に国家公務員法第79条の規定に基づく人事院規則の定めるところにより休職にされ、国際機関等の業務に従事していた期間を有する者のうち、引き続き施行日において職員として在職しているもの及びこれに準ずる者で政令で定めるもの並びに次項に規定する者に該当するものの当該休職の期間（政令で定める期間に限る。）については、国家公務員退職手当法第

先の勤務に対して報酬が支給されないとき、又は当該勤務に対して支給される報酬の額が低いと認められるときは、その派遣の期間中、俸給、扶養手当、地域手当、広域異動手当、研究員調整手当、住居手当及び期末手当のそれぞれ100分の100以内を支給する。
2　派遣先の機関の特殊事情により、給与を支給することが著しく不適当であると人事院が認めるときは、前項の規定にかかわらず、派遣職員には給与を支給しない。
3　第１項の規定による給与は、あらかじめ職員の指定する者に対して支払うことができる。

（平均給与額）
第８条　派遣法第６条第２項に規定する平均給与額は、派遣の期間（第10条第１項の職員にあつては、従前の休職の期間）の初日の属する月の前月の末日から起算して過去３月間にその職員に対して支払われた給与の総額を、その期間の総日数で除して得た金額とする。
2　前項に規定する給与の種類については、補償法第４条第２項（国際平和協力手当及びイラク人道復興支援等手当に係る部分を除く。）並びに規則16－０（職員の災害補償）第８条の２、第９条及び第11条に定めるところによる。この場合において、同規則第８条の２中「補償法第４条第１項に規定する期間の」とあるのは「規則18－０（職員の国際機関等への派遣）第８条第１項に規定する平均給与額の算定の基礎となる期間（以下「算定基礎期間」という。）の」と、「同規則」とあるのは「規則９－24」と、「事故発生日（負傷若しくは死亡の原因である事故の発生の日又は診断によつて疾病の発生が確定した日をいう。以下同じ。）」とあるのは「派遣法第２条第１項の規定による派遣の期間の初日の前日（以下「派遣等の前日」という。）」と、「補償法第４条第１項に規定する期間に」とあるのは「算定基礎期間に」と、「同項」とあるのは「規則18－０第８条第１項」と、同規則第９条中「事故発生日」とあるのは「派遣等の前日」とする。
3　前２項の規定によつてもなお平均給与額を計算することができない場合又はこれらの規定によつて計算した平均給与額が公正を欠く場合は、実施機関が人事院の承認を得て、別に平均給与額を定めるものとする。ただし、当該承認を得ていない場合において、規則16－４（補償及び福祉事業の実施）第６条第２項（同規則第11条の４又は第13条において準用する場合を含

注１　「ア」の記号をもつて表示する事項は、派遣先の機関の名称とする。以下同じ。
2　「イ」の記号をもつて表示する事項は、派遣先の機関の所在地とする。以下同じ。
3　一般職の職員の給与に関する法律（昭和25年法律第95号）の適用を受けない職員の派遣の期間中の給与については、上記の例に準じて記入する。以下同じ。

二　派遣の期間を更新する場合
「派遣の期間を　年　月　日まで更新する
更新に係る期間中、俸給、扶養手当、地域手当、広域異動手当、研究員調整手当、住居手当及び期末手当のそれぞれ100分の　を支給する（又は「更新に係る期間中給与は支給しない」）」
と記入する。

三　職務に復帰させる場合
「職務に復帰させる」
と記入する。

四　派遣の期間が満了した場合
「職務に復帰した（　年　月　日）」
と記入する。

第７条関係
1　この条の第１項の規定による派遣職員の給与については、別に定めるもののほか、給実甲第444号（派遣職員の給与の支給割合の決定等について）に定めるところによるものとする。

2　この条の第２項の「給与を支給することが著しく不適当であると人事院が認めるとき」とは、この条の第１項の規定による給与を支給することが当該職員の派遣につき著しい支障を生ずると認められる場合とする。

3　この条の第３項の規定による給与の支払を受ける者の指定は、職員の収入により生計を維持する者、親族等のうちから行うものとし、書面により届け出るものとする。

第９条関係
この条の第２項の人事院に対する報告は、別紙様式の報告書により行なうものとする。

７条第４項の規定は、適用しない。

4　施行日前に国際機関等の業務に従事するため職員を退職し、かつ、引き続き当該国際機関等の業務に従事した後、引き続いて再び職員となつた者で、政令で定めるものの国家公務員退職手当法第７条第１項の規定による在職期間の計算については、先の職員としての在職期間は、後の職員としての在職期間に引き続いたものとみなす。この場合において、施行日以後の退職による退職手当の額の計算について必要な事項は、政令で定める。

む。）、同規則第11条第２項（同規則第11条の４において準用する場合を含む。）又は同規則第23条の２第３項の規定に基づく承認を得たときは、当該承認により平均給与額とされた額を平均給与額とする。

4　前３項の規定によつて計算した平均給与額に１円未満の端数を生じたときは、これを１円に切り上げるものとする。

（平均給与額の特例）

第８条の２　平成26年４月以降の分として支給される補償法第１条に規定する補償（以下この条において「補償」という。）及び補償法第22条第１項に規定する福祉事業（以下この条において「福祉事業」という。）に係る平均給与額であつて、国家公務員の給与の改定及び臨時特例に関する法律（平成24年法律第２号）第３章の規定により減ぜられた給与を基に計算するものについては、同章の規定の適用がないものとした場合の給与を前条第１項の支払われた給与とみなして同項及び同条第２項の規定を適用して計算した額とする。

2　前項の規定は、検察官に対する補償及び福祉事業に係る平均給与額について準用する。この場合において、同項中「国家公務員の給与の改定及び臨時特例に関する法律（平成24年法律第２号）第３章」とあるのは「検察官の俸給等に関する法律（昭和23年法律第76号）附則第４条第１項及び同法第１条第１項の規定によりその例によることとされる国家公務員の給与の改定及び臨時特例に関する法律（平成24年法律第２号）第９条第２項」と、「同章」とあるのは「検察官の俸給等に関する法律附則第４条第１項及び同法第１条第１項の規定によりその例によることとされる国家公務員の給与の改定及び臨時特例に関する法律第９条第２項」と読み替えるものとする。

（報告）

第９条　派遣職員は、任命権者から求められたときは、派遣先の機関における勤務条件等について報告しなければならない。

2　任命権者は、毎年５月末日までに、前年の４月１日に始まる年度内において派遣法第２条第１項の規定により派遣した職員の派遣先機関、派遣期間及び派遣先機関における処遇等の状況並びに派遣職員で当該年度内に職務に復帰したものの復帰後の処遇等の状況を人事院に報告するものとする。

（経過措置）

第10条関係

人事異動通知書の「異動内容欄」には、次のように記入する。

「国際機関等に派遣される一般職の国家公務員の処遇等に関する法律（昭和45年法律第117号）附則第２項の規定により派遣職員（ア（イ）となつた（昭和46年１月16日）

派遣の期間は　年　月　日までとする

派遣の期間中、俸給、扶養手当、調整手当、住居手当及び期末手当のそれぞれ100分の　を支給する（または「派遣の期間中給与は支給しない」）」

別紙　（略）

【派遣職員の給与の支給割合の決定等について（昭和50年給実甲第444号、最終改正：給実甲第1323号）】

国際機関等に派遣される一般職の国家公務員の処遇等に関する法律（昭和45年法律第117号）第２条第１項の規定に基づき派遣された職員（以下「派遣職員」という。）の人事院規則18－０（職員の国際機関等への派遣）（以下「規則18－０」という。）第７条第１項の規定による派遣の期間中の給与の支給割合の決定等について、下記により実施することとしたので通知します。

記

第１　規則18－０第７条第１項関係

1　行政職俸給表（一）の適用を受ける日本国外に在勤する派遣職員には、その派遣先の勤務に対して報酬（報酬、賃金、給料、俸給、手当、賞与その他いかなる名称であるかを問わず、派遣先の勤務の対償として受ける全てのものをいい、通勤手当、在宅勤務等手当、特殊勤務手当、超過勤務手当、休日給、夜勤手当、宿日直手当及び管理職員特別勤務手当に相当するものを除く。以下同じ。）が支給されない場合又はその派遣先の勤務に対して支給される報酬の年額（以下「報酬年額」という。）が、外務公務員俸給等年額（当該派遣職員が派遣の期間の初日（以下「派遣日」という。）の属する月の初日から在外公館に勤務する外務公務員であるとした場合に支給されることとなる俸給及び扶養手当の月額を基礎として算定した俸給、扶養手当、期末手当、勤勉手当、在勤基本手当、住居手当及び配偶者手当の年額をいう。以下同じ。）に満たない場合には、その派遣の期間中、俸給、扶養手当、地域手当、広域異動手当、研究員調整手当、住居手当及び期末手当（以下「俸給等」という。）のそれぞれ100分の100以内を支給する。

2　前項の規定により支給される俸給等の支給割合を決定するに当たっては、決定された支給割合により支給されることとなる俸給等の年額が、外務公務員俸給等年額から報酬年額を減じた額（派遣先の勤務に対して報酬が支給されない場合にあっては、外務公務員俸給等年額）を超えてはならない。

3　行政職俸給表（一）以外の俸給表の適用を受ける日本国外に在勤する派遣職員には、前２項の基準に準ずる基準としてあらかじめ事務総長と協議して定めるものに従い、その派遣の期間中、俸給等のそれぞれ100分の100以内を支給する。ただし、当該基準が定められるまでの間における支給については、あらかじめ個別に事務総長と協議して行うものとする。

4　日本国内に在勤する派遣職員には、その派遣先の勤務に対して報酬が支給されない場合又は報酬年額が、派遣前給与年額（派遣日の前日において受けていた俸給、俸給の特別調整額、本府省業務調整手当、初任給調整手当、専門スタッフ職調整手当、扶養手当、地域手当、広域異動手当、研究員調整手当及び住居手当の月額を基礎として算定したこれらの給与並びに期末手当及び勤勉手当の年額をいう。以下同じ。）に満たない場合には、その派遣の期間中、俸給等のそれぞれ100分の100以内を支給する。

5　前項の規定により支給される俸給等の支給割合を決定するに当たっては、決定された支給割合により支給されることとなる俸給等の年額が、派遣前給与年額から報酬年額を減じた額（派遣先の勤務に対して報酬が支給されない場合にあっては、派遣前給与年額）を超えてはならない。

6　外務公務員俸給等年額又は派遣前給与年額の算定に当たっては、派遣職員が、一般職の職員の給与に関する法律（昭和25年法律第95号。以下「給与法」という。）第８条第６項の規定により標準号俸数（同条第７項に規定する人事院規則で定める基準において当該派遣職員に係る標準となる号俸数をいう。）を昇給するものとし、人事院規則９－40（期末手当及び勤勉手当）第13条第１項第１号ハ（専門スタッフ職俸給表の適用を受ける

第10条　派遣法附則第２項に規定する規則で定める職員は、昭和46年１月15日における規則11－４（職員の身分保障）第３条第１項第１号又は第２号に掲げる事由に該当して休職にされた職員で、条約その他の国際約束若しくはこれに準ずるものに基づく必要により、又は同法第２条第１項各号に掲げる機関の要請に応じ、国際協力のため、これらの機関の業務に従事しているものとする。
2　前項の職員の派遣の期間は、従前の休職の期間の残余の期間とする。
3　任命権者は、第１項の職員に対し、人事異動通知書により、派遣職員となつた旨をすみやかに通知しなければならない。

職員にあっては同項第２号ハ、指定職俸給表の適用を受ける職員にあっては同項第３号ロ）に掲げる職員であるものとする。

7　第１項から第５項までの規定の適用に当たって、派遣先の勤務に対して支給される報酬の額が外国通貨をもって定められている場合には本邦通貨に換算するものとし、この場合における換算は、派遣日の前日の為替相場によるものとする。

8　規則18－０第４条第２項の規定により派遣の期間を更新される派遣職員の更新の日以後の給与の支給割合は、当該更新の日を派遣日とみなし、前各項の規定により再決定するものとする。

9　第１項から第７項までの規定により決定され、又は前項の規定により再決定された給与の支給割合は、派遣の期間中は変更しないものとする。ただし、次の各号に掲げる額が著しく変動した場合において、特に必要があると認められるときは、その日を派遣日とみなし、第１項から第７項までの規定により当該支給割合を再決定するものとする。
一　派遣先の勤務に対して支給される報酬の額
二　支給割合の算定の基礎とされた在勤基本手当の月額

10　第１項から第７項までの規定により決定され、又は第８項若しくは前項の規定により再決定される給与の支給割合は、100分の１未満の端数があってはならないものとする。

第２　その他
1　日本国外に在勤する派遣職員が次に掲げる職員となった場合には、当分の間、第１の第８項及び第９項の規定にかかわらず、これらの職員となった日を派遣日とみなし、給与の支給割合を第１の第１項から第３項まで、第６項及び第７項の規定により再決定するものとする。
一　給与法附則第８項の規定の適用を受ける職員となった場合
二　在外公館に勤務する外務公務員であるとした場合に給与法附則第８項の規定の適用を受ける職員となった場合（行政職俸給表（一）又は指定職俸給表の適用を受ける職員に限る。）

2　日本国内に在勤する派遣職員が前項第１号に掲げる職員となった場合には、当分の間、第１の第８項及び第９項の規定にかかわらず、当該職員となった日を派遣日の前日とみなし、給与の支給割合を第１の第４項から第７項までの規定により再決定するものとする。

3　前２項の規定により支給割合を再決定された派遣職員に対する第１の第９項及び第10項の規定の適用については、第１の第９項中「前項」とあるのは「前項若しくは第２の第１項若しくは第２項」と、第１の第10項中「若しくは前項」とあるのは「、前項若しくは第２の第１項若しくは第２項」とする。

4　前３項の規定により、給与の支給割合を再決定することとなった職員（当該再決定をすることとなった日において規則18－０第４条第２項の規定により派遣の期間を更新され、規則18－０第６条の規定により人事異動通知書が交付される職員を除く。）に対しては、人事異動通知書又はこれに代わる文書（以下この項において「通知書等」という。）により支給される給与の支給割合又は給与を支給しない旨を通知するものとする。ただし、通知書等の交付によらないことを適当と認める場合には、適当な方法をもって通知書等の交付に代えることができる。

5　前項の規定による通知において、人事異動通知書を用いて通知する場合の「異動内容」欄には、「　年　月　日以後、派遣の期間中、俸給、扶養手当、地域手当、広域異動手当、研究員調整手当、住居手当及び期末手当の支給割合をそれぞれ100分の　とする（又は「　年　月　日以後、派遣の期間中、給与は支給しない」)」と記入するものとする。

6　特別の事情によりこの通達の規定によることができない場合又はこの通達の規定によることが著しく不適当であると認められる場合には、あらかじめ個別に事務総長に協議して、別段の取扱いをすることができる。この場合には、次の各号に掲げる事項を記載した協議書を提出するものとし、必要に応じ関係資料を添付するものとする。

一　派遣職員の官職、氏名、職務の級及び号俸並びに扶養親族の数及び続柄等
二　派遣先の機関の名称及び所在地
三　派遣先の勤務に対して支給される報酬の額
四　希望する給与の支給割合（給与を支給しないことを希望する場合には、その旨）及び協議の理由
五　その他参考となる事項（独立行政法人国際協力機構（JICA）

を経由する場合には、その旨を明記すること。）

7　この通達の規定による給与の支給割合の決定等については、その過程を明確にして行うとともに、その内容を適切に把握しておくものとする。

【人事院規則18－０（職員の国際機関等への派遣）第２条第３号の規定に基づく指定について（昭和45年人事院指令18－２、最終改正：平成30年人事院指令18－１）】

1　人事院規則18－０（職員の国際機関等への派遣）第２条第３号の規定に基づき、次に掲げる機関を指定する。
一　国際標準化機構（ISO）
二　国際ヒューマン・フロンティア・サイエンス・プログラム推進機構（HFSPO）
三　国際刑事警察機構（ICPO）
四　メコン河委員会（MRC）
五　南太平洋経済交流支援センター（SPEESC）
六　包括的核実験禁止条約機関準備委員会（CTBTO準備委員会）
七　チリ共和国の環境センター（CENMA）
八　世界貯蓄銀行協会（WSBI）
九　世界アンチ・ドーピング機構（WADA）
十　アイ・オー・ディー・ピー国際計画管理法人（IMI）
十一　東南アジア諸国連合（ASEAN）
十二　西アフリカ経済通貨同盟（UEMOA）
十三　南部アフリカ開発共同体（SADC）
十四　世界公共雇用サービス協会（WAPES）
十五　国際港湾協会（IAPH）

2　この指令は、昭和46年１月16日から施行する。

13　任期付研究員法・規則20－０・運用通知　対照表

任期付研究員法 施行日：令和６年４月１日、令和５年法律第73号による改正	規則20－０（任期付研究員の採用、給与及び勤務時間の特例） 施行日：令和４年10月１日、規則８－12－17による改正	運用通知
（趣旨） 第１条　この法律は、試験研究機関等の研究業務に従事する一般職の職員について、任期を定めた採用並びに任期を定めて採用された職員の給与の特例及び裁量による勤務に関する事項について定めるものとする。 （定義） 第２条　この法律において、次の各号に掲げる用語の意義は、当該各号に定めるところによる。 一　試験研究機関等　次に掲げる機関であって、試験研究に関する業務を行うものをいう。 イ　内閣府設置法（平成11年法律第89号）第39条及び第55条並びに宮内庁法（昭和22年法律第70号）第16条第２項並びに国家行政組織法（昭和23年法律第120号）第８条の２に規定する機関 ロ　内閣府設置法第40条及び第56条並びに国家行政組織法第８条の３に規定する特別の機関又は当該機関に置かれる試験所、研究所その他これらに類する機関 ハ　内閣府設置法第43条及び第57条（宮内庁法第18条第１項において準用する場合を含む。）並びに宮内庁法第17条第１項並びに国家行政組織法第９条に規定する地方支分部局に置かれる試験所、研究所その他これらに類する機関 ニ　独立行政法人通則法（平成11年法律第103号）第２条第４項に規定する行政執行法人 二　研究業務　試験研究機関等の試験研究に関する業務をいう。 三　職員　国家公務員法（昭和22年法律第120号）第２条に規定する一般職に属する職員（試験研究機関等の長その他の人事院規則で定める官職を占める職員及び常時勤務を要しない官職を占める職員を除く。）をいう。 （任期を定めた採用） 第３条　任命権者（国家公務員法第55条第１項に規定する任命権者及び法律で別に定められた任命権者並びにその委任を受けた	（趣旨） 第１条　この規則は、任期付研究員法に規定する任期付研究員の採用、給与及び勤務時間の特例に関し必要な事項を定めるものとする。 （適用除外官職） 第２条　任期付研究員法第２条第３号の人事院規則で定める官職は、次に掲げる官職とする。 一　任期付研究員法第２条第１号に規定する試験研究機関等（以下この条において「試験研究機関等」という。）の長の官職 二　試験研究機関等の長を助け、当該試験研究機関等の業務を整理する次長、副所長等の官職 三　試験研究機関等に置かれる支所、支場等の長の官職 （任期の更新） 第３条　任命権者は、任期付研究員法第５条第１項の規定により任期を更新する場合には、あらかじめ職員の同意を得なければならない。 （異動の制限） 第４条　任命権者は、任期付研究員法第３条第１項の規定により任期を定めて採用された職員（以下「任期付研究員」という。）を、その任期中、当該任期付研究員が現に占めている官職と同一の研究業務を行うことを職務内容とする官職に異動させる場合その他任期を定めた採用の趣旨に反しない場合に限り、異動させることができる。 （人事異動通知書の交付） 第５条　任命権者は、次に掲げる場合には、職員に対して、規則８－12（職員の任免）第58条の規定による人事異動通知書（以下この条において「人事異動通知書」という。）を交付しなければならない。ただし、第３号に掲げる場合のうち、人事異動通知書の交付によらないことを適当と認める場合は、人事異動	**【任期付研究員の採用、給与及び勤務時間の特例の運用について（平成９年任企－149、最終改正：令和２年人企－1314）】** 標記について下記のとおり定めたので、通知します。 記 任期付研究員法第３条第２項及び第４条第１項関係 １　任命権者は、一般職の任期付研究員の採用、給与及び勤務時間の特例に関する法律（平成９年法律第65号。以下「任期付研究員法」という。）第３条第２項及び第４条第１項ただし書の規定による承認を得ようとする場合には、次に掲げる書類を人事院事務総長に提出するものとする。 一　任期付研究員の任期を定めた採用等の承認申請書（別紙１の様式による。） 二　研究計画書（特別の計画に基づき期間を定めて実施される研究業務に従事させる場合に限る。） 三　採用予定者の研究業績等を記した書類 四　その他参考となる資料 ２　任期付研究員法第３条第１項第１号の規定により任期を定めた採用を行う場合で、次のいずれにも該当するときは、当該採用について任期付研究員法第３条第２項及び第４条第１項ただし書の規定による人事院の承認があったものとして取り扱うことができる。 (1)　採用予定者が論文、特許等の研究業績により当該研究分野において特に優れた研究者と認められている者であること。 (2)　採用予定者をその有する高度の専門的な知識経験を必要とする研究業務に従事させる必要があること。 (3)　選考が、人事院規則８－12（職員の任免）第19条に規定する官職に係る能力及び適性の有無を的確に判定し得る複数の者によって構成される選考委員会の審査を経て行われていること。 (4)　５年を超える任期を定める場合には、文書による研究計画から研究業務の遂行に必要な期間が５年を超えることが明ら

者をいう。以下同じ。）は、次に掲げる場合には、選考により、任期を定めて職員を採用することができる。

一　研究業績等により当該研究分野において特に優れた研究者と認められている者を招へいして、当該研究分野に係る高度の専門的な知識経験を必要とする研究業務に従事させる場合

二　独立して研究する能力があり、研究者として高い資質を有すると認められる者（この号の規定又は自衛隊法（昭和29年法律第165号）第36条の６第１項第２号の規定によりかつて任期を定めて採用されたことがある者を除く。）を、当該研究分野における先導的役割を担う有為な研究者となるために必要な能力のかん養に資する研究業務に従事させる場合

2　任命権者は、前項第１号の規定により任期を定めた採用を行う場合には、人事院の承認を得なければならない。

3　任命権者は、第１項第２号の規定により任期を定めた採用を行う場合には、人事院と協議して定めた採用計画に基づいてしなければならない。この場合において、当該採用計画には、その対象となる研究業務及び選考の手続を定めるものとする。

（任期）

第４条　前条第１項第１号に規定する場合における任期は、５年を超えない範囲内で任命権者が定める。ただし、特に５年を超える任期を定める必要があると認める場合には、人事院の承認を得て、７年（特別の計画に基づき期間を定めて実施される研究業務に従事させる場合にあっては、10年）を超えない範囲内で任期を定めることができる。

2　前条第１項第２号に規定する場合における任期は、３年（研究業務の性質上特に必要がある場合で、人事院の承認を得たときは、５年）を超えない範囲内で任命権者が定める。

3　任命権者は、前２項の規定により任期を定めて職員を採用する場合には、当該職員にその任期を明示しなければならない。

第５条　任命権者は、第３条第１項第１号の規定により任期を定めて採用された職員（以下「第１号任期付研究員」という。）の任期が５年に満たない場合にあっては採用した日から５年、同項第２号の規定により任期を定めて採用された職員（以下「第２号任期付研究員」という。）の任期が３年に満たない場合（前条第２項の人事院の承認を得て任期が定められた場合を除く。）にあっては採用した日から３年、第２号任期付研究員のうち同項の人事院の承認を得て任期が定められた職員の任期が５年に

通知書に代わる文書の交付その他適当な方法をもって人事異動通知書の交付に代えることができる。

一　任期付研究員を採用する場合

二　任期付研究員の任期を更新する場合

三　任期の満了により任期付研究員が当然に退職する場合

（号俸の決定）

第６条　第１号任期付研究員（任期付研究員法第５条第１項に規定する第１号任期付研究員をいう。以下同じ。）の任期付研究員法第６条第１項の俸給表の号俸は、その者の知識経験等の度、その者が従事する研究業務の困難及び重要の度等に応じて、次の各号に定める号俸に決定するものとする。

一　高度の専門的な知識経験を有し、研究業績等により当該研究分野において特に優れた研究者と認められている者がその知識経験等に基づき困難な研究を独立して行う研究員の職務に従事する場合　１号俸

二　高度の専門的な知識経験を有し、研究業績等により当該研究分野において特に優れた研究者と認められている者がその知識経験等に基づき特に困難な研究を独立して行う研究員の職務に従事する場合　２号俸

三　特に高度の専門的な知識経験を有し、研究業績等により当該研究分野において特に優れた研究者と認められている者がその知識経験等に基づき特に困難な研究を独立して行う研究員の職務又はその知識経験等に基づき研究について相当の範囲にわたり調整、指導等を行う職務に従事する場合　３号俸

四　特に高度の専門的な知識経験を有し、研究業績等により当該研究分野において特に優れた研究者と認められている者がその知識経験等に基づき特に困難な研究で重要なものを独立して行う研究員の職務又はその知識経験等に基づき重要な研究について相当の範囲にわたり調整、指導等を行う職務に従事する場合　４号俸

五　極めて高度の専門的な知識経験を有し、研究業績等により当該研究分野において特に優れた研究者と認められている者がその知識経験等に基づき特に困難な研究で重要なものを独立して行う研究員の職務又はその知識経験等に基づき重要な研究について広範囲にわたり統括、調整等を行う職務に従事する場合　５号俸

六　極めて高度の専門的な知識経験を有し、研究業績等により当該研究分野において極めて優れた研究者と認められている

かであること。

3　前項の規定により任期を定めた採用について任期付研究員法第３条第２項及び第４条第１項ただし書の規定による人事院の承認があったものとして取り扱った場合には、遅滞なく、別紙１の２の様式の報告書により、次に掲げる書類を添付して、人事院事務総長に報告するものとする。

一　研究計画書（特別の計画に基づき期間を定めて実施される研究業務に従事させる場合に限る。）

二　職員の研究業績を記した書類

三　その他参考となる資料

任期付研究員法第３条第３項及び第４条第２項関係

1　任期付研究員法第３条第３項の規定による人事院との協議は、別紙２の様式による採用計画書を作成し、人事院事務総長に協議するものとする。

2　次に掲げる事項を盛り込んだ採用計画については、任期付研究員法第３条第３項の「人事院と協議して定めた採用計画」として取り扱うことができる。

一　採用予定官職（所属部課名）

二　前号の官職に係る研究業務の内容

三　前号の研究業務が任期付研究員法第３条第１項第２号に掲げる研究業務に該当する理由

四　採用予定日及び任用予定期間

五　選考の手続

ア　選考予定時期

イ　募集の時期

ウ　公募の方法及び範囲

エ　選考委員会の構成

オ　選考方法とその評価項目

3　前項の採用計画に基づいて公募する場合には、十分な期間を設けて周知するとともに、可能な限り多様な方法により人材を求めるよう努めなければならない。

4　任命権者は、任期付研究員法第４条第２項の規定による承認を得ようとする場合には、次に掲げる書類を人事院事務総長に提出するものとする。

満たない場合にあっては採用した日から５年を超えない範囲内において、その任期を更新することができる。
2　前条第３項の規定は、前項の規定により任期を更新する場合について準用する。

（給与に関する特例）
第６条　第１号任期付研究員には、次の俸給表を適用する。

号俸	俸給月額
	円
1	402,000
2	461,000
3	522,000
4	603,000
5	701,000
6	800,000

2　第２号任期付研究員には、次の俸給表を適用する。

号俸	俸給月額
	円
1	336,000
2	371,000
3	398,000

3　各庁の長（一般職の職員の給与に関する法律（昭和25年法律第95号。次項及び次条において「給与法」という。）第７条に規定する各庁の長及びその委任を受けた者をいう。同項及び第５項において同じ。）は、第１号任期付研究員及び第２号任期付研究員の号俸を、その者が従事する研究業務に応じて人事院規則で定める基準に従い決定する。
4　各庁の長は、第１号任期付研究員について、特別の事情により第１項の俸給表に掲げる号俸により難いときは、同項及び前項の規定にかかわらず、人事院の承認を得て、その俸給月額を同表に掲げる６号俸の俸給月額にその額と同表に掲げる５号俸の俸給月額との差額に１からの各整数を順次乗じて得られる額を加えた額のいずれかに相当する額（給与法の指定職俸給表８号俸の額未満の額に限る。）又は給与法の指定職俸給表８号俸の額に相当する額とすることができる。
5　各庁の長は、第１号任期付研究員又は第２号任期付研究員のうち、特に顕著な研究業績を挙げたと認められる職員には、人者がその知識経験等に基づき特に困難な研究で特に重要なものを独立して行う研究員の職務又はその知識経験等に基づき特に重要な研究について広範囲にわたり統括、調整等を行う職務に従事する場合　６号俸
2　第２号任期付研究員（任期付研究員法第５条第１項に規定する第２号任期付研究員をいう。以下同じ。）の任期付研究員法第６条第２項の俸給表の号俸は、次の各号に掲げる場合の区分に応じ、当該各号に定める号俸に決定するものとする。
一　博士課程修了直後の者の有する程度の専門的な知識経験を有する者が当該知識経験に基づき研究を独立して行う研究員の職務に従事する場合　１号俸
二　博士課程修了後、特別研究員制度（特別の法律により設立された法人等によって運営され、主として博士課程を修了した優れた研究者に国立試験研究機関等において研究する機会を提供することを内容とする制度をいう。）等により数年にわたり研究に従事したことのある者の有する程度の専門的な知識経験を有する者が当該知識経験に基づき研究を独立して行う研究員の職務に従事する場合　２号俸
三　博士課程修了後、相当の期間にわたり研究に従事したことのある者の有する程度の専門的な知識経験を有する者が当該知識経験に基づき困難な研究を独立して行う研究員の職務に従事する場合　３号俸

（任期付研究員業績手当）
第７条　任期付研究員法第６条第５項の特に顕著な研究業績とは、同条第３項又は第４項の規定により任期付研究員の俸給月額が決定された際に期待された研究成果、研究活動等に照らして特に顕著であると認められる研究業績をいう。

第８条　任期付研究員業績手当は、12月１日（以下「基準日」という。）に在職する任期付研究員のうち、任期付研究員として採用された日から当該基準日までの間（任期付研究員業績手当の支給を受けたことのある者にあっては、支給を受けた直近の当該手当に係る基準日の翌日から直近の基準日までの間）にその者の任期付研究員としての研究業務に関し特に顕著な研究業績を挙げたと認められる任期付研究員に対し、当該基準日の属する月の規則９－40（期末手当及び勤勉手当）第14条に規定する期末手当の支給日に支給することができるものとする。

一　任期付研究員法第４条第２項の任期の特例の承認申請書（別紙３の様式による。）
二　その他参考となる資料

5　任期付研究員法第４条第２項の規定により任期を定めた採用を行う場合で、文書による研究計画から研究業務の遂行に必要な期間が当該研究業務の性質上特に３年を超えることが明らかであるときは、当該採用について同項の規定による人事院の承認があったものとして取り扱うことができる。

6　任期付研究員法第３条第１項第２号の規定により任期を定めて職員を選考により採用する場合の対象者は、学校教育法（昭和22年法律第26号）に規定する大学院の博士課程を修了した者及びこれに相当する者とする。

7　任命権者は、任期付研究員法第３条第１項第２号の規定により任期を定めて職員を採用した場合には、遅滞なく、別紙４の様式の報告書により、当該職員に係る採用計画（第２項の規定により、人事院と協議して定めた採用計画として取り扱ったものに限る。）及び人事記録の写しを添付して、人事院事務総長に報告するものとする。

任期付研究員法第６条第３項及び第４項並びに規則第６条関係
1　各庁の長は、任期付研究員法第６条第４項の規定による承認を得ようとする場合には、任期付研究員の任期を定めた採用等の承認申請書（別紙１の様式による。）を人事院事務総長に提出するものとする。

2　任期付研究員法第６条第３項及び第４項並びに人事院規則20－０（任期付研究員の採用、給与及び勤務時間の特例）（以下「規則」という。）第６条の規定による号俸及び俸給月額（以下「号俸等」という。）の決定には、任期付研究員（規則第４条に規定する任期付研究員をいう。以下同じ。）の任期の中途においてその者の知識経験等の度、その者が従事する研究業務の困難及び重要の度等がより高度なものとなることに伴い、これらの規定により新たに号俸等を決定することが必要であると認められる場合における号俸等の決定が含まれる。

3　各庁の長は、規則第６条第１項の規定により第１号任期付研

事院規則で定めるところにより、その俸給月額に相当する額を任期付研究員業績手当として支給することができる。
6　第３項の規定による号俸の決定、第４項の規定による俸給月額の決定及び前項の規定による任期付研究員業績手当の支給は、予算の範囲内で行わなければならない。

（給与法の適用除外等）
第７条　給与法第６条、第８条、第10条から第11条の２まで、第11条の10及び第19条の７の規定は、第１号任期付研究員及び第２号任期付研究員には、適用しない。
2　第１号任期付研究員及び第２号任期付研究員に対する給与法第３条第１項、第７条、第11条の９第１項、第19条の３第１項、第19条の４第２項、第20条及び第21条第１項の規定の適用については、給与法第３条第１項中「この法律」とあるのは「この法律及び一般職の任期付研究員の採用、給与及び勤務時間の特例に関する法律（平成９年法律第65号。以下「任期付研究員法」という。）第６条の規定」と、給与法第７条中「この法律」とあるのは「この法律及び任期付研究員法第６条の規定」と、給与法第11条の９第１項中「限る。）」とあるのは「限る。）並びに任期付研究員法第３条第１項の規定により任期を定めて採用された職員」と、給与法第19条の３第１項中「以下「管理監督職員等」」とあるのは「任期付研究員法第３条第１項第１号の規定により任期を定めて採用された職員を含む。以下「管理監督職員等」」と、給与法第19条の４第２項中「100分の122.5」とあるのは「100分の170」と、給与法第20条中「第６条」とあるのは「任期付研究員法第６条」と、給与法第21条第１項中「この法律」とあるのは「この法律及び任期付研究員法第６条」とする。

（職員の裁量による勤務）
第８条　各省各庁の長（一般職の職員の勤務時間、休暇等に関する法律（平成６年法律第33号。以下「勤務時間法」という。）第３条に規定する各省各庁の長及びその委任を受けた者をいう。以下同じ。）は、第１号任期付研究員の職務につき、その職務の性質上時間配分の決定その他の職務遂行の方法を大幅に当該第１号任期付研究員の裁量にゆだねることが当該第１号任期付研究員に係る研究業務の能率的な遂行のため必要であると認める場合には、当該第１号任期付研究員を、人事院規則の定めるところにより、勤務時間法の規定による勤務時間の割振り

（裁量勤務の手続等）
第９条　任期付研究員法第８条第１項の規定による職員の裁量による勤務（以下「裁量勤務」という。）に従事させることができる第１号任期付研究員は、休職者及び停職者を除く第１号任期付研究員のうち、その職務遂行の方法を大幅に当該第１号任期付研究員の裁量にゆだねた場合に、自己の判断により研究業務を能率的に遂行することができると認められる者に限るものとする。
2　各省各庁の長（任期付研究員法第８条第１項に規定する各省各庁の長をいう。以下同じ。）は、第１号任期付研究員を裁量勤務に従事させる場合には、あらかじめ当該第１号任期付研究員の同意を得なければならない。
3　各省各庁の長は、裁量勤務に従事している第１号任期付研究員（以下「裁量勤務研究員」という。）が裁量勤務を継続しないことを希望する旨申し出た場合又は裁量勤務研究員を裁量勤務に従事させることが当該裁量勤務研究員に係る研究業務の能率的な遂行のため必要であると認められなくなった場合には、速やかに裁量勤務に従事させることをやめなければならない。
4　各省各庁の長は、第１号任期付研究員を裁量勤務に従事させ、又は従事させることをやめる場合には、人事院の定めるところにより、当該第１号任期付研究員に対し速やかに通知するものとする。

（勤務場所等）
第10条　裁量勤務研究員は、その勤務官署以外の場所においてその日の勤務のすべてを行う場合で各省各庁の長が必要であると認めるときには、その場所及び勤務内容等各省各庁の長が必要と認める事項についてあらかじめ各省各庁の長に申し出なければならない。
2　各省各庁の長は、裁量勤務研究員に、特定の時間帯にその勤務官署において勤務することその他の特定の方法による職務遂行を命ずる場合には、当該裁量勤務研究員にあらかじめその内容を通知しなければならない。

（勤務の状況についての報告）
第11条　裁量勤務研究員は、研究業務の遂行状況その他の勤務の状況について、各省各庁の長が定める期間ごとに報告しなければならない。

究員（任期付研究員法第５条第１項に規定する第１号任期付研究員をいう。以下同じ。）の号俸を２号俸以上の号俸に決定した場合には別紙１の２の様式の報告書により、同条第２項の規定により第２号任期付研究員（任期付研究員法第５条第１項に規定する第２号任期付研究員をいう。以下同じ。）の号俸を３号俸に決定した場合には別紙４の様式の報告書により、遅滞なく、人事院事務総長に報告するものとする。

任期付研究員法第６条第５項及び規則第８条関係
1　任期付研究員業績手当の支給額は、規則第８条に規定する基準日現在において任期付研究員が受けるべき俸給月額に相当する額とする。

2　任期付研究員に任期付研究員業績手当を支給する場合には、任期付研究員業績手当の支給に係る特に顕著な研究業績の認定（以下「業績認定」という。）を行う委員会、審査会等の合議体で次の各号に掲げる者を構成員とするものが、業績認定を行うに当たっての評価基準を作成し、これに基づいて業績認定を行うものとする。
一　任期付研究員業績手当が支給されることとなる任期付研究員が在職する任期付研究員法第２条第１号に規定する試験研究機関等に在職する者（当該任期付研究員の業績認定に当たっては、当該任期付研究員を除く。）
二　前号の試験研究機関等が置かれている府省に在職する者（当該試験研究機関等に在職する者を除く。）

3　各庁の長は、任期付研究員に任期付研究員業績手当を支給した場合には、遅滞なく、別紙５の様式の報告書により、人事院事務総長に報告するものとする。

規則第３条関係
任命権者は、この条の規定により職員の同意を得る場合には、当該職員に任期を更新することを承諾した文書を提出させるものとする。

規則第４条関係
任命権者は、この条の規定により任期付研究員を異動させた場合には、遅滞なく、別紙６の様式による異動の状況報告書を人事院事務総長に提出するものとする。

を行わないで、その職務に従事させることができる。この場合において、当該第1号任期付研究員は、人事院規則の定めるところにより、その勤務の状況について各省各庁の長に報告しなければならない。

2　前項の場合における第1号任期付研究員については、月曜日から金曜日までの5日間において、人事院規則で定める時間帯について勤務時間法第6条第2項の規定により1日につき7時間45分の勤務時間を割り振られたものとみなし、国民の祝日に関する法律（昭和23年法律第178号）に規定する休日その他の人事院規則で定める日を除き、当該勤務時間を勤務したものとみなす。

3　勤務時間法第6条第2項から第4項、第7条から第12条まで、第13条の2並びに第15条の規定は、前項の第1号任期付研究員には、適用しない。

（特定の職員についての適用除外）

第9条　前3条の規定は、第2条第1号ニに掲げる試験研究機関等の研究業務に従事する第1号任期付研究員及び第2号任期付研究員には、適用しない。

（一般職の任期付職員の採用及び給与の特例に関する法律の適用除外）

第10条　一般職の任期付職員の採用及び給与の特例に関する法律（平成12年法律第125号）の規定は、研究業務に従事する職員には適用しない。

（人事院規則への委任）

第11条　この法律の実施に関し必要な事項は、人事院規則で定める。

（人事院の勧告等）

第12条　人事院は、この法律に定める事項に関して調査研究を行い、その結果を国会及び内閣に同時に報告するとともに、必要に応じ、適当と認める改定を勧告することができる。

附則

（施行期日）

1　この法律は、公布の日から施行する。

（勤務時間を割り振られたものとみなす時間帯等）

第12条　任期付研究員法第8条第2項の人事院規則で定める時間帯は、午前8時30分から午後5時15分まで（午後零時から午後1時までを除く。）の時間帯とする。

2　育児休業法第18条の規定により読み替えられた任期付研究員法第8条第2項の人事院規則で定める時間帯は、育児休業法第12条第3項の規定により承認を受けた同条第1項に規定する育児短時間勤務の内容に従った時間帯（勤務時間法第9条の規定に基づき休憩時間を置かなければならない場合にあっては、当該休憩時間の時間帯を除く。）とする。

第13条　任期付研究員法第8条第2項の人事院規則で定める日は、次に掲げる日とする。

一　国民の祝日に関する法律（昭和23年法律第178号）に規定する休日

二　勤務時間法第14条に規定する年末年始の休日

三　全日にわたり勤務時間法第16条に定める休暇が承認された日

四　前3号に掲げるもののほか、全日にわたり勤務しないことにつき特に承認があった日

（雑則）

第14条　この規則に定めるもののほか、任期付研究員の採用、給与及び勤務時間の特例に関し必要な事項は、人事院が定める。

附則

この規則は、公布の日から施行する。

規則第5条関係

人事異動通知書の「異動内容」欄の記入要領は、次のとおりとする。

一　任期付研究員を採用する場合

「アに採用する（イ）
任期は　年　月　日までとする」

と記入する。

注1　「ア」の記号をもって表示する事項は、官職の組織上の名称及び当該官職の属する所属部課（所属部課の表示の単位は任命権者が定めるものとする。）とする。

2　「イ」の記号をもって表示する事項は、第1号任期付研究員にあっては「一般職の任期付研究員の採用、給与及び勤務時間の特例に関する法律第3条第1項第1号による」とし、第2号任期付研究員にあっては「一般職の任期付研究員の採用、給与及び勤務時間の特例に関する法律第3条第1項第2号による」とする。

二　任期付研究員の任期を更新する場合

「任期を　年　月　日まで更新する」

と記入する。

三　任期の満了により任期付研究員が当然に退職する場合

「任期の満了により　年　月　日限り退職した」

と記入する。

規則第9条関係

1　この条の第4項の通知は、第1号任期付研究員を裁量勤務に従事させる場合には裁量勤務に従事させる旨及び次の各号に掲げる事項を、裁量勤務に従事させることをやめる場合には裁量勤務に従事させることをやめる旨及びその年月日を記載した文書により行うものとする。

一　裁量勤務に従事させることを開始する年月日

二　裁量勤務に従事させることを予定する期間を定める場合は、その期間

三　規則第11条の規定により各省各庁の長が定める期間

四　その他必要な事項

2　各省各庁の長は、第1号任期付研究員を裁量勤務に従事させた場合には、前項に規定する文書の写しを添付して、遅滞なく、その旨を人事院事務総長に報告するものとする。

（平成21年６月に支給する期末手当に関する特例措置） ２　平成21年６月に支給する期末手当に関する第７条第２項の規定の適用については、同項中「100分の160、」とあるのは、「100分の145、」とする。		規則第10条関係 各省各庁の長は、この条の第２項の規定により特定の方法による職務遂行を命ずる場合には、裁量勤務の趣旨を踏まえ、その命令が必要最小限のものとなるよう留意しなければならない。 規則第11条関係 各省各庁の長は、この条に規定する報告に関し、必要と認める報告事項を定めることができる。 規則第13条関係 この条の第３号及び第４号に規定する日は、規則第12条に規定する時間帯について、休暇が承認された日又は勤務しないことにつき特に承認があった日をいう。 別紙１～別紙６　（略）

14　官民人事交流法・規則21－0・運用通知等　対照表

官民人事交流法 施行日：令和３年９月１日、令和３年法律第36号による改正	規則21－０（国と民間企業との間の人事交流） 施行日：令和５年４月１日、規則１－79	運用通知等
（目的） 第１条　この法律は、行政運営における重要な役割を担うことが期待される職員について交流派遣をし、民間企業の実務を経験させることを通じて、効率的かつ機動的な業務遂行の手法を体得させ、かつ、民間企業の実情に関する理解を深めさせることにより、行政の課題に柔軟かつ的確に対応するために必要な知識及び能力を有する人材の育成を図るとともに、民間企業における実務の経験を通じて効率的かつ機動的な業務遂行の手法を体得している者について交流採用をして職務に従事させることにより行政運営の活性化を図るため、交流派遣及び交流採用（以下「人事交流」という。）に関し必要な措置を講じ、もって公務の能率的な運営に資することを目的とする。 （定義） 第２条　この法律において「職員」とは、第14条第１項及び第24条を除き、国家公務員法（昭和22年法律第120号）第２条に規定する一般職に属する職員をいう。 ２　この法律において「民間企業」とは、次に掲げる法人をいう。 一　株式会社、合名会社、合資会社及び合同会社 二　信用金庫 三　相互会社 四　前３号に掲げるもののほか、その事業の運営のために必要な経費の主たる財源をその事業の収益（法令の規定に基づく指定、認定その他これらに準ずる処分若しくは国若しくは地方公共団体からの委託を受けて実施する国若しくは地方公共団体の事務若しくは事業又はこれに類するものとして人事院規則で定めるものの実施による収益及び補助金等（補助金等に係る予算の執行の適正化に関する法律（昭和30年法律第179号）第２条第１項に規定する補助金等をいう。）を除く。）によって得ている本邦法人（次に掲げるものを除く。）のうち、前条の目的を達成するために適切であると認められる法人として人事院規則で定めるもの イ　独立行政法人通則法（平成11年法律第103号）第２条第	（目的） 第１条　この規則は、適正な交流派遣及び交流採用（以下「人事交流」という。）の促進を図るため、官民人事交流法第５条第１項の規定に基づき、任命権者その他の関係者が従うべき基準を定めるとともに、官民人事交流法の実施等に関し必要な事項を定めることを目的とする。 （定義） 第２条　この規則において、「民間企業」、「交流派遣」、「交流採用」、「任命権者」、「派遣先企業」、「交流派遣職員」又は「交流採用職員」若しくは「交流元企業」とは、それぞれ官民人事交流法第２条第２項から第５項まで、第７条第３項、第８条第２項又は第20条に規定する民間企業、交流派遣、交流採用、任命権者、派遣先企業、交流派遣職員又は交流採用職員若しくは交流元企業をいう。 ２　この規則において、次の各号に掲げる用語の意義は、当該各号に定めるところによる。 一　所管関係　国の機関（会計検査院、内閣、人事院、内閣府、デジタル庁及び各省並びに宮内庁及び各外局をいう。以下同じ。）若しくは当該国の機関に置かれる部局等又は行政執行法人であって民間企業に対する官民人事交流法第５条第１項第１号に規定する処分等（以下単に「処分等」という。）で裁量の余地が少ない処分等又は軽微な処分等として人事院の定めるもの以外の処分等（第12条及び第27条第２項において「特定処分等」という。）に関する事務を所掌するものと当該民間企業との関係をいう。 二　本省庁　国の機関に置かれる部局等のうち、内閣府設置法（平成11年法律第89号）第37条、第39条、第40条、第43条及び第54条から第57条まで（宮内庁法（昭和22年法律第70号）第18条第１項において準用する場合を含む。）並びに宮内庁法第16条及び第17条第１項、デジタル庁設置法（令和３年法律第36号）第14条第１項並びに国家行政組織法（昭和23年法律第120号）第８条から第９条までに規定する部局等（国際	**【国と民間企業との間の人事交流の運用について（平成26年人企－660、最終改正：令和５年人企－1013）】** 国と民間企業との間の人事交流に関する法律（平成11年法律第242号。以下「官民人事交流法」という。）及び人事院規則21－０（国と民間企業との間の人事交流）（以下「規則」という。）の運用について下記のとおり定めたので、平成26年５月30日以降は、これによってください。 なお、これに伴い、次に掲げる人事院事務総長通知は、廃止します。 (1)　国と民間企業との間の人事交流の運用について（平成12年３月21日任企－87） (2)　交流基準の運用について（平成12年３月21日任企－88） 記 官民人事交流法第５条関係 この条の交流基準とは、規則で定める基準をいう。 官民人事交流法第７条関係 この条の第２項の規定による職員の同意は、文書により行うものとする。 官民人事交流法第８条関係 １　この条の第２項の規定による人事院の承認の申請は、次に掲げる事項を記載した書類を人事院事務総長に提出することにより行うものとする。 一　交流派遣職員の氏名並びに派遣先企業の名称及び派遣先企業における地位 二　延長を必要とする理由 三　現に従事している業務の内容 四　交流派遣の年月日 五　延長予定期間 ２　この条の第２項の規定により交流派遣の期間を延長する場合

１項に規定する独立行政法人、国立大学法人法（平成15年法律第112号）第２条第１項に規定する国立大学法人、同条第３項に規定する大学共同利用機関法人及び総合法律支援法（平成16年法律第74号）第13条に規定する日本司法支援センター
ロ　法律により直接に設立された法人又は特別の法律により特別の設立行為をもって設立された法人であって、総務省設置法（平成11年法律第91号）第４条第１項第８号の規定の適用を受けるもの
ハ　地方独立行政法人法（平成15年法律第118号）第２条第１項に規定する地方独立行政法人
ニ　イからハまでに掲げるもののほか、その資本金の全部又は大部分が国又は地方公共団体からの出資による法人
五　外国法人であって、前各号に掲げる法人に類するものとして人事院が指定するもの
3　この法律において「交流派遣」とは、期間を定めて、職員（法律により任期を定めて任用される職員、常時勤務を要しない官職を占める職員その他の人事院規則で定める職員を除く。）を、その身分を保有させたまま、当該職員と民間企業との間で締結した労働契約に基づく業務に従事させることをいう。
4　この法律において「交流採用」とは、選考により、次に掲げる者を任期を定めて常時勤務を要する官職を占める職員として採用することをいう。
一　民間企業に雇用されていた者であって、引き続いてこの法律の規定により採用された職員となるため退職したもの
二　民間企業に現に雇用されている者であって、この法律の規定により当該雇用関係を継続することができるもの
5　この法律において「任命権者」とは、国家公務員法第55条第１項に規定する任命権者及び法律で別に定められた任命権者並びにその委任を受けた者をいう。

（人事院の権限及び責務）
第３条　人事院は、この法律の実施に関し、次に掲げる権限及び責務を有する。
一　この法律（次条、第５条第２項、第12条第４項、第14条、第15条、第15条の２、第17条、第22条及び第24条の規定を除く。次号において同じ。）の実施の責めに任ずること。
二　この法律の実施に関し必要な事項について、人事院規則を制定し、及び人事院指令を発すること。

平和協力本部、日本学術会議、警察庁、証券取引等監視委員会、最高検察庁、国税不服審判所、農林水産技術会議、国土地理院及び海難審判所を除く。）並びに人事院事務総局、公正取引委員会事務総局、警察庁、国税不服審判所、中央労働委員会事務局、国土地理院及び海難審判所に置かれるこれらに類する部局等以外のものをいう。
三　本省庁の局長等の官職　国家行政組織法第６条に規定する長官、同法第18条第１項に規定する事務次官、同法第21条第１項に規定する事務局長及び局長並びに同条第２項に規定する官房の長（各省に置かれるものに限る。）並びに検事総長及び次長検事の官職並びにこれらに準ずる官職として人事院が定めるものをいう。
四　本省庁の部長等の官職　本省庁に属する官職のうち、指定職俸給表の適用を受ける職員及び検察官の俸給等に関する法律（昭和23年法律第76号）別表検事の項５号の俸給月額以上の俸給を受ける検事が占める官職で本省庁の局長等の官職以外のものをいう。
五　本省庁の局庁等　本省庁に置かれる組織のうち、国家行政組織法第３条第３項に規定する庁、同法第７条第１項に規定する官房及び局並びに同条第７項に規定する委員会の事務局並びにこれらに準ずる組織として人事院が定めるものをいう。

（国若しくは地方公共団体の事務又は事業に類する事務又は事業）
第３条　官民人事交流法第２条第２項第４号の人事院規則で定める同号に規定する事務又は事業に類するものは、次に掲げるものとする。
一　法令の規定に基づく指定、認定その他これらに準ずる処分（次号及び第19条第１号において「指定等処分」という。）又は行政執行法人若しくは特定地方独立行政法人（地方独立行政法人法（平成15年法律第118号）第２条第２項に規定する特定地方独立行政法人をいう。以下この条において同じ。）からの委託を受けて実施する行政執行法人若しくは特定地方独立行政法人の事務又は事業
二　指定等処分を受けて実施する試験、検査、検定その他これらに準ずる事務又は事業であって、国若しくは地方公共団体又は行政執行法人若しくは特定地方独立行政法人以外の者のもの

において、当該期間を交流派遣をした日から引き続き３年を超えない範囲内で延長するときは、当該期間の延長について同項の規定による人事院の承認があったものとして取り扱うことができる。

3　任命権者は、前項の規定により交流派遣の期間の延長についてこの条の第２項の規定による人事院の承認があったものとして取り扱った場合には、遅滞なく、次に掲げる事項を記載した書類を人事院事務総長に提出するものとする。
一　交流派遣職員の氏名並びに派遣先企業の名称及び派遣先企業における地位
二　延長を必要とする理由
三　現に従事している業務の内容
四　交流派遣の年月日
五　延長予定期間

官民人事交流法第19条関係
1　この条の第５項ただし書の規定による人事院の承認の申請は、次に掲げる事項を記載した書類を人事院事務総長に提出することにより行うものとする。
一　交流採用職員の氏名及び官職名（職務の級及び所属部課名）
二　更新を必要とする理由
三　現に従事している職務の内容
四　交流採用の年月日
五　更新予定期間

2　この条の第５項ただし書の規定により任期を更新する場合において、当該任期を交流採用をした日から引き続き３年を超えない範囲内で更新するときは、当該任期の更新について同項ただし書の規定による人事院の承認があったものとして取り扱うことができる。

3　任命権者は、前項の規定により交流採用に係る任期の更新についてこの条の第５項ただし書の規定による人事院の承認があったものとして取り扱った場合には、遅滞なく、次に掲げる事項を記載した書類を人事院事務総長に提出するものとする。
一　交流採用職員の氏名及び官職名（職務の級及び所属部課名）
二　更新を必要とする理由
三　現に従事している職務の内容

四　交流採用の年月日
五　更新期間

官民人事交流法第23条関係

この条の第１項の規定による人事院への報告は、毎年１月末日までに、次の各号に掲げる報告の区分に応じ、それぞれ当該各号に定める書類を人事院事務総長に提出することにより行うものとする。

一　前年に交流派遣職員であった者に関する報告　当該者ごとに次に掲げる事項を記載した書類
(1)　交流派遣に係る官民人事交流法第７条第２項の規定による書類の提出の時に占めていた官職（当該者が国際機関に派遣されていたこと等の事情によりその占めていた官職の職務に従事していなかった場合は、あわせて、派遣先の機関名等）
(2)　派遣先企業の名称
(3)　前年に占めていた派遣先企業における地位及び業務内容（前年に地位又は業務内容の変更があった場合は、占めていた期間ごとの地位及び業務内容）
(4)　交流派遣の期間
(5)　(1)から(4)までに掲げるもののほか、参考となる事項
二　３年前の年の１月１日から前年の12月31日までの間に交流派遣から職務に復帰した職員に関する報告　当該者ごとに次に掲げる事項を記載した書類及び当該者の前年末における人事記録の写し
(1)　前年において当該者が国際機関に派遣されている等の事情によりその占める官職の職務に従事していない場合における派遣先等の機関名
(2)　前年において国家公務員退職手当法（昭和28年法律第182号）第20条の規定により退職手当の支給を受けずに退職した場合における退職後に就いた機関等の名称
(3)　派遣先企業の名称
(4)　復帰の日の直前に派遣先企業において占めていた地位及び業務内容
(5)　(1)から(4)までに掲げるもののほか、参考となる事項
三　前年に交流採用職員であった者に関する報告　当該者ごとに次に掲げる事項を記載した書類及び当該者の前年末における人事記録の写し
(1)　交流元企業の名称及び事業内容

（官民人事交流法の対象とする法人）
第４条　官民人事交流法第２条第２項第４号の人事院規則で定める法人は、次に掲げる法人とする。
一　信用協同組合及び信用協同組合連合会
二　信用金庫連合会
三　労働金庫及び労働金庫連合会
四　農林中央金庫
五　監査法人
六　弁護士法人
七　損害保険料率算出団体
八　医療法人
九　学校法人
十　社会福祉法人
十一　日本赤十字社
十二　認可金融商品取引業協会
十三　自主規制法人
十四　消費生活協同組合及び消費生活協同組合連合会
十五　特定非営利活動促進法（平成10年法律第７号）第２条第２項に規定する特定非営利活動法人
十六　一般社団法人及び一般財団法人

（交流派遣の対象から除外する職員）
第５条　官民人事交流法第２条第３項の人事院規則で定める職員は、次に掲げる職員とする。
一　臨時的職員その他任期を限られた常勤職員
二　非常勤職員
三　条件付採用期間中の職員
四　法第81条の５第１項から第４項までの規定により異動期間（これらの規定により延長された期間を含む。）を延長された管理監督職を占める職員
五　勤務延長職員
六　休職者
七　停職者
八　派遣法第３条に規定する派遣職員
九　法科大学院派遣法第４条第３項又は第11条第１項の規定により派遣されている職員
十　福島復興再生特別措置法（平成24年法律第25号）第48条の３第７項又は第89条の３第７項に規定する派遣職員
十一　令和７年国際博覧会特措法第25条第７項に規定する派遣

三　人事交流の適正な実施を確保するため、人事交流の制度の運用状況に関し、職員、任命権者その他の関係者に報告を求め、又は調査をすること。

（内閣総理大臣の責務）
第４条　内閣総理大臣は、人事交流の制度の円滑かつ効果的な運用に資するため、その運用に関する基本方針を作成し、これに基づいて、各行政機関が行う人事交流に関し、その統一保持上必要な総合調整を行うものとする。
２　内閣総理大臣は、人事交流の制度の円滑かつ効果的な運用を確保するための方策について調査研究を行い、その結果に基づいて、必要な措置を講ずるものとする。

（交流基準）
第５条　任命権者その他の関係者は、人事交流の制度の運用に当たっては、次に掲げる事項に関し人事院規則で定める基準（以下「交流基準」という。）に従い、常にその適正な運用の確保に努めなければならない。
一　国の機関に置かれる部局等又は独立行政法人通則法第２条第４項に規定する行政執行法人（以下「行政執行法人」という。）であって民間企業に対する処分等（法令の規定に基づいてされる行政手続法（平成５年法律第88号）第２条第２号に規定する処分及び同条第６号に規定する行政指導をいう。第13条第３項及び第20条において同じ。）に関する事務を所掌するものと当該民間企業との間の人事交流の制限に関する事項
二　国又は行政執行法人と契約関係にある民間企業との間の人事交流の制限に関する事項
三　その他人事交流の制度の適正な運用のため必要な事項
２　内閣総理大臣は、必要があると認めるときは、交流基準に関し、人事院に意見を述べることができる。
３　人事院は、交流基準を定め、又はこれを変更しようとするときは、人事院規則の定めるところにより、行政運営に関し優れた識見を有する者の意見を聴かなければならない。

（民間企業の公募）
第６条　人事院は、人事院規則の定めるところにより、人事交流を希望する民間企業を公募するものとする。
２　人事院は、任命権者に対し、定期的に又はその求めに応じ、

前項の規定に基づき応募した民間企業について、その名簿及びそれぞれの民間企業が示した人事交流に関する条件を提示するものとする。

（交流派遣）
第７条　任命権者は、前条第２項の規定により提示された名簿に記載のある民間企業に交流派遣をすることができる。
２　任命権者は、前項の規定による交流派遣をしようとするときは、あらかじめ、当該交流派遣に係る職員の同意を得た上で、人事院規則で定めるところにより、その実施に関する計画を記載した書類を提出して、当該計画がこの法律の規定及び交流基準に適合するものであることについて、人事院の認定を受けなければならない。
３　任命権者は、第１項の規定による交流派遣をするときは、当該交流派遣に係る民間企業（以下「派遣先企業」という。）との間において、前項の認定を受けた計画に従って、当該派遣先企業における当該交流派遣に係る職員の労働条件、当該職員が職務に復帰する場合における当該職員と当該派遣先企業との間の労働契約の終了その他交流派遣に当たって合意しておくべきものとして人事院規則で定める事項について取決めを締結しなければならない。この場合において、任命権者は、当該職員にその取決めの内容を明示しなければならない。

（交流派遣の期間）
第８条　交流派遣の期間は、３年を超えることができない。
２　前条第１項の規定により交流派遣をした任命権者は、当該派遣先企業から当該交流派遣の期間の延長を希望する旨の申出があり、かつ、その申出に理由があると認める場合には、当該交流派遣をされた職員（以下「交流派遣職員」という。）の同意及び人事院の承認を得て、当該交流派遣をした日から引き続き５年を超えない範囲内において、交流派遣の期間を延長することができる。

（労働契約の締結）
第９条　交流派遣職員は、第７条第３項の取決めに定められた内容に従って、派遣先企業との間で労働契約を締結し、その交流派遣の期間中、当該派遣先企業の業務に従事するものとする。

（交流派遣職員の職務）

職員
十二　令和９年国際園芸博覧会特措法第15条第７項に規定する派遣職員
十三　判事補及び検事の弁護士職務経験に関する法律（平成16年法律第121号）第２条第４項の規定により弁護士となってその職務を行う職員

（交流基準に係る意見聴取）
第６条　官民人事交流法第５条第３項の規定による意見の聴取は、規則21－１（交流審査会）の規定により設置した交流審査会（第27条第３項及び第28条第２項において単に「交流審査会」という。）から行うものとする。

（人事交流の対象とする民間企業）
第７条　人事交流は、その実務を経験することを通じて効率的かつ機動的な業務遂行の手法を体得することができる民間企業との間で行うものとする。ただし、民間企業が次に掲げる場合に該当するときは、当該民間企業との間の人事交流は行うことができない。
一　人事交流を行おうとする日前１年以内に、民間企業又はその役員若しくは役員であった者が、当該民間企業の業務に係る刑事事件に関し起訴された場合（無罪の判決又は公訴棄却の決定が確定した場合を除く。以下この号において同じ。）又は特定不利益処分（行政手続法（平成５年法律第88号）第２条第４号に規定する不利益処分のうち許認可等の取消しその他の民間企業の業務運営に重大な影響を及ぼすものとして人事院の定めるものをいう。以下同じ。）を受けた場合（同一の事実につき、起訴された場合又は特定不利益処分を受けた場合が合わせて２以上あることとなるときは、これらの場合のうち最初に起訴された場合又は特定不利益処分を受けた場合）
二　交流派遣職員に対し、特別の取扱い（その者の能力、資格等に照らして特別であると認められるその者の民間企業における地位、賃金その他の処遇に関する取扱いをいう。第17条において同じ。）をした場合（当該特別の取扱いをした日から５年を経過している場合を除く。）
三　第26条第１号から第３号までに規定する事項についての合意に反した場合（当該合意に反することとなった日から５年を経過している場合を除く。）

(2)　交流採用をされた日の直前に交流元企業において占めていた地位（官民人事交流法第２条第４項第２号に係る交流採用にあっては、当該者が交流元企業において占めている地位）
(3)　前年に占めていた官職の職務内容
(4)　交流採用に係る任期（当初の交流採用に係る任期に変更があった場合にあっては、変更後の任期）
(5)　(1)から(4)までに掲げるもののほか、参考となる事項

規則第２条関係
1　この条の第２項第１号の人事院の定める処分等は、報告を命ずる処分、規格の表示の認定その他これらに類する処分等とする。

2　この条の第２項第１号の「事務」には、他の機関に委任した処分等の権限に関する事務を含む。

3　この条の第２項第３号の人事院が定める官職は、次に掲げるものとする。
一　国家行政組織法（昭和23年法律第120号）第18条第４項に規定する職（各省に置かれるものに限る。）及び同法第20条第１項に規定する職
二　会計検査院事務総長、会計検査院事務総局次長及び会計検査院事務総局の局長
三　内閣感染症危機管理対策官、内閣総務官及び人事政策統括官
四　内閣法制次長及び内閣法制局の部長
五　人事院事務総長及び人事院事務総局の局長
六　内閣府の事務次官、内閣府審議官、内閣府設置法（平成11年法律第89号）第17条第１項に規定する職、同条第５項に規定する局長、同条第６項に規定する官房の長、同法第61条第１項に規定する次長、同条第２項に規定する職、同法第62条第１項に規定する職、同法第63条第１項に規定する事務局長及び局長並びに同条第２項に規定する官房の長並びに国際平和協力本部事務局長及び日本学術会議事務局長
七　宮内庁の次長及び部長
八　公正取引委員会事務総長及び公正取引委員会事務総局の局長
九　警察庁の長官、次長、官房長及び局長

十　金融庁の長官及び証券取引等監視委員会事務局長
十一　消費者庁長官
十二　こども家庭庁長官
十三　デジタル庁のデジタル審議官及び統括官
十四　復興庁の事務次官及び統括官
十五　国税不服審判所長
十六　農林水産技術会議事務局長
十七　国土地理院長及び海難審判所長
十八　原子力規制庁長官
十九　国家行政組織法第６条に規定する長官、同法第18条第１項に規定する事務次官、同法第21条第１項に規定する事務局長及び局長並びに同条第２項に規定する官房の長（各省に置かれるものに限る。）並びに検事総長及び次長検事の官職並びに前各号に掲げる官職以外の官職で、これらと職務の複雑と責任の度が同等のもの

4　この条の第２項第５号の人事院が定める組織は、次に掲げるものとする。
一　国家行政組織法第20条第１項に規定する職又は当該職のつかさどる職務の全部若しくは一部を助ける職に就いている職員で構成される組織
二　会計検査院事務総局の官房及び局
三　郵政民営化委員会事務局及び原子力防災会議事務局
四　内閣官房副長官補又は当該職を助ける職に就いている職員で構成される組織、内閣総務官室、内閣感染症危機管理統括庁、国家安全保障局、内閣広報室、内閣情報調査室及び内閣人事局並びに内閣総理大臣決定等に基づき内閣官房に置かれるその他の組織で本省庁の部長等の官職の属するもの
五　内閣法制局の部及び長官総務室
六　人事院事務総局（事務総局の局、公務員研修所、地方事務局及び沖縄事務所を除く。）、人事院事務総局の局及び国家公務員倫理審査会事務局
七　内閣府本府の官房、局、政策統括官又は当該職のつかさどる職務の全部若しくは一部を助ける職に就いている職員で構成される組織及び独立公文書管理監又は当該職のつかさどる職務の全部若しくは一部を助ける職に就いている職員で構成される組織並びに国際平和協力本部事務局及び日本学術会議事務局並びに内閣総理大臣決定等に基づき内閣府本府に置かれるその他の組織で本省庁の部長等の官職の属するもの

第８条　人事交流は、特定の業種又は特定の民間企業に著しく偏ることのないように行うものとする。

（交流派遣の対象とする職員）
第９条　交流派遣は、行政運営における重要な役割を担うことが期待される職員を対象として行うものとする。

（所管関係にある場合の交流派遣の制限）
第10条　交流派遣をしようとする日前２年以内に本省庁に属する官職を占めていた期間のある職員については、次の各号に掲げる当該職員の占めていた官職の区分に応じ、当該各号に定める民間企業への交流派遣及び当該民間企業の子会社（会社法（平成17年法律第86号）第２条第３号に規定する子会社をいう。以下同じ。）への交流派遣をすることができない。
一　本省庁の局長等の官職　当該官職が属する国の機関と所管関係にある民間企業
二　本省庁の部長等の官職　当該官職が属する本省庁の局庁等（当該官職が本省庁の所掌事務の一部を総括整理する官職である場合にあっては、その総括整理する事務を所掌する本省庁の局庁等を含む。）と所管関係にある民間企業
三　本省庁に属する官職のうち課長及びこれと同等以上の官職（本省庁の局長等の官職及び本省庁の部長等の官職を除く。以下「本省庁の課長等の官職」という。）　当該官職が属する本省庁の局庁等に置かれる組織のうち課若しくはこれに準ずる組織又は本省庁の所掌事務の一部を総括整理する組織（以下「本省庁の課等」という。）と所管関係にある民間企業
四　本省庁に属する官職のうち本省庁の局長等の官職、本省庁の部長等の官職及び本省庁の課長等の官職以外のもの（第21条第１項第４号及び第２項第３号において「本省庁のその他の官職」という。）　当該官職が属する本省庁の課等に置かれる組織のうち最小単位のもの（府令、省令、訓令その他組織に関する定めにより設置されるものに限る。同条において「本省庁の最小組織」という。）と所管関係にある民間企業
2　管区機関（国家行政組織法第９条に規定する地方支分部局であって、法律又は政令で定める管轄区域が一の都府県の区域を超え又は道の区域であるものをいう。以下同じ。）の長の官職を占めていた期間のある職員の交流派遣については、当該管区機関を本省庁の局庁等と、当該官職を本省庁の部長等の官職とそれぞれみなして、前項の規定を準用する。

第10条　交流派遣職員は、その交流派遣の期間中、職務に従事することができない。
2　次に掲げる法律の規定は、交流派遣職員には適用しない。
一　国家公務員法第101条の規定
二　一般職の職員の勤務時間、休暇等に関する法律（平成６年法律第33号）の規定

（交流派遣職員の給与）
第11条　交流派遣職員には、その交流派遣の期間中、給与を支給しない。

（交流派遣職員の服務等）
第12条　交流派遣職員は、派遣先企業において、その交流派遣前に在職していた国の機関及び行政執行法人に対してする申請（行政手続法第２条第３号に規定する申請をいう。）に関する業務その他の交流派遣職員が従事することが適当でないものとして人事院規則で定める業務に従事してはならない。
2　交流派遣職員は、派遣先企業における業務を行うに当たっては、職員たる地位を利用し、又はその交流派遣前において官職を占めていたことによる影響力を利用してはならない。
3　交流派遣職員は、任命権者から求められたときは、派遣先企業における労働条件及び業務の遂行の状況を報告しなければならない。
4　交流派遣職員の派遣先企業の業務への従事に関しては、国家公務員法第104条の規定は、適用しない。
5　交流派遣職員に対する国家公務員法第82条の規定の適用については、同条第１項第１号中「若しくは国家公務員倫理法」とあるのは、「、国家公務員倫理法若しくは国と民間企業との間の人事交流に関する法律」とする。

（交流派遣職員の職務への復帰）
第13条　任命権者は、交流派遣職員がその派遣先企業の地位を失った場合その他の人事院規則で定める場合であって、その交流派遣を継続することができないか又は適当でないと認めるときは、速やかに当該交流派遣に係る交流派遣職員を職務に復帰させなければならない。
2　交流派遣職員は、その交流派遣の期間が満了したときは、職務に復帰する。
3　交流派遣後職務に復帰した職員については、その復帰の日か

ら起算して２年間は、任命権者は、当該職員の派遣先企業であった民間企業に対する処分等に関する事務をその職務とする官職その他の当該民間企業と密接な関係にあるものとして人事院規則で定める官職に就けてはならない。

（交流派遣職員に関する国家公務員共済組合法の特例）

第14条　国家公務員共済組合法（昭和33年法律第128号）第39条第２項の規定及び同法の短期給付に関する規定（同法第68条の３の規定を除く。以下この項において同じ。）は、交流派遣職員には適用しない。この場合において、同法の短期給付に関する規定の適用を受ける職員（同法第２条第１項第１号に規定する職員をいう。以下この項において同じ。）が交流派遣職員となったときは、同法の短期給付に関する規定の適用については、そのなった日の前日に退職（同法第２条第１項第４号に規定する退職をいう。）をしたものとみなし、交流派遣職員が同法の短期給付に関する規定の適用を受ける職員となったときは、同法の短期給付に関する規定の適用については、そのなった日に職員となったものとみなす。

2　交流派遣職員に対する国家公務員共済組合法の退職等年金給付に関する規定の適用については、派遣先企業の業務を公務とみなす。

3　交流派遣職員は、国家公務員共済組合法第98条第１項各号に掲げる福祉事業を利用することができない。

4　交流派遣職員に関する国家公務員共済組合法の規定の適用については、同法第２条第１項第５号及び第６号中「とし、その他の職員については、これらに準ずる給与として政令で定めるもの」とあるのは「に相当するものとして、次条第１項に規定する組合の運営規則で定めるもの」と、同法第99条第２項中「次の各号」とあるのは「第３号」と、「当該各号」とあるのは「同号」と、「及び国の負担金」とあるのは「及び国と民間企業との間の人事交流に関する法律（平成11年法律第224号）第７条第３項に規定する派遣先企業（以下「派遣先企業」という。）の負担金」と、同項第３号中「国の負担金」とあるのは「派遣先企業の負担金」と、同法第102条第１項中「各省各庁の長（環境大臣を含む。）、行政執行法人又は職員団体」とあり、及び「国、行政執行法人又は職員団体」とあるのは「派遣先企業及び国」と、「第99条第２項（同条第６項から第８項までの規定により読み替えて適用する場合を含む。）及び第５項（同条第７項及び第８項の規定により読み替えて適用する場合を含む。）」とあ

3　国の機関に置かれる本省庁以外の部局等又は行政執行法人に属する官職（管区機関の長の官職を除く。）を占めていた期間のある職員の交流派遣については、第１項の規定の例に準じて取り扱うものとする。

第11条　交流派遣職員の交流派遣の期間中に、当該交流派遣に係る派遣先企業が、交流派遣をされた日の直前に当該交流派遣職員の占めていた官職以外の官職を占めていた期間のない職員について新たに交流派遣をするものとして前条の規定を適用した場合に交流派遣をすることができない民間企業に該当することとなったときは、当該交流派遣職員の交流派遣を継続することができない。

第12条　第10条の規定にかかわらず、国の機関若しくは当該国の機関に置かれる部局等からのこれらと所管関係にある民間企業又は当該民間企業の子会社への交流派遣について、当該所管関係の基礎となる特定処分等が特許をすべき旨の査定その他の人事院が定める処分等である場合であって、かつ、交流派遣をしようとする日前２年以内において職員が当該所管関係にある民間企業に対する当該処分等に関する事務に従事したことがない場合（当該交流派遣により公務の公正性の確保に支障がないと認められる場合として人事院が定めるときに限る。）には、当該交流派遣を行うことができる。

第13条　国の機関等（国の機関及び行政執行法人をいう。以下同じ。）と所管関係にある同一の民間企業に、連続して４回、当該民間企業と所管関係にある同一の本省庁の課相当部局等（国の機関、法律若しくは政令の規定により当該国の機関に置かれる部局等又は当該部局等との権衡を考慮して人事院が定める組織であって、当該民間企業と所管関係にあるもののうち、本省庁の課、これに相当する部局等その他の最小単位のものをいう。）又は行政執行法人（以下この条及び第22条において「同一部局等」という。）に勤務する職員（当該同一部局等との所管関係に係る事務をつかさどる上級の職員を含む。以下この条及び第22条において同じ。）の交流派遣をすることができない。この場合において、既にされた当該同一部局等に勤務する職員の当該民間企業への交流派遣の終了の日から２年を経過していないときは、当該交流派遣と新たにする交流派遣は連続しているものとみなす。

八　宮内庁の長官官房、侍従職、上皇職、東宮職、皇嗣職、式部職及び部

九　公正取引委員会事務総局の官房（私的独占の禁止及び公正取引の確保に関する法律（昭和22年法律第54号）第35条第７項に規定する審判官は当該官房に属するものとする。）及び局

十　警察庁の長官官房及び局

十一　個人情報保護委員会事務局

十二　カジノ管理委員会事務局

十三　金融庁の金融国際審議官又は当該職のつかさどる職務の全部若しくは一部を助ける職に就いている職員で構成される組織及び局並びに証券取引等監視委員会事務局

十四　消費者庁

十五　こども家庭庁の長官官房及び局

十六　デジタル庁の統括官又は当該職のつかさどる職務の全部若しくは一部を助ける職に就いている職員で構成される組織

十七　復興庁の統括官又は当該職のつかさどる職務の全部若しくは一部を助ける職に就いている職員で構成される組織

十八　最高検察庁

十九　国税不服審判所（支部を除く。）

二十　農林水産技術会議事務局

二十一　国土地理院（地方測量部及び沖縄支所を除く。）及び海難審判所（地方海難審判所を除く。）

規則第４条関係

この条の第16号に掲げる「一般社団法人及び一般財団法人」には、公益社団法人及び公益財団法人の認定等に関する法律（平成18年法律第49号）第２条第１号に定める公益社団法人及び同条第２号に定める公益財団法人が含まれる。

規則第５条関係

この条の第５号の「勤務延長職員」とは、国家公務員法（昭和22年法律第120号）第81条の７第１項又は第２項の規定により定年退職日の翌日以降引き続いて勤務している職員をいう。

規則第７条関係

1　この条の第１号の「役員」とは、取締役、執行役、会計参与、監査役、業務を執行する社員、発起人その他これらに類するものをいう。

るのは「第99条第２項及び第５項」と、同条第４項中「第99条第２項第３号及び第４号」とあるのは「第99条第２項第３号」と、「並びに同条第５項（同条第７項及び第８項の規定により読み替えて適用する場合を含む。以下この項において同じ。）」とあるのは「及び同条第５項」と、「（同条第５項」とあるのは「（同項」と、「国、行政執行法人又は職員団体」とあるのは「派遣先企業及び国」とする。

（交流派遣職員に関する子ども・子育て支援法の特例）
第15条　交流派遣職員に関する子ども・子育て支援法（平成24年法律第65号）の規定の適用については、派遣先企業を同法第69条第１項第４号に規定する団体とみなす。

（交流派遣職員に関する地方公務員等共済組合法の適用関係等についての政令への委任）
第15条の２　前２条に定めるもののほか、交流派遣職員に関する国家公務員共済組合法、地方公務員等共済組合法（昭和37年法律第152号）、子ども・子育て支援法その他これらに類する法律の適用関係の調整を要する場合におけるその適用関係その他必要な事項は、政令で定める。

（職務に復帰した職員に関する一般職の職員の給与に関する法律の特例）
第16条　交流派遣後職務に復帰した職員に関する一般職の職員の給与に関する法律（昭和25年法律第95号）第23条第１項及び附則第６項の規定の適用については、派遣先企業において就いていた業務（当該業務に係る労働者災害補償保険法（昭和22年法律第50号）第７条第２項に規定する通勤（当該業務に係る就業の場所を国家公務員災害補償法（昭和26年法律第191号）第１条の２第１項第１号及び第２号に規定する勤務場所とみなした場合に同条に規定する通勤に該当するものに限る。次条第１項において同じ。）を含む。）を公務とみなす。

（職務に復帰した職員等に関する国家公務員退職手当法の特例）
第17条　交流派遣後職務に復帰した職員が退職した場合（交流派遣職員がその交流派遣の期間中に退職した場合を含む。）における国家公務員退職手当法（昭和28年法律第182号）の規定の適用については、派遣先企業の業務に係る業務上の傷病又は死亡は同法第４条第２項、第５条第１項及び第６条の４第１項に

（特別契約関係がある場合の交流派遣の制限）
第14条　交流派遣をしようとする日前５年間に係る年度のうちいずれかの年度において、国の機関等と民間企業との間に特別契約関係（一の年度において国の機関等と民間企業との間に締結した契約の総額が２千万円以上であり、かつ、当該契約の総額のその年度における当該民間企業の売上額又は仕入額等の総額に占める割合が25パーセント（資本の額又は出資の総額が３億円以上であり、かつ、常時使用する従業員の数が300人以上の民間企業にあっては10パーセント）以上であることをいう。次項及び第23条において同じ。）がある場合には、当該年度において当該国の機関等に在職していた職員については、当該民間企業及びその子会社への交流派遣をすることができない。
2　交流派遣職員の交流派遣の期間中に、交流派遣元機関（当該交流派遣職員が交流派遣をされた日の直前に在職していた国の機関等をいう。）と当該交流派遣に係る派遣先企業との間に特別契約関係があることとなった場合には、当該交流派遣を継続することができない。

（契約の締結に携わった職員等に係る交流派遣の制限）
第15条　交流派遣をしようとする日前５年以内に、職員として在職していた国の機関等と民間企業との間の契約の締結又は履行に携わった期間のある職員については、当該民間企業及びその子会社への交流派遣をすることができない。

（派遣先企業の起訴等による交流派遣の制限）
第16条　交流派遣の期間中に、派遣先企業又はその役員が、当該派遣先企業の業務に係る刑事事件に関し起訴された場合又は特定不利益処分を受けた場合（同一の事実につき、起訴された場合又は特定不利益処分を受けた場合が合わせて２以上あることとなるときは、これらの場合のうち最初に起訴された場合又は特定不利益処分を受けた場合に限る。）には、当該派遣先企業への交流派遣を継続することができない。

（職員に対する特別の取扱いによる交流派遣の制限）
第17条　民間企業が、交流派遣予定職員（官民人事交流法第７条第２項の書類に記載された職員をいう。以下同じ。）に対し、特別の取扱いをしようとした場合には、当該交流派遣予定職員の当該民間企業への交流派遣をすることができない。
2　派遣先企業が、その交流派遣職員に対し、特別の取扱いをし

2　この条の第１号の人事院の定める不利益処分は、人事交流を行おうとする民間企業の業務に係る次に掲げる処分（第４号に掲げる処分については、交流派遣に係る職員が当該民間企業において従事することとなる事務が経理に関するものである場合及び交流採用に係る者が交流採用をしようとする日前１年以内に当該民間企業において従事していた事務が経理に関するものである場合に限る。）その他これらに類する処分とする。
一　許認可等の取消し
二　業務停止命令
三　役員の解任命令
四　重加算税の徴収
五　課徴金の納付命令

規則第８条関係
この条の規定は、国の機関等（会計検査院、内閣、人事院、内閣府、デジタル庁、復興庁及び各省並びに宮内庁及び各外局並びに各行政執行法人（独立行政法人通則法（平成11年法律第103号）第２条第４項に規定する行政執行法人をいう。）をいう。以下同じ。）を単位として適用するものとする。

規則第12条関係
1　この条の人事院が定める処分等は、特許、意匠登録又は商標登録をすべき旨の査定、これらの出願について拒絶をすべき旨の査定、これらを無効にすべき旨の審決その他これらに類する処分等とする。

2　この条の人事院が定める場合は、職員が交流派遣をしようとする日前２年以内において次のいずれにも該当しない場合とする。
一　特許庁長官の官職を占めていた期間があること。
二　特許庁の特許技監の官職を占めていた期間のうちに特許庁の他の職員が派遣先予定企業に対する第１項に規定する処分等に関する事務に従事した期間があること。
三　特許庁の部長の官職を占めていた期間のうちに当該官職の属する部の他の職員が派遣先予定企業に対する第１項に規定する処分等に関する事務に従事した期間があること。
四　特許庁の課長又はこれと同等以上の官職（長官、特許技監及び部長の官職を除く。）を占めていた期間のうちに当該官職の属する組織のうち課又はこれに準ずる組織の他の職員が

規定する公務上の傷病又は死亡と、当該業務に係る労働者災害補償保険法第７条第２項に規定する通勤による傷病は国家公務員退職手当法第４条第２項、第５条第２項及び第６条の４第１項に規定する通勤による傷病とみなす。
2　交流派遣職員に関する国家公務員退職手当法第６条の４第１項及び第７条第４項の規定の適用については、交流派遣の期間は、同法第６条の４第１項に規定する現実に職務をとることを要しない期間には該当しないものとみなす。
3　前項の規定は、交流派遣職員が派遣先企業から所得税法（昭和40年法律第33号）第30条第１項に規定する退職手当等（同法第31条の規定により退職手当等とみなされるものを含む。）の支払を受けた場合には、適用しない。
4　交流派遣職員がその交流派遣の期間中に退職した場合に支給する国家公務員退職手当法の規定による退職手当の算定の基礎となる俸給月額については、部内の他の職員との権衡上必要があると認められるときは、次条第１項の規定の例により、その額を調整することができる。

（交流派遣職員の職務復帰時における処遇）
第18条　交流派遣職員が職務に復帰した場合におけるその者の職務の級及び号俸については、部内の他の職員との権衡上必要と認められる範囲内において、人事院規則の定めるところにより、必要な調整を行うことができる。
2　前項に定めるもののほか、交流派遣職員が職務に復帰した場合における任用、給与等に関する処遇については、部内の他の職員との均衡を失することのないよう適切な配慮が加えられなければならない。

（交流採用）
第19条　任命権者は、第６条第２項の規定により提示された名簿に記載のある民間企業に雇用されていた者又は現に雇用されている者について交流採用をすることができる。
2　任命権者は、前項の規定による交流採用をしようとするときは、あらかじめ、人事院規則の定めるところにより、その実施に関する計画を記載した書類を提出して、当該計画がこの法律の規定及び交流基準に適合するものであることについて、人事院の認定を受けなければならない。
3　任命権者は、第１項の規定により交流採用をするときは、同項の民間企業との間において、第２条第４項第１号に係る交流た場合には、当該派遣先企業への交流派遣を継続することができない。

（民間企業における業務内容による交流派遣の制限）
第18条　交流派遣予定職員の派遣先予定企業（派遣先企業となる民間企業をいう。以下同じ。）における業務内容が、国の機関等（交流派遣をしようとする日前に当該交流派遣予定職員が職員として在職していた国の機関等に限る。）に対する折衝又は当該国の機関等からの情報の収集を主として行うものである場合には、当該交流派遣予定職員は、当該派遣先予定企業への交流派遣をすることができない。
2　交流派遣職員の派遣先企業における業務内容が、国の機関等（交流派遣をしようとする日前に当該交流派遣職員が職員として在職していた国の機関等に限る。）に対する折衝又は当該国の機関等からの情報の収集を主として行うものであることとなった場合には、当該交流派遣職員の交流派遣を継続することができない。

（民間企業の部門との交流派遣の制限）
第19条　交流派遣をしようとする日前５年間に係る年度のうちいずれかの年度において、交流派遣予定職員の派遣先予定企業（第４条第５号から第16号までに掲げる法人に限る。）に、その事業による収益の主たる部分を次に掲げるもの（第25条、第31条第２項第２号及び第３号並びに第42条第２項第２号及び第３号において「国等の事務又は事業の実施等」という。）によって得ている部門がある場合には、当該部門の業務に従事させるために当該派遣先予定企業への交流派遣をすることができない。
一　指定等処分又は国若しくは地方公共団体からの委託を受けて実施する国若しくは地方公共団体の事務又は事業の実施
二　第３条各号に掲げる事務又は事業の実施
三　補助金等に係る予算の執行の適正化に関する法律（昭和30年法律第179号）第２条第１項に規定する補助金等

（交流採用の対象とする者）
第20条　交流採用は、民間企業における実務の経験を通じて効率的かつ機動的な業務遂行の手法を体得している者を対象として行うものとする。

（所管関係にある場合の交流採用の制限）

派遣先予定企業に対する第１項に規定する処分等に関する事務に従事した期間があること。
五　特許庁の官職（課長又はこれと同等以上の官職を除く。）を占めていた期間のうちに担当する技術、物品又は商品若しくは役務の分野と同じ技術、物品又は商品若しくは役務の分野を担当する他の職員が派遣先予定企業に対する第１項に規定する処分等に関する事務（当該同じ技術、物品又は商品若しくは役務の分野に係るものに限る。）に従事した期間があること。

規則第13条関係
1　この条の人事院が定める組織は、次に掲げるものとする。
一　会計検査院事務総局の課
二　人事院事務総局の局、課（公務員研修所、地方事務局又は沖縄事務所に置かれるものを除く。）、公務員研修所、地方事務局又は沖縄事務所
三　最高検察庁に置かれる部又は事務局
四　国家行政組織法第７条第５項に規定する実施庁又は原子力規制庁に政令の定める数の範囲内において置かれる部局等
五　国税不服審判所の支部
六　国土地理院の地方測量部又は沖縄支所
七　海難審判所の地方海難審判所
八　統括官、審議官、参事官その他の局長、部長若しくは課長に準ずる職又は当該職のつかさどる職務の全部若しくは一部を助ける職に就いている職員で構成される組織であって、法律又は政令の規定により国の機関に置かれる部局等に相当すると認められるもの

2　この条の「上級の職員」とは、例えば、この条の「本省庁の課相当部局等」を置く局の局長、部長等、当該局の所掌事務の一部を総括整理する職等をいう。

規則第14条関係
この条の第１項の「交流派遣をしようとする日前５年間に係る年度」とは、交流派遣をしようとする日から５年遡った日の属する年度から当該交流派遣をしようとする日の前日の属する年度までの年度（同日の属する年度にあっては、当該年度の初日から同日までの期間に限る。）をいう。

採用にあっては当該交流採用に係る任期が満了した場合における当該民間企業による再雇用に関する取決めを、同項第２号に係る交流採用にあっては当該交流採用に係る任期中における雇用及び任期が満了した場合における雇用に関する取決めを締結しておかなければならない。
4　第２条第４項第２号に係る交流採用についての前項の取決めにおいては、任期中における雇用に基づき賃金（労働基準法（昭和22年法律第49号）第11条に規定する賃金をいう。以下この項において同じ。）の支払その他の給付（賃金の支払以外のものであって、人事院規則で定めるものを除く。）を行うことをその内容として定めてはならない。
5　交流採用に係る任期は、３年を超えない範囲内で任命権者が定める。ただし、任命権者がその所掌事務の遂行上特に必要があると認める場合には、人事院の承認を得て、交流採用をした日から引き続き５年を超えない範囲内において、これを更新することができる。
6　任命権者は、交流採用をする場合には、当該交流採用をされる者にその任期を明示しなければならない。これを更新する場合も、同様とする。

（官職の制限）
第20条　任命権者は、前条第１項の規定により交流採用をされた職員（以下「交流採用職員」という。）を同項の民間企業（以下「交流元企業」という。）に対する処分等に関する事務をその職務とする官職その他の交流元企業と密接な関係にあるものとして人事院規則で定める官職に就けてはならない。

（交流採用職員の服務等）
第21条　交流採用職員は、その任期中、第２条第４項第２号に掲げる者である交流採用職員（以下「雇用継続交流採用職員」という。）が第19条第３項の取決めに定められた内容に従って交流元企業の地位に就く場合を除き、交流元企業の地位に就いてはならない。
2　交流採用職員は、その任期中、いかなる場合においても、交流元企業の事業又は事務に従事してはならない。
3　第12条第５項の規定は、交流採用職員について準用する。

（雇用継続交流採用職員に関する雇用保険法の特例）
第22条　雇用継続交流採用職員に関する雇用保険法（昭和49年法

第21条　国の機関と所管関係にある民間企業に雇用されている者について、当該国の機関の本省庁に交流採用をする場合には、次に掲げる官職に就けることができない。当該民間企業の子会社に雇用されている者についても同様とする。
一　本省庁の局長等の官職
二　当該民間企業と所管関係にある本省庁の局庁等に属する本省庁の部長等の官職及び当該本省庁の局庁等の所掌事務の一部を総括整理する本省庁の部長等の官職
三　当該民間企業と所管関係にある本省庁の課等に属する本省庁の課長等の官職
四　当該民間企業と所管関係にある本省庁の最小組織に属する本省庁のその他の官職
2　任命権者は、本省庁の官職を占める交流採用職員に係る交流元企業が次に掲げる場合に該当することとなったときは、当該交流採用職員の配置について適切な措置を講じなければならない。
一　当該交流採用職員の占める官職が本省庁の部長等の官職である場合において、当該官職の属する本省庁の局庁等と所管関係にあることとなったとき（当該交流採用職員の占める官職が本省庁の所掌事務の一部を総括整理する官職である場合にあっては、その総括整理する事務を所掌する本省庁の局庁等と所管関係にあることとなったときを含む。）。
二　当該交流採用職員の占める官職が本省庁の課長等の官職である場合において、当該官職の属する本省庁の課等と所管関係にあることとなったとき。
三　当該交流採用職員の占める官職が本省庁のその他の官職である場合において、当該官職の属する本省庁の最小組織と所管関係にあることとなったとき。
3　管区機関と所管関係にある民間企業に雇用されている者を当該管区機関に交流採用をする場合（交流採用予定者（任命権者が交流採用をすることを予定している者をいう。以下同じ。）の占めることとなる官職又は交流採用職員の占める官職が当該管区機関の長の官職である場合に限る。）における当該交流採用については、当該管区機関を本省庁の局庁等と、これらの官職を本省庁の部長等の官職とそれぞれみなして、前２項の規定を準用する。
4　国の機関に置かれる本省庁以外の部局等又は行政執行法人と所管関係にある民間企業に雇用されている者を当該国の機関に置かれる本省庁以外の部局等又は行政執行法人に交流採用をす

規則第15条関係
この条の「契約の締結又は履行に携わった期間」には、工事請負、国有財産売払い、物品納入等についての国の機関等と民間企業との間の契約に関し、職員が当該民間企業の推薦若しくは選考、工事等の予定価格の積算若しくは入札執行又は当該契約の締結若しくは履行についての監督若しくは検査に従事した期間を含む。

規則第19条関係
この条の「交流派遣をしようとする日前５年間に係る年度」とは、規則第14条関係に規定する年度と同様とする。

規則第23条及び第25条関係
これらの条の「交流採用をしようとする日前５年間に係る年度」とは、交流採用をしようとする日から５年遡った日の属する年度から当該交流採用をしようとする日の前日の属する年度までの年度（同日の属する年度にあっては、当該年度の初日から同日までの期間に限る。）をいう。

規則第31条関係
1　この条の第１項の規定により提出する書類には、次に掲げる資料を添付するものとする。
一　交流派遣予定職員の人事記録の写し
二　この条の第１項第１号ニ、ヘ及びト並びに第３号に掲げる事項に係る当該書類の記載内容を派遣先予定企業が確認したことを証する書面
三　前２号に掲げるもののほか、参考となる資料

2　この条の第１項第１号ニの「地位及び業務内容」には、交流派遣の期間中に派遣先予定企業において異動が予定されている場合における当該異動後の地位及び業務内容を含む。

3　この条の第１項第２号の「事務」には、他の機関に委任した処分等の権限に関する事務を含む。

4　この条の第１項第３号並びに第２項第２号及び第３号の「交流派遣をしようとする日前５年間に係るそれぞれの年度」とは、交流派遣をしようとする日から５年遡った日の属する年度から当該交流派遣をしようとする日の前日の属する年度までのそれぞれの年度（同日の属する年度にあっては、当該年度の初日か

律第116号）第22条の規定の適用については、同条第３項中「とする。ただし、当該期間に」とあるのは、「とし、当該雇用された期間又は当該被保険者であつた期間に国と民間企業との間の人事交流に関する法律（平成11年法律第224号）第21条第１項に規定する雇用継続交流採用職員（以下この項において「雇用継続交流採用職員」という。）であつた期間があるときは、雇用継続交流採用職員であつた期間を除いて算定した期間とする。ただし、これらの期間に」とする。

（人事交流の制度の運用状況の報告）

第23条　任命権者は、毎年、人事院に対し、人事交流の制度の運用状況を報告しなければならない。

2　人事院は、毎年、国会及び内閣に対し、次に掲げる事項を報告しなければならない。

一　前年に交流派遣職員であった者が同年に占めていた派遣先企業における地位及び当該交流派遣職員がその交流派遣に係る第７条第２項の規定による書類の提出の時に占めていた官職

二　３年前の年の１月１日から前年の12月31日までの間に交流派遣後職務に復帰した職員が前年（３年前の年に交流派遣後職務に復帰した場合にあっては、その復帰の日から起算して２年を経過する日までに限る。）に占めていた官職及び当該職員が当該復帰の日の直前に派遣先企業において占めていた地位

三　前年に交流採用職員であった者が同年に占めていた官職及び当該交流採用職員がその交流採用をされた日の直前に交流元企業において占めていた地位（第２条第４項第２号に係る交流採用にあっては、当該職員が交流元企業において占めている地位を含む。）

四　前３号に掲げるもののほか、人事交流の制度の運用状況の透明化を図るために必要な事項

（防衛省の職員への準用等）

第24条　この法律（第２条第１項及び第５項、第３条第１号及び第２号、第４条、第５条第２項及び第３項並びに第10条第２項を除く。）の規定は、国家公務員法第２条第３項第16号に掲げる防衛省の職員の人事交流について準用する。この場合において、これらの規定中「人事院規則」とあるのは「政令」と、第２条第２項第５号、第３条、第６条第２項、第８条第２項、第

る場合（交流採用予定者の占めることとなる官職又は交流採用職員の占める官職が管区機関の長の官職である場合を除く。）における当該交流採用については、第１項及び第２項の規定の例に準じて取り扱うものとする。

第22条　国の機関等と所管関係にある同一の民間企業に雇用されている者を、連続して４回、当該民間企業と所管関係にある同一部局等の職員として交流採用をすることができない。この場合において、既にされた当該民間企業に雇用されている者の当該同一部局等の職員としての交流採用の終了の日から２年を経過していないときは、当該交流採用と新たにする交流採用は連続しているものとみなす。

（特別契約関係がある場合の交流採用の制限）

第23条　交流採用をしようとする日前５年間に係る年度のうちいずれかの年度において国の機関等と民間企業との間に特別契約関係がある場合には、当該民間企業及びその子会社に雇用されている者については、当該国の機関等に交流採用をすることができない。

（契約の締結に携わった職員等に係る交流採用の制限）

第24条　交流採用をしようとする日前５年以内に、交流元企業となる民間企業と国の機関等との間の契約の締結又は履行に携わった期間のある者については、当該国の機関等に交流採用をすることができない。

（民間企業の部門との交流採用の制限）

第25条　交流採用をしようとする日前５年間に係る年度のうちいずれかの年度において、交流採用予定者の所属する民間企業（第４条第５号から第16号までに掲げる法人に限る。）に、その事業による収益の主たる部分を国等の事務又は事業の実施等によって得ている部門がある場合には、当該年度において当該部門に所属したことがある当該交流採用予定者の交流採用をすることができない。

（民間企業との合意がない場合の交流採用の制限）

第26条　任命権者と民間企業との間で次に掲げる事項について合意がなされていない場合には、当該民間企業に雇用されている者の交流採用をすることができない。

ら当該交流派遣をしようとする日の前日までの期間に限る。）をいう。

5　この条の第１項第６号の「人事等に関する方針」とは、人事等に関する基本的考え方、交流派遣から職務に復帰した後の職員の活用の方法（例えば、従事させることを想定している業務分野若しくは行政課題又は就けることを想定している職務の種類など）その他必要と認められる事項とする。

規則第34条関係

1　この条の第１項の規定による人事院の認定の申請は、同項に規定する計画の変更に係る事項を記載した書類の提出により行うものとする。この場合において、当該計画の変更が、交流派遣をした日から引き続き３年を超えるものとなる交流派遣の期間の延長に係るものであるときは、官民人事交流法第８条第２項の規定による承認の申請のための書類の提出をもって、この項に規定する書類の提出とみなす。

2　この条の第１項の規定により交流派遣の実施に関する計画を変更する場合において、当該計画の変更が、派遣先企業の名称の変更（新たに所管関係が生じないものに限る。）、派遣先企業における地位の変更（当該派遣先企業における業務内容の変更を伴うものを除く。）又は交流派遣の期間の変更（交流派遣をした日から引き続き３年を超えるものとなる交流派遣の期間の延長を除く。）に係るものであるときは、当該計画の変更についてこの条の第１項の規定による人事院の認定があったものとして取り扱うことができる。

3　任命権者は、前項の規定により交流派遣の実施に関する計画の変更についてこの条の第１項の規定による人事院の認定があったものとして取り扱った場合には、遅滞なく、当該計画の変更に係る事項を記載した書類を人事院事務総長に提出するものとする。この場合において、当該計画の変更が、交流派遣の期間の延長に係るものであるときは、官民人事交流法第８条関係第２項の規定により取り扱った場合における同条関係第３項の規定による書類の提出をもって、この項に規定する書類の提出とみなす。

4　この条の第１項ただし書の規定による交流派遣職員の同意

19条第５項及び前条第１項中「人事院」とあるのは「防衛大臣」と、第２条第３項中「職員、」とあるのは「職員、防衛省設置法（昭和29年法律第164号）第15条第１項又は第16条第１項（第３号を除く。）の教育訓練を受けている者（以下「学生」という。）、自衛隊法（昭和29年法律第165号）第25条第５項の教育訓練を受けている者（以下「生徒」という。）、」と、同条第４項中「占める職員」とあるのは「占める職員（自衛官、自衛官候補生、学生及び生徒を除く。）」と、第３条第３号中「任命権者」とあるのは「任命権者（自衛隊法第31条第１項の規定により同法第２条第５項に規定する隊員の任免について権限を有する者をいう。以下同じ。）」と、第６条第１項中「人事院は」とあるのは「防衛大臣は」と、第７条第２項中「人事院の」とあるのは「防衛大臣の」と、第12条第４項中「国家公務員法第104条」とあるのは「自衛隊法第63条」と、同条第５項中「国家公務員法第82条」とあるのは「自衛隊法第46条」と、「同条第１項第１号」とあるのは「同条第１項第３号」と、「国家公務員倫理法」とあるのは「自衛隊員倫理法（平成11年法律第130号）」と、第14条第４項中「とし、その他の職員については、これらに準ずる給与として」とあるのは「として」と、「に相当するもの」とあるのは「として政令で定めるものに相当するもの」と、第16条中「一般職の職員の給与に関する法律（昭和25年法律第95号）第23条第１項及び附則第６項」とあるのは「防衛省の職員の給与等に関する法律（昭和27年法律第266号）第23条第１項」と、「国家公務員災害補償法」とあるのは「防衛省の職員の給与等に関する法律第27条第１項において準用する国家公務員災害補償法」と、第18条第１項中「級」とあるのは「級又は階級」と、第19条第２項中「人事院の」とあるのは「防衛大臣の」と、第22条中「）第21条第１項」とあるのは「）第24条第１項において準用する同法第21条第１項」と、前条第２項中「人事院は、毎年、国会及び内閣」とあるのは「内閣は、毎年、国会」と読み替えるものとする。

2　防衛大臣は、前項において準用する第７条第２項及び第19条第２項の認定並びに前項において準用する第８条第２項及び第19条第５項の承認を行う場合には、審議会等（国家行政組織法（昭和23年法律第120号）第８条に規定する機関をいう。）で政令で定めるものに付議し、その議決に基づいて行わなければならない。

3　自衛隊法（昭和29年法律第165号）第60条の規定は、第１項において準用する第７条第１項の規定により交流派遣をされた

一　当該民間企業は、当該交流採用に係る交流採用職員に対し、その任期中、金銭、物品その他の財産上の利益を贈与しないものとすること。

二　官民人事交流法第２条第４項第２号に係る交流採用にあっては、当該民間企業は、当該交流採用に係る交流採用職員の任期中の当該民間企業における地位、賃金その他の処遇について、交流採用の適正な運用が確保されるよう必要な措置を講ずる等適切な配慮を加えるものとすること。

三　当該民間企業は、当該交流採用に係る交流採用職員であった者の復帰（官民人事交流法第２条第４項第１号に係る交流採用にあっては再雇用されることをいい、同項第２号に係る交流採用にあっては当該交流採用の終了後引き続き雇用されていることをいう。次号において同じ。）の後、当該復帰の日から起算して２年間は、当該交流採用職員であった者を次に掲げる業務に従事させないものとすること。

イ　交流採用機関（交流採用職員であった者が在職していた国の機関等をいう。以下この号において同じ。）に対する行政手続法第２条第３号に規定する申請に関する業務

ロ　交流採用機関との間の契約の締結又は履行に関する業務

ハ　交流採用機関の当該民間企業に対する法令の規定に基づく検査、臨検、捜索、差押えその他これらに類する行為に関する業務

ニ　交流採用機関に対する折衝又は交流採用機関からの情報の収集を主として行う業務

四　当該民間企業は、当該交流採用に係る交流採用職員であった者が復帰をしたときは、その者の当該民間企業における地位、賃金その他の処遇について、当該民間企業の他の従業員との均衡を失することのないよう適切な配慮を加えるものとすること。

（人事交流の特例）

第27条　第７条第１号、第13条、第16条、第19条、第22条及び第25条の規定にかかわらず、公務の公正性の確保に支障がないと人事院が認めるときは、人事交流を行い、又は継続することができる。

2　第10条から第12条まで及び第21条の規定にかかわらず、国の機関若しくは当該国の機関に置かれる部局等又は行政執行法人とこれらと所管関係にある民間企業又は当該民間企業の子会社との間の人事交流について、当該所管関係の基礎となる特定処

は、文書により行うものとする。この場合において、任命権者は、遅滞なく、当該文書の写しを人事院事務総長に提出するものとする。

規則第38条関係

この条の「契約の締結若しくは履行に関する事務」には、工事請負、国有財産売払い、物品納入等についての交流派遣後職務に復帰した職員の在職する国の機関等と当該職員の派遣先企業であった民間企業との間における契約に関する当該民間企業の推薦若しくは選考、工事等の予定価格の積算若しくは入札執行又は当該契約の締結若しくは履行についての監督若しくは検査の事務を含む。

規則第39条関係

人事異動通知書の「異動内容」欄の記入要領は、次のとおりとする。

一　交流派遣をする場合

「ア（イ）に交流派遣をする

交流派遣の期間は　年　月　日から　年　月　日までとする」

と記入する。

注1　「ア」の記号をもって表示する事項は、派遣先企業の名称とする。

2　「イ」の記号をもって表示する事項は、派遣先企業の本店又は主たる事務所の所在地とする。

二　交流派遣職員の交流派遣の期間を延長する場合

「交流派遣の期間を　年　月　日まで延長する」

と記入する。

三　交流派遣職員を職務に復帰させる場合

「職務に復帰させる」

と記入する。

四　交流派遣の期間の満了により交流派遣職員が職務に復帰した場合

「職務に復帰した（　年　月　日）」

と記入する。

規則第40条関係

交流派遣後職務に復帰した職員を昇格させる場合には、次の各号に掲げる職員の区分に応じ、当該各号に定める職務の級に昇格

防衛省の職員には適用しない。

4　第１項において準用する第７条第１項の規定により交流派遣をされた自衛官（次項において「交流派遣自衛官」という。）に関する自衛隊法第98条第４項及び第99条第１項の規定の適用については、派遣先企業の業務を公務とみなす。

5　防衛省の職員の給与等に関する法律（昭和27年法律第266号）第22条の規定は、交流派遣自衛官には適用しない。

附則

（施行期日）

1　この法律は、公布の日から起算して３月を超えない範囲内において政令で定める日から施行する。ただし、次項の規定は、公布の日から施行する。

（交流基準の制定のために必要な行為）

2　第５条の規定による交流基準の制定のため必要な手続その他の行為は、この法律の施行前においても、行うことができる。

（経過措置）

3　この法律の施行の日から平成12年３月31日までの間における第12条第４項及び第23条第１項の規定の適用については、第12条第４項中「若しくは国家公務員倫理法」とあるのは「この法律又はこの」と、「、国家公務員倫理法若しくは国と民間企業との間の人事交流に関する法律」とあるのは「この法律若しくは国と民間企業との間の人事交流に関する法律又はこれらの」と、第23条第１項中「同条第１項第３号」と、「国家公務員倫理法」とあるのは「自衛隊員倫理法（平成11年法律第130号）」と」とあるのは「同条第１項第３号」と」とする。

（平成22年度等における子ども手当の支給に関する法律により適用される旧児童手当法の特例）

4　平成22年度等における子ども手当の支給に関する法律（平成22年法律第19号）の規定により子ども手当の支給がされる交流派遣職員に関しては、第15条の規定を準用する。この場合において、同条の見出し中「子ども・子育て支援法」とあるのは「平成22年度等における子ども手当の支給に関する法律が適用される場合における旧児童手当法」と、同条中「子ども・子育て支援法（平成24年法律第65号）」とあるのは「平成22年度等における子ども手当の支給に関する法律（平成22年法律第19号）第分等が特定の業種の民間企業を対象とするものではない場合において、当該人事交流により公務の公正性の確保に支障がないと人事院が認めるときは、当該人事交流を行い、又は継続することができる。

3　前２項の場合において、人事院は必要に応じ交流審査会の意見を聴くものとする。

第28条　前条に規定するもののほか、国の機関等の組織の改廃が行われた場合、派遣先企業又は交流元企業における事業内容の変更が行われた場合その他の場合において、この規則により難い特別の事情があると人事院が認めるときは、別段の取扱いをすることができる。

2　前項の場合において、人事院は交流審査会の意見を聴かなければならない。

（民間企業の公募）

第29条　官民人事交流法第６条第１項の規定により人事院が行う民間企業の公募は、官報への掲載により行うものとする。

2　人事院は、官民人事交流法第６条第１項の規定により、人事院が民間企業の公募を行う場合には、前項の規定により公募するほか、新聞、放送、インターネットその他の適切な手段により、民間企業に当該公募について周知させなければならない。

第30条　官民人事交流法第６条第１項の規定に基づき応募しようとする民間企業は、次の各号に掲げる民間企業の区分に応じ当該各号に定める人事交流に関する条件を記載した書類を人事院に提出するものとする。

一　交流派遣に係る職員を受け入れることを希望する民間企業　次に掲げる交流派遣に関する条件

イ　交流派遣に係る職員の年齢及び必要な経験等

ロ　交流派遣に係る職員の当該民間企業における地位及び業務内容

ハ　労働契約の期間

ニ　交流派遣に係る職員の当該民間企業における賃金、労働時間その他の労働条件

ホ　イからニまでに掲げるもののほか、当該民間企業が必要と認める条件

二　その雇用する者が交流採用をされることを希望する民間企業　次に掲げる交流採用に関する条件

させることができる。ただし、特別の事情によりこれにより難い場合には、あらかじめ人事院事務総長に協議して、別段の取扱いをすることができる。

一　人事院規則９－８（初任給、昇格、昇給等の基準）（以下「規則９－８」という。）第11条第３項の規定により職務の級を決定された職員以外の職員　昇格させようとする日に新たに職員となったものとした場合のその者の経験年数がその者を昇格させようとする職務の級をその者の属する職務の級とみなした場合の給実甲第326号（人事院規則９－８（初任給、昇格、昇給等の基準）の運用について）第15条関係第５項に規定する最短昇格期間（ただし、規則９－８第20条第４項後段の規定に該当するときは、当該最短昇格期間に100分の50以上100分の100未満の割合を乗じて得た期間とすることができる。）以上となる当該昇格させようとする職務の級

二　規則９－８第11条第３項の規定により職務の級を決定された職員　当該交流派遣がなく引き続き職務に従事したものとみなして、その者が当該交流派遣の直前に属していた職務の級を基礎として昇格等の規定を適用した場合に、その者を昇格させようとする日に属することとなる職務の級を超えない範囲内の職務の級

規則第41条関係

この条の規定の適用については、給実甲第192号（復職時等における号俸の調整の運用について）に定めるところによる。

規則第42条関係

1　この条の第１項の規定により提出する書類には、次に掲げる資料を添付するものとする。

一　この条の第１項第１号ロ、ハ、ニ及びチ並びに第３号に掲げる事項に係る当該書類の記載内容を所属企業が確認したことを証する書面

二　規則第26条各号に規定する事項に係る所属企業との合意を証明する文書

三　前２号に掲げるもののほか、参考となる資料

2　この条の第１項第１号ホの「官職及びその職務内容」には、任期中に異動が予定されている場合における当該異動後の官職及びその職務内容を含む。

20条第１項の規定による児童手当法の一部を改正する法律（平成24年法律第24号）附則第11条の規定によりなおその効力を有するものとされた同法第１条の規定による改正前の児童手当法（昭和46年法律第73号）」と、「第69条第１項第４号」とあるのは「第20条第１項第４号」と読み替えるものとする。

（平成23年度における子ども手当の支給等に関する特別措置法により適用される旧児童手当法の特例）

5　平成23年度における子ども手当の支給等に関する特別措置法（平成23年法律第107号）の規定により子ども手当の支給がされる交流派遣職員に関しては、第15条の規定を準用する。この場合において、同条の見出し中「子ども・子育て支援法」とあるのは「平成23年度における子ども手当の支給等に関する特別措置法が適用される場合における旧児童手当法」と、同条中「子ども・子育て支援法（平成24年法律第65号）」とあるのは「平成23年度における子ども手当の支給等に関する特別措置法（平成23年法律第107号）第20条第１項、第３項又は第５項の規定による児童手当法の一部を改正する法律(平成24年法律第24号)附則第12条の規定によりなおその効力を有するものとされた同法第１条の規定による改正前の児童手当法（昭和46年法律第73号)」と、「第69条第１項第４号」とあるのは「第20条第１項第４号」と読み替えるものとする。

イ　交流採用が官民人事交流法第２条第４項第１号又は第２号のいずれに係るものであるかの別

ロ　交流採用に係る者の年齢及び経歴

ハ　交流採用に係る者の職務内容

ニ　任用期間

ホ　イからニまでに掲げるもののほか、当該民間企業が必要と認める条件

（交流派遣の実施に関する計画の認定）

第31条　任命権者は、官民人事交流法第７条第１項の規定により交流派遣をしようとするときは、次に掲げる事項を定めた交流派遣の実施に関する計画を記載した書類（次項において「交流派遣に係る計画書類」という。）を人事院に提出して、その認定を受けなければならない。

一　交流派遣予定職員に関する次に掲げる事項

イ　氏名及び生年月日

ロ　交流派遣をしようとする日前２年以内に占めていた官職及びその職務内容

ハ　派遣先予定企業の名称、所在地及び事業内容

ニ　派遣先予定企業における地位及び業務内容

ホ　交流派遣の期間

ヘ　派遣先予定企業における賃金、労働時間その他の労働条件

ト　派遣先予定企業における福利厚生に関する事項

チ　交流派遣をしようとする日前５年以内において職員として在職していた国の機関等と派遣先予定企業との間の契約の締結又は履行に関する事務に従事したことの有無及びその内容

二　交流派遣をしようとする日前２年以内において交流派遣予定職員が職員として在職していた国の機関等の派遣先予定企業に対する処分等に関する事務の所掌の有無及びその内容

三　交流派遣をしようとする日前５年間に係るそれぞれの年度において交流派遣予定職員が職員として在職していた国の機関等と派遣先予定企業との間の契約関係の有無及びその内容

四　交流派遣をしようとする日前１年以内における派遣先予定企業（その役員又は役員であった者を含む。）に関する次に掲げる事項

イ　当該派遣先予定企業の業務に係る刑事事件に関し起訴されたことの有無及びその内容

3　この条の第１項第２号の「事務」には、他の機関に委任した処分等の権限に関する事務を含む。

4　この条の第１項第３号及び第２項第２号の「交流採用をしようとする日前５年間に係るそれぞれの年度」とは、交流採用をしようとする日から５年遡った日の属する年度から当該交流採用をしようとする日の前日の属する年度までのそれぞれの年度（同日の属する年度にあっては、当該年度の初日から当該交流採用をしようとする日の前日までの期間に限る。）をいう。

5　交流採用に係る官職が人事院規則８－12（職員の任免）第18条第３項に規定する特定官職である場合における同項の規定による協議は、「任用関係の承認申請等の手続について（平成21年３月18日人企－537）」第４項の規定にかかわらず、この条の第１項の規定により提出する書類に、次に掲げる事項を併せて記載することにより行うものとする。

一　交流採用予定者の資格、経歴、実務経験等の内容

二　交流採用予定日前２年以内の期間における刑事事件に関する起訴の有無

6　この条の第２項第３号の「当該５年間において当該交流採用予定者が当該部門に所属していたそれぞれの年度」とは、交流採用をしようとする日から５年遡った日の属する年度から当該交流採用をしようとする日の前日の属する年度までの年度のうち、交流採用予定者の所属していた部門に当該交流採用予定者が所属していたそれぞれの年度(同日の属する年度にあっては、当該年度の初日から当該交流採用をしようとする日の前日までの期間に限る。）をいう。

規則第43条関係

1　この条の給付は、交流元企業が交流採用予定者に対して直接行う場合のほか、交流元企業が他の事業者等が行うこの条の給付を交流採用予定者に受けさせるための費用の全部又は一部を負担する場合を含む。

2　この条の人事院の認める給付は、それによって交流採用予定者が受ける経済的利益が社会一般の状況やその者の職務内容、交流元企業における地位等に照らして相当と認められる給付であって、給付基準や手続等についてあらかじめ定められた規程

ロ　当該派遣先予定企業の業務に係る特定不利益処分を受けたことの有無及びその内容

五　交流派遣予定職員の在職する国の機関等と派遣先予定企業との間の人事交流の実績

六　交流派遣予定職員（交流派遣をしようとする日前２年以内に指定職俸給表の適用を受ける職員、検事総長、次長検事、検事長若しくは検察官の俸給等に関する法律別表検事の項５号の俸給月額以上の俸給を受ける検事又は行政執行法人の職員であってその職務と責任が指定職俸給表の適用を受ける職員に相当するものとして人事院が定めるものであった職員に限る。）に係る当該交流派遣予定職員を交流派遣の期間の満了により職務に復帰した後継続して勤務させ、及び当該交流派遣予定職員の交流派遣による経験等を生かすための当該交流派遣予定職員の配置その他の人事等に関する方針

七　前各号に掲げるもののほか、人事院が必要と認める事項

2　任命権者は、第４条第５号から第16号までに掲げる法人に交流派遣をしようとするときは、前項に掲げる事項のほか、次に掲げる事項を交流派遣に係る計画書類に記載しなければならない。

一　交流派遣予定職員が当該法人の実務を経験することを通じて効率的かつ機動的な業務遂行の手法を体得し、かつ、民間企業の実情に関する理解を深めることができると判断した理由

二　派遣先予定企業における事業の運営のために必要な経費の総額及び国等の事務又は事業の実施等から得ている収益の総額であって、交流派遣をしようとする日前５年間に係るそれぞれの年度におけるもの

三　交流派遣予定職員の所属することとなる部門の事業によって得ている収益の総額及び当該部門において国等の事務又は事業の実施等によって得ている収益の総額であって、交流派遣をしようとする日前５年間に係るそれぞれの年度におけるもの

（交流派遣予定職員の同意）

第32条　任命権者は、官民人事交流法第７条第２項に規定する職員の同意を得る場合には、当該職員に対してその交流派遣に係る前条第１項第１号ハからトまでに掲げる事項を明示しなければならない。

に従って行われるものとする。

3　この条の第４号の人事院の定めるサービスは、次に掲げるものとする。

一　交流採用予定者若しくはその配偶者（届出をしないが事実上婚姻関係と同様の事情にある者を含む。以下同じ。）又はそれらの親族（交流採用予定者又はその配偶者との間において事実上親族と同様の関係にあると認められる者を含む。以下同じ。）に対する保健医療サービス

二　交流採用予定者又はその配偶者の出産に係るサービス

三　交流採用予定者又はその配偶者の子（交流採用予定者又はその配偶者との間において事実上子と同様の関係にあると認められる者を含む。）の養育に係るサービス

四　交流採用予定者若しくはその配偶者又はそれらの親族の介護に係るサービス

五　交流採用予定者の自発的な職業能力の開発のための各種教育サービス

4　任命権者は、この条の第５号の人事院の指定を受けようとするときは、給付の内容、その必要性その他参考となる事項を記載した書類を事務総長に提出するものとし、当該書類には、交流元企業における福利厚生に関する規程その他参考となる資料を添付するものとする。

規則第44条関係

1　この条に規定する計画の変更のために同条の規定により書類を提出する場合において、当該計画の変更が、交流採用をした日から引き続き３年を超えるものとなる任期の更新に係るものであるときは、官民人事交流法第19条第５項ただし書の規定による承認の申請のための書類の提出をもって、この条に規定する書類の提出とみなす。

2　この条の規定により交流採用の実施に関する計画を変更する場合において、当該計画の変更が、交流元企業の名称の変更（新たに所管関係が生じないものに限る。）、交流元企業における地位の変更、官職の名称の変更（官職の職務内容の変更を伴うものを除く。）、同一の国の機関等に属する他の官職への昇任、降任若しくは併任（職務内容の変更が極めて軽微であり、かつ、新たに所管関係が生じない場合に限る。）、併任の解除又は任期の変更（交流採用をした日から引き続き３年を超えるものとな

（交流派遣に係る取決め）

第33条　官民人事交流法第７条第３項の人事院規則で定める事項は、次に掲げる事項とする。

一　交流派遣予定職員の派遣先企業における業務の制限に関する事項

二　交流派遣予定職員の派遣先企業における福利厚生に関する事項

三　交流派遣予定職員の派遣先企業における業務の従事の状況の連絡に関する事項

（交流派遣の実施に関する計画の変更等）

第34条　任命権者は、交流派遣の期間中に当該交流派遣の実施に関する計画を変更する必要が生じたときは、人事院の認定を受けて当該計画を変更することができる。ただし、第31条第１項第１号ニからトまでに規定する事項に係る当該計画の変更は、派遣先企業からこれらの事項の変更を希望する旨の申出があった場合において、当該変更について、あらかじめ当該交流派遣に係る交流派遣職員の同意を得なければならない。

2　任命権者は、前項の規定により第31条第１項第１号ニからトまでに規定する事項について交流派遣の実施に関する計画を変更したときは、派遣先企業との間において、変更後の計画に従って、当該変更に係る取決めを締結しなければならない。この場合において、任命権者は当該交流派遣に係る交流派遣職員にその取決めの内容を明示しなければならない。

3　前項に規定する変更に係る取決めが締結されたときは、交流派遣職員は、その取決めの内容に従って、派遣先企業との間で労働契約を締結するものとする。

（交流派遣職員の保有する官職）

第35条　交流派遣職員は、交流派遣をされた時に占めていた官職又はその交流派遣の期間中に異動した官職を保有するものとする。ただし、併任に係る官職については、この限りでない。

2　前項の規定は、当該官職を他の職員をもって補充することを妨げるものではない。

（交流派遣職員の業務の制限）

第36条　官民人事交流法第12条第１項の人事院規則で定める業務は、次に掲げる業務とする。

一　派遣前の機関（交流派遣職員がその交流派遣前に職員とし

る任期の更新を除く。）に係るものであるときは、当該計画の変更についてこの条の規定による人事院の認定があったものとして取り扱うことができる。

3　任命権者は、前項の規定により交流採用の実施に関する計画の変更についてこの条の規定による人事院の認定があったものとして取り扱った場合には、遅滞なく、当該計画の変更に係る事項を記載した書類を人事院事務総長に提出するものとする。この場合において、当該計画の変更が、任期の更新に係るものであるときは、第19条関係第２項の規定により取り扱った場合における同条関係第３項の規定による書類の提出をもって、この条に規定する書類の提出とみなす。

4　この条の規定による交流採用職員の同意は、文書により行うものとする。この場合において、任命権者は、遅滞なく、当該文書の写しを人事院事務総長に提出するものとする。

規則第45条関係

この条の「契約の締結若しくは履行に関する事務」には、工事請負、国有財産売払い、物品納入等についての交流採用職員の在職する国の機関等と交流元企業との間における契約に関する当該交流元企業の推薦若しくは選考、工事等の予定価格の積算若しくは入札執行又は当該契約の締結若しくは履行についての監督若しくは検査の事務を含む。

規則第46条関係

人事異動通知書の「異動内容」欄の記入要領は、次のとおりとする。

一　交流採用をする場合

「アに採用する
任期は　年　月　日までとする」

と記入する。

注　「ア」の記号をもって表示する事項は、官職の組織上の名称及び当該官職の属する所属部課（所属部課の表示の単位は任命権者が定めるものとする。）とする。

二　交流採用職員の任期を更新する場合

「任期を　年　月　日まで更新する」

と記入する。

三　任期の満了により交流採用職員が当然に退職する場合

「任期の満了により　年　月　日限り退職した」
と記入する。

【国と民間企業との間の人事交流に関する法律第２条第２項第５号の規定に基づく指定について（平成15年人事院指令21－１、最終改正：平成23年人事院指令21－２）】

1　国と民間企業との間の人事交流に関する法律（平成11年法律第224号）第２条第２項第５号の規定に基づき、次に掲げる外国法人を指定する。
　一　ドイチェ・セキュリティーズ・リミテッド
　二　マッキンゼー・アンド・カンパニー・インコーポレイテッド・ジャパン
　三　アメリカンファミリーライフアシュアランスカンパニーオブコロンバス

2　この指令は、平成15年10月９日から施行する。

【人事院規則21－０（国と民間企業との間の人事交流）第27条第１項の規定による人事院の認定について（平成26年人企－661）】

人事院は、人事院規則21－０（国と民間企業との間の人事交流）（以下「規則」という。）第27条第１項の規定による人事院の認定について、次のとおり決定する。

1　規則第７条第１号に規定する場合に係る規則第27条第１項の規定に基づき、人事交流を行うことについての人事院の認定は、次の各号に掲げる場合に応じ、当該各号に定める要件を満たすかどうかを判断の基礎と　し、違反行為（規則第７条第１号に規定する起訴又は不利益処分の原因となった行為をいう。以下同じ。）に係る業務の当該民間企業における重要性及び違反行為の重大性を勘案して行う。
　一　交流派遣の場合
　　イ　違反行為が交流派遣することを予定している国の機関等の事務と関連がないと認められること。
　　ロ　違反行為が交流派遣することを予定している民間企業の部門又は部署と業務上の関連がないと認められること。
　二　交流採用の場合

て在職していた国の機関等をいう。以下この条において同じ。）に対する行政手続法第２条第３号に規定する申請に関する業務
　二　派遣前の機関との間の契約の締結又は履行に関する業務
　三　派遣前の機関の派遣先企業に対する法令の規定に基づく検査、臨検、捜索、差押えその他これらに類する行為に関する業務

（交流派遣職員を職務に復帰させる場合）
第37条　官民人事交流法第13条第１項の人事院規則で定める場合は、次に掲げる場合とする。
　一　交流派遣職員がその派遣先企業の地位を失った場合
　二　交流派遣職員が法第78条第２号又は第３号に該当することとなった場合
　三　交流派遣職員が法第79条各号のいずれかに該当することとなった場合又は水難、火災その他の災害により生死不明若しくは所在不明となった場合
　四　交流派遣職員が法第82条第１項各号（官民人事交流法第12条第５項の規定により読み替えて適用する場合を含む。）のいずれかに該当することとなった場合
　五　交流派遣職員の交流派遣が官民人事交流法の規定又は前章第１節若しくは第２節に規定する交流基準に適合しなくなった場合
　六　交流派遣職員の交流派遣が当該交流派遣の実施に関する計画又は当該計画に従い締結された取決めに反することとなった場合

（交流派遣職員の職務復帰後の官職の制限）
第38条　官民人事交流法第13条第３項の人事院規則で定める官職は、交流派遣後職務に復帰した職員の派遣先企業であった民間企業に対する処分等に関する事務又は当該民間企業との間における契約の締結若しくは履行に関する事務をその職務とする官職とする。

（交流派遣に係る人事異動通知書の交付）
第39条　任命権者は、次に掲げる場合には、職員に対して、規則８－12（職員の任免）第58条の規定による人事異動通知書を交付しなければならない。
　一　交流派遣をした場合

二　交流派遣職員の交流派遣の期間を延長した場合
三　交流派遣職員を職務に復帰させた場合
四　交流派遣の期間の満了により交流派遣職員が職務に復帰した場合

（交流派遣職員の職務復帰時における給与の取扱い）
第40条　交流派遣職員が職務に復帰した場合において、部内の他の職員との均衡上特に必要があると認められるときは、規則9－8（初任給、昇格、昇給等の基準）第20条の規定にかかわらず、人事院の定めるところにより、その職務に応じた職務の級に昇格させることができる。

第41条　交流派遣職員が職務に復帰した場合において、部内の他の職員との均衡上必要があると認められるときは、交流派遣の期間を100分の100以下の換算率により換算して得た期間を引き続き勤務したものとみなして、その職務に復帰した日、同日後における最初の昇給日（規則9－8第34条に規定する昇給日をいう。以下この項において同じ。）又はその次の昇給日に、昇給の場合に準じてその者の号俸を調整することができる。
2　交流派遣職員が職務に復帰した場合における号俸の調整について、前項の規定による場合には部内の他の職員との均衡を著しく失すると認められるときは、同項の規定にかかわらず、あらかじめ人事院と協議して、その者の号俸を調整することができる。

（交流採用の実施に関する計画の認定）
第42条　任命権者は、官民人事交流法第19条第1項の規定により交流採用をしようとするときは、次に掲げる事項を定めた交流採用の実施に関する計画を記載した書類
（次項において「交流採用に係る計画書類」という。）を人事院に提出して、その認定を受けなければならない。
一　交流採用予定者に関する次に掲げる事項
イ　官民人事交流法第2条第4項第1号又は第2号のいずれに該当するかの別
ロ　所属する民間企業（以下この条において「所属企業」という。）の名称及び事業内容
ハ　氏名及び生年月日
ニ　所属企業における地位及び業務内容（官民人事交流法第2条第4項第2号に掲げる者にあっては、任期中に就くこ

イ　違反行為が交流採用することを予定している国の機関等の事務と関連がないと認められること。
ロ　違反行為が交流採用予定者の所属している民間企業の部門又は部署と業務上の関連がないと認められること。

2　規則第16条に規定する場合に係る規則第27条第1項の規定に基づき、人事交流を継続することについての人事院の認定は、前項の交流派遣の場合に準じて行う。

とを予定している所属企業における地位を含む。）

ホ　官職及びその職務内容

ヘ　選考基準及び選考結果の概要

ト　任期

チ　交流採用をしようとする日前５年以内において交流採用予定機関（交流採用をすることを予定している国の機関等をいう。以下この条において同じ。）と所属企業との間の契約の締結又は履行に関する事務に従事したことの有無及びその内容

二　交流採用予定機関の所属企業に対する処分等に関する事務の所掌の有無及びその内容

三　交流採用をしようとする日前５年間に係るそれぞれの年度における交流採用予定機関と所属企業との間の契約関係の有無及びその内容

四　交流採用をしようとする日前１年以内における所属企業（その役員又は役員であった者を含む。）に関する次に掲げる事項

イ　当該所属企業の業務に係る刑事事件に関し起訴されたことの有無及びその内容

ロ　当該所属企業の業務に係る特定不利益処分を受けたことの有無及びその内容

五　交流採用予定機関と所属企業との間の人事交流の実績

六　前各号に掲げるもののほか、人事院が必要と認める事項

2　任命権者は、第４条第５号から第16号までに掲げる法人に所属する者の交流採用をしようとするときは、前項に掲げる事項のほか、次に掲げる事項を交流採用に係る計画書類に記載しなければならない。

一　交流採用予定者が交流採用予定機関の職務に従事することにより行政運営の活性化を図ることができると判断した理由

二　交流採用予定者の所属企業における事業の運営のために必要な経費の総額及び国等の事務又は事業の実施等から得ている収益の総額であって、交流採用をしようとする日前５年間に係るそれぞれの年度におけるもの

三　交流採用しようとする日前５年間に交流採用予定者の所属していた部門の事業によって得ている収益の総額及び当該５年間に当該部門において国等の事務又は事業の実施等によって得ている収益の総額であって、当該５年間において当該交流採用予定者が当該部門に所属していたそれぞれの年度に係るもの

（交流採用に係る取決めにおける賃金の支払以外の給付）

第43条　官民人事交流法第19条第４項の人事院規則で定める給付は、交流元企業がその雇用する者の福利厚生の増進を図るために行う給付のうち、次に掲げる給付（第１号、第３号及び第４号に掲げる給付を任期中に新たに行う場合にあっては、当該任期中に終了するものを除く。）であって、公務の公正性の確保に支障がないと人事院が認めるものとする。

一　住宅資金、生活資金、教育資金その他の資金の貸付け
二　交流採用予定者の委託を受けて行うその貯蓄金の管理（任期中の新たな貯蓄金の受入れを除く。）
三　住宅の貸与
四　保健医療サービスその他の人事院の定めるサービスの提供
五　前各号に掲げる給付に準ずると認められるものとして人事院が指定する給付

（交流採用の実施に関する計画の変更）

第44条　任命権者は、交流採用に係る任期中に当該交流採用の実施に関する計画を変更する必要が生じたときは、当該変更に係る事項を記載した書類を人事院に提出して、その認定を受けなければならない。この場合において、当該変更に係る事項が任期の更新であるときは、任命権者は、あらかじめ当該交流採用に係る交流採用職員の同意を得なければならない。

（交流採用職員の官職の制限）

第45条　官民人事交流法第20条の人事院規則で定める官職は、交流元企業に対する処分等に関する事務又は交流元企業との間における契約の締結若しくは履行に関する事務をその職務とする官職とする。

（交流採用に係る人事異動通知書の交付）

第46条　任命権者は、次に掲げる場合には、職員に対して、規則８－12第58条の規定による人事異動通知書を交付しなければならない。

一　交流採用をした場合
二　交流採用職員の任期を更新した場合
三　任期の満了により交流採用職員が当然に退職した場合

（交流採用職員の規則９－８第４章から第６章までの規定の適用の特例）

	第47条　交流採用職員に対する規則９－８第４章から第６章までの規定の適用については、規則８－18（採用試験）第３条第４項に規定する経験者採用試験の結果に基づいて職員となった者として取り扱うことができる。 附則　抄 （施行期日） 第１条　この規則は、国家公務員法等の一部を改正する法律（平成26年法律第22号）の施行の日から施行する。	

任期付職員法 施行日：令和６年４月１日、令和５年法律第73号による改正	規則23－０（任期付職員の採用及び給与の特例） 施行日：令和４年10月１日、規則８－12－17による改正	運用通知
（趣旨） 第１条　この法律は、一般職の職員について、専門的な知識経験又は優れた識見を有する者の任期を定めた採用及び任期を定めて採用された職員の給与の特例に関する事項を定めるものとする。	（趣旨） 第１条　この規則は、任期付職員法に規定する任期付職員の採用及び給与の特例に関し必要な事項を定めるものとする。	**【任期付職員の採用及び給与の特例の運用について（平成12年任企－590、最終改正：令和４年給３－172）】** 標記について下記のとおり定めたので、通知します。
（定義） 第２条　この法律において「職員」とは、国家公務員法（昭和22年法律第120号）第２条に規定する一般職に属する職員（法律により任期を定めて任用することとされている官職を占める職員及び常時勤務を要しない官職を占める職員を除く。）をいう。 ２　この法律において「任命権者」とは、国家公務員法第55条第１項に規定する任命権者及び法律で別に定められた任命権者並びにその委任を受けた者をいう。 ３　この法律において「各庁の長」とは、一般職の職員の給与に関する法律（昭和25年法律第95号。以下「給与法」という。）第７条に規定する各庁の長及びその委任を受けた者をいう。	（任期を定めた採用の公正の確保） 第２条　任命権者は、任期付職員法第３条各項の規定に基づき、選考により、任期を定めて職員を採用する場合には、性別その他選考される者の属性を基準とすることなく、及び情実人事を求める圧力又は働きかけその他の不当な影響を受けることなく、選考される者について従事させようとする業務に必要とされる専門的な知識経験又は優れた識見の有無をその者の資格、経歴、実務の経験等に基づき経歴評定その他客観的な判定方法により公正に検証しなければならないものとする。 ２　人事院は、任期付職員法第３条各項の承認に当たっては、任期を定めた採用の公正を確保するため特に必要があると認めるときは、行政運営に関し優れた識見を有する者の意見を聴くものとする。	記 任期付職員法第３条及び規則第２条関係 １　任命権者は、一般職の任期付職員の採用及び給与の特例に関する法律（平成12年法律第125号。以下「任期付職員法」という。）第３条各項の規定により職員を採用しようとする場合には、任期を定めて職員を採用することの必要性をしん酌した上で、選考に当たって、可能な限り公募等により幅広く人材を求めるよう努めるとともに、公務の公正性を確保しつつこの制度の適正かつ円滑な運用を図るため、任期付職員（任期付職員法第５条第１項に規定する任期付職員をいう。以下同じ。）の採用前の雇用関係その他の事情に応じて、当該任期付職員の配置、従事する業務等について適切な配慮をするものとする。
（任期を定めた採用） 第３条　任命権者は、高度の専門的な知識経験又は優れた識見を有する者をその者が有する当該高度の専門的な知識経験又は優れた識見を一定の期間活用して遂行することが特に必要とされる業務に従事させる場合には、人事院の承認を得て、選考により、任期を定めて職員を採用することができる。 ２　任命権者は、前項の規定によるほか、専門的な知識経験を有する者を当該専門的な知識経験が必要とされる業務に従事させる場合において、次の各号に掲げる場合のいずれかに該当するときであって、当該者を当該業務に期間を限って従事させることが公務の能率的運営を確保するために必要であるときは、人事院の承認を得て、選考により、任期を定めて職員を採用することができる。 一　当該専門的な知識経験を有する職員の育成に相当の期間を要するため、当該専門的な知識経験が必要とされる業務に従	（任期付職員法第３条第２項第３号の人事院規則で定める場合） 第３条　任期付職員法第３条第２項第３号の規則で定める場合は、次に掲げる場合とする。 一　当該専門的な知識経験を有する職員を一定の期間他の業務に従事させる必要があるため、当該専門的な知識経験が必要とされる業務に従事させることが適任と認められる職員を部内で確保することが一定の期間困難である場合 二　当該業務が公務外における実務の経験を通じて得られる最新の専門的な知識経験を必要とするものであることにより、当該業務に当該者が有する当該専門的な知識経験を有効に活用することができる期間が一定の期間に限られる場合 （任期の更新） 第４条　任命権者は、任期付職員法第５条第１項の規定により任期を更新する場合には、あらかじめ任期付職員（任期付職員法	２　任期付職員法第３条第１項の「高度の専門的な知識経験」とは、例えば、弁護士又は公認会計士がその実務を通じて得た高度の専門的な知識経験、大学の教員又は研究所の研究員で特定の分野において高く評価される実績を挙げた者が有する当該分野の高度の専門的な知識経験を、「優れた識見」とは、例えば、民間における幅広い分野で活躍し、広く社会的にも高く評価される実績を挙げ、創造性、先見性等を有すると認められる者が有する幅広い知識経験をいう。 ３　任命権者は、任期付職員法第３条第１項の規定による承認を得ようとする場合には、次に掲げる書類を人事院事務総長に提出するものとする。 一　次に掲げる事項を記載した承認申請書 (1)　採用予定官職（号俸又は俸給月額及び所属部課名） (2)　当該官職に係る業務の内容（採用予定者に期待する業績の内容を含む。）

事させることが適任と認められる職員を部内で確保することが一定の期間困難である場合

二　当該専門的な知識経験が急速に進歩する技術に係るものであることその他当該専門的な知識経験の性質上、当該専門的な知識経験が必要とされる業務に当該者が有する当該専門的な知識経験を有効に活用することができる期間が一定の期間に限られる場合

三　前２号に掲げる場合に準ずる場合として人事院規則で定める場合

（任期）

第４条　前条各項の規定により採用される職員の任期は、５年を超えない範囲内で任命権者が定める。

２　任命権者は、前項の規定により任期を定めて職員を採用する場合には、当該職員にその任期を明示しなければならない。

第５条　任命権者は、第３条各項の規定により任期を定めて採用された職員（以下「任期付職員」という。）の任期が５年に満たない場合にあっては、人事院の承認を得て、採用した日から５年を超えない範囲内において、その任期を更新することができる。

２　前条第２項の規定は、前項の規定により任期を更新する場合について準用する。

（任用の制限）

第６条　任命権者は、任期付職員が採用時に占めていた官職においてその有する高度の専門的な知識経験又は優れた識見を活用して従事していた業務と同一の業務を行うことをその職務の主たる内容とする他の官職に任用する場合その他任期付職員を任期を定めて採用した趣旨に反しない場合に限り、人事院の承認を得て、任期付職員を、その任期中、他の官職に任用することができる。

（給与に関する特例）

第７条　第３条第１項の規定により任期を定めて採用された職員（以下「特定任期付職員」という。）には、次の俸給表を適用する。

第５条第１項に規定する任期付職員をいう。以下同じ。）の同意を得なければならない。

（人事異動通知書の交付）

第５条　任命権者は、次に掲げる場合には、職員に対して、規則８－12（職員の任免）第58条の規定による人事異動通知書（以下この条において「人事異動通知書」という。）を交付しなければならない。ただし、第３号に掲げる場合のうち、人事異動通知書の交付によらないことを適当と認める場合は、人事異動通知書に代わる文書の交付その他適当な方法をもって人事異動通知書の交付に代えることができる。

一　任期付職員を採用した場合

二　任期付職員の任期を更新した場合

三　任期の満了により任期付職員が当然に退職した場合

（特定任期付職員の号俸の決定）

第６条　特定任期付職員（任期付職員法第７条第１項に規定する特定任期付職員をいう。以下同じ。）の同項の俸給表の号俸は、その者の専門的な知識経験又は識見の度並びにその者が従事する業務の困難及び重要の度に応じて決定するものとし、その決定の基準となるべき標準的な場合は次の各号に定めるとおりとする。

一　高度の専門的な知識経験を有する者がその知識経験を活用して業務に従事する場合　１号俸

二　高度の専門的な知識経験を有する者がその知識経験を活用して困難な業務に従事する場合　２号俸

三　高度の専門的な知識経験を有する者がその知識経験を活用して特に困難な業務に従事する場合　３号俸

四　特に高度の専門的な知識経験を有する者がその知識経験を活用して特に困難な業務に従事する場合　４号俸

五　特に高度の専門的な知識経験を有する者がその知識経験を活用して特に困難な業務で重要なものに従事する場合　５号俸

六　極めて高度の専門的な知識経験又は優れた識見を有する者がその知識経験等を活用して特に困難な業務で重要なものに従事する場合　６号俸

七　極めて高度の専門的な知識経験又は優れた識見を有する者がその知識経験等を活用して特に困難な業務で特に重要なものに従事する場合　７号俸

(3)　採用予定者の氏名

(4)　採用予定者の高度の専門的な知識経験又は優れた識見の内容（資格、経歴、実務の経験等）

(5)　任用予定期間

(6)　採用予定者を当該業務に当該期間を限って従事させる必要性

(7)　選考基準、選考方法及び選考結果の概要

(8)　任期付職員法第７条第３項の規定により承認を求める場合は、予定する俸給月額に決定しようとする理由

二　その他参考となる資料

4　任期付職員法第３条第１項の規定により任期を定めた採用を行う場合で、次の各号のいずれにも該当するときは、当該採用について同項の規定による人事院の承認があったものとして取り扱うことができる。この場合において、当該採用に係る官職が人事院規則８－12（職員の任免）（以下「規則８－12」という。）第18条第３項に規定する特定官職であるときは、当該採用に係る選考について同項の規定による人事院との協議が成立したものとして取り扱うことができる。

一　採用予定者が、次のいずれかに該当すること。

(1)　弁護士又は公認会計士でその実務を通じて得た高度の専門的な知識経験を有するものであり、かつ、その従事する業務に必要な高度の専門的な知識経験を有していることが、その者の弁護士又は公認会計士の資格を有するものとしての実績により明らかであること。

(2)　大学の教員又は研究所の研究員で特定の分野において高く評価される実績を挙げたものであり、かつ、その従事する業務に必要な高度の専門的な知識経験を有していることが、その者の大学の教員又は研究所の研究員としての論文、学会発表等を含む国内外の大学、研究所等における活動実績により明らかであること。

(3)　次のいずれかに該当すること。

イ　情報システム又はサイバーセキュリティに関する業務に従事していた者であり、かつ、その従事する業務に必要な高度の専門的な知識経験を有していることが、独立行政法人情報処理推進機構のITスキル標準においてレベル４以上と評価されることにより明らかであること。

ロ　情報システムの実務を通じて得た高度の専門的な知識経験を有する者であって、情報システムの構築又は運用

号俸	俸給月額
	円
1	380,000
2	427,000
3	477,000
4	539,000
5	615,000
6	718,000
7	839,000

2　各庁の長は、特定任期付職員の号俸を、特定任期付職員が従事する業務に応じて人事院規則で定める基準に従い決定する。

3　各庁の長は、特定任期付職員について、特別の事情により第１項の俸給表に掲げる号俸により難いときは、前２項の規定にかかわらず、人事院の承認を得て、その俸給月額を同表に掲げる７号俸の俸給月額にその額と同表に掲げる６号俸の俸給月額との差額に１からの各整数を順次乗じて得られる額を加えた額のいずれかに相当する額（給与法の指定職俸給表８号俸の額未満の額に限る。）又は給与法の指定職俸給表８号俸の額に相当する額とすることができる。

4　各庁の長は、特定任期付職員のうち、特に顕著な業績を挙げたと認められる職員には、人事院規則で定めるところにより、その俸給月額に相当する額を特定任期付職員業績手当として支給することができる。

5　第２項の規定による号俸の決定、第３項の規定による俸給月額の決定及び前項の規定による特定任期付職員業績手当の支給は、予算の範囲内で行わなければならない。

（給与法の適用除外等）

第８条　給与法第６条、第８条、第10条から第11条の２まで、第11条の10及び第19条の７の規定は、特定任期付職員には、適用しない。

2　特定任期付職員に対する給与法第３条第１項、第７条、第11条の５、第11条の９第１項、第19条の３第１項、第19条の４第２項、第20条及び第21条第１項の規定の適用については、給与法第３条第１項中「この法律」とあるのは「この法律及び一般職の任期付職員の採用及び給与の特例に関する法律（平成12年法律第125号。以下「任期付職員法」という。）第７条の規定」と、給与法第７条中「この法律」とあるのは「この法律及び任

（特定任期付職員業績手当）

第７条　任期付職員法第７条第４項の特に顕著な業績を挙げたかどうかは、同条第２項又は第３項の規定により特定任期付職員の俸給月額が決定された際に期待された業績に照らして判断するものとする。

第８条　特定任期付職員業績手当は、12月１日（以下「基準日」という。）に在職する特定任期付職員のうち、特定任期付職員として採用された日から当該基準日までの間（特定任期付職員業績手当の支給を受けたことのある者にあっては、支給を受けた直近の当該手当に係る基準日の翌日から直近の基準日までの間）にその者の特定任期付職員としての業務に関し特に顕著な業績を挙げたと認められる特定任期付職員に対し、当該基準日の属する月の規則９－40（期末手当及び勤勉手当）第14条に規定する期末手当の支給日に支給することができるものとする。

（任期付職員法第３条第２項の規定により任期を定めて採用された職員の規則９－８第４章から第６章までの規定の適用の特例）

第９条　任期付職員法第３条第２項の規定により任期を定めて採用された職員に対する規則９－８（初任給、昇格、昇給等の基準）第４章から第６章までの規定の適用については、規則８－18（採用試験）第３条第４項に規定する経験者採用試験の結果に基づいて職員となった者として取り扱うことができる。

（雑則）

第10条　この規則の定めるもののほか、任期付職員の採用及び給与の特例に関し必要な事項は、人事院が定める。

附則

この規則は、公布の日から施行する。

のプロジェクト（10人以上の組織で実施されるものに限る。）の責任者の業務に３年以上従事した経歴を有しているものであること。

ハ　CEH（International Council of E-Commerce Consultantsが認定するCertified Ethical Hackerをいう。）、CISSP（International Information Systems Security Certification Consortiumが認定するCertified Information Systems Security Professionalをいう。）、CISA（Information Systems Audit and Control Associationが認定するCertified Information Systems Auditorをいう。）、CISM（Information Systems Audit and Control Associationが認定するCertified Information Security Managerをいう。）若しくは特定非営利活動法人日本セキュリティ監査協会が認定する公認情報セキュリティ監査人（公認情報セキュリティ主任監査人又は公認情報セキュリティ監査人に限る。）の資格を有し、又は情報処理の促進に関する法律（昭和45年法律第90号）第９条第１項に規定する情報処理安全確保支援士試験若しくは情報処理の促進に関する法律施行規則（平成28年経済産業省令第102号）第３条第２項第３号に規定する高度試験のいずれかに合格している者であって、サイバーセキュリティに関する業務に３年以上従事した経歴を有しているものであること。

二　採用予定者をその有する高度の専門的な知識経験を一定の期間活用して遂行することを特に必要とする業務に従事させる必要があること。

三　採用予定者を従事させる業務に、採用予定日前３月以内の期間にその者が所属していた企業に対する処分等（法令の規定に基づいてされる行政手続法（平成５年法律第88号）第２条第２号に規定する処分及び同条第６号に規定する行政指導をいう。第７項第４号において同じ。）に関する事務及び当該企業との間における契約の締結、履行等に関する事務が含まれていないこと。

四　任用予定期間が、従事する業務の遂行に必要な期間であって、その業務の内容及び採用予定者に期待する業績の内容に応じたものであること。

五　選考の対象者の募集が、公募又はこれに準ずる方法により行われていること。

六　選考が、規則８－12第19条に規定する官職に係る能力及び

期付職員法第７条の規定」と、給与法第11条の５中「指定職俸給表」とあるのは「指定職俸給表又は任期付職員法第７条第１項の俸給表」と、給与法第11条の９第１項中「指定職俸給表」とあるのは「指定職俸給表又は任期付職員法第７条第１項の俸給表」と、給与法第19条の３第１項中「以下「管理監督職員等」」とあるのは「任期付職員法第７条第１項の俸給表の適用を受ける職員を含む。以下「管理監督職員等」」と、給与法第19条の４第２項中「100分の122.5」とあるのは「100分の170」と、給与法第20条中「第６条」とあるのは「任期付職員法第７条」と、給与法第21条第１項中「この法律」とあるのは「この法律及び任期付職員法第７条」とする。

（特定任期付職員に対する在外公館の名称及び位置並びに在外公館に勤務する外務公務員の給与に関する法律の規定の適用）

第９条　特定任期付職員に対する在外公館の名称及び位置並びに在外公館に勤務する外務公務員の給与に関する法律（昭和27年法律第93号）第２条第１項及び第３項、第３条並びに第４条第１項の規定の適用については、同法第２条第１項中「勤勉手当」とあるのは「勤勉手当、特定任期付職員業績手当」と、同条第３項中「及び勤勉手当」とあるのは「、勤勉手当及び特定任期付職員業績手当」と、「除く。)」とあるのは「除く。）及び一般職の任期付職員の採用及び給与の特例に関する法律（平成12年法律第125号)」と、同法第３条及び第４条第１項中「及び勤勉手当」とあるのは「、勤勉手当及び特定任期付職員業績手当」とする。

（人事院規則への委任）

第10条　この法律の実施に関し必要な事項は、人事院規則で定める。

（人事院の勧告等）

第11条　人事院は、この法律に定める事項に関して調査研究を行い、その結果を国会及び内閣に同時に報告するとともに、必要に応じ、適当と認める改定を勧告することができる。

附則

（施行期日）

第１条　この法律は、公布の日から施行する。

適性（当該採用に係る官職が本省の課長の職制上の段階（国家公務員法（昭和22年法律第120号）第34条第２項に規定する標準的な官職が、標準的な官職を定める政令（平成21年政令第30号）本則の表１の項第２欄第１号に掲げる部局又は機関等に存する同項第３欄第４号に掲げる職制上の段階又はこれと同等の職制上の段階をいう。第７項第１号及び第７号において同じ。）又はこれより上位の職制上の段階に属するものである場合にあっては、当該採用に係る官職の職務遂行に必要とされる管理的又は監督的能力を含む。）の有無を的確に判定し得る複数の者によって構成される選考委員会の審査を経て行われていること。

七　規則８－12第７条第１項に規定する特定官職への採用の場合には、当該採用の予定日前２年以内の期間において採用予定者が刑事事件に関し起訴されていないこと。

5　任命権者は、前項の規定により任期を定めた採用について任期付職員法第３条第１項の規定による人事院の承認があったものとして取り扱った場合には、遅滞なく、次に掲げる事項を記載した実施状況報告書を人事院事務総長に提出するものとする。

一　採用官職（号俸又は俸給月額及び所属部課名）

二　当該官職に係る業務の内容

三　任期付職員の氏名

四　任期付職員の高度の専門的な知識経験の内容（資格、経歴、実務の経験等）

五　採用年月日及び任期

六　任期付職員を当該業務に当該期間を限って従事させる必要性

七　募集の時期並びに公募等の方法及び範囲

八　選考委員会の構成及び選考の経緯

九　当該官職が規則８－12第７条第１項に規定する特定官職である場合は、採用前２年以内の期間における刑事事件に関する起訴の有無

6　任命権者は、任期付職員法第３条第２項の規定による承認を得ようとする場合には、次に掲げる書類を人事院事務総長に提出するものとする。

一　次に掲げる事項を記載した承認申請書

(1)　採用予定官職（職務の級及び所属部課名）

(2)　当該官職に係る業務の内容

(3)　採用予定者の氏名

⑷　採用予定者の専門的な知識経験の内容（資格、経歴、実務の経験等）
⑸　任用予定期間
⑹　採用予定者を当該業務に当該期間を限って従事させる必要性（任期付採用の根拠規定）
⑺　選考基準、選考方法及び選考結果の概要

二　その他参考となる資料

7　任期付職員法第３条第２項の規定により任期を定めた採用を行う場合で、次の各号のいずれにも該当するときは、当該採用について同項の規定による人事院の承認があったものとして取り扱うことができる。この場合において、当該採用に係る官職が規則８－12第18条第３項に規定する特定官職であるときは、当該採用に係る選考について同項の規定による人事院との協議が成立したものとして取り扱うことができる。

一　当該採用に係る官職が本省の課長の職制上の段階より上位の職制上の段階に属するものでないこと。

二　採用予定者が、その従事する業務に必要な専門的な知識経験を有していることがその者の資格、経歴、実務の経験等により明らかであるもののうち、当該専門的な知識経験を必要とする業務に４年以上従事した経歴（我が国が加盟している国際機関における業務に従事することにより得られる専門的な知識経験が特に必要とされる業務に従事させる場合にあっては、当該国際機関における業務に通算して３年以上従事した経歴）を有しているものであること。

三　採用予定者をその有する専門的な知識経験が必要とされる業務に従事させる必要がある場合であって、任期付職員法第３条第２項各号に掲げるいずれかに該当して、その者を当該業務に期間を限って従事させることが公務の能率的運営を確保するために必要であるときであること。

四　採用予定者を従事させる業務に、採用予定日前３月以内の期間にその者が所属していた企業に対する処分等に関する事務及び当該企業との間における契約の締結、履行等に関する事務が含まれていないこと。

五　任用予定期間が、従事する業務の遂行に必要な期間であって、その業務の内容に応じたものであること。

六　選考の対象者の募集が、公募又はこれに準ずる方法により行われていること。

七　選考が、規則８－12第19条に規定する官職に係る能力及び

（平成21年６月に支給する期末手当に関する特例措置）

第２条　平成21年６月に支給する期末手当に関する第８条第２項の規定の適用については、同項中「100分の160、」とあるのは、「100分の145、」とする。

適性（当該採用に係る官職が本省の課長の職制上の段階に属するものである場合にあっては、当該採用に係る官職の職務遂行に必要とされる管理的又は監督的能力を含む。）の有無を的確に判定し得る複数の者によって構成される選考委員会の審査を経て行われていること。
八　規則８－12第７条第１項に規定する特定官職への採用の場合には、当該採用の予定日前２年以内の期間において採用予定者が刑事事件に関し起訴されていないこと。

8　任命権者は、前項の規定により任期を定めた採用について任期付職員法第３条第２項の規定による人事院の承認があったものとして取り扱った場合には、遅滞なく、次に掲げる事項を記載した実施状況報告書を人事院事務総長に提出するものとする。
一　採用官職（職務の級及び所属部課名）
二　当該官職に係る業務の内容
三　任期付職員の氏名
四　任期付職員の専門的な知識経験の内容（資格、経歴、実務の経験等）
五　採用年月日及び任期
六　任期付職員を当該業務に当該期間を限って従事させる必要性（任期付採用の根拠規定）
七　募集の時期並びに公募等の方法及び範囲
八　選考委員会の構成及び選考の経緯
九　当該官職が規則８－12第７条第１項に規定する特定官職である場合は、採用前２年以内の期間における刑事事件に関する起訴の有無

9　任期付職員が採用により占めることとなる官職が規則８－12第18条第３項に規定する特定官職である場合における同項の規定による協議は、「任用関係の承認申請等の手続について（平成21年３月18日人企－537）」第４項の規定にかかわらず、第３項第１号又は第６項第１号に規定する承認申請書に、規則８－12第18条第３項の規定による協議を行う旨及び採用予定日前２年以内の期間における刑事事件に関する起訴の有無を併せて記載することにより行うものとする。

10　任命権者は、任期付職員法第３条各項の規定により職員を採用しようとする場合は、任期を定めて採用されること及びその任期について承諾した文書を職員となる者に提出させるものと

する。

任期付職員法第４条第１項及び第５条第１項関係

1　任期付職員法第４条第１項の規定に基づき任期を定める場合には、任期付職員の身分保障に十分配慮しつつ、任期付職員に従事させようとする業務の遂行のために必要な期間を考慮して定めるものとする。任期付職員法第５条第１項の規定に基づき任期を更新する場合も同様とする。

2　任命権者は、任期付職員法第５条第１項の規定による承認を得ようとする場合には、次に掲げる事項を記載した承認申請書を人事院事務総長に提出するものとする。

一　任期付職員の氏名及び官職（職務の級（特定任期付職員（任期付職員法第３条第１項の規定により任期を定めて採用された職員をいう。以下同じ。）にあっては、号俸又は俸給月額。以下「職務の級等」という。）及び所属部課名）

二　当該任期付職員が現に従事している業務の内容

三　更新を必要とする理由

四　当該任期付職員の採用年月日

五　更新予定期間

3　任期付職員法第５条第１項の規定により任期を更新する場合で、次のいずれにも該当することが任期付職員の業務の遂行の現況により明らかであるときは、当該任期の更新について同項の規定による人事院の承認があったものとして取り扱うことができる。

一　採用又は任期の更新の時に予見し難い事情により採用した日から５年を超えない範囲内で当該採用に係る業務に引き続き従事させる必要があること。

二　更新後の任期が、任期付職員の業務の遂行に必要な期間であること。

4　任命権者は、前項の規定により任期の更新について任期付職員法第５条第１項の規定による人事院の承認があったものとして取り扱った場合には、遅滞なく、次に掲げる事項を記載した実施状況報告書を人事院事務総長に提出するものとする。

一　任期付職員の氏名及び官職（職務の級等及び所属部課名）

二　当該任期付職員が現に従事している業務の内容

三　更新を必要とする理由

四　当該任期付職員の採用年月日
五　更新期間

任期付職員法第６条関係

1　任命権者は、任期付職員法第６条の規定による承認を得ようとする場合には、次に掲げる事項を記載した承認申請書を人事院事務総長に提出するものとする。
一　任期付職員の氏名及び官職（職務の級等及び所属部課名）
二　採用時の官職（職務の級等及び所属部課名）及び当該官職に係る業務の内容等（他の官職に任用しようとする者が特定任期付職員である場合にあっては、期待する業績の内容を含む。次号並びに第３項第２号及び第３号において同じ。）
三　任用予定官職（職務の級等及び所属部課名）及び当該官職に係る業務の内容等
四　当該任期付職員を他の官職に任用する必要性
五　当該任期付職員の採用年月日及び任期

2　任期付職員法第６条の規定により他の官職に任用する場合において、次に掲げる場合のいずれかに該当するときは、当該任用について同条の規定による人事院の承認があったものとして取り扱うことができる。
一　規則８－12第35条第１号若しくは第２号の規定による併任又は規則８－12第49条の規定による規則８－12第48条第１項に規定する審議会等の非常勤官職への併任を行うとき。
二　法令の改廃による組織の変更等に伴い任用する場合であって、その者が占めていた官職においてその有する専門的な知識経験又は優れた識見を活用して従事していた業務と同一の業務を行うことをその職務の主たる内容とする他の官職に任用するとき。
三　任期付職員法第３条及び規則第２条関係第４項の規定によりその採用について任期付職員法第３条第１項の規定による人事院の承認があったものとして取り扱った者を、その者が占めていた官職においてその有する高度の専門的な知識経験を活用して従事していた業務と同一又は類似の業務（当該知識経験を活用して遂行することを特に必要とする業務に限る。）を行うことをその職務の主たる内容とする他の官職に任用するとき（前号に掲げるときを除く。）。
四　任期付職員法第３条及び規則第２条関係第７項の規定によりその採用について任期付職員法第３条第２項の規定による

人事院の承認があったものとして取り扱った者を、その者が占めていた官職においてその有する専門的な知識経験を活用して従事していた業務と同一又は類似の業務（その者を当該業務に従事させる場合であって、同項各号に掲げるいずれかに該当して、期間を限って従事させることが公務の能率的運営を確保するために必要であるときのものに限る。）を行うことをその職務の主たる内容とする他の官職に任用するとき（第２号に掲げるときを除く。）。

3　任命権者は、前項の規定により他の官職への任用について任期付職員法第６条の規定による人事院の承認があったものとして取り扱った場合には、遅滞なく、次に掲げる事項を記載した実施状況報告書を人事院事務総長に提出するものとする。
一　任期付職員の氏名及び官職（職務の級等及び所属部課名）
二　採用時の官職（職務の級等及び所属部課名）及び当該官職に係る業務の内容等
三　任用官職（職務の級等及び所属部課名）及び当該官職に係る業務の内容等
四　当該任期付職員を他の官職に任用する必要性
五　当該任期付職員の採用年月日及び任期

任期付職員法第７条第２項及び第３項並びに規則第６条関係
1　任期付職員法第７条第２項及び人事院規則23－０（任期付職員の採用及び給与の特例）（以下「規則」という。）第６条の規定による号俸の決定に当たっては、例えば、採用予定者の有する、弁護士、公認会計士等の資格、免許等を保持する者としての実績、論文、学会発表等を含む国内外の大学、研究所等における活動実績、専門的な知識経験等に基づく民間企業での実績等に対する社会における一般的な報酬、給与等の評価額、採用予定官職に係る業務の内容、職責等を考慮するものとする。

2　各庁の長は、任期付職員法第７条第３項の規定による承認を得ようとする場合には、任期付職員法第３条及び規則第２条関係第３項第１号に規定する承認申請書を人事院事務総長に提出するものとする。

3　任期付職員法第７条第２項及び第３項並びに規則第６条の規定による号俸及び俸給月額（以下この項において「号俸等」という。）の決定には、特定任期付職員の任期の中途においてその者の専門的な知識経験若しくは識見の度又はその者が従事する業務の困難及び重要の度がより高度なものとなることに伴い、これらの規定により新たに号俸等を決定することが必要であると認められる場合における号俸等の決定が含まれる。

なお、各庁の長は、特定任期付職員の任期の中途において新たにその者の号俸を決定した場合には、遅滞なく、その号俸を人事院事務総長に報告するものとする。

任期付職員法第7条第4項及び規則第8条関係

1　特定任期付職員業績手当の支給額は、規則第8条に規定する基準日（以下「基準日」という。）現在において特定任期付職員が受けるべき俸給月額に相当する額とする。

2　特定任期付職員に特定任期付職員業績手当を支給する場合には、次の各号に掲げる要件のいずれにも該当する者について、その者の業績を的確に判定し得る者によって構成される委員会、審査会等の合議体が、任期付職員法第7条第2項又は第3項の規定によりその者の号俸又は俸給月額が決定された際に期待された業績に照らして特に顕著な業績を挙げたかどうかの認定を行うものとする。ただし、特別の事情によりこれにより難い場合には、各庁の長は、あらかじめ人事院事務総長と協議して、別段の取扱いをすることができる。

一　次に掲げる職員の区分に応じ、それぞれ次に定める要件を満たすこと。

(1)　人事評価の基準、方法等に関する政令（平成21年政令第31号）第6条第2項第1号に掲げる職員　基準日以前における直近の連続した2回の業績評価（同令第4条第1項に規定する業績評価をいう。以下同じ。）の全体評語（同令第14条において準用する同令第9条第3項に規定する確認が行われた同令第6条第1項に規定する全体評語をいう。以下同じ。）が上位の段階であること（当該2回の業績評価の全体評語の一部がない場合にあっては、一の全体評語が上位の段階であること。）。

(2)　人事評価の基準、方法等に関する政令第6条第2項第2号に掲げる職員　基準日以前における直近の連続した2回の業績評価の全体評語のうち、一の全体評語が上位の段階であり、かつ、他の全体評語が上位又は中位の段階であること（当該2回の業績評価の全体評語の一部がない場合にあっては、一の全体評語が上位の段階であること。）。

(3)　人事評価の基準、方法等に関する政令第６条第２項第３号に掲げる職員　基準日以前における直近の連続した２回の業績評価の全体評語のうち、一の全体評語が人事院規則１－２（用語の定義）第35号に規定する「非常に優秀」の段階以上であり、かつ、他の全体評語が同規則第37号に規定する「良好」の段階以上であること（当該２回の業績評価の全体評語の一部がない場合にあっては、一の全体評語が同規則第35号に規定する「非常に優秀」の段階以上であること。）。

二　基準日以前１年以内の期間において、次に掲げる場合のいずれにも該当したことがないこと。

(1)　懲戒処分を受けた場合

(2)　訓告その他の矯正措置の対象となる事実があった場合

(3)　懲戒処分の対象となる事実があった場合

3　前項の「任期付職員法第７条第２項又は第３項の規定によりその者の号俸又は俸給月額が決定された際に期待された業績に照らして特に顕著な業績」には、例えば、次のような業績が該当する。

一　採用当初に設定した数値目標を著しく超える成果を得たこと。

二　採用当初の予定よりも極めて短い期間で成果を得たこと。

三　採用当初の予定よりも著しく広い範囲に貢献をもたらす成果を得たこと。

4　各庁の長は、特定任期付職員に特定任期付職員業績手当を支給した場合（第２項ただし書の規定により支給した場合を除く。）には、遅滞なく、次に掲げる事項を記載した支給状況報告書を人事院事務総長に提出するものとする。

一　特定任期付職員の氏名及び官職（号俸又は俸給月額及び所属部課名）

二　当該特定任期付職員が現に従事している業務の内容

三　採用年月日及び任期

四　第２項第１号(1)から(3)までのいずれかに定める要件を満たしたとする当該特定任期付職員の業績評価の全体評語

五　基準日以前１年以内の期間における懲戒処分及び訓告その他の矯正措置又は懲戒処分の対象となる事実の有無

六　第２項に規定する合議体の名称及び構成員

七　第２項に規定する合議体における業績の認定結果の概要

規則第４条関係

任命権者は、この条の規定により職員の同意を得る場合には、当該職員に任期を更新すること及びその更新する期間について承諾した文書を提出させるものとする。

規則第５条関係

人事異動通知書の「異動内容」欄の記入要領は、次のとおりとする。

一　任期付職員を採用する場合

「アに採用する（イ）
　任期は　年　月　日までとする」

と記入する。

注１　「ア」の記号をもって表示する事項は、官職の組織上の名称及び当該官職の属する所属部課（所属部課の表示の単位は任命権者が定めるものとする。）とする。

２　「イ」の記号をもって表示する事項は、特定任期付職員にあっては「一般職の任期付職員の採用及び給与の特例に関する法律第３条第１項による」とし、特定任期付職員以外の任期付職員にあっては「一般職の任期付職員の採用及び給与の特例に関する法律第３条第２項による」とする。

二　任期付職員の任期を更新する場合

「任期を　年　月　日まで更新する」

と記入する。

三　任期の満了により任期付職員が当然に退職する場合

「任期の満了により　年　月　日限り退職した」

と記入する。

法科大学院派遣法 施行日：令和4年10月1日、令和3年法律第66号による改正	規則24－0（検察官その他の職員の法科大学院への派遣） 施行日：令和6年4月1日、規則9－151による改正	運用通知
（目的） 第1条　この法律は、法科大学院における教育が、司法修習生の修習との有機的連携の下に法曹としての実務に関する教育の一部を担うものであり、かつ、法曹の養成に関係する機関の密接な連携及び相互の協力の下に将来の法曹としての実務に必要な法律に関する理論的かつ実践的な能力（各種の専門的な法分野における高度の能力を含む。）を備えた多数の法曹の養成を実現すべきものであることにかんがみ、法科大学院の教育と司法試験等との連携等に関する法律（平成14年法律第139号）第3条の規定の趣旨にのっとり、国の責務として、裁判官及び検察官その他の一般職の国家公務員が法科大学院において教授、准教授その他の教員としての業務を行うための派遣に関し必要な事項について定めることにより、法科大学院における法曹としての実務に関する教育の実効性の確保を図り、もって同条第1項に規定する法曹養成の基本理念に則した法科大学院における教育の充実に資することを目的とする。 （定義） 第2条　この法律において「法科大学院」とは、学校教育法（昭和22年法律第26号）第99条第2項に規定する専門職大学院であって、法曹に必要な学識及び能力を培うことを目的とするものをいう。 2　この法律において「検察官等」とは、検察官その他の国家公務員法（昭和22年法律第120号）第2条に規定する一般職に属する職員（法律により任期を定めて任用される職員、常時勤務を要しない官職を占める職員、独立行政法人通則法（平成11年法律第103号）第2条第4項に規定する行政執行法人の職員その他人事院規則で定める職員を除く。）をいう。 3　この法律において「任命権者」とは、国家公務員法第55条第1項に規定する任命権者及び法律で別に定められた任命権者並びにその委任を受けた者をいう。 （法科大学院設置者による派遣の要請）	（趣旨） 第1条　この規則は、法科大学院派遣法に規定する検察官等の法科大学院への派遣に関し必要な事項を定めるものとする。 （定義） 第2条　この規則において、「法科大学院」、「検察官等」、「任命権者」、「法科大学院設置者」又は「教授等」とは、それぞれ法科大学院派遣法第2条各項又は第3条第1項に規定する法科大学院、検察官等、任命権者、法科大学院設置者又は教授等をいう。 2　この規則において、次の各号に掲げる用語の意義は、当該各号に定めるところによる。 一　第4条派遣検察官等　法科大学院派遣法第4条第3項の規定により派遣された検察官等をいう。 二　第11条派遣検察官等　法科大学院派遣法第11条第1項の規定により派遣された検察官等をいう。 三　派遣先法科大学院　第4条派遣検察官等又は第11条派遣検察官等が教授等の業務を行う法科大学院をいう。 （派遣除外職員） 第3条　法科大学院派遣法第2条第2項の人事院規則で定める職員は、次に掲げる職員とする。 一　条件付採用期間中の職員 二　法第81条の5第1項から第4項までの規定により異動期間（これらの規定により延長された期間を含む。）を延長された管理監督職を占める職員 三　勤務延長職員 四　休職者 五　停職者 六　派遣法第3条に規定する派遣職員 七　官民人事交流法第8条第2項に規定する交流派遣職員 八　福島復興再生特別措置法（平成24年法律第25号）第48条の3第7項又は第89条の3第7項に規定する派遣職員	**【検察官その他の職員の法科大学院への派遣の運用について（平成15年人企－825、最終改正：令和6年給2－6）】** 法科大学院への裁判官及び検察官その他の一般職の国家公務員の派遣に関する法律（平成15年法律第40号。以下「法科大学院派遣法」という。）及び人事院規則24－0（検察官その他の職員の法科大学院への派遣）（以下「規則」という。）の運用について下記のとおり定めたので、平成16年4月1日（法科大学院派遣法第4条及び第11条関係並びに規則第5条関係については、平成15年10月1日）以降は、これによってください。 記 法科大学院派遣法第4条及び第11条関係 1　法科大学院派遣法第4条第3項及び第11条第1項の「その他の事情」には、検察官等（法科大学院派遣法第2条第2項に規定する検察官等をいう。以下同じ。）を派遣した場合の当該検察官等の健康及び福祉への配慮等が含まれる。 2　法科大学院派遣法第4条第3項、同条第6項及び第7項（これらの規定を法科大学院派遣法第11条第4項において準用する場合を含む。）並びに第11条第1項の規定による検察官等の同意は、文書により行うものとする。 3　法科大学院派遣法第4条第3項及び第11条第1項の規定による取決めにおいて、法科大学院（法科大学院派遣法第2条第1項に規定する法科大学院をいう。以下同じ。）における勤務時間を定めるに当たっては、法科大学院派遣法第4条第3項又は第11条第1項の規定により派遣される検察官等が派遣先法科大学院（規則第2条第2項第3号に規定する派遣先法科大学院をいう。以下同じ。）となる法科大学院において法科大学院派遣法第3条第1項に規定する教育を実効的に行うために十分な時間となるよう当該法科大学院における講義及び演習等の準備に要する時間をも考慮するものとする。 4　法科大学院派遣法第4条第9項の「任命権者が認める時間」を任命権者（法科大学院派遣法第2条第3項に規定する任命権

16

第３条　法科大学院設置者（法科大学院を置き若しくは置こうとする大学の設置者又は法科大学院を置く大学を設置しようとする者をいう。以下同じ。）は、当該法科大学院において将来の法曹としての実務に必要な法律に関する理論的かつ実践的な能力（各種の専門的な法分野における高度の能力を含む。）を涵かん養するための教育を実効的に行うため、裁判官又は検察官等を教授、准教授その他の教員（以下「教授等」という。）として必要とするときは、その必要とする事由を明らかにして、裁判官については最高裁判所に対し、検察官等については任命権者に対し、その派遣を要請することができる。
2　前項の要請の手続は、最高裁判所に対するものについては最高裁判所規則で、任命権者に対するものについては人事院規則で定める。

（職務とともに教授等の業務を行うための派遣）
第４条　最高裁判所は、前条第１項の要請があった場合において、その要請に係る派遣の必要性、派遣に伴う事務の支障その他の事情を勘案して、相当と認めるときは、これに応じ、裁判官の同意を得て、当該法科大学院設置者との間の取決めに基づき、期間を定めて、当該裁判官が職務とともに当該法科大学院において教授等の業務を行うものとすることができる。
2　最高裁判所は、前項の同意を得るに当たっては、あらかじめ、当該裁判官に同項の取決めの内容を明示しなければならない。
3　任命権者は、前条第１項の要請があった場合において、その要請に係る派遣の必要性、派遣に伴う事務の支障その他の事情を勘案して、相当と認めるときは、これに応じ、検察官等の同意（検察官については、検察庁法（昭和22年法律第61号）第25条の俸給の減額に係る同意を含む。以下同じ。）を得て、当該法科大学院設置者との間の取決めに基づき、期間を定めて、職務とともに当該法科大学院における教授等の業務を行うものとして当該検察官等を当該法科大学院を置く大学に派遣することができる。
4　任命権者は、前項の同意を得るに当たっては、あらかじめ、当該検察官等に同項の取決めの内容及び当該派遣の期間中における給与の支給に関する事項を明示しなければならない。
5　第１項又は第３項の取決めにおいては、当該法科大学院における勤務時間その他の勤務条件（検察官等については、教授等の業務に係る報酬等（報酬、賃金、給料、俸給、手当、賞与その他いかなる名称であるかを問わず、教授等の業務の対償とし

九　令和７年国際博覧会特措法第25条第７項に規定する派遣職員
十　令和９年国際園芸博覧会特措法第15条第７項に規定する派遣職員
十一　判事補及び検事の弁護士職務経験に関する法律（平成16年法律第121号）第２条第４項の規定により弁護士となってその職務を行う職員
十二　規則８－12（職員の任免）第42条第２項の規定により任期を定めて採用された職員その他任期を限られた職員

（任命権者）
第４条　法科大学院派遣法第２条第３項の任命権者には、併任に係る官職の任命権者は含まれないものとする。

（派遣の要請）
第５条　法科大学院派遣法第３条第１項の規定に基づき検察官等の派遣を要請しようとする法科大学院設置者は、当該派遣を必要とする事由及び次に掲げる当該派遣に関して希望する条件を記載した書類を任命権者に提出するものとする。
一　派遣に係る検察官等に必要な専門的な知識経験等
二　派遣に係る検察官等の当該法科大学院における教授等の地位及び業務内容
三　派遣の形態
四　派遣の期間
五　派遣に係る検察官等の当該法科大学院における勤務時間、教授等の業務に係る報酬等（報酬、賃金、給料、俸給、手当、賞与その他いかなる名称であるかを問わず、教授等の業務の対償として受けるすべてのものをいう。第17条第２項において同じ。）その他の勤務条件
六　前各号に掲げるもののほか、当該法科大学院設置者が必要と認める条件

（職務とともに教授等の業務を行うための派遣に係る取決め）
第６条　法科大学院派遣法第４条第５項の人事院規則で定める事項は、次に掲げる事項とする。
一　法科大学院派遣法第４条第３項の規定により派遣される検察官等（以下この条において「派遣予定検察官等」という。）の派遣先法科大学院となる法科大学院（以下この条において「派遣先予定法科大学院」という。）における服務に関する

者をいう。以下同じ。）が認めるに当たっては、第４条派遣検察官等（規則第２条第２項第１号に規定する第４条派遣検察官等をいう。以下同じ。）がその派遣先法科大学院と勤務官署等との間の移動に要する時間をも考慮するものとする。また、派遣先法科大学院において教授等（法科大学院派遣法第３条第１項に規定する教授等をいう。以下同じ。）の業務を行うため臨時又は緊急の必要がある場合に、法科大学院設置者（法科大学院派遣法第３条第１項に規定する法科大学院設置者をいう。以下同じ。）が法科大学院派遣法第４条第３項の取決めにおいて定められた勤務時間（規則第８条関係第１項において「派遣先勤務時間」という。）以外の時間に業務を命ずることができると当該取決めにおいて定められたときは、法科大学院設置者が当該業務を命じたときに必要となる時間についても同様に考慮するものとする。

法科大学院派遣法第７条第２項関係
この項に規定する給与の減額方法については、給実甲第28号（一般職の職員の給与に関する法律の運用方針）第15条関係第２項及び第３項の規定の例による。

規則第３条関係
この条の第３号の「勤務延長職員」とは、国家公務員法（昭和22年法律第120号）第81条の７第１項又は第２項の規定により定年退職日の翌日以降引き続いて勤務している職員をいう。

規則第５条関係
1　この条の第２号の「教授等の地位」には、専任教員（専門職大学院設置基準（平成15年文部科学省令第16号）第５条第１項に規定する専任教員をいう。）であるかどうかの別及び常勤であるかどうかの別が含まれる。

2　この条の第３号の「派遣の形態」とは、法科大学院派遣法第４条第３項又は第11条第１項の規定に基づく派遣をいう。

規則第８条関係
1　この条の第１項に規定する正規の勤務時間内派遣先報酬等の年額は、派遣先法科大学院の法科大学院設置者から受ける教授等の業務に係る報酬等（報酬、賃金、給料、俸給、手当、賞与その他いかなる名称であるかを問わず、教授等の業務の対償と

て受けるすべてのものをいう。以下同じ。）を含む。）及び教授等の業務の内容、派遣の期間、派遣の終了に関する事項その他第１項又は第３項の規定による派遣の実施に当たって合意しておくべきものとして裁判官については最高裁判所規則で、検察官等については人事院規則で定める事項を定めるものとする。

6　最高裁判所又は任命権者は、第１項又は第３項の取決めの内容を変更しようとするときは、当該裁判官又は検察官等の同意を得なければならない。この場合においては、第２項又は第４項の規定を準用する。

7　第１項又は第３項の規定による派遣の期間は、３年を超えることができない。ただし、当該法科大学院設置者からその期間の延長を希望する旨の申出があり、かつ、特に必要があると認めるときは、最高裁判所又は任命権者は、当該裁判官又は検察官等の同意を得て、当該派遣の日から引き続き５年を超えない範囲内で、これを延長することができる。

8　第１項又は第３項の規定により法科大学院において教授等の業務を行う裁判官又は検察官等は、その派遣の期間中、その同意に係る第１項又は第３項の取決めに定められた内容に従って、当該法科大学院において教授等の業務を行うものとする。

9　第３項の規定により派遣された検察官等は、その正規の勤務時間（一般職の職員の勤務時間、休暇等に関する法律（平成６年法律第33号）第13条第１項に規定する正規の勤務時間をいう。第７条第２項において同じ。）のうち当該法科大学院において教授等の業務を行うため必要であると任命権者が認める時間においては、勤務しない。

10　第３項の規定による検察官等の教授等の業務への従事については、国家公務員法第104条の規定は、適用しない。

（派遣の終了）

第５条　前条第１項又は第３項の規定による派遣の期間が満了したときは、当該教授等の業務は終了するものとする。

2　最高裁判所は、前条第１項の規定により法科大学院において教授等の業務を行う裁判官が当該法科大学院における教授等の地位を失った場合その他の最高裁判所規則で定める場合であって、その教授等の業務を継続することができないか又は適当でないと認めるときは、速やかに、当該裁判官が当該教授等の業務を行うことを終了するものとしなければならない。

3　任命権者は、前条第３項の規定により派遣された検察官等が当該法科大学院における教授等の地位を失った場合その他の人事項

二　派遣予定検察官等の派遣先予定法科大学院における福利厚生に関する事項

三　派遣予定検察官等の派遣先予定法科大学院における教授等の業務の従事の状況の連絡に関する事項

四　派遣予定検察官等に係る派遣の期間の変更その他の取決めの内容の変更に関する事項

五　派遣予定検察官等に係る取決めに疑義が生じた場合及び当該取決めに定めのない事項が生じた場合の取扱いに関する事項

（第４条派遣検察官等の派遣の終了）

第７条　法科大学院派遣法第５条第３項の人事院規則で定める場合は、次に掲げる場合とする。

一　第４条派遣検察官等がその派遣先法科大学院における教授等の地位を失った場合

二　第４条派遣検察官等が法第78条第１号から第３号までのいずれかに該当することとなった場合

三　第４条派遣検察官等が法第79条各号のいずれかに該当することとなった場合又は水難、火災その他の災害により生死不明若しくは所在不明となった場合

四　第４条派遣検察官等が法第82条第１項各号のいずれかに該当することとなった場合

五　第４条派遣検察官等の派遣が当該派遣に係る取決めに反することとなった場合

（第４条派遣職員の特定給与）

第８条　第４条派遣検察官等のうち検察官以外の者（以下この条及び附則第２条第１項において「第４条派遣職員」という。）には、派遣先法科大学院の法科大学院設置者から受ける教授等の業務に係る報酬等（報酬、賃金、給料、俸給、手当、賞与その他いかなる名称であるかを問わず、教授等の業務の対償として受ける全てのものをいい、通勤手当、在宅勤務等手当、特殊勤務手当、超過勤務手当、休日給、夜勤手当、宿日直手当及び管理職員特別勤務手当（第13条第１項において「通勤手当等」という。）に相当するものを除く。同項において同じ。）のうち正規の勤務時間（勤務時間法第13条第１項に規定する正規の勤務時間をいう。）において行われる教授等の業務（法科大学院派遣法第４条第９項に規定する任命権者が認める時間におけるして受ける全てのものをいい、通勤手当、在宅勤務等手当、特殊勤務手当、超過勤務手当、休日給、夜勤手当、宿日直手当及び管理職員特別勤務手当に相当するものを除く。規則第13条関係第１項において同じ。）の年額に、法科大学院派遣法第４条第９項に規定する任命権者が認める時間（派遣先法科大学院において教授等の業務を行うため臨時又は緊急の必要がある場合において、法科大学院設置者が派遣先勤務時間以外の時間において当該業務を命じたときに必要であると任命権者が認める時間を除く。以下この項及び規則第16条関係において「勤務時間内第４条派遣時間」という。）の１年間の時間数を、当該時間数及び派遣先勤務時間（派遣先勤務時間が勤務時間内第４条派遣時間に含まれる場合においては、その勤務時間内第４条派遣時間に含まれる時間を除く。）の１年間の時間数を合算した時間数で除して得た割合を乗じることにより算定する。

2　この条の規定による特定給与（この条の第３項に規定する特定給与をいう。以下同じ。）の支給割合の決定等については、その過程を明確にして行うとともに、その内容を適切に把握しておくものとする。

規則第13条関係

1　２以上の法科大学院において教授等の業務を行う第11条派遣職員（この条の第１項に規定する第11条派遣職員をいう。以下同じ。）のこの条の第１項に規定する派遣先報酬等の額については、それぞれの派遣先法科大学院の法科大学院設置者から受ける教授等の業務に係る報酬等の額の合計額とする。

2　この条の第１項の「当該年額が部内の他の職員との均衡を著しく失すると認められる場合」において、同項に規定する派遣前給与の年額を算定するときは、あらかじめ個別に事務総長に協議するものとする。

3　この条の第１項に規定する派遣前給与の年額の算定における勤勉手当の額は、第11条派遣職員を人事院規則９－40（期末手当及び勤勉手当）第13条第１項第１号ハ（専門スタッフ職俸給表の適用を受ける職員にあっては同項第２号ハ、指定職俸給表の適用を受ける職員にあっては同項第３号ロ）に掲げる職員であるものとした場合の同項の規定による成績率により算定した額によるものとする。

事院規則で定める場合であって、その教授等の業務を継続することができないか又は適当でないと認めるときは、速やかに、当該検察官等の派遣を終了させなければならない。

（派遣期間中の裁判官の報酬及び国庫納付金の納付）

第６条　第４条第１項の規定により法科大学院において教授等の業務を行う裁判官は、その教授等の業務に係る報酬等の支払を受けないものとし、教授等の業務を行ったことを理由として、裁判官として受ける報酬その他の給与について減額をされないものとする。

2　第４条第１項の規定により裁判官が法科大学院において教授等の業務を行った場合においては、当該法科大学院設置者は、その教授等の業務の対償に相当するものとして政令で定める金額を、国庫に納付しなければならない。

3　前項の規定による納付金の納付の手続については、政令で定める。

（派遣期間中の検察官等の給与等）

第７条　任命権者は、法科大学院設置者との間で第４条第３項の取決めをするに当たっては、同項の規定により派遣される検察官等が当該法科大学院設置者から受ける教授等の業務に係る報酬等について、当該検察官等が従事している職務及び当該法科大学院において行う教授等の業務の内容に応じた相当の額が確保されるよう努めなければならない。

2　第４条第３項の規定により派遣された検察官等がその正規の勤務時間において当該法科大学院において教授等の業務を行うため勤務しない場合には、一般職の職員の給与に関する法律（昭和25年法律第95号）第15条の規定にかかわらず、その勤務しない１時間につき、同法第19条に規定する勤務１時間当たりの給与額を減額して支給する。ただし、当該法科大学院において第３条第１項に規定する教育が実効的に行われることを確保するため特に必要があると認められるときは、当該検察官等には、その派遣の期間中、当該法科大学院設置者から受ける教授等の業務に係る報酬等の額に照らして必要と認められる範囲内で、その給与の減額分の100分の50以内を支給することができる。

3　前項ただし書の規定による給与の支給に関し必要な事項は、人事院規則（第４条第３項の規定により派遣された検察官等が検察官の俸給等に関する法律（昭和23年法律第76号）の適用を受ける者である場合にあっては、同法第３条第１項に規定する当該業務を行うために必要な移動等を含む。）に係るもの（以下この条において「正規の勤務時間内派遣先報酬等」という。）の年額が、第４条派遣職員に係る派遣の期間の初日における給与法第19条に規定する勤務１時間当たりの給与額を基礎として算定した法科大学院派遣法第７条第２項本文の規定による給与の減額分（以下この項及び次項において「給与減額分」という。）の年額（給与法第８条第６項の規定により標準号俸数（同条第７項に規定する人事院規則で定める基準において当該職員に係る標準となる号俸数をいう。第13条第１項において同じ。）を昇給するものとして算定した額とする。以下この条において「給与減額分の年額」という。）に満たない場合であって、法科大学院において特定の専門的な法分野に関する教育を行う教授等の確保が困難であるとき、地理的条件等により法科大学院の所在する地域において教授等の確保が困難であるとき等において、法科大学院の要請に応じて安定的かつ継続的な派遣が行われること及び法科大学院において法科大学院派遣法第３条第１項に規定する教育が実効的に行われることを確保するため特に必要があると認められるときは、当該派遣の期間中、給与減額分の100分の50以内を支給することができる。

2　第４条派遣職員がその派遣の期間中に前項に規定する場合に該当することとなった場合においても、当該該当することとなった日以後の当該派遣の期間中、給与減額分の100分の50以内を支給することができる。

3　前２項の規定により支給される給与（以下この条、次条及び附則第２条において「特定給与」という。）の支給割合を決定するに当たっては、決定された支給割合により支給されることとなる特定給与の年額が、給与減額分の年額から正規の勤務時間内派遣先報酬等の年額を減じた額を超えてはならない。

4　特定給与の支給及び支給割合は、第４条派遣職員に係る派遣の期間の初日（第２項の規定により特定給与を支給されることとなった場合にあっては、当該支給されることとなった日）から起算して１年ごとに見直すものとし、特定給与の年額が給与減額分の年額から正規の勤務時間内派遣先報酬等の年額を減じた額を超える場合その他特に必要があると認められる場合には、第１項及び前項の規定の例により、特定給与の支給割合を変更し、又は特定給与を支給しないものとする。

5　特定給与の支給及び支給割合は、前項に規定する場合のほか、正規の勤務時間内派遣先報酬等の額又は給与法第19条に規定する勤務１時間当たりの給与額の変動があった場合において、特

4　この条の規定による給与の支給割合の決定等については、その過程を明確にして行うとともに、その内容を適切に把握しておくものとする。

規則第14条関係

法科大学院派遣法第11条第１項の規定による派遣後職務に復帰した職員を昇格させる場合には、次の各号に掲げる職員の区分に応じ、当該各号に定める職務の級に昇格させることができる。ただし、特別の事情によりこれにより難い場合には、あらかじめ事務総長に協議して、別段の取扱いをすることができる。

一　人事院規則９－８（初任給、昇格、昇給等の基準）（以下「規則９－８」という。）第11条第３項の規定により職務の級を決定された職員以外の職員　昇格させようとする日に新たに職員となったものとした場合のその者の経験年数がその者を昇格させようとする職務の級をその者の属する職務の級とみなした場合の給実甲第326号（人事院規則９－８（初任給、昇格、昇給等の基準）の運用について）第15条関係第５項に規定する最短昇格期間（以下「最短昇格期間」という。）（ただし、規則９－８第20条第４項後段の規定に該当するときは、当該最短昇格期間に100分の50以上100分の100未満の割合を乗じて得た期間とすることができる。）以上となる当該昇格させようとする職務の級

二　規則９－８第11条第３項の規定により職務の級を決定された職員　当該派遣がなく引き続き職務に従事したものとみなして、その者が当該派遣の直前に属していた職務の級を基礎として昇格等の規定を適用した場合に、その者を昇格させようとする日に属することとなる職務の級を超えない範囲内の職務の級

規則第15条関係

この条の規定の適用については、給実甲第192号（復職時等における号俸の調整の運用について）に定めるところによる。

規則第16条関係

人事異動通知書の「異動内容」欄の記入要領は、次のとおりとする。

一　法科大学院派遣法第４条第３項の規定により検察官等を派遣する場合

「法科大学院派遣法第４条第３項の規定によりア（イ）に

準則）で定める。

（国家公務員共済組合法の特例）

第８条　第４条第１項又は第３項の規定により法科大学院において教授等の業務を行う裁判官又は検察官等に関する国家公務員共済組合法（昭和33年法律第128号。以下この条及び第14条において「国共済法」という。）の規定の適用については、当該法科大学院における教授等の業務を公務とみなす。

2　第４条第３項の規定により派遣された検察官等に関する国共済法の規定の適用については、国共済法第２条第１項第５号及び第６号中「とし、その他の職員」とあるのは「並びにこれらに相当するものとして次条第１項に規定する組合の運営規則で定めるものとし、その他の職員」と、国共済法第99条第２項中「及び国の負担金」とあるのは「、法科大学院への裁判官及び検察官その他の一般職の国家公務員の派遣に関する法律（平成15年法律第40号）第３条第１項に規定する法科大学院設置者（以下「法科大学院設置者」という。）の負担金及び国の負担金」と、同項各号中「国の負担金」とあるのは「法科大学院設置者の負担金及び国の負担金」と、国共済法第102条第１項中「各省各庁の長（環境大臣を含む。）、行政執行法人又は職員団体」とあり、及び「国、行政執行法人又は職員団体」とあるのは「法科大学院設置者及び国」と、「第99条第２項（同条第６項から第８項までの規定により読み替えて適用する場合を含む。）及び第５項（同条第７項及び第８項の規定により読み替えて適用する場合を含む。）」とあるのは「第99条第２項及び第５項」と、同条第４項中「同条第５項（同条第７項及び第８項の規定により読み替えて適用する場合を含む。以下この項において同じ。）」とあるのは「同条第５項」と、「（同条第５項」とあるのは「（同項」と、「国、行政執行法人又は職員団体」とあるのは「法科大学院設置者及び国」とする。

3　前項の場合において法科大学院設置者及び国が同項の規定により読み替えられた国共済法第99条第２項の規定により負担すべき金額その他必要な事項は、政令で定める。

（一般職の職員の給与に関する法律の特例）

第９条　第４条第３項の規定による派遣の期間中又はその期間の満了後における当該検察官等に関する一般職の職員の給与に関する法律第23条第１項及び附則第６項の規定の適用については、当該法科大学院における教授等の業務（当該教授等の業務定給与の年額が給与減額分の年額から正規の勤務時間内派遣先報酬等の年額を減じた額を超えるときその他特に必要があると認められるときは、第１項及び第３項の規定の例により、特定給与の支給割合を変更し、又は特定給与を支給しないものとする。

6　前項の規定により特定給与の支給割合を変更した場合における第４項の規定の適用については、「第４条派遣職員に係る派遣の期間の初日（第２項の規定により特定給与を支給されることとなった場合にあっては、当該支給されることとなった日）」とあるのは、「正規の勤務時間内派遣先報酬等の額又は給与法第19条に規定する勤務１時間当たりの給与額の変動があった日」とする。

第９条　特定給与は、一の給与期間（規則９－７（俸給等の支給）第２条に規定する給与期間をいう。以下この項において同じ。）の分を次の給与期間における俸給の支給定日に支給する。

2　規則９－７第12条の規定は、特定給与の支給について準用する。

（専ら教授等の業務を行うための派遣に係る取決め）

第10条　法科大学院派遣法第11条第３項の人事院規則で定める事項については、第６条の規定を準用する。この場合において、同条第１号中「第４条第３項」とあるのは、「第11条第１項」と読み替えるものとする。

（第11条派遣検察官等の保有する官職）

第11条　第11条派遣検察官等は、派遣された時に占めていた官職又はその派遣の期間中に異動した官職を保有するものとする。ただし、併任に係る官職についてはこの限りではない。

2　前項の規定は、当該官職を他の職員をもって補充することを妨げるものではない。

（第11条派遣検察官等の職務への復帰）

第12条　法科大学院派遣法第12条第２項の人事院規則で定める場合については、第７条の規定を準用する。この場合において、同条中「第４条派遣検察官等」とあるのは「第11条派遣検察官等」と、同条第１号中「派遣先法科大学院」とあるのは「派遣先法科大学院（２以上の法科大学院において教授等の業務を行う第11条派遣検察官等（第５号において「複数校派遣検察官等」

派遣する

派遣の期間は　年　月　日から　年　月　日までとする

正規の勤務時間のうち教授等の業務を行うために必要であると認める時間はウとする

派遣の期間中、給与の減額分の100分の　を支給する（又は「派遣の期間中、給与の減額分に係る給与は支給しない」）」

と記入する。

注１　「ア」の記号をもって表示する事項は、派遣先法科大学院の名称とする。次号において同じ。

2　「イ」の記号をもって表示する事項は、派遣先法科大学院の所在地とする。次号において同じ。

3　「ウ」の記号をもって表示する事項は、勤務時間内第４条派遣時間とする。以下同じ。

4　検察官の派遣の期間中の給与については、上記の例に準じて記入する。以下同じ。

二　法科大学院派遣法第11条第１項の規定により検察官等を派遣する場合

「法科大学院派遣法第11条第１項の規定によりア（イ）に派遣する

派遣の期間は　年　月　日から　年　月　日までとする

派遣の期間中、俸給、扶養手当、地域手当、広域異動手当、研究員調整手当、住居手当及び期末手当のそれぞれ100分の　を支給する（又は「派遣の期間中、給与は支給しない」）」

と記入する。

三　第４条派遣検察官等の派遣の期間を延長する場合

「派遣の期間を　年　月　日まで延長する

正規の勤務時間のうち教授等の業務を行うために必要であると認める時間はウとする

延長に係る期間中、給与の減額分の100分の　を支給する（又は「延長に係る期間中、給与の減額分に係る給与は支給しない」）」

と記入する。

四　第11条派遣検察官等（規則第２条第２項第２号に規定する第11条派遣検察官等をいう。以下同じ。）の派遣の期間を延長する場合

「派遣の期間を　年　月　日まで延長する

延長に係る期間中、俸給、扶養手当、地域手当、広域異動手当、研究員調整手当、住居手当及び期末手当のそれぞ

に係る労働者災害補償保険法（昭和22年法律第50号）第７条第２項に規定する通勤（当該教授等の業務に係る就業の場所を国家公務員災害補償法（昭和26年法律第191号）第１条の２第１項第１号及び第２号に規定する勤務場所とみなした場合に同条に規定する通勤に該当するものに限る。次条において同じ。）を含む。）を公務とみなす。

（国家公務員退職手当法の特例）
第10条　第４条第３項の規定による派遣の期間中又はその期間の満了後に当該検察官等が退職した場合における国家公務員退職手当法（昭和28年法律第182号）の規定の適用については、当該法科大学院における教授等の業務に係る業務上の傷病又は死亡は同法第４条第２項、第５条第１項及び第６条の４第１項に規定する公務上の傷病又は死亡と、当該教授等の業務に係る労働者災害補償保険法第７条第２項に規定する通勤による傷病は国家公務員退職手当法第４条第２項、第５条第２項及び第６条の４第１項に規定する通勤による傷病とみなす。

（専ら教授等の業務を行うための派遣）
第11条　任命権者は、第３条第１項の要請があった場合において、その要請に係る派遣の必要性、派遣に伴う事務の支障その他の事情を勘案して、相当と認めるときは、これに応じ、検察官等の同意を得て、当該法科大学院設置者との間の取決めに基づき、期間を定めて、専ら当該法科大学院における教授等の業務を行うものとして当該検察官等を当該法科大学院を置く大学に派遣することができる。
2　任命権者は、前項の同意を得るに当たっては、あらかじめ、当該検察官等に同項の取決めの内容及び当該派遣の期間中における給与の支給に関する事項を明示しなければならない。
3　第１項の取決めにおいては、当該法科大学院における勤務時間、教授等の業務に係る報酬等その他の勤務条件及び教授等の業務の内容、派遣の期間、職務への復帰に関する事項その他同項の規定による派遣の実施に当たって合意しておくべきものとして人事院規則で定める事項を定めるものとする。
4　第４条第６項から第８項まで及び第10項の規定は、第１項の規定による派遣について準用する。
5　第１項の規定により派遣された検察官等は、その派遣の期間中、検察官等としての身分を保有するが、職務に従事しない。

という。）にあっては、いずれかの派遣先法科大学院）」と、同条第２号中「第78条第１号から第３号までのいずれか」とあるのは「第78条第２号又は第３号」と、同条第５号中「取決め」とあるのは「取決め（複数校派遣検察官等にあっては、いずれかの法科大学院設置者との間の当該派遣に係る取決め）」と読み替えるものとする。

（第11条派遣職員の給与）
第13条　第11条派遣検察官等のうち検察官以外の者（以下この条から第15条まで及び附則第３条第１項において「第11条派遣職員」という。）には、派遣先法科大学院の法科大学院設置者から受ける教授等の業務に係る報酬等（以下この条において「派遣先報酬等」という。）の年額が、第11条派遣職員に係る派遣の期間の初日の前日における給与の額を基礎とし、給与法第８条第６項の規定により標準号俸数を昇給するものとして算定した給与（通勤手当等を除く。）の年額（当該年額が部内の他の職員との均衡を著しく失すると認められる場合にあっては、人事院の定めるところにより算定した額。以下この条において「派遣前給与の年額」という。）に満たない場合であって、法科大学院において特定の専門的な法分野に関する教育を行う教授等の確保が困難であるとき、地理的条件等により法科大学院の所在する地域において教授等の確保が困難であるとき等において、法科大学院の要請に応じて安定的かつ継続的な派遣が行われること及び法科大学院において法科大学院派遣法第３条第１項に規定する教育が実効的に行われることを確保するため特に必要があると認められるときは、当該派遣の期間中、俸給、扶養手当、地域手当、広域異動手当、研究員調整手当、住居手当及び期末手当（以下この条及び附則第３条において「俸給等」という。）のそれぞれ100分の50以内を支給することができる。
2　第11条派遣職員がその派遣の期間中に前項に規定する場合に該当することとなった場合においても、当該該当することとなった日以後の当該派遣の期間中、俸給等のそれぞれ100分の50以内を支給することができる。
3　前２項の規定により支給される俸給等の支給割合を決定するに当たっては、決定された支給割合により支給されることとなる俸給等の年額が、派遣前給与の年額から派遣先報酬等の年額を減じた額を超えてはならない。
4　俸給等の支給及び支給割合は、第11条派遣職員に係る派遣の期間の初日（第２項の規定により俸給等を支給されることと

れ100分の　を支給する（又は「延長に係る期間中、給与は支給しない」）」
と記入する。
五　派遣の期間の満了により第４条派遣検察官等の派遣が終了した場合
「派遣の期間が満了した（　年　月　日）」
と記入する。
六　派遣の期間の満了により第11条派遣検察官等が職務に復帰した場合
「職務に復帰した（　年　月　日）」
と記入する。
七　第４条派遣検察官等の派遣を終了させる場合
「派遣を終了させる」
と記入する。
八　第11条派遣検察官等を職務に復帰させる場合
「職務に復帰させる」
と記入する。
九　第４条派遣検察官等の勤務時間内第４条派遣時間の変更に人事異動通知書を用いる場合
「正規の勤務時間のうち教授等の業務を行うために必要であると認める時間をウに変更する」
と記入する。
十　第４条派遣職員（規則第８条第１項に規定する第４条派遣職員をいう。次号及び規則附則第２条関係第１項において同じ。）について、その派遣の期間中に特定給与を支給することとなったことに人事異動通知書を用いる場合
「　年　月　日以後、派遣の期間中、給与の減額分の100分の　を支給する」
と記入する。
十一　第４条派遣職員について、その派遣の期間中に特定給与の支給割合を変更すること又は特定給与を支給しないものとすることに人事異動通知書を用いる場合
「　年　月　日以後、派遣の期間中、給与の減額分に係る給与の支給割合を100分の　とする（又は「　年　月　日以後、派遣の期間中、給与の減額分に係る給与は支給しない」）」
と記入する。
十二　第11条派遣職員について、その派遣の期間中に俸給等（規則第13条第１項に規定する俸給等をいう。次号及び規則附則

（職務への復帰）

第12条　前条第１項の規定により派遣された検察官等は、その派遣の期間が満了したときは、職務に復帰するものとする。

2　任命権者は、前条第１項の規定により派遣された検察官等が当該法科大学院における教授等の地位を失った場合その他の人事院規則で定める場合であって、その派遣を継続することができないか又は適当でないと認めるときは、速やかに、当該検察官等を職務に復帰させなければならない。

（派遣期間中の給与等）

第13条　任命権者は、法科大学院設置者との間で第11条第１項の取決めをするに当たっては、同項の規定により派遣される検察官等が当該法科大学院設置者から受ける教授等の業務に係る報酬等について、当該検察官等がその派遣前に従事していた職務及び当該法科大学院において行う教授等の業務の内容に応じた相当の額が確保されるよう努めなければならない。

2　第11条第１項の規定により派遣された検察官等には、その派遣の期間中、給与を支給しない。ただし、当該法科大学院において第３条第１項に規定する教育が実効的に行われることを確保するため特に必要があると認められるときは、当該検察官等には、その派遣の期間中、当該法科大学院設置者から受ける教授等の業務に係る報酬等の額に照らして必要と認められる範囲内で、俸給、扶養手当、地域手当、広域異動手当、研究員調整手当、住居手当及び期末手当のそれぞれ100分の50以内を支給することができる。

3　前項ただし書の規定による給与の支給に関し必要な事項は、人事院規則（第11条第１項の規定により派遣された検察官等が検察官の俸給等に関する法律の適用を受ける者である場合にあっては、同法第３条第１項に規定する準則）で定める。

（国家公務員共済組合法の特例）

第13条の２　第８条の規定は、第11条第１項の規定により法科大学院を置く国立大学（国立大学法人法（平成15年法律第112号）第２条第２項に規定する国立大学をいう。）に派遣された検察官等について準用する。

第14条　国共済法第39条第２項の規定及び国共済法の短期給付に関する規定（国共済法第68条の３の規定を除く。以下この項において同じ。）は、第11条第１項の規定により法科大学院を置なった場合にあっては、当該支給されることとなった日）から起算して１年ごとに見直すものとし、俸給等の年額が派遣前給与の年額から派遣先報酬等の年額を減じた額を超える場合その他特に必要があると認められる場合には、第１項及び前項の規定の例により、俸給等の支給割合を変更し、又は俸給等を支給しないものとする。

5　俸給等の支給及び支給割合は、前項に規定する場合のほか、派遣先報酬等の額又は俸給等の額の変動があった場合において、俸給等の年額が派遣前給与の年額から派遣先報酬等の年額を減じた額を超えるときその他特に必要があると認められるときは、第１項及び第３項の規定の例により、俸給等の支給割合を変更し、又は俸給等を支給しないものとする。

6　前項の規定により俸給等の支給割合を変更した場合における第４項の規定の適用については、「第11条派遣職員に係る派遣の期間の初日（第２項の規定により俸給等を支給されることとなった場合にあっては、当該支給されることとなった日）」とあるのは、「派遣先報酬等の額又は俸給等の額の変動があった日」とする。

（第11条派遣職員の職務復帰時における給与の取扱い）

第14条　第11条派遣職員が職務に復帰した場合において、部内の他の職員との均衡上特に必要があると認められるときは、規則９－８（初任給、昇格、昇給等の基準）第20条の規定にかかわらず、人事院の定めるところにより、その職務に応じた職務の級に昇格させることができる。

第15条　第11条派遣職員が職務に復帰した場合において、部内の他の職員との均衡上必要があると認められるときは、その派遣の期間を100分の100以下の換算率により換算して得た期間を引き続き勤務したものとみなして、その職務に復帰した日、同日後における最初の昇給日（規則９－８第34条に規定する昇給日をいう。以下この項において同じ。）又はその次の昇給日に、昇給の場合に準じてその者の号俸を調整することができる。

2　第11条派遣職員が職務に復帰した場合における号俸の調整について、前項の規定による場合には部内の他の職員との均衡を著しく失すると認められるときは、同項の規定にかかわらず、あらかじめ人事院と協議して、その者の号俸を調整することができる。

第３条関係第１項において同じ。）を支給することとなったことに人事異動通知書を用いる場合

「　年　月　日以後、派遣の期間中、俸給、扶養手当、地域手当、広域異動手当、研究員調整手当、住居手当及び期末手当のそれぞれ100分の　を支給する」

と記入する。

十三　第11条派遣職員について、その派遣の期間中に俸給等の支給割合を変更すること又は俸給等を支給しないものとすることに人事異動通知書を用いる場合

「　年　月　日以後、派遣の期間中、俸給、扶養手当、地域手当、広域異動手当、研究員調整手当、住居手当及び期末手当の支給割合をそれぞれ100分の　とする（又は「　年　月　日以後、派遣の期間中、給与は支給しない」）」

と記入する。

規則第17条関係

この条の第２項の規定による人事院への報告は、別紙様式の報告書により行うものとする。

規則附則第２条関係

1　この条の第１項の規定により、特定給与の支給割合を決定し、又は特定給与を支給しないものとすることとなった第４条派遣職員（同項の規定により特定給与の支給割合を決定し、又は特定給与を支給しないものとすることとなった日において、派遣の期間を延長され、規則第16条第２号に掲げる場合に同条の規定により人事異動通知書が交付される第４条派遣職員を除く。）に対しては、人事異動通知書又はこれに代わる文書（以下「通知書等」という。）により特定給与の支給割合又は特定給与を支給しない旨を通知するものとする。ただし、通知書等の交付によらないことを適当と認める場合には、適当な方法をもって通知書等の交付に代えることができる。

2　前項の規定による通知において、人事異動通知書を用いる場合の「異動内容」欄の記入要領は、規則第16条関係第11号の規定の例によるものとする。

規則附則第３条関係

1　この条の第１項の規定により、俸給等の支給割合を決定し、又は俸給等を支給しないものとすることとなった第11条派遣職

く私立大学（学校教育法第２条第２項に規定する私立学校である大学をいう。）に派遣された検察官等（以下「私立大学派遣検察官等」という。）には、適用しない。この場合において、国共済法の短期給付に関する規定の適用を受ける職員（国共済法第２条第１項第１号に規定する職員をいう。以下この項において同じ。）が私立大学派遣検察官等となったときは、国共済法の短期給付に関する規定の適用については、そのなった日の前日に退職（国共済法第２条第１項第４号に規定する退職をいう。）をしたものとみなし、私立大学派遣検察官等が国共済法の短期給付に関する規定の適用を受ける職員となったときは、国共済法の短期給付に関する規定の適用については、そのなった日に職員となったものとみなす。

２　私立大学派遣検察官等に関する国共済法の退職等年金給付に関する規定の適用については、当該法科大学院における教授等の業務を公務とみなす。

３　私立大学派遣検察官等は、国共済法第98条第１項各号に掲げる福祉事業を利用することができない。

４　私立大学派遣検察官等に関する国共済法の規定の適用については、国共済法第２条第１項第５号及び第６号中「とし、その他の職員」とあるのは「並びにこれらに相当するものとして次条第１項に規定する組合の運営規則で定めるものとし、その他の職員」と、国共済法第99条第２項中「次の各号」とあるのは「第３号」と、「当該各号」とあるのは「同号」と、「及び国の負担金」とあるのは「、法科大学院への裁判官及び検察官その他の一般職の国家公務員の派遣に関する法律（平成15年法律第40号）第３条第１項に規定する法科大学院設置者（以下「法科大学院設置者」という。）の負担金及び国の負担金」と、同項第３号中「国の負担金」とあるのは「法科大学院設置者の負担金及び国の負担金」と、国共済法第102条第１項中「各省各庁の長（環境大臣を含む。）、行政執行法人又は職員団体」とあり、及び「国、行政執行法人又は職員団体」とあるのは「法科大学院設置者及び国」と、「第99条第２項（同条第６項から第８項までの規定により読み替えて適用する場合を含む。）及び第５項（同条第７項及び第８項の規定により読み替えて適用する場合を含む。）」とあるのは「第99条第２項及び第５項」と、同条第４項中「第99条第２項第３号及び第４号」とあるのは「第99条第２項第３号」と、「並びに同条第５項（同条第７項及び第８項の規定により読み替えて適用する場合を含む。以下この項において同じ。）」とあるのは「及び同条第５項」と、「（同条第

（派遣に係る人事異動通知書の交付）

第16条　任命権者は、次に掲げる場合には、検察官等に対して、規則８－12第58条の規定による人事異動通知書を交付しなければならない。

一　法科大学院派遣法第４条第３項又は第11条第１項の規定により検察官等を派遣した場合

二　第４条派遣検察官等又は第11条派遣検察官等に係る派遣の期間を延長した場合

三　派遣の期間の満了により第４条派遣検察官等の派遣が終了した場合又は第11条派遣検察官等が職務に復帰した場合

四　第４条派遣検察官等の派遣を終了させた場合又は第11条派遣検察官等を職務に復帰させた場合

（報告）

第17条　第４条派遣検察官等及び第11条派遣検察官等は、任命権者から求められたときは、派遣先法科大学院における勤務条件及び業務の遂行の状況について報告しなければならない。

２　任命権者は、人事院の定めるところにより、毎年５月末日までに、前年の４月１日に始まる年度内において法科大学院派遣法第４条第３項又は第11条第１項の規定により派遣されている期間のある検察官等の派遣先法科大学院、派遣の期間並びに派遣先法科大学院における地位、業務内容及び教授等の業務に係る報酬等の月額等の状況並びに同項の規定による派遣から当該年度内に職務に復帰した検察官等の当該復帰後の処遇等に関する状況について、人事院に報告しなければならない。

附則

（施行期日）

第１条　この規則は、平成16年４月１日から施行する。ただし、第５条、第６条及び第10条並びに次項の規定は、公布の日から施行する。

（給与法附則第８項の規定の適用を受ける第４条派遣職員の特定給与）

第２条　第４条派遣職員が給与法附則第８項の規定の適用を受ける職員となった場合には、当分の間、同項の規定の適用を受ける職員となった日を第４条派遣職員に係る派遣の期間の初日とみなして、第８条第１項及び第３項の規定の例により、特定給与の支給割合を決定し、又は特定給与を支給しないものとする。

員（同項の規定により俸給等の支給割合を決定し、又は俸給等を支給しないものとすることとなった日において、派遣の期間を延長され、規則第16条第２号に掲げる場合に同条の規定により人事異動通知書が交付される第11条派遣職員を除く。）に対しては、通知書等により俸給等の支給割合又は俸給等を支給しない旨を通知するものとする。ただし、通知書等の交付によらないことを適当と認める場合には、適当な方法をもって通知書等の交付に代えることができる。

２　前項の規定による通知において、人事異動通知書を用いる場合の「異動内容」欄の記入要領は、規則第16条関係第13号の規定の例によるものとする。

別紙　（略）

5項」とあるのは「(同項」と、「国、行政執行法人又は職員団体」とあるのは「法科大学院設置者及び国」とする。

5　前項の場合において法科大学院設置者及び国が同項の規定により読み替えられた国共済法第99条第2項及び厚生年金保険法（昭和29年法律第115号）第82条第1項の規定により負担すべき金額その他必要な事項は、政令で定める。

（地方公務員等共済組合法の特例）

第15条　第11条第1項の規定により法科大学院を置く公立大学（学校教育法第2条第2項に規定する公立学校である大学をいう。第18条及び第19条第1項において同じ。）に派遣された検察官等のうち第13条第2項ただし書の規定による給与の支給を受ける者に関する地方公務員等共済組合法（昭和37年法律第152号）の規定の適用については、同法第113条第2項各号列記以外の部分中「及び地方公共団体」とあるのは「、地方公共団体」と、「の負担金」とあるのは「の負担金及び国の負担金」と、同項各号中「の負担金」とあるのは「及び国の負担金」と、同法第115条第2項中「相当する手当」とあるのは「相当する手当及び国家公務員退職手当法（昭和28年法律第182号）に基づく退職手当又はこれに相当する手当」と、同法第116条第1項中「の機関、特定地方独立行政法人又は職員団体」とあるのは「及び国の機関」と、「第113条第2項（同条第6項の規定により読み替えて適用する場合を含む。）」とあるのは「第113条第2項」と、「地方公共団体、特定地方独立行政法人又は職員団体」とあるのは「地方公共団体及び国」と、同法第144条の31（見出しを含む。）中「地方公共団体又は特定地方独立行政法人」とあるのは「地方公共団体及び国」とする。

2　前項の場合において地方公共団体及び国が同項の規定により読み替えられた地方公務員等共済組合法第113条第2項の規定により負担すべき金額その他必要な事項は、政令で定める。

（私立学校教職員共済法の特例）

第16条　私立学校教職員共済法（昭和28年法律第245号）の退職等年金給付に関する規定は、私立大学派遣検察官等には、適用しない。

2　私立大学派遣検察官等に関する私立学校教職員共済法の規定の適用については、同法第27条第1項中「掛金及び加入者保険料（厚生年金保険法（昭和29年法律第115号）第82条第1項の規定により加入者たる被保険者及び当該被保険者を使用する学

2　前項の規定により、特定給与の支給割合を決定し、又は特定給与を支給しないものとした場合における第8条の規定の適用については、同条第1項中「派遣の期間の初日」とあるのは「給与法附則第8項の規定の適用を受ける職員となった日」と、同条第2項中「前項」とあるのは「附則第2条第2項の規定により読み替えられた前項」と、同条第3項中「前2項」とあるのは「附則第2条第2項の規定により読み替えられた前2項」と、同条第4項中「派遣の期間の初日（」とあるのは「給与法附則第8項の規定の適用を受ける職員となった日（附則第2条第2項の規定により読み替えられた」と、「第1項」とあるのは「同条第2項の規定により読み替えられた第1項」と、同条第5項中「前項」とあるのは「附則第2条第2項の規定により読み替えられた前項」と、「第1項」とあるのは「附則第2条第2項の規定により読み替えられた第1項」と、同条第6項中「前項」とあるのは「附則第2条第2項の規定により読み替えられた前項」と、「第4項」とあるのは「同条第2項の規定により読み替えられた第4項」と、「派遣の期間の初日（」とあるのは「給与法附則第8項の規定の適用を受ける職員となった日（附則第2条第2項の規定により読み替えられた」とする。

（給与法附則第8項の規定の適用を受ける第11条派遣職員の給与）

第3条　第11条派遣職員が給与法附則第8項の規定の適用を受ける職員となった場合には、当分の間、同項の規定の適用を受ける職員となった日を第11条派遣職員に係る派遣の期間の初日の前日とみなして、第13条第1項及び第3項の規定の例により、俸給等の支給割合を決定し、又は俸給等を支給しないものとする。

2　前項の規定により、俸給等の支給割合を決定し、又は俸給等を支給しないものとした場合における第13条の規定の適用については、同条第1項中「派遣の期間の初日の前日」とあるのは「給与法附則第8項の規定の適用を受ける職員となった日」と、同条第2項中「前項」とあるのは「附則第3条第2項の規定により読み替えられた前項」と、同条第3項中「前2項」とあるのは「附則第3条第2項の規定により読み替えられた前2項」と、同条第4項中「派遣の期間の初日（」とあるのは「給与法附則第8項の規定の適用を受ける職員となった日（附則第3条第2項の規定により読み替えられた」と、「第1項」とあるのは「同条第2項の規定により読み替えられた第1項」と、同条

校法人等が負担する厚生年金保険の保険料をいう。次項において同じ。）」とあり、同条第２項中「掛金及び加入者保険料（以下「掛金等」という。）」とあり、並びに同法第28条第２項、第３項、第５項及び第６項、第29条第１項、第29条の２、第30条第１項及び第３項から第６項まで、第31条第１項、第32条、第33条並びに第34条第３項中「掛金等」とあるのは「掛金」と、同法第29条第２項中「及び厚生年金保険法による標準報酬月額に係る掛金等」とあり、及び同条第３項中「及び厚生年金保険法による標準賞与額に係る掛金等」とあるのは「に係る掛金」とする。

3　私立大学派遣検察官等のうち第13条第２項ただし書の規定による給与の支給を受ける者に関する私立学校教職員共済法の規定の適用については、同法第21条第１項中「準ずるもの」とあるのは「準ずるもの（法科大学院への裁判官及び検察官その他の一般職の国家公務員の派遣に関する法律（平成15年法律第40号）第13条第２項ただし書の規定により国から支給される給与であつて共済規程で定めるもの（次条において「私立大学派遣検察官等に対する国の給与」という。）を含む。）」と、同法第22条第５項及び第10項中「報酬の総額」とあるのは「報酬（当該期間における私立大学派遣検察官等に対する国の給与を含む。）の総額」と、同法第28条第１項中「及び」とあるのは「並びに」と、「学校法人等」とあるのは「学校法人等及び国」と、同条第３項及び第６項中「当該学校法人等」とあるのは「当該学校法人等及び国」と、同法第29条第１項から第３項までの規定中「学校法人等」とあるのは「学校法人等及び国」とする。

4　前項の場合において学校法人等及び国が同項の規定により読み替えられた私立学校教職員共済法第28条第１項の規定により負担すべき掛金の額その他必要な事項は、政令で定める。

（子ども・子育て支援法の特例）

第17条　私立大学派遣検察官等に関する子ども・子育て支援法（平成24年法律第65号）の規定の適用については、当該法科大学院設置者を同法第69条第１項第４号に規定する団体とみなす。

（一般職の職員の給与に関する法律の特例）

第18条　第９条の規定は、第11条第１項の規定により派遣された検察官等について準用する。この場合において、当該検察官等が法科大学院を置く公立大学に派遣されたものであるときは、第９条中「労働者災害補償保険法（昭和22年法律第50号）第７第５項中「前項」とあるのは「附則第３条第２項の規定により読み替えられた前項」と、「第１項」とあるのは「同条第２項の規定により読み替えられた第１項」と、同条第６項中「前項」とあるのは「附則第３条第２項の規定により読み替えられた前項」と、「第４項」とあるのは「同条第２項の規定により読み替えられた第４項」と、「派遣の期間の初日（」とあるのは「給与法附則第８項の規定の適用を受ける職員となった日（附則第３条第２項の規定により読み替えられた」とする。

条第２項」とあるのは、「地方公務員災害補償法（昭和42年法律第121号）第２条第２項」とする。

（国家公務員退職手当法の特例）

第19条　第10条の規定は、第11条第１項の規定により派遣された検察官等について準用する。この場合において、当該検察官等が法科大学院を置く公立大学に派遣されたものであるときは、第10条中「労働者災害補償保険法第７条第２項」とあるのは、「地方公務員災害補償法第２条第２項」とする。

２　第11条第１項の規定により派遣された検察官等に関する国家公務員退職手当法第６条の４第１項及び第７条第４項の規定の適用については、第11条第１項の規定による派遣の期間は、同法第６条の４第１項に規定する現実に職務をとることを要しない期間には該当しないものとみなす。

３　前項の規定は、第11条第１項の規定により派遣された検察官等が当該法科大学院設置者から所得税法（昭和40年法律第33号）第30条第１項に規定する退職手当等（同法第31条の規定により退職手当等とみなされるものを含む。）の支払を受けた場合には、適用しない。

４　第11条第１項の規定により派遣された検察官等がその派遣の期間中に退職した場合に支給する国家公務員退職手当法の規定による退職手当の算定の基礎となる俸給月額については、部内の他の職員との権衡上必要があると認められるときは、次条第１項の規定の例により、その額を調整することができる。

（派遣後の職務への復帰に伴う措置）

第20条　第11条第１項の規定により派遣された検察官等が職務に復帰した場合におけるその者の職務の級及び号俸については、部内の他の職員との権衡上必要と認められる範囲内において、人事院規則の定めるところにより、必要な調整を行うことができる。

２　前項に定めるもののほか、第11条第１項の規定により派遣された検察官等が職務に復帰した場合における任用、給与等に関する処遇については、部内の他の職員との均衡を失することのないよう適切な配慮が加えられなければならない。

（社会保険関係法の適用関係等についての政令への委任）

第21条　この法律に定めるもののほか、検察官等が２以上の法科大学院において教授等の業務を行うものとして派遣された場合その他第４条第３項又は第11条第１項の規定により派遣された検察官等に関する社会保険関係法（厚生年金保険法、国家公務員共済組合法、地方公務員等共済組合法、私立学校教職員共済法及び健康保険法（大正11年法律第70号）をいう。）の適用関係の調整を要する場合におけるその適用関係その他必要な事項は、政令で定める。

（最高裁判所規則及び人事院規則への委任）

第22条　この法律に定めるもののほか、法科大学院において裁判官が教授等の業務を行うための派遣に関し必要な事項は、最高裁判所規則で定める。

２　この法律に定めるもののほか、法科大学院において検察官等が教授等の業務を行うための派遣に関し必要な事項は、人事院規則で定める。

附則

（施行期日）

１　この法律は、平成16年４月１日から施行する。ただし、第３条、次項及び附則第３項の規定は、平成15年10月１日から施行する。

（準備行為）

２　最高裁判所又は任命権者は、この法律の施行の日前に第３条第１項の要請があった場合においては、この法律の施行の日前においても、当該法科大学院設置者との間で第４条第１項若しくは第３項又は第11条第１項の取決めをし、裁判官又は検察官等からこれらの規定の同意を得、その他当該法科大学院において裁判官又は検察官等が教授等の業務を行うための派遣に必要な準備行為をすることができる。

３　この法律の施行の日前においては、国立大学法人法第２条第２項に規定する国立大学に置かれる法科大学院に係る第３条第１項の要請は、同法附則第２条第１項の規定により指名された当該国立大学を設置する国立大学法人の学長となるべき者がするものとする。この場合において、前項の規定の適用については、同項中「当該法科大学院設置者」とあるのは、「当該国立大学法人の学長となるべき者」とする。

４　前項後段の規定により読み替えて適用される附則第２項の規

定により最高裁判所又は任命権者と当該国立大学法人の学長となるべき者との間でされた取決めは、この法律の施行の日以後は、最高裁判所又は任命権者と当該国立大学法人との間でされた第４条第１項若しくは第３項又は第11条第１項の取決めとしての効力を有するものとする。

（健康増進法による国家公務員共済組合法の一部改正に伴う経過措置）

5　この法律の施行の日が健康増進法（平成14年法律第103号）附則第10条の規定の施行の日前である場合には、同条の規定の施行の日の前日までの間における第14条第３項の規定の適用については、同項中「第98条第１項各号」とあるのは、「第98条各号」とする。

（平成22年度等における子ども手当の支給に関する法律により適用される旧児童手当法の特例）

6　平成22年度等における子ども手当の支給に関する法律（平成22年法律第19号）の規定により子ども手当の支給がされる私立大学派遣検察官等に関しては、第17条の規定を準用する。この場合において、同条の見出し中「子ども・子育て支援法」とあるのは「平成22年度等における子ども手当の支給に関する法律が適用される場合における旧児童手当法」と、同条中「子ども・子育て支援法（平成24年法律第65号）」とあるのは「平成22年度等における子ども手当の支給に関する法律（平成22年法律第19号）第20条第１項の規定による児童手当法の一部を改正する法律（平成24年法律第24号）附則第11条の規定によりなおその効力を有するものとされた同法第１条の規定による改正前の児童手当法（昭和46年法律第73号）」と、「第69条第１項第４号」とあるのは「第20条第１項第４号」と読み替えるものとする。

（平成23年度における子ども手当の支給等に関する特別措置法により適用される旧児童手当法の特例）

7　平成23年度における子ども手当の支給等に関する特別措置法（平成23年法律第107号）の規定により子ども手当の支給がされる私立大学派遣検察官等に関しては、第17条の規定を準用する。この場合において、同条の見出し中「子ども・子育て支援法」とあるのは「平成23年度における子ども手当の支給等に関する特別措置法が適用される場合における旧児童手当法」と、同条中「子ども・子育て支援法（平成24年法律第65号）」とあ

るのは「平成23年度における子ども手当の支給等に関する特別措置法（平成23年法律第107号）第20条第１項、第３項又は第５項の規定による児童手当法の一部を改正する法律（平成24年法律第24号）附則第12条の規定によりなおその効力を有するものとされた同法第１条の規定による改正前の児童手当法（昭和46年法律第73号）」と、「第69条第１項第４号」とあるのは「第20条第１項第４号」と読み替えるものとする。		

17　国公法・人事評価政令、人事評価内閣官房令　対照表

国公法 施行日：令和５年４月１日、令和３年法律第61号による改正	人事評価政令 施行日：令和５年４月１日、令和４年政令第128号による改正	人事評価内閣官房令 施行日：令和４年10月１日、 令和３年内閣官房令第11号による改正
（人事評価の根本基準） 第70条の２　職員の人事評価は、公正に行われなければならない。 （人事評価の実施） 第70条の３　職員の執務については、その所轄庁の長は、定期的に人事評価を行わなければならない。 ②　人事評価の基準及び方法に関する事項その他人事評価に関し必要な事項は、人事院の意見を聴いて、政令で定める。 （人事評価に基づく措置） 第70条の４　所轄庁の長は、前条第１項の人事評価の結果に応じた措置を講じなければならない。 ②　内閣総理大臣は、勤務成績の優秀な者に対する表彰に関する事項及び成績の著しく不良な者に対する矯正方法に関する事項を立案し、これについて、適当な措置を講じなければならない。	（人事評価実施規程） 第１条　人事評価は、国家公務員法（以下「法」という。）第３章第４節の規定及びこの政令の規定並びにこれらの規定に基づき所轄庁の長が定めた人事評価の実施に関する規程（以下「人事評価実施規程」という。）に基づいて実施するものとする。 ２　所轄庁の長は、人事評価実施規程を定めようとするときは、あらかじめ、内閣総理大臣と協議しなければならない。 ３　前項の規定は、人事評価実施規程の変更について準用する。ただし、内閣官房令で定める軽微な変更については、内閣総理大臣に報告することをもって足りる。 （人事評価の実施権者） 第２条　人事評価は、所轄庁の長又はその指定した部内の上級の職員（以下「実施権者」と総称する。）が実施するものとする。 （人事評価の実施の除外） 第３条　人事評価は、次に掲げる職員については、実施しないことができる。 一　非常勤職員（法第60条の２第１項に規定する短時間勤務の官職を占める職員を除く。） 二　法第60条の規定により臨時的に任用された職員であって人事評価の結果を給与等へ反映する余地がないもの 三　検察庁法（昭和22年法律第61号）第15条第１項に規定する職員 （人事評価の方法） 第４条　人事評価は、能力評価（職員がその職務を遂行するに当たり発揮した能力を把握した上で行われる勤務成績の評価をいう。以下同じ。）及び業績評価（職員がその職務を遂行するに当たり挙げた業績を把握した上で行われる勤務成績の評価をいう。以下同じ。）によるものとする。 ２　法第59条の条件付採用又は条件付昇任を正式のものとするか否かについての判断のために行う人事評価は、前項の規定にか	（人事評価実施規程の軽微な変更） 第１条　人事評価の基準、方法等に関する政令（以下「令」という。）第１条第３項に規定する内閣官房令で定める人事評価実施規程（令第１条第１項に規定する人事評価実施規程をいう。以下同じ。）の軽微な変更は、次に掲げるものとする。 一　組織の名称又は評価者（令第７条第１項及び第17条第１項に規定する評価者をいう。以下同じ。）若しくは調整者（令第７条第２項及び第17条第１項に規定する調整者をいう。以下同じ。）の指定の一部の変更 二　官職の名称の変更、新設又は廃止に伴う変更 三　令第21条に規定する人事評価記録書（以下「記録書」という。）の様式における軽微な用語の変更 四　前各号に掲げるもののほか、人事評価実施規程の内容の実質的な変更を伴わない変更 （管理又は監督の地位にある職員の評価） 第２条　管理又は監督の地位にある職員の定期評価（令第５条第２項に規定する定期評価をいう。以下同じ。）又は特別評価（令第15条第２項に規定する特別評価をいう。以下同じ。）に当たっては、効率的な業務の遂行、適切な業務配分その他の業務管理並びに部下の指導及び育成に特に留意し、当該職員に求められる能力又は当該職員の果たすべき役割に応じて、適切に評価を行うものとする。 （職員の異動又は併任への対応） 第３条　実施権者（令第２条に規定する実施権者をいう。以下同じ。）は、定期評価又は特別評価の実施に際し、職員が異動した場合又は職員が併任の場合について、適切に対応するものとする。 （評価結果の開示内容等） 第４条　令第10条（令第14条及び第18条第２号において準用する場合を含む。）の規定に基づき開示された定期評価における能

かわらず、能力評価のみによるものとする。
3　能力評価は、当該能力評価に係る評価期間において現実に職員が職務遂行の中でとった行動を、標準職務遂行能力の類型を示す項目として人事評価実施規程に定める項目（以下「評価項目」という。）ごとに、各評価項目に係る能力が具現されるべき行動として人事評価実施規程に定める行動に照らして、当該職員が発揮した能力の程度を評価することにより行うものとする。
4　業績評価は、当該業績評価に係る評価期間において職員が果たすべき役割について、業務に関する目標を定めることその他の方法により当該職員に対してあらかじめ示した上で、当該役割を果たした程度を評価することにより行うものとする。

（定期評価の実施）
第５条　前条第１項の規定による人事評価は、10月１日から翌年９月30日までの期間を単位とし、毎年実施するものとする。
2　前項の規定により実施する人事評価は、定期評価という。
3　定期評価における能力評価は、10月１日から翌年９月30日までの期間を評価期間とし、次条、第７条及び次節の規定により行うものとする。
4　定期評価における業績評価は、10月１日から翌年３月31日までの期間及び４月１日から９月30日までの期間をそれぞれ評価期間とし、それぞれについて次条、第７条及び第３節の規定により行うものとする。

（定期評価における評語の付与等）
第６条　定期評価における能力評価に当たっては評価項目ごとに、定期評価における業績評価に当たっては第４条第４項に規定する役割（目標を定めることにより示されたものに限る。）ごとに、それぞれ評価の結果を表示する記号（以下「個別評語」という。）を付すほか、当該能力評価又は当該業績評価の結果をそれぞれ総括的に表示する記号（以下この章において「全体評語」という。）を付すものとする。
2　個別評語及び全体評語は、次の各号に掲げる職員の区分に応じ、当該各号に定める数の段階とする。ただし、内閣総理大臣は、第３号に掲げる職員の能力評価に係る評価項目のうち、個別評語を同号に定める数の段階とする必要がないと認めるものについては、当該数を下回る範囲内の数で個別評語の段階を別に定めることができる。

力評価（令第４条第１項の能力評価をいう。以下同じ。）若しくは業績評価（令第４条第１項の業績評価をいう。以下同じ。）又は特別評価の結果（以下単に「開示された評価結果」という。以下同じ。）は、それぞれ、令第９条第３項（令第14条及び第18条第２号において準用する場合を含む。）の規定により実施権者により確認された全体評語（令第６条第１項又は第16条第１項の全体評語をいう。以下同じ。）を含むものでなければならない。ただし、次の各号に掲げる職員については、この限りでない。
一　全体評語の開示を希望しない職員
二　警察職員（出入国管理及び難民認定法（昭和26年政令第319号）第61条の３の２に規定する入国警備官を含む。）及び海上保安庁又は刑事施設において勤務する職員のうち、全体評語の開示により業務の遂行に著しい支障が生じるおそれがある職員として実施権者が指定するもの
2　実施権者は、前項各号に掲げる職員であっても、当該職員の全体評語が次の各号のいずれかに該当する場合にあっては、当該全体評語を当該職員に開示しなければならない。
一　令第６条１項の全体評語が令第６条第２項第１号に定める段階のうち下位のものである場合
二　令第６条第１項の全体評語が令第６条第２項第２号に定める段階の中位より下のものである場合
三　令第６条第１項の全体評語が令第６条第２項第３号に定める段階の最下位又は最下位より１段階上位のものである場合
四　令第16条第１項の全体評語が令第16条第２項に定める段階のうち下位のものである場合

（面談の内容）
第５条　評価者は、被評価者（令第７条第１項に規定する被評価者をいう。以下同じ。）の育成を図る観点から、令第11条第１項に基づき行われる面談に当たっては、当該被評価者の一層の向上が期待される優れた点や改善を図るべき点について必要な指導及び助言を行うとともに、令第12条第１項に基づき行われる面談に当たっては、当該被評価者の果たすべき役割について十分に認識を共有するよう努めるものとする。

（苦情への対応）
第６条　令第20条第１項の規定に基づく苦情への対応は、苦情相談及び苦情処理により行うものとする。

一　第19条第１号に掲げる職員のうち、事務次官及びこれに準ずる職にある職員　２
二　第19条第１号に掲げる職員のうち、前号に掲げる職員以外の職員　３
三　前２号に掲げる職員以外の職員　６

3　個別評語及び全体評語を付す場合において、能力評価にあっては第４条第３項の発揮した能力の程度が当該能力評価に係る職員に求められる能力の発揮の程度に達していると、業績評価にあっては同条第４項の役割を果たした程度が当該業績評価に係る職員に求められる当該役割を果たした程度に達していると認めるときは、次の各号に掲げる職員の区分に応じ、前項に定める段階のうち当該各号に定めるものを付すものとする。ただし、同項ただし書の規定により個別評語の段階を定めた場合には、当該個別評語については、内閣総理大臣が別に定める段階を付すものとする。

一　前項第１号に掲げる職員　上位の段階
二　前項第２号に掲げる職員　上位又は中位の段階
三　前項第３号に掲げる職員　最下位の段階より２段階以上上位の段階

4　定期評価における能力評価及び業績評価に当たっては、個別評語及び全体評語を付した理由その他参考となるべき事項を記載するように努めるものとする。

（定期評価における評価者等の指定）
第７条　実施権者は、定期評価における能力評価及び業績評価を受ける職員（以下「被評価者」という。）の監督者の中から次節及び第３節（第９条第２項及び第３項並びに第10条（第14条において準用する場合を含む。）を除く。）に定める手続を行う者を評価者として指定するものとする。
2　実施権者は、評価者の監督者の中から第９条第２項（第14条において準用する場合を含む。）に定める手続を行う者を調整者として指定するものとする。ただし、任命権者が評価者である場合その他合理的な理由がある場合には、調整者を指定しないことができる。
3　実施権者は、評価者又は調整者を補助する者（以下「補助者」という。）を指定することができる。

（被評価者による自己申告）
第８条　評価者は、定期評価における能力評価を行うに際し、そ

2　苦情相談及び苦情処理は、人事評価実施規程において定める。
3　苦情相談は、人事評価に関する苦情を幅広く受け付けるものとする。
4　苦情処理は、開示された評価結果に関する苦情及び苦情相談で解決されなかった苦情（開示された評価結果に関する苦情を除く。）のみを受け付けるものとする。
5　苦情処理は、開示された評価結果に関する苦情については、当該苦情に係る定期評価における能力評価若しくは業績評価又は特別評価に係る評価期間につき１回に限り受け付けるものとする。
6　苦情処理において開示された評価結果が適当であるかどうかについて審査が行われ、当該開示された評価結果が適当でないと判断された場合には、実施権者は、再び、評価者に令第９条第１項の評価を行わせ、又は調整者に同条第２項の調整を行わせるものとする。

（記録書の様式等）
第７条　記録書の様式は、人事評価実施規程において定める。
2　記録書は、職員ごとに作成しなければならない。

（記録書の修正の禁止）
第８条　記録書は、令第９条第３項（令第14条及び第18条において準用する場合を含む。）に規定する確認が行われた後は、事務上の誤りがあった場合を除き、修正を行ってはならない。

（記録書の保管等）
第９条　記録書は、前条の確認を実施した日の翌日から起算して５年間保管しなければならない。
2　記録書は、公開しない。

附則　抄

（施行期日）
1　この府令は、国家公務員法等の一部を改正する法律（平成19年法律第108号。以下「改正法」という。）附則第１条第３号に掲げる規定の施行の日（平成21年４月１日）から施行する。

（勤務成績の評定の手続及び記録に関する内閣府令の廃止）
2　勤務成績の評定の手続及び記録に関する内閣府令（昭和41年総理府令第４号。以下「旧内閣府令」という。）は、廃止する。

の参考とするため、被評価者に対し、あらかじめ、当該能力評価に係る評価期間において当該被評価者の発揮した能力に関する被評価者の自らの認識その他評価者による評価の参考となるべき事項について申告を行わせるものとする。

（評価、調整及び確認）
第９条　評価者は、被評価者について、個別評語及び評価者としての全体評語を付すことにより評価（次項及び第３項に規定する再評価を含む。）を行うものとする。
2　調整者は、評価者による評価について、不均衡があるかどうかという観点から審査を行い、調整者としての全体評語を付すことにより調整（次項に規定する再調整を含む。）を行うものとする。この場合において、調整者は、当該全体評語を付す前に、評価者に再評価を行わせることができる。
3　実施権者は、調整者による調整（第７条第２項ただし書の規定により調整者を指定しない場合においては、評価者による評価）について審査を行い、適当でないと認める場合には調整者に再調整を（同項ただし書の規定により調整者を指定しない場合においては、評価者に再評価を）行わせた上で、人事評価実施規程に定める方法により、定期評価における能力評価が適当である旨の確認を行うものとする。

（評価結果の開示）
第10条　実施権者は、前条第３項の確認を行った後に、被評価者の定期評価における能力評価の結果を、内閣官房令で定めるところにより、当該被評価者に開示するものとする。

（評価者による指導及び助言）
第11条　評価者は、前条の開示が行われた後に、被評価者と面談（映像及び音声の送受信により相手の状態を相互に認識しながらする通話（次項において「特定通話」という。）を含む。同項及び次条において同じ。）を行い、定期評価における能力評価の結果及びその根拠となる事実に基づき指導及び助言を行うものとする。
2　評価者は、被評価者が遠隔の地に勤務し、かつ、特定通話を行うために必要な電気通信回線を利用することができないことその他の事情により前項の面談により難い場合には、電話その他の通信手段による交信（特定通話に該当するものを除く。）を行うことにより、同項の面談に代えることができる。

（勤務評定記録書の保管に関する経過措置）
3　旧内閣府令第９条の規定に基づき保管する勤務評定記録書は、令附則第３条第１項の開始日から引き続き５年間保管するものとする。

（果たすべき役割の確定）

第12条　評価者は、定期評価における業績評価の評価期間の開始に際し、被評価者と面談を行い、業務に関する目標を定めることその他の方法により当該被評価者が当該評価期間において果たすべき役割を確定するものとする。

2　前条第２項の規定は、前項の面談について準用する。

（被評価者による自己申告）

第13条　評価者は、定期評価における業績評価を行うに際し、その参考とするため、被評価者に対し、あらかじめ、当該業績評価に係る評価期間において当該被評価者の挙げた業績に関する被評価者の自らの認識その他評価者による評価の参考となるべき事項について申告を行わせるものとする。

（能力評価の手続に関する規定の準用）

第14条　第９条から第11条までの規定は、定期評価における業績評価の手続について準用する。

（特別評価の実施）

第15条　第４条第２項の規定による人事評価は、条件付任用期間（条件付採用期間及び条件付昇任期間をいう。以下同じ。）中の職員に対して実施するものとする。

2　前項の規定により実施する人事評価は、特別評価という。

3　特別評価は、条件付任用期間を評価期間とし、次条から第18条までの規定により行うものとする。

（特別評価における評語の付与等）

第16条　特別評価に当たっては、能力評価の結果を総括的に表示する記号（以下この章において「全体評語」という。）を付すものとする。

2　全体評語は、２段階とする。

3　全体評語を付す場合において、第４条第３項の発揮した能力の程度が同条第２項に規定する判断の対象となる官職に求められる能力の発揮の程度に達していると認めるときは、前項に定める段階のうち上位の段階を付すものとする。

4　特別評価に当たっては、全体評語を付した理由その他参考となるべき事項を記載するように努めるものとする。

（特別評価における評価者等の指定）

第17条　実施権者は、特別評価の実施に当たり、当該条件付任用期間中の職員について、第7条第1項及び第2項の規定により定期評価の評価者及び調整者として指定した者を、それぞれ特別評価の評価者及び調整者として指定するものとする。

2　実施権者は、当該条件付任用期間中の職員について、第7条第3項の規定により定期評価の補助者として指定した者がいる場合には、当該指定した者を特別評価の補助者として指定することができる。

（定期評価の手続に関する規定の準用）

第18条　特別評価の手続については、次の各号に掲げる職員の区分に応じ、当該各号に定める規定を準用する。

一　条件付採用期間中の職員　第9条（個別評語に係る部分を除く。）

二　条件付昇任期間中の職員　第9条（個別評語に係る部分を除く。）及び第10条

（定期評価についての特例）

第19条　次に掲げる職員についての定期評価の実施に際しては、当該職員の職務と責任の特殊性に照らして、第8条、第9条第1項（個別評語に係る部分に限る。）及び第11条（これらの規定を第14条において準用する場合を含む。）、第12条並びに第13条の規定の特例を要する場合には、人事評価実施規程をもって、これを規定することができる。

一　国家行政組織法（昭和23年法律第120号）第6条に規定する長官、同法第18条第1項に規定する事務次官、同法第21条第1項に規定する事務局長、局長若しくは部長の職又はこれらに準ずる職（行政の特定の分野における高度の専門的な知識経験に基づく調査、研究、情報の分析等を行うことによる政策の企画及び立案等の支援に関する事務をつかさどる職を除く。）にある職員

二　国家行政組織法第8条の2に規定する文教研修施設又はこれに類する施設において長期間の研修を受けている職員

三　留学（学校教育法（昭和22年法律第26号）に基づく大学の大学院の課程（同法第104条第7項第2号の規定により大学院の課程に相当する教育を行うものとして認められたものを含む。）又はこれに相当する外国の大学（これに準ずる教育施設を含む。）の課程に在学してその課程を履修する研修であって、法第70条の6の規定に基づき、国が実施するものを

いう。）その他これに類する長期間の研修を受けている職員

（苦情への対応）

第20条　実施権者は、第10条（第14条及び第18条第２号において準用する場合を含む。）の規定により職員に開示された定期評価における能力評価若しくは業績評価又は特別評価の結果に関する職員の苦情その他人事評価に関する職員の苦情について、内閣官房令で定めるところにより、適切に対応するものとする。

２　職員は、前項の苦情の申出をしたことを理由として、不利益な取扱いを受けない。

（人事評価の記録）

第21条　人事評価の記録は、内閣官房令で定めるところにより、人事評価記録書として作成しなければならない。

（内閣官房令への委任）

第22条　この政令に定めるもののほか、人事評価の基準及び方法その他人事評価に関し必要な事項は、内閣官房令で定める。

附則

（施行期日）

第１条　この政令は、国家公務員法等の一部を改正する法律（平成19年法律第108号）附則第１条第３号に掲げる規定の施行の日（平成21年４月１日）から施行する。

（勤務成績の評定の手続及び記録に関する政令の廃止）

第２条　勤務成績の評定の手続及び記録に関する政令（昭和41年政令第13号）は、廃止する。

（定期評価に関する経過措置）

第３条　法第３章第４節の規定により最初に実施される人事評価における定期評価における能力評価の評価期間は、第５条第３項の規定にかかわらず、人事評価を最初に開始する日（以下「開始日」という。）が平成21年９月30日までの間にある場合においては開始日から平成21年９月30日まで、開始日が平成21年10月１日以降にある場合においては開始日から平成22年９月30日までとする。

２　法第３章第４節の規定により最初に実施される人事評価における定期評価における業績評価の評価期間は、第５条第４項の

	規定にかかわらず、開始日が平成21年９月30日までの間にある場合においては開始日から平成21年９月30日まで、開始日が平成21年10月１日から平成22年３月31日までの間にある場合においては開始日から平成22年３月31日まで、開始日が平成22年４月１日以降にある場合においては開始日から平成22年９月30日までとする。 （特別評価に関する経過措置） 第４条　開始日前に条件付任用期間が開始された職員に対しては、第15条第３項の規定にかかわらず、なお従前の例により、附則第２条の規定による廃止前の勤務成績の評定の手続及び記録に関する政令第１条に規定する勤務評定に係る同令第５条第１項に規定する特別評定を実施することができる。	

国家公務員
任用実務のてびき
第6次改訂版
〔禁無断転載〕

令和7年2月20日発行

定価:5 720円(本体5 200円+税10%)
送料別

編集・発行 一般財団法人 公務人材開発協会
人事行政研究所

〒102-0082 東京都千代田区一番町19番地
TEL 03(3239)8031
FAX 03(3239)8018
ホームページ https://www.japhd.or.jp/

ISBN978-4-908252-44-0